教师教育课程标准配套教材
教师资格证书考试通用教材

教育学辅导与练习

陈　寒/主　编
林　群　余　桥　王　涛　周春艳　田张霞/副主编

TEACHER
EDUCATION

北京师范大学出版集团
BEIJING NORMAL UNIVERSITY PUBLISHING GROUP
北京师范大学出版社

图书在版编目（CIP）数据

教育学辅导与练习 / 陈寒主编．—北京：北京师范大学出版社，2020．5

ISBN 978-7-303-25306-7

Ⅰ．①教… Ⅱ．①陈… Ⅲ．①教育学—教师—聘用—资格考试—自学参考资料 Ⅳ．①G40

中国版本图书馆 CIP 数据核字（2019）第 270793 号

营 销 中 心 电 话 010-58802135 010-58802786
北师大出版社教师教育分社微信公众号 京师教师教育

JIAOYUXUE FUDAO YU LIANXI

出版发行：北京师范大学出版社 www.bnup.com
北京市西城区新街口外大街 12-3 号
邮政编码：100088

印 刷：北京京师印务有限公司
经 销：全国新华书店
开 本：787 mm×1092 mm 1/16
印 张：32.5
字 数：725 千字
版 次：2020 年 5 月第 1 版
印 次：2020 年 5 月第 1 次印刷
定 价：75.00 元

策划编辑：王剑虹 责任编辑：康 悦
美术编辑：李向昕 装帧设计：李向昕
责任校对：段立超 责任印制：马 洁

编 委 会

前　言

2011年教育部颁布了教师资格考试改革方案，制定了《中小学和幼儿园教师资格考试标准(试行)》。面对教师资格考试制度的改革，高师院校必须要满足国家教师资格考试的要求，因此，编委会组织专家团队编写了该教学辅导材料。

我们依据2011年教育部发布的中小学教师资格考试大纲和广大教师资格证申请者的实际情况，组织编写了该教学辅导材料。中学的《教育知识与能力》《综合素质》与小学的《教育教学知识与能力》《综合素质》，关于教育教学原理、教育心理、学习心理、职业理念和教师职业道德、法律法规等的基本内容是一致的，只是在中学和小学的具体要求上有差异。为了满足众多考生对教师资格证的多样化需求，基于国家教师资格考试大纲，我们将二者进行了有机整合，在相应章节中分别体现中学和小学的差异性。

该教学辅导材料的编写具有以下特色：

第一，模块化编写，直接与考试大纲对应。该教学辅导材料的模块及其章节直接对应教师资格考试大纲的八大模块。这样，师生在使用时更方便，可直接与考题对应起来，更明白相关内容与考点和考试题型的直接联系。

第二，明确考点要求，突出重难点。该教学辅导材料通过对往年考情的分析，明确了重难点，对于重难点章节不仅有较详细的描述，而且配备了更多的真题和能力提升训练题；对于考试大纲有规定但考题出现频率不高的知识点，也提出了相应学习要求，做到了全面覆盖。

第三，打通中小学考试内容板块，一书多用。一些考生想获得中学、小学多种类型教师资格证，而该教学辅导材料就考虑了师生的这一需要，对中小学的相关考试大纲规定内容进行了有机整合，可以满足多层次需要。

第四，紧扣考试大纲和考情，配备了大量真题和能力提升训练题。

本书由陈寒主编，由陈寒和林群负责拟订编写体例与统稿。参与编写者皆是绵阳师范学院长期执教教育学、教育心理学等课程的优秀教师。第一篇共有八个模块：模块一第一章由周春艳编写，第二章由施琰茹和林群编写，第三章由王吉春编写，第四章由田张霞编写；模块二由余桥编写；模块三由林群编写；模块四第一章由周春艳、王吉春、余桥、施琰茹编写，第二章由余桥编写，第三、第四章由王涛编写，第五章由田张霞编写；模块五第一章由施琰茹编写，第二章由田张霞编写，第三章由林群编写，第四、第五章由肖琼华编写；模块六由林群编写；模块七由余桥编写；模块八由林群和周春艳编写。第二篇共有五个模块：模块九由王吉春、张云编写；模块十由王涛编写；模块十一由余桥编写；模块十二由田张霞编写；模块十三第一章由赵罡编写，第二章由王涛编写，第三章由赵琴琴编写。

该教学辅导材料参阅了大量的国内外专家、学者的研究成果，在此我们对他们所给予的启迪表示由衷的感谢！在编写过程中，由于编者水平有限，该教学辅导材料定存在不当之处，还请广大师生提出宝贵的意见和建议。我们将予以高度重视，合理采纳，不断修订，以期进一步提高该教学辅导材料的质量。

目　录

第一篇　教育知识与能力

模块一　教育基础知识和基本原理

模块二　课　程

模块三 教 学

模块四　学习心理

模块五 中小学生发展心理

模块六　中小学生心理辅导

模块七　德　育

模块八 班级管理与教师心理

第二篇 综合素质

模块九 职业理念

模块十 教育法律法规

模块十一　教师职业道德规范

模块十二 文化素养

模块十三 基本能力

第一篇　教育知识与能力

模块一　教育基础知识和基本原理

第一章　教育与教育学

【考纲要求】

1. 了解国内外著名教育家的代表著作及主要教育思想。

2. 掌握教育的含义及构成要素；了解教育的起源、基本形态及其历史发展脉络。

3. 了解教育研究的基本方法，包括观察法、调查法、历史法、实验法和行动研究法等。

第一节　教育概述

【考点分析】

教育的含义(包括广义和狭义)、教育的本质、教育的构成要素是考核重点，常以选择题和判断题的形式出现，需要考生识记和理解。

【考点内容】

一、教育的含义

广义的教育：教育是人们有意识地以影响人的身心发展为直接目标的社会活动。或者说，凡是有目的地增进人的知识技能、影响人的思想品德、增强人的体质的活动都是教育。它包括学校教育、家庭教育和社会教育，也包括有组织的或无组织的、系统的或零碎的、制度化的或非制度化的教育。

狭义的教育是指学校教育，即由专门机构和专职人员承担的有目的、有系统、有组织的以影响受教育者的身心发展为直接目标的社会活动。学校教育是指根据一定社会的现实和未来的需要，遵循受教育者身心发展的规律，有目的、有计划、有组织地把受教育者培养成为适应一定社会(或一定阶级)的需要和促进社会发展的人的活动。

学校教育的独特性体现在两个方面：第一，学校教育是目的性、系统性、组织性最强的教育活动；第二，学校教育是由专门机构和受过专业训练的专职人员承担的。

二、教育的本质

教育是有目的地培养人的社会活动，这是教育的质的规定性或教育的本质。

教育具有生产性、阶级性，但生产性和阶级性是教育的社会职能，且它们并不是教育所独有的，因此，教育的生产性和阶级性不是教育的本质。

三、教育的构成要素及其关系

教育活动包括教育者、受教育者、教育影响三个基本要素。

凡是在教育活动中承担教的责任和施加教育影响的人都是教育者。教育者是教育活动的主导者。

凡是在教育活动中承担学习责任和接受教育的人都是受教育者。受教育者是教育的对象，也是学习的主体。

教育影响是教育者和受教育者相互作用的中介，包括教育内容和教育手段、教育方法及教育的组织形式等。

上述三个基本要素是开展任何教育活动都必不可少的，且它们在活动中相互联系、相互影响，共同构成一个完整的系统。没有教育者，就没有受教育者；没有受教育者，整个教育工作就失去了对象；没有教育影响，教育工作就成了无水之源。各个要素本身的变化，必然导致教育系统状况的改变。不同教育要素的改变及其组合，最终形成了多样的教育形态。

四、对于“教是为了不教”的理解

这是对教育活动中教育者和受教育者两者之间关系的阐释。在教育活动中，教育者是教育活动的组织者和领导者，他们决定着教育的目的、内容和方法，最终影响教育活动的效果。但教育者的教育活动，只能影响受教育者的发展，不能代替受教育者的发展；受教育者的发展，归根结底取决于受教育者自身的主观能动性。因此，教育者在教育活动中的主导作用首先体现在对受教育者主观能动性的培养上。随着受教育者的知识、能力的增长，受教育者的主观能动性在教育活动中表现得更为明显，起的作用更大。受教育者可以在越来越大的程度上主动地、自觉地汲取知识和进行品德修养。正是在这一意义上，人们说“教是为了不教”。

五、教育的形态

从教育系统自身的标准出发，我们可以将教育形态划分为非制度化的教育与制度化的教育；

从教育系统赖以运行的空间标准出发，我们可以将教育形态划分为学校教育、家庭教育和社会教育；

从教育系统赖以运行的时间标准出发，我们可以将教育形态划分为原始社会教育、古代社会教育、现代社会教育。

真题再现

1.【2018 年上半年　中】教育具有自身的特点和规律，对政治经济制度和生产力有能动作用，这说明教育具有(　　)。

A. 历史性　　B. 阶段性　　C. 社会生产性　　D. 相对独立性

答案：D

2.【2018 年下半年　中】旧的社会制度下可能出现新教育的萌芽，而新的社会制度下也可能存在旧教育的延续。这种现象表明教育发展具有(　　)。

A. 相对独立性　　B. 历史局限性　　C. 社会制约性　　D. 社会能动性

答案：A

3.【2015 年上半年　中】教育活动与其他社会活动最根本的区别在于(　　)。

A. 是否有目的地培养人　　B. 是否促进人的发展

C. 是否促进社会的发展　　D. 是否具有组织性和系统性

答案：A

解析：教育的本质是有目的地培养人的活动。

4.【2016 年上半年　小】与学校教育相比，家庭教育的特点主要体现为(　　)。

A. 生活性　　B. 计划性　　C. 组织性　　D. 系统性

答案：A

解析：生活性是家庭教育的典型特点。

5.【2016 年下半年　小】学校教育的直接目标是(　　)。

A. 推动社会发展　　B. 增强人的体质　　C. 增进社会公平　　D. 促进人的发展

答案：D

解析：学校教育是由专业人员承担，在专门机构进行的目的明确、组织严密、系统完善、计划性强的以影响学生身心发展为直接目标的社会实践活动。

6.【2019 年上半年　中】教育具有自身发展的规律，在某些方面不一定会随着社会的改变而改变，这反映了教育的哪一特征？(　　)

A. 阶级性　　B. 生产性　　C. 目的性　　D. 相对独立性

答案：D

第二节　教育的起源与发展

【考点分析】

教育的起源、不同教育形态的特点是考核重点，常以选择题、判断题的形式出现，需要考生理解和识记。

【考点内容】

一、教育的起源

(一)神话起源说

这是人类关于教育起源的最古老的观点。

主要观点：教育与其他万事万物一样，都是由人格化的神(上帝或天)所创造的；教育的目的就是体现神或天的意志，使人皈依于神或顺从于天。

这种观点是根本错误的，是非科学的。

(二)生物起源说

代表人物是法国社会学家、哲学家勒图尔诺与英国教育家沛·西能。

主要观点：教育活动不仅存在于人类社会中，而且存在于动物界中；人类社会的教育是对动物界教育的继承、改善和发展；教育的产生完全来自动物的本能需要。

生物起源说是教育学史上第一个被正式提出的有关教育起源的学说，其根本错误在于没有把握人类教育的目的性和社会性，从而没有能区分出人教育行为和动物教育行为之间的差别。

(三)心理起源说

代表人物是美国教育史学家孟禄。

主要观点：原始教育的形态和方法主要是日常生活中儿童对成人的无意识模仿。

该学说看到了模仿在教育中的作用，但将人类的教育简化为儿童对成人的无意识模仿，否认了教育的社会性，也否认了教育是一种自觉有意识的活动。

(四)劳动起源说

代表人物是苏联和我国的教育史学家及教育学家。

主要观点：教育起源于劳动过程中社会生产需要和人的发展需要的辩证统一。

该观点在马克思主义尤其是在历史唯物主义的指导下形成，为人们科学认识教育的起源奠定了基础。

二、教育的历史形态及其特点

(一)原始社会教育的特点

非独立性；原始性；同一性。

(二)古代社会教育的特点

1. 奴隶社会教育的特点

奴隶社会出现了学校教育；学校教育具有鲜明的阶级性；学校教育与生产劳动相脱离；学校教育内容趋于分化和知识化；学校教育制度不健全。

学校教育出现的条件：①经济提供了教育专门化的条件。有一部分人可以脱离生产劳动而专门从事教育和学习活动；脑力劳动和体力劳动有了明显分工，出现了专门从事科学文化活动的积极分子，使人类的间接经验有了相当数量和程度的积累，为学校的产生提供了必要的教学内容。②政治需要成了设立学校的最主要的需要。奴隶主阶级需要专门的教育培养国家机器的管理者和统治阶级的接班人。③文字的出现，为文化的积累和传递提供了脱离主体而独立存在的媒体，促进了教育专门化。

2. 封建社会教育的特点

教育具有等级性、专制性和保守性；学校教育的规模和对象、种类相对扩大和增多。

古代社会学校教育的特点：学校教育基本上与生产劳动相脱离；学校教育为奴隶主阶级和地主阶级所垄断，具有鲜明的阶级性；学校成了统治阶级培养统治人才的场所；学校的教学内容主要是古典人文科学和治人之术；教学的组织形式是个别教学；学校与社会脱离，学生的思想和生活被囿于狭小的天地里，学校教育具有封闭性。

(三)现代社会教育的特点

1. 现代社会教育的共同特点

学校教育逐步普及；教育的生产性逐步增强；教育的公共性日益突出；教育制度逐步完善。

2. 资本主义教育的特点

实现了义务教育的普及；教育的目的在于既要培养和选拔资产阶级的统治人才，又要给予广大劳动人民一定的科学文化知识；建立了现代学校制度；课程结构、课程内容得到了不断调整，尊重学生学习积极性等新的教学方法不断出现。

3. 社会主义教育的特点

教育第一次从剥削、统治人的工具变为消灭剥削和压迫的工具；教育第一次从社会制度上为促进社会发展的功能与促进个人发展的功能的协调提供了条件；教育内容的思想性与科学性实现了统一；学校教育与社会教育等校外教育保持一致。

4. 20 世纪 60 年代以来现代社会教育的特点

教育终身化；教育国际化；教育全民化；教育民主化；教育信息化；教育个性化；教育的可持续发展。

真题再现

1.【2015 年下半年　小】简述学校教育产生的基本条件。

答案：学校教育产生的条件包括以下几个：第一，社会生产力水平有了一定程度的提高，能为社会提供相当数量的剩余产品，使社会上有一部分人可以脱离生产劳动而专门从事教育和学习活动；第二，脑力劳动和体力劳动有了明显分工，出现了专门从事科学文化活动的积极分子，使人类的间接经验有了相当数量和程度的积累，为学校的产生提供必要的教学内容；第三，文字的出现。

2.【2014 年上半年　中】人类的教育活动与动物的所谓“教育”活动存在本质区别。它主要表现为人类的教育具有(　　)。

A. 延续性　　B. 模仿性　　C. 社会性　　D. 永恒性

答案：C

解析：教育的本质是一种有目的地培养人的社会活动，与动物界的本能活动有本质区别。

3.【2014 年上半年　中】在学校教育制度的发展变革历程中，义务教育制度产生于(　　)。

A. 原始社会　　B. 奴隶社会

C. 封建社会　　D. 资本主义社会

答案：D

解析：资本主义社会开创了义务教育制度。德国于 1763 年做出了普及义务教育的决定，是世界上最早普及义务教育的国家。

4.【2016 年下半年　中】美国学者孟禄根据原始社会没有学校、没有教师的史实，断定教育起源于儿童对成人的无意识模仿，这种观点被称为(　　)。

A. 交往起源论　　B. 生物起源说

C. 心理起源说　　D. 劳动起源说

答案：C

解析：认为教育起源于原始社会儿童对成人的无意识模仿的学说是心理起源说，其代表人物是美国学者孟禄。

5.【2016 年下半年　小】教育产生的根本原因是(　　)。

A. 社会经济发展的需要　　B. 国家政权稳定的需要

C. 人类文化传承的需要　　D. 人类生存发展的需要

答案：D

解析：人类对自身生存和发展需要的满足便是教育产生的最根本的原因，也是教育作为人类社会中具有永恒意义的范畴的根本原因。

第三节　教育学的产生与发展

【考点分析】

教育学的研究对象、教育学发展各阶段的代表人物及其主要著作和观点是考核重点，常以选择题的形式出现，需要考生理解和识记。

【考点内容】

一、教育学的含义

教育学是一门研究教育现象和教育问题并揭示教育规律的科学。

研究对象是教育现象和教育问题。

研究任务或目的是通过分析教育现象和教育问题、揭示教育规律，构建教育学的理论体系，并为教育实践提供理论依据。

教育规律与教育方针、教育政策和教育经验的区别与联系如下。

教育规律是不以人们的主观意志为转移的客观的存在，具有客观性、普遍性和稳定性的特点。教育方针和教育政策是一定社会中的人们根据一定的需要制定出来的，具有主观性、区域性和时间性的特点。正确的教育方针、教育政策反映了教育规律，但不能代替教育规律。教育经验是从事教育活动的人们对于教育现象的认识，具有表面性、局部性和个别性的特点。教育经验没有上升到理论高度之前，是不可能阐明教育规律的。

二、教育学的产生与发展

(一)教育学的萌芽阶段

在此阶段，教育学还没有从哲学、政治学、伦理学等学科中分化出来。关于教育的论述都是夹杂在政治学著作、哲学著作中的，且停留于经验的描述，缺乏科学的理论分析，没有形成完整的体系。

代表人物：中国古代的孔子、孟子、荀子、朱熹等，西方的柏拉图、亚里士多德、昆体良等。

孔子的教育观点集中体现在《论语》中。孔子充分肯定教育在人的发展中的作用，认为“性相近，习相远也”，主张“有教无类”，希望把人培养成“贤人”或“君子”。他提出了一系列的教学原则和方法，如“不愤不启，不悱不发”“学而不思则罔，思而不学则殆”“学而时习之”“君子耻其言而过而行”“其身正，不令而行；其身不正，虽令不从”及因材施教等。

孟子提出“性善论”，主张教育的目的在于“明人伦”，培养君子。

荀子提出“性恶论”，认为教育的作用在于“化性起伪”，即通过教育和学习来改变人的本性，使人形成适应社会生活的道德品质。

墨子提出“人性素丝说”，认为人的品行“染于苍则苍，染于黄则黄”，强调教育和环境在人的发展中的作用；墨子以“兼爱”和“非攻”为教，同时注重文史知识的掌握和逻辑思维能力的培养，还注重实用技术的传习；墨子还提出了判断言谈是非的三条标准，即“三表法”：“上本之于古者圣王之事”“下原察百姓耳目之实”“废(发)以为刑政，观其中国家百姓人民之利”。

道家主张“道法自然”，认为一切顺其自然便是最好的教育。

战国末期的《学记》是我国也是世界上最早的一部专门论述教育问题的著作，相传由儒家思孟学派撰写，比国外最早的教育著作、古罗马教育家昆体良写的《论演说家的培养》一书早300多年。《学记》是我国古代教育经验和儒家教育思想的高度概括，对教育的作用、古代学校教育制度和视导制度、教育教学的原则和方法以及师生关系等问题做了精辟论述。

《学记》提出：“化民成俗，其必由学”“建国君民，教学为先”。它揭示了教育的重要性及教育与政治的关系；设计了从基层到中央的完整的教育体制，提出了严密的视导和考试制度；主张课内与课外相结合，臧息相辅；提出了教学相长的辩证关系和“师严然后道尊”的教师观；在教学方面，提出了“教学相长”“及时而教”“道而弗牵，强而弗抑，开而弗达”“学不躐等”等教学原则。

荀子的《劝学》、韩愈的《师说》、朱熹关于读书方法的语录、颜元的《存学篇》等，对师生关系、如何读书和学习都做了精辟的论述。朱熹根据个体心理和生理发展的特性，把教育分成“小学”和“大学”两个阶段。朱熹还提出了著名的“朱子读书六法”——循序渐进、熟读精思、虚心涵泳、切己体察、着紧用力、居敬持志。

苏格拉底是古希腊著名的哲学家、思想家和教育家。他提出了著名的苏格拉底教学法，即“产婆术”。这是一种教师和学生共同讨论和辩论的方法，分为讽刺、定义、助产术三步。这一方法为启发式教学奠定了基础。

柏拉图是古希腊哲学家，其教育思想散记在他的政治学著作《理想国》一书中。柏拉图在《理想国》中提出了一项比较系统的教育制度，规定了不同阶级的教育内容。他重视早期教育，是“寓学习于游戏”的最早倡导者。

亚里士多德是古希腊百科全书式的哲学家。他认为教育的最高目的就是追求理性；提出了“灵魂说”，将人的灵魂分为植物、动物和理性三个部分；首次系统阐述了体育、德育、智育、美育和谐发展的教育思想，并首次提出了“教育遵循自然”的教育原则，把儿童和青少年的生理特点作为实施教育的依据。

古罗马教育家昆体良是西方教育史上第一个专门论述教育问题的教育家。他的《论演说家的培养》比较系统地论述了有关儿童教育的问题，被称为世界上第一本研究教学法的书，也是国外第一本教育专著。

(二)教育学的独立形态阶段

17世纪以后，资产阶级教育家为了阐明他们的教育主张，总结教育方面的经验，写出了一些教育著作。体系比较完整的教育学出现了，标志着教育学逐渐成为一门独立的学科。

英国哲学家培根作为“近代实验科学的鼻祖”提出了实验的归纳法，并将其看成是获得真正知识的必由之路，为后来教育学的发展奠定了方法论基础。此外，1623年，培根还首次把教育学作为一门独立的科学提了出来，与其他学科并列。

1632年，捷克教育家夸美纽斯写出了《大教学论》。这是近代最早的一部教育学著作。他从民主主义的“泛智”思想出发提出了普及初等教育，主张建立适应学生年龄特征的学校教育制度，论证了班级授课制度，规定了广泛的教学内容，提出了教学的便利性、彻底性与迅捷性的原则，高度评价了教师的职业——太阳底下最光辉的职业，强调了教师的作用。

1762年，法国启蒙思想家卢梭出版了小说体教育名著《爱弥儿》，系统阐述了他的自然主义教育思想。卢梭开拓了以研究个体生长发展与教育的相互关系为主题的研究领域，从而引起了教育思想家和理论家从教育对象的角度对儿童进行深入的了解和研究，促进了近现代教育思想的变革。

1776—1787年，德国哲学家康德曾先后四次在哥尼斯堡大学讲授教育学，他是较早在大学开设教育学讲座的教授。

德国哲学家、教育家赫尔巴特于1806年出版了《普通教育学》，这是一本自成体系的教育学著作，标志着教育学已经成为一门独立的学科。该书较全面地论述了教育中德、智、体各育的一些根本问题，并第一次提出在伦理学基础上建立教育目的论，在心理学基础上建立教育方法论。在西方教学史上，赫尔巴特第一次提出了“教育性教学”的概念，形成了传统教育的课堂中心、教材中心、教师中心。赫尔巴特被认为是“现代教育学之父”或“科学教育学的奠基人”。

英国教育家洛克的《教育漫话》，提出了著名的“白板说”，系统地阐述了绅士教育理论。

瑞士教育家裴斯泰洛齐开启了教育理论在初等教育领域里的运用，第一次建立了分科教学法，并开创了师范教育的先河。他明确提出“使人类教育心理学化”的口号，对于推动教育活动科学化及教育学的诞生都起到了重要作用。他的教育思想集中体现在其著作《林哈德与葛笃德》《葛笃德怎样教育他的子女》中。

（三）教育学的多样化阶段

19世纪50年代以来，世界上出现了各种各样的教育学，教育科学迅速发展起来。

斯宾塞是英国的实证主义者，他于1861年出版的《教育论》集中体现了其教育思想。他提出教育的任务是教导人们为完满生活做准备，强调实用学科的重要性；重视体育，主张在教学方法上启发学生学习的自觉性，反对形式主义的教学。斯宾塞的实科教育思想反映了19世纪资本主义大工业生产对教育的要求，具有明显的功利主义色彩。

20世纪初世界上出现了实验教育学。代表人物和代表作有：德国教育家梅伊曼的《实验教育学入门讲义》《实验教育学纲要》，以及拉伊的《实验教育学》。他们反对思辨的教育学，强调进行定量研究。但过于量化的研究，不能涵盖教育学的全部问题。

19世纪末20世纪初，美国出现了实用主义教育学。实用主义教育学的代表人物是杜威，其代表作是1916年出版的《民主主义与教育》。杜威提出了“教育即生活”“教育即生长”“教育即经验的连续不断的改组和改造”“做中学”“学校即社会”等新的教育思想，借以实现其民主理想；在批判传统教育的课堂中心、教材中心、教师中心的基础上提出了新的三个中心——活动中心、儿童中心和经验中心，这是其“儿童中心”教育思想的集中体现。杜威的“儿童中心”教育就是解放儿童的教育，是教育的现代转向的重要体现，是传统教育转向现代教育的重要标志。自杜威的教育学说提出以后，西方教育学领域便出现了以赫尔巴特为代表的传统教育学派和以杜威为代表的现代教育学派的对立局面。

俄国十月革命以后，形成了一系列用马克思主义原理和方法研究社会主义教育的成果。例如，1939 年出版的以凯洛夫为总主编的《教育学》，继承了 17—19 世纪欧洲的传统教育思想，重视系统知识的教育，强调教师的主导作用和课堂教学。

在我国，自 1901 年王国维翻译日本立花铣三郎所讲授的《教育学》以来，学者翻译介绍和自主创编了多部教育学著作，如孟宪承的《教育概论》、杨贤江的《新教育大纲》等。其中，杨贤江的《新教育大纲》是我国第一本以马克思主义观点论述教育的著作。

蔡元培是我国近现代著名的民主革命家和教育家，为在我国建立资产阶级的教育体制，尤其是为改革和发展我国的高等教育事业做出了重要贡献。1912 年，蔡元培发表了教育论文《对于新教育之意见》，系统提出了“五育并举”的思想，即军国民教育、实利主义教育、公民道德教育、世界观教育和美感教育。蔡元培主张大学应该成为研究高深学问的学府，并以此为指导思想对北京大学进行了改造。此外，他还主张教育独立。

黄炎培是我国职业教育的先驱。他提出了著名的“使无业者有业，使有业者乐业”的职业教育理论；提出了“手脑并用”“做学合一”“理论与实际并行”“知识与技能并重”等职业教育的基本教学原则：倡导“学无不用之成材，社会无不学之执业，国无不教之民，民无不乐之生”的“大职业教育主义”思想。黄炎培所倡导的“敬业乐群”“利居众后，责在人先”的职业道德教育，至今仍有现实意义。

晏阳初被誉为“国际平民教育之父”，是享誉国内外的平民教育家、乡村改造运动的倡导者和实践家。在乡村教育实践中，他提出了四大教育(文艺教育、生机教育、卫生教育和公民教育)以及三大方式(学校式、家庭式和社会式)，认为要实施四大教育必须采用三大方式。他还主张知识分子要到乡村去，为农民办教育，要“化农民”必须先“农民化”。

陶行知是我国现代教育史上著名的人民教育家，被宋庆龄誉为“万世师表”。他提出了生活教育理论，认为“生活即教育”，主张将人类的生活作为教育内容，要在生活实践中进行教育；认为“社会即学校”，主张把学校里的一切延伸到大自然界中；强调学做结合，倡导“教学做合一”。

陈鹤琴是我国现代幼儿教育事业的开拓者，是著名的儿童教育家，是“中国的福禄培尔”。他的教育思想的核心是“活教育”。“活教育”的目的是“做人，做中国人，做现代中国人”，达到这一目的的条件是要具备健全的身体，要有建设的能力，要有创造的能力，要有合作的态度，要有服务精神。“活教育”的教学不重视班级授课制，而重视室外活动，重视生活体验。陈鹤琴的“活教育”是针对当时中国教育的传统弊端，即空谈理论、教学脱节、学生缺乏创造性且没有动手能力提出的，在当时具有进步意义，而且对当前的教育改革仍富有指导意义。

(四)教育学的理论深化阶段

20 世纪 60 年代以来，世界范围内的教育改革促进了教育学的发展。同时，教育学与其他学科相互渗透，且受到控制论、信息论、系统论、复杂科学等思想方法的影响，在理论上愈益深化。

1956 年，美国心理学家布卢姆制定了教育目标的分类系统，把教育目标分为认知目标、情感目标和动作技能目标三大类，每类目标又分为不同的层次。布卢姆的教育目标分类系统，可以帮助教师更加细致地去确定教学目标和任务，为人们观察教育过程、分析教育活动和进行教育评价提供了一个框架。

20 世纪 60 年代，美国教育心理学家布鲁纳出版了《教育过程》这本著作。他重视学科基本结构，认为只要学科结构与儿童的认知结构相适应，则“任何学科的基本原理都可以用某种形式，教给任何年龄的任何儿童”。他重视学生学习能力的培养，大力倡导发现学习。

1975 年，苏联教育家心理学家、教育家赞可夫的《教学与发展》一书出版。他强调教学应走在学生发展的前面，促进学生的一般发展。

此外，苏联教育家巴班斯基的《教学过程最优化》系列著作，将系统论的方法引进教学论的研究，是对教学论的进一步科学化的新探索。

真题再现

1.【2018 年下半年　中】为了大面积提高教学质量，苏联教育家巴班斯基将系统论的方法引入教育改革，提出的教育理论是(　　)。

A. 教育过程最优化理论　　B. 最近发展区理论

C. 建构主义教学理论　　D. 范例教学理论

答案：A

2.【2017 年下半年　中】提出“泛智”教育学思想、探讨“把一切事物教给一切人类的全部艺术”的教育家是(　　)。

A. 夸美纽斯　　B. 赫尔巴特　　C. 赞可夫　　D. 布鲁纳

答案：A

解析：在西方教育史上，夸美纽斯在《大教学论》中提出了“泛智”思想，探讨“把一切事物教给一切人类的全部艺术”。

3.【2017 年上半年　中】在教育史上，重视实科教育、主张学生学习的自觉性、强调教育为完美生活做准备的教育家是(　　)。

A. 夸美纽斯　　B. 赫尔巴特　　C. 斯宾塞　　D. 杜威

答案：C

解析：斯宾塞是 19 世纪英国著名的教育理论家，其代表作是《教育论》，其教育观点包括以下两点——①教育目的是为未来完美生活做准备，因此，他明确要求必须教给学生有价值的知识；②主张用实践的方法研究知识的价值，强调实用学科的重要性。

4.【2017 年上半年　中】明确提出“长善救失”“教学相长”“不陵节而施”“臧息相辅”等重要思想的文献是(　　)。

A.《论语》　　B.《学记》　　C.《孟子》　　D.《大学》

答案：B

解析：《学记》是我国也是世界上最早的论述教育教学的论著。文中明确提出了“长善救失”“教学相长”“不陵节而施”“臧息相辅”等重要思想。

5.【2017 年上半年　中】古希腊哲学家苏格拉底创立了“产婆术”。它体现的主要教学方法是(　　)。

A. 讲授法　　B. 讨论法

C. 谈话法　　D. 演示法

答案：B

第四节　教育学的基本研究方法

【考点分析】

观察法、调查法、历史法、实验法及行动研究法是教育学的基本研究方法。各种方法的基本含义、运用要求是考核重点，常以选择题的形式出现，注重理解。

【考点内容】

一、观察法

观察法是指研究者在自然条件下，通过感官或借助于一定的科学仪器，有目的、有计划地对研究对象进行系统考察，从而获取经验事实的研究方法。

观察法的运用要求：观察要有明确的目的；观察应在自然状态下进行；观察者应客观全面地记录观察的材料；观察者应及时处理观察的记录材料，将观察到的现象材料系统化、本质化，提高观察的信度和效度。

二、调查法

调查法是指研究者通过问卷调查、访谈等方式，有目的、有计划地搜集研究对象的有关资料，对取得的第一手资料进行整理和分析，从而揭示事物的本质和规律，寻求解决实际问题的方案的研究方法。

调查法的运用要求：确定好调查目的；选择适当的调查对象；拟出调查提纲，计划好调查的步骤和方法；对调查资料进行整理分析并得出恰当的结论。

常用的调查法包括问卷法和访谈法。

问卷法的运用要求：问卷卷首应有简短的文字说明调查的目的与填写方法；问卷题目必须十分明确；问题不宜过多。

访谈法的运用要求：研究者的态度要谦逊诚恳、平易近人，要善于引导对方围绕研究的问题自由地发表意见。

三、历史法

历史法是指研究者从事物发生和发展的过程中去考察事物以弄清它的实质和发展规律的方法。

历史法的步骤：搜集史料—对史料进行鉴别—对史料进行分类。

历史法的运用要求：要坚持全面分析的方法；要把历史分析和阶级分析结合起来；要正确处理批判与继承的关系。

四、实验法

实验法是指研究者根据对改善教育问题的设想创设某种环境并控制一定条件所进行的一种教育实践活动，包括自然实验法和实验室实验法。

实验法的运用要求：研究者在实验前应做出周详的方案，进行科学的预测和假定；实验过程中要及时实事求是地进行记录，并长期地保存好记录；实验结束时应写出详细的报告。

五、行动研究法

行动研究法是一种适应小范围教育改革的具有探索性的研究方法，其目的不在于建立理论或归纳规律，而在于系统地、科学地解决实际问题。

行动研究法的基本结构框架：在总目标的指引下，经历预诊、提出问题、收集与讨论信息、拟订具体计划、行动(实施计划)、评价总结和再诊断等步骤，解决实践中的一个个具体问题，并在整体上形成多重反馈体系。

行动研究法的适应范围：行动研究法特别适用于中、小规模课程研究与改革以及对具体教育结构的整体性考察，还可用于教学方法和程序的改进、行为管理和控制、教师组织行政工作效率的提升、教师工作态度与价值观的调查等方面的研究。

真题再现

1.【2018 年下半年　小】在教育研究中，访谈法与问卷法相比(　　)。

A. 更具客观性　　B. 更有利于做大样本研究

C. 更易对数据进行编码处理　　D. 更有利于对问题进行深层次研究

答案：D

2.【2017 年下半年　小】简述访谈法的基本步骤。

答案：1. 选择访谈对象；2. 准备访谈提纲和访谈计划；3. 正式访谈，包括初步接触、进行提问、注意记录和结束访谈。

3.【2017 年上半年　小】将观察法分为系统观察和非系统观察的依据是(　　)。

A. 观察条件是否有人为控制　　B. 观察活动是否有规律

C. 观察者是否直接介入活动　　D. 观察内容是否经过设计并有结构

答案：B

解析：根据有无人为干预和控制情境条件，观察法分为自然观察法和实验室观察法；根据观察者是否直接参与式观察对象的活动，观察法分为参与式观察和非参与式观察；根据是否有明确的观察项目，观察法分为结构式观察和非结构式观察(结构式观察是指观察者根据事先设计好的观察提纲并严格按规定内容和计划所进行的可控性观察)；根据观察活动的进行是否有规律，观察法分为系统观察和非系统观察等。故此题选 B。

4.【2012 年上半年　中】在教育调查研究中，为获取相关资料而对一所学校或一个学生进行专门调查属于(　　)。

A. 全面调查　　B. 重点调查　　C. 抽样调查　　D. 个案调查

答案：D

解析：个案调查法是指采用各种方法搜集有效、完整的资料，对单一对象进行深入细致研究的方法。

能力提升训练题

一、单项选择题

1. 古代西方教育中强调身心和谐发展的是（　　）。

A. 雅典教育　B. 斯巴达教育　C. 世俗教育　D. 骑士教育

2. 对教育的等级化、特权化和专制化予以否定的现代教育特征是（　　）。

A. 教育的民主化　B. 教育的多元化　C. 教育的终身化　D. 教育的全民化

3.“教育不能停止在儿童期和青年期，只要人活着，就应该是持续的。教育必须以这样的做法来适应个人和社会的连续要求。”这段话体现的教育思想是（　　）。

A. 全民教育思想　B. 终身教育思想　C. 特殊教育思想　D. 精通教育思想

4. 明确提出“长善救失”“教学相长”“不陵节而施”“藏息相辅”等重要思想的文献是（　　）。

A.《论语》　B.《学记》　C.《孟子》　D.《大学》

5. 20 世纪 30 年代，美国出现了以巴格莱、坎德尔、芬尼和布里格斯等人为代表的教育思想流派，其理论主张与进步教育相对立。这一教育思想流派是（　　）。

A. 要素主义教育　B. 改造主义教育　C. 存在主义教育　D. 永恒主义教育

6.《论语》提出的“有教无类”体现了（　　）。

A. 教育均衡思想　B. 教育公平思想　C. 启发性教学思想　D. 以身立教思想

7.“不愤不启，不悱不发”见于（　　）。

A.《大学》　B.《中庸》　C.《论语》　D.《学记》

8. 人性论是确定教育观的理论基础。很多教育家和思想家都对人性问题发表过自己的见解，并提出了相应的教育理论。其中主张“性善论”的是（　　）。

A. 孔子　B. 孟子　C. 荀子　D. 韩非子

9. 在人类历史上，最早出现的专门论述教育问题的著作是我国的（　　）。

A.《论语》　B.《劝学》　C.《师说》　D.《学记》

10. 夸美纽斯在（　　）中提出了“班级授课制”。

A.《普通教育学》　B.《大教学论》　C.《教育论》　D.《教学与发展》

11.（　　）明确提出“使人类教育心理学化”的口号，为近代教育学的创立做出了贡献。

A. 洛克　B. 裴斯泰洛齐　C. 卢梭　D. 亚里士多德

12. 提出“人类之所以千差万别，便是由于教育之故”的是以“白板说”著称的教育家（　　）。

A. 夸美纽斯　B. 卢梭　C. 洛克　D. 马卡连柯

13. 以教师为中心、以教材为中心、以课堂为中心反映了（　　）。

A. 传统教育思想　B. 现代教育思想

C. 古代教育思想　D. 近代教育思想

14. 德国教育家赫尔巴特在《普通教育学》中提出的教学过程阶段是(　　)。

A. 模仿、理论、联系　　B. 明了、联想、系统、方法

C. 困难、问题、假设、验证、结论　　D. 分析、综合、联系、系统、方法

15. 被称为“活的教育学”的著作是(　　)。

A.《给教师的建议》　　B.《把整个心灵献给孩子》

C.《教学与发展》　　D.《大教学论》

16. 教育的本质属性是(　　)。

A. 传授知识　　B. 传承文化

C. 培养人才　　D. 服务社会

17. 我国唐朝中央官学的“六学二馆”鲜明地体现了封建社会教育的(　　)。

A. 阶段性　　B. 等级性　　C. 传统性　　D. 垄断性

18. 首次系统阐述了体育、德育、智育、美育和谐发展这一教育思想的教育家是(　　)。

A. 苏格拉底　　B. 柏拉图　　C. 亚里士多德　　D. 裴斯泰洛齐

19. 教师通过记录课外活动中学生的攻击行为来研究攻击和性别的关系，这种研究方法是(　　)。

A. 个案法　　B. 实验法　　C. 调查法　　D. 观察法

20. 西方教育史上，提出“泛智教育”和普及初等教育的主张，并对班级授课制做出系统阐述的著作是(　　)。

A. 柏拉图的《理想国》　　B. 昆体良的《论演说家的教育》

C. 夸美纽斯的《大教学论》　　D. 赫尔巴特的《教育学》

21. 孔子曰：“上好礼，则民莫敢不敬；上好义，则民莫敢不服；上好信，则民莫敢不用情。夫如是，是四方之民襁负其子而至矣，焉用稼!”这段话表明孔子的施教内容(　　)。

A. 具有责任性　　B. 脱离社会生产　　C. 具有全面性　　D. 结合社会生产

22. 教育是新生一代的成长与社会生活延续和发展不可缺少的手段，为一切人和一切社会所必需，并与人类社会共始终。这表明教育具有(　　)。

A. 永恒性　　B. 历史性　　C. 阶段性　　D. 生产性

23. 在教学理论著述中，强调学科的基本结构要与儿童的认知结构相适应、重视学生能力培养、主张发现学习的专著是(　　)。

A.《普通教育学》　　B.《大教学论》

C.《教育过程》　　D.《论教学过程最优化》

24. 否定教育自身的发展规律，割裂教育的历史传承，把教育当作政治、经济的附庸。这样的观念违背了教育的哪一特征？(　　)

A. 生产性　　B. 永恒性

C. 相对独立性　　D. 工具性

25. 教育与人类社会共始终，为一切人和一切社会所必需，是新生一代的成长与社会生活延续和发展不可缺少的手段。这表明教育具有(　　)。

A. 阶级性　　B. 历史性　　C. 永恒性　　D. 平等性

26. 李老师为研究近年来我国小学教育的发展状况，需要收集有关信息，最可靠的信息来源是(　　)。

A. 教育论文　B. 教育年鉴　C. 教育辞书　D. 教育著作

27. 我国最早记载和阐释孔子“不愤不启，不悱不发”教学思想的著作是(　　)。

A.《学记》　B.《论语》　C.《大学》　D.《孟子》

28. 教育史上的传统教育派与现代教育派的代表人物分别是(　　)。

A. 夸美纽斯和布鲁纳　B. 夸美纽斯和杜威

C. 赫尔巴特和布鲁纳　D. 赫尔巴特和杜威

29. 有目的、有计划地对事物或现象进行感知以获取资料的研究方法是(　　)。

A. 历史法　B. 问卷法　C. 观察法　D. 文献法

30.“庶”与“富”是“教”的先决条件。首次提出这一观点的教育家是(　　)。

A. 孔子　B. 孟子　C. 荀子　D. 墨子

31. 教育研究主体通过对有意义的教育教学事件的描述与分析进行研究属于(　　)。

A. 经验研究法　B. 调查研究法　C. 行动研究法　D. 叙事研究法

32. 在古代，中国、埃及和希腊的学校主要采用的教学组织形式是(　　)。

A. 个别教学　B. 复式教学　C. 分组教学　D. 班级教学

33.“学而不思则罔，思而不学则殆”这句话出自(　　)。

A.《学记》　B.《论语》　C.《大学》　D.《师说》

34. 在教育研究中，透过单向玻璃进行的隐蔽性观察属于(　　)。

A. 显性观察　B. 参与性观察　C. 隐性观察　D. 非参与性观察

35.“现在，我们教育中将引起的改变是重心的转移……在这里儿童变成了太阳，教育的一切措施要围绕他们而组织起来。”这一儿童中心理念出自教育家(　　)。

A. 洛克　B. 康德　C. 杜威　D. 培根

36. 国外最早的教育学著作是(　　)。

A.《理想国》　B.《政治学原理》

C.《论雄辩家》　D.《论演说家的培养》

37. 在教育研究中，通过考察事物发生和发展的过程，揭示其本质和发展规律的研究方法是(　　)。

A. 调查法　B. 访谈法　C. 历史法　D. 实验法

38. 在我国，最早把“教”和“育”连在一起使用的是(　　)。

A. 孔子　B. 孟子　C. 荀子　D. 老子

39. 提出“不愤不启，不悱不发”的中国古代教育家是(　　)。

A. 孔子　B. 孟子　C. 荀子　D. 墨子

40. 某中学教师围绕中学生网络成瘾问题，采用问卷、谈话、座谈等形式收集资料，并对所获得的资料进行定量、定性分析，找出中学生网络成瘾的原因并提出建议的研究方法属于(　　)。

A. 调查法　B. 观察法　C. 实验法　D. 个案研究法

41. 古希腊斯巴达的教育目的是培养(　　)。

A. 演说家　B. 智者　C. 军人和武士　D. 全面和谐发展的人

42. 下列关于教育要素表述不正确的是(　　)。

A. 不同类型和不同层次的教育均包括教育者、学习者和教育影响三个基本要素

B. 教育者是教育活动中以教为职责的人，有知识的人都可以成为教育者

C. 学习者的学习是一种高度个性化的活动

D. 教育形态的多样化是教育要素的变化及其结合造成的

二、辨析题

1. 我国古代学校教育的主要内容“六艺”包括“礼、乐、射、易、书、数”。

2. 一次考试失利让李东很沮丧。李东回家时偶遇邻居张阿姨并得到张阿姨的安慰鼓励，这使得李东振作起来。我们可以称张阿姨为李东的“教育者”。

3. 广义的教育是指教育者根据一定社会的要求，有目的、有计划、有组织地对受教育者的身心施加影响的活动。

4. 教育是在一定的社会背景下发生的促使个体社会化和社会个性化的实践活动。

5. 上课听讲、师傅带徒弟、母鸡带小鸡都是教育现象。

6. 道家的教育思想主张“道法自然”，这与西方的自然主义教育思想是一致的。

7. 教育的终身化和全民化理念是当代社会指导教育改革的基本概念。

8. 教育现代化就是指学校教育设备和信息载体的现代化。

9. 春秋时期的《学记》是罕见的世界教育思想遗产。

10.《论语》提出了“教学相长”“因材施教”等教育思想，对中国教育产生了巨大影响。我们可以把它看作一部较为完善的教育学论著。

11. 1632 年夸美纽斯发表的《大教学论》标志着规范教育学的建立。

参考答案

一、单项选择题

1. A　解析：古代雅典商业发达，其教育不仅强调体育和道德教育，也重视智育和美育。斯巴达是个农业国家，为实现对奴隶的统治，重视体育训练。世俗教育和骑士教育出现在西方封建社会。

2. A　3. B　4. B　5. A　6. B　7. C　8. B　9. D　10. B

11. B　解析：瑞士教育家裴斯泰洛齐明确提出了“使人类教育心理学化”的口号，对于推动教育活动科学化及教育学的诞生都起到了重要作用。

12. C　解析：英国教育家洛克提出了“白板说”及绅士教育理论。

13. A　解析：教师中心、教材中心、课堂中心是赫尔巴特提出的三中心，属于传统教育思想。

14. B　解析：赫尔巴特按照心理活动的规律对教学过程进行了分析，提出了“明了、联想、系统、方法”教学过程四阶段说。

15. A　解析：苏霍姆林斯基的《给教师的建议》被称为“活的教育学”。

16. C　解析：教育的本质是一种培养人的社会活动。

17. B　解析：唐朝的“六学二馆”鲜明地体现了教育的等级性。

18. C　19. D

20. C　解析：在西方教育史上，夸美纽斯在《大教学论》中提出了“泛智论”思想，

并系统阐述了一系列教学原则及班级授课制。

21. B　解析：题干所说表明孔子的教学内容脱离社会生产。

22. A　解析：教育与人类社会伴随始终，说明教育具有永恒性。

23. C　解析：《教育过程》一书由布鲁纳所写，被誉为“现代最主要的、影响最大的教育著作之一”。

24. C　解析：教育的相对独立性是指教育相对于政治、经济、文化，有其自身的独立性。教育的相对独立性，主要表现在三个方面：一是教育具有自身的继承关系；二是教育要受其他社会意识形态的影响；三是教育与社会政治经济发展不平衡。

25. C　解析：教育与人类社会共始终，是人类社会存在和发展不可或缺的手段，说明教育具有永恒性。

26. B　解析：年鉴是以全面、系统、准确地记述上年度事物的运动、发展状况为主要内容的资料性工具书。它博采众长，集辞典、手册、年表、图录、书目、索引、文摘、表谱、统计资料、指南于一身，具有资料权威性、反应及时性、连续出版、功能齐全的特点，属信息密集型工具书。

27. B　解析：“不愤不启，不悱不发”出自《论语》。《论语》主要记录孔子及其弟子的言行，较为集中地反映了孔子的思想，是儒家学派的经典著作之一。

28. D　解析：赫尔巴特是传统教育派的代表人物，杜威是现代教育派的代表人物。

29. C　解析：通过对事物的观察获得研究资料的方法是观察法。

30. A　解析：这是孔子关于教育与社会之间关系的论述。“庶”指充足的人口；“富”指充足的物质条件；人口和经济的发展是教育发展的先决条件。

31. D

32. A　解析：古代采用个别教学组织形式。

33. B　解析：这是《论语》中孔子对学与思之间关系的论述。

34. C

35. C　解析：题干所说观点出自杜威的儿童中心论。

36. D　解析：昆体良的《论演说家的培养》(或《雄辩术原理》)是西方最早的教育专著。

37. C　解析：通过历史法可以深入了解事物发展变化的过程，进而揭示其本质和规律。

38. B　解析：在我国，最早把“教”和“育”连在一起使用的是在《孟子·尽心上》中的“得天下英才而教育之”。

39. A　解析：题干是孔子在《论语》中对启发式教学的论述，要求在教学过程中掌握学生的心理状态，使教学的内容与方法适合学生的接受水平和心理准备条件，以充分调动学生学习的主动性和求知欲。

40. A　解析：题干所运用的方法是调查法。调查法是研究者在教育理论指导下，通过运用问卷、访谈、作品分析、测量等方式，有目的、有计划、系统地收集研究对象的客观资料，进行整理分析后，从中概括出规律性结论的一种研究方法。

41. C　解析：古代雅典的教育目的是培养有文化修养和多种才能的政治家及商人，注重身心和谐发展；古代斯巴达的教育目的是培养忠于统治阶级的军人和武士，强调军事体育训练和政治道德灌输。

42. B　解析：教育者是指对受教育者在知识、技能、思想、品德等方面起到教育作用的人，包括学校教师，教育计划、教科书的设计者和编订者，教育管理人员以及参与教育活动的其他人员，并不是有知识的人都可以成为教育者。

二、辨析题

1. 答案：错误。我国古代学校教育的主要内容“六艺”包括“礼、乐、射、御、书、数”。

2. 答案：正确。凡是能够对受教育者产生影响的人都可以成为教育者。张阿姨相对于李东来说起到了一定的教育作用，是广义的教育者。

3. 答案：错误。有计划、有组织的教育活动一般为学校教育。这是狭义的教育。

4. 答案：正确。这是从个体的角度给“教育”下的定义：教育是在一定的社会背景下发生的促使个体社会化和社会个性化的实践活动。个体社会化是指根据一定社会的要求，把个体培养成为符合社会发展需要的具有一定态度、知识和技能结构的人；社会个性化是指社会的各种观念、制度和行为方式内化到需要、兴趣和素质各不相同的个体身上，从而形成他们独特的个性心理结构。

5. 答案：错误。教育是人类社会所独有的现象，动物界不存在教育。

6. 答案：错误。西方的自然主义教育思想以人为中心，利用人的自然本性，使人的自然本性得到张扬。道家的“道法自然”是要让人完全融入大自然，达到自然与人的统一。因此，两者存在本质差别。

7. 答案：正确。终身化和全民化是20世纪60年代以来教育发展的新特点，也是指导当代教育改革的基本理念。

8. 答案：错误。教育现代化具体包括教育观念现代化、教育内容现代化、教育装备现代化、师资队伍现代化、教育管理现代化等。本题题干所说的教育现代化太过狭隘。

9. 答案：错误。战国后期的《学记》从正反两方面总结了儒家的教育理论和经验，以简洁的语言、生动的比喻，系统地阐述了教育的作用和任务。其中，教育教学的制度、原则和方法，教师的地位和作用，师生关系和同学关系等，是罕见的世界教育思想遗产。

10. 答案：错误。《论语》中虽然有很多关于教育的论述，并对教育的认识有一定的概括和总结，但这种概括和总结还没有形成系统的理论体系，显得比较零散，并不是真正意义上的教育学著作。

11. 答案：错误。1632年夸美纽斯发表的《大教学论》是教育学成为一门独立学科的标志。1806年赫尔巴特的《普通教育学》的出版标志着规范教育学的建立。

第二章　教育功能

【考纲要求】

1. 理解教育的基本功能。

2. 理解教育与人的发展的基本关系，包括教育与人的发展，教育与人的个性形成，以及影响人发展的主要因素——遗传、环境、教育、人的主观能动性等及它们在人的发展中的作用。

3. 理解教育与社会发展的基本关系，包括教育与生产力、教育与政治经济制度、教育与文化、教育与人口等的相互关系。

第一节　教育功能概述

【考点分析】

历年教师资格考试题中偶有出现，一般以选择题的形式呈现，不能忽视。

【考点内容】

一、教育功能的界定

教育功能，简单地说，就是教育所具有的作用，尤其是积极的作用。教育功能就是教育对人的发展和社会的发展所能起到的作用，尤指对人和社会的发展所起到的积极的促进作用。

教育功能在系统内部表现为教育对个体发展的影响和作用，在整个社会系统中表现为教育对社会发展的影响和作用。因此，教育功能是教育活动及系统对个体发展与社会发展所产生的各种影响和作用。

二、教育功能的特征

客观性；

社会性；

多样性；

整体性；

条件性。

三、教育功能的类型

(一)个体功能与社会功能

按教育功能作用的对象划分，我们通常把教育功能分为个体功能与社会功能。个体功能是指教育对个体的生存及发展所产生的影响和作用，也称为教育的本体功能。

离开了这一本体功能，教育就失去了本质。

教育的社会功能是指教育对社会的稳定、运行与发展所产生的影响和作用。现代教育的社会功能包括经济功能、政治功能、文化功能、人口功能、科技功能等。教育是一种社会现象，但不能混同于政治、经济。教育的社会功能是教育本体功能在社会结构中的衍生，是教育的派生功能。

(二)本体功能与派生功能

从教育功能的层次来看，教育功能分为本体功能(基本功能)与派生功能(工具功能)。教育的本体功能是最根本的功能，是教育固有的功能，是由教育的本质和内部功能结构决定的。教育的本质是培养人。

(三)显性功能与隐性功能

按教育功能呈现的形式划分，教育功能分为显性功能与隐性功能。显性功能是指教育活动依照教育的目的、任务和价值期待，在实际运行中所体现的与之相符合的功能。显性功能的主要标志是计划性。隐性功能是指伴随显性功能出现的具有非预期性和较大隐藏性的功能。例如，教师的行为方式对学生潜移默化的影响，学校文化、社会环境对学生发展的影响等，都属于教育的隐性功能。显性功能和隐性功能的区分是相对的，也是可以互相转化、互相利用的。

(四)正向功能与负向功能

按教育作用的性质划分，教育功能可分为正向功能与负向功能。

教育的正向功能(积极功能)是指教育有助于社会进步和个体发展的积极影响和作用。教育的育人功能、经济功能、政治功能、文化功能等往往是指教育正面的、积极的功能。教育的负向功能(消极功能)是指教育阻碍社会进步和个体发展的消极影响和作用。

真题再现

【2017 年下半年　中】社会成员经由教育的培养、筛选和提高，可以在不同的社会区域、社会层次、职业岗位以及科层组织之间转化和调动。这种教育功能是(　　)。

A. 社会流动性功能　B. 文化传递功能　C. 社会改造功能　D. 人口控制功能

答案：A

第二节　教育与人的发展

【考点分析】

高频考点。影响人发展的因素尤其是学校教育因素在历年考题中经常出现，且常以选择题和简答题的形式出现。

【考点内容】

一、人的发展概述

(一)人的发展的含义

广义上，人的发展是指个体从受精卵到生命终结的整个变化过程，狭义上则是指个体从出生到成人的变化过程。普通教育学关注的主要是狭义的发展。

人的发展包括两个方面——身体的发展和心理的发展。人的身体的发展，包括机体的正常生长和发育，体质的不断增强，神经、运动与生殖等系统生理功能的逐步完善。人的心理的发展，是指人的心理方面所发生的积极变化。这些发展变化的对象化则表现为个体知识的扩展、技能的提高、能力的增强、思想品德的不断成熟和个性品质的逐渐形成。

身体的发展与心理的发展是相互依赖、相互促进的。身体的发展为心理的发展提供物质基础，而心理的发展可以调节、促进身体的发展。

(二)人的发展的动因

1. 内发论

内发论者一般强调个体身心发展的力量主要来源于自身的内在需要，由个体内部所固有的自然因素预先决定。内发论又称自然成熟论、预成论、生物遗传决定论等。

2. 外铄论

外铄论者认为：人的发展主要依靠外在力量，诸如环境、其他人的影响和学校教育等；外在力量的影响决定个体身心发展的水平和结果。外铄论又被称为环境决定论、教育万能论或经验论等。

3. 多因素相互作用论

19 世纪末 20 世纪初学界出现了内发论和外铄论的混合体——多因素相互作用论。它主要有两种观点：一种观点认为，人的发展既不是单由遗传决定的，也不是单由环境决定的，而是由遗传和环境共同决定的；另一种观点认为，遗传从孕妇怀孕时起就受环境的影响，个体出生后环境的影响更是无处不在。

实际上，人的发展是多种因素综合作用的结果。个体的身心发展受多种因素的影响，主要包括遗传、环境、教育、人的主观能动性，这四个方面的因素相互联系，共同作用于人的发展。

二、影响人的发展主要因素

(一)遗传

遗传是个体从上代继承下来的生理解剖上的特点，如机体的结构、形态以及感官和神经系统的特点等，同时还包括由遗传基因所控制的身心成熟机制。遗传固然在个体发展中起着重要的作用，但并非起决定性作用。遗传在个体发展中的作用可从以下几个方面加以理解。

第一，遗传只为个体发展提供必要的生物前提和发展的潜在可能性。

第二，遗传的成熟制约着个体发展的过程和阶段。

第三，遗传的差异性会影响到个体发展的差异性。

第四，遗传对个体发展影响的大小与其本身是否符合常态有关。

第五，遗传对人的影响在个体发展的不同阶段有不同作用。

(二)环境

1. 自然环境对人的发展的影响

自然环境影响人的生理和心理。需要注意的一点是，自然环境对人的影响往往是与社会环境共同作用的结果。

2. 社会环境对人的发展的影响

社会环境为人的发展提供外在的客观基础和特定条件，从总体上制约着人的发展状态。任何人的发展都不能脱离他所处的特定的历史时期和社会环境。

(三)教育

从广义上说，教育是社会环境的一部分，但它又是社会环境中特殊的一部分。教育是一种专门创设出来的以促进人的发展为根本目的的环境。学校教育对人的发展具有主导作用。

1. 学校教育对人的发展的主导作用的体现

这种主导作用体现在四个方面：第一，学校教育根据社会对个体的基本要求对个体发展的方向与方面做出社会性规定；第二，学校教育具有加速个体发展的特殊功能；第三，学校教育，尤其是基础教育对个体发展的影响不仅具有即时的价值，而且具有延时的价值，为人的终身发展奠定坚实的基础；第四，学校教育具有开发个体特殊才能和发展个性的功能。学校教育的主导作用是由学校教育的特征决定的。

2. 学校教育的特征

第一，学校教育具有明确的目的性和方向性。

第二，学校教育具有计划性和系统性。

第三，学校教育具有高度的组织性和较强的专门性。

第四，学校教育可控制和利用各种环境因素对人的自发影响。

第五，学校教育具有较强的基础性。

学校教育在个体发展中起主导作用，但是这种主导作用的发挥并不是必然的和绝对的。学校教育既不能超越它所依存的社会条件，又不能违背人的身心发展的客观规律任意决定人的发展。同时，人的发展是多种因素综合作用的结果。对个体而言，学校教育既可以是积极的，也可以是中性的甚至是消极的。教育经验、师资水平、物质条件、学生原有水平以及社会上的各种外在因素都可以影响到学校教育主导作用的发挥。

3. 学校教育发挥主导作用的条件

学校教育要在个体发展中起主导作用，必须满足一定的条件。

第一，从受教育者的角度看，受教育者必须具有可教育性和受教育的主观能动性。

第二，从教育自身的影响条件看，教育必须高质。教育质量的高低主要体现在教育的物质条件、教师素质和教育管理的水平三个方面。

第三，家庭环境必须有利于个体发展。

第四，社会环境必须有利于学校教育的开展和实施。

(四)人的主观能动性

主观能动性是指人的主观意识对客观世界的反映和能动作用。主观能动性是人类所特有的意识性质，不同于动物的本能。人的主观能动性从意识层面来说，体现为人的需要、动机、目的等主观积极性；从外在表现来看，则表现为人的活动的自觉性。人的主观能动性是促进个体发展从潜在可能状态转变为现实状态的决定性因素，是影响和推动个体发展的直接动力。

影响个体发展的四大因素在人的发展中不可或缺，任何一种因素的缺失都会影响到其他因素对个体发展的作用的发挥，从整体上限制和阻碍个体发展。遗传是个体发展的物质基础和前提条件，环境是个体发展的重要影响因素，教育在个体发展中起主导作用，主观能动性是个体发展的内部动力，这些因素共同发挥作用才能有效地促进个体发展。

三、教育对人的地位的提升

(一)教育对人的价值的发现

教育不仅要教给人们知识和技能，而且要教会人们驾驭知识和技能，教会人们怀疑知识和技能，要使人们清醒地认识到知识是为人所用的，而不应该让知识反过来奴役人。

(二)教育对人的潜能的发掘

充分认识人的潜能存在的事实及价值，尽可能地使人的潜能得到发挥，是教育工作者应该努力追求的目标。

(三)教育对人的力量的发挥

教育不仅需要分别培养和发展人的身体之力和精神之力，而且要使人的身心得到和谐发展，使人的身心得到充分发展。

(四)教育对人的个性的发展

个性亦称人格。教育对人的个性的发展的作用主要表现在三个方面。

第一，教育促进人的主体意识的发展。

第二，教育促进人的个体特征的发展。

第三，教育促进人的个体价值的实现。

真题再现

1.【2017 年上半年　中】在不同的时期、地域、民族和阶层中生活的人的思想、品行、才能和习性，无不打上历史、地域、民族和阶层的烙印，表现出很大的差别，这种现象表明的影响人发展的因素是(　　)。

A. 遗传素质　　B. 社会环境　　C. 教育影响　　D. 个体实践

答案：B

2.【2016 年上半年　小】“近朱者赤，近墨者黑”说明在人的身心发展中起决定作用的因素是(　　)。

A. 遗传　　B. 环境　　C. 个性差异　　D. 个人努力

答案：B

3.【2015 年上半年　中】“唯上智与下愚不移”“中而知之”等反映了影响人的发展因素的哪一理论？(　　)

A. 环境决定论　　B. 遗传决定论　　C. 教育万能论　　D. 儿童学理论

答案：B

4.【2017 年上半年　小】简述主观能动性在个体发展中的作用。

答案参见本节内容。

5.【2016年上半年　中】为什么教育对人的发展起主导作用?

答案参见本节内容。

6.【2019年上半年　中】辨析题：教育在人的身心发展中起决定性作用。

答案：这种说法是不正确的。教育是社会环境的一部分，但它是影响人的发展的自觉的、可控的因素。教育，从逻辑上既是特殊的实践，又是特殊的环境。这种特殊性，使得在影响人的发展的因素中，教育对人的发展特别是对年青一代的发展起着主导作用和促进作用。因此，题干的说法是不正确的。

第三节　教育与社会的发展

【考点分析】

本节考点经常出现。

【考点内容】

一、教育与生产力

(一)生产力对教育的制约作用

①生产力的发展制约着教育发展的规模和速度。

②生产力的发展制约着人才的培养规格和教育结构。

③生产力的发展制约着教学内容、教学方法和教学组织形式的发展与改革。

(二)教育对生产力的发展具有促进作用(教育的经济功能)

①教育是劳动力再生产的重要手段。

②教育再生产科学知识。

二、教育与政治经济制度

(一)政治经济制度决定教育的性质

①政治经济制度决定教育的领导权。

②政治经济制度决定受教育权利。

③政治经济制度决定教育目的的性质和思想品德教育的内容。

(二)教育对政治经济制度的影响(教育的政治功能)

①教育能够培养政治人才。

②教育可以促进政治民主。

③教育通过传播思想、形成舆论作用于一定的政治经济。

三、教育与文化

(一)教育与文化是相互依存、相互制约的关系

①教育是一种特殊的文化现象。

②教育与文化具有相互依存、相互制约的关系。

(二)文化对教育的制约作用

①文化影响人们对教育内容的选择。

②文化全面影响人们对教育的目的、地位、作用、内容以及方式方法的看法，从而使教育处处体现一个民族的内在倾向。

(三)教育的文化功能

①传递保存文化。

②传播丰富文化。

③选择提升文化。

④创造更新文化。

四、教育与人口

(一)教育对人口再生产的作用

①教育是控制人口增长的手段之一。

②教育是提高人口质量的基本手段。

③教育具有控制人口数量的社会功能。

(二)人口对教育的制约和影响

①人口数量影响教育的规模、结构和质量。

②人口质量影响教育质量。

③人口结构影响教育结构。

④人口流动对教育提出挑战。

五、教育与科学技术

(一)科学技术对教育的制约作用

①科学技术能够改变教育者的观念。

②科学技术能够影响受教育者的数量和教育质量。

③科学技术可以影响教育的内容、方法和手段。

(二)教育对科学技术发展的作用

①教育能够完成科学知识的再生产。

②教育具有进行科学技术研究的功能。

③教育具有推进科学技术研究的功能。

(三)信息技术与教育

①信息技术改变着人们关于知识的观念。

②信息技术改变着人们关于学习和教育的观念。

③信息技术的日益成熟和普及为实现教育的第三次飞跃提供了平台。

真题再现

1.【2018 年上半年　中】科学知识的再生产有多种途径，最重要的途径是(　　)。

A. 社会生活　　B. 科学实验

C. 生产劳动　　D. 学校教育

答案：D

2.【2017 年下半年　中】近年来，越来越多的“一带一路”沿线国家的留学生来我国学习，并把中国文化带回自己的祖国，这反映了教育具有(　　)。

A. 文化传承功能　　B. 文化创造功能

C. 文化更新功能　　D. 文化传播功能

答案：D

解析：教育就是将文化由一部分人传播给另一部分人的活动。

3.【2017 年上半年　中】"君子如欲化民成俗，其必由学乎。"《学记》中的这句话反映了(　　)。

A. 教育与经济的关系　　B. 教育与科技的关系

C. 教育与政治的关系　　D. 教育与人口的关系

答案：C

解析：这句话的意思是君子想要教化人民形成良好的风俗，只有通过教育，反映了教育与政治的关系。

4.【2016 年下半年　中】一般来说，制约教育发展规模、速度和教育结构的根本因素是(　　)。

A. 生产力发展水平　　B. 政治经济制度

C. 人口数量和质量　　D. 社会意识形态

答案：A

5.【2019 年上半年　中】有人认为教育投资是有效的生产性投资，这种观点主要反映了教育的哪种功能？(　　)

A. 政治功能　　B. 经济功能

C. 文化功能　　D. 生态功能

答案：B

能力提升训练题

一、单项选择题

1. 片面追求升学率易造成教育的荒废，这是教育的(　　)。

A. 正向个体功能　B. 负向个体功能　C. 正向社会功能　D. 负向社会功能

2. 以下属于教育本体功能的是(　　)。

A. 人的培养功能　B. 人口功能　C. 政治功能　D. 经济功能

3."橘生淮南为橘，生于淮北为枳"，这句话反映了(　　)因素对个体发展的影响。

A. 成熟　B. 遗传　C. 教育　D. 环境

4."玉不琢，不成器；人不学，不知义"说的是(　　)对人发展的作用。

A. 遗传因素　B. 社会环境和教育　C. 自然环境　D. 先天因素

5. 个体主观能动性的第一层次的活动是人作为生命体进行的(　　)。

A. 生理活动　B. 心理活动　C. 认识活动　D. 实践活动

6. 当代教育家苏霍姆林斯基在他曾经担任校长的帕夫雷什中学创立了几十个兴趣小组供学生选择。这反映了教育必须适应人身心发展的(　　)。

A. 顺序性　B. 稳定性　C. 可变性　D. 个别差异性

7. 在外部条件大致相同的课堂教学中，每个学生学习的需要和动机不同，教学的态度和行为也各式各样，这反映了(　　)因素对学生身心发展的影响。

A. 遗传素质　B. 家庭背景　C. 社会环境　D. 个体主观能动性

8. 生产力发展水平决定(　　)。

A. 教育的领导权　B. 教育结构的变化　C. 教育的性质　D. 受教育权利

9. 教育具有人口功能、文化功能、经济功能，这些是教育的(　　)。

A. 社会遗传功能　B. 人的培养功能　C. 本体功能　D. 社会功能

10. 党的(　　)把教育和科技列为经济建设的三大战略重点之一。

A. 十二大　B. 十三大　C. 十四大　D. 十五大

11. 美国芝加哥大学教授舒尔茨在《人力资本投资》这本书里提出的核心观点可概括为“有技能的人的资源是一切资源中最为重要的资源，人力资本收益大于物力资本投资的收益”。这一观点深刻地说明着(　　)。

A. 教育的经济功能　B. 教育的文化功能

C. 教育的自然功能　D. 教育的道德功能

12. 提出人力资本理论的学者是(　　)。

A. 布鲁纳　B. 赞可夫　C. 舒尔茨　D. 皮亚杰

13. “建国君民，教学为公”“化民成俗，其必由学”反映了教育与(　　)的关系。

A. 经济　B. 政治　C. 文化　D. 人口

14. (　　)决定教育的领导权。

A. 生产力发展水平　B. 科技发展水平

C. 政治经济制度　D. 文化类型

二、材料分析题

尼克·胡哲天生没有四肢，从小很自卑、孤独。随着他的成长，他在老师和父母的指导下有了很大的成就。

请结合材料分析影响人身心发展的主要因素及其作用。

三、简答题

1. 简述教育的经济功能。

2. 教育对政治经济制度的制约作用表现在哪些方面?

参考答案

一、单项选择题

1. D　2. A　3. D　4. B

5. A　解析：个体主观能动性的第一层次的活动是人作为生命体进行的生理活动。第二层次是个体的心理活动，其中最基本的是认识活动。最高层次是社会实践活动，它具有鲜明的目的性、指向性和程序性，体现了人的主动选择。教育需要非常重视学生主观能动性的发挥。

6. D　7. D　8. B　9. D　10. A　11. A　12. C　13. B　14. C

二、材料题

答案参见本章第二节。

三、简答题

1. 答案：(1)教育能把可能的潜在的生产力转化为直接现实的生产力，是劳动力再生产和提高的重要手段之一；(2)教育是提高经济效益的重要前提；(3)教育是经济发展的重要因素，它能够为社会带来巨大的经济价值；(4)教育还可以生产新的科学知识、新的生产力。

2. 答案：(1)教育能够培养政治人才；(2)教育可以促进政治民主；(3)教育通过传播思想，形成舆论作用于一定的政治经济。

第三章 教育目的

【考纲要求】

1. 掌握有关教育目的的理论。

2. 了解新中国成立后的教育方针，熟悉我国当前的教育方针、教育目的及实现教育目的的要求。

3. 了解全面发展教育的组成部分(德育、智育、体育、美育、劳动技术教育)及其相互关系。

第一节 教育目的概述

【考点分析】

本节内容多以选择题的形式进行考查。历年考试考查的知识点都有有关教育目的的理论。

【考点内容】

一、教育目的的内涵

(一)教育目的含定义

广义的教育目的是指人们对受教育者的期望，即人们希望受教育者通过接受教育在身心诸方面发生什么样的变化，或产生怎样的后果。狭义的教育目的是指国家把受教育者培养成为什么样的人才的总的要求。教育目的是一切教育工作的出发点，教育目的的实现是教育活动的归宿，它贯穿于教育活动的全过程，对教育活动有指导意义。

(二)教育目的的体系

教育目的是一个体系。它与上位层次的教育方针和下位层次的培养目标等是自上而下的相互制约与自下而上的逐级达成关系：

教育方针—教育目的—培养目标—课程目标—教学目标。

二、教育目的的功能

①导向功能。

②选择功能。

③激励功能。

④评价功能。

三、教育目的选择与确立的依据

(一)确立教育目的的客观依据

①教育目的由一定社会的政治经济决定。

②教育目的受一定社会生产力发展水平的制约。

③青少年身心发展的需要会制约教育目的的实施。

(二)确立教育目的的几种不同的价值取向

①个人本位论。

②社会本位论。

③教育无目的论。

④教育目的辩证统一论。

真题再现

1.【2014 年上半年　中】德国教育家凯兴斯坦纳曾提出过“造就合格公民”的教育目的，这种教育目的论属于(　　)。

A. 个人本位论　　B. 社会本位论

C. 集体本位论　　D. 能力本位论

答案：B

2.【2019 年上半年　中】18 世纪法国思想家卢梭认为“儿童的自然”决定教育目的。这种教育目的价值取向属于(　　)。

A. 个人本位论　　B. 社会本位论

C. 国家本位论　　D. 生活本位论

答案：A

3.【2017 年上半年　中】在教育目的的价值取向问题上，主张教育是为了使人增长智慧、发展才能、生活更加充实幸福的观点属于(　　)。

A. 个人本位论　　B. 社会本位论

C. 知识本位论　　D. 能力本位论

答案：A

4.【2016 年上半年　中】辨析题：教育既然是培养人的活动，那么教育目的就只能按照人的发展需求确立。

答案：错误。教育目的的确立除了人自身的发展需求这个因素以外，还要考虑社会的需求。此外，不同教育者的教育思想也应该作为教育目的确立的依据。

5.【2015 年上半年　中】辨析题：教育目的和培养目标是同一概念。

答案：错误。教育目的是一个国家对其各级各类学校的总体要求，即不论初等教育、中等教育、高等教育，还是理、工、农、医、师等，都要按照这个总的要求培养人。而培养目标是根据教育目的制定的某一级、某一类学校或某一个专业人才培养的具体要求，是国家总体教育目的在不同教育阶段或不同类型学校、不同专业的具体化。二者是一般与个别的关系。

第二节　我国的教育目的

【考点分析】

高频考点：全面发展教育的组成部分及其相互关系；我国的教育目的以及教育目的的确立的依据。

【考点内容】

一、新中国成立以来我国的教育目的及其特点

我国教育目的的内涵及其特点可以概括为以下几点。

①教育必须为社会主义现代化建设服务是对教育目的社会主义方向的规定。

②“培养德、智、体、美全面发展的建设者和接班人”是对教育培养的人的素质要求。

③培养“建设者”“接班人”是社会主义教育目的的总要求。

二、人的全面发展教育

(一)马克思关于人的全面发展学说——全面发展教育的理论基础

①人的片面发展的根本原因是社会分工。

②人的全面发展是大工业生产的客观要求，同时大工业生产也为人的全面发展提供了可能性。

③资本主义的绝对矛盾限制了人的全面发展。

④人的全面发展的含义：

人的全面发展就是每个社会成员的智力和体力都尽可能获得多方面的、充分的、自由的和统一的发展。

全面发展的人的量的方面规定性——智力和体力的多方面的发展。

全面发展的人的质的方面规定性——智力和体力的充分的、自由的发展。

全面发展的人的度的方面规定性——智力和体力的统一的发展。

(二)全面发展教育的内涵

关于全面发展教育的内涵及其组成，历来有不同的观点，概括而言，大致有“五育说”“四育说”“三育说”等。“五育说”认为教育由德育、智育、体育、美育、劳动技术教育组成，“四育说”认为教育由德育、智育、体育、美育组成，“三育说”认为教育由德育、智育、体育构成。不过，从实际来看，多数人通常把德育、智育、体育、美育、劳动技术教育作为我国全面发展教育的组成部分。

1. 德育

德育是指培养人的政治思想、道德品质的教育，是指主要向学生传授一定的社会思想准则、行为规范并使其形成相应思想品德的基本活动，是思想教育、政治教育、道德教育、法制教育、健康心理品质教育等方面教育的总称。

德育的基本任务是：培养学生良好的道德品质，使其具有良好的社会公德、文明行为习惯；培养学生正确的政治方向，使其坚持四项基本原则，热爱祖国，热爱人民，

全心全意为现代化建设事业而奋斗；培养学生正确的世界观、人生观，使其形成科学的辩证的思想观点；培养学生健康的心理品质，使其正确认识自己，提高心理素质。

2. 智育

智育是指向学生传授系统的科学文化知识和技能、培养其智力的教育。

智育的基本任务是：帮助学生认识自然规律、社会规律，提高学生分析问题和解决问题的能力，为学生各方面的发展奠定基础；培养训练学生，进一步拓宽学生的文化视野，发展学生的思维能力、想象能力和创造能力；培养学生良好的学习兴趣、习惯与热爱科学的精神。

3. 体育

体育是指向学生传授体育卫生的知识和技能，使学生增强体质，发展其肌体素质和运动能力，使其养成良好的卫生习惯、保健习惯的教育。

体育的基本任务是：指导学生锻炼身体，促进学生身体的正常发育和机能的发展，增强体质，提高健康水平；使学生掌握体育的科学知识和正确的体育锻炼的技能技巧，学会科学的锻炼身体的方法；使学生掌握卫生保健知识，养成良好的卫生保健习惯。

4. 美育

养育是指培养学生的审美观点，发展他们感受美、鉴赏美、创造美的能力的教育。

美育的基本任务是：培养学生的审美观点，使他们具有感受美、鉴赏美以及创造美的能力；培养学生艺术活动的技能，使他们具有审美情趣和高尚情操，使他们形成朝气蓬勃、乐观向上的精神风貌。

5. 劳动技术教育

劳动技术教育简称劳育，即向学生传授现代生产劳动知识和生产技能、培养学生正确的劳动观点、使学生养成良好的劳动习惯的教育。

劳动技术教育的基本任务是：培养学生良好的劳动品质，使学生掌握现代生产基本原理与基本生产技术知识和某种职业技术知识，提高动脑和动手能力，并养成良好的劳动态度和劳动习惯。

德育、智育、体育、美育和劳动技术教育作为全面发展教育的组成部分，既不能相互替代，又不能彼此分割。综上所述，德育、智育、体育、美育和劳动技术教育各有自身的基本任务，不能相互替代，但又是相互联系、相互促进的一个整体。根据各育之间的关系，我们在实践中要避免忽视某一个部分或把每个部分都孤立起来的错误做法，要坚持“五育”并重，使全面发展教育的组成部分有机地结合起来。当然，“五育”并重并不是均衡发展。

真题再现

1.【2013 年上半年　小】学校体育的基本组织形式是(　　)。

A. 体育课　　B. 课外体育锻炼　　C. 体育竞赛　　D. 运动队训练

答案：A

2.【2014 年下半年　中】马克思主义认为，实现人的全面发展的根本途径是(　　)。

A. 教育与生产劳动相结合　　B. 知识分子与工人农民相结合

C. 普通教育与职业教育相结合　　D. 学校教育与社会教育相结合

答案：A

3.【2016 年上半年　中】确立我国教育目的的理论基础是(　　)。

A. 素质教育理论　　B. 马克思关于人的全面发展理论

C. 创新教育理论　　D. 生活教育理论

答案：B

4.【2018 年下半年　中】和群众体育、竞技体育相比，学校体育的突出特点是具有(　　)。

A. 娱乐性与竞技性　　B. 普及性与文化性

C. 教育性与基础性　　D. 全体性与全面性

答案：C

5.【2016 年上半年　中】简答题：简述美育对促进学生全面发展的意义。

答案：美育，又称为审美教育或美感教育，是运用艺术美、自然美和社会生活美培养学生正确的审美观点以及感受美、鉴赏美和创造美的能力的教育。美育在学生全面发展的过程中起着推动作用。

能力提升训练题

一、单项选择题

1. 以社会的需要尤其是以物质需要为出发点的功利主义教育目的观是(　　)。

A. 个人本位　　B. 社会本位　　C. 科学主义　　D. 人文主义

2. 在各层次的教育目的中，既由特定社会领域和特定社会层次的需要所决定，也因受教育者所处的学校级别而变化的是(　　)。

A. 教育目的　　B. 课程目标　　C. 培养目标　　D. 教学目标

3. 决定教育目的的因素是(　　)。

A. 生产力　　B. 政治经济制度　　C. 上层建筑　　D. 科学技术

4.(　　)是全部教育活动的主题和灵魂，是教育的最高理想。

A. 教育方针　　B. 教育政策　　C. 教育目的　　D. 教育目标

5. 马克思指出的实现人的全面发展的唯一方法是(　　)。

A. 理论联系实际　　B. 教育与社会实践相结合

C. 知识分子与工农相结合　　D. 教育与生产劳动相结合

6. 国家对中学培养什么样的人才的总要求称(　　)。

A. 中学教育目的　　B. 中学教育目标

C. 中学教育原则　　D. 中学教育内容

7. 一定社会的政治经济制度对教育目的的制定具有(　　)。

A. 定向作用　　B. 决定作用　　C. 影响作用　　D. 促进作用

8. 主张以个体的本性和个体发展的需要来确定教育目的，就形成了(　　)。

A. 神学的教育目的论　　B. 教育无目的论

C. 个人本位的教育目的论　　D. 社会本位的教育目的论

9. 教育目的对整个教育工作具有导向作用、激励作用和(　　)。

A. 选拔作用　　B. 评价作用　　C. 决定作用　　D. 主导作用

10.(　　)是其他各育实施的认知基础。

A. 德育　　B. 智育　　C. 体育　　D. 美育

11. 在教育目的问题上，法国教育家卢梭的主张体现了(　　)。

A. 社会本位论思想　　B. 个人本位论思想

C. 社会效益论思想　　D. 教育无目的论思想

12. 教育活动的出发点和归宿是(　　)。

A. 教育内容　　B. 教育质量　　C. 教育目的　　D. 教育方针

13.(　　)是整个教育工作的核心，也是教育活动的依据和评判标准、出发点和归宿。

A. 教育目的　　B. 教育内容　　C. 教育方针　　D. 教育目标

14. 从社会发展的需要出发办教育，注重培养合格的公民，这体现的教育目的理论是(　　)。

A. 个人本位论　　B. 宗教本位论　　C. 社会本位论　　D. 兴趣本位论

15.(　　)是直接决定教育目的的因素。

A. 生产力　　B. 政治制度　　C. 科学技术　　D. 文化

16. 制定我国教育目的的理论基础是(　　)。

A. 个人本位论　　B. 社会本位论

C. 马克思关于人的全面发展学说　　D. 社会主义制度

17.“君子欲化民成俗，其必由学乎”“古之王者，建国君民，教学为先”体现了(　　)的教育目的观。

A. 教育无目的论　　B. 社会本位论　　C. 科学本位论　　D. 个人本位论

二、辨析题

1. 不同社会发展阶段的教育目的是相同的。

2. 人是社会中的人，教育目的就是要培养完全服从和服务于社会的人。

3. 美育就是对学生进行艺术教育。

4. 全面发展与个性自由发展是对立统一、相辅相成的。

5. 教育目的是一种理想，因此，从不同的哲学观点出发就有不同的教育目的，教育目的是人的主观意志的产物。

6. 一定社会的政治制度决定着教育目的的性质，生产力发展水平决定着培养人才的质量规格。

三、简答题

1. 教育目的的作用主要有哪些?

2. 简述教育目的和培养目标的关系。

3. 简述教育目的对整个教育工作的指导意义。

参考答案

一、单项选择题

1. B　2. C　3. B　4. C　5. D　6. A　7. B　8. C　9. B　10. B　11. B　12. C　13. A　14. C　15. B　16. C　17. B

二、辨析题

1. 答案：不正确。教育目的具有历史性、时代性、社会性，在阶级社会具有鲜明的阶级性。教育目的随时代的变迁，随社会条件的变化而变化。万古不变的教育目的是没有的。

2. 答案：不正确。人是社会中的人，但人也有主观能动性。教育目的是培养社会所需要的全面发展的人才，是培养主动地而不是被动地完全服从于社会的人。

3. 答案：不正确。美育不等于艺术教育，也不仅是美学教育，它的内容比艺术教育和美学教育丰富得多。

4. 答案：不正确。全面发展是从教育对所有学生的共同要求的角度来看的，但每一个学生都有个别性，有不同的认知特征、兴趣爱好等，因此，教育还要考虑学生的个性差异，充分发展学生的个性。二者不是对立统一的关系。素质教育更强调要把学生的全面发展和个性发展结合起来。

5. 答案：不正确。教育目的具有主观的性质，是存在于人头脑中的一种观念形态的东西。教育目的作为教育者在观念上预先建立起来的关于未来新人的主观形象，反映的是一种理想。从不同的哲学观点出发就有不同的教育目的，但教育目的的确受制于政治、经济、文化背景等客观因素，所以教育目的不是人的主观意志的产物。

6. 答案：正确。政治经济制度，特别是政治制度是直接决定教育目的的因素。生产力发展水平制约着教育的内容和手段，决定着培养人才的质量规格。

三、简答题

1. 答案要点：①导向作用；②激励作用；③评价作用。

2. 答案要点：教育目的是国家对把受教育者培养成为什么样的人才的总要求，是各级各类学校工作遵循的总方针，是针对所有受教育者提出的。培养目标是指根据各级各类学校任务确定的对所培养的人才的特殊要求，是针对特定的教育对象提出的。二者是普遍与特殊的关系。

3. 答案要点：教育目的是一切教育工作的出发点。教育目的实则是教育活动的归宿，它贯穿于教育活动的全过程，对一切教育工作具有指导意义，并通过导向作用、激励作用、评价作用体现出来。

第四章　学校教育制度

【考纲要求】

1. 理解义务教育的特点。
2. 了解发达国家学制改革发展的主要趋势。
3. 了解我国现代学制的沿革，熟悉我国当前的学制。

第一节　学校教育制度概述

【考点分析】

该节知识点常以单项选择题和简答题的形式出现，需考生重点识记学校教育制度的概念、制定依据、类型。

【考点内容】

一、学校教育制度的概念

学校教育制度简称学制，指的是一个国家各级各类学校的系统及其管理规则，它规定着各级各类学校的性质、任务、入学条件、修业年限以及它们之间的关系。学校教育制度是国民教育制度的核心与主体，是国民教育制度中最重要的组成部分，体现了一个国家国民教育制度的实质。学校教育制度是一个国家教育政策的根本体现，由三个基本要素构成，即学校的类型、学校的级别和学校的结构。学校教育在形式上经历了前制度化教育、制度化教育、非制度化教育三个阶段。

二、学校教育制度的制定依据

第一，生产力发展水平和科学技术发展状况是制定学校教育制度的根本依据。生产力发展水平决定着学校教育的规模和类型。

第二，政治经济制度决定着教育的性质。学校的入学条件、学制年限以及各级各类学校的教育目的等直接受政治经济制度的制约，反映着政治经济制度的要求。

第三，青少年儿童的身心发展规律是教育活动的基础，青少年儿童在各个阶段的不同特点是各个阶段教育活动所必须遵循的基本法则。

第四，本国学制的历史发展和外国学制的影响。

三、学校教育制度的类型及特点

(一)双轨制

这是19世纪欧洲各国盛行的一种学制，其中英国是典型的实行双轨制的代表。双轨制的典型特征是学制中存在互不沟通、互不衔接的并行的两个体系：其一是自上而下的，从大学到中学，具有较强的学术性，为社会上层所垄断，是为资产阶级子女设立的学校体系；其二是为劳动人民子女设立的学校体系，从小学到中等职业学校，是为培养劳动者服务的，地位较低。

(二)单轨制

19 世纪末 20 世纪初，美国形成了一种与欧洲不同的学制，其基本特点是所有的学生在同样的学校系统中学习。从小学、中学到大学，各级各类学校相互衔接。这种看起来相对公平的学制根植于美国特殊的社会环境：特权阶层相对较少，影响较小。这是与双轨制截然不同的学制，它有利于普及教育，有利于提高国民素质。

(三)分支制

分支制又叫分支型学制，这是 20 世纪苏联建立的学制。这种学制在初等教育阶段强调共同的基础性教育，到中等教育阶段分成职业教育和普通教育两个分支，既有上下级学校间的相互衔接，又有职业技术学校横向的相互联系，形成了立体的样式。分支制的特点是“上通(高等学校)下达(初等学校)，左(中等专业学校)右(中等职业学校)畅通”。这种学制既有利于教育的普及，又使学术性保持较高水平，反映了人们对教育民主的追求。但课时多，课程复杂，教学计划、教学大纲和教科书必须统一，教学不够灵活，使分支制遭遇了复杂的困境。

真题再现

1.【2019 年上半年　中】在现代学制的发展过程中，西欧 19 世纪形成了“双轨”的学制，这里的“双轨”(　　)。

A. 衔接且对应　B. 衔接但不对应　C. 不衔接也不对应　D. 不衔接但对应

答案：C

2.【2017 年上半年　中】世界各国的学制存在差别，但在入学年龄、中小学分段方面具有较高的一致性。这说明学制的建立要依据(　　)。

A. 政治经济制度　B. 生产力发展水平

C. 青少年儿童身心发展规律　D. 民族和文化传统

答案：C

3.【2016 年上半年　中】英国政府在 1870 年颁布的《初等教育法》，一方面保持原有的为资产阶级子女服务的学校系统，另一方面为劳动人民的子女设立国民小学、职业学校。这种学制属于(　　)。

A. 双轨学制　B. 单轨学制　C. 中间型学制　D. 分支型学制

答案：A

4.【2015 年上半年　中】简答题：一个国家的学制建立的主要依据有哪些？

答案参见本节第二部分内容。

第二节　我国现代学校教育制度的沿革

【考点分析】

该节考点常通过单项选择题来进行考核，特别是清末民国我国学制的建立、我国现行学制的建立与发展中的重大事件需要加以重视。

【考点内容】

一、清末民国我国学制的建立

(一)“壬寅学制”与“癸卯学制”

经过“五大臣出洋考察”，1902 年清政府颁布了《钦定学堂章程》，因为 1902 年是壬寅年，该章程又称“壬寅学制”。这是我国近代颁布的第一个学制。由于本身的不足，“壬寅学制”没有得到实行便进行了修改。修改后的学制于 1904 年颁布，称《奏定学堂章程》，又称“癸卯学制”。这是我国近代得到实施的第一个学制。该学制基本体现了日本学制的特点，也是半封建半殖民地社会在学制上的表现。

(二)“壬子癸丑学制”

“壬子癸丑学制”又称“1912—1913 年学制”。国民政府成立后，教育部根据新的形势，重新制定并颁布了学制，史称“壬子癸丑学制”。这是一个具有资产阶级性质的学制。该学制第一次规定男女同校，废除读经，将学堂改为学校。

(三)“壬戌学制”

“壬戌学制”又称“六三三学制”。1922 年，在北洋军阀统治下，留美派主持的全国教育联合会以美国学制为蓝本，颁布了新学制。该学制的主体是初等教育阶段 6 年，初中、高中分别是 3 年，是为“六三三”。该学制受美国学制的影响，强调适应社会进化的需要，发扬平民教育精神，谋求个性发展，注重生活教育，给各个地方的具体实施留下了伸缩余地。“壬戌学制”明确以学龄儿童和青少年的身心发展规律作为划分学校阶段的依据，这在我国现代学制史上是第一次。该学制一直沿用到中华人民共和国成立初期。

二、我国现行学制的建立与发展

(一)1951 年颁布新学制

1951 年 10 月 1 日，中华人民共和国政务院颁布了《关于改革学制的决定》，确定了新中国的第一个学制，标志着我国学制发展到一个新阶段。

(二)1958 年的学制改革

1958 年 9 月，中共中央、国务院又颁布了《关于教育工作的指示》，明确指出：现行的学制是需要积极地和妥当地加以改革的，各省、市、自治区的党委和政府有权对新的学制积极进行典型试验，并报告中央教育部。经过典型试验取得充分的经验之后，应该规定全国通行的新学制。

(三)1985 年颁布《关于教育体制改革的决定》

①加强基础教育，有步骤地实施九年义务教育。

②调整中等教育结构，大力发展职业技术教育。

③改革高等教育招生与分配制度，扩大高等学校办学的自主权。

④对学校教育实行分级管理。

(四)1993 年颁布《中国教育改革和发展纲要》

中共中央、国务院于 1993 年 2 月 13 日印发了《中国教育改革和发展纲要》。

①确定了20世纪末教育发展的总目标：基本普及九年义务教育，基本扫除青壮年文盲；要全面贯彻党的教育方针，全面提高教育质量；要建设好一批重点学校和一批重点学科。这简称为“两基”“两全”“两重”。

②调整教育结构。

③改革办学体制。

④改革高校的招生和毕业生就业制度。

⑤改革和完善投资体制。

(五)1995年颁布《中华人民共和国教育法》

1995年颁布的《中华人民共和国教育法》确定的学制包括以下几个层次。

学前教育(幼儿园)，招收3～6、7岁的幼儿。

初等教育，主要指全日制小学教育，招收6、7岁儿童入学，学制为5～6年；在成人教育方面是成人初等业余教育。

中等教育，指全日制普通中学、各类中等职业学校和业余中学。全日制中学修业年限为6年，初中3年，高中3年。职业高中修业年限为2～3年，中等专业学校为3～4年，技工学校为2～3年。属成人教育的各类业余中学，修业年限适当延长。

高等教育，指全日制大学、专门学院、专科学校、研究生院和各种形式的业余大学。专科学校修业年限为2～3年。大学和专门学院为4～5年，毕业考试合格者，授予学士学位。业余大学修业年限适当延长。条件较好的大学、专门学院和科学研究机关设立研究生教育机构。硕士研究生修业年限为2～3年，招收获学士学位者和同等学力者，完成学业授予硕士学位。博士研究生修业年限为3年，招收获硕士学位者和同等学历者，完成学业授予博士学位。在职研究生修业年限适当延长，完成学业者也可获相应学位。

(六)1999年颁布《关于深化教育改革，全面推进素质教育的决定》

1999年，中共中央、国务院颁布《关于深化教育改革，全面推进素质教育的决定》提出要形成社会化、开放式的教育网络，主要内容包括：明确教育工作的“两基”“两重”；调整教育结构；构建相互衔接的教育体制；分组管理；多种力量办学；改革招生考试和评价制度；加大教育投入。

(七)2001年颁布《关于基础教育改革与发展的决定》

2001年，国务院颁布《关于基础教育改革与发展的决定》，主要内容包括：教育优先发展；完善农村义务教育管理体制；改革招生选拔和考试评价制度；改革办学体制。

(八)2010年发布《国家中长期教育改革和发展规划纲要(2010—2020年)》

2010年6月21日，胡锦涛主持政治局会议，审议并通过了《国家中长期教育改革和发展规划纲要(2010—2020年)》(简称《纲要》)。这是21世纪以来我国第一个教育规划纲要，是指导教育改革和发展的纲领性文件。在学制方面，《纲要》按照完善现代国民教育体系、形成终身教育体系的要求，明确了今后一个时期我国学制方面的发展任务。《纲要》在学制上的主要要求有：一是积极发展学前教育，重点发展农村学前教育；二是巩固提高九年义务教育水平，重点推进均衡发展；三是普及高中阶段教育；四是把职业教育放在更加突出的位置；五是全面提高高等教育质量；六是发展继续教育，努力建设学习型社会；七是关心和支持特殊教育，完善特殊教育体系，健全特殊教育保障机制。

真题再现

1.【2016 年下半年　中】在我国近现代学制改革中，明确规定将学堂改为学校、实行男女教育平等、允许初等小学男女同校的学制是(　　)。

A. 壬寅学制　　B. 癸卯学制

C. 壬子癸丑学制　　D. 壬戌学制

答案：C

2.【2015 年下半年　中】在“中学为体，西学为用”思想的指导下，我国从清末开始试图建立现代学制。在颁布的诸多学制中，第一次正式实施的是(　　)。

A. 壬寅学制　　B. 癸卯学制

C. 壬子癸丑学制　　D. 壬戌学制

答案：B

第三节　学校教育制度的变革及发展趋势

【考点分析】

本节考点较少考核。考生可对欧美和我国现行学制的变革及发展趋势加以了解。

【考点内容】

一、欧美学制的变革与发展趋势

从学校系统上看，双轨学制在向分支型学制和单轨学制方向发展，综合中学成了现代中等教育发展的一种趋势。

从学校阶段来看，学校教育制度化的每个阶段都发生了重大变化：很多国家把幼儿教育列入学制系统；小学阶段普遍成为文化科学基础教育的初级阶段；初中阶段成为科学基础教育的重要阶段，对其后的职业教育和进一步的科学教育有重要作用，导致了初中阶段教育结构的变化；高中阶段教育结构的多样化是现代学制的一个重要特点；职业教育当前在发达国家基本上都是在高中和大学阶段进行的；现代生产和现代科学技术的迅猛发展日益要求高等学校培养各级各类高级人才，于是推动了高等教育结构的变化。

二、我国现行学制的发展趋势

从形态上看，我国现行学制是从单轨学制发展而来的分支型学制。我国现行学制的发展趋势主要有如下几个方面。

第一，积极发展学前教育。

第二，完全普及义务教育，促进义务教育的均衡发展。

第三，继续调整中等教育结构，逐渐普及高中教育。

第四，高等教育同时追求数量和质量。

第四节　义务教育制度

【考点分析】

该部分是考核的重点，常见题型有单项选择题和辨析题，重点是义务教育及其特点、义务教育制度的发展。

【考点内容】

一、义务教育及其特点

义务教育，是指根据法律规定，适龄儿童和少年都必须接受，国家、社会、家庭必须予以保证的国民教育。义务教育是强迫教育，具有强制性、普及性、免费性等特点。

二、义务教育制度的发展

在16世纪德国宗教改革运动中，德国宗教改革家马丁·路德为了争取人们信仰新教，提倡国家公费设立学校，强迫人们送子女上学。

1619年，魏玛公国率先尝试通过立法的手段，以国家权力强制全部适龄儿童接受初步的国民教育，规定送6～12岁儿童入学，一般认为这是义务教育的开端。此后，德意志各公国逐渐开始制定普及教育的法律，至1763年基本完成。一般认为，德国是世界上最早普及义务教育的国家。19世纪中后期，几乎所有的发达资本主义国家都颁布了普及教育的法令，从此义务教育成为一种潮流。

我国的义务教育法规出现较晚。1986年，《中华人民共和国义务教育法》颁布，这是中华人民共和国成立以来一项重要的教育法，标志着中国确立了义务教育制度。

2006年6月29日，中华人民共和国第十届全国人民代表大会常务委员会第二十二次会议再次修订通过《中华人民共和国义务教育法》(以下简称新《义务教育法》)。新《义务教育法》规定了“国家实行九年义务教育制度”“实施义务教育，不收学费、杂费”等，并明确提出我国义务教育学制主要有“六三制”“五四制”“九年一贯制”，少数地区实行八年制(小学五年，中学三年)的义务教育。这标志着我国义务教育开始向着均衡、公平方向快速发展。

真题再现

1.【2012年下半年　中】当前我国义务教育学制年限划分采用的是(　　)。

A.“六三制”　　B.“五四制”　　C.“九年一贯制”　　D. 多种形式并存

答案：D

2.【2014年上半年　中】在学校教育制度的发展变革历程中，义务教育制度产生于(　　)。

A. 原始社会　　B. 奴隶社会　　C. 封建社会　　D. 资本主义社会

答案：D

3.【2014年下半年　中】辨析题：目前，我国普通高中不属于基础教育。

答案：这一观点是错误的。普通高中是在九年义务教育的基础上进一步提高国民素质的，也就是为学生终身发展奠定基础的。基础教育包括幼儿教育、义务教育和普通高中教育，故普通高中也属于基础教育。

4.【2017 年下半年　中】某市教育局最近出台了一项改革措施，审查义务教育学校的办学效益，对效益高的学校实行倾斜政策，加大投资的力度。市教育局先制定出以学生学业成绩、升学率等为主要指标的评价体系，然后依据这一评价体系，由教育行政部门、教育评估专家和学校三方组成评估小组，对全市义务教育学校逐一进行评估，评出一定比例的高效益学校。高效益学校评出后，由政府出面对这些学校加大投资力度，以确保有限的教育资源得到最大限度的利用。

据市教育局有关人士称，这项措施的出台将改变以往那种重点学校“近水楼台先得月”的局面，因为评估的结果很有可能表明，重点学校不一定等于高效益学校，一般学校也并不一定等于低效益学校。

问题：

试运用我国义务教育发展的理念和政策，评论该市教育局的这项改革措施。

解析：

第一，义务教育指的是所有适龄儿童和少年必须接受，国家、社会、家庭必须予以保障的国民基础教育，是我国基础教育的重要组成部分。该市出台的任何政策和措施都必须以保障义务教育的发展为前提，以促进义务教育效率的提高为目的。

第二，促进公平是国家的基本教育政策。教育公平的关键是机会公平，重点是促进义务教育均衡发展和扶持困难群体，根本措施是合理配置教育资源，教育公平的主要责任在政府，全社会要共同促进教育公平。该市政府在出台政策的时候要充分考虑到学校的均衡发展。

第三，提高质量是教育改革发展的核心任务。树立科学的质量观，把促进人的全面发展、适应社会需要作为衡量教育质量的根本标准。建立以提高教育质量为导向的管理制度和工作机制，把教育资源配置和学校工作重点集中到强化教学环节、提高教育质量上来，制定教育质量国家标准，建立健全教育质量保障体系。该市政策的出台应该促进学生的全面发展，而不仅仅是以学生成绩和升学率作为标准。我国的《义务教育法》明确规定，不得设立重点学校和非重点学校，要均衡分配义务教育资源。

该市出台政策应当充分考虑到不同地区、不同学校的实际需要和学生发展需要，合理分配教育资源。

第五节　终身教育制度

【考点分析】

该部分知识点较少考核。考生可对终身教育制度的内涵及发展加以认识和了解。

【考点内容】

教育制度已由过去的现代机构与组织系统发展为当代的以现代学校教育机构与组织系统为主体，包含幼儿教育与组织系统、校外儿童教育机构与组织系统和成人教育机构与组织系统的一个庞大的系统。它的发展方向是终身教育制度，这在发达国家体现得尤为明显。

从纵向上来讲，终身教育“是从幼儿期到死亡的不间断的学校及校外教育，不存在青少年、成年之间的区别，与培养人格和职业生活的训练相结合”。从横向上来讲，终身教育既包括正规教育，也包括非正规教育。英国学者里士满与终身教育的倡导者保罗·朗格朗指出，“终身教育的含义相当简单，非局限于学校教育。相反，它的影响扩展到学习者的私人生活和公众生活的所有——他的家庭和职业关系、他的政治、他的社会活动、他的业余爱好等。终身教育求助于各种各样的机构：中小学校、学院、大学，同时还有家庭、社区和工作领域、书籍、出版社、剧场和大众传播媒介”。

20世纪60年代以来，终身教育作为一种最有影响的教育思潮引起世界各国的关注。从发达国家到发展中国家，它已被拥有不同社会制度的国家普遍接受。

能力提升训练题

一、单项选择题

1. 一个国家各类教育机构有机构成的总体及其正常运行所需的种种规范或规定的总和，即(　　)。

A. 学制　　B. 学校教育制度　　C. 教育体制　　D. 教育制度

2. 新中国成立以后，废除旧学制，推行新学制是在(　　)。

A. 1949年　　B. 1950年　　C. 1951年　　D. 1953年

3.《中华人民共和国义务教育法》颁布于(　　)。

A. 1985年4月　　B. 1985年10月　　C. 1986年4月　　D. 1986年10月

4. 我国现行的教育基本制度是在(　　)中规定的。

A. 1995年《中华人民共和国教育法》

B. 1986年《中华人民共和国义务教育法》

C. 1993年《中国教育改革和发展纲要》

D. 1985年《关于教育体制改革的决定》

5. 英国历史上占主导地位的学制是(　　)。

A. 双轨制　　B. 单轨制　　C. 分支型学制　　D. 六三三制

6. 近年来，英国学制改革使传统的双轨制逐渐转向(　　)。

A. 单轨制　　B. 五四三制　　C. 六三三制　　D. 分支型学制

7. 教育制度的主体是(　　)。

A. 学校教育制度　　B. 国家　　C. 教育体制　　D. 义务教育

8. 20世纪末我国教育发展总目标中的“两基”是指(　　)。

A. 基础教育和义务教育

B. 基础知识和基本技能

C. 基本普及九年义务教育和基本扫除青壮年文盲

D. 基本普及九年义务教育和基础教育

9. 发展教育事业的“三个结合”“六个并举”是在(　　)中提出的。

A. 1951年《关于改革学制的决定》

B. 1958年《关于教育工作的指示》

C. 1985年《关于教育体制改革的决定》

D. 1993年《中国教育改革和发展纲要》

10. 1995 年颁布的(　　)以法律形式规定了我国的教育基本制度。

A.《中华人民共和国义务教育法》　　B.《中华人民共和国教育法》

C.《中国教育改革和发展纲要》　　D.《中华人民共和国高等教育法》

11. 我国近代第一个以法律形式颁布的学制是(　　)。

A. 1902 年“壬寅学制”　　B. 1904 年“癸卯学制”

C. 1922 年“壬戌学制”　　D.“六三三学制”

12. 我国近代第一个在全国颁布并实施的学制是(　　)。

A. 1902 年“壬寅学制”　　B. 1904 年“癸卯学制”

C. 1922 年“壬戌学制”　　D.“六三三学制”

13. 1986 年我国颁布的《中华人民共和国义务教育法》规定的义务教育的年限是(　　)。

A. 11 年　　B. 9 年　　C. 12 年　　D. 6 年

14. 终身教育的思想是由(　　)提出来的。

A. 杜威　　B. 保罗·朗格朗　　C. 布鲁纳　　D. 奥苏伯尔

15. 我国义务教育的管理体制实行的是(　　)。

A. 地方负责，分级管理　　B. 国家统管

C. 乡镇管理　　D. 省级管理

二、多项选择题

1. 学校教育制度建立的依据是(　　)。

A. 学生身心发展规律　　B. 政治经济制度

C. 生产力发展水平　　D. 世界学制改革的影响

E. 原有学制的影响

2. 当代学制发展呈现(　　)趋势。

A. 义务教育年限延长　　B. 小学入学年龄提前

C. 重视学前教育　　D. 高等教育多极化

E. 学校类型多样化

3. 1958 年学制改革提出建立并发展的“三类学校”是(　　)。

A. 职业学校　　B. 全日制学校　　C. 中等专业学校

D. 业余学校　　E. 半工半读学校

4. 1958 年学制改革制定的“三个结合”原则是指(　　)。

A. 统一性与多样性相结合　　B. 统一性与灵活性相结合

C. 普及与提高相结合　　D. 规范性与自主性相结合

E. 全面规划与地方分权相结合

5. 美国学制改革的特点有(　　)。

A. 初等教育形式多样化　　B. 综合中学迅速发展

C. 由双轨制向分支型学制演变　　D. 高等教育发展规模很大

E. 重视幼儿教育

6. 学制具体规定着(　　)。

A. 学校的性质　　B. 入学条件　　C. 学校的任务

D. 学校之间的关系 E. 修业年限

7.1951 年《关于改革学制的决定》规定实施中等教育的学校有(　　)。

A. 中学　　B. 中等专业学校　　C. 业余中学

D. 工农速成中学　E. 综合中学

8.1958 年《关于教育工作的指示》提出的办学原则有(　　)。

A. 普通教育与职业教育相结合　　B. 统一性与多样性相结合

C. 普及与提高相结合　　D. 教育与生产劳动相结合

E. 全面规划与地方分权相结合

9. 在实施义务教育的过程中，必须履行义务的有(　　)。

A. 厂矿企业　　B. 社会　　C. 国家

D. 家庭　　E. 适龄儿童和少年

三、名词解释

1. 教育制度

2. 学校教育制度

3. 教育体制

4. 义务教育

5. 终身教育

四、填空题

1. 教育制度是一个国家各类__________机构有机构成的总体及其正常运行所需的种种__________的总和。

2. 教育制度的设立主体是__________，是国家__________制度化的体现。

3. 教育制度的主体是__________。

4. 学校教育制度简称__________，是一个国家各级各类的__________，具体规定着学校的性质、任务、入学条件、修业年限及彼此之间的关系。

5. 当代学制发展的一般趋势表现在：重视__________教育；小学入学年龄提前，义务教育年限延长；__________教育多级化，__________类型多样化。

6.1951 年，政务院公布《关于__________的决定》，废除旧学制，实行新学制。

7.1958 年学制改革的要点是制定了发展教育事业的“三个__________”“六个__________”的原则，建立并发展“三类__________”。

8.1958 年，中共中央《关于教育工作的指示》中“三个结合”的原则是指统一性与多样性相结合，__________相结合，全面规划与地方分权相结合。

9.1958 年学制改革指出建立并发展的“三类学校”是__________学校、__________学校和__________学校。

10.1964 年，中央推行两种__________制度和两种__________制度，以利于城乡普及教育。

11. 义务教育是指依法律规定，__________和__________都必须接受，国家、社会、家庭必须予以保证的国民教育。

五、简答题

1. 简述学校教育制度建立的依据。

2. 简述我国现行学制的发展趋势。

3. 简评 1951 年新学制。

4. 简述 1958 年学制改革制定的“三个结合”“六个并举”原则的内容。

5. 简述 1985 年学制改革的主要内容。

6. 简述 1993 年《中国教育改革和发展纲要》提出的“两基”“两全”“两重”的内涵。

7. 简述《国家中长期教育改革和发展规划纲要(2010—2020 年)》对学制改革的要求。

参考答案

一、单项选择题

1. D　2. C　3. C　4. A　5. A　6. D　7. A　8. C　9. B　10. B　11. A　12. B　13. B　14. B　15. A

二、多项选择题

1. ABCDE　2. ABCDE　3. BDE　4. ACE　5. ABDE　6. ABCDE　7. ABCD　8. BCE　9. BCDE

三、名词解释

1. 教育制度指一个国家各类教育机构有机构成的总体及其正常运行所需的种种规范或规定的总和。

2. 学校教育制度简称学制，指一个国家各级各类的学校系统，具体规定着学校的性质、任务、入学条件、修业年限及彼此之间的关系。

3. 教育体制指一个国家配合政治、经济、科技体制而确定下来的学校办学形式、层次结构、组织管理等相对稳定的运行模式和规定。

4. 义务教育指依照法律规定，适龄儿童和少年都必须接受，国家、社会、家庭必须予以保障的国民教育。

5. 终身教育指人们在一生各个阶段当中所受的各种教育的总和，包括教育体系的各个阶段和各种方式。终身教育是现代社会教育发展的一个趋势，已经成为很多国家教育改革的指导方针。

四、填空题

1. 教育　规范或规定；2. 国家　教育方针；3. 学校教育制度；4. 学制　学校系统；5. 学前　高等　学校；6. 改革学制；7. 结合　并举　学校；8. 普及与提高；9. 全日制　半工半读　业余；10. 劳动　教育；11. 适龄儿童　青少年

五、简答题

1. 答案：第一，学制的建立与发展要受到生产力发展水平的制约。生产力的发展，既向学校提出新的要求，也为学制的推行提供物质基础。

第二，政治经济制度是决定学制的重要因素；学制的制定、颁布和实施都由国家政权机关进行，直接为统治阶级服务。

第三，学生身心发展规律制约着学制。制定学制，如入学年龄、修业年限、各级学校的衔接等规定，必须考虑学生身心发展规律。对于儿童身心发展规律的不断揭示，有利于完善学制。

第四，原有学制和外国学制的改革影响着学制的建立。学制是在不断吸收和借鉴经验中发展和完善的。一个国家具体学制的建立，总是原有学制和世界学制改革综合影响的结果。

2. 答案：第一，积极发展学前教育。

第二，完全普及义务教育，促进义务教育的均衡发展。

第三，继续调整中等教育结构，逐渐普及高中教育。

第四，高等教育同时追求数量和质量。

3. 答案：1951 年政务院颁布《关于改革学制的决定》，废除旧学制，实行新学制。

这一学制继承了老解放区教育的优良传统，批判地吸收了旧学制的一些特点，体现了“教育为国家建设服务、学校向工农开门”的方针，保证了知识分子和各类干部接受革命的政治教育和提高科学文化水平的机会，体现了方针、任务的统一性与实施方式和方法的灵活性，也体现了男女平等、民族平等的原则。

4. 答案：“三个结合”是指发展教育事业必须采取统一性与多样性相结合、普及与提高相结合、全面规划与地方分权相结合的原则。

“六个并举”是指在具体的办学形式上，实行国家办学与厂矿、企业、农业合作社办学并举；普通教育与职业技术教育并举；成人教育与儿童教育并举；全日制学校与半工半读学校、业余学校并举；学校教育与自学并举；免费的教育与不免费的教育并举。

5. 答案：第一，实行九年义务教育。全国划分为三类地区，分步实施九年制义务教育，并明确了义务教育实施中社会、家庭和学生各自的责任和义务，明确了义务教育的重点和难点在农村。

第二，调整中等教育结构，大力发展职业技术教育。在小学、初中、高中后进行三级分流，以中等职业技术教育为重点，逐步建立从初级到高级的职业技术教育体系。

第三，基础教育权属于地方，学校逐步实行校长负责制。基础教育由地方负责、分级管理。学校实行校长负责制，逐步建立健全校务委员会和教职工代表大会等制度。

6. 答案：1993 年《中国教育改革和发展纲要》提出到 20 世纪末，我国教育发展的总目标是：基本普及九年义务教育，基本扫除青壮年文盲；要全面贯彻党的教育方针，全面提高教育质量；要建设好一批重点学校和一批重点学科。这简称“两基”“两全”“两重”。

7. 答案：《国家中长期教育改革和发展规划纲要(2010—2020 年)》在学制上的主要要求有：

一是积极发展学前教育，重点发展农村学前教育；

二是巩固提高九年义务教育水平，重点推进均衡发展；

三是普及高中阶段教育；

四是把职业教育放在更加突出的位置；

五是全面提高高等教育质量；

六是发展继续教育，努力建设学习型社会；

七是关心和支持特殊教育，完善特殊教育体系，健全特殊教育保障机制。

模块二　课　程

【考纲要求】

1. 了解不同课程流派的基本观点，包括学科中心课程论、活动中心课程论、社会中心课程论等；理解课程开发的主要影响因素，包括学生、社会以及学科(知识)等。

2. 掌握基本的课程类型及其特征，包括：学科课程、活动课程、综合课程；显性课程、隐性课程；国家课程、地方课程、校本课程；必修课程、选修课程等。

3. 了解课程目标、课程内容、课程评价等的含义和相关理论。

4. 了解我国当前基础教育课程改革的理念、改革目标及其基本的实施状况。

第一节　课程概述

【考点分析】

理解和识记不同课程流派的主要思想及影响课程开发的主要因素是重点。

【考点内容】

一、课程概述

课程一词在我国始见于唐代，在西方最早出现于英国教育家斯宾塞的《什么知识最有价值》一文中。

美国学者古德莱德把课程分为理想的课程、正式的课程、领悟的课程、运作的课程、经验的课程。

二、课程理论流派

(一)学科中心课程论

最早出现的课程理论，其代表人物有夸美纽斯、赫尔巴特、斯宾塞和布鲁纳。代表理论有要素主义课程、永恒主义课程、结构主义课程。要素主义课程强调将“共同要素”作为课程传递给下一代。永恒主义课程提倡将“经典名著”作为课程。结构主义课程代表人物布鲁纳在其《教育过程》中提出“任何学科的基本原理都可以用某种形式，教给任何年龄的任何儿童”的观点，主张掌握学科结构并倡导螺旋式课程组织，还倡导通过“发现法”来掌握学科概念和原理。

(二)活动中心课程论

代表人物是美国的杜威及其学生克伯屈。该理论认为课程应以儿童的活动为中心，课程的价值在于促进儿童的生长与发展，课程的内容应在儿童的经验与生活的范围内，课程的组织应考虑到儿童心理发展的顺序，通过“做中学”来实现儿童的经验改组或改造。

(三)社会中心课程论

社会中心课程论主张围绕重大的社会问题来组织课程内容，代表人物有布拉梅尔德、布厄迪等。

三、影响课程开发的因素

学生、社会、学科(知识)是制约学校课程的三大因素。

真题再现

1.【2013 年下半年　中】最早提出“什么知识最有价值”这一经典课程论命题的学者是(　　)。

A. 夸美纽斯　　B. 斯宾塞　　C. 杜威　　D. 博比特

答案：B

2.【2012 年下半年　中】主张课程内容的组织以儿童的活动为中心、提倡“做中学”的课程理论是(　　)。

A. 学科中心课程论　　B. 活动中心课程论

C. 社会中心课程论　　D. 要素课程论

答案：B

3.【2013 年上半年　中】简答题：简述学科中心课程论的主要观点。

参考答案：学科中心课程论主张学校课程应以学科的分类为基础，这些学科包含着人类积累下来的科学文化知识(精华)。教师的任务就是帮助学生掌握学科的基本知识、基本规律和相应的技能。

第二节　课程编制

【考点分析】

了解课程目标、课程内容、课程实施、课程评价的含义和相关理论；掌握基本的课程类型及其特征。

【考点内容】

一、课程目标

课程目标是指课程本身要实现的具体目标和意图。它是确定课程内容、教学内容和课程方法的基础。

二、课程内容

(一)课程内容(课程的文本)主要表现为课程计划、课程标准和教材

1. 课程计划

课程计划是根据一定的教育目的和培养目标，由国家教育主管部门制定的有关学校教育教学工作的指导性文件。课程计划的内容主要包括课程设置、学科顺序、课时分配及学年编制和学周安排。课程设置是制订课程计划的首要问题及中心内容。课程计划是学校组织和指导教育教学工作的重要依据，也是学校安排整个课程检查、衡量学校工作和质量的基本依据，还是制定课程标准的依据。

2. 课程标准

课程标准主要指学科课程标准，是国家根据课程计划，以纲要的形式规定某一学科的课程性质、课程目标、内容目标、实施建议的教学指导性文件。课程标准结构包括：第一部分是前言，包括课程的性质与地位、课程的基本理念、设计思路等；第二部分是课程目标，这是课程标准的核心内容，包括学科总目标和阶段目标；第三部分是课程内容，是根据课程目标制定的课程的具体内容；第四部分是实施建议，包括教学建议、评价建议、教材编写建议、课程资源的开发与利用建议等；第五部分是附录，包括术语解释、案例等。课程标准是教材编写、教学、评估和考试命题的依据，是国家管理和评价课程的基础。它规定了学科的教学目的和任务，知识的范围、深度和结构，教学进度以及有关教学法的基本要求。

3. 教材

教材是教师和学生进行教学活动的材料，是课程的主要载体，包括教科书、讲义、讲授提纲、参考书、练习册、教学指导书以及各种视听材料。其中，教科书和讲义是教材的主要部分。教科书又称为课本，它是依据课程标准编制的系统反映学科内容的教学用书。

教材的编写主要有螺旋式和直线式两种基本方式。

中小学教材编写的基本原则：其一，按照不同学科的特点，体现科学性和思想性；其二，强调内容的基础性；其三，结合当前社会的发展需要；其四，合理体现学科知识的逻辑顺序和受教育者的学习心理顺序；其五，兼顾同年级学科内容之间的关系和上下年级同学科教材的衔接。

(二)课程类型

1. 根据课程内容的组织形式，课程可分为学科课程、活动课程和综合课程

(1)学科课程

学科课程又称分科课程，它是以文化知识为基础、按照一定的价值标准和逻辑顺序、从不同的知识领域或学术领域(科学)中选择一定内容加以组织形成不同学科的课程。

学科课程的主要特点：第一，强调知识本位，主张按不同的知识体系编制课程；第二，按知识的本身逻辑关系编撰课程；第三，重视学科基本概念、原理、规律的掌握学习。

学科课程的优缺点：

优点：第一，它以各门学科的体系为依据进行设计，能最大限度地保证知识的系统性和连贯性；第二，有助于学生获得系统的文化知识；第三，有助于教学科目的设计与管理，也易于教师教学。缺点：第一，学科课程是以知识的逻辑体系进行安排的，容易忽视学生的兴趣和需要；第二，科目分化过细，容易造成学科之间的相互分隔，从而限制学生的视野，不利于学生从整体上认识外部世界；第三，学科课程使学校课程门类越来越多，且各学科都极力强调自身体系的完整，这不仅加重了学生的学习负担，而且强化了学科间的学术壁垒，不利于学生吸纳新的科学成果尤其是综合性学科的有关内容。

(2)活动课程

活动课程又称经验课程或生活课程。它是从儿童兴趣需要出发按照各种实践活动类型和特定活动方式设计的课程。

活动课程的特点：从儿童的兴趣需要出发设计课程；按照儿童的心理发展顺序编制课程；主张儿童通过实践活动探究并获得直接经验。

活动课程与学科课程相比，具有自身的特色，表现在以下几个方面：第一，实践性；第二，开放性与灵活性；第三，自主性与探究性。但活动课程也有其不足之处，

如容易忽视教师在教学中的主导作用，同时也不利于学生对系统知识的学习。

(3)综合课程

综合课程是以分科课程改革者的面孔出现的，最早由教育家怀海特提出。它采用合并相邻学科的方法，把两门以上学科的教学内容组织在一门综合学科中编订而成。

综合课程根据各学科知识综合的程度，又可以分为以下三种类型：相关课程、融合课程和广域课程。综合课程具有以下特点：第一，有利于促进知识的综合化，帮助学生从整体上认识世界，培养他们综合分析问题的能力；第二，有利于加强课程内容与社会生活的联系。

2. 根据课程的呈现方式，课程可分为显性课程和隐性课程

显性课程也叫正式课程，是指学校有目的、有计划地以直接和明显的方式呈现的课程。

隐性课程也叫潜在课程或隐蔽课程。它是指学校以间接、内隐的方式呈现的课程。隐性课程一词最早是由美国学者杰克逊于1968年在其《教室生活》一书中提出来的。

学校里的隐性课程主要包括以下三个方面的内容：第一，物质形态的隐性课程，如学校中的建筑物、教学设备等；第二，精神形态的隐性课程，如师生关系、校风、班风、学风等；第三，制度形态的隐性课程，主要指学校管理制度。

杜威提出的“连带学习”和克伯屈提出的“附属学习”指的就是隐性课程。

3. 根据课程的开发和管理主体，课程可分为国家课程、地方课程和校本课程

(1)国家课程

国家课程是指由国家教育部门总体规划、统一组织开发并在全国范围内实施的课程。国家课程集中体现了国家的意志，具有权威性和强制性特征。它是一个国家基础教育课程设计中的主体部分。

(2)地方课程

地方课程是指由地方根据各自的政治、经济、文化、民族等发展需要而组织开发并在本地实施的课程。地方课程有利于保护地方文化和发扬各民族文化特色。

(3)校本课程

校本课程是指由学校根据本校实际自主开发并在本校实施的课程。校本课程有利于发挥学校特色，促进学生个性发展和教师专业发展。

4. 根据课程的设置要求，课程可分为必修课程和选修课程

必修课程与选修课程构成了一对课程范畴，两者是公平发展与个性发展的关系，具有同等的价值。

(三)课程内容的组织形式

①纵向组织与横向组织。

②遵循逻辑顺序与心理顺序。

③直线式与螺旋式。

三、课程实施

课程实施是指把课程计划付诸实践的过程，是实现课程目标的基本途径。课程实施存在着三种不同的取向：一是忠实取向；二是相互调适取向；三是创生取向。

四、课程评价

课程评价是指依据一定的评价标准，通过系统地收集信息，采用各种定性、定量的方法，对课程计划、课程实施、课程结果等做出价值判断并寻求改进途径的活动。

(一)课程评价的分类

1. 以评价标准为依据分类

①相对评价。

②绝对评价。

③个体内差异评价。

2. 以评价作用为依据分类

①诊断性评价。

②形成性评价。

③终结性评价。

(二)课程评价的主要模式

1. 目标评价模式

此模式由被誉为“教育评价之父”的美国教育家泰勒提出。泰勒认为，教育的目的在于改变学生的行为，评价就是用来衡量学生行为实际发生变化的程度的。目标评价模式以目标为中心，其步骤和方法为：确定目标—目标分类—界定目标—确定评价情境—选择评价方法—收集学生表现的资料—确定目标达成程度。

2. 目的游离评价模式

此模式是由美国教育家斯克里文针对目标评价模式的弊端而提出来的。他认为，评价者应该注意的是课程计划的实际效应，而不是预期的目标。斯克里文主张采用目的游离评价模式，即把评价的重点从“课程计划预期的结果”转到“课程计划实际的结果”上来。

3. CIPP 评价模式

此模式是由斯塔弗尔比姆及其同事于 20 世纪 60 年代末提出来的。CIPP 是由背景(context)、输入(input)、过程(process)和成果(product)这四种评价英语名称的第一个字母组成的缩略语。该模式包括四个步骤：背景评价—输入评价—过程评价—成果评价。

真题再现

1.【2018 年下半年　中】在专家指导下，地处贵州东南的侗察中学组织有关教师对面临传承危机的侗族织锦工艺进行课程开发，开设了具有民族特色的“侗族织锦课程”，该课程属于(　　)。

A. 国家课程　　B. 地方课程　　C. 校本课程　　D. 社会课程

答案：C

2.【2018 年下半年　小】小学教科书的编排形式应有利于学生的学习，不仅要符合教育学、心理学和美学的要求，还应符合(　　)。

A. 社会学的要求　B. 政治学的要求　C. 生态学的要求　D. 卫生学的要求

答案：D

3.【2014 年上半年 中】课程的文本一般表现为(　　)。

A. 课程计划、课程标准、教材　　B. 课程计划、课程目标、课程实施

C. 课程目标、课程实施、课程评价　　D. 课程主题、课程任务、课程标准

答案：A

4.【2015 年下半年 中】教师进行教学的直接依据是(　　)。

A. 课程计划　　B. 课程目标　　C. 课程标准　　D. 教科书

答案：C

5.【2016 年下半年 中】围绕着学生的需要和兴趣，以活动为组织形式的课程类型属于(　　)。

A. 学科课程　　B. 经验课程　　C. 综合课程　　D. 融合课程

答案：B

6.【2019 年上半年 中】当前我国中学开设的数学、语文、英语等课程属于(　　)。

A. 学科课程　　B. 活动课程　　C. 经验课程　　D. 社会课程

答案：A

7.【2015 年下半年 中】主张课程的内容和组织应以儿童的兴趣或需要为基础，鼓励学生“做中学”，通过手脑并用获得直接经验，这反映的课程类型是(　　)。

A. 学科课程　　B. 活动课程　　C. 分科课程　　D. 综合课程

答案：B

8.【2016 年上半年 中】校风、教风和学风是学校文化的重要构成部分。就课程类型而言，它们属于(　　)。

A. 学科课程　　B. 活动课程　　C. 显性课程　　D. 隐性课程

答案：D

9.【2013 年上半年 中】一个数学成绩优秀的学生出于某种原因产生了对数学的厌恶感，所以他在离开学校后很可能不再主动研究数学问题了。这种现象属于(　　)。

A. 连带学习　　B. 附属学习　　C. 正规学习　　D. 显性课程

答案：A

10.【2018 年下半年 中】辨析题：总体而言，学校课程内容主要由间接经验构成。

参考答案：这种说法是正确的。教学过程中学生认识的特殊性主要表现为间接经验和直接经验相结合。学校课程内容主要是由那些前人总结出来的系统的经验即间接经验构成的。这样才能更加系统高效地帮助学生积累基础知识和技能，更好地培养他们其他方面的能力。教学是学生认识客观世界的过程，要以间接经验为主，但也要辅之以直接经验，把二者有机地结合起来。因此题干的描述是正确的。

11.【2016 年下半年 中】简答题：简述活动课程的特点。

参考答案：活动课程又称经验课程或生活课程。它是从儿童的兴趣需要出发按照各种实践活动类型和特定活动方式设计的课程。活动课程具有以下特点：第一，从儿童的兴趣需要出发去设计课程；第二，按照儿童的心理发展顺序去设计课程；第三，主张儿童通过实践活动探究并获得直接经验。

12.【2014 年下半年 中】简答题：简述教科书编写的基本原则。

参考答案：中小学教材编写的基本原则有：其一，按照不同学科的特点，体现科学性和思想性；其二，强调内容的基础性；其三，结合当前社会的发展需要；其四，合理体现学科知识的逻辑顺序和受教育者的学习心理顺序；其五，兼顾同年级学科内容之间的关系和上下年级同学科教材的衔接。

第三节 课程开发

【考点分析】

理解课程开发的内涵，了解不同的课程开发模式。

【考点内容】

一、课程开发的概念

课程开发是指开发者通过对社会和学习者的需求分析，确定课程目标，再根据这一目标选择某一个学科的教学内容和相关教学活动进行计划、组织、实施、评价、修订，以最终达到课程目标的整个工作过程。

二、课程开发模式

(一)目标模式

它是美国课程论专家泰勒在《课程与教学的基本原理》(1949 年)一书中提出的，又称为泰勒原理，是一个比较系统完整的课程开发理论体系。泰勒认为开发任何课程都必须回答四个基本问题：①学校应该达到什么样的教学目标？②提供哪些教育经验才能实现这些目标？③如何有效地组织这些教育经验？④如何确定这些目标正在实现？这四个基本问题构成了著名的泰勒原理。

(二)过程模式

它是英国课程论专家斯腾豪斯在《课程研究与开发导论》(1975 年)一书中提出的，其建构在对泰勒模式的批判的基础上。斯腾豪斯认为目标模式是很适合训练行为技能的，但对知识的学习而言却不合适，这是因为知识的本质在于可以使人们通过知识的运用进行创造性思考。课程应考虑知识更新的不确定性，鼓励个体化的、富于创造性的学习，而不是把知识及学习作为实现预定目标的尝试。过程模式对教师素质的要求很高，由此斯腾豪斯提出了在今天影响很大的著名的“教师即研究者”的课程思想。他认为教师应当成为课程的研制者、开发者，而不仅仅是接受者、消费者，这就为当今世界课程改革中重视教师主体作用的开发模式的应用提供了理论基础。

(三)环境模式

环境模式又称情境模式或文化分析模式，其代表人物是英国课程专家丹尼斯·劳顿和斯基尔贝克。该模式的可操作程序包括五个部分：分析情境，表述目标，制订方案，阐明和实施，检查、评价、反馈和改进。环境模式是一种更综合的课程开发模式，综合了目标模式和过程模式，是一种灵活的、适应性强的课程开发模式。

(四)实践模式

美国学者施瓦布认为，课程是由教师、学生、教材、环境四个要素构成的，这四个要素间持续的相互作用便构成了实践性课程的基本内涵。教师和学生是课程的主体和创造者，其中学生是实践性课程的中心。教材是课程的有机构成部分，是由课程政策文件、课本和其他教学资料构成的。

实践性课程的开发方法是审议。所谓审议是指课程开发的主体对具体教育实践情境中的问题反复讨论权衡，以获得一致的理解与解释，最终做出恰当的、一致的课程变革的决定。

真题再现

【2013 年上半年　中】1949 年美国学者泰勒出版的《课程与教学的基本原理》，提出了课程编制的“四段论”，形成了著名的泰勒原理的课程编制模式，这一模式被称为(　　)。

A. 实践模式　　B. 过程模式　　C. 环境模式　　D. 目标模式

答案：D

第四节　我国基础教育新课程改革

【考点分析】

了解我国基础教育新课程改革的理念、目标及实施状况。

【考点内容】

一、基础教育新课程改革的理念

(一)核心理念

为了中华民族的复兴，为了每位学生的发展。

(二)基本理念

第一，三维课程目标观，即知识与技能、过程与方法、情感态度与价值观。新课程的三维目标指向学生的全面发展，注重学生在品德、才智、审美等方面的成长，是国家新课程基本理念的重要体现之一。

第二，综合课程观。课程的设置要体现整体性、开放性、动态性，培养学生具有综合的视角和综合的能力。

第三，内容联系观。课程内容要与社会生活相联系，与学生已有的经验相联系，加强教学内容的生活化。

第四，学习方式观。新课程强调自主、合作、探究的学习方式，培养学生学习的自主性、合作性、创造性，以适应社会发展的需要。

第五，发展评价观。新课程重视学习的过程评价，发挥评价的促进学习的功能。

第六，校本发展观。学校根据自身实际情况和学生发展需要开发校本课程，增强学生的选择性，促进教师、学生和学校的特色发展。

二、基础教育新课程改革的目标

第一，改变课程过于注重知识传授的倾向，强调使学生形成积极主动的学习态度，使教学成为学生获得基础知识与基本技能的过程的同时成为学生学会学习和形成正确价值观的过程。

第二，改变课程结构过于强调学科本位、科目过多和缺乏整合的现状，整体设置九年一贯的课程门类和课时比例，并设置综合课程，以适应不同地区和学生发展的需求，体现课程结构的均衡性、综合性和选择性。

第三，改变课程内容“难、繁、偏、旧”和过于注重书本知识的现状，加强课程内容与学生生活以及现代社会和科技发展的联系，关注学生的学习兴趣和经验，精选终身学习必备的基础知识和技能。

第四，改变课程实施过于强调接受学习、死记硬背、机械训练的现状，倡导学生主动参与、乐于探究、勤于动手。

第五，改变课程评价过分强调甄别与选拔的功能，发挥评价促进学生发展、教师提高和改进教学实践的功能。

第六，改变课程管理过于集中的状况，实行国家、地方、学校三级课程管理，增强课程对地方、学校及学生的适应性。

三、基础教育新课程改革的实施状况

(一)课程结构

整体设置九年一贯的义务教育课程；强调课程结构的综合性、均衡性、选择性；小学三年级至高中设置综合实践活动并将其作为必修课，其内容包括信息技术教育、研究性学习、社区服务与社会实践、劳动与技术教育。

(二)课程内容

课程内容体现出普及性、基础性和发展性三大特征。

(三)课程实施

新课程倡导自主学习、合作学习和探究学习。

(四)课程管理

实行国家、地方、学校三级课程管理，增强课程对地方、学校及学生的适应性。

(五)课程评价

新课程提出了“发挥评价促进学生发展、教师提高和改进教学实践的功能”的新评价观。在学生评价方面，建立评价学生全面发展的指标体系，采用自评与他评相结合和多元化的评价标准，采用定量与定性相结合的方法；在教师评价方面，打破只用学生分数衡量教师工作业绩的传统做法，建立教师自评为主，校长、教师、学生、家长共同参与的多元评价制度。

真题再现

1.【2015 年上半年　中】在我国新一轮基础教育课程改革中，课程评价功能更加强调的是(　　)。

A. 甄别与鉴定　　B. 选拔与淘汰

C. 促进学生分流　　D. 促进学生发展与改革教学实践

答案：D

2.【2016 年上半年　中】《基础教育课程改革纲要(试行)》规定，我国中小学课程设置综合实践活动，其开设的学段是(　　)。

A. 小学一年级至高中　　B. 小学三年级至高中

C. 小学五年级至高中　　D. 初中一年级至高中

答案：B

3.【2015年下半年　中】我国新一轮基础教育课程改革要求义务教育课程实行(　　)。

A. 六三分段设置　　B. 五四分段设置

C. 九年整体设置　　D. 多种形式设置并存

答案：C

4.【2019年上半年　中】我国《基础教育课程改革纲要(试行)》规定，在课程设置上，高中阶段(　　)。

A. 以综合课程为主　　B. 以分科课程为主

C. 以活动课程为主　　D. 设置分科与综合相结合的课程

答案：B

5.【2014年上半年　中】根据《基础教育课程改革纲要(试行)》的规定，我国初中阶段的课程设置主要是(　　)。

A. 分科课程　　B. 分科课程和综合课程结合

C. 综合课程　　D. 活动课程和综合课程结合

答案：B

6.【2013年下半年　中】简答题：简述中小学综合实践活动的内容。

参考答案：信息技术教育、研究性学习、社区服务与社会实践、劳动与技术教育。

能力提升训练题

一、单项选择题

1.(　　)是国家根据课程计划以纲要的形式规定某一学科的课程性质、课程目标、内容目标、实施建议的教学指导性文件。

A. 课程标准　　B. 教学计划

C. 教学大纲　　D. 课程结构

2.《基础教育课程改革纲要(试行)》明确要求课程结构具有(　　)三个基本特征。

A. 普及性、统一性、发展性　　B. 综合性、强制性、灵活性

C. 综合性、均衡性、选择性　　D. 基础性、普及性、时代性

3. 新课程的核心理念是(　　)。

A. 为了每位学生的发展　　B. 为了学生成绩的提高

C. 为了教师教学水平的提高　　D. 为了学校在升学方面的竞争

4.(　　)课程理论强调应将人类积累的人类社会文化、种族遗产中的精华作为课程传递给下一代。

A. 永恒主义　　B. 要素主义

C. 结构主义　　D. 社会改造主义

5. 下列哪个不属于制约课程开发的主要因素？(　　)

A. 学生　　B. 教师　　C. 学科　　D. 社会

6.(　　)是制订课程计划的首要问题及中心内容。

A. 课程设置　　B. 学科顺序　　C. 课时分配　　D. 学年编制和学周安排

7. 提出"教师即研究者"的教育家是(　　)。

A. 泰勒　　B. 杜威　　C. 斯腾豪斯　　D. 劳顿

8. 目的游离评价模式主张(　　)。

A. 评价的重点是课程计划预期的结果　　B. 更多地考虑课程满足计划需要的程度

C. 应着重关注课程计划满足目标的程度　　D. 评价的重点放在课程计划实际的结果上

9. 课程标准结构的核心部分是(　　)。

A. 课程内容　　B. 课程目标　　C. 课程理念　　D. 课程结构

10. 初中阶段开设的科学课，融合了物理、化学和生物等内容，该课程属于(　　)。

A. 学科课程　　B. 活动课程　　C. 综合课程　　D. 选修课程

11. 编写教材的直接依据是(　　)。

A. 课程计划　　B. 课程目标　　C. 课程标准　　D. 课程说明

12. 在教材编写过程中，课程内容前后反复出现，且后面内容是对前面内容的扩展和深化，这种教材编排方式是(　　)。

A. 直线式　　B. 螺旋式　　C. 分科式　　D. 综合式

二、简答题

1. 简述课程标准的含义和结构。
2. 简述新课程改革的具体目标。
3. 简述隐性课程的含义和特点。
4. 简述泰勒原理。
5. 简述课程计划的含义和内容。

参考答案

一、单项选择题

1. A　2. C　3. A　4. B　5. B　6. A　7. C　8. D　9. B　10. C　11. C　12. B

二、简答题

1. 答案参见本章内容。
2. 答案参见本章内容。
3. 答案参见本章内容。
4. 答案参见本章内容。
5. 参考答案：课程计划是根据一定的教育目的和培养目标，由国家教育主管部门制定的有关学校教育教学工作的指导性文件。课程计划的内容主要包括课程设置、学科顺序、课时分配及学年编制和学周安排。课程设置是制订课程计划的首要问题及中心内容。

模块三　教　学

【考纲要求】

1. 理解教学的意义，了解有关教学过程的各种本质观。

2. 熟悉和运用教学过程的基本规律，包括直接经验与间接经验相统一的规律、掌握知识与发展能力相统一的规律、教师的主导作用与学生的主体作用相统一的规律、传授知识与思想教育相统一的规律(教学的教育性规律)，分析和解决教学实际中的问题。

3. 掌握教学工作的基本环节及要求；掌握和运用常用的教学原则、教学方法；了解教学组织形式的内容及要求。

4. 了解我国当前教学改革的主要观点与趋势。

第一节　教学概述

【考点分析】

教学的内涵、形式教育与实质教育以及我国现阶段的教学任务是考核重点，需要考生理解并准确识记。

【考点内容】

一、教学的内涵

(一)教学的含义

教学是指在教育目的规范下的由教师的教与学生的学共同组成的一种活动。教学是学校实施全面发展教育的基本途径。

(二)教学与相关概念的关系

1. 教学与教育

教学与教育的关系，随着教育含义的变化而有所不同。当教育指广义教育时，教学与教育是部分与整体的关系，即教育包括教学，教学是学校进行全面发展教育的一个基本途径。当从最狭义的角度理解教育即教育为德育时，教学与教育就是一种并列关系，即教学重在知识的传递，教育重在思想品德的培养。

2. 教学与智育

教学与智育既有区别，又有联系。作为教育的一个组成部分的智育，其任务是向学生传授系统的知识和发展学生的认识能力，主要是通过教学进行的。但二者又有所不同：一方面，教学是德育、美育、体育的主要实施途径；另一方面，智育需要通过教学之外的途径才能全面实施。因此，我们既不能把教学等同于智育，也不能把智育等同于教学。

3. 教学与上课

上课是教学的一种方式。就当前我国的情况来看，班级上课是教学的基本组织形式。教学工作以上课为中心环节。

二、教学的地位、作用与任务

(一)教学的地位

教学工作是学校的中心工作。

(二)教学的作用

①教学是社会经验得以再生产的一种主要手段。

②教学为个人全面发展提供科学的基础。

③教学是教育工作的主体部分，又是教育的基本途径。

(三)教学的任务

1. 形式教育与实质教育

形式教育历史很长，起源于古希腊，代表人物主要有英国教育家洛克和瑞士教育家裴斯泰洛齐。他们认为教学的主要任务不是教给学生知识，而是在于提高学生的能力。因此，他们认为教学的主要任务在于通过开设希腊文、拉丁文、逻辑、文法和数学等学科发展学生的智力，至于学科内容的实用意义则是无关紧要的。形式教育以官能心理学为基础。

实质教育是对立于形式教育而出现的一种教育学说。赫尔巴特和斯宾塞是其主要代表人物。他们认为教学的主要任务是使学生获得有价值的知识，学习知识本身就包含着能力的培养，能力无须加以特别训练。实质教育以联想主义心理学为基础。

2. 我国现阶段的教学任务

第一，使学生掌握系统的现代科学文化知识，形成基本技能和技巧，这也是教学的首要任务。

第二，发展学生智能，特别是培养学生的创新精神和实践能力。

第三，发展学生体力，提高学生的身心健康水平。

第四，培养学生高尚的审美情趣和能力。

第五，使学生形成良好的思想品德、科学的世界观和良好的个性心理品质。

三、教学理论流派

(一)行为主义心理学教学理论

这一理论在教学上的应用是程序教学、计算机辅助教学、个别学习法和视听教学等多种教学模式。

(二)认知心理学教学理论

认知心理学家认为是个体作用于环境的，而非环境引起人的行为；环境只提供潜在刺激，这些刺激是否受到注意或被加工取决于学习者内部的心理结构。代表人物：美国教育心理学家布鲁纳和奥苏伯尔。基本观点：①理智发展的教学目标；②动机—结构—序列—强化原则；③学科知识结构；④发现法。

(三)情感心理学教学理论

20 世纪 60 年代以来，人本主义心理学开始兴起，主张心理学应该探讨完整的人，而不是把人分割成行为、认知等从属方面。代表人物是美国人本主义心理学家罗杰斯，他提出了“非指导性教学”。

(四)建构主义教学理论

建构主义作为认知学习理论的新成果，是目前西方日渐流行的一种学习理论。建构主义理论的主要代表人物有皮亚杰、科恩伯格、斯滕伯格、维果茨基等。建构主义强调学生对知识的主动探索、主动发现和对所学知识意义的主动建构(而不是像传统教学那样，只是把知识从教师头脑中传送到学生的笔记本上)。

真题再现

1.【2018 年下半年　小】巴班斯基认为，应该把教学看作一个系统，在系统的整体与部分之间、部分与部分之间以及系统与环境之间的相互联系及相互作用中设计教学。这一教学理论称为(　　)。

A. 教学环境最优化　　B. 教学内容最优化

C. 教学过程最优化　　D. 教学方法最优化

答案：C

2.【2019 年上半年　中】苏联教育家赞可夫倡导的是(　　)。

A. 发现学习理论　　B. 教学过程最优化理论

C. 教学与发展理论　　D. 范例教学理论

答案：B

3.【2019 年上半年　中】辨析题：教学任务就是向学生传授知识。

答案：错误。教学是在教育目的规范下由教师的教与学生的学共同组成的一种活动。其中，传授系统的科学基础知识和基本技能是教学的首要任务。此外，教学还要发展学生的智力、体力和创造才能，培养学生的社会主义品德和审美情趣，奠定学生的科学世界观基础，关注学生的个性发展。因此，教学任务具有多样性，不仅仅是传授知识。

4.【2014 年下半年　中】辨析题：教学是实现学校教育目的的基本途径。

答案：正确。教学是在教育目的规范下由教师的教与学生的学共同组成的一种活动。教学是学校的中心工作，学校教育工作必须坚持以教学为主，教育目的的实现也要通过教学，因此，教学是实现教育目的的基本途径。

第二节　教学过程

【考点分析】

本节内容可能以各种题型出现。其中，教学过程的本质、教学过程的阶段、教学过程的基本规律为考核重点。

【考点内容】

一、教学过程的本质

教学过程是指教师根据教学目的、教学任务和学生身心发展的特点，通过指导学生有目的、有计划地掌握系统的科学文化基础知识和基本技能，发展学生的智力和体力，使学生形成科学世界观及培养学生的道德品质、发展学生个性的过程。

我国长期流行的看法是教学过程是一种特殊的认识活动，是实现学生身心发展的过程。教学过程要遵循一般认识过程的普遍规律，要经历由感性认识上升到理性认识又由理性认识回到实践这一循环往复的过程。但它又有自身的特殊性，是认识的一种特殊形式。它的特殊性在于：

①认识的间接性；

②认识的交往性；

③认识的教育性；

④有领导的认识。

二、教学过程的阶段

我国教育界对教学过程阶段的划分基本一致，大致将其分为五个阶段：

①激发学习动机；

②感知与理解教材，这被称为教学过程的领会知识阶段，是教学过程的中心环节；

③巩固知识；

④运用知识；

⑤反馈与评价。

三、教学过程的基本规律

①直接经验与间接经验相统一的规律。

②掌握知识与发展能力相统一的规律(发展性规律)。

掌握知识是发展能力的基础。

能力发展又是掌握知识的重要条件。

要把握掌握知识与发展能力相互转化的内在机制。

③教师的主导作用与学生的主体作用相统一的规律(双边性规律)。

教师在教学活动中起主导作用。

学生是学习的主体。

要确保教学过程中师生主体性的发挥。

④传授知识与思想教育相统一的规律(教学的教育性规律)。

真题再现

1.【2018年下半年　中】在教学过程中，教师主导作用发挥的主要标志是(　　)。

A. 确保学生的独立地位　　B. 维持正常课堂秩序

C. 维护教师的中心地位　　D. 调动学生的积极性

答案：D

2.【2017年下半年　中】教学过程是一种特殊的认识过程，其区别于人类一般认识的特点是(　　)。

A. 主动性、阅读性和引导性　　B. 探索性、间接性和引导性

C. 间接性、引导性和简洁性　　D. 间接性、引导性和复杂性

答案：C

3.【2015 年下半年　中】教学过程中学生掌握知识的中心环节是(　　)。

A. 感知与评价　　B. 理解教材　　C. 巩固知识　　D. 运用知识

答案：B

4.【2015 年上半年　中】辨析题：强调学生的主体地位必然削弱教师的主导作用。

答案：错误。教师的主导与学生的主体是相互依存、缺一不可的。教学中教师要发挥学生的主动性，让学生参与到学习中来。在这个过程中，教师应给学生指明方向，保证学生学习的方向性。

5.【2019 年上半年　中】简答题：简述教学过程有哪些基本规律。

答案参见本节内容。

第三节　教学原则

【考点分析】

本节知识在历年考题中以各种题型出现，且是考核重点，需要考生分析理解各原则的基本含义和贯彻要求。

【考点内容】

一、教学原则的含义

教学原则是根据一定的教学目的和对教学过程规律的认识而制定的指导教学工作的基本准则，是有效进行教学必须遵循的基本要求。教学原则是指导教学活动的一般原理。教师要想顺利完成教学任务，必须研究和掌握教学活动中的一系列原则。

二、我国中小学常用的教学原则

科学性与思想性相结合的原则；

理论联系实际的原则；

直观性原则；

启发性原则；

循序渐进原则；

巩固性原则；

因材施教原则；

量力性原则。

教师要灵活运用教学原则，不是在教学中把每一个原则都用到，而是要根据每个原则的贯彻要求，灵活运用它们。

真题再现

1.【2016 年上半年　中】王老师在化学课上讲到元素周期表中的“镭”元素时，向学生介绍了“镭”的发现者居里夫人献身科学的事迹，使学生深受教育。这体现了哪一个教学原则？(　　)

A. 理论联系实际的原则　　B. 科学性和思想性相结合的原则

C. 启发性原则　　　　　　　　　D. 发展性原则

答案：B

解析：教师在传授知识的同时让学生感受居里夫人献身科学的精神，符合科学性与思想性相结合的原则。

2.【2015 年下半年　中】罗老师讲解《观潮》这篇课文时，通过播放视频，让学生真切感受到钱塘江大潮的雄伟壮观。他在教学中贯彻了(　　)。

A. 直观性原则　　　　　　　　　B. 科学性和思想性相结合的原则

C. 循序渐进原则　　　　　　　　D. 巩固性原则

答案：A

3.【2014 年下半年　中】在教学过程中，张老师经常运用语言的形象描述，引导学生形成所学事物和过程的清晰表象，丰富他们的感性知识，从而使他们正确理解知识和提高认识能力。张老师遵循的教学原则是(　　)。

A. 直观性原则　　B. 启发性原则　　C. 循序渐进原则　　D. 巩固性原则

答案：A

4.【2017 年下半年　中】辨析题：教学具有教育性。

答案：正确。①教学中，教师向学生传授知识和学习方法的过程，也是对学生进行思想品德教育、培养学生成才的过程；②构成教学活动的每个要素都包含着极其丰富的教育因素。这些教育因素在教学活动中发挥思想品德教育作用是客观存在的；③从教学活动的整个过程来看，学生掌握知识的过程，就是教师指导学生能动地认识客观世界的过程，同样具有教育性。所以此观点是正确的。

5.【2014 年下半年　中】辨析题：直观教学既是手段也是目的。

答案：错误。直观性原则是指教师在教学中要利用直观教具以及语言的形象描述，通过各种感知，丰富学生的直接经验和感性知识，使学生获得生动、确切的表象，从而使学生正确理解书本知识和发展认识能力。直观教学是手段，而不是目的，不能为了直观教学而直观教学。

6.【2018 年下半年　中】简答题：简述贯彻科学性与思想性相统一的教学原则的基本要求。

参考答案：①教师要确保教学的科学性；②教师要结合教学内容进行思想品德教学；③教师要通过教学活动的各个环节对学生进行思想品德教育；④教师要不断提高自己的专业水平和思想修养，严守职业道德，讲究教学艺术。

第四节　教学方法

【考点分析】

本节知识在历年考题中以各种题型出现。其中，讲授法、谈话法、讨论法、实验法、实习作业法等教学方法是考核的重点，需要考生重点理解其含义和运用要求。

【考点内容】

一、教学方法的含义

教学方法是师生为完成一定的教学任务，在共同活动中所采用的教学方式、教学途径和教学手段，包括教师的教法和学生的学法。在教法和学法中，教法处于主导地位。

二、教学方法的类型

根据各种教学方法运用时的指导思想的不同，我们可以把教学方法划分为启发式和注入式两大类。

我国中小学常用的教学方法主要有以下几种。

(一)以语言传递为主的教学方法

1. 讲授法

讲授法是指教师运用口头语言向学生描绘现象、解释概念、论证原理和阐明规律的教学方法。这是历史上流传下来的最主要的一种方法，也是我国中小学应用得十分广泛的一种教学方法。讲授法的具体方式有讲述、讲解、讲演和讲读。

2. 谈话法

谈话法又称问答法，是指教师按一定的教学要求，向学生提出适当的问题，并围绕问题引导学生积极思考，然后分析、综合、比较、抽象、概括、推理、判断、得出结论，从而获得知识的方法。

3. 讨论法

讨论法是指在教师的指导下，由全班或小组学生围绕某个中心问题发表自己的看法，从而互相启发、互相学习、弄清问题的一种教学方法。在教学中展开讨论，需要学生具有一定的基础知识、一定的独立思考能力和理解力，因此，讨论法一般在中学高年级用得多些。

4. 读书指导法

读书指导法是指教师指导学生独立阅读教科书和参考书或其他课外读物以获得知识并培养阅读能力的教学方法。这种方法可以使学生更好地理解和消化教师所讲的内容，也可以培养学生的自学能力和习惯。

(二)以直接感知为主的教学方法

1. 演示法

演示法是指教师向学生展示实物、直观教具，或进行示范性实验，或通过现代化教学手段，使学生获取知识的方法。

2. 参观法

参观法是指教师根据教学目的和要求，组织学生对实物进行实地观察、研究，从而使学生在实际中获得新知识或巩固、验证已学知识的方法。

(三)以实际训练为主的教学方法

1. 实验法

实验法是指学生在教师的指导下，利用一定的设备或材料，在一定条件的控制下，引起某些事物或现象的发生和变化，然后进行观察和分析，最终获取知识的教学方法。

2. 练习法

练习法是指学生在教师的指导下，运用所学的知识独立地进行实际操作，完成书面或口头作业的一种教学方法。练习法的突出特点是实践性和操作性。

3. 实习作业法

实习作业法是指组织学生到生产现场或专门场所进行实际操作，培养他们将书本知识运用于实践的教学方法。

4. 实践活动法

实践活动法是让学生参加社会实践活动，培养其解决实际问题的能力和多方面实践能力的教学方法。在实践活动中，学生是中心，教师是参谋或顾问。

(四)以情感陶冶为主的教学方法

1. 欣赏教学法

欣赏教学法是指教师在教学过程中，指导学生体验客观事物的真善美的一种教学方法，一般包括对自然的欣赏、对人生的欣赏和对艺术的欣赏等。

2. 情景教学法

教师有目的地引入或创设以形象为主题的具有一定情绪色彩的生动具体的场景，以引起学生的情感体验，从而帮助学生理解教材，并使学生的心理机能得到发展的教学方法。创设的情景一般包括生活展现的情景、图画再现的情景、实物演示的情景、音乐渲染的情景等。

(五)以探究发现为主的教学方法

发现法，又称探索法、研究法，是学生借助于教师提供的适于进行再发现的问题情境和学习内容，积极开展独立的探索、研究和尝试活动，以掌握和解决问题的方法和步骤，研究客观事物的属性，发现相应的原理或结论，培养创造力的方法。它是由美国教育家布鲁纳所倡导的。

(六)自主学习法

自主学习是一种与他主学习相对立的学习方式，是指学生自己主宰自己的学习方式。它包括三个方面：一是对自己的学习活动的事先安排，二是对自己的实际学习活动的监察、评价、反馈，三是对自己的学习活动进行调节、修正和控制。它是以学生自主、主动、独立为特征的，所以这样的学习难以有固定的步骤。

(七)合作学习法

合作学习是指学生为了完成共同的任务而有明确责任分工的互助性学习方式。合作学习鼓励学生为集体的利益和个人的利益一起工作，在完成共同任务的过程中实现自己的理想。

三、教学方法的选择和运用

在教学实践中，教师很少单独使用一种教学方法。“教必有法，但无定法。”教师要取得好的教学效果，需要综合地、灵活地、创造性地运用各种教学方法。教师选择教学方法的基本依据是：第一，教学的目的、任务；第二，学科性质和教学内容；第三，学生的年龄特征和个别差异；第四，学校的环境、设备条件和教师自身的教学风格；第五，教学方法本身的特点和功能。

真题再现

1.【2016年下半年　中】在一堂化学课上，张老师运用分子模型和挂图，帮助学生认识乙醛的分子结构。张老师采用的教学方法是(　　)。

A. 实验法　　B. 练习法　　C. 作业法　　D. 演示法

答案：D

2.【2015年下半年　中】陈老师在讲“二氧化碳的性质”时，在讲台上放了两瓶没有标签的无色气体，其中一瓶装着二氧化碳，另一瓶装着空气，怎么区分它们呢？陈老师边说边将燃烧的木条分别伸入两个集气瓶中，告诉学生使木条熄灭的是二氧化碳，使木条继续燃烧的是空气。这种教学方法是(　　)。

A. 实验法　　B. 讲授法　　C. 演示法　　D. 谈话法

答案：C

3.【2019年上半年　小】学完《雷锋叔叔，你在哪里》一课后，为了更好地达成“通过朗读感悟，懂得奉献爱心”的教学目标，老师让学生有感情地朗读课文。这种教学方法属于(　　)。

A. 练习法　　B. 实验法　　C. 读书指导法　　D. 实习作业法

答案：C

第五节　教学组织形式

【考点分析】

本节知识为小学教师资格考试高频考点，一般以选择题的形式出现，其中，常见的教学组织形式尤其是班级授课制是考核重点。

【考点内容】

一、教学组织形式的含义

教学组织形式是为实现一定的课程与教学目标，围绕一定的教育内容或学习经验，在一定时空环境中，通过一定的媒体，教师与学生之间相互作用的方式、结构与程序。

二、教学组织形式的历史沿革

教学组织形式的历史沿革大致经历了三个阶段。

(一)个别教学

个别教学是指教师对学生进行个别教学的组织形式。它是最早的教学组织形式。它的基本特征是：教师只同个别学生发生联系；学生年龄和文化程度参差不齐；教学内容与进度缺乏计划性与系统性；教学活动和教学时间没有明确的规定。这种教学组织形式办学规模小、速度慢、效率低，但却能较好地适应个别差异。

(二)班级授课制的兴起与普及

率先使用“班级”一词的是文艺复兴时期的教育家埃拉斯莫斯。最早的班级授课制出现于16世纪中叶的德国。捷克教育家夸美纽斯于1632年发表了《大教学论》，对班级教学的实践做了总结和归纳，第一次从理论上对班级教学的特点、功能、应用等问题做了概括性阐述和论证，奠定了班级教学的理论基础。班级授课制后经德国教育家赫尔巴特的发展而基本定型。在我国，1862 年京师同文馆率先采用班级授课制，1904 年的癸卯学制以法令的形式将其确定下来。

(三)教学组织形式的多样化

1. 贝尔-兰卡斯特制

贝尔-兰卡斯特制也称为导生制，产生于 19 世纪初的英国。在工场手工业向大机器生产过渡的过程中，为了满足生产需要并榨取工人更多的剩余价值，资本家只给工人最初级的教育。教师教年龄大的学生，再由其中的佼佼者“导生”去教年幼或学习差的学生。这种教学组织形式的特征是在班级中，教师把教学内容传授给一部分“导生”，再由“导生”转授给其他学生。这是英国“双轨制”教育体制的具体体现。

2. 设计教学法和道尔顿制

设计教学法是由美国教育家克伯屈于 1918 年创立的一种教学组织形式。道尔顿制是美国道尔顿城的教育家柏克赫斯特提出并施行的。它们是典型的自学辅导式的教学组织形式。

3. 文纳特卡制

美国教育家华虚朋于 1919 年在芝加哥市郊文纳特卡镇公立学校施行的教学组织形式。这种教学组织形式更加强化了教学的个别化，其所创用的小步子教学原则，对程序教学影响很大。

4. 分组教学

为克服班级授课制不易照顾学生个别差异的弊端，19 世纪末 20 世纪初西方出现了分组教学，有能力分组、作业分组、外部分组、内部分组等。

5. 特朗普制

特朗普制是由美国教育家劳伊德·特朗普在 20 世纪 50 年代创立的。它把大班上课、小组讨论、个人自学结合在一起，以灵活的时间单位代替固定统一的上课时间。

三、现行的教学组织形式

(一)班级授课制

班级授课制是我国现行的基本教学组织形式，也称为课堂教学。

1. 班级授课制的基本特征

班、课、时。

2. 班级授课制的优点与局限

与个别教学相比，它的突出优点是：①有利于经济有效地大面积培养人才；②有利于教师发挥主导作用；③有利于学生集体发挥作用；④有利于学生多方面的发展。

它的局限是：①教学面向全班学生，强调的是统一，难以照顾学生的个别差异；②教学内容和教学方法的灵活性有限；③学生的学习主要是接受现成的知识，动手机会少，不利于培养探索精神、创造能力和实践能力；④教学活动多由教师直接做主，学生的主体地位或独立性受到一定限制。

(二)辅助的教学组织形式

个别辅导。

现场教学。

(三)特殊的教学组织形式——复式教学

复式教学是把两个或两个以上年级的学生编在一个班里，由一位教师分别用不同程度的教学材料，在同一节课里对不同年级的学生，采取直接教学和自动作业交替的办法进行教学。它可以节约师资力量、教室和教学设备，对经济和文化教育落后地区的教育普及具有重要的意义。这是一种在经济和文化教育落后地区较常使用的教学组织形式，尤其在师资不足、教室短缺和教学设备匮乏的地区，这种教学组织形式更是具有不可替代的优势。

(四)新型教学组织形式

1. 翻转课堂

翻转课堂是指在信息化环境中，教师提供以教学视频为主要形式的学习资源，学生在上课前完成对视频等学习资源的观看和学习，师生在课堂上一起完成作业答疑、协作探究和互动交流等活动的新型教学组织形式。

2. 微课

微课是指以视频为主要载体，记录教师在课堂内外教育教学过程中围绕某个知识点(重点、难点、疑点)或教学环节而开展的教与学活动的全过程的方式。

3. 慕课

慕课是新近涌现出来的一种在线课程开发模式，是一种将分布于世界各地的授课者和学习者通过某一个共同的话题或主题联系起来的方式。

四、当代教学组织形式改革的重点

①适当缩小班级规模，使教学单位趋向合理化。

②改进班级授课制，实现多种教学组织形式的综合运用。

③多样化排列座位，加强课堂教学的交往互动。

④探索个别化教学。

真题再现

1.【2017年下半年　小】班级授课制是现代学校普遍采用的教学组织形式。在对班级授课制的评价中，班级授课制最不利于(　　)。

A. 高效教学　　B. 因材施教

C. 教师主导　　D. 集体活动

答案：B

2.【2017年上半年　小】能让学生充分交流互动并有利于发挥其主体作用的教学组织形式是(　　)。

A. 道尔顿制　　B. 个别教学

C. 分组教学　　D. 文纳特卡制

答案：C

3.【2017 年上半年　小】课堂教学中，课桌椅摆放方式会影响教学方法的运用效果，一般来说，“秧田型”最适合的教学方法是(　　)。

A. 实验法　　B. 讲述法　　C. 探究法　　D. 讨论法

答案：B

4.【2018 年下半年　小】教师不是分学科进行系统的知识传授，而是为学生创设学习环境，由学生根据自己的兴趣在教室或其他场所自主学习。这样的教学组织形式属于(　　)。

A. 在线课堂　　B. 网络课堂　　C. 开放课堂　　D. 翻转课堂

答案：C

第六节　教学工作的基本环节

【考点分析】

本节知识是历年考核重点，往往以选择题、简答题和材料题等题型出现。考生对备课、上课和学业评价尤其应重点掌握。

【考点内容】

一、备课

备课是教学工作的起始环节，是教师为上课做的准备工作，是上好课的先决条件。教师备课有如下基本要求。

(一)基本原则

①有效性原则；②系统性原则；③整合性原则；④先进性原则。

(二)总体要求

①注重有效备课；②强化适时备课；③提倡集体备课；④教案备写实行分层。

(三)备课构成

①学期备课；②单元(章节)备课；③课时备课。

(四)教案备写要求

①教学内容要精细；②学情分析要全面；③设计理念要先进；④课时安排要合理；⑤教学目标要明确；⑥教学重点、难点要准确；⑦教学准备要充分；⑧教学过程要有效。

二、上课

(一)课的类型和结构

1. 课的类型

以一堂课完成任务的多少为依据，我们可以把课分为单一课和综合课(混合课)。

2. 课的结构

课的结构是指一堂课的组成部分及各部分的安排顺序和时间分配。

综合课的一般结构是：①组织教学；②复习检查；③讲授新课；④巩固新课；⑤布置课外作业。

(二)好课的基本要求

教师上好课就要遵循课堂教学的基本要求：

①目标明确；②内容正确；③教学组织严密；④教学方法灵活；⑤学生思维活跃(气氛热烈)；⑥教学效果优异。

三、课外作业的布置和批改

教师布置和批改作业时，应遵循下列要求：

①作业的内容要符合课程标准规定的范围和深度；

②选题要有代表性、典型性，分量要适当，难易要适度；

③作业应与教科书的内容有逻辑联系，但不应是教科书的例题或材料的照搬，要有典型性和举一反三的作用；

④要向学生提出明确的要求，并规定完成的时间；

⑤教师应经常检查和批改学生的作业，并做必要的讲评或个别指导。

四、课外辅导

课外辅导的基本要求有：

①因材施教，从辅导对象的实际出发，确定辅导内容和措施；

②目的明确，采用启发式，指导学生独立思考、钻研，以形成科学的学习方法；

③发挥集体优势，组织学生开展互帮互学活动；

④辅导只是对课堂教学的补充，不能将主要精力放在辅导上。

五、学生学业成绩的检查和评定

学业成绩的检查一般有平时检查和考试考查两种。平时检查在平时教学中随时进行；考试与考查，是检查学生学习和教师教学效果的重要方式，多集中在期末或一个教学时间段进行。学业成绩检查和评定的基本要求有：

①检查和评定要注意科学性、有效性和可靠性。

②检查和评定的内容应力求全面、突出重点，鼓励学生创新，不仅要看答案，而且要看思路，要重视学生思维的创造性。

③检查和评定的方法要灵活多样。

④对检查和评定的结果要做必要的分析，要向学生指出学习上的优缺点和努力方向，这是评定学生学业成绩的主要目的。

真题再现

1.【2017 年上半年　中】李老师在语文课上，按照组织教学、检查复习、讲授新教材、巩固新教材、布置课外作业的程序进行教学。这体现了哪一类型的课的结构？(　　)

A. 单一课　　B. 综合课　　C. 练习课　　D. 复习课

答案：B

2.【2015 年上半年　小】我们通常所说的备课的“备”，除了钻研教材、设计教法之外，还包括(　　)。

A. 研究学生　　B. 设计作业　　C. 设计评价　　D. 指导学法

答案：A

3.【2015 年下半年　中】简答题：教师备课的基本要求有哪些？

答案参见本节内容。

第七节　教学评价

【考点分析】

本节知识点是往年考核热点之一，主要以选择题、辨析题呈现。考生应重点掌握教学评价的内涵和类型。

【考点内容】

一、教学评价的内涵

教学评价是以教学目标为依据，运用可操作的科学手段，通过系统地收集有关教学的信息，对教学活动的过程和结果做出价值上的判断，并为评价对象的自我完善和有关部门的科学决策提供依据的过程。这个过程是研究教师的教和学生的学的价值的过程。教学评价的对象很多，但教学评价主要是对学生学习效果的评价和对教师教学工作过程的评价。

教学评价具有诊断、激励及调节的作用。

二、教学评价的类型

评价的角度、标准不同，类型就不同。本节主要介绍几种常见的评价类型。

按评价基准分类，教学评价可分为相对评价、绝对评价和个体内差异评价。

按评价功能分类，教学评价可分为诊断性评价、形成性评价和总结性评价。

按评价表达分类，教学评价可分为定性评价和定量评价。

三、教学评价的发展趋势

①教学评价的功能从重视鉴定质量、区别优劣、选拔淘汰转向重视诊断、反馈、激励、改进，即强调教学评价的教育性功能，强调通过评价促进学生主动、全面、可持续发展。

②教学评价的着眼点，从教师教得怎么样转向学生学得怎么样，以学论教成为教学评价新的重要原则。

③教学评价呈多元化趋势：一是评价主体的多元化；二是评价标准的多元化；三是评价对象的多元化；四是评价方法的多元化。

④重视过程评价与结果评价的结合。

真题再现

1.【2018 年下半年　中】为了更好地因材施教，新学期伊始化学老师对所教班级学生的学习情况进行了摸底考试，初步了解学生已有的知识基础和有关能力。这种考试属于(　　)。

A. 形成性评价　　B. 诊断性评价　　C. 总结性评价　　D. 相对性评价

答案：B

2.【2016 年下半年　中】根据学生个人成绩在本班学生成绩序列中所处的位置来判定其成绩的优劣，而不考虑其是否达到了教学目标。这种评价属于(　　)。

A. 诊断性评价　　B. 绝对性评价　　C. 总结性评价　　D. 相对性评价

答案：D

3.【2016 年上半年　中】陈老师在教学中经常通过口头提问、课堂作业和书面测验等形式对学生的知识与能力进行及时测评与反馈。这种评价被评为(　　)。

A. 诊断性评价　　B. 相对性评价　　C. 终结性评价　　D. 形成性评价

答案：D

解析：在教学过程中进行的测评属于形成性评价。

4.【2015 年下半年　中】以评价对象自身的状况作为参照标准，对其在不同时期的进步程度进行评定。这种评价属于(　　)。

A. 绝对评价　　B. 相对评价

C. 总结性评价　　D. 个体内差异评价

答案：D

5.【2018 年下半年　小】小明数学考试经常得不到高分，但数学老师从小明较好的计算能力、图形感知能力、逻辑推理能力等方面分析，认为小明具有较强的数学学习潜力。这种评价属于(　　)。

A. 相对性评价　　B. 绝对性评价　　C. 诊断性评价　　D. 个体内差异评价

答案：D

6.【2019 年上半年　小】为了保护学生学习的积极性，老师在批改学生作业时，对做错的题目暂不打“×”，待学生做对后再打“√”。这种评价属于(　　)。

A. 延迟评价　　B. 绝对评价　　C. 相对评价　　D. 个体内差异评价

答案：A

能力提升训练题

一、单项选择题

1. 赫尔巴特指出：“我想不到有任何无教学的教育，正如在相反的方面，我不承认有任何无教育的教学。”这说明教学过程具有什么特点？(　　)

A. 间接经验与直接经验相结合　　B. 掌握知识与发展智力相统一

C. 教学过程中知、情、意的统一　　D. 教师主导作用与学生能动性相结合

2. 教师不能满足“授之以鱼”，而要做到“授人以渔”。这强调教学应重视(　　)。

A. 传授知识　　B. 发展能力　　C. 培养个性　　D. 形成品德

3. 教学过程是一种特殊的认识过程，其区别于人类一般认识的特点是(　　)。

A. 主动性、阅读性和引导性　　B. 探索性、间接性和引导性

C. 间接性、引导性和简洁性　　D. 间接性、引导性和复杂性

4. 通过复习导入新课时，杨老师发现学生对相关知识的掌握不牢固，于是有针对

性地进行了补充讲解。这一教学过程具有(　　)。

A. 预设性　　B. 生成性　　C. 启发性　　D. 随意性

5. 陶行知先生指出，先生的责任不在教，而在于教学，在于教学生学。这体现的教学原则是(　　)。

A. 教学合一　　B. 量力性教学　　C. 理论联系实际　　D. 循序渐进

6. 班级授课制是现代学校普遍采用的教学组织形式。在对班级授课制的评价中，班级授课制最不利于(　　)。

A. 高效教学　　B. 因材施教　　C. 教师主导　　D. 集体活动

7. 教师带学生进行实地参观、访问、考察，如让学生参观博物馆，观看前人创造的刀、剑、锄、战车等，这种教学形式是(　　)。

A. 实物直观　　B. 模像直观　　C. 言语直观　　D. 意念直观

8."盈科而后进""欲速则不达"等话语体现的教学原则是(　　)。

A. 启发性原则　　B. 循序渐进原则　　C. 巩固性原则　　D. 因材施教原则

9. 学生学业成绩评价的最基本方法是(　　)。

A. 测验法　　B. 观察法

C. 调查法　　D. 学生自我评价法

10. 高水平学生在测验中能得高分，而低水平学生只能得低分，说明该测验(　　)的质量指标高。

A. 效度　　B. 信度　　C. 区分度　　D. 难度

11. 能让学生充分交流互动并有利于发挥其主体作用的教学组织形式是(　　)。

A. 道尔顿制　　B. 个别教学　　C. 分组教学　　D. 文纳特卡制

12. 课堂教学中，课桌椅摆放方式会影响教学方法的运用效果，一般来说，"秧田型"最适合的教学方法是(　　)。

A. 实验法　　B. 讲述法　　C. 探究法　　D. 讨论法

13. 关于教学方法，下列说法不妥的一项是(　　)。

A. 教学方法具有相对性，因为每种方法就其本质来说，都是相对辩证的，既有优点又有缺点

B. 教学方法具有单一性，因为优秀的语文老师可以做到以不变应万变

C. 教学方法是教师教的方法和学生学的方法的综合体

D. 教学方法具有针对性，即教师在进行教学时，要针对不同的对象和特点以及不同的目的、要求，选择不同的教学方法

14. 课外辅导的要求主要有(　　)。

①目的明确，要克服盲目性和随意性

②针对性强，要做到"对症下药"

③态度和蔼，切忌责怪学生、挖苦学生、不理睬学生

④重点突出，只对有希望升学的学生进行辅导

A. ①②④　　B. ①③④　　C. ②③④　　D. ①②③

15. 最早从理论上阐述了班级授课制、为班级授课制奠定了理论基础的著作是(　　)。

A.《学记》　　B.《大教学论》　　C.《论演说家的教育》　　D.《爱弥儿》

16. 在某教师上一堂诗歌欣赏课时，学生要求逐字解释，于是教师就请学生一一解释并加入探讨。但又有学生提出不同看法并以参考书为依据，于是教师激发学生讨论。科代表说："不同的版本会有不一致的解释，有分歧是允许的。"这个教学片段体现了教学互动方式的（　　）。

A. 单向性　　B. 双向性　　C. 多向性　　D. 成员性

17. 以少数学生为对象，在较短的时间内（5～20 分钟），尝试进行小型的课堂教学并把教学过程录制下来，课后进行分析。这种形式被我们称为（　　）。

A. 慕课　　B. 翻转课堂

C. 微格教学　　D. 新教育

二、辨析题

1. 组织教学的目的在于使学生做好上课前的准备。因此，组织教学只在上课前的一段时间集中进行。

2. 教学应遵循直观性原则。因此，教学应以传授直接经验为主。

3. 作业是课堂教学的延续，是教学活动的有机组成部分。

三、简答题

1. 简述掌握知识和发展能力之间的辩证关系。

2. 简述理论联系实际的教学原则的内涵及运用要求。

四、材料分析题

1. 材料：

在语文老师教古诗《春晓》时，小龙禁不住发问："老师，诗人春天好睡觉，连这都不晓得，那他夜里怎么能听见风雨声呢？"老师不假思索地说："这有什么好奇怪的，起床到外面一看不就知道了嘛。"小龙还想追问，可是老师不耐烦地摆摆手让他坐下并说道："大家在课堂上要认真听讲，不要随便提问。"教室里顿时安静下来，小龙也低下了头。

问题：

(1)结合材料评析这位教师处理学生课堂提问的做法。

(2)谈谈教师怎样保护和培养学生的问题意识。

2. 材料：

小李、小张都是刚工作一年的初一语文老师，两人工作都很努力，同时他们也有很多困惑。小李对小张说："为了上好课，我学习了很多关于新课改的知识，意识到在教学中要关注学生，要把课堂还给学生。我特别注意调动课堂氛围。我的课以学生发言、表演为主，上得很热闹。上周的公开课上学生个个都很开心，可听课的教师都说我的课没有语文味，缺乏深度，只注重形式。难道一堂课热热闹闹的不好吗？"小张说："为了上好课，我也没少花功夫。我专门买了特级教师的教学录像，细心模仿教学中的每个环节，上课时几乎把录像中教师的教学复制到了我的课堂上。可为什么采用同样的上课方式，我的课效果就不好呢？"

问题：

(1)你是否赞成小李的教学观点，结合相关教育理论进行分析。

(2)小张上课的问题在哪里？请从教学方法的角度进行分析。

参考答案

一、选择题

1.C　2.B　3.C　4.B　5.A　6.B　7.A　8.B　9.A　10.C　11.C　12.B　13.B　14.D　15.B　16.B　17.C

二、辨析题

1. 参考答案：此观点的前提是正确的，但结论是错误的。

首先，组织教学的目的在于使学生做好上课前的准备，例如了解学生的出勤情况、学习用品准备情况、学习期待状况，以集中学生的注意力，保证教学能够顺利进行。

但是，这并不代表组织教学工作只在上课前进行。对于中小学教学，组织教学要贯穿上课始终，直到课的结束。在授课过程中，为了保证良好的课堂秩序，得到良好的教学效果，教师要随时关注学生的上课状态。

因此，认为组织教学只在上课前的一段时间集中进行的观点是不正确的。

2. 参考答案：此观点是片面的。教师在教学中运用直观性原则的目的是为学生正确理解书本知识奠定基础。学生的学习要以掌握间接经验为主。学生学习间接经验，需要有一定的直接经验为基础。间接经验与直接经验相互作用。

3. 参考答案：这种说法是正确的。作业是教师结合教学内容，要求学生独立完成的各种类型的练习。无论是课内作业还是课外作业，都在于加深和加强学生对教材的理解与巩固，帮助学生掌握相关的技能、技巧。通过作业的布置、检查和批改，教师可以及时发现学生在知识或技能方面的缺陷并加以弥补，同时对学生的作业完成情况做出评价并提出进一步学习的建议。

三、简答题

1. 参考答案：

①掌握知识是发展能力的基础。

②能力发展是掌握知识的重要条件。

③防止单纯抓知识教学或只重能力发展的片面性。

④把握掌握知识与发展能力相互转化的内在机制。

2. 参考答案：

内涵：教学要以学习基础知识为主导，从理论与实际的联系层面去理解知识，注意运用知识去分析和解决问题，达到学懂、会用，学以致用。

运用要求：

①教学要以传授书本知识为主。

②书本知识的教学要注重联系实际：联系学生的生活经验、已有知识；注重科学知识在生产生活中的实际运用；联系最新的科学成就。

③重视学生运用知识能力的培养。

④正确处理知识教学与技能训练的关系。

四、材料分析题

1. 参考答案：略。

2. 参考答案：

(1)我不赞成小李的教学观点。

①教学过程是教师的主导作用与学生的主体作用相统一的过程。小李只关注学生，以学生发言、表演为主，缺乏教师主导作用的发挥，这样的教学难免会缺乏深刻性。

②上好一堂课除了气氛热烈，还应做到目标明确、重点突出、内容正确、方法得当，这样才能使学生明确一堂课的任务和重难点，使学生掌握每节课上的知识。

(2)

①小张上课的问题是没有注意到学生的差异性，生搬硬套教学模式。教师的教育对象是具有主观能动性、具有情感的人。特级教师所教的学生和小张所教的学生是不同的。这就决定了教师在教学过程中应该根据学生的不同情况选择不同的教学方式。

②教学过程是师生互动、相互提高的动态过程，没有固定的模式。小张在教学中照搬特级教师的教学模式，而没有根据自己的教学特点和学生的特点进行改变，因此，他对教学过程中产生的具体问题束手无策。教师在教学中要充分了解学生的实际情况，有针对性地选择教学方法。教师可以运用启发式教学，和学生进行互动，在互动过程中不断调节教学方法，最后形成自己的教学风格。

模块四　学习心理

第一章　认知过程

【考纲要求】

1. 了解感觉的特性；理解知觉的特性。

2. 了解注意的分类，掌握注意的品质及影响因素；了解记忆的分类，掌握遗忘的规律和原因，应用记忆规律促进学生的有效学习。

3. 了解思维的种类和创造性思维的特征及影响问题解决的因素。

第一节　感　觉

【考点分析】

常考题型为单项选择题。

【考点内容】

一、感觉的概念

感觉是人脑对直接作用于感觉器官的客观事物的个别属性的反映。

二、感觉的种类

外部的感觉：视觉、听觉、味觉、嗅觉和肤觉。

内部的感觉：机体觉、运动觉和平衡觉。

三、感受性与感觉阈限

感受性与感觉阈限：感觉器官对适宜刺激的感觉能力叫感受性；感觉阈限是指刚刚能引起感觉或差别感觉的刺激量。

绝对感受性与绝对感觉阈限：绝对感受性是指刚能觉察出最小刺激的能力；绝对感觉阈限是指刚能引起感觉的最小刺激量。

差别感觉阈限与差别感受性：刚刚能引起差别感觉的刺激物间的最小差异量叫差别感觉阈限；对这一最小差异量的感觉能力叫差别感受性。

四、感觉的特征

①感觉适应。

②感觉对比。

同时对比；

继时对比。

③感觉后像。

④感觉的相互补偿。

⑤联觉。

真题再现

1.【2018年上半年　中】人们听到一种自己觉得可怕的声音时，往往会感到发冷，甚至起鸡皮疙瘩，这种现象称为(　　)。

A. 适应　　B. 对比　　C. 联觉　　D. 后像

答案：C

2.【2019年上半年　小】红色往往使人感到温暖，蓝色往往使人感到清凉，这种心理现象属于(　　)。

A. 联觉　　B. 感觉对比　　C. 感觉适应　　D. 感觉后像

答案：A

解析：各种感觉之间产生相互作用的心理现象，即对一种感官的刺激作用触发另一种感觉的现象，在心理学上被称为联觉。题干中由颜色产生感觉，符合联觉的定义。

3.【2015年上半年　中】在张老师组织的百人大合唱中，如果增加一至两个人，小红感觉不到音量的变化；如果增加到十个人时，小红就能明显地感觉到音量的变化。这种刚刚使小红感觉到的音量变化的最小差异量称为(　　)。

A. 绝对感觉阈限　　B. 绝对感受性　　C. 差别感觉阈限　　D. 差别感觉性

答案：C

解析：差别感觉阈限也叫差别阈限，是指刚刚能引起差别感觉的刺激的最小变化量。

第二节　知　觉

【考点分析】

本节内容为高频考点，常考题型为单项选择题。

【考点内容】

一、知觉的概念

知觉是客观事物直接作用于感官而在头脑中产生的对事物整体的认识。

二、知觉的种类

知觉的种类有空间知觉、时间知觉、运动知觉和错觉。其中，运动知觉分为真动知觉和似动现象，而似动现象又分为动景运动、诱发运动、自主运动和运动后效。

三、知觉的特性

(一)知觉的选择性

知觉的选择性是指当面对众多的客体时，知觉系统会自动地将刺激分为对象和背景，并把知觉对象优先地从背景中区分出来。

(二)知觉的理解性

知觉的理解性是指人以知识经验为基础对感知的事物加工处理，并用语词加以概括、进行说明的加工过程。

(三)知觉的整体性

知觉的整体性是指人根据自己的知识经验把直接作用于感官的客观事物的多种属性整合为统一整体的过程。

(四)知觉的恒常性

知觉的恒常性是指客观事物本身不变，但知觉条件在一定范围内发生变化时，人的知觉映像仍相对不变。

真题再现

1.【2017 年下半年　小】周老师在教生字的时候，把容易写错的笔画用彩笔标出来，这是利用了(　　)。

A. 知觉的整体性　B. 知觉的选择性　C. 知觉的理解性　D. 知觉的恒常性

答案：B

2.【2017 年下半年　中】下图由三个扇形和三条折线组成，但是人们会把它知觉为一个三角形和三个圆形，其反映的知觉特性是(　　)。

A. 整体性　B. 选择性　C. 稳定性　D. 恒常性

答案：A

3.【2015 年下半年　中】成人与幼儿对一幅画的知觉有明显的差异。幼儿只会看到这幅画的主要构成，而成人看到的是画面的意义。这反映的知觉特性是(　　)。

A. 理解性　B. 选择性　C. 恒常性　D. 整体性

答案：A

解析：人们在知觉事物时，通常结合以前获得的有关知识经验来理解它，并用概念(或名称)的形式把它标示出来。知觉的这种特性就是知觉的理解性(或意义性)。

4.【2019 年上半年　中】简答题：简述知觉的基本特征。

答案参见本节内容。

能力提升训练题

一、单项选择题

1. 刚刚引起感觉的最小刺激量是(　　)。

A. 绝对感觉阈限　B. 绝对感受性　C. 差别感觉阈限　D. 差别感受性

2. 在上午 11 点感觉到肠蠕动后有饥饿感，属于(　　)。

A. 味觉　B. 触觉　C. 运动觉　D. 内脏感觉

3. 食物的颜色和温度影响基本味觉的原因是(　　)。

A. 适应　　B. 感觉的相互作用

C. 联觉　　D. 感受性的发展与补偿

4. 感觉反映的是(　　)。

A. 事物的整体及其联系　　B. 客观事物的多重属性

C. 作用于感受器的事物的个别属性　　D. 作用于感受器的事物的整体反映

5. 对感受性的理解错误的是(　　)。

A. 在先天遗传素质上靠后天生活经验发展成熟的

B. 不会因条件变化而发生变化

C. 不同的生活实践使感受性的发展不同

D. 感受性是可以发展与补偿的

6. 人脑反映客观现实的最简单的心理过程是(　　)。

A. 认识过程　　B. 心理过程　　C. 感觉过程　　D. 知觉过程

7. 俗话说"入芝兰之室，久而不闻其香"，这是感觉的(　　)。

A. 适应性　　B. 对比性　　C. 补偿性　　D. 联觉

8. 当某一分析器刚刚能够觉察出刺激物之间最小差异量的能力称为(　　)。

A. 感觉阈限　　B. 绝对感受性

C. 差别感受性　　D. 差别感觉阈限

9. 一系列强光的持续作用，致使视觉感受性迅速降低的过程叫作(　　)。

A. 明适应　　B. 暗适应　　C. 感觉适应　　D. 感觉能力

10. 冷色产生深远感，有向后方退的感觉，指的是(　　)。

A. 感觉的适应　　B. 感觉的相互作用

C. 错觉　　D. 联觉

11."一目十行"体现了(　　)。

A. 知觉的选择性　　B. 知觉的整体性

C. 知觉的理解性　　D. 知觉的恒常性

12. 下列不属于知觉范畴的是(　　)。

A. 空间知觉　　B. 时间知觉　　C. 运动知觉　　D. 平衡觉

13. 影响知觉的恒常性的主要因素是(　　)。

A. 物理规律的制约　　B. 过去经验的影响

C. 心理规律的干扰　　D. 没有一定的限度

14. 在同一张图里有人看见青年妇女的背侧面，有人看见老太太的正侧面，这是知觉的(　　)。

A. 整体性　　B. 选择性　　C. 理解性　　D. 恒常性

二、辨析题

1. 错觉是感觉的一种特殊情况。

2. 远处的雷声或火车笛声，其音强未必高于近处的敲门声，可我们总觉得雷声或火车笛声较大，这就是声音的恒常性。

3. 红色看起来很温暖，蓝色看起来很清凉，这种现象叫错觉。

参考答案

一、单项选择题

1. A

解析：绝对感受性是指感觉出最小刺激量的能力。刚刚能引起感觉的最小刺激量称为绝对感觉阈限，低于绝对感觉阈限的刺激则不会被感觉到。绝对感受性和绝对感觉阈限在数量上成反比关系。绝对感受性越高，引起感觉的绝对感觉阈限越低，也就是引起感觉的刺激量越小。

2. D

解析：内感受器是指位于身体内部、感受内环境变化刺激的感受器，它们存在于血管、内脏、骨骼肌及肌腱中。当器官活动或机能改变时，感受器受到刺激发生兴奋，从而产生内脏感觉、运动觉、平衡觉等。

3. B

解析：感觉的相互作用是指一种感觉在其他感觉的影响下发生感受性的变化。一种刺激物的感受性，不仅决定于对该感受器的直接刺激，而且决定于同时受刺激的其他感受器的机能状态。一定条件下，各种感受器的机能状态都有可能发生相互影响和相互作用。

4. C

解析：感觉是人脑对当前直接作用于感受器的客观事物的个别属性的反映。

5. B

解析：感受性是不断发展变化的。

6. C

解析：感觉是一切心理的开端。

7. A

解析：刺激物持续作用于感觉器官，引起感受性改变的现象叫适应。适应的一般规律是持续作用的强刺激使感受性降低，而持续作用的弱刺激使感受性提高。

8. C

解析：当两个或两个以上刺激物同时出现，或先后出现，人能够分辨同时或先后出现的刺激物之间的最小差异量的感觉能力叫差别感受性。这种刚刚能引起差别感觉的刺激间的最小差异量，叫差别感觉阈限。

9. A

解析：适应可引起感受性的提高，也可引起感受性的降低。适应的一般规律是持续作用的强刺激使感受性降低，而持续作用的弱刺激使感受性提高。

10. D

解析：联觉是指一种感觉兼有另一种感觉的心理现象，可以算作感觉相互作用的一种特殊表现。最常见的联觉是视听联觉，尤其是色听联觉较易出现，即听到一种声音会引起一种色觉。

11. C

解析：虽然知觉是由于刺激物直接作用于感受器而产生的，但知觉的映像总具有一定的意义。人们在知觉事物时，通常结合以前获得的有关知识经验来理解它，并用概念(或名称)的形式把它标示出来。知觉的这种特性就是知觉的理解性(或意义性)。

12. D

解析：依据知觉对象存在的形式，知觉分为空间知觉、时间知觉、运动知觉等。

13. B

解析：当知觉的条件在一定范围内发生变化时，知觉的映像仍保持相对不变，这就是知觉的恒常性。知觉的恒常性主要是过去经验的作用。人总是在自己的知识经验的基础上感知客观事物。当外界条件发生一定变化时，变化了的客观刺激物的信息与经验中的印象结合起来，便能使人在变化的条件下获得近似实际的知觉形象。

14. B

解析：在众多刺激物中选择少数刺激物作为知觉的对象就是知觉的选择性。人依照自己的知识经验、需要和兴趣，有目的、有选择地感知一定的对象。凡是在某一瞬间被我们清晰地知觉到的客观事物，就是知觉的对象，而对象周围的事物只能被模糊地觉察到，成为衬托对象的背景。

二、辨析题

1. 参考答案：这种说法是错误的。错觉是指人对客观事物的歪曲的不正确的知觉，是知觉的一种特殊情况。

2. 参考答案：这个说法是正确的。知觉的恒常性是指知觉的条件在一定范围内改变时，知觉的映像仍然保持相对不变的特性。

3. 参考答案：这种说法是错误的。一个刺激不仅引起一种感觉，同时还引起另一种感觉的现象叫联觉。

第三节　注　意

【考点分析】

了解注意的特性和分类，掌握注意的品质及影响因素。考点常以选择题、辨析题的形式出现。

【考点内容】

一、注意概述

(一)注意的含义

注意是心理活动或意识活动对一定对象的指向和集中。注意有两个特点：指向性和集中性。注意的指向性是指心理活动有选择地反映一定的对象，而忽略其他的对象。注意的集中性是指心理活动或意识在某个方向上的强度和紧张度。心理活动或意识的强度越大，紧张度越高，越能清晰地反映个体所选择的对象。

(二)注意是心理活动的共有特性

注意不是独立的心理过程，不能脱离具体的心理过程而单独存在。注意伴随着一切心理过程的产生、发展和结束。注意是心理过程的一种共有特性。

(三)注意的功能

选择功能。这是注意的首要功能，它充分体现了意识的目的性和积极性。

维持功能。

调节和监督功能。这是注意最重要和最富有意义的功能。

(四)注意的外部表现

一般来说，注意的外部表现有以下三个方面：一是适应性动作出现；二是无关动作停止；三是呼吸运动变化。

二、注意的种类

根据注意有无目的性和意志努力的程度，注意可分为无意注意、有意注意和有意后注意。

(一)无意注意

1. 无意注意的含义

无意注意是没有预定目的的不需要意志努力的注意，也叫不随意注意。

2. 引起无意注意的原因

引起无意注意的原因很多，综合起来主要有两个方面：刺激物本身的特点和主体自身的特点。

(1)刺激物本身的特点

第一，刺激物的强度。

第二，刺激物的新异性。

第三，刺激物的活动和变化。

第四，刺激物之间的对比关系。

(2)主体自身的状态

无意注意主要是由客观刺激引起的，但也与人本身的状态有关。

第一，凡是符合人的需要、引起人的兴趣的事物都能使人产生无意注意。

第二，已有的知识经验。

第三，生理状况和情绪状态。

(二)有意注意

1. 有意注意的含义

有意注意是有预定目的的需要付出一定意志努力的注意，也叫随意注意。随意注意有既定的目标任务，它的产生和维持需要意识的调节与控制。

有意注意是人的能动性、积极性、自觉性的高度体现。它是在无意注意的基础上发展起来的，是学习和工作中不可缺少的注意状态，是人所特有的一种心理状态。

2. 维持有意注意的条件

①目的、任务要明确。

②合理地组织活动。

③激发间接兴趣。

④用意志力排除各种干扰。

此外，过去的经验和人格特征也会影响有意注意。

(三)有意后注意

有意后注意也叫随意后注意。有意后注意兼具不随意注意和随意注意的某些特征。它与一定的目的、任务相联系，类似于随意注意，但是又不需要意志努力，因此又类似于不随意注意。它是在随意注意的基础上发展起来的。

随意后注意的通常表现是一个人喜欢上某件事情并沉浸其中。因此，人对活动本身的直接兴趣是培养随意后注意的关键。

三、注意的品质

(一)注意的稳定性

注意的稳定性是指注意力能较长时间地保持在某一活动对象或活动上，这是注意在时间上的特性。广义的注意的稳定性并不意味着注意总是指向同一个对象，即活动所接触的对象和活动本身可以变化，但活动的总方向始终不变。

人在注意某一事物时，其注意力不可能长时间地保持稳定，而是在间歇地加强或减弱，注意的这种周期性变化称为注意的起伏现象。

影响注意的稳定性的因素：

①注意的稳定性与注意对象或活动本身的特点有关。

②注意的稳定性与个体的主观状态有一定的关系。

(二)注意的范围

注意的范围是指在同一时间内，人的注意所能清楚地把握的对象的数量，也叫注意的广度。

影响注意的范围的因素：

①注意的范围与知觉对象的特点有关。

②注意的范围与活动的任务要求有关。

③注意的范围与知识经验有关。

(三)注意的分配

在同一时间内，心理活动指向不同的对象同时从事几种不同活动的现象叫注意的分配。

影响注意的分配的因素：

①主体所从事的几种活动之间应该有内在的联系。

②注意的分配与主体对几种活动的熟练程度或操作的自动化水平有关。

(四)注意的转移

注意的转移是指主体根据新任务的需要，主动地把注意从一个对象转移到另一个对象上。主体的活动任务不同，注意的活动和对象也在不断发生转换。

影响注意的转移的因素：

①注意的转移的快慢依赖于原来注意的紧张度。

②注意的转移依赖于新的注意对象的特点。

③注意的转移与人的神经过程的灵活性有关。

四、注意品质的培养

(一)正确运用无意注意的规律组织教学

①控制无关刺激，创建良好的教学环境。

②教学方式方法要避免呆板。

③考虑学生的需要、兴趣、知识经验和情绪状态。

(二)注重几种注意的交替运用以保持学生的注意力

要使得注意力长期保持稳定，必须交替运用无意注意和有意注意并使之向有意后注意转化。这依赖教师的课堂教学艺术，依赖教师在课堂教学的不同阶段采取的策略。

(三)良好注意品质的培养依赖个人的主观努力

①培养广泛而稳定的兴趣有助于注意品质的培养。

②加强意志锻炼。

③培养良好的性格，保持愉快而稳定的心境。

④培养应针对个体差异。

真题再现

1.【2013 年下半年　中】杨老师一边讲课，一边观察学生的反应，这体现了注意的哪种品质？(　　)

A. 注意的分配　　B. 注意的稳定性　　C. 注意的广度　　D. 注意的转移

答案：A

2.【2014 年下半年　中】经验丰富的李老师一边讲课，一边兼顾全班同学的活动。谁认真听讲，谁玩手机，谁看课外书，她都一清二楚。这主要体现了李老师的哪种心理品质？(　　)

A. 思维品质　　B. 注意品质　　C. 意志品质　　D. 个性品质

答案：B

3.【2016 年上半年　中】小明看书时可以“一目十行”，而小华则“一目一行”。这反映了他们在哪种注意品质上存在差异？(　　)

A. 注意的广度　　B. 注意的分配　　C. 注意的稳定性　　D. 注意的转移

答案：A

4.【2019 年上半年　中】学生课前预习，带着不懂的问题去上课，以便更有针对性地注意听讲。这种注意方式属于(　　)。

A. 有意注意　　B. 无意注意　　C. 无意后注意　　D. 有意后注意

答案：A

5.【2018 年上半年　中】辨析题：注意的分配就是注意的分散。

答案：此说法错误。注意的分配是主体在同一时间把注意力集中于两种或两种以上对象或活动上的特性，是主动的，是注意的重要品质；注意的分散是指注意离开了心理活动所要指向的对象而被无关的对象吸引去的现象，是被动的，是和注意稳定性相反的一种现象。故上述说法是错误的。

6.【2014年上半年　中】辨析题：注意的转移就是注意的分散。

答案：此说法错误。理由同第5题。

能力提升训练题

一、单项选择题

1. 夜晚的霓虹灯广告主要在于吸引人们的(　　)。

A. 随意注意　B. 不随意注意　C. 随意前注意　D. 随意后注意

2. 一般在百米竞赛的预备信号之后，仅相隔2～3秒就发出起跑信号，是为避免运动员成绩受(　　)的影响。

A. 注意的分散　B. 注意的动摇　C. 注意的转移　D. 注意的分配

3.“一手画方，一手画圆，始不能成”，这说明了(　　)。

A. 人的能力是有限的　B. 注意分配的规律

C. 人不能同时干两件事情　D. 动机定律

4. 只有人类才具有的更积极主动的注意形式是(　　)。

A. 随意注意　B. 不随意注意　C. 随意后注意　D. 随意前注意

5. 有的学生在课堂上“左顾右盼”，对老师讲课的内容全然不知，或者只知一鳞半爪，这是注意的(　　)造成的。

A. 广度　B. 分配　C. 转移　D. 分散

6. 某学生在做作业时，一会儿翻阅课本，一会儿思考，一会儿书写直到下课都没有分心，说明其注意的(　　)品质有了较好发展。

A. 转移　B. 稳定性　C. 广度　D. 分配

二、辨析题

即使集中注意，感觉的清晰度也会发生周期性、有节律的变化，这种现象称为注意的起伏。

三、简答题

简述教师培养学生注意力的方法。

参考答案

一、单项选择题

1. B　2. B　3. B　4. A　5. D　6. B

二、辨析题

参考答案：此说法正确。人在注意某一事物时，其注意力不可能长时间地保持稳定，而是在间歇地加强或减弱。注意的这种周期性变化称为注意的起伏现象。

三、简答题

参考答案：

(1)运用无意注意的规律组织教学。

首先，要消除那些容易分散学生注意力的无意注意因素，如保持教室安静；其次，应充分利用容易引起学生对教学内容产生无意注意的因素。

(2)运用有意注意的规律组织教学。

首先，要经常进行学习目的教育，因为目的越明确，注意力越容易集中；其次，要合理地组织教学活动，让学生保持有意注意，如组织课堂提问；最后，要着重培养学生的间接兴趣和坚强的意志品质。

(3)运用两种注意相互转换的规律组织教学。

在教学中，教师应充分利用两种注意相互转换的规律组织教学。例如，上课之初，教师通过组织教学活动把学生的注意转移到本节课上来，以形成有意注意；在讲授新的教学内容时，教师设法让学生对教学内容产生无意注意；当讲授重点、难点时，教师充分调动学生的学习热情，使他们维持有意注意；其间，教师改变教学方式，使学生适当放松一下，使学生由有意注意转为无意注意；在课要结束时，教师提出明确的要求，使学生保持有意注意，然后布置作业。此外，教师应有意识地培养学生的有意后注意，提高学生的学习效率。

第四节　记　忆

【考点分析】

本节内容多以选择题的形式进行考查，也有以简答题的形式考查学生相关知识的情况。

【考点内容】

一、记忆的概念

记忆就是人脑对有关信息进行编码、贮存和提取的认知加工过程。记忆使心理活动的各个方面成为相互联系的整体。

(一)信息的编码

信息的编码是记忆活动的第一个环节，又可称为识记。

第一，根据识记有无目的性，识记可以分为无意识记和有意识记。

无意识记：事先没有明确目的，也不需要意志努力。

有意识记：有明确的识记目的，运用一定的识记方法，需要一定的意志努力。学生的学习活动主要靠有意识记。

第二，根据识记的方法，识记可以分为机械识记和意义识记。

机械识记：在不理解材料意义的情况下，采用多次机械重复的方法进行的识记。

意义识记：在理解事物的基础上，根据事物的内在联系进行的识记。

(二)信息的贮存

信息的贮存是记忆的中间环节，通常也称为保持。与保持相对而言的就是遗忘。

1. 遗忘的概念

遗忘是指对识记过的材料不能回忆或再认，或者错误地回忆或再认。遗忘并不是所记忆的信息的完全丧失，而是所保持的信息不能在使用时被顺利地提取出来。有的遗忘是提取信息的线索不当造成的，叫作暂时性遗忘；有的遗忘是由于丢失的信息过多而无法提取，叫作永久性遗忘。遗忘是大脑对信息进行自动加工的结果。通常学生对所学习的内容的遗忘是消极的，如对概念、原理等的遗忘，但也有的遗忘却有积极意义。

2. 遗忘的规律

德国著名心理学家艾宾浩斯以无意义音节为材料，绘制了著名的“遗忘曲线”。这条曲线表明：遗忘在学习开始之后立即开始，最初的遗忘速度很快，但随着时间的推移，遗忘的速度逐渐减慢，达到一定程度后就不再遗忘了。由此看出，遗忘的过程是不均衡的，其规律是先快后慢，呈负加速型。

3. 影响遗忘进程的因素

①学习材料的性质：学习材料的性质是指材料的种类、长度、难度、系列位置以及意义。

②学习材料的数量和学习程度的高低：一般来说，材料越多，要平均诵读的次数和时间也多，不及时复习，就越容易遗忘；学习程度太高或太低，都不利于对知识的记忆。

③识记任务的长久性与重要性：长久的识记任务有利于材料在头脑中保持时间的延长，不重要和未经复习的内容则容易被遗忘。

④记忆的方法：以理解为基础的意义识记比机械识记的效果好得多。

⑤时间因素：根据遗忘规律，记忆的最初阶段遗忘速度快，随后逐渐变慢。

⑥识记者的态度：识记者对识记内容的需要、兴趣等，对遗忘的快慢也有一定影响。

⑦系列位置效应：材料在系列位置中所处的位置对记忆效果产生的影响包括首因效应和近因效应。系列开头的材料比系列中间的材料记得好叫首因效应或者首位效应；系列末尾的材料比系列中间的材料记得好叫近因效应或新近效应。

4. 遗忘的原因

①消退说：遗忘是记忆痕迹得不到强化而逐渐衰退，以致最后消退的结果。代表人物是桑戴克。

②干扰说：遗忘是学习和回忆之间受到其他刺激的干扰所致。代表人物是詹金斯、达伦巴希。

前摄抑制：先前学习的材料对识记和回忆材料的干扰作用。

倒摄抑制：后学习的材料对回忆先学习的材料的干扰作用。

③压抑说：遗忘是由情绪或动机的压抑作用引起的。代表人物是弗洛伊德。

④提取失败说：遗忘是指一时难以提取出想要的信息，一旦有了正确的线索，经过搜索，信息就能被提取出来。代表人物是图尔文。

(三)信息的提取

信息的提取是记忆的最后一个环节。信息的提取有两种形式，即再认和回忆。再认是指以前记忆的内容重新出现时，个体能够将它们辨认出来。回忆是指个体在大脑中把所记忆的内容再现出来。信息的提取能否成功，关键取决于两个条件：一是信息的保持是否牢固；二是提取信息的线索是否适当。

二、记忆的分类

(一)依据记忆的内容分类：形象记忆、情景记忆、语义记忆、情绪记忆和动作记忆

形象记忆是个体以感知过的事物的形象为内容的记忆。这种记忆保持的是事物的具体形象，具有直观性。它以表象的形式进行加工并储存。

情景记忆是个体以亲身经历的、发生在一定时间和地点的事件(情景)为内容的记忆。

语义记忆是个体以各种有组织的知识为内容的记忆，如对概念、定理、规则和公式等的记忆。

情绪记忆是个体以曾经体验过的情绪或情感为内容的记忆。

动作记忆是个体以过去经历过的身体的运动状态或动作形象为内容的记忆。

(二)依据记忆的目的分类：有意记忆和无意记忆

有意记忆，又称外显记忆，是指个体在需要有意识地或主动地收集某些经验用以完成当前任务时所表现出来的记忆，这种记忆对行为的影响是个体能够意识到的。

无意记忆，又称内隐记忆，是指在不需要意识参与的情况下，个体经验自动对当前任务产生影响而表现出来的记忆。由于这种记忆对行为的影响是自动发生的，人们并没有意识到它的存在。

(三)根据记忆的方式分类：理解记忆和机械记忆

理解记忆是指个体通过揭示知识的内在联系，将新知识与已有知识联系起来，以把握材料的意义并将该知识加以永久保持的记忆。

机械记忆是指个体只根据材料的外部联系或表现形式采用简单重复的方式进行的识记。

三、记忆的信息加工系统

心理学研究表明，记忆活动是由感觉记忆、短时记忆、长时记忆三个相互联系的记忆系统组成的。感觉记忆的信息加工水平最低，而长时记忆的信息加工水平最高。信息的长期保持是指在一定的条件下，将信息由感觉记忆转入短时记忆，再由短时记忆转入长时记忆。

(一)感觉记忆

通过感觉获得的信息在大脑中都要保存极短的时间，这就是感觉记忆，又称瞬时记忆或感觉登记。在感觉记忆中，信息保持的时间有0.25～2秒。感觉记忆中保存的信息如果没有受到注意，就会很快丧失；如果受到注意，它就进入了短时记忆系统进行保存。

(二)短时记忆

在注意的条件下，将有关信息只短暂地呈现一次，对这种当前信息的记忆叫作短时记忆。在短时记忆中，信息的保存时间约为5秒至1分钟；信息的编码方式以言语的听觉形式为主，也存在视觉编码和语义编码。短时记忆的容量一般约为7±2个组块。短时记忆的容量实际上取决于组块的大小。短时记忆中的信息经过复述，就进入了长时记忆；如果得不到复述就会随时间而自动消退。

(三)长时记忆

长时记忆是对经过深入加工的信息的记忆。长时记忆保存的时间很长，可以是一分钟，也可以是几小时、几天、几年，甚至是终身的。长时记忆的容量非常大。长时记忆主要采用语义的形式进行编码，有时也以各种感觉形象的形式进行编码。

四、记忆的基本策略

个体在记忆活动中常用的记忆策略主要有注意策略、复述策略、精细加工策略、组织策略、提取策略等。

(一)注意策略

注意是感觉记忆的内容进入短时记忆的前提。个体加强对记忆对象的注意，是提高记忆效果的重要条件。

(二)复述策略

复述是短时记忆的内容进入长时记忆的基本条件。有复述比无复述的记忆效果好；根据记忆材料的内部结构复述比简单重复的复述的记忆效果好。

(三)精细加工策略

精细加工策略是指在记忆材料中添加一种意义，或增加一定的细节，使较为分离的对象组合为一个整体。例如，个体如果要想记住“电视—服装”，就可以在这两个词中间加上一些联系，如“电视里正在播服装广告”。

(四)组织策略

组织策略是指将一组信息划分为若干较小的单元，并且表示它们的关系。例如，为了记住课文的内容，对课文进行分段、概括段意就是组织策略的运用。

(五)提取策略

提取策略是根据需要提取信息的方法。一种有效的提取策略是分类提取，就是指将要提取的对象归入一定的知识类别，再在一定的知识类别中进行搜索。分类提取可以缩小信息搜索的范围，提高搜索的成功率。

五、记忆规律在教学中的运用

①明确记忆目的，增强学习的主动性。

②理解学习材料的意义。

③对材料进行精细加工，促进对知识的理解。

④运用组块化学习策略，合理组织学习材料。

⑤运用多重信息编码方式，提高信息加工处理的质量。

⑥重视复习方法，防止知识遗忘。

及时复习，在学习的当天进行复习；

合理分配复习时间；

分散复习与集中复习相结合；

反复阅读与试图回忆相结合；

复习方法要多样化；

运用多种感官参与复习；

掌握复习的量，坚持适度超额。复习内容的数量要适度，一次复习内容不能过多。提倡过度学习：进行达到目的后的附加学习，使学习的熟练程度达到学习量的150%。

真题再现

1.【2019年上半年　中】艾宾浩斯遗忘曲线表明，遗忘的速度不是均衡的，呈现的趋势是(　　)。

A. 先慢后快　　B. 匀速加快　　C. 先快后慢　　D. 匀速减慢

答案：C

2.【2014年下半年　小】有的小学生在学习英语字母“t”时，常常会发出汉语拼音“t”的音。出现这种干扰现象的原因是(　　)。

A. 前摄抑制　　B. 倒摄抑制　　C. 消退抑制　　D. 双向抑制

答案：A

3.【2016年下半年　中】在一次心理知识测试中，关于短时记忆的容量单位，学生们的答案涉及下列四种，其中正确的是(　　)。

A. 比特　　B. 组块　　C. 字节　　D. 词组

答案：B

4.【2014年上半年　小】丽丽花了10分钟背会了《山行》这首诗，接着又继续读了5分钟。这种知识保持方法属于(　　)。

A. 及时复习　　B. 使用记忆术　　C. 分散集中结合　　D. 适当过度学习

答案：D

5.【2017年上半年　中】学习游泳之前，小兰通过阅读书籍记住了一些与游泳相关的知识。小兰对游泳知识的记忆属于(　　)。

A. 陈述性记忆　　B. 程序性记忆　　C. 瞬时记忆　　D. 短时记忆

答案：A

6.【2015年上半年　小】简答题：依据遗忘规律如何合理组织复习？

答案：

①明确记忆目的，增强学习的主动性。

②理解学习材料的意义。

③对材料进行精细加工，促进对知识的理解。

④运用组块化学习策略，合理组织学习材料。

⑤运用多重信息编码方式，提高信息加工处理的质量。

⑥重视复习方法，防止知识遗忘。

能力提升训练题

一、单项选择题

1. 人脑对过去经验的保持和再现称为(　　)。

A. 感觉　　B. 知觉　　C. 记忆　　D. 注意

2. 马丽曾经发生过一次比较严重的车祸，所以每当她坐车遇到急刹车的情况或听到比较急促的刹车声时，她都会感到十分紧张与害怕，仿佛再次经历了当年的恐怖车祸。这种记忆属于(　　)。

A. 形象记忆　　B. 逻辑记忆　　C. 情绪记忆　　D. 动作记忆

3. 人们游览过长城后，在头脑中留下了生动的长城形象。这种记忆是(　　)。

A. 动作记忆　　B. 形象记忆　　C. 情绪记忆　　D. 情境记忆

4."一朝被蛇咬，十年怕井绳"是(　　)。

A. 逻辑记忆　　B. 言语记忆　　C. 情绪记忆　　D. 动作记忆

5. 下列哪种记忆具有容量大、形象鲜明、易衰退的特点？(　　)

A. 感觉记忆　　B. 短时记忆　　C. 长时记忆　　D. 操作记忆

6. 工作记忆是正在工作的、活动着的记忆，它的信息容量一般为(　　)。

A. 2～7 个组块　　B. 5～9 个组块　　C. 5～7 个组块　　D. 没有限度

7. 在个体无法意识的情况下，过去经验对当前任务产生的无意识的影响是(　　)。

A. 外显记忆　　B. 内隐记忆　　C. 陈述性记忆　　D. 程序性记忆

8. 知识和日常生活常识的记忆属于(　　)。

A. 陈述性记忆　　B. 逻辑记忆　　C. 形象记忆　　D. 程序性记忆

9. 对弹琴、骑车等活动进行操作的记忆是(　　)。

A. 长久性记忆　　B. 陈述性记忆　　C. 程序性记忆　　D. 语词性记忆

10. 下面不属于记忆过程的是(　　)。

A. 识记　　B. 保持和遗忘　　C. 再认和再现　　D. 复述

11. 小明在学习"三角形"这一概念时，联系之前学过的"角"的概念弄清楚了三角形的意义，最后将它纳入自己的知识系统，保留在记忆中。这种记忆方法属于(　　)。

A. 无意识记　　B. 有意识记　　C. 机械识记　　D. 意义识记

12. 最早采用无意义音节作为实验材料对记忆进行系统研究并提出著名的遗忘曲线的心理学家是(　　)。

A. 奥苏伯尔　　B. 阿特金森　　C. 艾宾浩斯　　D. 班杜拉

13. 一项较长的学习内容，首尾部分记忆效果较好，中间部分遗忘较多。这是受(　　)因素的干扰。

A. 消退和干扰抑制　B. 倒摄和干扰抑制　C. 前摄和干扰抑制　　D. 前摄和倒摄抑制

14. 学习程度达到(　　)时，学习效果最好。

A. 50%　　B. 100%　　C. 150%　　D. 200%

15. 某同学读书 10 遍刚刚好能背诵下来，那么他需要再读(　　)遍才能达到最好的效果。

A. 5　　B. 10　　C. 20　　D. 15

16. 对学习材料的首尾部分记忆效果好，中间遗忘多。这种现象称为(　　)。

A. 首因效应　　B. 近因效应　　C. 系列位置效应　　D. 双重记忆

17. 由于考试紧张而引起的遗忘属于(　　)。

A. 干扰说　　B. 提取失败说　　C. 压抑说　　D. 消退说

18. 许多人利用早晨和晚上的时间学习、记忆，其效果优于白天。这是因为早上和晚上所受的是(　　)的干扰。

A. 前摄抑制　　B. 双重抑制　　C. 单一抑制　　D. 倒摄抑制

19. 教师帮助学生建立良好的知识网络，这种做法依据的记忆理论是(　　)。

A. 提取失败说　　B. 动机说　　C. 消退说　　D. 同化说

20. 根据艾宾浩斯的遗忘曲线，防止遗忘最重要的措施是(　　)。

A. 过度复习　　B. 及时复习　　C. 分散复习　　D. 复习方式多样化

二、辨析题

1. 内隐记忆往往不被人意识到，更容易被遗忘，因此不重要。

2. 艾宾浩斯提出的遗忘曲线表明，遗忘量与时间存在倒U形曲线关系。

3. 在对学习材料进行记忆加工时，信息的位置会对记忆效果产生影响。

4. 反复阅读结合尝试背诵的效果优于简单的重复阅读。

参考答案

一、单项选择题

1—5：CCBCA　　6—10：BBACD　　11—15：DCDCA　　16—20：CCCAB

二、辨析题

1. 答案：错误。内隐记忆是指在个体无法意识的情况下，过去经验对当前任务产生的无意识的影响。在保持的时间上，内隐记忆要明显长于外显记忆；在干扰的形式上，内隐记忆不容易受到干扰，外显记忆则容易在干扰后发生遗忘。

2. 答案：错误。遗忘曲线表明了遗忘量与时间之间的关系。遗忘在学习开始后立即开始，最初的遗忘速度很快，随着时间的推移，遗忘的速度逐渐下降，达到一定程度后就不再遗忘了。因此，遗忘的进程是不均衡的，其趋势是先快后慢，呈负加速型。

3. 答案：正确。一般来说，系列材料的开始和结尾部分的记忆效果较好，而中间部分则容易被遗忘，这种现象称为系列位置效应。这与前摄抑制和倒摄抑制有关。因为在系列材料的记忆过程中，开始部分只受到倒摄抑制的影响，结尾部分只受到前摄抑制的影响，而中间部分会受到两种抑制的双重影响。

4. 答案：正确。识记与尝试回忆交替进行比连续识记或诵读的效果好。单调、机械的背诵会使人感到枯燥乏味，使大脑皮质产生抑制效应，复习效果差。

第五节　思维与问题解决

【考点分析】

思维的含义及特征、思维的类型、思维的过程和形式、问题解决的思维活动阶段、影响问题解决的因素、创造性思维的特征是考核重点，要识记和理解。

【考点内容】

一、思维的含义及特征

思维是人脑对客观事物的间接的、概括的反映。

思维的基本特征是间接性和概括性。间接性是指思维是以其他事物为媒介来反映客观事物的；概括性是指思维在大量感性材料的基础上，将同类事物共同具有的本质特征和规律抽取出来，并加以概括。

二、思维的类型

(一)根据思维过程中凭借物的不同，思维分为动作思维、形象思维和抽象思维

动作思维是以实际动作为支柱的思维，是思维发展的最初形式。

(具体)形象思维是以事物的具体形象和表象为支柱的思维。

抽象思维(逻辑思维)是以概念、判断、推理等形式进行的思维。

(二)根据思维过程的指向不同，思维分为集中思维和发散思维

集中思维，即求同思维，指运用已有信息，朝着一个方向，去获得问题的唯一正确答案的思维。

发散思维，即求异思维，指根据已有信息，从不同的角度和方向思考，从多方面寻求答案的思维。

(三)根据思维是否具有创新成分，思维分为常规性思维和创造性思维

常规性思维指运用已有知识经验，按照现成的方案和程序解决问题的思维。

创造性思维指重新组织已有的知识经验，提出新的方案或程序，并创造出新的成果的思维。

(四)根据思维结论是否有明确的思考步骤和思维过程中意识的清晰程度，思维分为直觉思维和分析思维

直觉思维是指未经逐步分析就迅速对问题答案做出合理的推测、设想或突然领悟的思维。

分析思维是指经过逐步分析后对问题解决提出明确结论的思维。

三、思维的过程

思维包括分析与综合、比较与分类、抽象与概括、具体化与系统化等一系列心理过程。

(一)分析与综合

分析与综合是思维的基本过程，是其他思维过程的基础。

分析是指在头脑中把事物的整体分解为各个部分、个别特性或个别方面的思维过程。

综合是指在头脑中把事物的各个部分或不同特性、不同方面结合起来的思维过程。

(二)比较与分类

比较是指在头脑中把各种事物或现象加以对比，确定它们的异同点及其关系的思维过程。

分类是指在头脑中根据事物或现象的共同点和差异，把它们区分为不同种类的思维过程。

(三)抽象与概括

抽象是指在头脑中抽取出同类事物的本质特征并舍弃非本质特征的思维过程。

概括是指在头脑中把抽取出来的事物的本质特征综合起来并推广到同类事物中的思维过程。

(四)具体化与系统化

具体化是指把抽象概括形成的对事物的一般认识应用于具体事物上，以加深、拓宽对各种事物的认识的思维过程。

系统化是指在头脑中根据事物的一般特征和本质特征，将事物按不同的顺序与层次组成一定系统的思维过程。

四、思维的形式

思维的形式主要有概念、判断和推理。

(一)概念

概念是人脑反映客观事物的本质特征的思维形式。概念是思维的基本单位。概念是词的思想内容，词是概念的语言形式。概念包括内涵和外延两个方面：内涵是概念的质，即概念所反映的事物的本质特征；外延是概念的量，即概念的范围。

(二)判断

判断是对事物情况有所肯定或否定的思维形式。判断由概念组成，表现为句子，但并不是所有的句子都表示判断。

(三)推理

推理是从已知的判断中推出新判断的一种思维形式。推理分为直接推理和间接推理。间接推理主要包括演绎推理、归纳推理和类比推理。

五、问题解决的思维活动阶段

(一)问题与问题解决

问题是指个体运用已有知识经验难以直接解决或应对的事物或情境。问题包括给定的条件(问题的起始状态)、问题的答案(问题的目标状态)和存在的障碍三个基本成分。

问题解决是指个体应用一系列的认知操作，从问题的起始状态到达目标状态的过程。

(二)问题解决的思维活动阶段

问题解决的过程包括四个阶段：发现问题、分析问题、提出假设、检验假设。

1. 发现问题

发现问题是解决问题的开端和前提。发现问题依赖于个体的四个条件：个体的活动态度；个体思维活动的积极性；个体的求知欲和兴趣；个体的知识经验。

2. 分析问题

分析问题是指明确问题的要求和条件，厘清它们之间的关系，找出问题的实质。分析问题依靠个体的两个条件：个体是否全面系统地掌握了感性材料；个体的已有经验。

3. 提出假设

提出假设是指在明确问题的基础上，对问题解决的具体方案提出假设。

4. 检验假设

检验假设是问题解决的最后一步，可以直接检验或间接检验。

(三)影响问题解决的因素

1. 问题情境

问题情境是指呈现问题的客观情境，它通过影响主体知觉的倾向性影响问题解决的思维活动。

2. 知觉特点

知觉的特性可能会限制思维活动。

3. 知识经验

一般来说，与问题解决相关的知识经验越丰富，越有利于问题解决。

4. 定势

定势是指由先前活动所形成的并影响后续活动趋势的一种心理准备状态。定势在思维活动中表现为倾向于用惯用的方式解决问题，因此，定势在问题解决中有积极作用，也有消极作用。

5. 功能固着

功能固着是指个体在解决问题时只看到某种事物的通常功能，而看不到其他方面可能有的功能。功能固着影响着人的思维，不利于问题解决。

6. 原型启发

原型启发是指个体在其他事物或现象中获得的信息对解决当前问题的启发。能否从原型中得到启发，取决于：原型与要解决的问题有无特征上的联系与相似性；主体是否处于积极的思维状态。

7. 动机、情绪与个性因素

动机的性质和强度会影响问题解决的进程。愉快积极的情绪状态会使思维活跃，有利于问题解决；高度紧张、焦虑的情绪状态会抑制思维，阻碍问题解决。人的个性特征对问题解决有着直接的影响。独立、自信、坚韧、果断、创新等个性品质有利于问题解决，而依赖、自卑、犹豫、畏缩、守旧等个性品质会使问题解决半途而废。

六、创造性思维

(一)创造性思维的概念

创造性思维是指重新组织已有的知识经验，提出新的方案或程序，并创造出新的成果的思维。

(二)创造性思维的特征

发散性思维是创造性思维的核心，因此目前比较公认的是以发散思维的基本特征来代表创造性思维的特征，具体来说有以下三个。

1. 流畅性

流畅性是指个体面对问题情境时在规定的时间内产生不同观念的数量的多少。对同一问题，个体想到的可能答案越多，表示思维的流畅性越强。

2. 变通性

变通性即灵活性，指个体面对问题情境时，能随机应变、触类旁通，在不同方向上给出不同类型的答案。个体给出的不同类型的答案越多，表示变通性越强。

3. 独创性

独创性是指个体面对问题情境时，能想出不同寻常的、超越自己也超越同辈的方法。对同一问题，个体提出的意见越新奇、独特，表示独创性越强。独创性是在流畅性和灵活性的基础上形成的最高层次的发散思维能力。

(三)创造性思维的发展阶段

创造性思维要经历以下四个阶段。

1. 准备期

准备期是创造性思维的第一个阶段。在此阶段，思考者尽可能多地收集关于所要解决的问题的信息。

2. 酝酿期

酝酿期是创造性思维的第二个阶段。酝酿期的特征是主要思想反复出现。这个主要思想在最后能够成为解决问题的办法，或者在阐明期成为主要的思想成果。

3. 阐明期

阐明期是创造性思维的第三个阶段。在此阶段，那些经过酝酿的结论会明确下来。通常，愉悦和兴奋的情绪反应伴随着顿悟而出现。这一阶段比较短暂。

4. 验证期

验证期是创造性思维的最后阶段，在阐明期出现的核心思想或结构在此阶段获得验证或修订。根据问题的性质和难度，这一阶段持续的时间可能是几分钟、数月甚至数年。

真题再现

1.【2016 年下半年　中】在思维训练课中，老师让大家列举纽扣的用处。小丽只想到扣衣服，却想不到其他用途，这种现象说明(　　)。

A. 功能迁移　　B. 功能固着　　C. 功能转换　　D. 功能变面

答案：B

解析：功能固着是指个体在解决问题时只看到某种事物的通常功能，而看不到其他方面可能有的功能。题干中小丽只想到了纽扣最常用的用处即扣衣服，说明功能固着影响了小丽的思维。

2.【2016 年上半年　中】小红在解决数学问题时总是通过多种途径寻求解决问题的方法，力求一题多解。小红的思维方式属于(　　)。

A. 聚合思维　　B. 发散思维　　C. 常规思维　　D. 具体思维

答案：B

解析：发散思维又称辐射思维、放射思维、扩散思维或求异思维，是指大脑在思维时呈现的一种扩散状态。它表现为思维广阔，呈现出多维发散状，如“一题多解”“一事多写”“一物多用”等。

3.【2016 年上半年　中】小亮在解决物理习题时，能够把各种解法逐一列出并加以尝试，最终找到一个最佳解法。小亮的这种解题方法属于(　　)。

A. 启发式　　B. 推理式　　C. 算法式　　D. 归纳式

答案：C

解析：算法式是指把解决问题的做法和步骤都列出来，然后逐一加以尝试，最终使问题得到一个正确的解法。

4.【2017年上半年 小】成成同学在回答问题时能触类旁通，不墨守成规，说明其思维具有（ ）。

A. 广阔性 B. 流畅性 C. 变通性 D. 独创性

答案：C

5.【2016年上半年 小】教师可以通过观察学生的言行举止来了解学生的内心世界。这说明思维具有（ ）。

A. 间接性 B. 概括形 C. 理解性 D整体性

答案：A

解析：思维的间接性是指我们无法直接看到本质，只能通过间接的方式进行研究推理。

6.【2014年下半年 小】张老师在组织学生思考和讨论时，常常激励学生尽量列举所有可能性。这种思维训练方法是（ ）。

A. 分合法 B. 清单法 C. 试误法 D. 头脑风暴法

答案：D

7.【2014年下半年 中】初三学生小岩晚上在家复习功课，突然灯灭了。他根据在物理课上所学的知识，推测可能是保险丝断了，然后检查了闸盒里的保险丝。这是问题解决过程中的哪个阶段？（ ）

A. 发现问题阶段 B. 理解问题阶段 C. 提出假设阶段 D. 检验假设阶段

答案：D

解析：问题解决的过程一般包括发现问题、理解问题（分析问题）、提出假设、检验假设四个基本步骤。题干中小岩先对灯灭的原因进行了推测，然后进一步验证自己的推测，这属于检验假设的过程。

8.【2017年下半年 小】简答题：简述思维过程中问题解决的影响因素。

答案：(1)问题的特征。问题的类型和呈现方式影响问题解决。(2)已有的知识经验。已有经验的质与量都影响着问题解决。(3)定势与功能固着。(4)原型启发与酝酿效应。(5)个体相关因素。个体的智力水平、性格特征、情绪状态、动机水平、认知风格和世界观等个性心理特征影响问题解决。

9.【2019年上半年 中】简答题：简述发散思维的基本特征。

答案参见本节内容。

第六节 想 象

【考点分析】

想象的概念、想象的类型等是考核重点，要识记和理解。

【考点内容】

一、表象的概念及特征

表象是当事物不在面前时人在头脑中出现的关于事物的形象。表象具有直观性、概括性和可操作性的特点。

二、想象的概念

想象是人对头脑中已有表象进行加工改造、形成新形象的心理过程。想象是一种特殊形式的思维。

表象是人过去感知过的事物的形象在头脑中的再现，想象以表象为素材，因此，想象出来的事物来源于现实，想象是对客观现实的反映。

三、想象的类型

根据人产生想象时有无目的性，可以把想象分为无意想象和有意想象。

(一)无意想象

无意想象，也称不随意想象，是没有预定目的的在某种刺激作用下不由自主产生的想象。

梦是无意想象的极端例子。

(二)有意想象

有意想象是有预定目的的自觉进行的想象。

根据创造性程度的不同，有意想象可以分为再造想象、创造想象和幻想。

再造想象是人根据语言的描述或图样的示意在头脑中形成相应事物形象的过程，其主要特点是仿造性和再造性。

创造想象是人独立创造出新形象的过程，其特点是新颖、独创、奇特。

幻想是创造想象的一种特殊形式，是与人的愿望相联系并指向未来事物的想象。积极的幻想是理想，消极的幻想是空想。

真题再现

【2016 年下半年　小】简答题：简述如何培养学生创造想象的能力。

答案：①引导学生学会观察，丰富学生的表象储备；②引导学生积极思考，打开想象的大门；③引导学生学习科学文化知识，丰富学生的知识经验，发展学生的空间想象力；④注意发展学生的语言能力；⑤结合学科教育，有目的地训练学生的想象力；⑥引导学生进行积极的幻想。

能力提升训练题

1.【2016 年福建】表象具有三大特征，即直观性、(　　)和可操作性。

答案：概括性。

解析：表象具有直观性、概括性和可操作性三大特征。

2.【2015 年福建】人们偶然看到天上的朵朵白云会下意识地脱口说出它们像棉絮、小山等，这种心理现象是(　　)。

A. 无意想象　　B. 有意想象　　C. 幻想　　D. 幻觉

答案：A

解析：人们看到天上的白云会下意识地脱口说出它们像棉絮、小山等，这属于没有预先目的的想象，是无意想象。

3.【2015年石家庄】一种与生活愿望相结合并指向未来的想象叫作（　　）。

A. 表象　　B. 联想　　C. 做梦　　D. 幻想

答案：D

解析：幻想是指向未来并与个人愿望相联系的想象，是创造想象的特殊形式。

第二章　学习概述

【考纲要求】

理解并运用行为主义、认知学说、人本主义、建构主义等学习理论促进教学。

第一节　学习的概念

【考点分析】

在历年考试中本节考点大多以选择题和辨析题的形式进行考核。其中，学习的含义、分类是考核重点。考生需要在理解的基础上识记学习的概念，并掌握学习的分类。

【考点内容】

一、学习的含义

(一)广义的理解

广义的学习是指个体在特定的情境下由于练习或反复经验而产生的行为或行为潜能的相对持久的变化。这是人和动物共有的。

注意三点：

1. 学习是以行为或行为潜能的改变为标志的

例如：

行为改变：个体学会了骑自行车。

行为潜能的改变：个体学习生词，虽然没学会，但下次学起来更容易。

2. 学习是由练习或经验引起的

学习是个体在与环境的相互作用过程中产生的。个体必须经过练习或反复经验才能使行为发生变化。

行为变化有时也可能是由成熟、适应、疲劳或疾病引起的，这些现象不是学习。

3. 行为变化是相对持久的

学习现象：个体学会了游泳，即使一段时间不游，也不会忘记。

非学习现象：麻醉使人的意识发生变化，表现出怪异行为，这不是学习。

另外，敏感化和习惯化如果作用短暂，也不是学习。敏感化：地震后，个体对一些正常的震动现象感到敏感。习惯化：个体对空调房间的噪音适应一段时间后，就不再去注意。这两种反应，当刺激不再存在时很快就会消失，所以不是学习。

(二)狭义的理解

狭义的学习是指人类的学习。人类的学习是指个体在社会生活实践中，以语言为中介，自觉地、积极主动地掌握人类历史的社会知识经验以积累个体经验的过程。

人类学习和动物学习有本质的区别。首先，人类的学习除了要获得个体的行为经验外，还要掌握人类世世代代积累起来的社会历史经验和科学文化知识。其次，人类的学习是在改造客观世界的生活实践中，在与其他人的交往过程中，通过语言的中介作用进行的。最后，人类的学习是一种有目的的、自觉的、积极主动的过程。

学生的学习是人类学习中的一种特殊形式。它是在教师的指导下，有目的、有计划、有组织、有系统地进行的，是学生在较短的时间内接受前人所积累的科学文化知识并以此来充实自己的过程。特点：首先，以间接经验的掌握为主线；其次，具有较强的计划性、目的性和组织性；最后，具有一定程度的被动性。

二、学习的分类

(一)加涅的学习结果分类

言语信息的学习、智慧技能的学习、认知策略的学习、态度的学习、动作技能的学习。

(二)奥苏伯尔的分类

奥苏伯尔根据两个维度对认知领域的学习进行了分类：一个维度是学习进行的方式，依此把学习分为接受学习和发现学习；另一个维度是学习材料与学习者原有知识的关系，依此把学习分为机械学习和有意义学习。这两个维度互不依赖，彼此独立。但需要注意的是，接受学习和发现学习并不是截然对立的。接受学习既可以是机械的，也可以是有意义的。他认为，学校里的学习主要应该是有意义的接受学习。

(三)布鲁姆的分类

美国心理学家布鲁姆，根据学习目标的不同，把学习分为认知学习、情感学习和动作技能学习三大类。其中，认知学习由低到高分为六级：知识、领会、应用、分析、综合、评价。

(四)我国学者的分类

我国学者认为，依据学习的不同内容和结果，可以把学生的学习分为知识的学习、技能的学习和行为规范的学习三类。

真题再现

1.【2016 年下半年　中】辨析题：行为改变都是学习的结果。

答案：该说法错误。学习是个体在特定情境下由于练习和反复经验而产生的行为或行为潜能的比较持久的变化。凡是学习一定要有变化的发生。学习是行为变化的过程，而非仅指学习后所表现出来的结果。学习导致的变化应是相对持久的。一些转瞬即逝的变化现象可以不经学习产生。因此，题干说法是错误的。

2.【2014 年下半年　中】辨析题：学习所引起的行为或行为潜能的变化是短暂的。

答案：该说法错误。学习是个体在特定的情境下由于练习和反复经验而产生的行为或行为潜能的比较持久的变化。因此，学习引起的行为变化是持久的而非短暂的。

第二节　知识的学习

【考点分析】

在历年考试中本节考点大多以选择题的形式进行考核。知识的类型和知识学习的过程是考核重点，需要考生在理解的基础上识记并重点掌握。

【考点内容】

一、知识概述

(一)知识的含义

根据现代认知心理学的观点，知识就是个体与环境相互作用后获得的信息及其组织。知识的实质是人脑对客观事物的属性与联系的反映，是客观事物在人脑中的主观表征。

(二)知识的类型

根据概括水平，知识可以分为具体知识和抽象知识。

根据功能，知识可以分为陈述性知识和程序性知识。

陈述性知识也叫描述性知识，是描述客观事物的特点及关系的事实性知识。这类知识能用言语直接陈述，主要用来回答“是什么”“为什么”和“怎么样”等问题，可用来区分和辨别事物。

程序性知识也叫操作性知识，是关于办事的一套操作步骤和过程的实践性知识。这类知识主要用来解决“做什么”和“如何做”的问题，可用来进行操作和实践。

策略性知识是一种特殊的程序性知识，是关于如何学习和如何思维的知识。策略性知识和一般的程序性知识有所不同。一般的程序性知识是完成某种具体任务的操作步骤，而策略性知识则是学习者用来调控学习和认识活动本身的知识。

(三)知识的表征

1. 陈述性知识的表征形式

(1)命题和命题网络

一个命题相当于一个观念，它是我们能够评价是非对错的最小的意义单元。

两个或多个命题常因为有某个共同的成分而相互联系在一起，从而构成了命题网络，或称为语义网络。

(2)图式

图式是认知结构的起点和核心，是将相互联系的概念、命题和表象组织起来而形成的有组织的认知单元。

2. 程序性知识的表征形式

产生式是条件与动作的联结，即某一条件下会产生某一动作的规则，它由条件项“如果”和动作项“那么”构成，即在满足某个条件的时候我们做出某项行动。

众多的产生式联系在一起，就构成了复杂的产生式系统，表征复杂技能的完成过程。

知识的学习是与知识的教学连在一起的。知识的类型和学习的类型不同，教学设计的形式和方法也不相同。

二、知识学习的种类

(一)根据知识本身的存在形式和复杂程序，知识学习可以分为符号学习、概念学习与命题学习

1. 符号学习

符号学习又称表征学习，是指学习单个符号或一组符号的意义，或者说学习符号本身代表什么。符号学习的内容是词汇及非语言符号（实物、图像、图表、图形等）和事实性知识。

2. 概念学习

概念学习是指掌握概念的一般意义，实质上是指掌握同类事物的共同的关键特征和本质属性。中小学生在掌握概念时，往往是分步的，一般是先达到符号学习水平，再提高至概念学习水平。

3. 命题学习

命题学习是指学习由若干概念组成的句子的复合意义，即学习若干概念之间的关系。命题学习必须以符号学习和概念学习为基础，是一种更加复杂的学习。

(二)根据新知识与原有认知结构的关系，知识学习可以分为下位学习、上位学习与并列结合学习

1. 下位学习

下位学习又称类属学习，是一种把新的观念归属于认知结构中原有观念的某一部位，并使之相互联系的过程。下位学习包括两种形式：派生类属学习和相关类属学习。派生类属学习指新观念是认知结构中原有观念的特例或例证，新知识只是旧知识的派生物。当新学习的知识从属于原有认知结构中的某一观念，但并非完全包含于原有观念之中，并且也不能完全由原有观念所代表，二者仅是一种从属关系时，相关类属学习便产生了。

2. 上位学习

上位学习也叫总括学习，即通过综合归纳获得意义的学习。当认知结构中已经形成某些概括程度较低的观念，在这些原有观念的基础上学习一个概括和包容程度更高的概念或命题时，上位学习便产生了。

3. 并列结合学习

并列结合学习是在新知识与认知结构中的原有观念既非类属关系又非总括关系时产生的。一般而言，并列结合学习比较困难，必须认真比较新旧知识的联系与区别才能掌握。

三、知识学习的过程

知识学习主要是指学生对知识的内在加工过程。学习心理学研究认为，陈述性知识学习的过程可分为知识的获得、知识的巩固和知识的应用。程序性知识学习的一般过程是从陈述性知识转化为自动化的技能的过程，主要由三个阶段构成：陈述性阶段、转化阶段和自动化阶段。现就陈述性知识学习的过程进行说明。

(一)知识的获得

这一阶段应解决的主要心理问题是知识的同化。这一过程通过两个环节来实现。

1. 知识直观(感知)

知识的获得始于感知知识。

2. 知识理解

知识理解是指个体运用已有的知识、经验去认识未知事物的属性、联系，直至解释其本质及规律的思维过程。理解是巩固和运用知识的基础。知识理解的实质是新知识与学习者认知结构中已有的适当观念建立起非人为的和实质的联系。知识概括是知识理解的主要环节。

知识理解的标志：第一，知道“是什么”；第二，知道“为什么”，了解其内在的逻辑依据和本质联系；第三，能举例复述；第四，融会贯通。

促进知识理解的条件：①加强新旧知识的联系。②提供必要的感性材料。③利用变式和比较。变式是指不断地变换材料的呈现形式，从不同角度和方面使非本质特征不断变化，使本质特征保持不变，以突出事物的本质特征。比较是从方法方面促进知识理解。④启发学生进行自觉概括。概括是知识理解的主要环节。

(二)知识的巩固

通过记忆使新知识得到巩固。

(三)知识的应用

1. 知识应用的一般过程

①审题。审题是指了解题意，搞清问题所提供的条件与要达到的目标。它是知识应用的首要环节。

②联想。联想是指由问题想起学过的相关知识。

③课题类化。

④解题判断(解答)。

2. 影响知识应用的因素

①知识的领会与巩固程度。

②问题的特征。

③学生的智力活动水平。

真题再现

1.【2017 年下半年　中】英语老师先教学生蔬菜、水果、肉的英文单词，再教羊肉、牛肉、胡萝卜、辣椒、西红柿、木瓜、香蕉等的英文单词，并要求学生把后者纳入前者的类别。这种知识学习属于(　　)。

A. 下位学习　B. 上位学习　C. 组合学习　D. 并列学习

答案：A

2.【2016 年下半年　中】小刚利用改变物体接触面大小或光滑程度的方法，来增强或减弱滑板的摩擦力。这主要说明小刚能够运用(　　)。

A. 元认知知识　B. 描绘性知识　C. 情境性知识　D. 程序性知识

答案：D

3.【2015 年下半年 小】小学生在学习了四边形之后再学习平行四边形，这种学习属于(　　)。

A. 上位学习　　B. 下位学习　　C. 归属学习　　D. 并列学习

答案：B

4.【2018 年下半年 中】简答题：简述促进知识获得和保持的方法。

参考答案：①明确识记任务，提高学习的目的性；②深度加工材料；③有效利用记忆术；④进行组块化编码；⑤适当过度学习；⑥及时复习。

第三节 技能的学习

【考点分析】

在历年考试中本节考点大多以选择题和简答题的形式进行考核。考生需要在理解的基础上识记技能的概念，重点掌握技能的形成与培训。

【考点内容】

一、技能的概念及类型

(一)技能的概念

技能是指个体运用已有的知识经验，通过练习而形成的趋于完善化、自动化的活动方式。例如，人们打字、跑步、写字、开车等都是技能的表现。技能一般具有以下特点：①技能是一种完善化了的动作系统，而不是零碎、散乱、偶然组合起来的动作；②技能以已有经验为基础，技能与经验之间有密切联系；③技能是通过练习形成的，练习起着关键作用。

(二)技能的类型

技能一般分为动作技能和智力技能。

动作技能和智力技能的关系如下。

两者的区别：①活动的对象不同；②活动的结构不同；③活动的要求不同。

两者的联系：动作技能经常是智力技能形成的最初依据，而智力技能的形成常常是在外部动作技能的基础上，逐步脱离外部动作而借助于内部言语实现的。同时，智力技能往往又是外部动作技能的支配者和调解者。复杂的动作技能往往包含认知成分，需要学习者智力活动的参与，需要手脑并用才能完成。

二、动作技能的形成与培训

(一)动作技能的形成阶段

1. 认知定向阶段

认知定向是指学习者对所学技能有初步认识，了解系列动作的方式，在头脑中形成动作映像。学习者可根据这种动作映像练习动作。这一阶段的主要特点就是：练习者的注意力和记忆很紧张，动作在有意识地控制下进行；动作不稳定，速度慢，不协调，有不少多余动作。

2. 掌握局部动作阶段

在动作技能形成之前，学习者必须首先掌握构成技能的各个局部动作。在掌握局部动作阶段时，学习者的动作忙乱而紧张，呆板而不协调，存在大量的多余动作。此时教师不应该对学习者提出过高、过急的要求。

3. 初步掌握完整动作阶段

在前一阶段掌握局部动作的基础上，学习者逐步将局部动作组成一个完整的动作系统。到了这个阶段，学习者通常表现为紧张程度降低，多余动作减少，注意分配能力有所增强，但动作系统尚未达到协调完善的水平。为此，教师要特别注意通过练习加强学习者动作之间的联系和协调。

4. 动作协调完善化阶段

这是动作技能形成的最后阶段。在这个阶段，一连串的动作系列已经联合成为一个有机的整体并已巩固下来，各个动作相互协调。这时，练习者的多余动作和紧张状态已经消失，练习者能根据情况的变化，灵活、迅速地完成一个接一个的动作，自动化水平提高，视觉控制减少，动觉控制开始占主导地位。本阶段加强动觉控制的训练是十分必要的。

(二)动作技能的培训

1. 准确的讲解与示范

教师讲解学习动作技能的目的以及动作技能的性质、学习程序与步骤和注意事项，讲解时要言语简洁、概括与形象。教师做示范时要注意示范的准确性以及示范的时间，要注意结合讲解指出错误并进行现场评价。

2. 必要而适当的练习

练习的效果不只取决于练习的时间和次数，而且取决于合理的组织、练习方式等因素。当练习达到一定程度，动作技能会出现暂时停顿现象，叫高原期现象。造成高原期现象出现的原因很多，例如，生理和心理上的疲劳，感觉机能和中枢机能对动作的调节作用减弱，动作强度减弱，兴趣降低，意志品质差，有自满情绪，练习方法不当等。这些因素的改变都有利于突破高原期现象。

3. 充分而有效的反馈

反馈是指让练习者知道自己的练习结果。反馈是动作技能形成的重要条件。反馈来自两个方面：一是内部反馈，即练习者自身的感觉系统提供的感觉反馈；二是外部反馈，即练习者自身以外的人和事给予的反馈。在技能形成的初期，内部反馈和外部反馈都很重要。随着技能的形成，内部反馈在技能动作的调节中起着越来越重要的作用。

4. 建立稳定清晰的动觉

动觉是由运动感觉和运动知觉构成的，是复杂的内部运动知觉。它反映的主要是身体运动时的各种肌肉活动的特性，如紧张、放松等，而不是外界事物的特性。动觉是运动知识获得的前提，是运动技能形成的心理基础。

(三)动作技能形成的标志

①动作结构的改变。

②动作品质的变化。

③活动的调节功能加强。

三、智力技能的形成与培训

(一)智力技能的形成阶段

最早系统研究智力技能的是加里培林，他提出了智力技能按阶段形成的理论。他将智力技能的形成分成五个阶段。

1. 活动的定向阶段

这是智力活动的准备阶段。在该阶段，学生要在头脑中形成活动本身和结果的表象，对活动加以定向。教师应当向学生提供活动的样本，指出活动的操作程序以及关键点。

2. 物质活动与物质化活动阶段

物质活动是指运用实物进行的活动。物质化活动是指运用实物的代替物进行的活动，如借助于实物或模型、图表、标本等学习。

3. 有声言语阶段

有声言语是一种外部言语，它是一种扩展的、出声的言语。本阶段要求学生离开物质或物质化的客体，以有声言语对活动的程序做精细的陈述，使智力活动向不直接依赖实物的出声言语过渡。

4. 无声的外部言语阶段

本阶段的特点在于智力活动的完成借助于不出声的外部言语，即只看到嘴动而听不到声音，如学生心算。它要求学生在出声言语时进行眼、口、耳、脑同时协调的活动。

5. 内部言语阶段

这是智力技能形成的最后阶段，本阶段的特点是智力技能的结构成为压缩和自动化的形态，以内部简化的言语形式完成认知活动。

我国学者认为心智技能的形成经历三个阶段。

第一，原型定向。在该阶段，教师要准确地讲解心智活动的各个构成要素及其执行顺序，并示范如何应用这种心智技能来解决问题。

第二，原型操作。在该阶段，教师要求学生以展开的方式，按心智技能中各运作要素的特定顺序来练习每一个动作，并提供多种机会让学生练习，以提高心智活动的概括性。

第三，原型内化。原型内化即心智技能的实践模式向头脑内部转化，即由物质的、外显的、展开的方式变为观念的、内潜的、简缩的形式的过程。这一过程可划分为三个阶段：出声的外部言语阶段、不出声的外部言语阶段和内部言语阶段。在该阶段，教师应该要求学生遵循由出声的外部言语到不出声的外部言语再到内部言语的顺序，不可颠倒。

(二)智力技能的培训

①激发学生学习的主动性和积极性。

②创设良好的情境，帮助学生形成定向。

③把握智力培养的阶段特征，正确使用言语。

④提供练习机会，注意个别差异，促进智力技能的形成。

(三)智力技能形成的标志

智力技能形成之后，表现出以下几个标志：

①智力活动脱离了物质或物质化活动的支持。

②智力活动的进程压缩，快速反应代替了详尽、展开的推理过程，思维灵敏，思维深度和广度都有所发展。

③智力活动自动化，几乎成了无意识的活动。

真题再现

1.【2017 年下半年　小】同学们学习一段舞蹈，刚开始进步很快，但一段时间后进步不明显，甚至停滞不前。这在技能练习上称为(　　)。

A. 高原现象　　B. 抑制现象　　C. 遗忘现象　　D. 挫折现象

答案：A

2.【2016 年上半年　中】简答题：简述动作技能培训的途径。

答案：①准确的示范与讲解。②必要而适当的练习。③充分而有效的反馈。④建立稳定清晰的动觉。

能力提升训练题

一、单项选择题

1. 以下心理现象中，属于学习的是(　　)。

A. 虫子飞进眼睛时，不停地眨眼　　B. 鹦鹉学舌

C. 小明经常上课走神　　D. 喝完咖啡后精神好多了

2. 按照学习结果，心理学家加涅将学习分为言语信息、态度、智慧技能、动作技能和(　　)的学习五大类。

A. 控制力　　B. 组织技能　　C. 适应能力　　D. 认知策略

3. 小丁原来很怕见陌生人，上幼儿园后这种现象消失了。根据加涅的学习结果分类，小丁身上发生了(　　)的学习。

A. 智慧技能　　B. 认知策略　　C. 态度　　D. 言语信息

4. 语文课上学习作文的写作规则，这类学习主要属于(　　)。

A. 言语信息的学习　B. 动作技能的学习　C. 智慧技能的学习　D. 认知策略的学习

5. 按照学习性质，奥苏伯尔将学习分为(　　)。

A. 动物学习、人类学习和机器学习

B. 接受学习和发现学习、机械学习和有意义学习

C. 内隐学习和外显学习

D. 知识学习、技能学习和行为规范学习

6. 如果学生已经有了“哺乳动物”的概念，再来学习“鲸”这种动物，进行的是(　　)。

A. 上位学习　　B. 总括学习　　C. 下位学习　　D. 并列结合学习

7. 有的学生看到锐角、直角、钝角等图形都有两条交叉的线，就认为角是由两条交叉的线组成的，这属于(　　)。

A. 理性概括　　B. 感性概括　　C. 形象直观　　D. 言语直观

8. 心智技能形成中出声的外部言语阶段、不出声的外部言语阶段和内部言语阶段可以合称为（　　）。

A. 原型定向　　B. 原型模仿　　C. 原型操作　　D. 原型内化

9. 下列哪一项不属于技能？（　　）

A. 走路　　B. 骑自行车　　C. 做梦　　D. 制订计划

10. 通过学习形成的合乎法则的心智活动方式即（　　）。

A. 智力技能　　B. 知识迁移　　C. 智力　　D. 思维程序

11. 王老师在讲"果实"这个概念时，列举了苹果、花生等可食果实的例子，也列举了棉籽、橡树籽等不可食果实的例子。这种教学方法称为（　　）。

A. 变式　　B. 范式　　C. 原型　　D. 演绎

二、简答题

在教学过程中如何培养学生的心智技能。

参考答案

一、选择题

1. B　2. D　3. C　4. C　5. B　6. C　7. B　8. D　9. C　10. A　11. A

二、简答题

答案：心智技能的形成有三个阶段。第一，原型定向。在该阶段，教师要准确地讲解心智活动的各个构成要素及其执行顺序，并示范如何应用这种心智技能来解决问题。第二，原型操作。在该阶段，教师要求学生以展开的方式，按心智技能中各运作要素的特定顺序来练习每一个动作，并提供多种机会让学生练习，以提高心智活动的概括性。第三，原型内化。在该阶段，教师应该要求学生遵循由出声的外部言语到不出声的外部言语再到内部言语的顺序，不可颠倒。

第三章　学习策略

【考纲要求】

1. 了解学习策略的含义与意义。

2. 了解学习策略的分类，掌握关键学习策略：认知策略、元认知策略和资源管理策略。

3. 理解动机理论。

4. 能运用不同理论激发学生学习动机。

5. 掌握激发学生学习动机的有效策略。

6. 掌握激发与培养学生学习动机的方法。

第一节　学习策略概述

【考点分析】

本节考点主要包括学习策略的含义、学习策略与学习方法的区别。

【考点内容】

所谓学习策略(learning strategies)，就是学习者为了提升学习的效果和效率，有目的、有意识地制订的有关学习过程的复杂方案。掌握并运用好学习策略，对于提高学习效率和质量具有非常重要的意义。

一、学习策略的含义

一般而言，我们可以把策略理解为为实现目标而制订的计划和采取的有意识行动。

关于学习策略的含义，有人认为学习策略是学习者在学习过程中所运用的信息加工的方式方法和调控技能的总和。也有人认为学习策略是学习者为使学习的过程更成功、更愉悦、更自觉、更有目的而采取的行为或行动。从这些定义可看出，学习策略的使用是学习者有意识的行为，它不但包括学习者对学习的认识，也包括完成学习活动的具体做法或技巧。我们认为，学习策略是学习者为提升学习效果和效率，有目的、有意识地制订的有关学习过程的复杂方案。

二、学习策略与学习方法的区别

学习策略有广义和狭义之分。广义的学习策略既包括宏观的调控、计划等过程，也包括微观的做法或技巧。狭义的学习策略仅指宏观策略。一般的学习策略是指广义的学习策略，它与人们的学习方法有很大区别。它们的区别可参见下表：

学习策略	学习方法
操控层面	技术层面
大脑中的信息处理过程；不易被观察，处于内隐层面	具体手段；容易被观察和习得，处于外显层面
有意识的行为	有意识或无意识的行为

具体来说，学习策略与学习方法之间主要存在以下几个方面的差异。

①学习策略处于操控层面，而学习方法处于技术层面。

②学习策略与学习方法的外显程度不同。

③学习策略与学习方法的自觉性和目的性不同。

三、掌握并应用学习策略的意义

学习策略并非一般知识，需要学生切实掌握并具体实践，这是一个长期且有意识的过程。在此过程中，教师仍然只能起引导的作用，真正掌握并使用学习策略的主体仍然是学生。换句话说，要想提升学习的效果和效率，成为成功的学习者，学生就必须学会使用学习策略。

因此，学生学会如何学习(learn how to learn)，如何使用有效的学习策略指导自己的学习，从而减轻学习负担，形成自主学习能力，是学习成功的关键。当代教育的根本目的也是使学生成为独立、自主、有效的学习者，其关键之处不在于知识本身，而在于方法和策略。

第二节　关键学习策略

【考点分析】

本节考点主要包括认知策略、元认知策略、资源管理策略。

【考点内容】

关于关键学习策略，大家现在比较认可的是麦基奇等人的观点，即关键学习策略包括认知策略、元认知策略和资源管理策略。其中，认知策略是信息加工的策略，包括复述策略、精细加工策略和组织策略；元认知策略是对信息加工过程进行调控的策略，包括计划策略、监控策略；资源管理策略是辅助管理可用环境的策略，包括时间管理策略、学习环境管理策略、努力管理策略和学业求助策略。

一、认知策略

认知策略是指学习者在对信息进行编码、存储和提取等的信息加工过程中所采用的方法与策略，主要有复述策略、精细加工策略和组织策略等。

(一)复述策略

复述策略是指学习者在工作记忆中为保持信息，运用内部语言在大脑中重现学习材料或刺激，以便将注意力维持在学习材料上的方法。

(二)精细加工策略

精细加工策略是指把新信息与头脑中的旧信息联系起来，寻求字面意义背后的深层次意义，或者增加新信息的意义，从而帮助学习者将新信息储存到长时记忆中去的学习策略。一般的精细加工策略有许多种，其中多数被人们称为记忆术。比较流行的记忆术有位置记忆法、首字联词法、视觉联想法和关键词法。

(三)组织策略

组织策略是指将经过精加工提炼出来的知识点加以构造，形成知识结构的更高水平的信息加工策略，主要有归类策略和列提纲策略。

1. 归类策略

归类策略是把学习材料根据一定规则进行适当分类以便记忆的策略。

2. 列提纲策略

列提纲既可用语句或句子表达的主题提纲，也可用符号、图式等符号形式表达的提纲。主题纲要法通常是指对学习材料进行概括，用一个恰当的词语或一句话概括出该段材料的主题，以起到提纲挈领的作用。符号纲要法是指采用图解的方式体现知识结构，即作出关系图。

二、元认知策略

元认知策略是学习者关于自己认知过程的策略，包括对自己认知过程的了解和控制策略，有助于学习者有效安排和调节学习过程。计划策略、监控策略都属于元认知策略。

(一)计划策略

计划策略是指根据认知活动的特定目标，在认知活动开始之前计划完成目标所涉及的各种活动的办法，并预估其有效性等。

(二)监控策略

监视策略是指在认知过程中，依据认知目标及时检测认知过程，寻找两者间的差异，并及时调整学习过程，以期顺利实现有效学习的策略，主要包括领会监控、集中注意、调节等。例如，学习者在阅读中可运用 SQ3R 策略，即浏览(survey)、提问(question)、阅读(read)、陈述(recite)、复习(review)。

三、资源管理策略

资源管理策略是辅助学习者管理可用环境和资源的策略，有助于学习者适应环境并调节环境以适应自己的需要，对激发学习者的动机有重要作用。它包括时间管理策略、学习环境管理策略、努力管理策略和学业求助策略。

(一)时间管理策略

时间管理策略是指学习者通过一定的方法合理安排时间从而有效利用学习资源的策略。

(二)学习环境管理策略

学习环境管理策略是指学习者通过选择或管理自己周围的学习环境，以有利于自己集中精力进行学习，从而取得好的学习效果的策略。明亮且安静的、没有分心因素的学习环境有利于学习者集中精力利用自己的有限学习时间和努力有效地完成学习任务。

(三)努力管理策略

努力管理策略是指学习者合理安排自己的有限精力从而取得最优效果的策略。一个人的精力是有限的，不可能一直保持旺盛。一个人过分努力会出现疲劳而使学习效率下降。对个人努力的管理如同对时间的管理一样，要分清事情的轻重缓急，要把有限的精力优先运用于重要事情上。

(四)学业求助策略

学业求助策略是指学习者遇到困难时要抛开顾虑向身边的人求助的策略。这是一种非常重要的社会支持管理策略。

真题呈现

1.【2019年上半年　中】晓春上课时把老师的讲解内容用自己的语言写在课本上，以促进对知识的理解。他采取的学习策略是(　　)。

A. 复述策略　　B. 组织策略　　C. 计划策略　　D. 精细加工策略

答案：D

2.【2013年下半年　中】林琳在听课时，经常将学习内容要点以划线的方式在书上做标记，这种学习策略属于(　　)。

A. 复述策略　　B. 调节策略　　C. 监控策略　　D. 计划策略

答案：A

3.【2014年下半年　中】小丽在学习时为了记住数字、年代等枯燥无味的知识，常将其赋予意义，使记忆过程生动有趣。小丽使用的学习策略是(　　)。

A. 复述策略　　B. 精细加工策略　　C. 组织策略　　D. 计划策略

答案：B

4.【2016年下半年　中】在老师的指导下，学生利用图示方式对知识进行归纳整理，以促进自己掌握所学知识。学生采用的这种学习策略是(　　)。

A. 复述策略　　B. 精细加工策略　　C. 监控策略　　D. 组织策略

答案：D

5.【2017年下半年　中】地理老师教学生记忆“乞力马扎罗山”时，为方便学生记忆，将之戏称为“骑着马打着锣”。这种学习策略属于(　　)。

A. 复述策略　　B. 精细加工策略　　C. 组织策略　　D. 元认知策略

答案：B

6.【2018年下半年　小】芳芳学习时遇到不懂的问题就会主动向老师请教。她采用的学习策略是(　　)。

A. 精细加工策略　　B. 认知策略　　C. 元认知策略　　D. 资源管理策略

答案：D

能力提升训练题

1. 学习策略一般包括认知策略、元认知策略和(　　)。

A. 记忆策略　　B. 资源管理策略

C. 思维策略　　D. 学习方法

2. 在工作记忆中为了保持信息，运用内部语言在大脑中重现学习材料或刺激，以便将注意力维持在学习材料上的方法称为（　　）。

A. 组织策略　　B. 复述策略　　C. 计划策略　　D. 调节策略

3. 学习课文时分段、总结段意属于（　　）。

A. 复述策略　　B. 理解—控制策略　C. 精细加工策略　　D. 组织策略

4. 整合所学新知识之间、新旧知识之间的内在联系，形成新的知识结构的学习策略称为（　　）。

A. 组织策略　　B. 复述策略　　C. 计划策略　　D. 调节策略

5. 在小学低年级识字教学中，有人按字音归类识字，有人按偏旁结构归类识字，这属于（　　）。

A. 复述策略　　B. 理解—控制策略　C. 精细加工策略　　D. 组织策略

6. 将新学材料与头脑中已有知识联系起来从而增加新信息的意义的深层加工策略称为（　　）。

A. 组织策略　　B. 复述策略　　C. 计划策略　　D. 精细加工策略

7. 元认知的实质是人对认知活动的自我意识和（　　）。

A. 自我控制　　B. 自我认知　　C. 自我指导　　D. 自我学习

8. 对有效完成任务所需的技能、策略及其来源的意识称为（　　）。

A. 元认知知识　　B. 元认知能力　　C. 元认知控制　　D. 元认知计划

9. 不属于元认知策略的是（　　）。

A. 计划策略　　B. 学习策略　　C. 监控策略　　D. 调节策略

10. 学习过程中制订自我学习计划、实施自我监督以及自我调控的策略，一般称为（　　）。

A. 智力技能　　B. 学习自觉性　　C. 元认知策略　　D. 自我意识

11. 生成性学习就是要求学生对阅读或听讲的内容产生（　　）。

A. 新的理解　　B. 不同的见解　　C. 认知策略　　D. 类比或表象等

12. 学习策略是学习者制订的学习计划，包括（　　）。

A. 意识和能力　　B. 规则和技能　　C. 认知策略　　D. 经验和方法

参考答案

1. B　2. B　3. C　4. A　5. D　6. D　7. A　8. A　9. B　10. C　11. D　12. B

第四章 学习动机

【考纲要求】

1. 了解学习动机的含义。
2. 了解学习动机的功能。
3. 了解学习动机与认知的关系。
4. 了解学习动机与学习效果的关系。
5. 能举例说明学习动机的类型。

第一节 学习动机概述

【考点分析】

本节考点主要包括动机的概念、学习动机的含义、学习动机的功能、学习动机与学习及认知的关系、学习动机与学习效果的关系、学习动机的类型。

【考点内容】

动机(motivation)是指促使个体从事某种活动的内部动力。具体而言，动机是发动、指引和维持躯体及心理活动的内部动力。这个定义包含两层意思：首先，动机是一种内在动力而非活动本身，也不是那些引起活动的外在因素；其次，动机是处于刺激和反应之间的中介，它只能促使个体在某些情况下产生反应。动机的产生依赖两类因素——需要和诱因。

需要是有机体感到某种缺乏时而力求获得满足的心理倾向，它是有机体自身和外部条件的要求在头脑中的反映，是动机的内在因素。

诱因是指促进或阻止行为的物体或事件。诱因又可分为正诱因和负诱因，对应教育中常用的奖励和惩罚。

一、学习动机的含义

学习动机是指引发与维持学生的学习行为，并使之指向一定学业目标的一种动力倾向，是促使个体进行学习活动的内部动力。具体地说，学习动机是引起学生学习活动、维持学习活动，并引导该学习活动趋向教师所设定的教学目标的内在心理过程。它包含学习需要和学习期待两种成分，根据不同标准可划分为不同类别。

二、学习动机的功能

学习动机是引起学生学习活动、维持学习活动并引导该学习活动朝向既定目标的内在心理过程，因此，它具有激活、引导以及维持和调整的功能。

(一)激活功能

动机能激发有机体进行某种活动。带着某种动机的有机体对某些刺激，特别是对那些与动机有关的刺激反应特别敏感，从而激发有机体去从事某种活动。

(二)引导功能

动机与需要的一个根本不同就是，需要是有机体因缺乏而产生的主观状态，这种主观状态是一种无目标状态。而动机不同，动机是针对一定目标(或诱因)的，是受目标引导的。

(三)维持和调整功能

当个体的某种活动开始后，动机就维持着这种活动，并针对一定目标调节活动的强度和持续时间。如果达到了目标，动机就会促使有机体终止这种活动；如果尚未达到目标，动机将驱使有机体维持和加强这种活动以达到目标。

三、学习动机与学习及认知的关系

第一，学习动机与学习的关系是辩证的。学习能产生动机，动机又推动学习，二者相互关联。

第二，动机具有加强学习的作用。高动机水平的学生，其成就也高；反之，高成就水平也能导致高动机水平。

第三，有些学习既不靠动机给予力量，也不靠内驱力来加强。人类生活中的大量学习，也可以在没有任何明确学习意向的情况下偶然发生。但是，要有效地进行长期的有意义学习，动机绝对必不可少。

第四，一般地说，动机并不直接卷入认知的相互作用过程，也不通过同化机制发生作用，而是通过加强努力、集中注意和对学习的立即准备去影响认知的相互作用过程。

第五，教育实践和教育心理学实验都表明，学习动机推动学习活动，能激发学生的学习兴趣，能使学生保持一定的唤醒水平，指向特定的学习活动。

四、学习动机与学习效果的关系

第一，不少心理学家认为，动机的中等程度的激发或唤起，对学习具有最佳的效果。动机过弱不能激发学习的积极性达到一个最高点；动机强度的加大则会降低学习效率。

第二，动机的最佳水平因课题性质的不同而不同。在比较容易的课题中，工作效率随动机的增强而上升；随着课题难度的增加，动机的最佳水平有逐渐下降的趋势。

第三，动机过强或过弱，不仅对学习不利，而且对动机保持也不利。同时，在难度不同的任务中，动机的强度影响解决问题的效率。

五、学习动机的类型

(一)高尚的动机和低级的动机

根据学习动机内容的社会意义，学习动机可分为高尚的动机与低级的动机。高尚的动机的核心是利他主义，即学生把当前的学习同国家和社会的利益联系起来。低级的动机的核心是利己、自我中心，即学习动机只来源于自己眼前的利益。例如，有的大学生努力学习只为提升个人名誉、谋求出路或报答父母的养育之恩。

(二)近景的直接性动机和远景的间接性动机

根据学习动机的作用与学习活动的关系，学习动机可分为近景的直接性动机和远景的间接性动机。近景的直接性动机与学习活动直接相连，来源于学生对学习内容或学习结果的兴趣。这类动机的作用效果比较明显，但稳定性比较差，容易受环境或一些偶然因素的影响。

远景的间接性动机与学习的社会意义和个人的前途相连。那些高尚的间接性动机的作用较为稳定和持久，能激励学生努力学习并取得好成绩。而那些为父母、教师的期望或为自己的名声、地位而努力的动机的作用的稳定性和持久性相对比较差，容易受情境因素的冲击。

(三)内部动机和外部动机

根据学习动机的动力来源，学习动机可分为内部动机和外部动机。内部动机(intrinsic motivation)又称内部动机作用，是指由个体内在需要引起的动机。外部动机(extrinsic motivation)又称外部动机作用，是指由个体外部诱因引起的动机。有研究表明：内部动机可促使学生有效地进行学校中的学习活动，具有内部动机的学生渴望获得有关的知识经验，具有自主性、自发性；具有外部动机的学生的学习具有诱发性、被动性，他们对学习内容本身的兴趣较低。

内部动机和外部动机的划分不是绝对的。由于学习动机是推动个体从事学习活动的内部心理动力，因此任何外界要求、外在力量都必须转化为个体内在的需要，才能成为学习的推动力。在外部动机发生作用时，个体的学习活动较多依赖于责任感、义务感或希望得到奖赏和避免受到惩罚的意念。因此，从这个意义上说，外部动机的实质仍然是学习的内部动力。因此，我们在教育过程中要强调内部动机，但也不能忽视外部动机的作用。

(四)主导性动机和辅助性动机

根据动机在活动中所起的作用，学习动机可分为主导性动机与辅助性动机。主导性动机是指在活动中所起作用较为强烈、稳定并处于支配地位的动机。主导性动机是不断变化与发展的动机。事实表明：只有主导性动机与辅助性动机的关系较为一致时，活动动力才会加强；二者彼此冲突时，活动动力会减弱。

真题呈现

1.【2012 年下半年　中】耶克斯和多德森在研究动机强度与学习效率之间的关系时发现(　　)。

A. 动机越弱，学习效率越高　　B. 动机越强，学习效率越高

C. 任务难度不同，最佳动机强度不同　　D. 任务难度不同，最佳动机强度相同

答案：C

2.【2019 年上半年　小】在下列各种学习动机中，属于内部动机的是(　　)。

A. 班级排名　　B. 老师表扬　　C. 家长鼓励　　D. 学习兴趣

答案：D

第二节　学习动机理论

【考点分析】

本节考点主要包括强化动机理论、需要层次理论、成就动机理论、归因理论、自我效能感理论和自我决定理论。

【考点内容】

不同的心理学家从不同的角度对学习动机进行阐释，从而形成了不同的理论，主要包括强化动机理论、需要层次理论、成就动机理论、归因理论、自我效能感理论和自我决定理论。

一、强化动机理论

学习动机的强化理论由行为主义心理学家提出。他们不仅用强化解释学习的发生，而且用它解释动机的产生。在他们看来，人的某种学习行为倾向完全取决于先前的学习行为与刺激因强化而建立起来的稳固联系，强化可使人在学习过程中增强某种反应发生的可能性。

通过强化维持学生的学习动机，有两大优势：一是见效快；二是适用性强，对任何年龄的学生都可适用(每个人都有自己的需求)，特别是对学习目的还不太明确的低龄学生来说更不可或缺。很多小学生对学习本身并不感兴趣，但他们可能很有天赋，这时需要成人通过表扬、给予奖励等方式维系其学习动机。

强化动机理论就其主要倾向来说是联结派的学习动机理论。由于联结派的强化动机理论过分强调引起学习行为的外部力量(外部强化)，忽视甚至否定人的学习行为的自觉性与主动性(自我强化)，因此这一学习动机理论有较大的局限性。

二、需要层次理论

马斯洛的需要层次理论认为所有的行为都来源于人们的需要。不同的人有不同的需要，且这些需要会随时间等因素的变化而变化，这就是两个不同的人在相同的情境下会产生不同的行为，以及同一个人在不同的时间里会产生不同的行为的原因——需要影响人们行为的方式和方向。人的需要按照其性质由高到低分成若干层次。较低的前四层为基本需要，而自我实现的需要为成长需求。基本需要也称缺失性需要，是维系人生活所必需的，为一般人所共有，其特征是在一定时间内一旦获得满足其强度就会降低。而成长需要的强度不但不随其获得满足而减弱，反而会因为其获得满足而增强，具有无限的潜能。

需要层次理论从人类内在需要的角度解释动机，强调人类的动机来自各种需要，而各种需要之间又有先后顺序与高低层次之分。一般而言，只有低一级需要得到基本满足后，高一级需要才能成为行为动力。

这个理论将外部动机与内部动机结合起来考虑对行为的推动作用，有一定的科学意义，但忽略了人们本身的兴趣、好奇心等在学习中的推动作用，因为有些学习活动并不一定都由外部动机激发和引起。

三、成就动机理论

成就动机是一个人愿意去做自认为重要的或有价值的工作并力求达到完善水平的一种动机，代表人物是麦克里兰德和阿特金森。阿特金森认为，个人的成就动机可分成两部分，一是力求成功的倾向，二是避免失败的倾向。追求成功者喜欢选择难度大、有挑战的工作，他们渴望将事情做得更为完美。一旦成功，他们就提高目标水平，力求获得更大的成功；一旦失败，就调整成就目标，但不会轻易放弃。避免失败者往往倾向于选择风险小的任务。例如，很多学生不求高分，但求及格。他们成功了，就继续这样的学习方式(重复做一件事情)；失败了，就会更焦虑。为消除这种焦虑的心理，避免失败者通常会为自己找合理借口，有一种"归罪于外"的心理倾向。

阿特金森认为，最初的高成就动机来源于学生所处的家庭或文化群体，特别是幼儿期的教育和训练的意向。如果学生获取成就的动机大于避免失败的动机，失败反而会增强他们解决这一问题的愿望；如果获得成功太容易的话，反而会减弱这些学生的动机。

麦克里兰德的实验研究证实：追求成功的学生会选择距离木桩(比喻目标)适中的位置，然而避免失败的学生会选择要么距离木桩非常近、要么距离木桩非常远的位置。麦克里兰德这样解释道：追求成功的学生选择具有一定挑战性的任务，但同时也保证具有一定的成功可能性。因此，他们选择距离木桩适中的位置。避免失败的学生关注的不是成功与失败的取舍，而是尽力避免失败和与此有关的消极情绪。因此，他们要么距离木桩很近，轻易成功；要么距离木桩很远，几乎没有成功的可能，因为这是很多人都达不到的，所以不会带来消极情绪。

成就动机的水平与完成学业任务的质与量紧密相关。追求成功者在没有外力控制的环境下仍能保持好的表现，在经历失败的过程中其坚持性也比低成就动机者强。另外，追求成功者有很强的自信心，有高的成就动机水平并进行内归因。

四、归因理论

最早提出归因理论的是海德。他认为，人们具有理解世界和控制环境两种需要，而使这两种需要得到满足的最根本手段是了解人们的行动原因，并预言人们将如何行动。他认为，行为的原因要么在外部环境中，要么在个人内部。他人的影响、奖励、运气、工作难易等都是外部原因。如果把行为的原因归于环境，则个人对其行为结果可以不负任何责任。人格、动机、情绪、态度、能力、努力等都是个人内部原因。如果把行为的原因归于个人，则个人对其行为结果应当负责。

在各种有影响的动机理论中，归因理论可以看作最能反映认知观点的理论，其基本假设是寻求理解是行为的基本动因。学生会试图为他们的成功或失败寻找原因，而对原因的认知会对其动机产生重要影响。在海德之后，罗特对归因理论进行了发展，并提出了控制点(locus of control)的概念，依据控制点把人分为内控型的和外控型的。内控型的人认为自己可以控制周围的环境，无论成功还是失败，都是由自己的能力或努力等内部因素造成的，他们乐于对自己的行为负责；外控型的人则感到自己无法控制周围的环境，无论成败都归因于他人的影响或运气等外在因素，他们往往不愿对自己的行为负责任。

在海德和罗特研究的基础上，维纳对行为结果的归因进行了系统探讨，发现人们倾向于将活动成败的原因即行为责任归结为以下六个因素，即能力高低、努力程度、任务难易、运气(机遇)好坏、身心状态、外界环境等。同时，维纳认为这六个因素可归为三个维度，即内部归因和外部归因、稳定性归因和非稳定性归因、可控制归因和不可控归因。最后，三维度和六因素结合起来，就组成了归因模式。

五、自我效能感理论

自我效能感指个体对自己是否有能力完成某一任务所进行的推测与判断。这一概念最早由班杜拉提出，其核心是效能期望。他认为行为出现的概率是人们认识了行为与强化之间的依赖关系后对下一步强化的期望(效能期望)。当人们确信自己有能力进行某一活动时，他们就会产生很强的自我效能感并实施该行为。

班杜拉强调自我效能感的动机作用，认为人们的自我效能感决定他们的动机水平，具体表现为人们付出努力的多少和面对困难时坚持时间的长短。个体的自我效能感越强，他就越自信，成就动机就越强，他付出的努力就越多，他坚持的时间也就越长。因此，一个人的自我效能感和成就往往成正比。

(一)影响自我效能感形成的因素

个体自身行为的成败经验。一般来说，成功经验会提高效能期望，反复的失败会降低效能期望。但成功经验对效能期望的影响还要受个体归因方式的左右。

替代经验。关键是观察者与榜样要有一致性。

言语劝说。言语劝说因其简便、有效而得到广泛应用，但缺乏经验基础的言语劝说的效果则是不稳固的。

情绪唤醒。高水平的情绪唤醒使成绩降低而影响自我效能感；人们不为厌恶刺激所困扰时更容易成功。

(二)自我效能感的功能

班杜拉等人的研究还指出，自我效能感具有下述功能：

①决定人们对活动的选择及对该活动的坚持性。

②影响人们在困难面前的态度。

③影响新行为的获得和习得行为的表现。

④影响人们活动时的情绪。

自我效能感理论克服了传统心理学重行轻欲、重知轻情的倾向，日益把人的需要、认知、情感结合起来研究人的动机，具有极大的科学价值，但仍然没有形成比较完整的、统一的理论框架。

六、自我决定理论

自我决定理论是由美国心理学家丹西和瑞安等人在20世纪80年代提出的一种关于人类自我决定行为的动机过程理论。它关注的焦点是人类的行为在多大程度上是自愿的和自我决定的。与其他动机理论不同，自我决定理论并不把动机看作一个单一的概念，也不把动机简单地区分为内部动机和外部动机，而是根据自我决定程度的不同，把动机看作一个从无动机、外部动机到内部动机的连续体。

(一)无动机

无动机是最缺少自我决定的动机类型。它的特点是个体对所从事的活动毫无兴趣，没有任何外在的或内在的调节行为以确保活动的正常进行。无动机的学习者认为他们的学习毫无意义，是在浪费时间，或者认为自己没有能力学好，或是没有获得成功的渴望。

(二)外部动机

外部动机是指个体的行为受外界环境的制约而产生，通常需要个体付出一定的意志努力。它被区分为以下四种状态。

1. 外部调节

个体的行为与获得报酬或避免惩罚相联系，完全受行为结果的影响，例如，学习是为了将来找一份好工作等。

2. 内摄调节

当行为与自尊或自我价值密切相关时，个体尽管没有认同一些规则和要求，但由于对这些规则的遵守与个体的自尊有密切关系，他就会在乎外部的规则和要求，因而他是受控制的，如考试不及格会让自己在朋友面前很没有面子。

3. 认同调节

当个体充分认识到某种行为对自己的重要性并能认同这些规则时，他在行动过程中就不会感受到压力和受控制，而是更多地体验到自由和意志。

4. 整合调节

这是最高程度的外部动机的内化，它与内部动机具有很多共同之处，但还具有工具性的成分，行动本身还不是个体的终极目标。

(三)内部动机

内部动机是人类固有的一种追求新奇和挑战、发展和锻炼自身能力、勇于探索和学习的倾向。它与个体的内部因素如兴趣、满足感等密切相关，是高度自主的动机类型。内部动机分为以下三种类型。

1. 了解刺激型(IM-Knowledge)

它是指个体为获得新的知识而了解周围事物、探索世界、满足个人好奇心或兴趣的动机类型。

2. 取得成就型(IM-Achievement)

它是与个体试图达到某一目标或完成某项任务相关的动机类型。在这种动机的调节下，个体遵循内在需要迎接挑战，超越自我。与了解刺激型动机相比，它具有更多的自我决定成分。

3. 体验刺激型(IM-Stimulation)

它是最具有自主性的内部动机形式。个体把行为完全接纳为自我的一部分。在这种情况下，个体从事某种活动是因为行为本身会给他带来内在的快乐。

真题再现

1.【2018 年下半年　小】小涛认为他这次考试取得好成绩是因为他运气好。依据维纳的归因理论，这属于(　　)。

A. 稳定、外在、可控归因　　B. 不稳定、外在、不可控归因

C. 不稳定、外在、可控归因　　D. 稳定、外在、不可控归因

答案：B

2.【2016 年下半年　中】简答题：简述自我效能感及其功能。

答案要点：自我效能感是指个体对自己是否有能力完成某一任务所进行的推测与判断。自我效能感的功能：①决定学生对学习活动的选择和坚持；②影响学生对待学习困难的态度；③影响学习任务的完成；④影响学生学习时的情绪状态等。

第三节　学习动机的培养

【考点分析】

本节考点主要包括采用启发式教学、控制动机水平、给予恰当评定、维持学习动机。

【考点内容】

激发和培养学习动机的策略主要有采用启发式教学、控制动机水平、给予恰当评定、维持学习动机等。

一、采用启发式教学

启发式教学与传统的“填鸭式”教学相比，具有极大的优越性。要想实施启发式教学，关键在于创设问题情境。所谓问题情境，指的是具有一定难度的需要学生付出努力而又是他们力所能及的学习情境。简言之，问题情境就是一种适度的疑难情境。作业难度是构成问题情境的重要因素。

成就动机理论指出，现实的学习活动中存在两类学习者，即力求成功者和避免失败者。由于绝大部分学生属于追求成功的学习者，因此我们主要探讨如何成功。如前所述，当问题的难度系数为 50%时，学生的学习动机最强。因此，在学习过程中，如果仅让学生简单重复已学过的东西，或学习力不能及的过难的东西，学生都不会感兴趣。只有在学习那些“半生不熟”“似懂非懂”“似会非会”的东西时，学生才感兴趣并迫切希望掌握它们。因此，一个情境能否成为问题情境，主要看学习任务与学生已有知识经验的适合度如何：如果完全适合(太易)或完全不适合(太难)，均不能构成问题情境；只有在既适合又不适合(中等难度)的情况下，才能构成问题情境。

要想创设问题情境，教师首先要熟悉教材，掌握教材的结构，了解新旧知识之间的内在联系；此外还要充分了解学生已有的认知结构状态，使新的学习内容与学生已有发展水平形成适当跨度。这样才能创设问题情境。

创设问题情境的方式可以多种多样。问题情境既可用教师设问的方式提出，也可用布置作业的方式提出；它既可从新旧教材的联系方面引进，也可从学生的日常经验方面引进。其实，在教学过程中和教学结束时，教师都可创设问题情境。

二、控制动机水平

学习动机和学习效果之间有相互制约的关系。因此，在一般情况下，动机水平提

高，学习效果也会提高。但是，动机水平并不是越高越好，动机水平超过一定限度后，学习效果反而更差。美国心理学家耶克斯和多德森认为，中等程度的动机激起水平最有利于学习效果的提高。同时，他们还发现，最佳的动机激起水平与作业难度密切相关：任务较容易，最佳动机激起水平较高；任务难度中等，最佳动机激起水平也适中；任务越难，最佳动机激起水平越低。这便是有名的耶克斯-多德森定律(简称倒U形曲线)。

由此可知，教师在教学时，要根据学习任务的不同难度，恰当控制学生学习动机的激起水平。在学习较容易、较简单的课题时，教师应尽量使学生集中注意力，使学生尽量紧张一点；而在学习较复杂、较困难的课题时，教师则应尽量创造轻松自由的课堂气氛，在学生遇到困难或出现问题时，要尽量心平气和地慢慢引导，以免学生过度紧张和焦虑。

三、给予恰当评定

心理学研究表明，来自学习结果的种种反馈信息，对学习效果有明显影响。这是因为，一方面，学习者可根据反馈信息调整学习活动，从而改进学习策略；另一方面，学习者为取得更好成绩或避免再犯错误而增强学习动机，从而保持学习的主动性和积极性。

所谓评定，是指教师在分数的基础上进行的等级评价和评语评价。有人认为，外界的等级评定，会抑制学生参与竞争的欲望，使学生经常选择一些不太具有挑战意义的任务，久而久之，这在某种程度上就会限制学生的学习。而且即使学生获得成功，由于任务太简单，学生也不会产生太大乐趣，也不会有太多成功的体验。此外，有人认为过分强调外界的评定，也会抑制学生的内在动机。因此，有人提出没有必要进行等级评定。

哈特对此进行了实验验证。他让四组学生猜谜，共给予四个等级的谜语。前两组学生被告知这是游戏，不计分；另两组学生被告知猜谜的结果要接受评定，而且与学业成绩有关。结果，前者选择适合自己能力的谜语，即选择的谜语的难度水平恰当，而后者选择的谜语都比较简单，成功之后没有快乐的表情，相反显得较为焦虑。这说明，在有评定的竞争条件下，学生选择的任务都较简单。后来，哈特又对学生的作文进行研究：对前一组学生的作文给予实质性评定；对后一组学生的作文只给予等级评定，却不指出存在的问题。结果，他发现：前者状态下的学生一般都对学习感兴趣，愿意写作文，获得成功时把成功归因于自己的努力；后者状态下的学生即使成功了，也难以归因于兴趣或努力，只是觉得教师给分高或题目太容易了。虽然等级评定有其弊端，但完全废除它也是不切实际的，因此，关键在于恰当评定等级。

评定是必要的，关键在于采用什么方式进行评定。教师通过评定等级可以表明学生进步的大小，即评定的分数或等级并非表明个体的能力而是其进步快慢的指标。教师让学生明白等级评定的作用，并且在评定等级后再加上适当的评语，这两者相结合，就会有良好的结果。

四、维持学习动机

在对学生进行评价时，奖励和惩罚对学生动机的激发具有不同作用。一般而言，表扬与奖励比批评与指责能更有效地激发学生的学习动机，因为前者能使学生获得成就感，而后者恰恰起到相反的作用。对学习结果进行评价，能激发学生的学习动机，对学习有促进作用。适当表扬的效果优于批评，所以教师在教学中要常给予学生表扬而非批评。

虽然表扬和奖励对学习具有促进作用，但使用过多或者使用不当，也会产生消极作用。有许多研究表明，滥用外部奖励，不仅不能促进学习，而且可能破坏学生的内在动机。但班杜拉认为，如果任务能提高个体的自我效能感或自我价值感，则外在奖励不会影响内部动机。外部强化物究竟能增强还是能减弱内部动机，取决于个体的感受与看法。

布洛菲总结了有关表扬的文献，提出了怎样使表扬具有最佳效果的建议。他认为有效的表扬应具备下列关键特征：

①表扬应针对学生的良性行为。

②教师应明确学生的何种行为值得表扬，应强调引起表扬的那种行为。

③表扬应真诚，体现教师对学生成就的关心。

④表扬应具有这样的意义，即如果学生投入适当努力，则将来很有可能成功。

⑤表扬应传递这样的信息，即学生努力并受到表扬，是因为他们喜欢这项任务，并想形成有关的能力。

但事实上，有效进行表扬也确实并非易事。课堂中有大量的表扬没有针对学生的正确行为，而经常给予那些不值得表扬的行为，或学生有进步、值得表扬时却未能得到表扬。有时，在竞争情境中，某些学生似乎永远得不到表扬，久而久之就会失去对学习的兴趣。另外，表扬是否具有内在价值，即是否为学生所期望、所看重，这都影响表扬的效用。因此，如何适时、恰当地给予表扬应引起高度重视。

真题呈现

1.【2012 年下半年　中】简述激发与维持内在学习动机的措施。

答案要点：

①创设问题情境，运用启发式教学，引起学生的认知矛盾，激发求知欲。

②根据作业难度，恰当控制动机水平。

③倡导发现学习，使学生具有发现的兴奋感和发现的自信。

④充分利用反馈信息，妥善进行奖惩。

⑤正确指导结果归因，促使学生继续努力。

⑥利用原有兴趣、动机的迁移。

2.【2014 年上半年　中】心理学研究表明，动机强度与问题解决效果的关系可以绘成(　　)。

A. 波浪线　　B. 斜线　　C. U 形曲线　　D. 倒 U 形曲线

答案：D

3.【2015 年上半年　中】辨析题：学习动机是学生进行学习活动的内部动力。学习动机越强，学习效率越高。

参考答案：错。学习动机与学习效率是倒 U 形曲线的关系。每种难度的任务都有一个最佳动机水平，动机水平过高或过低都不利于学习效率的提高。

4.【2015年下半年　中】材料：

小美很喜欢唱歌，从小就希望自己在音乐方面有所成就。在她还没有确定是否报考音乐学院前，她在众人面前能很好地展现自己的歌声。她确定报考音乐学院后，学习更加勤奋努力，希望实现自己的目标。但是在音乐学院的专业课面试过程中，她极度渴望有完美的表现，结果事与愿违，不仅没有发挥应有的水平，而且比平时更差，导致面试失利。这个结果让大家很诧异，她自己也无法接受。

问题：

(1)请运用动机相关知识解释小美专业课面试失利的原因。

(2)假设你是班主任，你如何帮助小美在下次面试中发挥正常水平？

答案要点：

(1)心理学家耶克斯和多德森的研究证实，动机强度与工作效率之间并不是线性关系，而是倒U形曲线关系。具体体现在：动机处于适宜强度时，工作效率最佳；动机强度过低时，个体参与活动的积极性不高，工作效率高；动机强度超过顶峰时，工作效率会随强度增加而不断下降，因为过强的动机使个体处于过度焦虑和紧张的心理状态，这干扰记忆、思维等心理过程的正常活动。

归因理论认为人们倾向于将活动成败的原因即行为责任归结为以下六个因素，即能力高低、努力程度、任务难易、运气(机遇)好坏、身心状态、外界环境。同时，维纳认为这六个因素可归为三个维度，即内部归因和外部归因、稳定性归因和非稳定性归因、可控制归因和不可控归因。每一维度对动机都有重要的影响。控制点维度与个体成败的情绪体验有关。稳定性维度与个体对未来成败的期望有关。可控性维度既与情绪体验有关，又与对未来成败的预期有关。

(2)材料里的小美，对自己期望较高，渴望成功，追求完美。在面试的时候，她的动机水平处于较高水平。她过于紧张和焦虑，以至于发挥失常，面试失败。班主任老师要指导小美对这次失败进行合理归因，不要把这次失败归因于能力等内部稳定因素，让小美客观地认识到这是自己紧张焦虑导致的，然后针对这个原因有计划地调整自己的认知，降低对考试的期望，学会放松，学会以平常心面对考试，把自己的动机水平调整到合理水平。

能力提升训练题

1. 认知内驱力、自我提高内驱力和附属内驱力，在动机结构中所占的比重并非一成不变，在(　　)附属内驱力最为突出。

A. 儿童早期　　B. 少年期　　C. 青年初期　　D. 青年晚期

2. 个体对学习活动所要达到的目标的主观估计是(　　)。

A. 学习需要　　B. 学习动机　　C. 学习迁移　　D. 学习期待

3. 学生学习是为了改变自己在班集体中的排名，这样的学习动机属于(　　)。

A. 认知内驱力　　B. 附属内驱力　　C. 自我提高内驱力　　D. 交往内驱力

4. 林林为了获得老师和家长的表扬而认真学习，他的学习动机表现为(　　)。

A. 认知内驱力　　B. 自我提高内驱力　　C. 附属内驱力　　D. 求知欲

5. 内部学习动机和外部学习动机的划分标准是(　　)。

A. 社会意义　　B. 动机的作用与学习活动的关系

C. 个人的前途　　D. 动力来源

6. 由个体内在需要引起的动机是(　　)。

A. 高尚动机　　B. 内部动机　　C. 低级动机　　D. 外部动机

7. 阿特金森认为个体成就动机可以分为两类，一类是力求成功的动机，另一类是(　　)的动机。

A. 追求利益　　B. 追求刺激　　C. 避免困难　　D. 避免失败

8. 以下哪种学习动机属于内部动机？(　　)

A. "万般皆下品，唯有读书高"　　B. 读书是一种乐趣

C. "书中自有颜如玉，书中自有黄金屋"　　D. "为中华之崛起而读书"

9. 学习动机的强化理论是由(　　)学习理论家提出来的。

A. 格式塔派　　B. 认知派　　C. 联结派　　D. 建构派

10. 学习动机有高尚与低级之分，其划分标准是学习动机的(　　)。

A. 作用　　B. 社会意义　　C. 动力来源　　D. 个人的前途

11. 来源于学生对学习内容或学习名次结果的兴趣的动机是(　　)。

A. 高尚的动机　　B. 远景的间接性动机

C. 低级的动机　　D. 近景的直接性动机

12. 与学习的社会意义和个人的前途相连的学习动机是(　　)。

A. 近景的直接性动机　　B. 内部动机

C. 远景的间接性动机　　D. 外部动机

13. 个体的成就动机含有两种成分：(　　)和回避失败的倾向。

A. 追求利益的倾向　　B. 追求刺激的倾向

C. 追求成功的倾向　　D. 回避困难的倾向

14. 维纳认为，学习动机中"稳定的内部因素"是指(　　)。

A. 努力　　B. 能力　　C. 任务难度　　D. 运气

15. 学生为了得到老师或父母的奖励而努力学习，则他的学习动机是(　　)。

A. 高尚动机　　B. 内部动机　　C. 外部动机　　D. 低级动机

16. 一般说来，由(　　)支配下的行为更具有持久性。

A. 内在动机　　B. 外在动机　　C. 交往动机　　D. 无意识动机

17. 需要层次理论的提出者和代表人物是(　　)。

A. 马斯洛　　B. 维纳　　C. 阿特金森　　D. 班杜拉

18. 成就动机理论的主要代表人物是(　　)。

A. 马斯洛　　B. 维纳　　C. 阿特金森　　D. 班杜拉

19. 需要层次论中的成长需要是指(　　)。

A. 自我实现的需要　　B. 归属与爱的需要　　C. 生理的需要　　D. 尊重的需要

20. 学生缺乏学习动机可能是由于某种需要没有得到充分的满足，这种动机理论属于(　　)。

A. 强化理论　　B. 成就动机理论　　C. 成败归因理论　　D. 需要层次理论

21. 根据维纳的归因理论，如果学生把成功归因于自己的能力，学生会感到(　　)。

A. 惊喜和感激　B. 满意和自豪　C. 内疚和无助　D. 学习没有积极性

22. 人本主义心理学家马斯洛把认知、审美、创造的需要归入了(　　)之中。

A. 安全的需要　B. 尊重的需要　C. 自我实现的需要　D. 归属和爱的需要

23. 著名的耶克斯-多德森定律告诉我们，中等程度的动机激起水平对学习效果的提高(　　)。

A. 也是中等的　B. 不利　C. 没有多大作用　D. 最有利

24. 需要层次理论是(　　)提出的。

A. 罗杰斯　B. 班杜拉　C. 奥苏伯尔　D. 马斯洛

25. "为中华之崛起而读书"，这样的学习动机属于(　　)。

A. 近景性的内部动机　B. 近景性的外部动机

C. 远景性的内部动机　D. 远景性的外部动机

26. 根据维纳的两维成败归因理论，属于稳定的内在因素的是(　　)。

A. 能力　B. 努力　C. 任务　D. 运气

27. 学习效率和动机水平之间存在(　　)。

A. 线形关系　B. U 形关系　C. 倒 U 形关系　D. 平行关系

28. 由学习活动的社会意义或个人前途等引发的学习动机称作(　　)。

A. 远景的间接性动机　B. 社会性动机

C. 直接性动机　D. 志向性动机

29. 一般来说，由(　　)支配下的行为更具有持久性。

A. 交往动机　B. 外在动机　C. 内在动机　D. 无意识动机

30. 如果个体对成功或失败做任务难度归因，从归因因素角度讲，这种归因属于(　　)。

A. 外部、不可控和不稳定归因　B. 外部、可控和稳定归因

C. 外部、不可控和稳定归因　D. 外部、可控和不稳定归因

31. 下列哪位不是最早集中研究成就动机的心理学家？(　　)

A. 默里　B. 麦克里兰德　C. 班杜拉　D. 布鲁纳

32. 认知内驱力属于(　　)。

A. 内部动机　B. 外部动机　C. 直接动机　D. 间接动机

33. 关于学习动机的激发，美国心理学家耶克斯和多德森认为，(　　)程度的动机激起水平最有利于学习效果的提高。

A. 低等　B. 一般　C. 中等　D. 高等

34. 下列情境中代表内在动机的情境是(　　)。

A. 王老师对张华的数学测验成绩表示满意

B. 学生把当前的学习和国家的利益联系在一起

C. 老师表扬爱劳动的学生

D. 王佳每天独自听音乐

35. 首先提出自我效能感理论的心理学家是(　　)。

A. 班杜拉　B. 麦克里兰德　C. 奥苏伯尔　D. 阿特金森

36. 由个体的内在需要引起的动机称作(　　)。

A. 外部学习动机　　B. 需要学习动机

C. 内部学习动机　　D. 隐蔽性学习动机

37. 由外部诱因引起的学习动机称作(　　)。

A. 外部学习动机　　B. 诱因性学习动机

C. 强化性动机　　D. 激励性学习动机

38. 如果一个家长想用看电视作为强化物奖励儿童认真按时完成作业的行为，最合适的安排应该是(　　)。

A. 让儿童看完电视以后立即督促他完成作业

B. 规定每周看电视的适当时间

C. 惩罚儿童过分喜欢看电视的行为

D. 只有按时完成作业后才能看电视

39. 根据成就动机理论，力求成功者最可能选择的任务的成功概率为(　　)。

A. 25%　　B. 50%　　C. 75%　　D. 100%

40. 根据学习动机的社会意义，我们可以把学习动机分为(　　)。

A. 社会动机与个人动机　　B. 工作动机与提高动机

C. 高尚动机与低级动机　　D. 交往动机与荣誉动机

参考答案

1—5：ADCCD　　6—10：BDBCB　　11—15：DCCBC

16—20：AACAD　　21—25：BCDDC　　26—30：ACACA

31—35：BACDA　　36—40：CADBC

第五章　学习迁移

【考纲要求】

1. 了解学习迁移的概念和学习迁移的种类。
2. 掌握学习迁移的种类，掌握学习迁移理论及其教育启示。
3. 掌握有效促进学习迁移的措施。

第一节　学习迁移的概念

【考点分析】

学习迁移的概念是理解的重点。

【考点内容】

学习迁移指一种学习对另一种学习的影响，即在一种情境中知识、技能、态度的获得对另一种情境中知识、技能、态度的获得的影响。此外，个体利用所学的知识、技能等去解决问题也包含着学习迁移。迁移不仅表现为先前学习对后继学习的影响，而且表现为后继学习对先前学习的影响。

第二节　学习迁移的种类

【考点分析】

理解人们从不同的角度对学习迁移进行的分类，并能做辨别。

【考点内容】

从不同的角度出发，学习迁移可以分为不同的种类。

一、正迁移与负迁移

根据迁移性质的不同，即迁移影响效果的不同划分，学习迁移分为正迁移和负迁移。正迁移指一种学习对另一种学习起到积极的促进作用，产生触类旁通的学习效果。负迁移指两种学习之间相互干扰、阻碍。零迁移指一种学习对另一种学习既不产生积极影响，也不产生消极影响。

二、水平迁移与垂直迁移

根据迁移内容抽象与概括水平的不同划分，学习迁移分为水平迁移与垂直迁移。水平迁移也称横向迁移，指处于同一概括水平的经验之间的相互影响。垂直迁移又称纵向迁移，指处于不同概括水平的经验之间的相互影响，具体来讲，指具有较高概括水平的上位经验与具有较低概括水平的下位经验之间的相互影响。垂直迁移表现在两个方面：一是自下而上的迁移，二是自上而下的迁移。

三、一般迁移与具体迁移

根据迁移内容的不同划分，学习迁移分为一般迁移与具体迁移。一般迁移也称普遍迁移、非特殊迁移，指将在一种学习中习得的一般原理、方法、策略和态度等迁移到另一种学习中去。具体迁移也称为特殊迁移，指将在一种学习中习得的具体的、特殊的经验直接迁移到另一种学习中去，或经过某种要素的重新组合将经验迁移到新情境中去。

四、同化性迁移、顺应性迁移与重组性迁移

根据迁移过程所需的内在心理机制的不同划分，学习迁移分为同化性迁移、顺应性迁移与重组性迁移。同化性迁移指不改变原有的认知结构，直接将原有的认知经验应用到本质特征相同的一类事物中去，而原有认知结构在迁移过程中不发生实质性改变，只是得到某种充实。顺应性迁移指将原有认知经验应用于新情境中时，需调整原有经验或对新旧经验加以概括，形成一种能包容新旧经验的更高一级的认知结构，以适应外界的变化。重组性迁移指重新组合原有认知系统中某些构成要素或成分，调整各成分间的关系或建立新的联系，从而应用于新情境。在重组过程中，基本经验成分不变，但各成分间的结合关系发生了变化，即进行了调整或重新组合。

五、顺向迁移与逆向迁移

从迁移的方向来看，学习迁移分为顺向迁移与逆向迁移。顺向迁移指先前学习对后继学习的影响。逆向迁移指后继学习对先前学习的影响。

真题再现

1.【2015 年下半年　中】辨析题：两种学习材料的相似度越高越容易产生正迁移。

参考答案：错误。正迁移指一种学习对另一种学习起到积极的促进作用。两种学习材料相似度高，既可能产生促进作用，也可能产生阻碍作用，所以不一定产生正迁移，也有可能产生负迁移。

2.【2017 年上半年　中】小军由于对“锐角三角形”知识掌握得不好而影响了对“钝角三角形”知识的掌握，这种现象属于(　　)。

A. 纵向迁移　　　　B. 横向迁移

C. 顺应迁移　　　　D. 重组迁移

答案：B

解析：根据迁移内容抽象与概括水平的不同划分，学习迁移分为水平迁移和垂直迁移。水平迁移也称横向迁移，指处于同一概括水平的经验之间的相互影响。垂直迁移又称纵向迁移，指处于不同概括水平的经验之间的相互影响，具体来讲，指具有较高概括水平的上位经验与具有较低概括水平的下位经验之间的相互影响。“锐角三角形”和“钝角三角形”是同一水平上的概念，“锐角三角形”知识掌握不好影响了“钝角三角形”知识的掌握，这属于横向迁移。

第三节 学习迁移理论

【考点分析】

掌握五种学习迁移的基本理论，了解其教育启示。

【考点内容】

自从有了学习活动，学习迁移的现象就一直为人们所关注。各种学习理论都非常重视学习迁移问题。人们从理论上对迁移进行系统的解释和研究始于18世纪中叶。这之后，不同的研究者从不同的理论基础出发，对迁移发生的原因、过程以及影响因素等进行研究和解释，形成了许多有关迁移的理论和解释。

一、形式训练说

形式训练说是最早的一种迁移理论，至今在欧美盛行了约200年。它以官能心理学为依据，认为人的各种活动都由相应的官能所主宰，各种官能分别从事不同的活动。例如，人利用记忆官能进行回忆活动，利用思维官能从事思维活动。官能即注意、知觉、记忆、思维、想象等一般的心理能力。形式训练说认为迁移要经过一个“形式训练”的过程才能产生。对官能的训练就如同对肌肉的训练一样，而得到训练的官能又可以自动地迁移到其他活动中去，即一种官能改进了，其他所有官能也会在无形中得以加强。形式训练说认为，要发展和增强各种官能，除了“训练”之外，没有别的办法。官能训练注重训练的形式而不注重内容，因为内容是会被忘掉的，其作用是暂时的，而只有通过形式的训练实现的官能的发展才是永久的，才能迁移到其他的知识学习中，才会终生受用。形式训练说认为，迁移是无条件的、自动发生的。形式训练说缺乏科学的依据，所以引起了一些研究者的怀疑和反对。

二、共同要素说

由于反对形式训练说对迁移的解释，许多心理学家纷纷设计更为严密的实验，从各种不同角度向形式训练说提出挑战，其中，桑戴克的影响最大。1903年，美国教育心理学家桑戴克以大学生为被试，首先训练大学生对平行四边形的面积进行估计，然后对他们进行两种测验。结果表明，被试对矩形面积的判断成绩提高了，但对三角形、圆形和不规则图形的判断成绩并没有提高。据此，他认为在学习中训练某一官能未必能使它的所有方面都得到改善。他认为两种学习之间只有具有相同因素时，才会发生迁移。后来，桑戴克等人还通过对知觉、注意、记忆和动作等方面进行的一系列的迁移实验，来检验形式训练说。结果他们发现，经过训练的某一官能并不能自动地迁移到其他方面，再次证实了只有当两种情境有相同要素时才能产生迁移。相同要素即相同的刺激(S)与反应(R)的联结。刺激相似而且反应也相似时，两种情境之间的迁移才能发生；相同联结越多，迁移越容易。后来相同要素说被改为共同要素说，即两种情境中有共同成分时可以产生迁移。迁移是非常具体的，并且是有条件的，需要有共同的要素。但桑戴克所提出的共同要素只是指元素间一对一的对应。根据这种说法，没有相同要素或者相同成分的过程之间，两个完全不相似的刺激与反应的联结之间，就不可能产生迁移。这样，学习迁移的范围就会大为缩小。这种只是把迁移视为相同联结的转移，在某种程度上否认了迁移过程中复杂的认知活动，这是共同要素说的局限所在。

三、经验类化理论

经验类化理论又称概括化理论，是由贾德提出来的。这个理论认为，只要一个人对他的经验进行了概括，就可以完成从一种情境到另一种情境的迁移。贾德在1908年所做的“水下打靶”实验，是经验类化理论的经典实验。贾德认为：理论曾把有关的全部经验，包括水外的、深水的和浅水的经验，组成了整个思想体系；学生在理论知识的基础上，理解了实际情况以后，就能利用概括化了的经验，去迅速地解决需要按实际情况做分析和调整的新问题。

经验类化理论与共同要素说的区别在于桑戴克的理论把注意力集中在先期和后期的学习活动所共有的那些因素上，而贾德则认为被试在先期学习A[水下1.2英寸(1英寸≈2.54厘米)处的投掷练习]中所获得的东西，之所以能够迁移到后期的学习B(水下4英寸处的投掷练习)中，是因为被试在学习A时获得了一般原理，这种一般原理可以部分或全部运用于学习A和学习B中。这一理论倾向于把两种情境之间的相同要素的重要性减到最低限度，即认为共同要素并不能自动导致迁移，而经验的概括才是重要的。贾德认为，两个学习活动之间存在的共同成分，只是迁移产生的必要前提，而迁移产生的关键是学习者在两种活动中概括出它们之间的共同原理。贾德的经验类化理论强调概括化的经验或原理在迁移中的作用，强调对原理的理解，这一点比共同要素说有所进步。但概括化的经验仅是影响迁移成功与否的条件之一，并不是迁移影响因素的全部。

四、关系转换说

格式塔心理学家从理解事物关系的角度对经验类化理论进行了重新解释，代表人物是苛勒。苛勒在1919年所做的“小鸡(幼儿)觅食”实验是支持关系转换说的经典实验。实验表明：小鸡对新刺激(黑色纸)的反应为70%，对原来的阳性刺激(深灰色纸)的反应是30%；而幼儿在同样的实验中始终对黑色纸的刺激做出反应。

苛勒认为这个结果证明是情境中的关系对迁移起了作用，而不是其中的共同要素，被试选择的不是刺激的绝对性质而是比较其相对关系(把在前一种情境中学会的关系即“食物总是在颜色较深的纸下面”迁移到后一种情境中，从而做出了正确的反应)。

苛勒通过实验证明迁移产生的实质是个体对事物间的关系的理解，即迁移的产生依赖于两个条件：一是两种学习之间存在一定的关系；二是学习者对这一关系的理解和顿悟。其中，后者比前者重要。习得的经验能否迁移，并不取决于它们是否存在某些共同要素，也不取决于个体对原理的孤立的掌握，而是取决于个体能否理解各个要素之间形成的整体关系，能否理解原理与实际事物之间的关系，即个体对情境中一切关系的理解和顿悟是获得一般迁移的最根本要素和真正手段。苛勒认为，人们越能发现事物之间的关系，则越能加以概括、推广，迁移就越普遍。与前几个迁移理论不同，关系转换说更加强调学习者个体的作用。苛勒对迁移的研究和贾德的观点不谋而合，他们都认为个体对事物的内在组织的理解是迁移的基础，即个体的理解力越强，他们对总的情境的知觉就越完善，概括化的可能性也越大。

五、认知结构迁移理论

奥苏伯尔在有意义学习理论的基础上提出了认知结构迁移理论。所谓认知结构是指学生头脑内的知识结构。这一理论认为，一切有意义学习都是在原有认知结构的基础上产生的，不受原有认知结构影响的有意义学习是不存在的。一切有意义学习必然包括迁移，迁移是以认知结构为中介进行的。原有认知结构的清晰性、稳定性、概括性、包容性、连贯性和可辨别性等特性都始终影响着新的学习的获得与保持。在教学中，教师可以通过改革教材内容和教材呈现方式改进学生的原有认知结构等，以达到迁移的目的。

真题再现

【2017 年下半年　中】

材料：

贾德于 1908 年所做的“水下打靶”实验，是学习迁移研究的经典实验之一。他将被试分为两组，要求他们用标枪投中水下的靶子。在实验前，贾德向一组被试讲授了光学折射原理，而另一组没有得到讲授，只能从尝试中获得一些经验。在被试开始投掷练习时，靶子置于水下 1.2 英寸处。结果，学过和未学过折射原理的被试的成绩相同。这是由于在开始测验时，所有被试都必须学会使用标枪，理论学习不能代替练习。当把水下 1.2 英寸处的靶子移到水下 4 英寸处时，两组的差异就明显地表现出来：未学过折射原理的被试不能运用水下 1.2 英寸处的投掷经验改进靶子位于 4 英寸处的投掷练习，错误持续产生；而学过折射原理的被试，则能迅速适应水下 4 英寸处的学习情境，学得快，投得准。

问题：

(1)贾德在该实验的基础上，提出了何种学习迁移理论？

(2)该理论的基本观点是什么？

(3)依据该理论，学习迁移产生的关键是什么？

(4)该理论对教学的主要启示是什么？

参考答案：

(1)贾德通过“水下打靶”实验，提出了经验类化理论。

(2)贾德的经验类化理论强调概括化的经验或原理在迁移中的作用，强调对原理的理解。该理论认为先前的学习之所以能迁移到后来的学习中，是因为个体在先前的学习中获得了一般原理，这种一般原理可以部分或全部应用于前后两种学习中。

(3)贾德的经验类化理论认为，学习迁移产生的关键是学习者所概括出来的并且是两种活动所具有的共同原理或概括化的经验。

(4)概括化不是一个自动的过程，它与教学方法有密切关系。如果教师在教学方法上注意如何概括、如何思维，就会增加正迁移出现的可能性。这给教师带来一定的启示。

在学生的认知结构方面，教师在教授知识的同时，需要对学生原有的知识经验加以概括，形成具有结构性的内容，以增强学生对于新情境的适应性和可利用性。

在教学内容与教学过程的选择与安排方面，教师要做到：精选教材，在选择那些基本的、典型的事实材料的同时，阐明概念、原理的适用条件；合理安排教学过程，在学习教材原理的基础上，通过合理的教学程序进行原理、规则的迁移应用。

在学习方法方面，教师应讲授必要的学习方法，帮助学生学会对于一般的原理和规则的迁移应用。

第四节　有效促进学习迁移的措施

【考点分析】

理解影响学习迁移的因素，掌握有效促进学习迁移的措施。

【考点内容】

一、影响学习迁移的因素

(一)相似性

1. 学习材料的相似性

学习材料作为学生学习的对象和知识的主要来源，对学习迁移有着重要影响。在学习中，学生学会辨别学习材料之间的相同点和不同点，是促进迁移的重要条件。

2. 学习情境的相似性

任何知识的获得都与一定的情境有着密切的关系。从学习迁移角度讲，知识获得的情境与知识应用的情境在许多方面都密切相关。如果两次学习活动之间出现相似的情境，学习迁移就很容易发生。

(二)原有认知结构

1. 学习者的背景知识

学习者拥有相应的背景知识，这是迁移产生的基本前提条件。学习者已有的背景知识越丰富，越能被学习者主动地加以应用，越有利于学习迁移的产生。

2. 学习者原有认知结构的概括水平

原有认知结构的概括水平越高，迁移产生的可能性越大，效果也越好；反之，迁移产生的可能性越小，效果也越差。

3. 学习者的认知策略水平

学习者是否具有相应的认知技能或策略以及对认知活动进行调节、控制的元认知策略，也影响着迁移的产生。

(三)学习的心向与定势

定势对迁移的影响表现为两种：促进和阻碍。定势既有可能成为正迁移的心理基础，也有可能成为负迁移的心理基础。

二、利用学习迁移的规律促进学习迁移

(一)关注知识经验，完善认知结构

1. 原有知识经验的丰富性

教师要关注学生在新学习开始之前，是否具备了必要的知识基础，因为已有知识

越丰富，越有利于新学习的进行，学习迁移越容易产生。

2. 原有知识经验的概括与组织

原有知识经验的概括水平越高，学生越能够不受事物表面特点的制约，对新情况的适应性越强，迁移也因此得以更广泛地产生。

3. 原有知识经验的可利用性

教师除了要关注学生对知识内容本身的掌握之外，还要让学生明白经验迁移的时间、空间等情境特征，拥有迁移的心向，提高已有知识经验的可利用性。

(二)精选教学内容，合理安排教学过程

1. 精选教学内容

要想使学生在有限的时间内掌握大量有用的经验，教学内容必须精选。在教学内容的选择上，教师首先要重视基础知识，即在教学中要重视基础学科的教学；其次要突出重点内容特别是基本概念、基本原理，包括基本的、典型的事实材料。

2. 合理编排教学内容

从迁移的角度来看，合理编排的标准就是使教材达到结构化、一体化、网络化。结构化是指教学内容的各构成要素具有科学的、合理的逻辑联系，能体现事物的各种内在关系，如上下、并列、交叉等关系。如果教材编排得好，迁移的作用就能充分发挥，教师的教学也能省时省力；如果教材编排得不好，迁移的效果就差，教师的努力也事倍功半。

3. 合理安排教学程序

合理编排的教学内容是通过合理的教学程序得以体现、实施的。教学程序是使教材发挥功效的最直接的环节。无论是宏观的整体的教学规划，还是微观的每一节课的教学活动，都应体现迁移规律。

4. 创设与应用情境相似的学习内容和学习情境

学生的学习内容与他们日后运用所学知识的实际情境最好相似，这样有助于迁移的产生。因此，教学中教师应尽量利用直观教具或生动的教学语言，增加感性认识。

5. 教授学习策略，增强迁移意识

教师要充分发挥指导作用，首先要善于把各种学习方法教给学生，其次要把自己的指导与学生自己的总结结合起来，促进学生对所学内容的掌握，改善学生的学习能力，使学生学会学习，增强迁移意识，从根本上促进迁移的产生。

能力提升训练题

一、单项选择题

1. 温故而知新属于(　　)。

A. 逆向迁移　　B. 负迁移　　C. 顺向迁移　　D. 正迁移

2. 闻一知十、触类旁通是指学习中的(　　)。

A. 定势现象　　B. 迁移现象　　C. 记忆现象　　D. 创造性

3. (　　)的经验类化理论强调概括化的经验或原理在迁移中的作用。

A. 奥苏伯尔　　B. 桑戴克　　C. 贯德　　D. 格式塔心理学

4. 学生学过高等数学后有利于对初等数学的进一步理解和掌握，这属于(　　)。

A. 顺向正迁移　B. 逆向正迁移　C. 顺向负迁移　D. 逆向负迁移

5. 两种学习间发生的相互干扰、阻碍的迁移称为(　　)。

A. 正迁移　B. 负迁移　C. 横向迁移　D. 纵向迁移

6. 认知结构迁移理论的提出者是(　　)。

A. 桑戴克　B. 贾德　C. 奥苏伯尔　D. 布鲁纳

7. 根据迁移性质的不同和影响效果的不同，迁移可分为(　　)。

A. 正迁移与负迁移　B. 逆向迁移与顺向迁移

C. 水平迁移与垂直迁移　D. 一般迁移与具体迁移

8. 缺乏实验支持的迁移理论是(　　)。

A. 形式训练说　B. 共同要素说　C. 经验类化说　D. 关系转换说

9. 不认为迁移是具体的、有条件的迁移理论是(　　)。

A. 形式训练说　B. 共同要素说　C. 经验类化说　D. 关系转换说

10. 强调概括化的经验在迁移中的作用的理论是(　　)。

A. 形式训练说　B. 共同要素说　C. 经验类化说　D. 关系转换说

11. 一种学习对另一种学习起干扰或抑制作用，被称为(　　)。

A. 正迁移　B. 负迁移　C. 顺向迁移　D. 逆向迁移

12. 桑戴克提出的学习迁移理论是(　　)。

A. 形式训练说　B. 经验泛化说　C. 共同要素说　D. 关系转换说

13. 最早的有关学习迁移的一种代表性理论是(　　)。

A. 形式训练说　B. 共同要素说　C. 概括原理说　D. 关系转换说

14. 学习迁移也称训练迁移，是指一种学习对(　　)。

A. 另一种学习的影响　B. 对活动的影响

C. 对记忆的促进　D. 对智力的影响

15. 具有较高概括水平的上位学习和具有较低概括水平的下位学习之间发生的迁移称为(　　)。

A. 顺向迁移　B. 逆向迁移　C. 水平迁移　D. 垂直迁移

16. 按照学习迁移内容的不同抽象与概括化水平进行划分，迁移可以分为(　　)。

A. 水平迁移与垂直迁移　B. 正迁移与横向迁移

C. 普通迁移与特殊迁移　D. 顺向迁移与逆向迁移

17. 从迁移的观点来看，温故而知新属于(　　)。

A. 顺向负迁移　B. 逆向负迁移　C. 逆向正迁移　D. 顺向正迁移

18. 心理定势对解决问题(　　)。

A. 有积极作用　B. 有消极作用

C. 既有积极作用也有消极作用　D. 没有作用

19. 以下不是影响迁移的客观因素的是(　　)。

A. 教师指导　B. 媒体　C. 认知结构　D. 学习材料的特性

20. 迁移的形式训练说强调(　　)。

A. 学习材料的相似性　B. 发展了的心理官能

C. 直接性动机　　D. 对情境关系的理解

21. 心理学上“水下击靶”的实验所支持的迁移理论是(　　)。

A. 形式训练说　　B. 共同要素说　　C. 经验类化说　　D. 关系转换说

22. 重视对情境关系的理解的迁移理论是(　　)。

A. 形式训练说　　B. 共同要素说　　C. 概括原理说　　D. 关系转换说

23. 共同要素理论的代表人物是(　　)。

A. 桑戴克　　B. 贾德　　C. 苛勒　　D. 加涅

24. 会讲英语的人学习德语，学得比其他人快，这属于(　　)。

A. 正迁移　　B. 负迁移　　C. 纵向迁移　　D. 逆向迁移

25. 由于处于同一概括水平的经验之间的相互影响而发生的迁移称为(　　)。

A. 顺向迁移　　B. 逆向迁移　　C. 水平迁移　　D. 垂直迁移

26. 一个学生的学习迁移可能受他的学习意图或学习心向的影响，这种现象称为(　　)。

A. 经验泛化作用　B. 学习定势作用　　C. 分析概括作用　　D. 相同要素作用

二、填空题

1. 学完单词 coat 后，再学习 raincoat 时，可以产生__________迁移。

2. 学习化学中的锂、钠、钾等金属元素概念时，它们相互之间的影响是__________迁移。

3. 根据迁移的内容不同，我们将迁移划分为__________迁移和具体迁移。

4. __________是使教材发挥功效的最直接的环节。

5. 加法的学习影响着乘法的学习，而乘法的学习反过来也影响着个体对加法的重新理解，这在心理学中叫__________。

6. 阅读技能的掌握有助于写作技能的形成，这在心理学中叫__________。

7. __________是习得的知识、技能与行为规范向能力与品德转化的关键环节。

8. 桑戴克等人的研究发现，只有当两种情境中有__________时，才能产生迁移。

9. 加特纳、吉克等人认为，前后两种情境中的结构特征、__________与联系等本质特性是决定迁移的关键成分。

10. 现代迁移理论中有人认为通过__________与合作学习，可以促进迁移的产生。

11. 物理学习中的审题技能的掌握可能会促进化学等其他学科的审题技能的应用，这在心理学中称__________。

12. 专家比新手拥有更强的迁移能力，其原因之一就是专家拥有更丰富的背景经验和__________。

13. 影响学习迁移的主要因素有相似性、原有认知结构和__________。

14. 陆钦斯的__________实验是定势影响迁移的一个典型例证。

15. 现代迁移理论中，以__________和吉克等人为代表的学派，认为如果两种情境中有产生式的交叉或重叠，则可以产生迁移。

16. 从迁移的影响方向来分类，学习迁移可以分为__________。

17. 关系转换说的代表人物是苛勒，他强调__________是学习迁移的一个决定因素。

18. 从迁移的角度看，合理编排教学内容的标准就是使教材达到结构化、__________和网络化。

19. 以__________等人为代表的学派提出产生式理论，认为如果两种情境中有产生式的交叉或重叠，则可以产生迁移。

20. 汉语拼音的学习干扰英语音标的学习，这是心理学上的__________。

21. 归纳式学习属于垂直迁移中的__________迁移。

22. 演绎式学习属于垂直迁移中的__________迁移。

23. 经验类化理论强调__________的经验在迁移中的作用。

24. 格式塔心理学家从理解事物__________的角度对经验类化理论进行了重新解释。

25. 奥苏伯尔的__________理论代表了从认知观点来解释迁移的一种主流倾向。

26. 定势对迁移的影响表现为促进和__________两种。

27. 迁移是习得的知识、技能与行为规范向__________的关键环节。

28. 乘法口诀的掌握可以广泛迁移到多种情境中，这叫__________。

29. __________是习得的经验得以概括化、系统化的有效途径，是能力与品德形成的关键环节。

30. 两种学习之间的相互干扰和阻碍称为__________。

31. 数学学习中形成的认真审题的态度及审题的方法也将影响化学、物理等学科中的学习活动，这种迁移属于__________。

32. 早期的迁移理论包括形式训练说、共同要素说、经验类化说与__________等。

33. 形式训练说认为，迁移是无条件的、自动发生的。共同要素说认为，迁移是非常具体的，是__________，需要有共同要素。

34. 认知结构迁移理论的后继者进行了更为深入的探讨，具体表现在：第一种观点强调认知结构在迁移中的作用，但对认知结构的解释各不相同；第二种观点强调__________对迁移的影响。

35. 定势既可以成为正迁移的心理背景，也可以成为负迁移的心理背景，或者成为阻碍迁移产生的__________的心理背景。

36. 促进迁移的教学包括：精选教材；合理编排教学内容；合理安排教学程序；创设与应用情境相似的学习内容和学习情境；__________，增强迁移意识。

37. 布鲁纳认为学习者所掌握的内容越__________、越概括，则对新情况、新问题的适应性就越强，也就越能产生广泛的迁移。

38. 合理编排的教学内容是通过合理的__________得以体现、实施的。

三、简答题

1. 简述迁移的种类。
2. 简述迁移的作用。
3. 简述认知结构迁移观。
4. 简述水平迁移与垂直迁移。
5. 简述原有认知结构对迁移的影响。
6. 简述迁移与教学的辩证关系。
7. 简述迁移的实质。

四、论述题

1. 结合实例分析影响迁移的主要因素。

2. 有的学生在语文测验中能正确填空，但是不能给朋友写一封语句通顺的信；有的学生能在数学测验中进行小数和百分数的乘法运算，但却不会计算个人收入所得税。请分析此现象，并联系实际说明促进迁移的有效教学策略。

3. 请系统论述学习迁移理论。

参考答案

一、单项选择题

1. C　2. B　3. C　4. B　5. B　6. C　7. A　8. A　9. A　10. C　11. B　12. C　13. A　14. A　15. D　16. A　17. D　18. C　19. C　20. B　21. C　22. D　23. A　24. A　25. C　26. B

二、填空题

1. 具体　2. 水平　3. 一般　4. 教学程序　5. 学习迁移　6. 正迁移　7. 迁移　8. 共同要素　9. 内在关系　10. 社会交互作用　11. 一般迁移　12. 认知结构　13. 学习的心向与定势　14. 量杯　15. 加特纳　16. 正迁移和负迁移　17. 顿悟　18. 一体化　19. 安德森　20. 负迁移　21. 自下而上　22. 自上而下　23. 概括化　24. 关系　25. 认知结构迁移　26. 阻碍　27. 能力与品德转化　28. 一般迁移　29. 迁移　30. 负迁移　31. 一般迁移　32. 关系转换说　33. 有条件的　34. 外界环境与主体的相互作用　35. 潜在的　36. 教授学习策略　37. 基本　38. 教学程序

三、简答题

1. 答案：(1)根据迁移的性质不同，即迁移的影响效果不同分为正迁移与负迁移；(2)根据迁移的抽象与概括水平不同分为水平迁移与垂直迁移；(3)根据迁移的内容不同分为一般迁移与具体迁移；(4)根据迁移发生的方向不同分为顺向迁移与逆向迁移。

2. 答案：(1)迁移对于提高学习者解决问题的能力具有直接的促进作用；(2)迁移是习得的经验得以概括化、系统化的有效途径，是能力与品德形成的关键环节；(3)迁移规律对于学习者、教育工作者以及有关的培训人员具有重要的指导作用。

3. 答案：奥苏伯尔认为学生已有的认知结构会对新知识学习产生影响，这就是迁移，所以认知结构是影响知识迁移的重要因素。一切有意义学习都是在已有学习的基础上进行的，不受学习者原有认知结构影响的新学习是不存在的。认知结构就是学生头脑中的知识结构，是学生头脑中全部观念的内容和组织。个体认知结构在内容和组织方式上的特征称为认知结构变量，主要包括可利用性、可辨别性和稳定性。原有认知结构就是通过这三个变量对新知识的学习产生影响的。如果学生在某一领域的认知结构越具有可利用性、可辨别性和稳定性，那么迁移就越容易产生。

4. 答案：(1)这是根据迁移内容的不同抽象与概括水平进行的划分。(2)水平迁移也称横向迁移，指处于同一概括水平的经验之间的相互影响。如果学习内容之间的逻辑关系是并列的，都处于同一抽象和概括层次，各种概念的学习之间的相互影响即水平迁移。(3)垂直迁移又称纵向迁移，指处于不同概括水平的经验之间的相互影响，具体讲，指具有较高的概括水平的上位经验与具有较低的概括水平的下位经验之间的相互影响。

5. 答案：(1)学习者是否拥有相应的背景知识，是迁移产生的基本前提条件；(2)原有认知结构的概括水平对迁移起着至关重要的作用；(3)学习者是否具有相应的认知技能或策略以及对认知活动进行调节、控制的元认知策略，也影响着迁移的产生。

6. 答案：(1)使学生产生最大限度的迁移是有效教学的主要目标之一；(2)真正有效的教学必须遵循迁移规律。

7. 答案：迁移实质上是新旧经验的整合过程。整合是新旧经验的一体化现象，即通过分析、抽象、综合、概括等认知活动，使新旧经验相互作用，从而形成一个在结构上一体化、系统化，在功能上能稳定调节活动的完整的心理系统。

四、论述题

1. 答案：

第一，相似性。两项学习任务含有共同成分的多少决定相似性的大小，如含共同成分较多将产生较大的相似性，并导致迁移的产生。以学习材料的相似性为例，英语和法语在很多方面具有相似性，因此它们彼此之间很容易产生正迁移。而英语和汉语之间的共同成分较少，相对而言，不容易产生迁移。

第二，原有认识结构。原有认识结构对后继学习的影响是比较常见的一种迁移方式。原有认知结构的特征直接决定了迁移的可能性及迁移的程度。原有认知结构对迁移的影响主要表现在以下三个方面：(1)学习者是否拥有相应的背景知识，是迁移产生的基本前提条件。(2)已有知识经验的概括水平越高，迁移产生的可能性越大，效果也越好；已有知识经验的概括水平越低，迁移产生的可能性越小，效果也越差。(3)学习者是否具有相应的认知技能或策略以及对认知活动进行调节、控制的元认知策略，也影响着迁移的产生。

第三，学习的心向与定势。先前的学习对后面同类或相似课题的学习的影响即为学习定势。许多实验表明，学习定势对新课题的发展有两方面的作用：促进和阻碍。

2. 答案：

心理学将人们在一种情境中学到的东西可以影响他们在另一种情境中的学习的现象，称为迁移。迁移是学习中的一种普遍现象，学习迁移是教育的基石。学校教育是否有效，在很大程度上取决于学生所学材料的迁移潜力的大小。学校教授的东西，应该不仅帮助学生有效解决当前所遇到的问题，更重要的是，应该有效帮助他们解决将来学习和生活中的其他问题。学生迁移能力的形成有赖于教学。促进迁移的有效教学应从以下几个方面考虑：

第一，关注知识经验，完善认知结构。

(1)原有认知经验的丰富性。教师要关注学生在新学习开始之前，是否具备了必要的知识基础，因为已有知识越丰富，越有利于新学习的进行，学习迁移越容易产生。

(2)原有知识经验的概括与组织。原有知识经验的概括水平越高，学生越能够不受事物表面特点的制约，对新情况的适应性越强，迁移也因此得以更广泛地产生。

(3)原有知识经验的可利用性。教师除了要关注学生对知识内容本身的掌握之外，还要让学生明白经验迁移的时间、空间等情境特征，拥有迁移的心向，提高已有知识经验的可利用性。

第二，精选教学内容，合理安排教学过程。

(1)精选教学内容。要想使学生在有限的时间内掌握大量有用的经验，教学内容必须精选。在教学内容的选择上，教师首先要重视基础知识，即在教学中要重视基础学科的教学；其次要突出重点内容特别是基本概念、基本原理，包括基本的、典型的事实材料。

(2)合理编排教学内容。从迁移的角度来看，合理编排的标准就是使教材达到结构化、一体化、网络化。结构化是指教材内容的各构成要素具有科学的、合理的逻辑联系，能体现事物的各种内在关系，如上下、并列、交叉等关系。如果教材编排得好，迁移的作用就能充分发挥，教师的教学也能省时省力；如果教材编排得不好，迁移的效果就差，教师的努力也事倍功半。

(3)合理安排教学程序。合理编排的教学内容是通过合理的教学程序得以体现、实施的。教学程序是使教材发挥功效的最直接的环节。无论是宏观的整体的教学规划，还是微观的每一节课的教学活动，都应体现迁移规律。

(4)创设与应用情境相似的学习内容和学习情境。学生的学习内容与他们日后运用所学知识的实际情境最好相似，这样有助于迁移的产生。因此，教学中教师应尽量利用直观教具或生动的教学语言，增加感性认识。

(5)教授学习策略，增强迁移意识。教师要充分发挥指导作用，首先要善于把各种学习方法教给学生，其次要把自己的指导与学生自己的总结结合起来，促进学生对所学内容的掌握，改善学生的学习能力，使学生学会学习，增强迁移意识，从根本上促进迁移的产生。

3. 答案见本章第三节。

第六章　学习理论

【考纲要求】

理解并运用行为主义、认知主义、人本主义、建构主义等学习理论促进教学。

第一节　行为主义学习理论

【考点分析】

在历年考试中本节考点大多以单项选择题和辨析题等形式进行考核。考生需要在理解的基础上识记行为主义流派的代表人物及其基本观点，包括桑戴克、巴甫洛夫、斯金纳和班杜拉等。

【考点内容】

行为主义学习理论认为一切学习都是通过条件作用在刺激和反应之间建立直接联结的过程，可以简单表示为S-R。其中，S表示刺激，R表示反应。然而在对刺激—反应做解释时，学者还有一些不同的看法，主要以桑戴克、巴甫洛夫、斯金纳和班杜拉为代表。

一、桑戴克的尝试错误说

桑戴克，美国人，他采用实证主义的取向，使教育心理学走上了科学化的道路。他是科学教育心理学的开创者，是第一个系统论述教育心理学的心理学家，被称为“现代教育心理学之父”。他写了西方第一本《教育心理学》。

(一)学习的联结说

桑戴克通过饿猫打开迷箱取食的实验，提出学习不是建立观念之间的联结，而是建立刺激—反应(S-R)联结，即在一定的刺激情境与某种正确反应之间建立联结，这其中不需要观念或思维的参与。这种刺激—反应联结主要是通过尝试错误、不断修正行为形成的，是随着错误反应的逐渐减少和正确反应的逐渐增加形成的。学习就是通过渐进的尝试错误形成刺激—反应联结的过程。联结说又叫试误说。

(二)桑戴克尝试错误学习的三条定律

1. 准备律(实际体现了动机原则)

准备律是指在学习开始时的预备定势。

2. 练习律

练习律是指一个学会了的反应的重复将增加刺激与反应之间的联结。桑戴克发现联结只有通过有奖励的练习才能增强。

3. 效果律(最重要的学习规律)

效果律是指在学习过程中，如果学习者得到满意的结果，刺激与反应的联结就会增强；得到烦恼的结果，刺激与反应的联结就会减弱。

(三)缺点

该学说相对机械化和简单化，忽视了人和动物学习的区别，抹杀了人的学习的主观能动性，没有充分考虑认识活动在学习中的地位与作用。

二、巴甫洛夫的经典性条件作用理论

(一)经典实验：狗分泌唾液

在19世纪末20世纪初，巴甫洛夫和同事在研究狗的进食时发现，狗吃到食物时会分泌唾液，这是自然的生理反应，不需要学习，这种反应叫无条件反射，而引起这种反应的刺激是食物，称为无条件刺激。如果在狗每次进食时响起铃声，一段时间后，狗只要听到铃声就会分泌唾液，这时作为中性刺激的铃声由于与无条件刺激联结而成了条件刺激，由此引起的唾液分泌就是条件反射，后人称之为“经典性条件作用”。

1. 四个概念

经典性条件作用理论是巴甫洛夫最著名的理论。我们需要了解实验中的四个概念——无条件刺激、无条件反射、条件刺激、条件反射。无条件反射，是不学而能的反射，其实就是本能反应。所谓条件反射，简单地说，就是通过后天学习才有的反射。二者共同的特点是无论人或动物都具有无条件反射或条件反射。二者的不同之处在于一个是天生的，另一个是后天通过学习形成的。

2. 两个信号系统

后天学习形成的条件反射中存在两个信号系统，即第一信号系统和第二信号系统。二者共同的特点是都属于条件反射。无条件反射中不存在这两种信号系统。第一信号系统的刺激是物理性质的，如声音、颜色、形状等；第二信号系统的刺激是以语言为中介的，也就是说，第二信号系统只存在于人类的条件反射中。

(二)经典性条件反射的基本规律

1. 获得与消退

在条件刺激与无条件刺激之间建立联结的过程叫作条件反应的习得过程。

如果条件刺激重复出现多次而没有无条件刺激相伴随，则条件反应会减弱，并最终消失，即条件反射的消退。

2. 刺激泛化与分化

一旦人和动物学会对某一特定的条件刺激做出条件反应以后，其他与该条件刺激相类似的刺激也能诱发其条件反应(如被大狗咬后也怕小狗)，这叫刺激泛化。刺激分化，是指通过选择性强化和消退使有机体学会对条件刺激和与条件刺激相类似的刺激做出不同的反应。刺激泛化与分化是互补的过程：泛化是对事物的相似性的反应，分化则是对事物的差异的反应。

(三)缺点

经典性条件作用理论只能解释部分简单的、低级的学习现象，无法解释有机体为了得到某种结果而主动做出某种随意反应的复杂的、高级的学习现象。例如，中小学生为了报答父母的养育之恩，为了得到教师的表扬或同伴的认同而努力学习。

三、斯金纳的操作性条件作用理论

(一)经典实验：白鼠按压杠杆

斯金纳通过实验发现：有机体做出的反应与随后出现的刺激条件之间的关系对行为起着控制作用，它能影响以后反应发生的概率。他认为，学习实质上是一种概率上的变化，而强化是增加反应概率的手段。如果一个操作(自发反应)出现以后，有强化刺激尾随，则该操作的概率就会增加；已经通过条件作用强化了的操作，如果出现后不再有强化刺激尾随，则该操作的概率就会降低，甚至为零，这就是操作性条件作用的基本过程。

(二)操作性条件作用的基本规律

斯金纳认为，人和动物的行为有两类：应答性行为和操作性行为。应答性行为是由特定刺激所引起的，是不随意的反射性反应，是经典性条件作用的研究对象。而操作性行为则不与任何特定刺激相联系，是有机体自发做出的随意反应，是操作性条件作用的研究对象。在日常生活中，人的大部分行为都是操作性行为，操作性行为主要受强化规律的制约。

1. 强化

凡是能够使反应概率增加或维持某种反应水平的刺激都可以叫作强化物，这一过程就叫作强化。

(1)强化的类型

强化有正强化(实施奖励)和负强化(撤消惩罚)之分。

正强化——刺激出现，行为概率增加或行为变得更稳固，如食物出现可增加白鼠压杠杆的次数。

负强化——刺激消失，行为概率增加。这时刺激多为厌恶性的，是有机体力图回避的。

逃避条件作用与回避条件作用都属于负强化。

(2)强化的程序

强化对行为的影响效果取决于许多因素，其中最重要的一种因素就是强化程序。强化程序是指强化的时间和频率安排，分连续式和间隔式。教师需在教学中注意：①教新任务时，要进行即时强化；②在任务的早期阶段应对每一个正确的反应都进行强化，随着学习的进行，应逐渐地将强化转为间隔式强化，不必事事都表扬；③不要一开始就要求学生做到十全十美，要朝正确方向逐步去引导和增强学生的行为。

2. 惩罚

与强化对应，惩罚则是指刺激的呈现使反应的行为减少。惩罚有正惩罚和负惩罚。惩罚可以降低行为出现的概率，但是只能暂时抑制行为，而不能消除行为。因此惩罚的运用必须慎重。惩罚一种不良行为与强化一种良好行为结合起来，方能取得预期的效果。

总之，根据操作性条件作用理论，在教育过程中，教师应多用正强化的手段来塑造学生的良性行为，用不予强化的方法来消除消极行为，慎重地对待惩罚。

3. 消退

有机体做出以前曾被强化过的反应，如果在这一反应之后不再有强化物相伴，那么，此类反应在将来发生的概率便会降低，这称为消退。消退是一种无强化的过程，其作用在于降低某种反应在将来发生的概率，以达到消除某种行为的目的，因此消退是减少不良行为、消除坏习惯的有效方法。

(三)程序教学

这是基于操作性条件反射和积极强化的原理设计的教学模式，斯金纳同时以此设计了教学机器。它是一种个别化的学习方式，适合那些能力高且个性独立的学生。它基本上是一种自学程序，缺少了学生与教师之间的互动。

四、班杜拉的社会学习理论

(一)班杜拉的经典实验

美国心理学家班杜拉以儿童的社会行为的习得为研究对象，进行了一系列实验研究。波波玩偶实验是班杜拉于 1961 年进行的关于攻击性暴力行为研究的一个重要实验。

(二)观察学习理论

班杜拉认为，学习是指个体通过对他人的行为及其强化性结果的观察从而获得某些新的行为反应或使已有的反应得到修正的过程。

所谓观察学习，就是个体通过观察他人的行为及其结果而进行的替代性学习。

观察学习的过程：

1. 注意过程：对榜样的知觉

这是观察学习的起始环节。

2. 保持过程：示范信息的储存

3. 动作再现过程：记忆向行为的转变

这是观察学习的中心环节。这是一种从内到外、由概念到行为的过程。

4. 动机过程：从观察到行为

在动机阶段，观察者因表现出所观察到的行为而受到激励。动机过程中主要有以下三种强化影响行为表现。

直接强化：观察者因表现出观察行为而受到强化。

替代强化：观察者通过观察他人的行为所带来的奖励性后果而受到强化。

自我强化：人能观察自己的行为，并根据自己的标准进行判断，由此强化或惩罚自己。

班杜拉特别强调替代强化和自我强化的作用。

真题再现

1.【2018 年下半年　中】陈冬看到自己最好的朋友因为学习成绩优异得到校长的亲自嘉奖后，也加倍努力学习，力争取得优异成绩。这种强化属于(　　)。

A. 直接强化　　B. 替代强化　　C. 自我强化　　D. 内部强化

答案：B

2.【2018 年上半年　中】在心理学实验中，为了使小狗能够区分开圆形光圈和椭圆形光圈，研究者只在圆形光圈出现时才给予食物强化，而在椭圆形光圈出现时不给予强化，那么小狗便可以学会只对圆形光圈做出反应而不理会椭圆形光圈。该过程称为(　　)。

A. 刺激分化　　B. 刺激泛化　　C. 刺激获得　　D. 刺激消退

答案：A

3.【2017年上半年　中】小马上课时害怕回答问题，后来他发现自己坐在教室后排时可减少被提问的次数，于是他总坐在教室后排。下列哪种强化方式导致了小马愿意坐在后排？(　　)

A. 正强化　　B. 负强化　　C. 延迟强化　　D. 替代强化

答案：B

4.【2014年下半年　中】小伟为获得老师和同学的关注，在课堂上总扮鬼脸，但是老师和同学都不予理睬，于是他扮鬼脸的行为逐渐减少。这体现了哪种强化原理？(　　)

A. 消退　　B. 负强化　　C. 惩罚　　D. 正强化

答案：A

5.【2015年下半年　中】辨析题：程序教学是合作学习的一种重要形式。

答案：错误。程序教学是指一种能让学生以自己的速度和水平学习自我教学性材料(以特定顺序和小步子安排的材料)的个别化教学方法。而合作学习是指学生在小组或团队中为了完成共同的任务有明确的责任分工的互助性学习。因此，程序教学与合作学习是两种不同的学习方式，不能混为一谈。

6.【2012年下半年　中】辨析题：负强化就是惩罚。

答案：错误。负强化和惩罚是两个不同的概念。负强化是通过厌恶刺激的排除来增加良好行为反应在将来发生的概率，而惩罚是通过厌恶刺激的呈现来降低不良行为反应在将来发生的概率。

第二节　认知主义学习理论

【考点分析】

在历年考试中本节考点大多以单项选择题、辨析题等形式进行考核。考生需要在理解的基础上识记认知主义流派的代表人物及其基本观点，包括布鲁纳、奥苏伯尔等。

【考点内容】

认知主义学习理论认为：学习不是个体在外部环境的支配下被动地形成S-R联结，而是主动地在头脑内部构造认知结构；学习不是通过练习与强化形成反应习惯，而是通过顿悟与理解获得期待；当有机体当前的学习依赖于他原有的认知结构和当前的刺激情境时，学习受主体预期的引导，而不是受习惯的支配。

一、苛勒的完形—顿悟学习理论

完形—顿悟说是德国的格式塔心理学派提出的一种学习理论，代表人物是韦特海墨、考夫卡和苛勒。苛勒认为学习不是盲目的尝试，而是对情境认知后的顿悟。顿悟是个体自发地对某种情境中各刺激间的关系的豁然领会。1913—1920年，苛勒对黑猩猩的学习行为进行了系统的研究从而得此结论。

(一)学习是通过顿悟过程实现的

格式塔心理学家认为，学习是个体利用自身的智慧与理解力对情境及情境与自身关系的顿悟，而不是动作的累积或盲目的尝试。顿悟虽然常常出现在若干尝试错误的学习之后，但不是桑戴克所说的那种盲目的、胡乱的冲撞，而是个体在做出外显反应之前，在头脑中要进行一番类似于“验证假说”的思索。因此，学习包括知觉经验中旧有结构的逐步改组和新结构的豁然形成。顿悟是以个体对整个问题情境的突然领悟为前提的。因此，格式塔心理学家认为，学习的过程就是顿悟的过程，并以此来反对桑戴克的试误说。

(二)学习的实质是在主体内部构造完形

完形是一种心理结构，是在机能上相互联系和相互作用的整体结构，是对事物的关系的认知。格式塔心理学家认为，学习过程中问题的解决，都是通过有机体对情境中事物关系的理解而构成一种完形来实现的。这种完形倾向具有一种组织功能，能填补缺口或缺陷，使有机体不断发生组织和再组织，不断出现一个又一个完形。总之，格式塔心理学家认为，学习在于一种完形的组织的发生，并非各部分间的联结。学习的过程就是一个不断地构建完形的过程。

二、布鲁纳的认知结构学习理论

布鲁纳是美国的认知教育心理学家，他最为知名的一本书是1960年出版的《教学过程》。他主张学习的目的在于以发现学习的方式，使学科的基本结构变为学生头脑中的认知结构。因此，他的理论常被称为“认知结构论”或“认知发现说”。

(一)学习观

1. 学习的实质是主动地形成认知结构

布鲁纳认为，学习的实质是一个人把同类事物联系起来，并把它们组织成赋予它们意义的结构。学习就是认知结构的组织和重新组织。知识的学习就是学生在头脑中形成各学科的知识结构。这种知识结构是由学科知识中的基本概念、基本思想或基本原理组成的。知识结构的形式是通过人的编码系统的编码方式构成的。布鲁纳认为，个体的表征能力随年龄而发展，表现为三种不同的认知表征行为，分别是动作表征、形象表征、符号表征。

2. 学习包括知识的获得、转化和评价三个过程

布鲁纳认为，知识的学习包括三种几乎同时发生的过程，即知识的获得、转化和评价。

总之，布鲁纳认为学习的最终目的在于构建学生良好的认知结构。因此，教师首先应明确所要构建的学生的认知结构包含哪些组成要素。在此基础上，教师应采取有效措施来帮助学生获得、转化和评价知识，使学科的知识转化为学生的认知结构，使书本的“死”知识变为学生自己的“活”知识。

(二)教学观

1. 教学的目的在于帮助学生理解学科的基本结构

布鲁纳认为，学科的基本结构是指某一学科领域的基本观念。理解学科的基本结构不仅包括掌握一般原理，而且包括习得学习的态度和方法。教学不能只着眼于一门

学科的事实和技巧的掌握。学习一门学科的关键是理解、掌握那些核心的和基本的概念及原理，抓住它们之间的联系，并将其他知识点与这些基本结构联系起来，形成一个有联系的整体。

2. 提倡发现学习成为学生学习的主要方式之一

布鲁纳认为发现学习有以下特征。

(1)学习过程

布鲁纳认为，在教学过程中，学生是一个积极的探究者。教师的作用是创设一种学生能够独立探究的情境，而不是提供现成的知识。教师教一门学科，不是要建造一间活着的小型藏书室，而是要让学生自己去思考，去参与知识获得的过程。布鲁纳强调学生不是被动的、消极的知识的接受者，而是主动的、积极的知识的探究者。

(2)直觉思维

除了注重学习过程之外，布鲁纳的发现法还强调学生直觉思维在学习上的重要性。布鲁纳认为，教师在学生的探究活动中要帮助学生形成丰富的想象，防止他们过早语言化。

(3)内在动机

布鲁纳重视培养学生的内部动机，或把外部动机转化成内部动机。布鲁纳把好奇心称为“学生内部动机的原型”。

布鲁纳提请人们注意，教学的目的在于使学生能独立学习、独立解决问题，而提供矫正性反馈有可能产生副作用，即会使学生一直依赖于教师的指正。因此，教师必须采取适当措施，使学生最终能自行把矫正机制引入学习。

(4)信息提取

布鲁纳对记忆过程持比较激进的观点。他认为，人类记忆的首要问题不是贮存，而是提取。学生在贮存信息的同时，必须能在没有外来帮助的情况下提取信息。提取信息的关键在于知道如何组织信息、信息贮存在哪里和怎样才能提取信息。

总之，根据结构主义教学观及其教学原则，为了促进中小学生良好认知结构的发展，教师应当注意以下几点：第一，教师必须全面深入地分析教材，明确学科本身所包含的基本概念、基本原理及它们之间的相互关系，引导学生加深对教材结构的理解；第二，应根据中小学生的经验水平、年龄特征和材料性质，选取灵活的教学程序和结构方式来组织实际的教学活动过程；第三，要注意提供有助于学生提高的反馈信息，并教育学生进行自我反馈，以提高学生的自觉性和能动性。

(三)简评

布鲁纳推动了教育心理学的重大转变：从行为主义向认知主义的转变，从实验室研究向课堂研究的转变，从学习研究向教学研究的转变。缺陷：他在论述儿童的生长时忽视了社会方面的因素；他强调学科的基本结构，但有些学科的基本结构是不清楚的。

三、奥苏伯尔的认知同化理论

奥苏伯尔，美国认知教育心理学家。他也重视认知结构，但他强调有意义的接受学习，强调对学校情境中的学生学习进行研究。

(一)有意义学习

奥苏伯尔认为，传统教育心理学所研究的动物或人的学习基本上是机械学习，这对教学没有什么价值。学校中学生的学习主要是学习言语符号所代表的系统知识，它是有意义学习，而非机械学习。

1. 有意义学习的含义

有意义学习的实质是符号所代表的新知识与学习者认知结构中已有的适当观念建立实质的、非人为的联系。这既是有意义学习的定义，也是划分机械学习与有意义学习的标准。所谓实质的联系，即非字面联系；所谓非人为的联系，即非任意的联系。

2. 有意义学习的条件

客观条件：有意义学习的材料必须合乎一定的逻辑意义。

主观条件：首先，学习者必须具有有意义学习的心向；其次，学习者的认知结构中必须有适当的知识，以便与新知识发生内在联系；最后，学习者必须积极主动地使具有逻辑意义的新知识与其认知结构中已有的有关知识经验发生相互作用，使新旧知识牢固地联系在一起，掌握新知识的意义，使已有的知识结构得到调整和改造。

(二)奥苏伯尔学习理论在教学中的应用

1. 课堂教学的原则

逐渐分化原则，即教师首先应该传授最一般、包容性最强的观念，然后根据具体细节对它们逐渐加以分化，这样可以为每个知识单元的教学都提供理想的固定点(对新知识起固定作用的先前知识)。

整合协调原则是指如何对学生认知结构中的现有要素重新加以组合。

2. 促进有意义学习的教学策略——先行组织者

含义：先行组织者指先于学习材料呈现的一个抽象概括水平较高的引导性材料。它比学习任务本身有较高的抽象、概括和综合水平，并且能清晰地与认知结构中原有的观念和新的学习任务关联起来。设计先行组织者的目的，是为新的学习任务提供观念上的固定点，增加新旧知识之间的可辨别性，以促进下位学习。近年来，有关学者对先行组织者有所创新。

意义：在学习者已有知识与需要学习的内容之间架设一道桥梁，使学习者能更有效地学习新材料。

运用条件：第一，缺上位观念时使用陈述性组织者；第二，原有观念不太清晰或不太巩固时使用比较性组织者。

四、加涅的信息加工理论

信息加工理论，即用计算机的信息处理过程来类比人脑的认知过程，用信息的接收、存储和提取来解释学习的具体过程。

加涅是20世纪最有影响的教育心理学家之一。他认为，学习是一个有始有终的过程，这一过程可分成若干阶段，每一个阶段需进行不同的信息加工。各个信息加工阶段发生的事件，称为学习事件。学习事件是学生内部加工的过程，它形成了学习的信息加工理论的基本结构。与此相对应，教学过程既要依据学生的内部加工过程，又要影响这一过程。因此，教学阶段与学习阶段是对应的。每一个教学阶段发生的事情，即教学事件，是学习的外部条件。教学就是由教师安排和控制这些外部条件构成的，而教学的艺术就在于学习阶段与教学阶段的吻合。

加涅根据信息加工理论提出了学习过程的基本模式，认为学习过程就是一个信息加工过程。①来自环境的刺激作用于学习者的各种感受器，如眼、耳等，并通过感觉登记器进入神经系统。长时记忆中信息的储存是长久的，而后来学习者回忆不起来，只是由于提取存在困难。②在这个信息加工过程中，一组很重要的结构就是“执行控制”与“期望”这两个部分。在此基础上，他提出了学习过程的八个阶段，分别是动机阶段、了解阶段、获得阶段、保持阶段、回忆阶段、概括阶段、操作阶段、反馈阶段。

五、认知主义学习理论的新发展：建构主义

(一)建构主义的发展线索

行为主义学习理论是以客观主义为基础的，即认为事物及其意义是独立于人而存在的。与行为主义相一致，信息加工理论基本也是与客观主义相一致的。

建构主义则是与客观主义相对立的，它强调：意义不是独立于个体而存在的；个体的知识是由人建构起来的；个体对事物的理解不仅取决于事物本身——事物的感觉刺激(信息)本身并没有意义，意义是由人建构起来的——它同时取决于个体原来的知识经验背景。从现实缘起来看，建构主义是针对传统教学的诸多弊端而提出的。如何缩小学校学习与现实生活之间的差距，实现学习广泛而灵活的迁移，这是建构主义者所关注的核心问题。

(二)建构主义学习理论

1. 知识观

第一，知识不是对现实的纯粹客观的反映，任何一种承载知识的符号系统都不是绝对真实的表征。它只不过是人们对客观世界的一种解释、假设或假说，它必将随着人们认识程度的深入而不断地变革、升华和改写，从而出现新的解释和假设。

第二，知识并不能绝对准确无误地概括世界的法则，也不能提供对任何活动或问题解决都适用的方法。在具体的问题解决中，知识是需要针对具体问题的情境对原有知识进行再加工和再创造的。

第三，知识不可能以实体的形式存在于个体之外，尽管人们通过语言赋予了知识一定的外在形式，并且获得了较为普遍的认同，但这并不意味着学习者对这种知识有同样的理解。真正的理解只能是由学习者自身基于自己的经验背景建构起来的，这取决于特定情况下的学习活动过程，否则学习就是被动的复制式的学习。

2. 学生观

首先，建构主义强调学生经验世界的丰富性，强调儿童的巨大潜能。其次，建构主义强调学生经验世界的差异性，即每个人在自己的活动和交往中形成了自己的个性化的、独特的经验。

3. 学习观

学习不是知识由教师向学生的传递，而是学生建构自己的知识的过程。这种建构不可能由其他人代替。学习的实质是学生通过新旧知识经验之间的反复的、双向的相互作用形成、充实或改造自己的经验体系的过程。因此，建构主义强调学习的主动建

构性、社会互动性和情境性。

(三)建构主义学习理论在教学中的应用

①探究学习。

②支架式教学。

③情境教学。

④合作学习。

(四)建构主义学习理论对教育实践的启示

第一，建构主义的知识观告诉我们，知识并不是绝对的真理。

第二，建构主义的学习观告诉我们，学习具有主动建构性、社会互动性和情境性。

这要求教师要做到以下方面：

①认识到自主学习的重要性，创设问题情境，引导和帮助学生主动建构自己的认知结构；

②注意学生共同体在学习中的作用，运用合作学习等方式帮助学生建构认知结构；

③注意理论联系实际，积极开展实践活动，在实践活动中帮助学生合理运用和领会知识。

第三，建构主义的学生观告诉我们，学生不是空着脑袋走进教室的。

教师要对学生的学习模式、有关的先前知识和对教材的信息状况有所了解，以引导学生获得学习材料的新意义，并修正以往的概念。

(五)简评

1. 积极性

建构主义者在吸收维果茨基、加涅、皮亚杰、布鲁纳等思想的基础上提出的许多富有创见的教学思想，如强调学习过程中学习者的主动性、建构性，对于学习做了初级与高级的区分，批评传统教学把初级学习的教学策略不合理地推及到高级学习中，提出合作学习、情境性教学等，对深化当前的教育教学改革具有深远的意义。

2. 局限性

传统教学重视知识的确定性和普遍性，注重分析和抽象，这在学习的初级阶段是必要且有其合理性的。全盘否定它，同样会犯以偏概全、以特殊代替一般的错误，会引起教学上的混乱。建构主义提倡情境性教学，力主具体和真实，但由此而反对抽象和概括，认为进行抽象的训练是没有用的也是片面的。

真题再现

1.【2017 年上半年　小】学生的学习是基于自己的经验主动接受新的信息并对其意义进行重构的过程，这一观点属于(　　)。

A. 有意义接受学习理论　　B. 建构主义学习理论

C. 信息加工学习理论　　D. 联结主义学习理论

答案：B

2.【2016 年下半年　中】如果学生要学习的知识内容比较复杂、结构化程度很高，又必须在较短时间加以掌握，他们最宜采用的学习形式是(　　)。

A. 发现学习　　B. 接受学习　　C. 合作学习　　D. 互动学习

答案：B

3.【2012 年上半年　中】建构主义学习理论强调(　　)。

A. 情境学习　　　　B. 接受学习

C. 潜伏学习　　　　D. 机械学习

答案：A

4.【2017 年上半年　中】辨析题：接受学习一定是有意义学习。

答案：该说法错误。所谓有意义学习就是指将符号所代表的新知识与学习者认知结构中已有的适当观念之间建立实质的和非人为的联系。所谓接受学习是指人类的个体经验的获得来源于学习活动中主体对他人的经验的接受，即把别人的经验吸收为自己的经验。如果学习者不能理解符号所代表的知识，只是依据字面上的联系记住某些符号的词句，这是一种机械学习，而不是有意义学习，故该说法错误。

第三节　人本主义学习理论

【考点分析】

在历年考试中本节考点大多以单项选择题、简答题的形式进行考核。考生需要在理解的基础上识记人本主义流派的代表人物及其基本观点，包括马斯洛和罗杰斯等。

【考点内容】

人本主义学习理论是建立在人本主义心理学的基础之上的，代表人物是美国心理学家马斯洛和罗杰斯。人本主义学习理论从全人教育的视角阐释了学习者整个人的成长历程，以发展人性；注重启发学习者的经验和创造潜能，引导其结合认知经验肯定自我，发展对世界的理解，进而达到自我实现的最高境界。

一、理论基础

人本主义学习理论是根植于其自然人性论的。该流派认为：人是自然实体而非社会实体；人性来自自然，自然人性即人的本性；凡是有机体都具有一定的内在倾向，即以有助于维持和增强机体的方式来发展自我的潜能，并强调人的基本需要都是由人的潜在能量决定的。但是，他们也认为，自然人性不同于动物的自然属性，人具有生理的、安全的、尊重的、归属的、自我实现的需要，它们是天赋的基本需要。在此基础上，人本主义心理学家进一步认为：人性是善良的或中性的；恶不是人性固有的，它是由人的基本需要受挫引起的，或是由不良的文化环境造成的。

二、有意义的自由学习

人本主义强调教学的目标在于促进学习，使个体在好奇心的驱使下去吸收任何他自觉有趣和需要的知识。罗杰斯认为，学生学习主要有两种类型：认知学习和经验学习。他认为，认知学习的很大一部分内容对学生自己是没有个人意义的，与完人无关，是一种无意义学习。而经验学习以学生的经验生长为中心，以学生的自发性和主动性为学习动力，把学习与学生的愿望、兴趣和需要有机地结合起来，因而经验学习必然是有意义学习，必能有效地促进个体的发展。

所谓有意义学习，不仅仅是一种增长知识的学习，而且是一种与每个人的各部分经验都融合在一起的学习，是一种使个体的行为、态度、个性以及个体在未来选择行动方针时发生重大变化的学习。对于有意义学习，罗杰斯认为它主要具有四个特征：①全神贯注；②自动自发；③全面发展；④自我评估。

三、学生中心的教学观

人本主义的教学观是建立在其学习观的基础之上的。罗杰斯从人本主义的学习观出发，认为：凡是可以教给别人的知识，相对来说都是无用的；能够影响个体行为的知识，只能是他自己发现并加以同化的知识。因此，教学的结果，如果不是毫无意义的，那就可能是有害的。教师的任务是为学生提供各种学习的资源，提供一种促进学习的气氛，让学生自己决定如何学习。为此，罗杰斯主张废除“教师”这一角色，代之以“学习的促进者”。

罗杰斯认为，促进学生学习的关键不在于教师的教学技巧、专业知识、课程计划、视听辅导材料、演示和讲解、丰富的书籍等，而在于特定的心理气氛因素，这些因素存在于“学习的促进者”与“学习者”的人际关系之中。他认为，促进学习的心理气氛因素有：①真实或真诚；②尊重、关注和接纳；③移情性理解。

四、简评

罗杰斯等人本主义心理学家从他们的自然人性论、自我实现论及“患者中心”出发，在教育实际中倡导以学生经验为中心的“有意义的自由学习”，对传统的教育理论造成了冲击，推动了教育改革运动的发展。这种冲击和促进主要表现在：突出情感在教学活动中的地位和作用，形成了一种以知情协调活动为主线、以情感为教学活动的基本动力的新的教学模式；以学生的自我完善为核心，强调人际关系在教学过程中的重要性，认为课程内容、教学方法、教学手段等都维系着课堂人际关系的形成和发展；把教学活动的重心从教师引向学生，把学生的思想、情感、体验和行为看作教学的主体，从而促进了个别化教学运动的发展。不过，罗杰斯对教师作用的否定，是不正确的，是言过其实的。

真题再现

【2014 年下半年　中】简答题：简述增进师生沟通的心理学原则。

参考答案：

增进师生沟通的心理学原则有：

①真诚，自由地表达真正的自己，表现出开放与诚实。

②尊重与接纳，但不对学生进行无理性的溺爱和迁就。

③具有同理心，这包括三个条件：第一，站在对方的立场去理解对方；第二，了解造成某种情形的因素；第三，让对方了解自己在设身处地地理解他。

能力提升训练题

一、单项选择题

1. 小强不按时完成作业，于是妈妈就禁止他看动画片，一旦他按时完成作业就取消这一禁令，随后小强按时完成作业的次数增加了，这属于(　　)。

A. 正强化　　B. 负强化　　C. 自我强化　　D. 替代强化

2. 最早提出“学习过程就是行为习惯的形成过程”这一观点的人是(　　)。

A. 巴甫洛夫　　B. 华生　　C. 桑戴克　　D. 班杜拉

3. 根据斯金纳的观点，人的膝跳反射属于(　　)。

A. 应答性行为　　B. 操作性行为

C. 联结过程　　D. 观察学习

4. 孩子哭闹要买玩具，于是母亲提出限制孩子看电视的禁令，这属于(　　)。

A. 正强化　　B. 负强化　　C. 惩罚　　D. 消退

5. 如果一位家长想用看电视作为强化物奖励孩子认真按时完成作业的行为，最合适的安排应该是(　　)。

A. 让孩子看完电视以后立即完成作业　B. 限定每周看电视的适当时间

C. 惩罚孩子过分喜欢看电视的行为　　D. 只有按时完成作业后才能看电视

6. 通过厌恶刺激的呈现来降低反应在将来发生的概率，这叫作(　　)。

A. 正强化　　B. 负强化　　C. 惩罚　　D. 消退

7. 下大雨的时候，小王被雨淋到，他迅速跑回家，发现自己并没有被淋得很湿。以后，每当下雨小王都跑得很快。这是(　　)。

A. 条件反射　　B. 逃避条件作用　　C. 回避条件作用　　D. 顿悟

8. 人本主义心理学按照学习对学习者的个人意义，将学习分为(　　)。

A. 有意义学习和无意义学习　　B. 意义学习和机械学习

C. 发现学习和接受学习　　D. 认知学习和动作学习

9. 认为凡是可以教给别人的知识，相对来说都是无用的，而能够影响个体行为的知识，只能是他自己发现并加以同化的心理学家是(　　)。

A. 罗杰斯　　B. 马斯洛　　C. 荣格　　D. 孟禄

10. 建构主义心理学的创始人是(　　)。

A. 皮亚杰　　B. 维果茨基　　C. 奥苏伯尔　　D. 布鲁纳

11. 基于问题解决活动来建构知识的过程属于(　　)。

A. 意义学习　　B. 机械学习　　C. 接受学习　　D. 探究学习

12. 教师或其他人与学习者共同完成学习活动，为学习者提供外部支持，帮助他们完成无法独立完成的任务。这种教学方式属于(　　)。

A. 探究学习　　B. 支架式教学　　C. 情境教学　　D. 合作学习

二、辨析题

1. 刺激泛化和分化是互补的过程。

2. 尝试错误理论抹杀了人类学习和动物学习的本质区别。

3. 消退是一种无强化过程。

4. 奥苏伯尔认为，接受学习必然是机械的，发现学习是有意义的。

三、材料分析题

1. 阅读下列材料，回答问题。

班杜拉曾和他的合作者以儿童为研究对象做过一个实验：他们首先让儿童观察成

人榜样对一个充气娃娃进行拳打脚踢的场面，然后他们把儿童带到一个放有充气娃娃的实验室，让他们自由活动。结果发现，大多数儿童在实验室里也会对充气娃娃拳打脚踢。

问题：这个现象说明了什么问题？该实验有何意义？

2. 阅读下列材料，回答问题。

王老师今年刚当上班主任，干劲十足，一心想将班级的整体成绩提高到全年级第一名，为此他对学生的学习要求非常严格。同学们在作业中每出现一次错误，都要改正十遍，严重的还要写检查保证自己不再犯错。王老师还总会搞“突袭”，在本应讲授新知识时突然考试检查学生的学习效果。

问题：请根据桑戴克的学习观点，分析一下王老师的做法。

3. 阅读下列材料，回答问题。

学习课文《小珊迪》后，老师提问：“你最喜欢这篇课文的哪一段?”几个学生踊跃发言，表达自己对课文的喜爱。随后，老师叫了一个没有举手的男生，要他说说自己喜欢的句子。这个学生慢慢地站了起来，说了句：“我都不喜欢。”老师批评了他。这位男生一声不吭地坐下了，看得出他心里很不服气。

学生可以不喜欢课文吗？老师的说法是：“我认为不可以。不喜欢不就等于可以不学了吗？再说，教材选的都是好文章。”

问题：试结合建构主义学习理论进行分析。

参考答案

一、单项选择题

1. B　2. B　3. A　4. C　5. D　6. C　7. B　8. A　9. A　10. A　11. D　12. B

二、辨析题

1. 参考答案：正确。刺激泛化和分化是互补的过程。泛化是对事物的相似性的反应；分化则是对事物的差异的反应。泛化能使学习从一种情境迁移到另一种情境；分化则能促使人对不同的情境做出不同的恰当反应，从而避免盲目行动。

2. 参考答案：正确。桑戴克用尝试错误理论概括所有的学习过程，忽视了认知、观念和理解在学习中的作用，抹杀了人类学习与动物学习的本质区别。它的根本错误在于认为情境与反应之间根本不存在什么中介，这是一种简单化的机械主义的观点。

3. 参考答案：正确。机体做出以前曾被强化过的反应，如果在这一反应之后不再有强化物相伴，那么，此类反应在将来发生的概率便会降低，这称为消退。在操作性条件作用中，无论是正强化还是负强化，其作用都在于增加某种反应在将来发生的概率，以达到塑造行为的目的，而消退则不然。消退是一种无强化的过程，其作用在于降低某种反应在将来发生的概率，以达到消除某种行为的目的。

4. 参考答案：错误。奥苏伯尔认为，不能错误地认为接受学习就必然是机械的，发现学习就是有意义的。无论接受学习还是发现学习都有可能是机械的，也都有可能是有意义的，关键在于学生是否将新知识与认知结构中的已有知识进行了联系。

三、材料分析题

1. 参考答案：

(1)这个实验说明了成人榜样对儿童行为有明显的影响作用，儿童可以通过观察成人榜样的行为习得新行为。

(2)班杜拉通过大量实验研究提出了社会学习理论，认为人对行动结果的预期直接影响人的行为表现。该理论提出了个体行为习得的观察学习途径。该理论关于强化的见解对我们从整体上认识人的行为的学习过程具有重要的启示。

2. 参考答案：

桑戴克的尝试错误理论特别强调“做中学”，这就要求教师在教学过程中，允许学生犯错误，并鼓励学生多尝试，从错误中学习。王老师对学生的错误进行严厉惩罚，会打消学生的学习积极性，甚至使学生出现厌学、抵抗性情绪。

桑戴克还提出了学习应遵循的三条基本规律：准备律、练习律和效果律。准备律要求学生在有准备的状态下进行学习，所以教师不应该经常搞“突袭”；练习律要求教师让学生加强练习；效果律要求教师努力使学生的学习能得到自我满足的积极结果，防止一无所获的消极后果。王老师应该在今后的教学中遵循以上三条规律。

3. 参考答案：

建构主义学习理论认为，“教材是例子”，学生是主动的信息建构者，学习是知识建构的过程。无论专家选出的文章是好是坏、是对是错，学生总要以自己的经验和方式去理解。建构主义的观点引发了新一轮的教育观念变革。新观念要求我们尊重学生，发展学生的独特个性，造就健康有序、宽松和谐、激励上进的新型教育，鼓励学生在教学情境中建构自己独立的意义。如果我们总是以一个固定的模式框住学生的思维，势必使学生丧失个性、丧失自我、丧失创造力。

模块五　中小学生发展心理

第一章　学生身心发展特征概述

【考纲要求】

1. 掌握中学生认知发展的理论、特点与规律。

2. 了解中学生身心发展的特点，掌握性心理的特点，指导中学生正确处理异性交往。

3. 理解皮亚杰的认知发展理论、维果茨基的认知发展理论及埃里克森的心理社会发展理论。

第一节　心理发展概述

【考点分析】

常考题型为简答题。

【考点内容】

一、心理发展的含义

心理发展是指个体随年龄的增长而发生的心理功能的变化。

心理发展的年龄特征是指心理在一定年龄阶段中一般的、典型的、本质的特征。

二、学生心理发展的基本特征

①连续性与阶段性。

②定向性与顺序性。

③不平衡性。

④差异性。

真题再现

【2019年上半年　中】人的发展既体现出量的积累，又体现出质的飞跃。代表新质要素的量积累到一定程度，就会导致质的飞跃，出现新的年龄特征。这表明人的发展具有(　　)。

A. 顺序性　　B. 不平衡性　　C. 阶段性　　D. 个别差异性

答案：C

第二节　心理发展的理论

【考点分析】

常考题型为单项选择题、简答题(高频考点)。

【考点内容】

一、皮亚杰的认知发展理论

(一)影响认知发展的因素

成熟、练习与习得经验、社会经验、平衡化。

(二)认知发展阶段理论

皮亚杰是瑞士的心理学家和发生认识论的创始人。皮亚杰认为儿童从出生到成人的认知发展经历了几个按不变顺序相继出现的阶段，即感觉运动阶段、前运算阶段、具体运算阶段和形式运算阶段。

感觉运动阶段(0～2 岁)。主要特点：儿童的思维主要凭借感觉动作进行，感觉动作停止，思维活动随之结束。

前运算阶段(2～7 岁)。主要特点：思维具有直观形象性，即儿童只能凭借感性进行思维活动；思维缺乏可逆性，没有守恒概念；自我中心主义，认为所有人的感受都是相同的；想象与外在现实相混淆；认为外界的一切事物都是有生命的。

具体运算阶段(7～12 岁)。主要特点：摆脱了自我中心主义；形成了守恒概念；开始懂得某些逻辑规则，能够进行逻辑推理，但还不能对若干抽象概念、假设的命题或想象的事件进行推理；能客观地评价事件，能理解几个维度的关系。

形式运算阶段(12～15 岁)。主要特点：在解决问题时，能运用多种不同的认知运算策略，思维高度灵活，能从多种角度看事情；能运用假设—演绎推理的方式解决问题。

二、维果茨基的认知发展理论

(一)心理发展的本质

心理发展是指一个人的心理在环境与教育影响下，由低级心理机能逐渐向高级心理机能的转化过程。

文化历史发展理论：该理论认为人的高级心理机能是在人的活动中形成和发展起来并借助语言实现的。

两种工具的理论：人有两种工具，一种是物质工具，另一种是精神工具。人使用精神工具，从而使人类的心理发生质的变化，并上升到高级阶段。

两种心理机能：维果茨基认为必须区分两种心理机能，一种是靠生物进化获得的低级心理机能，另一种是文化历史发展的结果——高级心理机能。

认知发展理论的三种重要观点：

①内化：内化是指个体从社会环境中吸收所观察到的知识，从而为自己所利用。

②最近发展区：

儿童有两种发展水平：一是儿童的现有水平，即由一定的已经完成的发展系统所形成的儿童心理机能的发展水平；二是儿童即将达到的发展水平。这两种水平之间的差异就是“最近发展区”，所以维果茨基强调教学不能只适应发展的现有水平，而应适应“最近发展区”，从而使儿童走在发展的前面，最终跨越“最近发展区”而达到新的发展水平。

③支架式教学：教学支架就是在儿童解决超过他们当前知识水平的问题时，教师给予的支持和指导。

(二)维果茨基理论在教育上的意义

①儿童通过外部的对话并加以内化来学习。

②“最近发展区”概念对教育具有重要的启示。

③语言和思维密切而复杂地联系在一起。

三、埃里克森的心理社会发展理论

①基本信任对怀疑：出生至18个月。

②自主性对羞怯性：18个月至3岁。

③主动感对内疚感：3～6岁。

④勤奋感对自卑感：6～12岁。

⑤同一性对角色混乱：青春期。

⑥亲密感对孤独感：成年早期。

⑦繁殖感对停滞感：成年中期。

⑧完善感对绝望感：老年期。

真题再现

1.【2018年上半年　中】维果茨基认为评价人类发展应该从四个层面进行，除了微观、个体、社会历史之外，第四个层面是(　　)。

A. 文化层面　　B. 系统层面

C. 技术层面　　D. 规范层面

答案：B

2.【2015年下半年　中】中学生晓波通过物理实验发现，钟表的摆动幅度不取决于钟摆的材料或重量，而是取决于钟摆的长度。根据皮亚杰的认知发展阶段理论，晓波的认知发展水平已经达到(　　)阶段。

A. 感知运动　　B. 前运算

C. 具体运算　　D. 形式运算

答案：D

解析：形式运算阶段的儿童不仅能够运用经验—归纳的方式进行逻辑推理，而且能够运用假设—演绎推理的方式来解决问题。题干所描述的晓波符合这一阶段的特点。

3.【2016年下半年　小】在幼儿园时，小军将自己最喜欢的玩具汽车送给妈妈作为生日礼物；三年级时，他送给妈妈的生日礼物是妈妈喜欢的漂亮发夹。这一转变说明他的思维已进入(　　)。

A. 感知运动阶段　　B. 前运算阶段

C. 具体运算阶段　　D. 形式运算阶段

答案：C

解析：具体运算阶段是7～12岁。这一阶段儿童的特点：摆脱了自我中心主义；形成了守恒概念；开始懂得某些逻辑规则，能够进行逻辑推理，但还不能对若干抽象概念、假设的命题或想象的事件进行推理；能客观地评价事件，能理解几个维度的关系。

4.【2016 年下半年　中】简答题：皮亚杰将儿童认知发展划分为哪几个阶段？

答案：皮亚杰将儿童认知发展划分为以下四个阶段：①感知运动阶段(0～2 岁)；②前运算阶段(2～7 岁)；③具体运算阶段(7～12 岁)；④形式运算阶段(12～15 岁)。

5.【2014 年下半年　小】简答题：简述皮亚杰理论中 7～12 岁小学生思维发展的特征。

答案：7～12 岁小学生的思维处于皮亚杰认知发展的具体运算阶段。在这一阶段，小学生的思维具有如下特征：①儿童开始接受学校教育，出现了显著的认知发展；②认知结构发生了重组和改造，思维具有一定的弹性，儿童已经获得长度、体积、重量、面积等的守恒；③儿童能凭借具体事物或从具体事物中获得的表象进行逻辑思维和群集运算，但他们形成概念、发现问题、解决问题都必须与他们熟悉的物体或场景相联系，还不能进行抽象思维；④儿童已经能够理解原则和规则，但在实际生活中只能刻板地遵守规则，不敢变通；⑤儿童能够学会处理部分和整体的关系，进行一些逆向或互换的逻辑推理。去集中化是具体运算阶段儿童思维成熟的最大特征。

第三节　中小学生的心理发展特点

【考点分析】

常考题型为单项选择题(高频考点)。

【考点内容】

一、小学生的心理发展特点

(一)感知觉的发展特点

听觉和视觉十分敏锐，能准确判别事物的颜色、形状；味觉、嗅觉和触觉较为发达；感知觉发展迅速，感知的准确性和系统性都在不断发展。

(二)注意的发展特点

小学生注意的发展主要表现在注意的自觉性和注意品质的完善程度上。

①有意注意逐渐发展，无意注意仍起作用。

②注意的范围依然有限。

③注意的集中性和稳定性较差。

④注意的分配和转移能力较弱。

(三)观察的发展特点

①观察的目的性较差。

②观察缺乏精确性。

③观察缺乏顺序性。

④观察缺乏深刻性。

(四)记忆的发展特点

①记忆力提高，包括短时记忆能力的增强和记忆策略的使用等。

②从记忆的目的看，从无意记忆向有意记忆发展。

③从记忆的方法看，从机械记忆向意义记忆发展。

④从记忆的内容看，从形象记忆向抽象记忆发展。

(五)想象的发展特点

①有意想象增强。

②想象更富有现实性。

③想象的创造成分日益增多。

(六)思维的发展特点

①思维由具体形象思维向抽象逻辑思维过渡，小学三四年级是小学生思维发展的质变时期。

②思维的基本过程日趋完善。

③抽象逻辑思维的自觉性开始发展。

(七)情绪情感的发展特点

①情绪情感的丰富性不断扩展。

②情绪情感的稳定性逐渐增强。

③情绪情感的深刻性不断增强。

二、中学生的心理发展特点

①过渡性。

②闭锁性。

③社会性。

④动荡性。

第四节　对中学生正确处理异性交往的指导

【考点分析】

常考题型为单项选择题、案例分析题。

【考点内容】

一、性意识的出现

①渴望了解性知识。

②对异性充满好奇和爱慕。

③在异性面前容易紧张和兴奋。

④出现了性冲动和性欲望。

二、性感情的发展变化

①疏远异性阶段。

②接近异性阶段。

③异性眷恋阶段。

④择偶尝试阶段。

三、对中学生正确处理异性交往的指导

①加强教育，让学生理解性生理和性心理的变化。

②更新观念，让学生认识异性交往的意义。

③指导行为，让学生能够正确地处理性冲动，恰当地与异性交往。

真题再现

【2018年下半年　中】材料：高一女生马英前几天向班主任廖老师倾诉了自己的烦恼。她感觉自己喜欢上了班里的男生周勇。上课时，她总是走神，不由自主地看周勇在干什么；下课后，她的目光总是跟随周勇的身影；如果看不到周勇，她就心神不定，书也看不进去。她对自己目前的状况非常忧虑，担心被父母、老师发现，担心自己的学习成绩会因此下降。她十分困惑，问廖老师自己该怎么办。

问题：

(1)请根据中学生异性交往特点分析案例中马英的问题。

(2)如果你是马英的班主任，你会提出什么建议？

参考答案：

(1)马英是高一学生，处于过渡阶段，在生理上正处于青春发育期。这一时期的最大特点是：生理蓬勃发展、急骤变化；智力迅速发展；情绪情感的内容十分丰富，形式也比较复杂，稳定性也在逐步提高。这一阶段的中学生开始对异性展现出一定的兴趣。

中学生身心的这些变化，集中地表现出这个阶段的四个特点：过渡性、闭锁性、社会性、动荡性。材料中马英同学处于不成熟向成熟的过渡时期。她表现出对异性的情感，向老师倾诉喜欢上班里的周勇同学，总是关注周勇的身影，看不到周勇就会觉得心神不定。但是又担心父母和老师发现，表现出一定的心理闭锁性，同时又担心自己的成绩下降。马英的问题是担心倾心异性被老师、同学或家长误解，自身要承受各方面的压力让自己变得十分痛苦；受到感情方面的困扰，单恋周勇而又缺乏勇气向对方示爱，在学习、生活上魂不守舍，自信心受到打击。

(2)中学生的异性交往需要老师、家长的正确引导。

首先，老师和家长要重视性教育，而且要把握好教育尺度，在传授性知识的时候用符合中学生年龄特点、能被他们接受的方式为宜，而不是简单地把成人的知识教给孩子，或是单纯地迎合孩子的心理。

其次，老师应采取适当的教育方式，组织男女学生共同参加一些健康有益的活动，使他们与异性交往的需求在活动中得到满足。

最后，老师应该尊重马英同学，将马英同学向她倾诉的内容保密，并且正向引导，将马英同学的精力引回学习上，为其指明方向。

第五节　中学生自我意识的发展

【考点分析】

常考题型为案例分析题(高频考点)。

【考点内容】

一、自我意识概述

(一)自我意识的概念

自我意识是指个体对自己的认识和态度，是人格的重要组成部分，是使人格部分整合和统一起来的核心力量。从内涵的角度来看，自我意识主要包括以下三个方面：

①个体对自身生理状态的认识和评价：对体重、身高、身材、容貌等体像方面，以及对身体的痛苦、饥饿、疲倦等感觉的认识和评价。

②个体对自己与周围事物关系的认识和评价：对自己在一定社会关系中的地位、作用，以及对自己与他人关系的认识和评价。

③个体对自身心理状态的认识和评价：对能力、知识、情绪、气质、性格、理想、信念、兴趣、爱好等方面的认识和评价。

(二)自我意识的发展阶段

①生理自我(自我中心期)。

②社会自我(客观化时期)。

③心理自我(主观自我期)。

二、中学生自我意识的发展

(一)初中生自我意识的发展

①初中生的自我体验随着年龄的增长而不断发展。主要表现：第一，出现成人感；第二，自尊心增强；第三，出现自卑感。

②自我开始分化。

③能够更自觉地评价别人和自己的个性品质，但能力水平不高、不稳定。

(二)高中生自我意识的发展

①自我意识中的独立意向不断发展。

②自我意识的组成成分不断分化。

③强烈地关心着自己的个性成长。

④自我形象受到空前关注。

⑤自我评价逐渐成熟。

⑥自尊心强。

⑦道德意识高度发展。

真题再现

【2016 年下半年　中】在一次业务学习中，关于青春期后个体自我意识的发展进入什么阶段，教师们讨论得很热烈，共提出了下列四种见解，其中正确的是(　　)。

A. 生理自我阶段　B. 心理自我阶段　　C. 社会自我阶段　　　D. 经验自我阶段

答案：B

解析：个体自我意识的发展经历了从生理自我到社会自我再到心理自我的过程。心理自我是在青春期开始发展和形成的，即青春期后个体自我意识进入心理自我阶段。

能力提升训练题

一、名词解释

最近发展区

二、单项选择题

1. 青春期开始发展和形成的自我意识是(　　)。

A. 社会自我　　B. 生理自我　　C. 心理自我　　D. 理性自我

2. 在个体自我意识的发展过程中，出现“假想的观念”和“独特的自我”等现象的时期是(　　)。

A. 幼儿期　　B. 青少年期　　C. 成年早期　　D. 成年中期

3. 认为人格的发展是终其一生的是(　　)。

A. 弗洛伊德　　B. 埃里克森　　C. 皮亚杰　　D. 斯金纳

4. 文化历史发展理论的创始人是 (　　)。

A. 维果茨基　　B. 埃里克森　　C. 华生　　D. 班杜拉

5. 性心理是指有关性的心理活动，主要包括(　　)、性情感、性观念以及性适应等。

A. 性意识　　B. 性思想　　C. 性行为　　D. 性理解

6. 交往(　　)限制了中学生对周围环境和关系的理解。

A. 人格障碍　　B. 情感障碍　　C. 能力障碍　　D. 认知障碍

7. 自我调控系统包括自我认知、(　　)、自我控制三个子系统。

A. 自我体验　　B. 自我调节　　C. 自我评价　　D. 自我反思

8. 按照自我意识发展理论，生理自我基本成熟的年龄是(　　)。

A. 7 岁　　B. 3 岁　　C. 12 岁　　D. 18 岁

三、简答题

1. 简述初中生心理发展的特征。

2. 简述高中生心理发展的特征。

参考答案

一、名词解释

最近发展区是指在有指导的情境下，儿童借助成人的帮助所达到的解决问题的水平与在独立活动中所达到的解决问题的水平之间的差距。

二、单项选择题

1. C

解析：生理自我是自我意识的原始形态，始于儿童 1 周岁，到 3 周岁左右基本成熟；在儿童 3 岁以后，自我意识发展到社会自我阶段，至少年期基本成熟；心理自我是在青春期开始发展和形成的。故选 C。

2. B

解析：在高中生阶段(青年初期)，个体在心理上将自我分成了“理想自我”(“假想的观念”)与“现实自我”两部分。

3. B

4. A

5. A

解析：性心理是指有关性的心理活动，主要包括性意识、性情感、性观念以及性适应等。健康的性心理是指上述各方面既符合社会文化的道德规范，又有利于自己保持健康的心理状态。

6. C

解析：交往能力障碍限制了中学生对周围环境和关系的理解。当前许多中学生缺乏交往经验，不会应付变化，有刻板的行为模式和固定的行动程序，这些都阻碍了他们的日常交流。

7. A

解析：自我意识是人对自身以及对自己同客观世界的关系的意识，具有自我认知、自我体验、自我控制三个子系统。

8. B

三、简答题

1. 答案：初中生阶段是 11、12 岁到 14、15 岁，是个体从童年期向青年期过渡的时期。此阶段初中生具有半成熟、半幼稚的特点。少年的抽象逻辑思维已占主导地位，并出现反省思维，但抽象逻辑思维在一定程度上仍要以具体形象为支柱。同时，思维的独立性和批判性也有所发展，但仍带有不少片面性和主观性。

2. 答案：高中生阶段是 14、15 岁至 17、18 岁，相当于高中时期。青年初期是个体在生理上、心理上和社会性上接近成人的时期。他们的智力接近成熟，抽象逻辑思维已从“经验型”向“理论型”转化，开始出现辩证思维。

第二章　中小学生认知的发展

【考纲要求】

掌握中小学生认知发展的特点、规律。

第一节　中小学生感知觉的发展

【考点分析】

了解中小学生感觉和知觉的发展特点，掌握中学生观察力发展的特点及培养方法。

【考点内容】

一、小学生感知觉的发展

在入学之初，小学生的感知觉已充分发展，具体表现为：听觉和视觉十分敏锐，能准确地辨别事物的颜色、形状；味觉、嗅觉和触觉也较为发达。感知觉的发展为个体进行学习提供了保障。在儿童期，小学生的感知觉发展迅速，感知的准确性和系统性都不断提高。

二、中学生感觉的发展

感受性和观察力进一步发展。青少年的视觉感受性在不断提高，精确区分各种颜色和色度的能力也在不断提高。

各种感觉能力接近甚至超过成人水平。

三、中学生知觉的发展

①知觉的有意性和目的性提高。

②知觉的精确性和概括性发展起来。

③少年期学生开始出现逻辑知觉。

④初中生的空间和时间知觉有了新的发展。

四、中学生观察力的发展

(一)观察力的品质

目的性、精确性、全面性、深刻性。

(二)中学生观察力发展的特点

①具有明确的目的性。中学生对事物的观察最初处于被动状态，往往是接受家长或教师的任务的进行观察的，后来逐步发展为自觉自动地制订观察计划，进行有意义的观察。

②持久性明显增强。
③精确性提高。
④概括性增强。

(三)中学生观察力的培养

①提出明确的观察目的和任务。
②激发学生的观察兴趣。
③指导学生掌握观察的方法和技能。

真题再现

【2013年下半年　小】儿童认知能力中最先发展且速度最快的领域是(　　)。

A. 注意　　B. 感知觉　　C. 思维　　D. 记忆

答案：B

第二节　中小学生注意的发展

【考点分析】

了解中小学生无意注意与有意注意发展的特点，了解中小学生注意品质的发展进程。中小学生注意力培养的方法是考核的重点，也是需要考生掌握的重点。

【考点内容】

一、无意注意与有意注意的发展和深化

①无意注意不断发展和深化，兴趣爱好逐渐稳定。
②有意注意占有优势地位。
③注意特征存在个体差异。

二、注意品质的全面发展

①注意稳定性提高，但发展速度相对较慢。
②注意广度接近成人。
③注意分配能力还不够成熟。
④注意转移能力缓慢提高。

三、注意力的培养

①培养学生克服注意分散的能力，具体措施有：要求学生对干扰他们的刺激保持镇静的态度；加强注意的目的性；加强锻炼学生自我调节和自我管理的能力。

②培养学生形成稳定而广泛的兴趣。

③培养学生养成良好的学习习惯，具体措施为使学生养成随时能把注意力集中于一定事物的习惯，使学生养成劳逸结合的学习习惯。

④培养学生保持良好的心理状态：能不能使注意力集中，自信心很关键；心情愉快有利于注意力集中；性情平和有益于注意力集中。

⑤使学生能分析自己在注意方面的优缺点，发扬优点，克服缺点。

四、注意规律在教学中的应用

①充分利用学生的无意注意。教师应利用刺激物的特点来吸引学生的无意注意，还要消除容易分散学生注意的因素；布置教室时要简单，保持教室安静，建立良好的课堂秩序；运用教具时，应淡化背景，突出要讲授的内容。

②积极调动学生的有意注意。教师讲授课程时应向学生说明课程的目的、任务、方法，强调其重要性和必要性。

③引导学生在两种注意间进行转换。

第三节　中小学生记忆的发展

【考点分析】

了解中小学生记忆发展的基本特点，能做一定的分析。

【考点内容】

一、小学生记忆发展的特点

①有意记忆逐渐增强。小学低年级学生的无意记忆常占优势，但随着年级的升高，有意记忆开始逐渐发展起来。

②意义记忆迅速发展。小学生的记忆方法由机械记忆向意义记忆过渡。

二、中学生记忆发展的特点

①记忆的容量日益增大，短时记忆广度接近成人。

②中学生能主动选择记忆方法，有意记忆逐渐占主导地位。

③随着年龄的增长，理解记忆逐渐成为主要的记忆手段。

④抽象记忆的发展速度较快，逐渐占据主导地位。

第四节　中小学生想象与思维的发展

【考点分析】

中小学生想象与思维发展的特点是考核的重点，经常以单项选择题或材料分析题的形式出现。

【考点内容】

一、小学生想象发展的特点

①有意想象增强。

②想象更富有现实性。

③想象的创造成分日益增多。

二、小学生思维发展的特点

①由具体形象思维向抽象逻辑思维过渡。

②思维的基本过程日趋完善。

三、中学生想象发展的特点与培养

(一)中学生想象发展的特点

①有意想象逐步占主导地位(初二、初三年级是空间想象力发展的加速期和关键期)。

②创造想象开始出现(想象的创造成分在不断增加)。

③想象的现实性在不断发展。

④幻想具有现实性、兴趣性，有时也带有虚构的特点。

(二)中学生想象能力的培养

①储备各种表象。

②结合运用想象。

③进行正确幻想。

④努力营造气氛。

四、中学生思维发展的特点与培养

(一)中学生思维发展的特点

①青少年的思维能力迅速发展，抽象逻辑思维逐渐处于优势地位。

②在整个中学阶段，形式逻辑思维逐渐发展，占据主导地位。

③辩证逻辑思维迅速发展。

④中学生的思维还不够成熟，他们对问题的看法通常还比较片面，也难以理解事物的本质。

(二)中学生思维能力的培养

①遵循思维规律，提高思维能力。初中生的思维还属于经验型，所以初中生应重点掌握知识的系统性，以便为逐步形成复杂的概念系统打好坚实的基础。高中生应重点培养理论型抽象思维，力求对各种材料做出理论化的、规律化的说明。

②加强对思维品质的训练，特别是对思维的主动性、敏捷性、灵活性、抽象性的训练。

③加强思维方法的练习。

真题再现

【2014 年下半年　中】材料：

小林进入初中后发生了很大的变化，小学时她经常把“这是老师说的”挂在嘴边，现在她经常和同学们一起讨论书本以及老师的一些观点。她觉得书本和老师的很多观点不合理，经常以独立批评的态度对待老师和家长给出的建议，有时候会为了一个问题同老师争得面红耳赤。老师觉得小林有时候不能根据实际情况对所学原理恰当地加以运用，看待问题有点片面，对一些观点的怀疑和批评缺乏充足的证据。

根据心理学原理分析小林思维变化的特点，提出促进小林思维发展的建议。

参考答案：

①中学阶段小林的思维发生了巨大的变化：思维能力迅速发展，抽象逻辑思维逐渐处于优势地位；在整个中学阶段，形式逻辑思维逐渐发展，占据主导地位；辩证逻辑思维迅速发展；中学生的思维还不够成熟，他们对问题的看法通常还比较片面，也难以理解事物的本质。

②建议：加强科学思维方法的训练；运用启发式方法调动小林思维的积极性、主动性；加强言语交流训练；培养小林解决实际问题的思维品质。

能力提升训练题

一、单项选择题

1. 小林现在是中学生了，和小学阶段相比，她的观察力可能具有怎样的特点？(　　)

A. 目的性依然不明显　　B. 持久性表现仍然较差

C. 精确性增强　　D. 概括性较弱

2. 下列选项中说法正确的是(　　)。

A. 中学生的无意注意不如小学生那样容易产生

B. 中学生的有意注意占主导地位

C. 中学生的注意分配能力已日臻成熟

D. 有意注意和无意注意没法进行转换

3. 下列关于中学生想象发展特点的说法错误的是(　　)。

A. 有意想象逐步占主导地位

B. 想象的创造成分在不断增加

C. 想象的现实性在不断发展

D. 中学生的想象不带有虚构的特点

二、简答题

1. 怎样提高中学生的观察力？

2. 在中学教学中如何合理运用注意规律以提高教学效果？

3. 中学生注意力的培养应该从哪几个方面着手？

4. 简述中学生思维发展的特点与培养。

参考答案

一、单项选择题

1. C　2. B　3. D

二、简答题

1. 参考答案：

(1)提出明确的观察目的和任务。

(2)激发学生的观察兴趣。

(3)指导学生掌握观察的方法和技能。

2. 参考答案：

(1)充分利用中学生的无意注意。教师应利用刺激物的特点来吸引学生的无意注意，还要消除容易分散学生注意的因素；布置教室时要简单，保持教室安静，建立良好的课堂秩序；运用教具时，应淡化背景，突出要讲授的内容。

(2)积极调动学生的有意注意。教师讲授课程时应向学生说明课程的目的、任务、方法，强调其重要性和必要性。

(3)引导学生在两种注意间进行转换。

3. 参考答案：

(1)培养学生克服注意分散的能力，具体措施有：要求学生对干扰他们的刺激保持镇静的态度；加强注意的目的性；加强锻炼学生自我调节和自我管理的能力。

(2)培养学生形成稳定而广泛的兴趣。

(3)培养学生养成良好的学习习惯，具体措施为使学生养成随时能把注意力集中于一定事物的习惯，使学生养成劳逸结合的学习习惯。

(4)培养学生保持良好的心理状态：能不能使注意力集中，自信心很关键；心情愉快有利于注意力集中；性情平和有益于注意力集中。

(5)使学生能分析自己在注意方面的优缺点，发扬优点，克服缺点。

4. 参考答案：

(1)中学生思维发展的特点：

①青少年的思维能力迅速发展，抽象逻辑思维逐渐处于优势地位。

②在整个中学阶段，形式逻辑思维逐渐发展，占据主导地位。

③辩证逻辑思维迅速发展。

④中学生的思维还不够成熟，他们对问题的看法通常还比较片面，也难以理解事物的本质。

(2)中学生思维能力的培养：

①遵循思维规律，提高思维能力。初中生的思维还属于经验型，所以初中生应重点掌握知识的系统性，以便为逐步形成复杂的概念系统打好坚实的基础。高中生应重点培养理论型抽象思维，力求对各种材料做出理论化的、规律化的说明。

②加强对思维品质的训练，特别是对思维的主动性、敏捷性、灵活性、抽象性的训练。

③加强思维方法的练习。

第三章　中小学生情绪的发展

【考纲要求】

1. 了解情绪的分类，理解情绪理论，能应用情绪理论分析中小学生常见的情绪问题。

2. 掌握中小学生的情绪特点，正确认识中小学生的情绪，主要包括情绪表现的两极性、情绪的种类等。

3. 掌握中小学生良好情绪的标准、培养方法，指导中小学生进行有效的情绪调节。

第一节　情绪概述

【考点分析】

情绪的两极性和情绪的种类、情感的种类是考核重点，要理解和识记。

【考点内容】

一、情绪的概念

情绪一般是指个体在其需要是否得到满足的情境中直接产生的心理体验和相应的反应。

情绪与情感的区别和联系：

区别：

①从需要角度来看，情绪具有生理性，情感则具有社会性。

②就人类个体而言，情绪发展在先，情感体验在后。

③与情感相比，情绪不稳定。情绪会随着情境的改变以及需要得到满足情况的变化而发生相应的改变；情感具有较强的稳定性、深刻性和持久性，是构成个性心理品质的稳定成分。

④情绪表现具有外显性，而情感表现具有内在性。

联系：

情绪与情感的以上区别是相对的。强烈的情绪反应中也有稳定的主观体验，情绪是情感的基础；情感离不开情绪，情感通过情绪的形式表达出来，情感的深度决定了一定情境下情绪的表现形式；情绪是情感的外在表现，情感是情绪的本质内容。

二、情绪表现的两极性

①快感度，肯定、愉快和否定、不愉快。

②紧张度，轻松和紧张。

③强度，由弱到强的变化。

④激动，激动和平静。

情绪在两极性多维度上不同程度的结合构成了人类复杂而多变的情绪。

三、情绪情感的功能

①信号功能。
②感染功能。
③动机功能。
④组织功能。

四、情绪的种类

(一)情绪的基本种类

我国古代有喜、怒、忧、思、悲、恐、惊七情说。但学者一般认为人有四种基本情绪，即快乐、愤怒、恐惧和悲哀。

(二)情绪状态的分类

根据情绪状态的强度和持续时间，情绪可分为心境、激情和应激。

五、情感的种类

人类的情感有道德感、理智感和美感三种形式。

(一)道德感

道德感是人们用一定的道德标准去评价自己或他人的思想和言行时产生的情感体验。

(二)理智感

理智感是人们在智力活动中认识、探求和维护真理的需要是否得到满足时而产生的主观体验，与人的好奇心、求知欲、探求和热爱真理的需要相联系。理智感对人们学习知识、认识事物、发现规律和探索真理的活动都有积极的推动作用。

(三)美感

美感是人们根据一定的审美标准对自然或社会现象予以评价时产生的情感体验。

真题再现

1.【2018 年下半年　中】中学生晓涛时而温和，时而暴躁；时而欢乐，时而忧郁。这说明晓涛的情绪具有(　　)。

A. 两极性　　B. 适应性　　C. 复合性　　D. 社会性

答案：A

2.【2017 年下半年　中】当解出一道困惑自己许久的难题时，小明感到无比兴奋、激动。心理学将小明此时的情感体验称为(　　)。

A. 道德感　　B. 理智感　　C. 美感　　D. 幸福感

答案：B

3.【2014 年上半年　中】晓东在解决了困扰他许久的数学难题后出现的喜悦感属于(　　)。

A. 道德感　　B. 理智感　　C. 美感　　D. 幸福感

答案：B

第二节　情绪理论

【考点分析】

本节考点较少考核，一般以简答题形式出现，所以考生要重视情绪理论，尤其是阿诺德的评定—兴奋说、沙赫特的两因素情绪理论和拉扎勒斯的认知—评价理论。

【考点内容】

情绪理论主要试图解释情绪体验的生理和心理方面的关系。

一、詹姆士-兰格理论

美国心理学家詹姆士和丹麦生理学家兰格分别于1884年和1885年提出了观点基本相同的理论。詹姆士认为，情绪就是对身体变化的知觉；兰格认为，情绪是内脏活动的结果。他们提出了情绪与机体生理变化的直接关系，认为情绪刺激引起身体的生理反应，而生理反应进一步导致情绪体验的产生。

二、坎农-巴德情绪学说

坎农认为，情绪并非外界变化的必然结果，情绪产生的中心不在外周神经系统，而在中枢神经系统的丘脑。情绪体验与生理变化是同时产生的，它们都受丘脑的控制。坎农的情绪学说得到巴德的支持和发展，故后人将这一学说称为坎农-巴德情绪学说。此理论忽略了外因变化的意义以及大脑皮层对情绪的作用。

三、阿诺德的评定—兴奋说

美国心理学家阿诺德在20世纪50年代提出了情绪的评定—兴奋说，强调情绪的产生来源于大脑皮层对情境的评估。阿诺德的评定—兴奋说主要有以下三个主要观点。

第一，刺激情境并不直接决定情绪的性质。刺激出现到情绪产生，要经过大脑皮层对刺激情境的评估，情绪产生的过程是刺激情境—评估—情绪。

第二，情绪的产生是大脑皮层和皮下组织协同组织的结果，大脑皮层的兴奋是情绪产生的最重要的条件。

第三，情绪产生的理论模式是，引起情绪的外界刺激作用于感受器，产生神经冲动，通过内导神经，经丘脑传到大脑皮层，然后刺激情境在此得到评估，形成一种特殊的态度。这种态度通过外导神经将皮层的神经冲动传至丘脑的交感神经，将兴奋发送到血管或内脏，使纯粹的认识经验转化为被感受到的情绪。

四、沙赫特的两因素情绪理论

20世纪60年代，美国心理学家沙赫特提出，情绪受环境影响、生理唤醒和认知过程三种因素制约。环境中的刺激因素，通过感受器向大脑皮层输入生理状态变化的信息；认知过程是对过去经验的回忆和对当前情境的评估。来自这几个方面的信息经过大脑皮层的整合作用，才产生了某种情绪经验。将上述理论转化为一个工作系统，称为情绪唤醒理论。这个情绪唤醒模型的核心部分是认知。

五、拉扎勒斯的认知—评价理论

拉扎勒斯认为情绪是人与环境相互作用的产物。在情绪活动中，人不仅接受环境中的刺激事件对自己的影响，同时调节自己对于刺激的反应。在情绪活动中，人们需要不断评价刺激事件和自身的关系，这里有三个层次的评价：初评价、次评价、再评价。

六、情绪的动机—分化理论

该理论主要以伊扎德为代表，他的情绪的动机—分化理论以情绪为核心，以人格结构为基础，论述情绪的性质和功能。伊扎德认为，情绪具有重要的动机性和适应性功能，是人格系统的组成部分，是人格系统的核心动力。情绪体验是情绪系统与人格的其他系统相互作用的主要成分，对形成系统间的稳定和特定的联结起到重要作用。情绪特征主要来源于个体的生理结构，而遗传是某种情绪的阈限特征和强度水平的决定因素。每种具体情绪都有其产生的根源，都有特定的意识品质和适应功能。

真题再现

1.【2018 年上半年　中】沙赫特的情绪理论认为，对情绪产生起决定作用的因素是(　　)。

A. 环境　　B. 生理　　C. 刺激　　D. 认知

答案：D

2.【2015 年上半年　中】简答题：简述阿诺德的评定—兴奋说。

参考答案：美国心理学家阿诺德认为，对外部环境影响的评价与估量是情绪产生的直接原因。面对同一刺激情境，由于人们对它的评估不同，人们会产生不同的情绪反应。情绪的产生是大脑皮层和皮下组织协同活动的结果。阿诺德强调情绪反应的序列是刺激情境—评估—情绪，即人们对情境的评估引出了情绪，且这种评估是一个皮层的兴奋过程，因此，皮层的兴奋直接影响着情绪反应，所以阿诺德的学说被称为评定—兴奋说。

第三节　中小学生的情绪特点

【考点分析】

历年考题中本节考点往往以选择题的形式出现。

【考点内容】

一、小学生情绪发展的一般特点

(一)情绪理解能力的发展

小学生对基本情绪的认知已经达到了一个稳定的水平。他们能认识自己的情绪并对自己的情绪做出反应，如感到骄傲、自豪和内疚等。

小学生已能更多地依据人的内部心理状态来解释情绪。

小学生在小学初期只能识别同一性质的情绪，到小学中后期才能识别和理解存在一种以上不同性质的情绪同时产生在同一个体身上的混合情绪(甚至对立的情绪)。

(二)情绪调节能力的发展

小学中、高年级学生情绪调节能力的发展经历了一个由外部调节转到内部自我调节的过程，此时的小学生已能使用一些策略帮助自己调节情绪以适应困难情境。一般来讲，小学三年级是这种转变的转折点。总体上小学生的情绪还不是很稳定。

(三)情绪表现规则的掌握

情绪表现规则的意义是指导个体在特定的社会情境下调节情绪，使个体符合社会期望。9岁左右，儿童使用情绪表现规则的形式趋于稳定。11岁儿童比7～9岁儿童调节外部情绪表现的能力更强。

(四)情绪由外显向内隐发展

低年级学生情绪外露，富有表情，且比较容易变化。高年级学生依然具有情绪外露的特点，但表现得较为含蓄。小学生从低年级到高年级，由不善于掩饰、控制自己的情绪向逐渐内化情绪发展。

二、中学生情绪情感发展的一般特点

中学生正处于青春期。青春期是“疾风怒涛”时期，是人生的“第二次断乳期”。这个时期的青少年情绪体验跌宕起伏、剧烈波动，情感活动广泛且丰富多彩，表现出很明显的心理年龄特征。

(一)中学生情绪发展的特点

①情绪体验迅速。

②不稳定性和两极性交替。

中学生情绪的两极性明显，很容易从一个极端剧烈地转向另一个极端，特别是在初中阶段。

③外露性和内隐性并存。

④表现出心境化和持久性。

(二)中学生情感发展的特点

①自尊心强烈而敏感。

高中生已进入心理自我时期，强烈而敏感的自尊心是高中生自我意识发展的突出表现。

②情感的社会性加强。

初中生知识面的拓宽、辩证思维的发展和情绪经验的积累使社会性情感日益丰富，使初中生开始重视世界观的问题。

③理智感、美感及道德感不断丰富和深化。

初中生的理智感明显发展起来。高中阶段是美感发展的主要时期。中学生的道德情感得到很快的发展。

真题再现

1.【2014 年下半年　中】中学生小博得知自己物理竞赛成绩名列年级第一，在家里高兴得手舞足蹈，但在学校却表现出若无其事的样子。这反映了小博的情绪具有(　　)。

A. 矛盾性　　B. 激动性　　C. 掩饰性　　D. 短暂性

答案：C

2.【2012 年上半年　中】在某中学一次数学考试中，陈鹏是唯一获得满分的学生。当老师宣布考试成绩时，陈鹏内心非常高兴，但他却表现出若无其事的样子。这反映了青少年的情绪具有(　　)。

A. 稳定性　　B. 持久性　　C. 掩饰性　　D. 短暂性

答案：C

第四节　中学生常见的情绪问题

【考点分析】

历年考试较少单独出题考核本节考点，但考生也不能轻视。

【考点内容】

一、忧郁

忧郁表现为情绪低落，心情悲观，郁郁寡欢，闷闷不乐，思维迟缓，反应迟钝等。忧郁情绪是学生群体中一种比较普遍的消极情绪表现。

二、恐惧

中学生常见的恐惧情绪有社交恐惧和学校恐惧。这种紧张情绪有时会导致诸如呼吸困难、心跳加快、出汗发抖、腹痛腹泻等症状的出现。个别严重的会演变成情绪障碍。

三、孤独

孤独感是青春期一种常见的情绪感受，是正常的情绪表现，它标志着中学生的独立意识、自我意识的发展。但是，长期孤独会使人变得消沉、脆弱、萎靡不振、痛苦，进而严重影响个体的身心健康，影响正常的学习、生活和人际关系。

四、愤怒

中学生由于思维片面，控制冲动能力较差，容易产生愤怒情绪。愤怒会使人的神经系统出现紊乱，容易诱发高血压、脑出血、神经衰弱等症状。暴怒会使人丧失理智，甚至导致违法犯罪。

这四大情绪问题，对有的中学生来说，是极容易出现的。一旦出现，中学生要及时进行调控，避免身心健康受到严重损害。

第五节　中小学生良好情绪的培养

【考点分析】

这部分知识较少单独考核，一般与心理辅导结合考查，但也应引起考生的重视。

【考点内容】

一、中小学生良好情绪的标准

良好情绪有如下几条标准：

①有良好情绪的学生能正确反映一定环境的影响，善于准确表达自己的感受。

②有良好情绪的学生能对引起情绪的刺激做出适当强度的反应。

③有良好情绪的学生应该具备情绪反应的转移能力。

④良好情绪应符合学生的年龄特点。

二、中小学生良好情绪的培养方法

调节和控制情绪一般可以从以下几个方面进行。

(一)敏锐觉察情绪

自我觉知能力是情绪智力的核心，监控情绪时时刻刻变化的能力是自我理解和心理领悟力的基础。学生可以通过以下方式了解自己的情绪：

①了解自己的个性特征。

②了解自身的成长经历及早期经验。

③反思自己的情绪状态。

(二)平和接纳情绪

能接纳自己的情绪变化，能接受自己的情绪，不苛求己，不过于追求完美，以平常心来面对自己的情绪上的波动。

(三)正确调整情绪

有效调整情绪的方法如下：

①宣泄，如进行放松训练等。

②转移，从主观上努力把注意力从消极或不良的情绪状态转移到其他事物上。

③调节认知功能，主要是运用艾利斯的 ABC 合理情绪疗法合理改变认知。

④进行积极的自我暗示，运用内部语言或书面语言以隐含的方式来调节和控制情绪。

(四)有效表达情绪

①选择恰当的方式。

②进行完整客观的情绪表达。

(五)创造和保持快乐的情绪

通过培养陶冶性情的艺术类兴趣爱好、锻炼身体、创设愉快的生活环境等来创造和保持快乐的情绪。

真题再现

1.【2017 年上半年　中】小强期中考试失利，但是他没有气馁，而是认真分析了失败原因，找到了问题，确定了新的方向。小强这种对待挫折的方式是(　　)。

A. 宣泄　　B. 升华　　C. 补偿　　D. 认知重组

答案：D

解析：小明面对考试失利，分析原因，重新确定自己的努力方向，这属于主体对失败和挫折的认知，切合认知重组，故正确答案为 D。

2.【2018 年上半年　中】下面是有关中学生的几个生活情境。

情境 1：一天放学后，高一学生张欣因送生病的同学，回家时间比平时晚了一个多小时。当张欣推开家门时，着急的妈妈便过去说了她几句，没有任何指责的意思，只是嘱咐女儿不要回来太晚了。但是，张欣顿时暴跳如雷。"你不相信我!"她叫道，"你总是告诉我该做什么，你根本就不相信我!"她的情绪非常激动，头也不回地走出家门。

情境 2：初二学生王芳非常喜欢好朋友丽丽。在她眼里，丽丽简直就是个完美的人，她不容许同学说丽丽的坏话。可是有一天，王芳听说好朋友丽丽把自己告诉她的秘密告诉了别人，便匆匆找到了丽丽，对着她大声呵斥，指责她是一个骗子，再也不信任她了。

情境 3：初三数学模拟考试试卷发下来了，岳勇取得了他上初三以来最好的成绩，他非常高兴，兴奋不已，真想大声欢呼。但当他得知本次考试中大多数同学都考得不好时，他控制住了自己内心的激动，表现出若无其事的样子。

(1)结合材料，分析中学生情绪发展的主要特点。

(2)如何引导中学生进行有效的情绪调节?

参考答案：

(1)中学生情绪体验跌宕起伏、剧烈波动。具体表现为：①爆发性和冲动性。情境 1 中的张欣在妈妈表达了关心之后"暴跳如雷"，情境 2 中的王芳对好朋友"大声呵斥"，都是情绪外化的表现，体现出了爆发性、冲动性的特点。②外露性和内隐性。中学生乐于表达自己的情绪，同时由于自控能力的增强而表现出一定的内隐性。情境 3 中的岳勇对成绩满意很想大声欢呼是情绪外露性的表现，但在同学面前能表现出"若无其事"体现了情绪的内隐性。除此之外，中学生的情绪还具有不稳定性和两极性、心境化和持久性等特点。在开展教育活动时，教师要关注中学生的阶段性特征。

(2)教师应采用正确恰当的方法指导中学生进行情绪调节：①敏锐觉察情绪；②平和接纳情绪；③正确调整情绪；④有效表达情绪；⑤创造和保持快乐的情绪。

能力提升训练题

一、单项选择题

1. 下面属于情绪而不属于情感的是(　　)。

A. 对艺术作品的欣赏　　B. 对祖国的热爱

C. 助人为乐的幸福感　　D. 高考被录取带来的喜悦

2. 具有感染性的比较平稳而相对持久的情绪状态是(　　)。

A. 热情　　B. 心境　　C. 激情　　D. 应激

3. 与人的责任心有关的情感体验属于( )。

A. 道德感 B. 理智感 C. 美感 D. 热情

4.“感时花溅泪，恨别鸟惊心”表明情绪具有( )特征。

A. 感染性 B. 情境性 C. 两极性 D. 移情性

5. 他乡遇故知时的情绪体验是( )。

A. 热情 B. 心境 C. 激情 D. 应激

6.“抽刀断水水更流，举杯消愁愁更愁”体现的情绪状态是( )。

A. 感情 B. 心境 C. 激情 D. 应激

7. 欣欣解决了一个让她困惑已久的数学难题，心里很高兴，美滋滋地给自己点了个赞。这种情感属于( )。

A. 道德感 B. 理智感 C. 美感 D. 热情

8. 古人苏秦受挫而悬梁刺股终成学业，这说明人的情绪的两极( )。

A. 是对立而不可调和的

B. 因一定条件而互相转化

C. 是具有社会性的，可有意识地调节和控制

D. 是可以寻找到一个平衡点的

9.“情急生智”所描述的一种情绪状态是( )

A. 心境 B. 激情 C. 应激 D. 理智

10. 人的情绪情感是以什么为中介的反映形式？( )

A. 需要 B. 动机 C. 态度 D. 认知

二、简答题

简述情绪和情感的区别与联系。

三、材料分析题

星期一的晨会课上，一位三年级的班主任高兴地向学生宣布：“这周五不上课，全校郊游。”话音刚落，教室里一片欢腾。可是从当天开始到以后几天，学生都没能上好课。这是什么原因呢？请联系学生注意、情感、意志方面的心理特点来谈谈这种现象出现的原因，并给这位教师提出一个合理化的建议。

参考答案

一、单项选择题

1. D 2. B 3. A 4. A 5. C 6. B 7. B 8. B 9. C 10. A

二、简答题

答案详见本章第一节。

三、材料分析题

作答思路：

①指出这位教师的做法的不妥之处。

②根据案例阐明学生注意、情感、意志方面的基本特点。

③提出的策略(或办法)要全面；策略要具有可操作性，符合真实的教学情境。

第四章　中小学生意志的发展

【考纲要求】

无(但考题中出现过本章考点)。

第一节　意志概述

【考点分析】

历年考试中本节考点很少，但考过材料分析题，也考过选择题。意志的特征和意志行动中的动机冲突是重点。

【考点内容】

一、意志的概念

意志是人在行动中自觉地克服困难以实现预定目的的心理过程。

意志是人特有的心理活动，是人的意识的能动性和积极性的体现。意志的发展对于中小学生的发展有很大的作用。它是影响学生学习成败以及活动效率高低的一个重要的非智力因素。

二、意志的特征

(一)明确自觉的目的性

意志是在有目的的行动中表现出来的，这个目的是自觉的、有意识的。目的在意志行动中起着极其重要的作用。目的的社会意义越大，人产生的意志力也越大，即“伟大的目的产生伟大的毅力”。

(二)以随意动作为基础

人的行动是由动作组成的，动作有不随意动作和随意动作两种。不随意动作是指无预定目的的动作，随意动作则是指有预定目的、受意识指引的动作。有了随意动作，人们就可以根据目的组织、支配和调节一系列的动作，实现预定目的。随意动作是意志行动的必要组成部分，是意志行动的基础。一般来讲，随意动作越熟练，掌握程度越高，意志行动也就越容易实施。

(三)与克服困难相联系

克服困难的过程也就是意志行动的过程。困难有内部困难和外部困难两种。内部困难主要是指主体内部的障碍，包括知识经验欠缺、能力有限以及身体有疾患等。外部困难是指意志行动中外部环境的阻碍，既可能是有限的生活环境和复杂的人际关系，也可能是恶劣的气候条件或工作条件等。

三、意志行动的基本阶段

意志行动，有其发生、发展和完成的过程。这一过程大致可以分为两个阶段：准备阶段和执行阶段。

(一)准备阶段

准备阶段就是采取决定阶段，它决定意志行动的方向和轨迹。人在行动之前，先要在头脑里考虑为什么要行动和怎样去行动。因此，在这一阶段，人需要经过动机冲突(动机斗争)确定行动目的，进而制订行动计划，选择行动的方式与方法。

(二)执行阶段

制订行动计划后，执行计划、采取有效行动，便是达到目的的关键步骤。在执行计划的过程中，人必然会碰到各种困难，所以执行计划需要更多的意志努力。

四、意志行动中的动机冲突

在意志行动的准备阶段，人往往需要经过动机冲突(动机斗争)确定行动目的。动机冲突有以下几种类型。

(一)双趋冲突

同时并存两种能满足需要的具有同等吸引力的目标，但只能选择其中之一时所产生的动机冲突叫作双趋冲突，可以表示为“既想……又想……”。

(二)双避冲突

同时遇到两个力图回避的威胁性目标，但必须面对其中之一时所产生的冲突叫作双避冲突 ，可以表示为“既不想……又不想……”。例如，进退维谷，前有狼后有虎。

(三)趋避冲突

同一目标既有吸引力又有排斥力，人既希望接近同时又不得不回避而引起的冲突叫作趋避冲突，可以表示为“既想……又不想……”。例如，女生晚上既想吃东西又怕胖，学生高考时既想报考好的学校又怕考不上。

(四)多重趋避冲突

对含有吸引与排斥两种力量的多种目标予以选择时所产生的冲突叫作多重趋避冲突，可表示为“既想……又不想……既想……又不想……”。例如，既想坐飞机，又觉得贵；既想坐火车，又觉得时间太长。

真题呈现

1.【2016 年上半年　中】中学生晓雯是一个品学兼优的学生，老师与同学都很喜欢她。但她需要进行选择与决策时，总是拿不定主意，处于矛盾中。例如，有同学建议晓雯竞选班长，她也有此想法，但又担心班级事务繁多影响自己的学习；学校举行数学竞赛，她渴望参加，却又担心无法完成老师交给她的创建班级环境规划的任务；日常生活中，晓雯也常常对要参加集体活动还是温习功课拿不定主意；在专业选择问题上，她既想成为一名音乐家，又想成为一名心理学家。

问题：

(1)请运用动机冲突相关知识分析晓雯的问题。

(2)假如你是晓雯的班主任，你如何帮助她？

答案：(1)动机冲突是指一个人在某种活动中，同时有一个或数个目标，或存在两个或两个以上互相排斥的动机。当处于相互矛盾的状态时，个体难以决定取舍，表现为行动上的犹豫不决的状态。动机冲突可以分为双趋冲突、双避冲突、趋避冲突和多重趋避冲突。材料中的晓雯既想当班长又害怕耽误学习，既想参加数学竞赛又担心完不成老师交给她的任务。这体现了一个目标既有吸引力又有排斥力，个体既想接近同时又不得不回避从而引发的冲突，这属于趋避冲突。

答案(2)见本章第三节。

2.【2018 年下半年　中】李哲爱好广泛，恰逢本周六晚上既有足球赛又有演唱会，他都想去看。由于二者时间冲突，他很矛盾。他面临的冲突是(　　)。

A. 双趋冲突　　B. 双避冲突　　C. 趋避冲突　　D. 多重趋避冲突

答案：A

第二节　意志品质

【考点分析】

考题较少，但不容忽视。单项选择题、辨析题、材料分析题都容易考到本节知识点。

【考点内容】

一、意志的自觉性

意志的自觉性是指个体对行动的目的有深刻的认识，能自觉地支配自己的行动，使之服从于活动目的，而不是靠外力来监督。与自觉性相反的意志品质是易受暗示性和独断性。意志的自觉性强调个体在采取决定阶段能合理地自己做决策。若个体没有主见，容易改变决定，则偏向于易受暗示；若个体完全不接纳他人意见，则偏向于独断。

二、意志的果断性

意志的果断性是指个体善于明辨是非，迅速而合理地采取决定和执行决定，是采取决定和执行决定速度上的问题。与果断性相反的意志品质是优柔寡断和草率决定。意志的果断性强调个体采取决定和执行决定的速度。若个体犹豫不决，顾虑重重，则会偏向于优柔寡断；若个体一时冲动，不考虑行动后果，不负责任地做决定，则偏向于草率决定。

三、意志的自制性

意志的自制性是指个体控制情绪和支配自己行为方面的意志品质。与自制性相反的意志品质是任性和怯懦。意志的自制性强调个体在行动中能排除外界干扰，坚持完成意志行动。任性是指个体不能约束自己的行为。怯懦是指个体在行动中畏缩不前，惊慌失措。

四、意志的坚持性

意志的坚持性是指个体在意志行动中能否坚持决定、百折不挠地克服困难和障碍从而完成既定任务方面的意志品质，又称坚韧性。与坚持性相反的意志品质是顽固执拗和见异思迁。意志的坚持性强调个体在采取行动阶段能主观努力，克服困难，坚持达到目的。如果个体明知不可为而为之，执迷不悟，则会偏向于顽固执拗；若个体在行动时缺乏坚持性，随意改变目标和行动方向，则会偏向于见异思迁。

第三节 中小学生意志发展的特点及良好意志品质的培养

【考点分析】

考题少，考试题型可为材料分析题。良好意志品质的培养是重点。

【考点内容】

一、中小学生意志发展的特点

(一)小学生意志发展的特点

1. 自觉性

小学生还不善于自己提出活动的要求，常常由教师和家长向他们提出明确的要求，并在教师和家长的监督和帮助下才能完成任务。

2. 果断性

小学生还不善于仔细全面地考虑问题，不善于按照一定的原则经过深思熟虑做出决定。他们在做决定时往往具有冲动性和情绪性的特点。

3. 自制性

意志的自制性最先表现在能服从成人的要求上。尽管小学生在自我约束、遵守规章制度等方面的能力发展较晚，但一方面由于教学活动和学校纪律的要求，另一方面由于大脑结构日趋完善使意志的抑制机能发展得较为平稳，小学生的自制力逐渐发展起来。

4. 坚持性

一年级学生已具有一定的坚持性。但由于低年级学生的有意注意还比较薄弱，情绪稳定性还较差，自制力较弱，他们在遇到困难时，比较容易放弃已开始的活动。中高年级学生已开始有意识地抵抗不符合行动目的的主客观诱因的干扰，开始能够较长时间地维持活动，对于力所能及的活动一般能做到有始有终。

(二)中学生意志发展的特点

中学生正处在身心发展的半幼稚半成熟时期。中学阶段学习活动的范围和难度的增加，以及青春发育期生理的剧变和情感的波动，要求中学生大力增强意志的控制能力。这种客观需要推动了中学生意志品质的发展，使其意志品质具有如下特点。

1. 自觉性

中学生的认识具有局限性，其自觉性和幼稚性也仍处在错综矛盾的状态中。但是他们已能把个人目的和社会价值联系起来，使个人目的自觉地服从于社会价值。中学生的自觉性品质是随着年龄的增长而发展的，不同年级表现出不同的特点。

2. 果断性

初中生的果断性水平还比较低，轻率往往是他们的主要特点。他们反应快，行动快，容易把不假思索的冒失看成是果断行为。高中生的认识能力迅速发展并趋于成熟，较之初中生有以下进步：知识更加丰富，社会和生活经验不断积累，因而在处事的果断性方面有了很大发展；对新事物、新情况反应快，行动也快；懂得珍惜时间，反对因犹豫不决而浪费时间；发现学习过程中的问题能及时解决，以积极态度果断处理现实生活中的各种矛盾。

3. 自制性

中学生自制性的发展是一个循序渐进的过程。初中生自制力比较差，因为他们正处于青春发育期，身体的急剧变化引起身心发展的各种不平衡。他们情绪波动大，对自己的行为举止难以控制，表现得好动。因此，品德不良的学生往往多出现在初中阶段。高中生情绪比较稳定，道德认识也逐渐成熟，比较能控制和调节个人的行为举止。

4. 坚持性

坚持性和学生的兴趣、动机及他们对任务意义的认识有关。初中生对自己感兴趣的课程，才能够保持较长久的注意力；学习顺利时劲头十足，碰到困难就容易败下阵来。高中生则不同，他们的责任感比较强，即使智力水平一般的学生在学习遇到困难时往往也不立刻退缩，而是努力解决问题。

二、中小学生良好意志品质的培养

良好的意志品质作为学生学习活动的保证和身心发展的重要条件，不是生来就有的，需要在后天教育和实践活动中有目的地加以培养。

①加强世界观和人生观教育，确立正确的行动目的。

②组织实践活动，加强意志锻炼。

③发挥教师和班集体的影响力，给予必要的纪律约束。

④启发学生进行意志的自我锻炼。

真题再现

问题见本章节第一节第1题问题(2)。

答案：

第一，帮助学生加强世界观和人生观教育。确立正确的行动目的和具有自觉目的性是意志行动的重要特征。学生意志品质的发展建立在一个正确而合理的行动目的的基础上。对晓雯的教育可以从确立远大的目标着手，帮助她合理处理好个人成长与集体成长之间的关系，从而有效避免她在价值取向上出现动机冲突。

第二，组织实践活动，加强意志锻炼。在日常的学习劳动和课外活动中，学生都需要为达到一定的目的付出努力，这正是培养学生良好意志品质的最好途径。对于晓雯这样优柔寡断的学生，要树立他们克服困难的信心和勇气，帮助他们学会审时度势、当机立断。

第三，发挥教师的影响力，给予必要的纪律约束。学生意志品质的形成，离不开周围人和环境的影响。特别是在学校教育中，教师和班集体发挥着不可忽视的作用。对于晓雯这样的学生，教师自己首先在工作中要表现出目标明确、处事果断、兢兢业业、不畏困难的作风。

第四，启发学生进行意志的自我锻炼。培养学生的意志品质，还必须调动学生自己的主观能动性。在教育实践中，教师可以激励学生用格言、座右铭警醒自己，用杰出人物的事迹对照、监督自己的言行，同身边的榜样相比较，找出差距，迎头赶上，每天坚持记日记，反思自己的言行和思想，发现缺点，及时改正等。

能力提升训练题

一、单项选择题

1. 小明既想取得好成绩，又想出去玩，这属于(　　)。

A. 双趋冲突　　B. 双避冲突　　C. 趋避冲突　　D. 多重趋避冲突

2. 意志行动最重要的环节是(　　)。

A. 确定行动目的　　B. 制订行动计划　　C. 做出行动决定　　D. 执行决定

3. 有人遇事总是举棋不定、优柔寡断，他们缺乏的意志品质是(　　)。

A. 自觉性　　B. 自制性　　C. 果断性　　D. 坚持性

4. 科学家为了攻克科技难关而废寝忘食，这是(　　)的具体表现。

A. 情感　　B. 意志　　C. 性格　　D. 想象

5.“鱼和熊掌不可得兼”，这种冲突情境属于(　　)。

A. 双趋冲突　　B. 双避冲突　　C. 趋避冲突　　D. 双重趋避冲突

二、简答题

如何在教育教学中加强学生意志品质的培养？

参考答案

一、单项选择题

1. A　2. D　3. C　4. B　5. A

二、简答题

答案参见本章第三节。

第五章　中小学生人格的发展

【考纲要求】

1. 理解人格的特征，掌握人格结构，并根据学生的个体差异塑造良好人格。
2. 了解弗洛伊德及埃里克森的人格发展理论，理解影响人格发展的因素。

第一节　人格概述

【考点分析】

历年考题以单项选择题居多。人格的特征、气质的类型、性格的类型、影响人格发展的因素为重点内容。

【考点内容】

一、人格的概念

人格是个体在社会生活的适应过程中对己、对人、对事、对物做出反应时，其自身所显示出来的与他人不同的独特心理品质。

二、人格的特征

(一)独特性

个体的人格是在遗传、成熟、环境、教育等先后天环境的交互作用下形成的。不同的遗传、成熟及环境、教育，形成了个体各自独特的心理特点。人格不仅反映了人的独特性，也反映了某一团体所具有的共同特性。

(二)稳定性

人格的稳定性是指个体那些经常表现出来的特点，是一贯的行为方式的总和，正如人们所说："江山易改，本性难移。"一个人的某种人格特质一旦稳定下来，要改变是较为困难的事，这种稳定性还表现在人格特征在不同时空下的一致性。

(三)统合性

人是极其复杂的，人的行为表现出多元性、多层次的特点。各种人格结构的组合千变万化，因而使人格表现得色彩纷呈。在每个人的人格世界里，各种特征并非简单的堆积系统，而是如同宇宙世界一样，依据一定的内容、秩序与规则有机组合起来的动力系统。人格的有机结构具有内在一致性，受自我意识的调控。当一个人的人格结构的各方面和谐一致时，他就会呈现出健康的人格特征，否则就会出现各种心理冲突，导致"人格分裂"。

(四)功能性

人格是一个人生活成败、喜怒哀乐的根源，正如人们常说的"性格决定命运"。人格决定了一个人的生活方式，甚至有时会决定一个人的命运。人们常常使用人格特征解释某人的言行及事件的成因。面对挫折与失败，有志者认真总结经验教训，在失败的废墟上重建人生的辉煌；而怯懦的人一蹶不振，失去了奋斗的目标。当人格功能发挥正常时，人格表现为健康而有力，支配着人的生活与成败；当人格功能失调时，人格就会表现为懦弱、无力、失控甚至变态。

三、人格的结构

人格是一个复杂的结构系统，它包含许多成分：需要、动机、兴趣、人生观、价值观、世界观、自我调控系统、气质、性格、能力等。下面介绍几个主要的成分。

(一)气质

1. 气质的含义

气质是表现在心理活动的强度、速度、灵活性与指向性等方面的一种稳定的心理特征。

2. 气质的特点

人的气质是先天形成的，受神经系统活动过程的特性所制约，无好坏之分，不决定人的社会价值，也不决定人的成就。气质有极大的稳定性，也有一定的可塑性。

3. 气质的类型

气质通常分为多血质、胆汁质、黏液质、抑郁质四种。

多血质：情绪不稳定，情感发生迅速而易改变；思维迅速敏捷，活泼好动；适应性强，善于交际，待人热情。

胆汁质：好冲动，情感发生快而且持久；动作迅速而猛烈；易怒，易激动；缺乏自制力。

黏液质：性情沉稳，情感发生缓慢而微弱；沉默寡言，动作迟缓；平静不易激动，很少发脾气，情感很少外露；自制力强。

抑郁质：比较脆弱，情感发生缓慢而持久；动作迟钝，柔弱易倦；不喜欢抛头露面。

(二)性格

1. 性格的含义

性格是一种与社会最密切相关的人格特征，是个体对现实的稳定的态度和习惯化了的行为方式。性格包含许多社会道德含义，受人的人生观、世界观、价值观的影响，是最核心的人格差异，有好坏之分。

2. 性格的影响因素

性格是在后天社会环境和生活中形成的，同时也受个体的生物因素的影响。

3. 性格的特征

对现实态度的性格特征：热情或冷漠，勤劳或懒惰。

性格的意志特征：独立或依赖，勇敢或怯懦。

性格的情绪特征：心平气和或激怒。

性格的理智特征：严谨或轻率。

4. 性格的类型

(1)内向型与外向型

内向型的人沉默寡言，情感深沉，待人接物小心谨慎，性情孤僻，不善交际。外向型的人对外部事物比较关心，活泼开朗，情感容易流露，待人接物比较随和，不拘小节，但容易轻率。

(2)独立型与顺从型

独立型的人善于独立发现和解决问题，有主见，不易受外界的影响，较少依赖他人。顺从型的人则表现为独立性差，易受暗示，易被他人影响，解决问题时犹豫不决。

(3)A 型性格与 B 型性格

A 型性格的人即“急躁好胜”型，多具有雄心壮志和进取精神，总想在较短的时间内做很多事，且急于求成，易冲动，好发脾气，人际关系不太融洽，平时精神紧张，稍遇刺激就会心跳加快、呼吸加快、血压升高，长期如此易患动脉硬化、高血压、冠心病等。

B 型性格的人多具有安于现状、情绪稳定、温和乐观的特点，比较没有主见和上进心，但往往健康状况良好。

(三)自我调控系统

自我调控系统的作用是对人格的各种成分进行调控，保证人格的完整、统一与和谐。

自我调控系统是人格中的内控系统和自控系统，有以下三个子系统。

1. 自我认知

自我认知是对自己的洞察和理解，包括自我观察和自我评价。自我观察是指对自己的感知、思维和意向等方面的觉察；自我评价是指对自己的想法、期望、行为及人格特征的判断与评估，这是自我调节的重要条件。

2. 自我体验

自我体验是伴随自我认知而产生的内心体验，是自我意识在情感上的表现，即主我对客我所持有的一种态度。它反映了主我的需要与客我的现实之间的关系。客我满足了主我的要求，个体就会产生积极肯定的自我体验，即自我满足；反之，客我没有满足主我的要求，个体就会产生消极否定的自我体验，即自我责备。

3. 自我控制

自我控制是自我意识在行为上的表现，是实现自我调节的最后环节。自我控制包括自我监控、自我激励、自我教育等成分。

(四)能力

1. 能力的含义

能力是个体顺利完成某种活动所必需的心理条件。它是个体个性心理特征的重要方面。

2. 能力的种类

(1)根据能力的范围分类

①一般能力：智力，是指个体在不同实践活动中表现出来的比较一致的能力。例如，思维力、想象力、记忆力、观察力等都属于一般能力。

②特殊能力：只在特定的专业活动中发挥作用的能力，是个体顺利完成某种专业或特殊活动所必需的心理条件。例如，音乐能力、艺术能力、运动能力、绘画能力等均属特殊能力。

(2)根据能力的形成方式分类

①模仿能力：通过长期观察他人的示范性行为而逐渐形成的对事物做出相仿反应的能力。

②创造能力：利用已知信息，产生出某种新颖、独特、有社会或个人价值的产品的能力。创造能力的核心是创造性思维能力，也包括创造性想象能力。

尽管模仿能力和创造能力的形成方式不同，但二者有一定的内在联系。一般来说，模仿在前，创造在后，因而模仿能力是创造能力形成的前提和基础。

(3)根据能力的特殊功能分类

①认知能力：接收、加工、储存与应用信息的能力，它反映在人的认识活动中，是个体获取各种知识的心理潜能。

②操作能力：操纵、制作能力，该类能力以具体的操作实践为基础，又成为个体顺利掌握操作技能的重要条件。

③社交能力：反映在人际交往中，它是加强人际沟通、正确处理人际关系的能力。言语表达能力、组织管理能力、判断决策能力等都是社交能力的重要组成部分。

(4)根据能力的发展趋势分类

①流体能力(流体智力)：在信息加工和问题解决过程中表现出来的能力，比如对于关系的认识能力、逻辑推理能力、形成抽象概念的能力等。这种能力较少地依赖于文化和知识的内容，取决于个人的禀赋。

②晶体能力(晶体智力)：获得语言、数学知识的能力，它取决于后天的学习，与社会文化有密切关系。晶体能力在人的一生中是持续发展的，只是到25岁后，发展的速度渐趋平缓。

3. 能力发展的一般趋势

①童年期和少年期是智力发展最重要的时期。从三四岁到十二三岁，智力的发展与年龄的增长几乎等速。

②人的智力在18～25岁达到顶峰。智力的不同成分达到顶峰的时间不同。

③人的流体智力在中年之后有下降趋势，而人的晶体智力在人的一生中是稳步上升的。

④成年期是能力发展最稳定的时期，也是最富有创造性的时期。

⑤能力发展趋势存在个体差异。

4. 能力的影响因素

(1)遗传因素

人的各种能力并不是与生俱来的。人们先天所具有的，只有一定的解剖和生理特点，其中高级神经系统特别是大脑的特点有着更为重要的作用，它们是能力发展的物质基础。这些造成人们之间存在天生差异的解剖和生理特点，称为先天素质。先天素质是能力发展的自然基础，决定着能力发展的可能性。

(2)环境和教育

早期环境对能力的形成和发展有重要影响，许多心理学研究都证明了这一点。学校教育对能力的形成和发展所起的作用是系统性的。对儿童和青少年来说，发展能力是与系统学习和掌握知识、技能分不开的。

(3)实践活动

人的各种能力是在社会实践活动中最终形成和发展起来的。虽然掌握知识对于能力发展很重要，但个人直接经验的积累在能力发展中有着不可替代的重要作用。人的最终能力的不同，归根结底是由实践的性质、广度与深度不同造成的。

(4)主观能动性

个人自身是能力的载体。一个人能力的提高，离不开他的主观努力。一个人追求的目标越远大，付出的努力越多，经历的范围越广、程度越深，他的能力也就能获得越大、越快和越深的发展。

四、影响人格发展的因素

(一)遗传与生理因素

遗传是人格发展不可缺少的影响因素。遗传对人格的作用程度因人格特征的不同而不同。通常在气质这些与生物因素关系较大的特征上，遗传因素较为重要。而在价值观、信念、性格等与社会因素关系密切的特征上，后天环境因素更为重要。

人格发展是遗传与环境交互作用的结果，二者不存在全或无的情况。遗传因素影响人格的发展方向及形成的难易。

(二)家庭与早期经验

家庭是社会文化的媒介，对人格有强大的塑造力。父母教养方式的恰当性会直接决定孩子良好人格特征的形成。父母在养育孩子的过程中，表现出了自己的人格，并有意无意地影响和塑造孩子的人格。

(三)学校与社会文化

教师对人格发展有导向作用。同伴群体对人格发展有“弃恶扬善”的作用。学校是人格社会化的主要场所。社会文化因素决定了人格的共同特征，它使同一社会的人在人格上有一定程度的相似性。这种相似性具有维系社会稳定的功能，又使得每个人能稳固地“嵌入”整个文化形态。社会文化对人格具有塑造功能，还表现为拥有不同文化的民族有其固有的民族性格。

真题再现

1.【2014 年上半年　中】小琼十分内向，不爱说话，无论是在陌生的环境中还是在家里，都少言寡语。这表明人格具有(　　)。

A. 整体性　　B. 稳定性　　C. 独特性　　D. 功能性

答案：B

2.【2014 年上半年　中】田和热爱学习，关心同学，助人为乐，组织班级同学认真学习。她的这些品质属于性格里面的哪种特征？(　　)

A. 态度特征　　B. 理智特征　　C. 意志特征　　D. 情绪特征

答案：A

3.【2017 年上半年　中】中学生晓楠极端争强好胜，性格急躁，富有竞争意识，外向，常常处于紧张状态，很难使自己放松。晓楠的人格属于(　　)。

A. A 型人格　　B. B 型人格　　C. C 型人格　　D. D 型人格

答案：A

4.【2019 年上半年　中】方华情绪快而强，容易冲动，常常是爆发式的，并伴随有明显外部表现。她的气质类型属于(　　)。

A. 胆汁质　　B. 多血质　　C. 黏液质　　D. 抑郁质

答案：A

5.【2019 年上半年　小】简答题：简述人格形成与发展的影响因素。

答案：人格的形成受以下因素的影响：①生物遗传因素；②社会文化因素；③家庭教养方式；④学校教育因素；⑤个人主观因素。

第二节　人格发展理论

【考点分析】

历年考题以选择题为主。

【考点内容】

一、弗洛伊德的人格发展理论

(一)人格结构

弗洛伊德认为人格结构由本我、自我、超我三部分组成。

本我即原我，是指原始的自己，包含生存所需的基本欲望、冲动和生命力。本我是一切心理能量之源，按“快乐原则”行事。它不理会社会道德、外在的行为规范，它唯一的要求是获得快乐、避免痛苦。本我的目标乃是求得个体的舒适、生存及繁殖，它是无意识的，不被个体所觉察。

自我，其德文原意是指“自己”，是自己可意识到的执行思考、感觉、判断或记忆的部分。自我的机能是寻求本我冲动以得到满足，同时保护整个机体不受伤害。它遵循的是“现实原则”，为本我服务。

超我，是人格结构中代表理想的部分，是个体在成长过程中通过内化道德规范以及内化社会及文化环境的价值观念而形成的，其机能主要是监督、批判及管束自己的行为。超我的特点是追求完美，所以它与本我一样是非现实的。超我大部分也是无意识的。超我要求自我按社会可接受的方式去满足本我，它所遵循的是“道德原则”。

(二)人格发展阶段论

弗洛伊德把人格发展划分为五个阶段，他认为这五个阶段的顺序是不变的。

第一阶段：口唇期(0～1 岁)。口唇区域为快感的中心。婴儿的活动大多以口唇为主。摄入、撕咬、含住、吐出和紧闭是五种主要的口腔活动模式。如果对一种原始模式产生固着作用，个体成年后就可能形成相应的人格特征。

第二阶段：肛门期(1～3 岁)。肛门区域成为性感区。在这一阶段，儿童会接受排便训练，这是儿童第一次接触到外部纪律或权威，因此代表了本我与社会规范之间的冲突。

第三阶段：性器期(3～6 岁)。生殖器成为快感的中心。这是人格发展的关键阶段。在这一阶段，儿童以异性父母作为自己性欲的对象：男孩对母亲产生爱恋并仇恨父亲，称为恋母情结或俄狄浦斯情结；女孩对父亲产生爱恋并仇恨母亲，称为恋父情结或克勒厄屈拉情结。

弗洛伊德认为，前三个阶段是人格发展的最重要的阶段，为成年后的人格模式奠定了基础。他主张，人格的最初形成应在5岁左右。

第四阶段：潜伏期(6岁至青春期)。这一阶段的儿童已经进入学校接受正规教育，因此，他们将兴趣从家庭成员转向同伴，特别是同性同伴，倾向于避开异性同伴。

第五阶段：生殖期(青春期至成年)。这一阶段是个体的性发育成熟期。个体开始试图与父母分离，建立自己的生活，逐渐发展出成年人的异性恋。

弗洛伊德认为，个体的人格发展要想在性、心理和社会方面都达到成熟状态，即达到生殖期人格的理想水平是很难的，很少有人能达到。

二、埃里克森的人格发展理论

在人格发展中，逐渐形成的自我在个体与其周围环境的交互作用中起着主导和整合作用。每个人在成长过程中，都普遍体验着生物的、生理的、社会的事件的发展顺序，按一定的成熟程度分阶段地向前发展。埃里克森根据人一生中出现的心理社会问题，把人格发展分为八个阶段。每一个阶段都有不同的发展危机或任务。

埃里克森的八个人格发展阶段

年龄	特定心理危机	主要任务
0～1岁	基本信任对基本不信任	满足生理上的需要，发展信任感，克服不信任感，体验着希望的实现。
1～3岁	自主对羞怯或疑虑	获得自主感，克服羞怯感和疑虑感，体验着意志的实现，渴望探索新的世界。
3～5岁	主动对内疚	获得主动感，克服内疚感。个体未来在社会中所取得的成就，都与主动性在本阶段发展的程度有关。
5～12岁	勤奋对自卑	获得勤奋感，克服自卑感，体验着能力的实现。许多人对学习和工作的态度以及学习和工作习惯，都源于本阶段的勤奋感。
12～20岁	同一性对角色混乱	建立同一感，防止同一感混乱，体验着忠实的实现。
20～24岁	亲密对孤独	获得亲密感，避免孤独感，体验着爱情的实现。
24～65岁	繁殖对停滞	获得繁殖感，避免停滞感，体验着关怀的实现。
65岁以后	自我整合对失望	获得完善感，避免失望厌倦感，体验着智慧的实现。

真题再现

1.【2018年下半年　中】韩波进入中学后，经常独立思考“我是谁”、未来从事何种职业以及在社会上处于什么样的地位等问题。根据埃里克森的人格发展阶段理论，韩波的人格发展处于(　　)。

A. 主动对内疚阶段　　B. 同一性对角色混乱阶段

C. 自我整合阶段　　D. 自主对羞耻或疑虑阶段

答案：B

2.【2016年上半年　中】中学生小孙近期心里很矛盾，觉得未来的自己应该是一名科学家，但又觉得能力有限，遥不可及。根据埃里克森的人格发展阶段理论，当前小孙的主要发展任务是(　　)。

A. 获得勤奋感　B. 克服内疚感　C. 避免孤独感　D. 建立同一性

答案：D

3.【2018年下半年　中】简述弗洛伊德的人格发展阶段理论。

答案：略。

第三节　中小学生的人格发展与教育

【考点分析】

考题较少，但不能轻视，容易考材料分析题。

【考点内容】

一、中小学生的气质与教育

第一，对待学生应克服气质偏见。

第二，针对学生气质差异因材施教。

对于多血质的学生，教师可以采取多种教育方式，但要对其缺点进行严厉批评。教师应鼓励他们勇于克服困难，培养他们扎实专一的精神，防止其见异思迁；创造条件，多给他们活动的机会，培养他们朝气蓬勃、足智多谋的优点。

对于胆汁质的学生，教师应采取直截了当的方式，但不宜轻易激怒这些学生，应对其严厉批评并要有说服力，培养其自制力和坚持到底的精神。

对于黏液质的学生，教师要采用耐心教育的方式，让他们有考虑和做出反应的足够时间，培养其生气勃勃的精神风貌、热情开朗的个性和以诚待人、工作踏实、顽强的特点。

对于抑郁质的学生，教师则应采取委婉暗示的方式，对其多关心爱护，不宜在公开场合指责，不宜过于严厉批评，引导他们亲切、友好、善于交往、富有自信，培养其敏感、机智、认真、细致、高自尊的优点。

第三，帮助学生进行气质的自我分析、自我教育，培养他们良好的气质品质。

第四，特别重视胆汁质和抑郁质学生。

第五，组建学生干部队伍时，应考虑学生的气质类型。

二、中小学生的性格与教育

(一)中小学生的性格发展概况

小学生的性格发展既有稳定期又有骤变期，在小学二年级到四年级主要处于稳定期，在小学四年级到六年级则主要处于骤变期。因此，小学阶段是性格发展的关键期。

中学生的性格在初中阶段可塑性较大，到高中一二年级时便趋于成熟和基本定型；不仅性格类型相对稳定，性格的组成部分，如对现实态度的性格特征以及性格的意志特征、情绪特征、理智特征，也日趋稳定。

(二)中小学生优良性格的培养

①加强人生观、世界观、价值观的教育。

②及时强化学生的积极行为。

③充分利用榜样人物的示范作用。

④利用集体的教育力量。

⑤提供实际锻炼的机会。

⑥及时进行个别指导。

⑦提高学生的自我教育能力。

三、中小学生的能力发展与教育

第一，注重对学生早期能力的培养。

第二，在教学过程中要加强知识与技能的教学与训练。

重视基础知识的教学。

注意开阔学生的视野，拓宽知识面。

在教学中重视学生智力技能的训练。

第三，在教学中要针对学生的能力差异因材施教。

在教学中可根据学生不同的特点提出不同的要求：对能力发展水平较高、学习成绩优良的学生，应提供较难的学习任务，鼓励他们独立思考，创造各种条件发挥他们的才智；对发展速度较慢的学生，要给他们更多的帮助，对他们的作业进行具体的指导，使他们树立起信心；对水平不差但学习成绩差的学生，要针对他们各自的特点，主要从端正学习态度和培养良好的学习习惯入手，使其不断形成良好的个性品质。

不应歧视在某些能力方面有缺陷的学生，要树立一种观念，即任何学生都有可能发展某种活动所需要的能力，要鼓励他们树立信心、扬长避短，同时采取适当的方法使学生长善救失、人尽其才。

善于发现和培养有特殊兴趣和才能的学生。

第四，在教学中要积极培养学生的元认知能力和创造能力。

第五，社会实践活动是培养学生能力的基本途径。

第六，要注意培养学生的非智力因素。

具体可按三个阶段进行：①采用个别教育的方法，分别培养每个学生的兴趣、意志、情感等；②采用整体教育的方法，使整个班级甚至全校都形成良好的学习风气，让学生在其中受到熏陶，逐步培养自己良好的个性品质；③采取个别教育的方法，有针对性地逐个纠正学生自身的一些不良习惯，使之在原有的水平上得到不同程度的提高和进步。

能力提升训练题

一、单项选择题

1. 人们在社会活动中表现出来和发展起来的能力是(　　)。

A. 认知能力　　B. 操作能力　　C. 社交能力　　D. 模仿能力

2. 顺利完成任务必须具有的人格特征是(　　)。

A. 能力　　B. 气质　　C. 性格　　D. 智力

3. 个体的思想、情感及行为的特有整合，其中包含的区别于他人的稳定而统一的心理品质是(　　)。

A. 性格　　B. 气质　　C. 能力　　D. 人格

4. 个体在心理活动的强度、速度、灵活性和指向性方面的稳定的动力特征是(　　)。

A. 气质　　B. 性格　　C. 人格　　D. 能力

5. 弗洛伊德的自我依据(　　)活动。

A. 快乐原则　　B. 理想原则　　C. 现实原则　　D. 社会原则

6. 诚实或虚伪、勇敢或怯懦、谦虚或骄傲、勤劳或懒惰等描述的是个体的(　　)。

A. 性格特征　　B. 能力特征　　C. 气质特征　　D. 认知特征

7. 小宝活泼好动，乐观灵活，精力旺盛，但做事经常粗枝大叶，缺乏耐心和毅力。小宝属于(　　)气质类型。

A. 黏液质　　B. 胆汁质　　C. 多血质　　D. 抑郁质

8. 具有反应快、有开拓精神、好冲动等特征的人属于(　　)。

A. 胆汁质　　B. 多血质　　C. 黏液质　　D. 抑郁质

二、简答题

1. 简述影响人格发展的因素。

2. 简述埃里克森的人格发展理论。

3. 简述影响能力发展的因素。

三、材料分析题

晓东精力旺盛，爱打抱不平，但是做事急躁马虎，喜欢指挥别人，稍不如意便大发脾气，甚至动手打人，事后虽也后悔，但遇事总是难以克制。

(1)你认为晓东的气质属于什么类型？为什么？

(2)如果你是晓东的老师，你准备如何根据他的气质类型的特征实施教育？

参考答案

一、单项选择题

1. C　2. A　3. D　4. A　5. C　6. A　7. C　8. A

二、简答题

1. 答案参见本模块第五章第一节第四部分内容。

2. 参考答案：埃里克森认为，人格的发展应包括机体成熟、自我成长和社会关系三个不可分割的过程。每一个过程必须以其他两个过程为前提，在不断交互作用中向前发展。他根据这三个过程的演化，把人格分为八个阶段，表明一个完整的人生周期。人格发展的每个阶段都由一对冲突或者两极构成，并形成一种危机。危机是指个体发展中的一个重要转折点。危机的积极解决，会增强自我的力量，使人格得到健全的发展，有利于个体对环境的反应。前一阶段危机的积极解决，会增大后一阶段危机解决的可能性。人格的八个阶段包括基本信任对基本不信任、自主对羞怯或疑虑、主动对内疚、勤奋对自卑、同一性对角色混乱、亲密对孤独、繁殖对停滞、自我整合对失望。

3. 答案参见本模块第五章第一节第三部分内容。

三、材料分析题

参考答案：

(1)晓东的气质类型属于胆汁质，因为胆汁质的人的特点是“情感发生迅速、强烈、持久，动作发生也迅速、强烈、有力”。这一类型的人热情，直爽，精力旺盛，脾气急躁，心境变化剧烈，易动感情，具有外倾性。晓东精力旺盛，做事急躁马虎，稍不如意便大发脾气，甚至动手打人，都是胆汁质类型的人表现出的主要特征。

(2)针对胆汁质类型的晓东，教师切记不可过于急躁，要经常肯定晓东优秀的一面，如鼓励晓东勇于进取。如果晓东出现暴力、没有耐心的情况，教师要及时予以引导，防止他任性粗暴。材料中，晓东发脾气后也非常后悔，那么教师应该抓住这一点进行谆谆教诲，平时给予晓东更多关注，与家长及时沟通，保证教育的一致性。在校教育时，教师应注意培养晓东的创造力、韧性、决断力、行动力和表现力等多种优良的品质特征。

模块六　中小学生心理辅导

【考纲要求】

1. 了解心理健康的标准，熟悉中小学生常见的心理健康问题，包括抑郁症、恐惧症、焦虑症、强迫症等。

2. 理解心理辅导的主要方法，包括强化法、系统脱敏法、认知疗法、来访者中心疗法、理性—情绪疗法等。

第一节 中小学生的心理健康概述

【考点分析】

本节内容为高频考点，尤其是各种心理健康问题的表现。题型主要以选择题和辨析题为主。

【考点内容】

一、心理健康的概念

健康应包括生理、心理和社会适应等方面。所谓心理健康，就是一种良好的、持续的心理状态与过程，表现为个体具有生命的活力、积极的内心体验和良好的社会适应，能够有效地发挥身心潜力以及作为社会一员的积极的社会功能。

二、心理健康教育的意义

①预防精神疾病，保障学生心理健康。
②提高学生心理素质，促进其人格健全发展。
③对学校日常教育教学工作的配合与补充。

三、心理健康标准

(一)心理健康的一般标准

①智力正常。
②情绪和情感稳定，能保持良好的心境(情绪适中)。
③意志品质健全(衡量心理健康的主要标准)。
④具有健全人格(人格稳定协调)。
⑤自我意识正确。
⑥人际关系和谐(了解、理解他人，乐于接受他人或被他人接受)。
⑦社会适应良好。
⑧心理特点符合年龄及性别特征。

(二)小学生的心理健康标准

①具有充分的适应力。
②能充分地了解自己，并对自己的能力做出适度的评价。
③生活的目标切合实际。
④不脱离现实环境。
⑤能保持人格的完整与和谐。

⑥善于从经验中学习。

⑦能保持良好的人际关系。

⑧能适度地发泄情绪和控制情绪。

⑨在不违背集体利益的前提下，能有限度地发挥个性。

⑩在不违背社会规范的前提下，能恰当地满足个人的基本需求。

(三)中学生的心理健康标准

①有正确的自我观念，能了解自我、悦纳自我，能体验自我存在的价值。

②乐于学习、工作和生活，能保持乐观积极的心理状态。

③善于与同学、老师和亲友保持良好的人际关系，乐于交往，尊重友谊。

④情绪稳定、乐观，能适度地表达和控制情绪，能保持良好的心态。

⑤能保持健全的人格。

⑥面对挫折和失败具有较高的承受力，具有正常的自我防御机制。

⑦热爱生活，热爱集体。

⑧心理特点、行为方式符合年龄特征。

⑨能与现实的环境保持良好的接触。

⑩有一定的安全感、自信心和自主性，而不是过强的逆反状态。

四、小学生常见的心理健康问题

(一)注意缺陷多动障碍

注意缺陷多动障碍，是一种以行为障碍为特征的儿童综合征，多在 7 岁时就有异常表现。

①活动过多。

②注意力不集中。

③易冲动。

④学习困难。

(二)焦虑症

学生中常见的焦虑反应是考试焦虑。学生焦虑症状产生的原因有：学校的统考以及升学带来的持久的、过度的压力，使学生缺乏内在的自尊心和价值感；家长对子女过高的期望；学生个人过分地争强好胜以及学业上多次失败的体验；某些学生具有容易诱发焦虑反应的人格基础等。

采用肌肉放松、系统脱敏方法，运用自助性认知矫正程序，指导学生在考试中使用正向的自我对话，对于缓解学生的考试焦虑都有较好的效果。

(三)学习困难综合征

学习困难综合征在小学生中比较多见，主要表现为学生缺少某种学习技能，具体包括诵读困难、计算困难、绘画困难、交往困难。在诊断学习困难综合征时，应当注意它与儿童注意缺陷多动障碍的区别。学习困难是儿童注意缺陷多动障碍的一种表现，但儿童注意缺陷多动障碍的学习困难主要是由好动、冲动、注意力缺陷和行为障碍造成的。而患有学习困难综合征的学生，则没有自述注意缺陷多动障碍的表现，他们在个性发展上是健康的，不存在注意缺陷多动障碍儿童所表现的情绪和行为问题。

（四）强迫症

强迫症即强迫性神经症，是一种神经官能症，是焦虑症的一种。强迫症包括强迫观念和强迫行为。强迫观念指当事人身不由己地思考他不想考虑的事情，而强迫行为指当事人反复去做他不希望执行的动作。如果不这样想、不这样做，他就会感到极端焦虑。强迫洗手、强迫计数、反复检查门是否上锁、强迫做仪式性动作是生活中常见的强迫症状。大多数人都有过强迫观念，但只有当它干扰了我们的正常适应时，才是神经症的表现。

强迫症产生的原因：①社会心理原因，包括学习过度紧张，家庭要求过于严格，学习困难，人际关系不良；②个人原因，如胆小怕事，优柔寡断，偏执刻板。

治疗方法：①药物治疗；②行为治疗；③营造支持性环境。

（五）厌学倾向

厌学是人为因素造成的儿童情绪上的失调状态。儿童厌学倾向的主要表现是对学习不感兴趣，讨厌学习。厌学的儿童对学习有一种说不出来的苦闷感，一提到学习就心烦意乱、焦躁不安。他们对教师或家长有抵触情绪，学习成绩不好，有的还兼有品德问题。当儿童厌学情绪严重或受到一定诱因影响时，儿童往往会旷课、逃学甚至辍学。

五、中学生常见的心理健康问题

（一）抑郁症

定义：以持久的心境低落为特征的神经症。抑郁中伴随着焦虑，如果一个人确信某种情境不能改变或不受控制时，抑郁就取代焦虑成为主要症状。

表现：一是悲伤、颓废、淡漠，失去满足感和生活的乐趣；二是有消极的认识倾向，低自尊，有无能感，喜欢自责，对未来不抱多大希望；三是动机缺失，被动，缺少热情；四是躯体上疲劳，失眠，食欲不振等。

治疗方法：增加成功体验；认知疗法。

（二）恐惧症

定义：对特定的无实在危害的事物与场景的非理性惧怕。

分类与表现：单纯恐惧症，对一件具体的东西、动作或情景的恐惧；广场恐惧症，害怕大片的水域、空荡荡的街道；社交恐惧症，对社交的恐惧。

治疗方法：情景治疗；认知疗法。

真题再现

1.【2017 年上半年　小】儿童注意缺陷多动障碍的核心特征是(　　)。

A. 活动过多　　B. 冲动任性　　C. 注意障碍　　D. 学习困难

答案：C

2.【2017 年下半年　中】小东每次锁门离家后，明知已锁过门，但总是怀疑门没有锁上，非要返回检查才安心。他的这种表现属于(　　)。

A. 强迫恐惧　　B. 强迫焦虑　　C. 强迫观念　　D. 强迫行为

答案：D

3.【2012 年上半年　中】某生近期情绪低落，思维迟缓，活动减少，容易自我否定，甚至产生自杀念头。他主要的问题是(　　)。

A. 焦虑　　B. 强迫　　C. 抑郁　　D. 恐怖

答案：C

4.【2014年下半年　中】小燕近期非常苦闷，一提到学习就心烦意乱、焦躁不安，对老师有抵触情绪，成绩也明显下降。小燕存在的心理问题是(　　)。

A. 焦虑症　　B. 神经衰弱症　　C. 强迫症　　D. 抑郁症

答案：A

5.【2014年上半年　中】孙斌经常想“人为什么有两条腿”，一天想好几次，明知没有必要却又无法控制，以致影响学习和生活。他的心理问题属于(　　)。

A. 强迫症　　B. 焦虑症　　C. 抑郁症　　D. 恐惧症

答案：A

第二节　中小学生心理辅导的方法

【考点分析】

本节内容为高频考点，尤其是心理辅导的内容与方法。题型主要以选择题和简答题为主。

【考点内容】

一、心理辅导概述

(一)心理辅导的含义

心理辅导是指教师直接或间接地对学生在适应与发展上的问题给予帮助和指导，以及对学生有关的心理和行为障碍进行诊断矫治的过程。

(二)心理辅导的目标

心理辅导的一般目标可以归纳为两个：第一个是学会调适，包括学会调节与适应；第二个是寻求发展。在这两个目标中，学会调试是基本目标，以此为主要目标的心理辅导可称为调适性辅导；寻求发展是高级目标，以此为主要目标的心理辅导可称为发展性辅导。简言之，这两个目标就是要引导学生实现基础层次的心理健康与高层次的心理健康。

(三)心理辅导的途径

①开设以普及心理健康教育知识为主的有关课程。

②开设专门的心理辅导活动课程。

③在学科教学中渗透心理辅导的内容。

④结合班级活动、团队活动开展心理辅导教育。

⑤开展面向个别学生的心理辅导或咨询。

⑥开展小组辅导。

⑦进行对学生家庭的心理辅导教育。

二、心理辅导的内容

①学习辅导。

②人格辅导。
③生活辅导。
④生涯辅导。

三、心理辅导的原则

①面向学生全体原则。
②预防与发展相结合原则。
③尊重与理解学生原则。
④学生主体性原则。
⑤个别化对待原则。
⑥保密性原则。

四、心理辅导的主要方法

强化法：强化法又称为操作条件疗法，是应用强化手段增进某些适应行为以减弱或消除某些不适应行为的方法。这是中小学常用的心理健康教育方法。

系统脱敏法：创立者是南非的精神病学家沃尔普，主要用于当事人在某一特定情境下产生的超出一般紧张的焦虑或恐怖状态。

认知疗法：这是根据认知过程中影响情感和行为的理论假设，通过认知和行为技术来改变患者的不良认知的一类心理治疗方法。

来访者中心疗法：来访者中心疗法也称为求助者中心疗法，是20世纪60年代兴起的，由罗杰斯倡导。这种咨询方法认为任何人在正常情况下都有着积极的、奋发向上的、自我肯定的无限的成长潜力，在很大程度上能够理解自己并解决自己的问题。无须咨询师进行直接干预，人能够通过自我引导而成长。

理性—情绪疗法：该方法由美国的艾利斯创立，属于认知心理治疗的一种。艾利斯认为情绪不是由某一诱发性事件本身所引起的，而是由经历了这一事件的个体对这一事件的解释和评价所引起的，又称为ABC理论。

真题再现

1.【2014年下半年　中】小华最近遇到了一些困难，于是心理辅导老师引导他梳理了错误观念，使其形成了正确的认识，解决了问题。小华所接受的这种心理辅导方法是(　　)。

A. 行为分析法　　B. 合理情绪疗法
C. 系统脱敏法　　D. 来访者中心疗法

答案：B

2.【2016年下半年　中】辨析题：焦虑不利于学生的学习。

答案：错误。焦虑是指学生在担心不能成功地完成任务时产生的紧张、担忧的感觉。焦虑水平不仅影响学习动机，更会影响学生的学业成绩。心理学研究表明，焦虑程度过高或过低都会对任务的完成有不良影响。中等程度的焦虑对学习是有益的，所以该说法是错误的。

3.【2017 年上半年　中】简答题：简述学校心理辅导的原则。

答案参见本节内容。

4.【2018 年上半年　中】在一次心理健康培训班教学测验中，关于学校心理辅导的一般目标，学员们的答案不一，共有四种。其中，正确的是(　　)。

A. 学会调适和寻求发展　　B. 学会调节和学会适应

C. 学会调适和寻求健康　　D. 适应学习和适应社会

答案：A

第三节　压力与挫折

【考点分析】

压力源、挫折的含义及挫折的应对是重要考点。考试题型以选择题为主。

【考点内容】

一、压力及压力源概述

压力是由刺激引起的伴有躯体机能和心理活动改变的一种身心紧张状态。

压力源的种类：

躯体性压力源：对人身体直接产生刺激而造成身心紧张的刺激物。

心理性压力源：人们头脑中的紧张性信息，如心理冲突与挫折。

社会性压力源：造成个人生活方式的变化并要求人们对其做出调整和适应的情境与事件。

文化性压力源：要求人们适应和应付的文化变化问题，如全新的环境、陌生的风俗习惯。

二、挫折及其应对

挫折是指人们在有目的的活动中遇到的无法克服的障碍。挫折在心理学上是指个体有目的的行为受到阻碍而产生的必然的情绪反应，它会给人带来实质性伤害，表现为失望痛苦、沮丧不安等。

挫折包括三个方面的含义：

一是挫折情境，指对人们的有动机、有目的的活动造成的内外阻碍或干扰的情境状态或条件。构成刺激情境的可能是人或物，也可能是各种自然或社会环境。

二是挫折认知，指个体对挫折情境的知觉、认识和评价。

三是挫折反应，指个体在挫折情境下所产生的烦恼、困惑、焦虑、愤怒等负面情绪交织而成的心理感受，即挫折感。其中，挫折认知是核心因素，挫折反应的性质及程度主要取决于挫折认知。

挫折易使人消极妥协。常见的防御机制有升华，补偿，幽默，合理宣泄，认同(指一个人以各种各样的方式去建立与另一个人、另一个团体或另一个目标的同一性)，认知改变。

真题再现

【2013 年上半年　中】当学生嘲笑张老师个子矮小时，张老师用一句“浓缩的就是精华”化解了当时的尴尬。这种情绪调节的方法称为(　　)。

A. 升华　　B. 补偿　　C. 幽默　　D. 宣泄

答案：C

能力提升训练题

一、单项选择题

1. 心理健康至少应包括两层含义：一是无心理疾病；二是(　　)。

A. 意志品质健全　　B. 人格统一完整

C. 自我意识正确　　D. 有积极发展的心理状态

2. 下列哪项不属于心理健康的标准？(　　)

A. 意志品质健全　　B. 生活目标符合实际

C. 智力正常　　D. 心理特点符合年龄特征

3. 以显著而持久的心境低落为主要症状的是(　　)。

A. 抑郁症　　B. 焦虑症　　C. 强迫症　　D. 恐惧症

4. 晓玲性格内向，平时不敢同老师讲话，遇到疑难问题也没有勇气求教。偶有一次，她向杨老师求教，杨老师耐心解答了问题，并对她的行为及时给予表扬。经过多次这样的教学交往，晓玲学会了主动向老师请教问题。杨老师改变晓玲行为的方法属于(　　)。

A. 强化法　　B. 自控法　　C. 脱敏法　　D. 放松法

5. 下列选项中不属于抑郁症表现的是？(　　)

A. 情绪消极悲观　　B. 精力减退，行为消极

C. 认识倾向消极　　D. 一直紧张不安、提心吊胆

6. 目前抑郁症的治疗方法主要有三种：药物治疗、物理治疗、(　　)。

A. 心理治疗　　B. 运动治疗　　C. 咨询治疗　　D. 情境治疗

7. 小林害怕在社交场合讲话，担心自己因发抖、脸红、声音发颤而暴露自己的紧张、焦虑，觉得自己说话不自然，因而不敢抬头，不敢正视对方眼睛。这是(　　)的症状。

A. 抑郁症　　B. 恐惧症　　C. 焦虑症　　D. 强迫症

8. 根据恐惧的对象，恐惧症大致分为三类：广场恐惧症、社交恐惧症、(　　)。

A. 学习恐惧症　　B. 工作恐惧症　　C. 睡觉恐惧症　　D. 特定恐惧症

9. 下列哪项不属于恐惧症的治疗方法？(　　)

A. 情境治疗　　B. 认知疗法　　C. 森田疗法　　D. 咨询治疗

10. 高三学生小辉因一次模拟考试失败，就认定自己考不上理想中的大学，感觉前途无望。根据理性—情绪疗法的原理，小辉的这种不合理信念属于(　　)。

A. 主观要求　　B. 相对化　　C. 糟糕至极　　D. 片面化

11. 李欣的手很干净，但她却总是忍不住反复洗手，明知这种做法不对，可就是控

制不住，这说明她患有(　　)。

A. 抑郁症　　B. 焦虑症　　C. 强迫症　　D. 恐惧症

12. 中学生晓阳总认为自己是一个完美的人，任何事物都会按自己的意愿发展，但是现实往往事与愿违，这让他非常苦恼，于是他希望得到心理辅导老师的帮助。如果对晓阳进行心理辅导，最可行的方法是(　　)。

A. 放松训练法　　B. 系统脱敏法　　C. 理性—情绪疗法　　D. 代币强化法

13. 王明总是怀疑自己家的门没有上锁，因此常常反复检查，他这种行为属于(　　)。

A. 焦虑　　B. 强迫行为　　C. 强迫观念　　D. 强迫恐惧

14. 李苗过分害怕猫，于是老师先让她看猫的图片，谈论猫，再让她看笼子里的猫并接近猫，最后让她摸猫、抱猫，消除对猫的恐惧反应。老师对她的这种心理辅导是(　　)。

A. 理性—情绪疗法　　B. 来访者中心疗法

C. 消退法　　D. 系统脱敏法

15. 小强考试前紧张，忧心忡忡，考试时无法集中注意力，导致发挥失常。他的症状属于(　　)。

A. 考试焦虑症　　B. 考试强迫症

C. 考试抑郁症　　D. 考试阵发性紧张症

16. 张晓总是一遍遍地数图书上的人物或自己走过了多少台阶，由此判定张晓可能有的心理问题是(　　)。

A. 学习困难综合征　　B. 焦虑反应　　C. 抑郁症　　D. 强迫行为

17. 小学生活动过多、注意力不集中、冲动行为多等是下列哪一种心理问题？(　　)

A. 儿童注意缺陷多动障碍　　B. 学习困难综合征

C. 儿童厌学症　　D. 儿童强迫行为

18. 网络成瘾的治疗方法有心理治疗和药物治疗，其中不属于心理治疗的是(　　)。

A. 认知行为疗法　B. 系统脱敏疗法　　C. 精神分析疗法　　D. 行为矫正疗法

19. 关于考试焦虑症的处理，下列说法错误的是(　　)。

A. 考试焦虑症的形成原因主要是学生内部的压力，所以只要处理好学生的心态和观念就行

B. 学业压力和考试焦虑会形成恶性循环，使考试焦虑症越来越严重

C. 考试焦虑症必要时可以采用心理治疗配合抗焦虑的药物来处理

D. 系统脱敏法是治疗考试焦虑症的方法之一

20. 为了防止考试焦虑症的产生，学校咨询人员提前对相关学生进行集体指导，讲授自我放松、缓解紧张的方法，这属于(　　)。

A. 早期干预　　B. 缺陷矫正　　C. 发展指导　　D. 问题预防

21. 小敏是班上的学习委员，学习一直非常努力，成绩名列前茅。在一节自习课上，她遇到一道数学计算试题，半节课过去了还没做出来，正着急时，忽然听到有个同学说："她越来越笨了。"小敏心中咯噔一下，琢磨他是在说自己吧，然后就不断地想自己是不是变笨了。从那以后，小敏很在意别人说什么，而且总觉得别人在说自己，非常难受。她的脑子整天被一些无关紧要的事占着，乱糟糟的。你认为，小敏同学的

心理问题是中小学生中常见的(　　)。

A. 焦虑症　B. 恐惧症　C. 强迫症　D. 抑郁症

二、简答题

1. 简述心理健康的标准。

2. 中学生易产生的发展性心理问题有哪些?

3. 简述抑郁症的表现。

4. 抑郁症的治疗方法有哪些?

5. 简述恐惧症的表现。

6. 简述恐惧症的形成原因。

7. 恐惧症的治疗方法有哪些?

8. 简述焦虑症的表现。

9. 焦虑症的治疗方法有哪些?

10. 简述强迫症的表现。

11. 强迫症的治疗方法有哪些?

12. 简述网络成瘾的原因。

三、材料分析题

1. 阅读下列材料,回答问题。

杨蒙是一名高中生,她学习认真、刻苦,成绩一直不错。一次期中考试时,她由于感冒发烧没有考好,成绩下滑,受到了老师的批评(老师不知她带病考试)。此后,每当考试时杨蒙都很紧张,在考试前几天她就开始担心,害怕考试失败。为了能考好,她考前每天都复习到很晚。考试时,杨蒙经常感到注意力很难集中,脑子里也一片空白,明明掌握的知识也都忘记了,同时还伴随着紧张、心慌、手发抖、出汗、小便急、全身绷紧等症状。可考后她发现这些题目她都会做,只是由于没发挥好而失败,因而更加害怕考试。为此,杨蒙非常痛苦,不知道如何摆脱。

问题:

(1)杨蒙的这种症状是一种什么心理问题?

(2)本案例中,这一心理问题产生的主要原因有哪些?如何解决?

2. 阅读下列材料,回答问题。

《中国教师》杂志对儿童的生存状态进行了调查。调查发现:从小学一年级到高中三年级的833名被调查学生中,有47%的学生认为自己的童年不快乐,主要表现是受考试折磨,没有自由,压抑,紧张,忙碌。其中,受考试折磨是学生认为童年不快乐的主要原因。学生年龄越大,越觉得自己的童年不快乐。

问题:根据上面材料说明中学生易产生的心理问题。

3. 阅读下列材料,回答问题。

初二的时候,我(台湾作家三毛)数学总是考不好。有一次,我发现数学老师每次出考试题都把课本里面的习题选几题叫我们做。当我发现这个秘密时,我就每天把数学题目背下来。由于我记忆力很好,那阵子我一连考了6个100分。数学老师开始怀疑我了:这个数学一向差劲的小孩的功课怎么会突然好起来了呢?一天,她把我叫到办公室,丢了一张试卷给我,并且说:“这10分钟里,你把这些习题演算出来。”我一看上面全是初三的考题，整个人都呆了。我坐了10分钟后，对老师说不会做。下一节课开始时，她当着全班同学的面说："我们班上有一个同学最喜欢吃鸭蛋，今天老师想请她吃两个。"然后，她叫我上讲台，拿起笔蘸上墨汁，在我眼睛周围画了两个大黑圈。她边画边笑着对我说："不要怕，一点也不痛不痒，只是晾晾而已。"画完后，她又厉声对我说："转过身去让全班同学看一看！"当时，我还是一个不知道怎样保护自己的小女孩，就乖乖地转过身去，顿时全班同学哄堂大笑起来。第二天早上，我悲伤地上学去，两只脚像灌了铅似的迈不动。走到教室门口，我昏倒在地上，失去了知觉。从此，我离开了学校，把自己封闭在家里。

问题：

(1)三毛的状况属于什么心理问题？

(2)有哪些方法可以帮助三毛摆脱困境？

参考答案

一、单项选择题

1. D

解析：心理健康至少应包括两层含义：一是无心理疾病；二是有积极发展的心理状态。

2. B

3. A

解析：抑郁症是一种常见的心境障碍，可由各种原因引起，以显著而持久的心境低落为主要特征，且心境低落与其处境不相称。严重者可出现自杀念头和行为。

4. A

5. D

解析：抑郁症表现为情绪消极悲观，精力减退，行为消极，认识倾向消极，身体不适。D项是焦虑症的表现。

6. A

解析：大多数抑郁症学生能经治疗或不经治疗而逐渐恢复正常，但也有人有复发的倾向。目前抑郁症的治疗方法主要有三种：药物治疗、物理治疗、心理治疗。

7. B

解析：恐惧症原称恐怖性神经症，是指患者面对外界某些处境、物体或与人交往时，产生异乎寻常的恐惧与紧张不安，可致脸红、气促、出汗、心悸、血压变化、恶心、无力甚至昏厥等症状，因而出现回避反应。

8. D

解析：根据恐惧的对象，恐惧症大致分为三类：广场恐惧症、社交恐惧症、特定恐惧症。特定恐惧症患者的恐惧局限于特定的情境，例如，害怕接近特定的动物，害怕雷鸣、黑暗、飞行、封闭空间、进食某些东西、目睹流血或创伤等。

9. D

解析：恐惧症的治疗方法有情境治疗、认知疗法、森田疗法和药物疗法。

10. C

11. C

解析：强迫症表现为强迫观念和强迫行为。李欣的情况属于强迫行为，即患者反复做一些没有必要的动作，如反复检查、反复洗手、反复计数以及反复做某些仪式性动作等，明知不对，但无法控制自己。

12. C

13. B

解析：强迫行为是强迫症的表现，主要是指个体产生一系列呆板、机械的重复行为。在受到他人干涉时，个体就会感到焦虑不安，甚至发脾气。王明反复检查门是否上锁的行为就是强迫行为的表现。

14. D

15. A

解析：焦虑是以与客观威胁不相适应的焦虑反应为特征的神经症。比如快考试了，学生如果觉得自己没复习好，就会紧张担心，这就是焦虑。小强的症状属于典型的考试焦虑症。

16. D

17. A

解析：注意缺陷多动障碍是小学生中最常见的一种以注意力缺陷和活动过度为主要特征的行为障碍综合征，其主要特征是活动过多、注意力不集中、冲动行为多等。

18. D

解析：行为矫正疗法不属于心理方面的治疗方法。

19. A

解析：考试焦虑症的成因是多方面的，单纯处理好学生的心态远远不够。A项说法过于绝对，是错误的。

20. D

解析：这种方法属于问题预防，以防止问题的发生。

21. C

解析：强迫症是以强迫观念和强迫行为为主要表现的一种神经症。

二、简答题

1. 参考答案：

(1)智力正常。(2)情绪适中。(3)意志品质健全。(4)人格统一完整。(5)自我意识正确。(6)人际关系和谐。(7)社会适应良好。(8)心理特点符合年龄特征。

2. 参考答案：

(1)自我概念发展问题。

发展心理学家认为，青春发育期是自我意识发展的第二个飞跃期。进入青春期，由于生理发育的加速和性发育走向成熟，中学生感到不适应，出现不平衡的感受及种种矛盾和困惑。

(2)学业发展问题。

①学生学习的心理压力越来越大，造成精神上的萎靡不振，从而导致食欲不振、失眠、神经衰弱、记忆效率下降、思维迟缓等。

②厌学是目前中学生学习活动中比较突出的问题，不仅是学习成绩差的学生不愿

意学习，一些成绩较好的学生也出现了厌学情绪。

③考试焦虑，特别是遇到较为重要的考试时，焦虑更严重。

(3)人际交往问题。

①与教师的关系问题。②与父母的关系问题。③与同学的关系问题。

3. 参考答案：

(1)情绪消极悲观。(2)精力减退，行为消极。(3)认识倾向消极。(4)身体不适。

4. 参考答案：

大多数患有抑郁症的学生能经治疗或不经治疗而逐渐恢复正常，但有人有复发的倾向。目前抑郁症的治疗方法主要有三种：药物治疗、心理治疗、物理治疗。

(1)药物治疗的特点是起效相对较快，疗效比较确定，适合于中度、重度抑郁症。

(2)心理治疗适合急性期无消极观念的轻度、中度抑郁症，以及各类抑郁症急性期症状控制后的巩固和维持治疗，可以与药物治疗同时进行。

(3)物理治疗包括改良电休克治疗以及重复经颅磁刺激治疗。

5. 参考答案：

根据恐惧的对象，恐惧症大致分为三类：广场恐惧症、社交恐惧症、特定恐惧症。每种恐惧症的表现如下：

(1)广场恐惧症又称场所恐惧症、旷野恐惧症、幽室恐惧症等。

(2)社交恐惧症多在17～30岁发病，常无明显诱因而突然起病。患者害怕在小团体中被人审视，一旦发现别人注意自己就不自然，不敢抬头，不敢与人对视，甚至觉得无地自容，不敢在公共场合演讲，集会不敢坐在前面，回避社交，在极端情形下可导致社会隔离。

(3)特定恐惧症患者的恐惧局限于特定的情境，如害怕接近特定的动物，害怕雷鸣、黑暗、飞行、封闭空间、进食某些东西、目睹流血或创伤等。特定恐惧症一般在童年或成年早期出现，如果不加以治疗，可以持续数十年。

6. 参考答案：

(1)遗传因素。广场恐惧症具有家族遗传倾向，尤其影响到女性亲属。

(2)性格因素。个体如果自小就受到母亲过多的保护，成人之后容易产生恐惧症。

(3)生理因素。有人发现恐惧症患者的神经系统的惊醒水平增高，这种人敏感、警觉，处于过度觉醒状态；其体内的交感神经兴奋占优势，肾上腺素、甲状腺素的分泌增加。但这种生理状态与恐惧症的因果关系尚难分清。

(4)心理—社会因素。心理—社会因素患者在首次发病前可能受到某种精神刺激。资料表明，有近三分之二的患者都主动地追溯到与其发病有关的某一事件。

7. 参考答案：

(1)情境治疗。让学生在一个假想的空间里，不断地模拟发生社交恐惧症的场景，不断地重复产生症状的情节，不断地鼓励学生面对这种场面，让学生在假想中适应这种焦虑紧张的环境。

(2)认知疗法。这是一种不断灌输观念的治疗方法，不断告诉学生这种恐惧是非正常的，让学生正确认识与人交往的程序和与人交往的方法。

(3)森田疗法。森田疗法的治疗原理是消除患者的思想矛盾，并对患者的情感施加陶冶，使其摆脱疾病观念，并遵循患者的症状和体会使之体验顺其自然。

(4)药物治疗。

8. 参考答案：

(1)情绪症状。学生感觉自己处于一种紧张不安、提心吊胆、恐惧、害怕、忧虑的内心体验中。有些人可能会明确说出害怕的对象，也有些人可能说不清楚害怕什么，但就是觉得害怕。

(2)躯体症状。学生紧张的同时往往会伴有自主神经功能亢进的表现，如心慌、气短、口干、出汗、颤抖、面色潮红等，有时还会有濒死感，心里面难受极了，觉得自己就要死掉了，严重时还会有失控感。

9. 参考答案：

(1)心理治疗。心理治疗是指医师通过言语或非言语交谈建立起与学生的良好关系，应用有关心理学及医学的知识指导并帮助学生克服和纠正不良的情绪障碍、认知偏见。心理治疗对缓解学生的考试焦虑有较好的效果。

(2)药物治疗。对于焦虑症较为严重的学生，可采用药物治疗来缓解症状。进行药物治疗的同时可辅助心理治疗，达到增强治疗效果的目的。

10. 参考答案：

(1)强迫观念。患者反复想象、回忆、思考一些东西，比如怀疑、穷思竭虑等。患者虽明知不可能，没有必要，毫无意义，却不能克制，并激起情绪紧张和恐惧。

(2)强迫行为。患者反复做一些没有必要的动作，如反复检查、反复洗手、反复计数以及反复做仪式性动作等。患者明知不对，没有必要反复去做，但无法控制。

11. 参考答案：

(1)心理治疗。首先应解除学生对自己强迫症状的紧张、害怕和焦虑，对自己的症状要采取不理、不怕、不对抗的态度，一定要顺其自然，这是打破恶性循环的关键。其次是个性的重新塑造，改变自己的不良人格结构，树立起自信，培养良好的心理素质，形成积极、乐观、无畏、果敢的思维方式。适合强迫症的心理治疗有行为疗法、认知疗法、森田疗法等。

(2)药物治疗。

12. 参考答案：

(1)网络自身的诱惑。由于网络有丰富多彩的内容，有些学生在几次上网后就忘记了原来上网的目的。很多学生本来只想上几分钟，但是经过几次链接之后就不由自主地被网页上的内容所吸引，本来想再浏览5分钟就结束上网，结果数十个5分钟后仍不愿离开电脑。

(2)相关制度、法规不健全。学校管理制度不健全，政府法律法规滞后，社会上“黑网吧”数量较多，都为网络成瘾的滋生提供了土壤。

(3)家庭环境的影响。家庭缺少温暖、理解，显现出高度的拒绝、否认和严厉惩罚，使得孩子在家庭中缺乏温暖和理解，转而求助于网络。

(4)上网者自身因素。学生自身有人格缺陷，承受力较弱，成就感缺失，通过上网逃避现实，通过获得虚拟的成功来获得心理上的满足等。

三、材料分析题

1. 参考答案：

(1)杨蒙的这种症状是一种考试焦虑。

(2)杨蒙的考试焦虑主要与考试失败以及老师的批评有关系。

常用的训练方法：①调整自我认识法；②自信心训练法；③放松训练法；④系统脱敏法。

2. 参考答案：

中学生易产生的心理问题有两种：一是发展性心理问题；二是障碍性心理问题。发展性心理问题主要包括自我概念发展、学业发展、人际交往等方面的问题；障碍性心理问题主要包括抑郁症、恐惧症、焦虑症以及强迫症等方面的问题。

3. 参考答案：

(1)三毛由于犯错被老师用错误的方式惩罚，自尊心受到伤害，对上学产生恐惧心理。在中学，恐学症是一种比较常见的神经症，是个体通过明显的焦虑和躯体症状的结合而体现出来的对上学的非理性的紧张和恐惧。

(2)恐惧症的治疗方法多种多样，一般有情境治疗、认知疗法、森田疗法和药物治疗。

模块七　德　育

第一章　中小学生品德心理与发展

【考纲要求】

1. 了解品德结构，理解学生品德发展的特点。

2. 理解皮亚杰和科尔伯格的道德发展理论，理解影响品德发展的因素，掌握促进学生形成良好品德的方法。

3. 熟悉德育的主要内容，包括爱国主义和国际主义教育、理想和传统教育、集体主义教育、劳动教育、自觉纪律教育、民主和法制教育、人道主义和社会公德教育、辩证唯物主义世界观和人生观教育等。

4. 熟悉和运用德育过程的基本规律，分析和解决中小学德育实际中的问题：德育过程是具有多种开端的对学生知、情、意、行的培养提高过程；德育过程是组织学生的活动和交往，对学生进行多方面教育影响的过程；德育过程是促进学生思想内部矛盾运动的过程；德育过程是一个长期、反复、不断前进的过程。

5. 理解德育原则，掌握和运用德育方法，熟悉德育途径。

6. 了解生命教育、生存教育、生活教育、安全教育、升学就业指导教育等的意义及基本途径。

第一节　品德概述

【考点分析】

各种题型都出现过。其中，品德的心理结构是高频考点。因此，考生应尤其重视对品德的心理结构的理解与掌握。

【考点内容】

一、品德的概念

(一)品德的含义

品德是道德品质的简称，是指个体身上那些符合一定社会要求的某种道德行为标准和思想观点、政治主张、法律规范、稳定的特征及倾向，是社会道德现象在个体身上的反映，是一种个性心理特征。

(二)品德与道德的关系

品德与道德是两个既有联系又有区别的概念。

1. 品德与道德的联系

①个体品德的内容来源于社会道德。

②个体品德的形成依赖于社会道德。

③品德和道德的直接根源不同，但它们的最终根源是相同的。个体品德的发生发

展与社会道德一样都受到社会发展规律的制约。

2. 品德与道德的区别

①品德是一种个体现象，是具体人的人生观、世界观和道德品质；道德是一种社会现象，是社会存在的反映。品德依赖于个体的存在而存在；道德依赖于整个社会的存在而存在。

②品德只是其中的一个部分，而道德反映整个社会生活的要求。

③道德的发展受社会发展规律的制约，而品德的形成还要服从个体生理、心理的发展规律。

④品德是教育学与心理学的研究对象，而道德是伦理学、政治学和社会学的研究对象。

二、品德的心理结构

品德的心理结构包括四种基本成分：道德认知、道德情感、道德意志和道德行为。

(一)道德认知

道德认知也称为道德观念，是个体对道德规范及其执行意义的认识，是个体品德的核心部分。

(二)道德情感

道德情感是个体对自己或他人的行为是否符合道德规范和道德需要而产生的一种内心体验。当道德认知和道德情感成为推动个体产生道德行为的内部动力时，它们就构成了道德动机。

(三)道德意志

道德意志是个体自觉调节道德行为，克服内外困难，以实现一定道德目的的内部过程。

(四)道德行为

道德行为是个体在一定的道德意识支配下表现出来的有利或有害于他人和社会的行为。

品德结构中的知、情、意、行这四种成分是相互联系、协调发展的。道德认知是基础，是产生道德情感和道德行为的依据，决定了道德行为的方向。道德情感是道德行为的动力系统。道德意志是道德行为的保障。道德行为是品德的重要标志。道德行为既是道德认知、道德情感和道德意志的外在表现，同时又可以巩固、发展道德认知和道德情感，促进道德意志的锻炼。品德的这四种成分，也是德育工作“晓之以理、动之以情、导之以行、持之以恒”的心理依据。忽略任何成分，都会造成品德培养的缺陷。

真题再现

1.【2018 年下半年　中】上学路上，徐燕看到一个同学正艰难地推着一位坐轮椅的老人上斜坡路，她非常激动。这种道德情感属于(　　)。

A. 动作性道德情感体验　　B. 形象性道德情感体验

C. 想象性道德情感体验　　D. 伦理性道德情感体验

答案：B

2.【2017年下半年　中】在小组讨论中，关于什么是道德行为培养的关键，同学们有下列四种不同的看法，其中正确的是(　　)。

A. 形成良好的道德意志　　B. 形成良好的道德环境

C. 形成良好的道德情感　　D. 形成良好的道德习惯

答案：D

3.【2014年上半年　中】衡量学生思想品德水平高低的根本标志是(　　)。

A. 道德认知　　B. 道德意志

C. 道德情感　　D. 道德行为

答案：D

4.【2019年上半年　中】辨析题：品德形成受情感的影响。

答案：这种说法是正确的。品德形成的影响因素包括外在条件和内部条件。外在条件包括家庭、同伴交往、教师态度、大众传媒等；内部因素包括认知失调、态度定势、道德认知等。在品德形成过程中，教育对象对社会规范的态度和体验即为情感。情感是品德形成的影响因素之一。

第二节　品德形成的一般过程及影响因素

【考点分析】

各种题型都出现过。因此，考生要重视品德形成的过程及影响因素。

【考点内容】

一、品德形成的一般过程

一般认为，品德的形成过程经历依从、认同与内化三个阶段。

(一)依从

依从包括从众和服从两种。依从阶段的行为具有盲目性、被动性、不稳定性，随情境的变化而变化。此阶段行为受外界的压力影响，而不是出于内在的需要。

(二)认同

认同是指个体在思想、情感、态度和行为上主动接受他人的影响，使自己的态度和行为与他人相接近。这一阶段的学生行为具有一定的自觉性、主动性和稳定性等特点。

(三)内化

内化是指个体在思想观点上与他人保持一致。在内化阶段，个体的行为具有高度的自觉性和主动性，并具有坚定性，表现为“富贵不能淫，贫贱不能移，威武不能屈”。此时稳定的品德形成。

二、品德形成与改变的影响因素

(一)外在条件

①家庭，包括家庭气氛、家庭结构、家庭教育和父母榜样。

②同伴交往。

③教师态度。

④大众传媒。

(二)内部条件——自我意识

自我意识是道德责任心形成的前提条件和升华责任感的内在动力。

1. 认知失调

认知失调是态度改变的先决条件。

2. 态度定势

帮助学生形成对教师和集体的积极的态度定势或心理准备是使学生接受道德教育的前提。

3. 道德认知

品德的形成与改变取决于个体头脑中已有的对道德准则和规范的理解水平及掌握程度，取决于个体已有的道德认知水平。

此外，个体的智力水平、受教育程度、年龄等因素也对品德的形成与改变有不同程度的影响。

真题再现

1.【2017 年下半年　中】简答题：简述品德形成的三个阶段及其主要内容。

答案：

(1)依从——从众、服从。依从阶段的行为具有盲目性、被动性、不稳定性，随情境的变化而变化。

(2)认同。认同是指个体在思想、情感、态度和行为上主动接受他人的影响，态度和行为与他人相接近。认同实质上就是对榜样的模仿。

(3)内化。内化是指个体在思想观点上与他人的思想观点保持一致，将自己所认同的思想和自己原有的观点、信念融为一体。在内化阶段，个体的行为具有高度的自觉性和主动性，并具有坚定性。

2.【2012 年上半年　中】学生相信并接受他人的观点，从而改变自己的态度与行为，同时将这些观点纳入自己的价值体系，说明其品德发展达到(　　)。

A. 服从阶段　　B. 依从阶段　　C. 认同阶段　　D. 内化阶段

答案：D

第三节　中小学生品德发展的特点

【考点分析】

本节内容在历年考题中出现频率较低，但考生也不能忽视本节知识点。

【考点内容】

一、小学生品德发展的特点

小学生品德发展一般表现为以下四个方面。

第一，在对道德知识的理解上，从比较直观的、肤浅的认识逐步过渡到比较抽象的、本质的认识。低年级学生初步掌握了一些抽象的道德知识，但具体性强、概括性差，而且不精确、不全面。学生到四年级时对一些道德知识的理解能达到一定的概括水平。

第二，在道德评价上，从只注意行为的效果逐步过渡到全面地考虑动机和效果的统一。学生评价能力的发展有一个过程。低中年级学生在评价道德行为时，往往依赖成人，易受暗示，即使独立评价，也主要根据行为效果，具有很强的片面性。学生到高年级时，对道德行为的评价才能把动机和效果结合起来考虑。

第三，在对道德原则的掌握上，逐步树立道德原则，并初步形成道德信念。实践表明，学生在一二年级时，实际上并没有道德信念，只形成了道德信念的某些因素。学生到三四年级时，有了初步的道德信念，已具有完成作业和遵守纪律的良好愿望。小学三年级(9 岁左右)是学生品德转折或质变的关键期。从五年级开始，学生开始理解争取好成绩和遵守纪律在学习及生活中的重要性。因此，家长在提高孩子的道德认识时，切忌成人化教育。

第四，在道德行为方面，小学生的道德行为表现出如下一些特点：道德行为往往由不同的动机引起；行为的抑制能力比较差；容易模仿成人或其他学生的行为。因此，成人对学生道德行为的训练应从道德行为方式方法的掌握、道德意志的培养和道德行为习惯的养成三方面进行。

二、中学生品德发展的特点

(一)伦理道德发展具有自律性

在中学阶段，学生的品德迅速发展，处于伦理形成时期，这是道德发展的最高阶段。

1. 形成道德信念与道德理想，道德信念在道德动机中占据相当地位

从品德心理形成的过程来看，中学生对于道德知识的理解逐渐深化，其道德观念也趋于稳定，逐步形成比较明确的道德信念与道德理想。

2. 道德信念的形成要经历一个长期的过程，表现出阶段性

道德信念准备时期，大约在 10 岁以前；

道德信念萌发期，在 10 岁到 15 岁；

道德信念确定期，大约在 15 岁以后。

3. 道德行为习惯逐步巩固

中学生逐渐形成了与道德伦理相一致的、较为定型的道德行为习惯。

4. 品德结构更为完善

中学生的道德认知、道德情感、道德意志与道德行为相互协调，形成了一个较为完善的动态结构，使他们不仅能按照自己的道德准则去行动，而且这也逐渐成为稳定的个性心理结构的一部分。

(二)品德发展由动荡向成熟过渡

1. 初中阶段的品德发展具有动荡性

从总体上看，初中即少年期的品德虽然具有伦理道德的特性，但仍旧不成熟、不稳定，具有动荡性，表现为道德观念的原则性、概括性不断增强，但还带有一定程度的具体经验特点。初中生道德动机的多变性与稳定性交织在一起，以多变为主。随着

年龄增长，总的趋势是稳定性增强，多变性减弱。品德不良、违法犯罪多发生在这个时期。根据研究，初二年级是品德发展的关键期。

2. 高中阶段的品德发展趋向成熟

高中阶段的品德发展趋向成熟。高中阶段或青年初期的品德发展进入了以自律为主要形式、应用道德信念来调节道德行为的成熟时期，表现为能自觉地应用一定的道德观点、道德信念来调节行为，并初步形成人生观和世界观。

第四节 促进中小学生形成良好品德的方法

【考点分析】

本节内容在历年考题中出现频率不高，但考生也应重视形成良好品德的主要方法。

【考点内容】

一、小学生品德教育

(一)良好道德行为习惯的培养

①发挥榜样示范作用。

②发挥小学生自我教育的功能。

这需要把握三个环节：自我监督；自我评价；自我强化。

(二)采用道德叙事法，提高道德认识

所谓道德叙事，是指教育者通过口头或书面的话语，借助对道德故事(寓言、神话、童话、歌谣、典故等)的叙述，促进受教育者思想品德成长、发展的一种活动过程，主要包括“故事”和“叙事”两方面。道德叙事注重依托故事，意蕴却在故事之外，更强调教育者与受教育者围绕故事的主要内容、情节脉络，通过相互的对话、讨论，进而使受教育者自主选择、认同某些价值。

道德叙事法的强大生命力在于它基于儿童个体水平，并体现了与个体生命意义的关联，是个体生命的自在呈现，是故事而不是规则。

(三)开展感恩教育，激发道德情感

感恩教育是一种以人性唤起人性的情感教育，是一种以德报德的道德教育。感恩教育可以让学生懂得对生活、对别人心存感激，学会理解关爱他人，培养他们与人为善、与人为乐、助人为乐的良好品德。

二、中学生品德教育

①有效的说服。

②利用群体约定。

③给予恰当的奖励与惩罚。

④价值辨析。

能力提升训练题

一、单项选择题

1.“亲其师，信其道”体现了(　　)的作用。

A. 道德认知　　B. 道德情感

C. 道德动机　　D. 道德行为

2. 道德信念形成的重要时期是(　　)。

A. 小学　　B. 中学

C. 幼儿园　　D. 大学

3. 下列关于使用言语说服策略提高学生道德认知水平的观点不恰当的是(　　)。

A. 对低年级学生来说，富有感情色彩、生动感人的说服内容更容易产生影响

B. 对高年级学生而言，充分说理、逻辑性强的说服内容更有效

C. 正面的观点和材料在短时间之内难以见效，不容易解决当务之急

D. 同时提供正反两面的论据和资料更利于培养学生长期稳定的态度

4. 中学生的道德行为习惯一般是在(　　)前后形成的。

A. 初一　　B. 初二　　C. 初三　　D. 高一

5. 初中阶段学生的品德发展具有(　　)的特点。

A. 稳定性　　B. 波动性　　C. 延缓性　　D. 爆发性

6. 下列哪个阶段是学生容易发生品德两极分化的时期？(　　)

A. 学前阶段　　B. 小学阶段

C. 初中阶段　　D. 高中阶段

7. 下列对于德育概念的表述，正确的是(　　)。

A. 德育是教育者向受教育者进行强制灌输的活动

B. 德育是一种无须教育者参与的受教育者的自我修行活动

C. 德育是把个体的品德转化为社会规范的活动

D. 德育是教育者施教传道和受教育者受教修德相统一的活动

8. 培养学生具有优秀的道德品质，主要是培养(　　)。

A. 道德认知　　B. 道德情感

C. 道德行为　　D. 道德意识

二、辨析题

道德意志是道德行为的直接动因。

三、简答题

简述中学生品德发展的基本特征。

参考答案

一、单项选择题

1. B　2. B　3. C　4. C　5. B　6. C　7. D　8. C

二、辨析题

参考答案：这种说法是不正确的。品德的心理结构包括四种基本心理成分：道德认知、道德情感、道德意志和道德行为。其中，道德情感是人的道德需要是否得到满

足及其所引起的一种内心体验，也就是人在心理上所产生的对某种道德义务的爱憎、喜恶等情感体验。道德情感是个体道德行为的内部动力之一，是激发道德动机和自我监督的内心力量，是从道德认知到道德行为的中间环节，它左右着行为的决策与发动。当道德认知(道德观念)和道德情感成为经常推动个人产生道德行为的内部动力时，它们就成为道德动机。道德动机是道德行为的直接动因。

三、简答题

参考答案：

(1)逐渐从他律变成自律，主要表现为：①能独立、自觉地按道德准则来调节自身行为；②道德信念、道德理想在道德动机中占据相当地位；③道德情感不断发展，理性的道德情感占据主导地位，道德情感的社会性水平随着年龄的增长而日益提高；④品德心理中的自我意识明显化；⑤中学生主导性道德动机明确，道德意志力显著增长；⑥道德行为习惯逐步巩固；⑦品德发展与世界观形成一致性；⑧品德结构的组织形式完善化。

(2)品德发展由起伏向成熟过渡，主要表现为：①初中阶段的品德发展具有波动性；②高中阶段的品德发展趋向成熟。

第二章　道德发展理论

第一节　皮亚杰的道德发展理论

【考点分析】

本节内容在历年考题中出现频率较高，是考核重点，常以选择题型出现。考生需要记住道德发展各阶段的主要特点。

【考点内容】

一、基本观点

皮亚杰早在20世纪30年代就对儿童道德判断和道德观念的发展进行了研究。他认为，一个人道德上的成熟主要表现在尊重准则和具有社会公正感两个方面。他采用对偶故事法研究儿童道德判断发展的水平。

皮亚杰通过一些对偶故事的观察实验，揭示了儿童道德判断的发展进程，把儿童的道德分为他律道德和自律道德两种水平。

皮亚杰认为，儿童的道德发展是一个由他律逐步向自律、由客观责任感逐步向主观责任感的转化过程。他把儿童的道德认知发展具体划分为四个阶段。

(一)前道德阶段(2～5岁)

这一阶段也称为自我中心阶段。皮亚杰认为这一阶段的儿童正处于前运算思维时期，他们对问题的考虑都还是以自我为中心的。他们不顾规则，按照自己的想象去看待规则。

(二)他律道德阶段或道德实在论阶段(5～8岁)

这一阶段也称为权威阶段。这是比较低级的道德思维阶段，具有以下几个特点。

①单方面地尊重权威，有一种遵守成人标准和服从成人规则的义务感，其基本特征是：绝对遵从父母、权威者或年龄较大的人；对规则本身的尊重和顺从，即把人们规定的规则看作固定的、不可变更的。皮亚杰将这一结构称为道德实在论。

②凭借行为的物质后果来判断一种行为的好坏，而不是根据主观动机来判断。

③看待行为有绝对化的倾向。

④赞成严厉的惩罚，并认为受惩罚的行为本身就是坏的，还把道德法则与自然规律相混淆，认为不端的行为会受到自然力量的惩罚，而不是把惩罚看作改变儿童行为的一种手段。

(三)可逆阶段(8～10岁)

皮亚杰认为儿童在8～10岁进入道德主观论阶段，这个阶段的道德具有以下几个特点。

①已认识到规则是由人们根据相互之间的协作创造的，因而它是可以依照人们的愿望加以改变的。规则不再被当作存在于自身之外的别人强加的东西。

②判断行为时，不只考虑行为后果，还考虑行为动机。

③与权威和同伴处于相互尊重的关系中，能较高地评价自己的观点和能力，并能较现实地判断他人。

④能把自己置于别人的位置上，判断不再绝对化，能看到可能存在的几种观点。

⑤提出的惩罚较温和，更为直接地针对他人所犯的错误，带有补偿性，而且把错误看作对过失者的一种教训。

处于自律道德阶段的儿童，在游戏时不再受年长者的约束，能与同年龄儿童平等地参与游戏，明白自己的立场与对方的立场，与他人共同制定规则、遵守规则，独立举行游戏比赛。

(四)公正阶段(10 岁以后)

在这一阶段，儿童的道德观念开始倾向于公正。皮亚杰认为公正观念是一种高级的平等关系，这种道德观念已经能够从内部对儿童的道德判断起决定性作用。

皮亚杰认为儿童道德发展的这些阶段的顺序是固定不变的，儿童的道德认识是从他律道德向自律道德转化的过程。

二、教育价值

(一)重视提高学生的道德判断能力

在皮亚杰的道德发展理论中，道德判断能力的发展是一个重要的方面。

(二)对不同年龄阶段的儿童需采取不同的德育方法

皮亚杰认为，年幼儿童虽然能在成人的道德要求下做事，但他们实际上并不明白为什么要做，而部分成人利用权威对儿童发号施令，随意对他们的行为加以约束，这样不能达到促进儿童智慧和道德发展的目的，会对儿童智慧和道德的发展造成严重不良影响。年长儿童能够根据自己的观念里的价值标准对道德问题做出判断，已能用公道这一新的道德标准去判断是非。

真题再现

1.【2017 年上半年　中】小星判断道德问题时，不仅能依据规则，而且能出于同情和关心做出判断。根据皮亚杰的道德发展理论，小星的道德发展处于(　　)。

A. 自我中心阶段　B. 权威阶段　　C. 可逆阶段　　D. 公正阶段

答案：D

2.【2014 年下半年　中】晓霞能根据他人的具体情况，以平等为标准，在同情、关心的基础上对学习和生活中的道德事件进行判断。根据皮亚杰的理论，晓霞的道德发展处于(　　)。

A. 自我中心阶段　B. 权威阶段　　C. 可逆阶段　　D. 公正阶段

答案：D

第二节　柯尔伯格的道德发展理论

【考点分析】

本节内容在历年考题中出现频率非常高，是考核重点，常以选择题、辨析题、简答题等题型出现。考生需要记住道德发展各阶段的主要特点。

【考点内容】

一、基本观点

柯尔伯格吸取了杜威的个人与社会相互作用说和皮亚杰的认知结构说的思想，采用道德两难法研究了儿童的道德发展和教育问题，提出了道德认知发展阶段论及道德教育模式。柯尔伯格认为，一切文化中儿童的道德发展都经历三个水平六个阶段的固有顺序。

(一)前习俗水平

该水平儿童的道德观念是纯外在的。他们为了免受惩罚或获得奖励而顺从权威人物规定的行为准则，根据行为的直接后果和自身的利害关系判断好坏是非。该水平包括以下两个阶段。

第一阶段，惩罚与服从的道德定向阶段。在这一阶段，儿童根据行为后果来判断行为好坏及严重程度。他们还没有真正的道德概念，服从权威或规则只是为了避免惩罚。他们认为受赞扬的行为就是好的，受惩罚的行为就是坏的。

第二阶段，相对功利的道德定向阶段。这一阶段儿童的道德价值来自他们自己需要的满足。他们不再把规则看成是绝对的、固定不变的，在评定行为的好坏时也主要看它们是否符合自己的利益。

(二)习俗水平

处在这一水平的儿童，能够着眼于社会的希望与要求，并以社会成员的视角思考道德问题，已经开始意识到个体的行为必须符合社会准则，能够了解社会规范，并遵守和执行社会规范。规则已被他们内化，按规则行动被认为是正确的。该水平包括以下两个阶段。

第三阶段，寻求认可的道德定向阶段，也称“好孩子”定向阶段。这一阶段的儿童以人际关系的和谐为导向，谋求大家的赞赏和认可。他们认为好的行为是使人喜欢或被人赞赏的行为。

第四阶段，尊重法规与社会秩序的道德定向阶段。儿童以服从权威为导向，服从社会规范，遵守公共秩序，尊重法律的权威，以法制观念判断是非，知法懂法，认为准则和法律是用来维护社会秩序的。

柯尔伯格认为大多数青少年和成人的道德认识处于习俗水平。

(三)后习俗水平

后习俗水平，又称为原则水平，包括道德发展的第五阶段和第六阶段。这时，个体又成为从社会中突出出来的单独的实体。这一阶段的人们认为个人自己的观点应该放在社会的观点之前，主要特点是遵守自己选择的道德标准。该水平包括以下两个阶段。

第五阶段，社会契约的道德定向阶段。在这个阶段，人们认识到法律、习俗的道德准则仅是一种社会契约。契约是由大家商定的，是可以改变的，而不是固定不变的。一般说来，这个阶段是不违反大多数人的意愿和幸福的，但人们并不同意用单一的规则来衡量一个人的行为。道德判断灵活了。这个阶段的人们能从法律上、道义上比较辩证地看待各种行为的是非善恶。

第六阶段，普遍的道德原则或良心的道德定向阶段。在这个阶段，人们在判断道德行为时，不仅考虑到适合法律的道德准则，同时也考虑到不成文的带有普遍意义的道德准则。他们认为个人为了坚持崇高的原则可以忍受屈辱甚至可以殉难。这种道德判断已超越某些规章制度，考虑更多的是道德本质，而不是具体的道德准则。

柯尔伯格认为后习俗水平一般要到20岁以后才能达到，而且只有少数人能达到。

根据柯尔伯格的说法，道德发展的整个运动是按顺序前进的，阶段是不能跨越的，一个人或快或慢地依照各个阶段的顺序而发展。

二、道德教育思想

柯尔伯格依据道德认知发展阶段论，提出了以下一些道德教育思想：第一，学校道德教育的目的是促进学生道德判断能力的发展；第二，要根据儿童道德认知发展的阶段性循序渐进地进行道德教育；第三，强调社会环境对儿童道德发展的巨大刺激作用；第四，倡导使用道德两难法，即道德两难故事问答讨论法，启发儿童积极思考道德问题，从道德冲突中寻找正确的答案，以有效地发展儿童的道德判断能力。

真题再现

1.【2016年下半年　中】小华认为，法律或道德是一种社会契约，为维护社会公正，每个人都必须履行自己的权利和义务；但同时他又认为，契约可根据需要而改变，使之更符合大众权益。根据柯尔伯格的道德发展理论，小华的道德判断处于(　　)。

A. 前习俗水平　B. 习俗水平　C. 后习俗水平　D. 超习俗水平

答案：C

2.【2016年上半年　中】中学生小张认为遵守交通法规是人人应尽的责任与任务。根据柯尔伯格的道德发展理论，小张的道德判断处于(　　)。

A. 惩罚服从趋向　B. 相对功利趋向　C. 寻求认可趋向　D. 社会契约趋向

答案：D

3.【2017年上半年　中】辨析题：根据柯尔伯格的观点，道德发展的阶段是固定的，相同年龄阶段的人都能达到同样的发展水平。

答案：该说法错误。柯尔伯格提出了道德发展的三水平六阶段理论。三水平是指前习俗水平、习俗水平、后习俗水平。六阶段是指每个水平又可划分为两个不同的阶段。道德发展受到外部条件以及内部条件如认识失调等影响，所以就算年龄相同的人也不一定能达到一样的发展水平。故该说法错误。

能力提升训练题

一、单项选择题

1. 柯尔伯格研究道德发展的主要方法是(　　)。

A. 自然观察法　B. 实验室实验法　C. 两难故事法　D. 对偶故事法

2. 皮亚杰研究道德发展的主要方法是(　　)。

A. 自然观察法　B. 实验室实验法　C. 两难故事法　D. 对偶故事法

3. 根据柯尔伯格的观点，道德推理的最高阶段是(　　)。

A.“好孩子”取向阶段　　B. 惩罚和服从取向阶段

C. 良心或原则取向阶段　　D. 社会秩序取向阶段

4. 甲同学打扫卫生时打碎了一盘玻璃杯，乙同学偷吃零食时打碎了一个玻璃杯，处于他律道德阶段的儿童会以为(　　)。

A. 甲同学错误大　B. 乙同学错误大　C. 两者都没错　D. 两者错误一样大

5. 后习俗水平的特点是(　　)。

A. 着眼于行为的具体结果及其与自己的利害关系

B. 着眼于社会的希望和要求

C. 着眼于正义和个人尊严

D. 着眼于法律的权威

6. 根据皮亚杰的道德发展理论，如果一个孩子已能够用公道不公道作为道德标准，他可能的年龄是(　　)。

A. 5 岁　B. 7 岁　C. 10 岁　D. 12 岁

7. 第一个系统地研究儿童道德判断发展的心理学家是(　　)。

A. 皮亚杰　B. 柯尔伯格　C. 加涅　D. 夸美纽斯

二、简答题

1. 皮亚杰把儿童的道德发展划分为哪几个阶段？

2. 简述柯尔伯格的道德发展理论的基本观点。

参考答案

一、单项选择题

1. C　2. D　3. C　4. A　5. C　6. D　7. A

二、简答题

1. 参考答案：(1)自我中心阶段；(2)权威阶段(他律道德阶段或道德实在论阶段)；(3)可逆阶段(自律或合作道德阶段)；(4)公正阶段。

2. 参考答案：柯尔伯格认为，一切文化中儿童的道德发展都经历三个水平六个阶段的固有顺序。

(1)前习俗水平。该水平包括：第一阶段，惩罚与服从的道德定向阶段；第二阶段，相对功利的道德定向阶段。

(2)习俗水平。该水平包括：第三阶段，寻求认可的道德定向阶段；第四阶段，尊重法规与社会秩序的道德定向阶段。柯尔伯格认为大多数青少年和成人的道德认识处于习俗水平。

(3)后习俗水平。后习俗水平，又称为原则水平，包括：第五阶段，社会契约的道德定向阶段；第六阶段，普遍的道德原则或良心的道德定向阶段。

第三章　德育及其主要内容

第一节　德育概述

【考点分析】

本节内容在历年考题中常以选择题型出现，其中德育的含义和内容是考试重点，尤其需要考生识记。

【考点内容】

一、德育的含义与意义

(一)德育的含义

德育是学校教育的重要内容之一，是全面发展教育的重要组成部分。

德育有广义、狭义之分。

广义的德育又称思想品德教育，是指教育者根据一定社会或阶层的要求和受教育者品德形成发展的规律与需要，有目的、有计划、有组织地对受教育者施加社会思想道德影响，并通过受教育者品德内部矛盾运动，以使其形成教育者所期望的品德的活动，它主要包括政治教育、思想教育、道德教育等。其中，政治教育是指形成学生一定的政治观念、政治信念和政治信仰的教育；思想教育是指形成学生一定的世界观、人生观的教育。狭义的德育是指道德教育，即促进学生道德发展即道德认知、道德情感与道德行为发展的教育。

在现实生活中，许多人认为品德就是道德，道德就是品德，这是错误的。

(二)德育的意义

①德育的社会作用——德育是社会主义现代化建设的重要条件和保证。

②德育的育人作用——德育是学生健康成长的条件和保证。

③德育是实现教育目的的条件和保证。

二、德育目标

(一)德育目标的概念

德育目标是指通过德育活动使受教育者在品德形成发展上所要达到的总体规格要求，即德育活动所要达到的预期目的或结果的质量标准。德育目标是德育工作的出发点和归宿，也是德育评价工作的依据。

(二)我国的德育目标

1. 我国的德育总目标

2010年，《国家中长期教育改革和发展规划纲要(2010—2020年)》明确指出：“坚持德育为先。立德树人，把社会主义核心价值体系融入国民教育全过程。加强马克思主义中国化最新成果教育，引导学生形成正确的世界观、人生观、价值观；加强理想信念教育和道德教育，坚定学生对中国共产党领导、社会主义制度的信念和信心；加强以爱国主义为核心的民族精神和以改革创新为核心的时代精神教育；加强社会主义荣辱观教育，培养学生团结互助、诚实守信、遵纪守法、艰苦奋斗的良好品质。加强公民意识教育，树立社会主义民主法治、自由平等、公平正义理念，培养社会主义合格公民。加强中华民族优秀文化传统教育和革命传统教育。”这是新时期我国确立的德育目标。

2. 小学阶段的德育目标

小学阶段的德育目标：初步具有爱祖国、爱人民、爱劳动、爱科学、爱社会主义的思想感情和良好品德，遵守社会公德和文明行为习惯；养成良好的意志、品格和活泼开朗的性格；自己管理自己，帮助别人，培养为集体服务和辨别是非的能力，为成为德、智、体、美、劳全面发展的社会主义事业的建设者和接班人打下初步的良好的思想品德基础。

3. 中学阶段的德育目标

初中阶段的德育目标：热爱祖国，具有民族自尊心、自信心、自豪感，立志为祖国的社会主义现代化而努力学习；初步树立公民的国家观念、道德观念、法制观念；具有良好的道德品质、劳动习惯和文明行为习惯；遵纪守法，懂得用法律保护自己；讲科学，不迷信；具有自尊自爱、诚实正直、积极进取、不怕困难等心理品质和一定的分辨是非、抵制不良影响的能力。

高中阶段的德育目标：热爱祖国，具有报效祖国的精神，拥护党在社会主义初级阶段的基本路线；初步树立为建设中国特色社会主义现代化事业奋斗的理想志向和正确的人生观；具有公民的社会责任感；自觉遵守社会公德和宪法、法律；养成良好的劳动习惯、健康文明的生活方式和科学的思想方法，具有自尊、自爱、自立、自强、开拓进取、坚毅勇敢等心理品质和一定的道德评价能力、自我教育能力。

(三)确立德育目标的依据

①时代与社会发展的要求。

②国家的教育方针和教育目的。

③教育对象自身发展的需要和心理发展水平。

④民族文化及道德传统。

三、德育内容

(一)爱国主义和国际主义教育

①培养学生热爱祖国的深厚感情。

②教育学生增强国家和民族意识。

③使学生发扬国际主义精神，维护世界和平；教育学生关心国际形势，要同世界各国人民和平友好、平等互利，互相支持与学习，为反对霸权主义、维护世界和平、争取人类进步而斗争。

(二)理想和传统教育

①教育学生树立远大的理想。

②教育学生继承和发扬革命传统。

③使学生将远大的理想与个人的学习、实践紧密联系起来。

(三)集体主义教育

①培养学生具有为人民服务的思想。

②教育学生关心热爱集体。

③培养学生善于在集体中生活和工作的习惯。

(四)劳动教育

①教育学生认识劳动的伟大意义。

②教育学生勤奋学习，树立爱科学、学科学的良好风气。

③教育学生正确对待升学和就业。

(五)自觉纪律教育

①提高学生对自由与纪律的认识。

②教育学生严格执行纪律要求，养成遵守纪律的习惯。

(六)民主和法制教育

①培养学生的民主思想和参与意识。

②要求学生掌握法律常识，严格遵纪守法。

(七)人道主义和社会公德教育

①教育学生发扬社会主义人道主义精神。

②培养学生的文明行为。

③帮助学生形成良好的品质。

(八)辩证唯物主义世界观和人生观教育

①对学生进行辩证唯物主义和历史唯物主义基本观点教育。

②教育学生认识人生的崇高目的和意义。

以上德育内容是相互联系、相互渗透的一个整体，对培养学生的思想品德都是必需的，不可偏废。

真题再现

1.【2017 年下半年　中】像任何事物的发展一样，学生品德发展也是由其内部矛盾推动的。学生品德发展的内部矛盾是(　　)。

A. 社会道德要求与学生现有品德发展水平之间的矛盾

B. 社会德育要求与学生现有品德发展水平之间的矛盾

C. 学生品德发展的社会要求与学校德育要求之间的矛盾

D. 学生品德发展的新需要与其现有发展水平之间的矛盾

答案：A

2.【2014 年上半年　中】辨析题：德育就是培养学生道德品质的教育。

答案：此说法错误。学校德育是指教育者根据一定社会或阶层的要求和受教育者品德形成发展的规律与需要，有目的、有计划、有组织地对受教育者施加社会思想道德影响，并通过受教育者品德内部矛盾运动，以使其形成教育者所期望的品德的活动。因此，该观点错误。

第二节 德育过程

【考点分析】

本节知识点是历年考试热点，常在选择题、辨析题和简答题中出现。德育过程的含义、基本规律(特点)是考核重点，尤其需要考生着重理解。

【考点内容】

一、德育过程的概念

(一)德育过程的含义

德育过程是指学生在教师的指导下，通过学校、家庭和社会多方面的影响，使得一定社会的政治思想、法制思想以及道德等形式的社会意识、社会规范，转化为自身品德的过程。德育过程从本质上说是个体社会化与社会规范个体化的统一过程。

(二)德育过程与品德形成过程的关系

1. 联系

德育过程的实质就是教育者将一定的社会道德规范转化为受教育者个体思想品德的过程。换句话说，德育过程对品德形成过程具有调节和控制作用，它能使品德的发展符合社会道德规范。此外，德育过程须遵循个体的品德发展规律，只有这样才能有效地促进品德的形成。

2. 区别

性质不同：德育过程是一种教育过程，是教育者与受教育者双方共同活动的过程，而品德形成过程是受教育者个体品德结构不断发展、不断完善的过程。

矛盾不同：德育过程的主要矛盾是教育者所提出的德育要求与受教育者已有的品德水平之间的矛盾，而品德形成过程的矛盾表现为外部各种复杂因素的影响与个体内部品德的矛盾。

影响因素不同：德育过程受到有目的、有计划、有组织的教育的影响，而个体品德形成过程受到外界多种复杂因素的影响。

结果不同：德育过程的结果是使受教育者形成符合社会道德规范的品德，而品德形成的结果可能与社会道德规范一致，也可能不一致。

二、德育过程的结构和矛盾

德育过程由教育者、受教育者、德育内容和德育方法四个相互制约的要素构成。德育过程中的各要素，通过教育者施教传道和受教育者受教修养的活动而发生一定的联系和相互作用，促使受教育者的品德发生预期变化。其中的主要矛盾是教育者提出的德育要求与受教育者已有的品德水平之间的矛盾。德育过程的实质是将教育者提出的德育要求转化为受教育者的品德。

三、德育过程的基本规律

首先，德育过程是具有多种开端的对学生知、情、意、行的培养提高过程。

其次，德育过程是组织学生的活动和交往，对学生进行多方面教育影响的过程。

①活动和交往是学生品德形成的基础，具有广泛的社会性和很强的实践性。②德育过程中学生活动和交往的特点：活动和交往是在教育者的指导下开展的；受教育者应该体现出明显的主观能动性；活动和交往应符合受教育者的身心发展规律；德育活动应符合人类社会发展的需要。③具有教育性的活动和交往是德育过程的重要条件。这种交往活动有着鲜明的教育性、较强的可控性。影响学生品德形成的因素来自各个方面，有些是可控的，有些是不可控的。

再次，德育过程是促进学生思想内部矛盾运动的过程。

最后，德育过程是一个长期、反复、不断前进的过程。

①对学生品德的培养是一个多层次的发展过程。②就中学生本身的特点看，他们的品德有很强的可塑性和不稳定性。在各种思想矛盾交错出现和斗争时，有可能积极因素占主导地位，也有可能消极因素上位，因而会出现品德时起时伏、经常反复的情况。③学生处在科学技术日新月异、经济迅速发展的时代，客观现实矛盾运动的复杂性、曲折性和长期性，决定着学生品德形成的长期性和反复性。

真题再现

1.【2015 年上半年　中】王军写了保证书，决心遵守《中学生守则》，上课不再迟到，但是王军冬天迟迟不肯钻出被窝，以至于再次迟到。对王军进行思想品德教育的重点在于提高其(　　)。

A. 道德认识水平　B. 道德情感水平　C. 道德意志水平　D. 道德行为水平

答案：C

2.【2017 年下半年　中】辨析题：德育的起点是提高道德认识水平。

答案：此观点是错误的。

德育过程的一般顺序可以概括为知、情、意、行，以知为开端，以行为终结；但是由于社会生活的复杂性和德育影响的多样性等因素，德育的具体实施过程又有多种开端。

教师可根据学生品德发展的具体情况，或从导之以行开始，或从动之以情开始，或从锻炼品德意志开始。

因此该说法是错误的。

3.【2013 年下半年　中】辨析题：德育过程即品德形成过程。

答案：此说法是错误的。这是两个不同的概念，不能混淆。

联系：德育过程的实质就是教育者将一定的社会道德规范转化为受教育者个体品德的过程。换句话说，德育过程对品德形成过程具有调节和控制作用，它能使品德的发展符合社会道德规范。此外，德育过程须遵循个体的品德发展规律，只有这样才能有效地促进品德的形成。

区别：

性质不同：德育过程是一种教育过程，是教育者与受教育者双方共同活动的过程，而品德形成过程是受教育者个体品德结构不断发展、不断完善的过程。

矛盾不同：德育过程的主要矛盾是教育者所提出的德育要求与受教育者已有的品德水平之间的矛盾，而品德形成过程的矛盾表现为外部各种复杂因素的影响与个体内部品德的矛盾。

影响因素不同：德育过程受到有目的、有计划、有组织的教育的影响，而个体品德形成过程受到外界多种复杂因素的影响。

结果不同：德育过程的结果是使受教育者形成符合社会道德规范的品德，而品德形成的结果可能与社会道德规范一致，也可能不一致。

第三节 德育的原则、方法和途径

【考点分析】

本节知识点是历年考试热点，常以单选题、简答题和材料题呈现。在历年考题中，德育方法是考核重点。这部分内容尤其需要考生花时间记忆、理解，并学以致用。

【考点内容】

一、德育原则

(一)方向性原则

1. 含义

这个原则是指进行德育要有一定的理想性和方向性，以指导学生向正确的方向发展。

2. 贯彻这一原则的要求

①坚定正确的政治方向。

②德育目标需符合新时期的方针政策和总任务的要求。

③德育的理想性和现实性要联系起来。

(二)知行统一原则

1. 含义

知行统一原则也称理论与实践相统一原则。该原则是指进行德育既要对学生进行系统的理论教育，又要引导学生进行实践锻炼，把提高思想认识与培养道德行为结合起来，使学生成为知行统一、言行一致的人。

2. 贯彻这一原则的要求

①进行系统的理论教育，从根本上提高学生的思想道德认识。

②组织和指导学生参加各种实践活动。

③全面评价学生的思想品德，坚持知行统一的原则。

④教育者要以身作则，严于律己。

(三)疏导原则

1. 含义

疏导原则是指进行德育要循循善诱、以理服人，从提高学生认识入手，调动学生的主动性，使他们积极向上。疏导原则也就是循循善诱原则。

2. 贯彻这一原则的要求

①要正面说理，疏通引导，自发自觉。

②树立先进典型，用正面榜样教育引导学生前进。

③建立必要的规章制度和集体组织的公约、守则等，并且严格管理、认真执行。

(四)依靠积极因素、克服消极因素原则(长善救失原则)

1. 含义

长善救失原则是指进行德育要调动学生自我教育的积极性，依靠和发扬他们自身的积极因素去克服他们品德上的消极因素，实现品德发展内部矛盾的转化。

2. 贯彻这一原则的要求

①用“一分为二”的观点，全面分析、客观评价学生的优点与不足。

②要有意识地创造条件，将学生思想中的消极因素转化为积极因素。

③要提高学生的自我认识、自我评价能力，启发他们自觉思考、克服缺点、发扬优点。

(五)严格要求与尊重热爱相结合原则

1. 含义

严格要求与尊重热爱相结合原则是指进行德育要把对学生的思想和行为的严格要求与对他们个人的尊重和信赖结合起来，使教育者对学生的影响与要求易于转化为学生的品德。

2. 贯彻这一原则的要求

①爱护、尊重、信任每一个学生。

②善于向学生提出正确、合理、明确而具体的要求。

实践经验表明，爱是严的基础，严是爱的具体体现，但在教育实践中，教育者要严格区分严格要求与对学生的凶狠。

(六)集体教育与个别教育相结合原则

1. 含义

此原则是指教师在德育工作中既要组织和培养好学生集体，依靠和通过集体的舆论、优良风气和传统教育个别学生，又要注意通过对个别学生的教育来影响学生集体，使集体教育与个别教育有机地结合起来。

2. 贯彻这一原则的要求

①重视组织和培养良好的学生集体。

②善于发挥集体的教育影响作用。

③把个别教育与集体教育、教育个别与教育集体有机结合起来。

(七)因材施教原则

1. 含义

因材施教原则是指进行德育要从学生的思想认识和品德发展的实际出发，根据他们的年龄特征和个性差异进行不同的教育，使每个学生的品德都能得到最好的发展。

2. 贯彻这一原则的要求

①深入了解学生的个性特点和内心世界。

②根据学生的个人特点有的放矢地进行教育。

③根据学生的年龄特征有计划地进行教育。

(八)教育影响一致性原则

1. 含义

教育影响一致性原则是指进行德育应当有目的、有计划地把来自各方面的对学生的教育影响加以组织、调节，使其互相配合、协调一致、前后连贯，以保障学生的品德能按教育目的的要求发展。

2. 贯彻这一原则的要求

①统一校内各种教育力量。

②学校密切联系家庭和社会，统一、协调对学生的教育影响。

③做好衔接工作：做好小学与初中、初中与高中及学期与学期之间学生品德教育的衔接工作，做好班主任和教师的调换产生的衔接工作，同时还要注意处理好集中性教育与经常性教育的关系。

二、我国中小学常用的德育方法

(一)说服教育法

说服教育法是通过摆事实、讲道理的方式来提高学生的认识水平和思想觉悟的方法，它重在提高学生的认识，培养学生明辨是非、善恶、美丑的能力。说服教育的具体方式包括讲解、谈话、报告、讨论、参观、访问等。说服教育法的特点是以理服人。

运用说服教育法要注意以下几点：

①说服教育要有针对性。

②说服教育要有感染性。

③说服教育要讲究科学性和艺术性。

(二)榜样示范法

榜样示范法是教育者借助榜样人物的优秀品质、模范行为、成就或英勇事迹来教育学生、感染学生的方法。用来示范的榜样主要有家长、教师、同学、英雄人物、革命领袖、历史伟人和文艺形象等。

运用榜样示范法要注意以下几点：

①选好榜样是学习榜样的前提。

②树立榜样的威信，激起学生对榜样的敬慕之情。

③激发学生学习榜样的动机，见之行动。

(三)情感陶冶法

情感陶冶法是教育者通过创设和利用一定的情境，或通过有教育意义的文艺作品对学生进行感化和熏陶，使学生在直观感受中潜移默化地形成思想品德的一种方法。陶冶教育的方式主要包括人格感化、环境陶冶和文艺熏陶三种。

情感陶冶法的关键是要设置具有隐性教育意义的教育情境，其基本要求有：

①创设良好的教育情境。

②提高教育者的自我修养。

③引导学生参与情境建设。

(四)自我教育法

自我教育法是指在教育者的启发和引导下，受教育者对自己的思想品德表现进行自我认识、自我克制、自我激励、自我评价、自我调节等以提高自己的思想品德水平的方法。

运用自我教育法要注意以下几点：

①激发学生自我教育的愿望，培养自我教育的自觉性。

②指导学生掌握自我教育的标准。

③创设有利的道德情境，组织各种实践活动，发展学生的自我教育能力。

(五)实际锻炼法

实际锻炼法是形成和巩固学生思想品德和行为习惯的最有效的方法。这种方法让学生通过参加各种活动和交往得到实际的锻炼，从而养成良好的道德行为习惯，达到知行统一、言行一致的目的。学生参加实际锻炼的方式是多种多样的，包括：执行制度，让学生按照学生守则、课堂纪律、作息制度等必要的规章制度进行锻炼；委托任务，指教育者或学生集体委托学生完成一定的工作任务；组织活动，组织学生参加各种实际的活动，如学习活动、课外活动、劳动以及一定的社会实践活动等。

为了充分发挥各种实际锻炼方式的作用，应注意以下几点：

①要明确锻炼的目的和要求，要有严密的组织工作。

②要充分尊重和发挥学生的主动性和积极性，使学生成为各种实际锻炼的主人。

③要注意检查。实际锻炼要反复进行，做到持之以恒。中小学生的日常生活都是他们进行实际锻炼的机会。学生不能忽视这个环节，要坚持通过日常的学习、劳动和生活进行反复练习。

(六)品德评价法

品德评价法是指通过对学生已经形成或正在形成的思想品德给予肯定或否定的评价，以激励其上进，预防和克服不良品德的滋长的方法。品德评价的方式主要有表扬与奖励、批评与惩罚以及操行评定等。

运用品德评价法要注意以下几点：

①要有明确目的。

②要客观慎重，实事求是。

③要充分发扬民主。

④要注意对象的个别差异。

以上德育方法各有其特点和作用。各种德育方法是相互补充的，构成德育方法的完整体系。因此，教育者要根据实际情况，考虑各种德育方法的相互配合，灵活地、创造性地加以运用。选择德育方法一般要考虑以下几点：

第一，德育目标。德育目标是德育工作的预期结果，而德育方法是为实现德育目标服务的，所以首先要考虑德育目标的要求。

第二，德育内容。德育内容规定着对德育方法的特定要求。德育内容的性质不同，则德育方法也不同。例如，属于社会政治意识的德育内容，通常采用说理教育法，而属于道德品质和行为习惯的德育内容，大多采用榜样示范法和实际锻炼法。

第三，学生的年龄特点和个性差异。

三、中小学的德育途径

①政治课与其他学科教学。

②共青团、少先队、学生会组织的活动。

③课外和校外活动。

④校会、班会、周会、展会以及时事政策的学习。

⑤社会实践活动。

⑥班主任工作。

真题再现

1.【2018 年下半年 中】学校德育可以通过多种途径实施，但其中最基本的途径是( )。

A. 政治课和其他学科教学　B. 课外和校外活动

C. 班主任工作　D. 共青团、少先队组织的活动

答案：A

2.【2018 年上半年 中】张校长特别重视学校文化建设，提出“让学校的每一面墙都开口说话”，促进学生品德发展。张校长强调的德育方法是( )。

A. 陶冶法　B. 示范法　C. 锻炼法　D. 说服法

答案：A

3.【2017 年上半年 中】班主任陈老师通过生杏的酸涩和熟杏的香甜来教育一位早恋的初三女生，告诉她，谈恋爱和吃杏子是一样的道理。中学生还没有发育成熟，此刻若谈恋爱，就如同吃生杏一般，只能又苦又涩；只有到杏成熟后再去品尝，才会觉得香甜可口，无比幸福。这使这位女生从早恋中走了出来。这体现了德育的哪一原则？( )

A. 知行统一原则　B. 长善救失原则　C. 有的放矢原则　D. 疏导原则

答案：D

4.【2017 年下半年 小】小芳弟弟因为不守纪律而受到批评，但他不以为然，还说只要学习好，守不守纪律无所谓。面对这种情况，班主任应先采取的教育方法是( )。

A. 说服教育法　B. 情感陶冶法　C. 榜样示范法　D. 实际锻炼法

答案：A

5.【2019 年上半年 小】小龙明知乱扔纸屑是不文明行为，但又总是管不住自己。教师应注重培养其( )。

A. 道德认识　B. 道德情感　C. 道德意志　D. 道德信念

答案：C

6.【2017 年上半年 中】材料：

周老师总是认真地给学生写评语，把它作为教育学生的途径。他给班上一名淘气的学生写了一首打油诗：“小赵同学有头脑，就是不爱用正道；上课爱做小动作，插话接舌瞎胡闹；学习态度不大好，学习成绩不大妙；你若聪明应知道，有才不用是草包；

劝你来期赶紧改，否则成绩更糟糕。”小赵阅后哈哈大笑，也回老师一打油诗：“老师写的好，老师写的妙；小赵一定改，决不当草包；不做小动作，头脑用正道；若是做不好，随你老师敲！”

小张迷恋电脑游戏。周老师用心良苦，巧妙地把他比喻为电脑，给他的评语是：“该主机硬盘超过80G，内存2G，运行绝大多数游戏非常流畅，反应灵敏；显卡强大，画面质量甚高；整体配置非常优良，但该机音效设定不良，常常该发声时没有声音，该安静时却发出杂音；另外屏保时间设定过短，只要老师一分钟没动作，就进入休眠状态，但修理修理，还是好用的。”后来，小张改掉了迷恋游戏的毛病，对电脑硬件也产生了兴趣。

小黄语文水平高，但有些浮躁。周老师给他的评语如下：“汝生于书香门第，通达明理，开朗乐观，时有非常之事，亦曾处之泰然，好学善守。然汝时有蹉跎之意，散惰烦甚。若不熟读圣贤之书，以致学识浅薄，泯然众人，岂不哀哉，痛哉！”小黄阅后，心服口服，决心静下来，坚持勤奋读书。

问题：

(1)周老师给学生写的评语体现了哪些德育原则？

(2)请结合材料加以分析。

参考答案：

(1)周老师给学生写的评语体现了长善救失原则、因材施教原则、疏导原则、严格要求与尊重热爱相结合原则。

(2)首先，周老师给学生写的评语体现了长善救失原则。长善救失原则是指进行德育要调动学生自我教育的积极性，依靠和发扬他们自己的积极因素去克服他们品德上的消极因素，促进学生道德成长。材料中，小张迷恋电脑，于是周老师巧妙地把他比喻为电脑，从而充分发挥了学生热爱和熟悉电脑的优势，借此改掉了小张的毛病，还使小张对电脑硬件产生了浓厚的兴趣，促进了学生的健康发展。

其次，周老师给学生写的评语体现了因材施教原则。因材施教原则是指德育要从学生的品德发展实际出发，根据他们的年龄和个性进行不同的教育，使每个学生的品德都得到最优的发展。材料中，周老师针对淘气的小赵、迷恋电脑的小张还有语文水平高但浮躁的小黄，分别用不同的评语给予不同的教育，改正学生的不良习惯，促进了学生个性的健康发展，体现了因材施教原则。

最后，周老师给学生写的评语体现了严格要求与尊重热爱相结合原则。严格要求与尊重热爱相结合原则要求把对学生的思想和行为的严格要求与对他们的尊重与依赖结合起来，使教育者对学生的影响与要求易于转化为学生的品德。材料中，周老师在写评语时，对学生的特点，不管是淘气，还是喜爱上网，还是浮躁，都是充分尊重的，让学生得到了人格上的尊重。同时，周老师又在评语中提出了对学生的要求，希望学生能有更好的发展。周老师的行为符合严格要求和尊重热爱相结合原则。

7.【2015年上半年　中】材料：

某校初二女生小芳，上课不遵守纪律，注意力不集中，听课不专心，有时还会发出怪叫声，故意破坏纪律引起他人的注意。当老师批评她或同学责备她时，她不仅毫无羞怯之意，反而感到高兴。平时，小芳和老师、同学们都很少沟通，不愿意交流，有些以自我为中心。她顽皮、好动，喜欢接老师的话茬，而且常常当面或背地里给同学或老师起绰号，有时还无缘无故地欺辱同学。

当然，小芳也有值得肯定的地方，比如，她性格直率，敢作敢为，勇于承担任务，而且身强体壮，体育成绩好，是运动场上的风云人物，每次运动会都能给班里争光。

问题：如果你是班主任，根据材料中小芳同学的表现，在对她的教育中，你认为应该贯彻哪些德育原则？运用哪些德育方法？请分别结合材料加以分析。

参考答案：

德育原则：①长善救失原则。老师应发扬她性格和体育方面的特长，克服她纪律方面的缺点。②因材施教原则。老师要针对小芳的特点进行有针对性的教育。③严格要求与尊重热爱相结合原则。

德育方法：①说服教育法。老师可以摆事实讲道理。②实际锻炼法，在活动中提高学生的思想品德。

首先，教育者需要一分为二地看待学生，发扬积极因素，克服消极因素。其次，教育者要以发展的眼光，客观、全面、深入地了解学生，正确认识和评价当代学生的思想特点。再次，教育者要尊重热爱学生，关心爱护学生，建立和谐融洽的师生关系。尤其是对待后进生，教育者更要细心，切忌伤害学生的自尊心和挫伤学生的积极性，切忌粗暴训斥、讽刺挖苦甚至体罚。最后，教育者应根据教育目的和德育目标，严格要求学生，认真管理和教育学生，要从学生的年龄特征和品德发展状况出发，提出合理、明确、适度、有序的要求，并坚持不懈地贯彻到底。

第四节 “三生教育”、安全教育及升学就业指导教育

【考点分析】

本节知识点在历年考试中尚未涉及。考生需要了解本节知识点，知道其内涵与意义。

【考点内容】

一、“三生教育”

“三生教育”的概念是学校德育范畴的概念，包括生命教育、生存教育、生活教育。

(一)基本内涵

生命教育，让每一位教师和学生“认识生命，尊重生命，珍爱生命，关心自己和家人”；生存教育，强调“学习生存知识，保护和珍惜生态环境，关心社会和自然，强化生存意志，提高生存的适应能力和创造能力”；生活教育，提倡“珍视生活，了解生活常识，掌握生活技能，养成良好的生活习惯，关心他人和集体，树立正确的生活目标”。

(二)目的

第一，通过生命教育，使学生认识人类的自然生命、精神生命和社会生命的存在和发展规律，认识个体的自我生命和他人的生命，认识生命的生老病死过程，认识自然界其他物种的存在和发展规律，最终树立正确的生命观，领悟生命的价值和意义；帮助学生以个体的生命为着眼点，在与自我、他人、自然建立和谐关系的过程中，促

进生命的和谐发展。

第二，通过生存教育，使学生认识生存及提高生存能力的意义，树立人与自然、社会和谐发展的正确生存观；帮助学生建立适合个体的生存追求，学会判断和选择正确的生存方式，学会应对生存危机和摆脱生存困境，善待生存挫折，形成一定的劳动能力，能够合法、高效和较好地解决安身立命的问题。

第三，通过生活教育，使学生认识生活的意义，热爱生活，幸福生活；让学生理解生活是由物质生活和精神生活、个人生活和社会生活、职业生活和公共生活等组成的复合体；帮助学生提高生活能力，培养学生的良好品德和行为习惯，培养学生的爱心和感恩之心，培养学生的社会责任感，形成立足现实、着眼未来的生活追求；教育学生学会正确的生活比较和生活选择，理解生活的真谛，能够处理好学习与休闲、工作与生活的关系。

(三)主要内容

1. 生命教育的主要内容

生命教育的主要内容是认识生命、尊重生命、珍爱生命和发展生命。认识生命是前提，尊重生命是基础，珍爱生命是关键，发展生命是目的。

2. 生存教育的主要内容

生存教育的主要内容是使学生认识生存及提高生存能力的意义，把握生存规律，提升生存适应能力和创造能力，强化生存意志，树立人与自然、社会和谐发展的正确生存观。

3. 生活教育的主要内容

生活教育的主要内容是使学生认识生活的意义，热爱生活，幸福生活，树立正确的生活观；使学生理解生命的终极意义就是追求幸福生活。

(四)基本方法

实施“三生教育”的基本方法包括主体教育、认知教育、行为教育、差异教育、全面教育等。

(五)基本思路

1. 组织形式

要组建由专任教师、班主任、辅导员、学生家长、社会有关方面人士、学生代表等组成的“三生教育”教学团队，共同研究课堂教学、实践活动、家庭教育、社会教育的分工合作问题，以及各方面力量的统筹协调问题。

2. 教学方法

根据“三生教育”基本方法的要求，提倡启发式、互动式、因材施教式、主动发现式、渗透教育式、分类分层式的方法，要大力推行主体性学习、研究性学习、探索性学习和说理教育法、情境陶冶法、榜样示范法、实际锻炼法、疏导教育法、自我教育法等具体方法。

3. 考核评价方法

要根据学段特点和不同类型学校的培养目标及学生的年龄特征，特别是要根据不同层次学生的实际，确定“三生教育”的具体目标，建立多元的“三生教育”评价体系。

二、安全教育

(一)主要内容

安全教育是指对学生开展安全意识、安全措施以及防范意外安全事故的教育。安全教育是学校安全管理的一项基础性工作。

安全教育的内容是根据学生动作发展、认知发展以及已有生活经验等方面的特点，加强学生对周围环境中潜在危险的认识，同时加强学生防范与处理事故的能力以及自我保护的意识和能力，提高其预见性和保护技能，减少意外伤害的发生，提高生命教育的质量。

(二)基本途径

安全教育的形式包括开展学科教学、讲座、知识竞赛，开设专栏专刊等，其内容包含自然灾害、消防、交通、饮食饮水、集体活动、网络、心理等方面的安全。

安全教育的基本途径主要包括：

①以案说法，有针对地教育。

②突出重点，有区别地教育。

③抓住时机，有选择地教育。

④开展社会实践，提高教育效果。

⑤加强自护训练，提高防护能力。

三、升学就业指导教育

(一)升学指导途径

升学指导主要从以下三方面进行：

①学业价值观指导。

②学习方法指导。

③学习心理指导。

(二)就业指导途径

就业指导分为就业意识指导、就业准备指导和就业具体指导，具体包括就业观指导和就业技能指导。

能力提升训练题

一、单项选择题

1. 老师总要求学生讲究卫生，但班里经常有学生随地吐痰、乱扔纸屑。老师应侧重于(　　)。

A. 提高学生认识　　B. 丰富学生道德情感

C. 锻炼学生意志　　D. 培养学生道德行为规范

2. 苏联教育家马卡连柯所倡导的“平行教育”的德育原则是(　　)。

A. 知行统一原则　　B. 尊重热爱与严格要求相结合原则

C. 教育影响的一致性与连贯性原则　　D. 集体教育与个别教育相结合原则

3.“桃李不言，下自成蹊”的意思是，桃子、李子虽不会说话，但是它们果实甜美，惹人喜爱。人们在它们下面走来走去，走成了一条小路。这句话比喻一个人做了好事，不用张扬，人们就会记住他。这句话体现了哪个德育方法？(　　)

A. 品德评价法　B. 榜样示范法　C. 情感陶冶法　D. 自我修养法

4. 在德育过程中，教师要有目的地对各方面的影响加以组织、调节、控制，使其相互配合、协调一致，从而促进学生思想品德健康发展的教育原则是(　　)。

A. 知行统一原则　B. 教育影响的一致性和连贯性原则
C. 集体教育原则　D. 正面说服教育原则

5. 对学生进行思想品德教育，如果企图用“堵”和“压”的办法去解决，就会产生矛盾，造成反抗；用“大禹治水”的办法，能使学生明白事理，提高认识。这反映的是(　　)。

A. 知行统一原则　B. 依靠积极因素、克服消极因素原则
C. 疏导原则　D. 正面教育与纪律约束相结合原则

6. 品德发展所具有的(　　)表明，德育既可以从知到行，也可以从行到知，或者从情开始兼之以知和行。

A. 随机性　B. 多开端性　C. 层次性　D. 多项选择性

7. 教师在进行德育工作时，采用“晓之以理、动之以情”的方法。这是因为(　　)。

A. 德育过程是对学生知、情、意、行的培养提高过程
B. 德育过程是一个促进学生思想内部矛盾斗争的发展过程
C. 德育过程是组织学生的活动和交往、统一多方面教育影响的过程
D. 德育过程是一个长期的、反复的、不断前进的过程

8.“让学校的每一面墙都开口说话”“让学校的一草一木、一砖一石都发挥教育影响”体现了何种德育方法？(　　)

A. 榜样示范法　B. 说服教育法　C. 陶冶教育法　D. 品德评价法

9. 说服教育法的方式有语言文字说服和(　　)。

A. 事实说服　B. 理论说服　C. 直接说服　D. 间接说服

10. 选择德育方法首先要考虑的是(　　)。

A. 德育目标　B. 德育内容　C. 学生的年龄特点　D. 学校和教师的实际情况

二、辨析题

1. 德育过程是组织学生活动与交往的过程。

2. 德育目标制约着德育工作的基本过程。

3. 学校教育在学生身心发展中起主导作用，因此，学生在学校中受到良好的德育，就能形成良好的品德。

三、简答题

1. 简述贯彻知行统一原则的基本要求。

2. 简述运用品德评价法的要求。

3. 简述德育的意义。

四、材料分析题

英语课上，有个学生总喜欢跟周围同学交头接耳。英语老师多次提醒并制止，但都无济于事。时间长了，英语老师开始责骂、讥讽和奚落他，有时候也惩罚他。渐渐

地，这个学生越来越不喜欢上英语课，对英语老师也极为反感，最后产生了辍学情绪。家长找英语老师询问原因，老师说："我严格要求有什么错？"请你根据德育原则分析该教师的做法是否有错。如果有错，他违反了什么德育原则？

参考答案

一、单项选择题

1. D 2. D 3. B 4. B 5. C 6. B 7. A 8. C 9. A 10. A

二、辨析题

1. 答案：这种说法是正确的。活动和交往是学生品德形成的基础，具有广泛的社会性和很强的实践性。活动和与同伴交往是道德发展的主要环境。成人、教师及其他社会环境因素施加影响，必须通过学生自身的积极活动与思考才会发生作用。只有学生参与社会生活，并通过亲身体验处理各种社会关系时，才能获得对社会关系的深刻理解和认识，才能不断发展自己的情感体验，磨炼自己的道德意志，从而形成自觉的行为习惯。

2. 答案：这种说法是正确的。德育目标是教育目标中受教育者在思想品德方面要达到的总体规格要求，即德育活动所要达到的预期目的或结果的质量标准。德育目标是德育工作的出发点，它不仅决定了德育的内容、形式和方法，而且制约着德育工作的基本过程。

3. 答案：这种说法是不正确的。学生在活动中，必定受到多方面的影响，其中既有校内的正式影响，又有校外的非正式影响；既有积极正面的影响，也有消极负面的影响。学校德育应在多方面影响中发挥主导作用，抵制负面消极影响，将各种积极正面的教育影响统一到教育目的上来，形成学校、家庭、社会教育的合力，促进学生良好品德的形成和发展。

三、简答题

1. 参考答案：

贯彻这一原则的基本要求：

①进行系统的理论教育，从根本上提高学生的思想道德认识。

②组织和指导学生参加各种实践活动。

③全面评价学生的思想品德，坚持知行统一原则。

④教育者要以身作则，严于律己。

2. 参考答案：

①要有明确目的。

②要客观慎重，实事求是。

③要充分发扬民主。

④要注意对象的个别差异。

3. 参考答案：

①德育是社会主义现代化建设的重要条件和保证。

②德育是学生健康成长的条件和保证。

③德育是实现教育目的的条件和保证。

四、材料分析题

参考答案：有错。这个案例反映了该教师违反了严格要求与尊重热爱相结合的德育原则。严格要求与尊重热爱相结合原则是指进行德育要把对学生的思想和行为的严格要求与对他们个人的尊重和信赖结合起来，使教育者对学生的影响与要求易于转化为学生的品德。贯彻这一原则要求教师在严格要求学生时要以爱护、尊重、信任为前提，在严格要求时要善于向学生提出正确、合理、明确而具体的要求。因此，严格要求与尊重热爱是互相联系的，两者结合才能更好地激发学生学习的动力，为学生进步提供方向。

模块八　班级管理与教师心理

第一章　班级管理

【考纲要求】

1. 熟悉班集体的发展阶段。

2. 了解课堂管理的原则，理解影响课堂管理的因素；了解课堂气氛的类型，理解影响课堂气氛的因素，掌握创设良好课堂气氛的条件。

3. 了解课堂纪律的类型，理解课堂结构，能有效管理课堂；了解课堂问题行为的性质、类型，分析课堂问题行为产生的主要原因，掌握处置与矫正课堂问题行为的方法。

4. 了解课外活动组织和管理的有关知识，包括课外活动的特点、意义、主要内容、组织形式以及课外活动的实施要求。

第一节　班级与班集体建设

【考点分析】

本节考点为高频考点，往年考题以选择题和简答题为主，需要引起考生重视。

【考点内容】

一、班级的概念

班级是由教师和学生共同组成的，是学校进行教育和教学活动的基本单位，是学生学习、生活、发展的直接环境，同时也是学生实现社会化发展的重要场所。班级对于学生的成长有三方面的作用：第一，有利于促进学生相互学习与共同成长；第二，有利于学生社会化与个性发展；第三，有利于学生提升自我教育与自我管理能力。

班级是一种社会组织，其基本成员是班主任、教师(特指不担任班主任的任课教师)和学生，它通过师生相互影响的过程来达到预定的教育目标。班级是由不同的个体组成的群体，它反映正式组织层面与个人属性层面的需求，在结构上存在正式组织与非正式组织。

班级是由学生组成的正式组织，旨在实现班级组织的公共目标。正式组织的结构基本都是金字塔形的。正式组织大多预先定好时间、场所和活动内容，要求班级每位成员接受。

非正式组织源于班级组织的个人属性层面的人际关系，是学生在共同的学习与活动中基于成员间的需求、能力、特点的不同，从个人的好感出发而自然形成的。它有四种类型：第一，积极型，这种群体的价值目标与班级正式组织的目标是一致的，是班级正式组织的补充；第二，娱乐型；第三，消极型；第四，破坏型，这类群体已游离出正式组织，没有是非标准，常对班级组织产生破坏作用。

二、班级管理

(一)班级管理的几种模式

1. 班级常规管理

班级常规管理是指班主任通过制定和执行规章制度管理班级的活动。开展以班级规章制度为核心的常规管理，是班主任工作的重要内容之一。一般来说，班级的规章制度主要由三部分组成：①教育行政部门统一规定的有关班集体与学生管理的制度，如学生守则、日常行为规范、体育锻炼标准等；②学校根据教育目标、上级有关指示制定的学校常规，如考勤制度、奖惩制度、课堂常规、作业要求等；③班集体根据学校要求和班级实际情况讨论制定的班级规范，如班规、值日生制度、考勤制度等。

2. 班级平行管理

班级平行管理的理论源于教育家马卡连柯的“平行影响”的教育思想。马卡连柯认为，教师要影响个别学生，首先要去影响这个学生所在的班级，然后通过班集体与去影响这个学生，这样就会产生巨大的教育力量。

3. 班级民主管理

实施班级民主管理需要做好两方面的工作：①组织全体学生参加班级全程管理，即班级管理的计划、实行、检查、总结的各个阶段都让学生参与进来，由班主任与学生共同实施管理；②建立班级民主管理制度，如干部轮换制度、定期评议制度、值日生制度、值周生制度、定期组织民主教育活动制度等。

4. 目标管理

目标管理是由美国管理学家德鲁克提出的，其理论的核心是将传统、他控式的管理方式转变为强调自我、自控的管理方式，是一种以自我管理为中心的管理，其目的是更好地调动被管理者的积极性。

(二)班级管理的主要内容

班级管理主要包括以下几个方面。

1. 班级组织建设

班级组织建设要做的主要工作包括如下几个方面：第一，确定集体的奋斗目标；第二，健全组织，提高干部能力以形成集体核心；第三，有计划地开展集体活动；第四，培养正确的舆论和良好的班风。

2. 班级制度管理

班级制度管理的内容主要有两种：第一，形成成文的制度，这属于定型性管理；第二，形成非成文的制度，这属于不定型性管理。

3. 班级教学管理

教学质量管理是班级教学管理的核心。班级教学管理的内容包括：第一，明确班级教学管理的目标和任务；第二，建立有效的班级教学秩序；第三，建立班级管理指挥系统；第四，指导学生学会学习。

4. 班级活动管理

班级活动的种类如下：

按活动方式可分为课内活动和课外活动；

按活动内容可分为思想品德教育活动、文化学习活动、科技活动、文艺活动、劳动活动、游戏活动、综合活动等；

按活动目的可分为目标内化活动、营造舆论活动、建立良好人际关系活动、班级常规管理活动、培养自觉遵守纪律活动、培养学习兴趣活动等。

三、班集体的概念和特征

班集体是指通过班主任等各种主要的教育力量的教育和培养而形成的班级群体。班集体不同于班级。班集体具有如下特征：

第一，班集体是一个以学生亚文化为特征的社会群体，它传导和积淀着班级制度的社会文化基因(教育目标、规范和组织模式)。

第二，班集体是一个以教学为中介的共同活动体系，它以课堂教学为中介，整合学校、社会、家庭的教育影响。社会化的共同学习活动是班集体形成和发展的主要整合因素。

第三，班集体是一个以直接交往为特征的人际关系系统，正是交往和人际关系动态地反映了集体与个体、个体与个体、集体与环境的相互作用，展示了集体形成的过程。

第四，班集体是一个以集体主义价值为导向的社会心理共同体，集体心理的统一性和社会成熟度综合反映了集体主体性的水平。

良好的班集体有如下特征：

①有共同的班级奋斗目标。

②有健全的组织系统和坚强的领导核心。

③有严格的规章制度与纪律。

④有平等、民主的班级氛围。

四、班集体的发展阶段

一般来说，班集体的形成主要包括组建、形核、巩固和成熟四个基本阶段。

①组建阶段。

②骨干力量的形成阶段(形核阶段)。

③巩固阶段。

④成熟阶段。

班级进入成熟阶段的主要标志：①班委会逐渐成熟；②班级组织坚强有力；③班级活动丰富多彩。

五、班集体培养的步骤与方法

班集体建设是班主任的中心工作。班集体的培养要求做好以下几个方面的工作：

①确定班集体的共同奋斗目标。

②建立健全班级组织机构，形成班集体的领导核心。

③建立、完善班级组织制度，建立和谐的班级人际关系。

④组织形式多样的教育活动。

⑤培养正确的舆论和良好的班风。

真题再现

1.【2012 年下半年　小】当师生、生生之间有一定的了解和信任，班级组织比较健全时，该班集体的发展处于(　　)。

A. 自主活动阶段　B. 核心形成阶段　　C. 组建阶段　　　　D. 成熟阶段

答案：B

2.【2017 年下半年　小】简答题：简述班主任培养良好班风的主要措施。

答案：第一，加强思想品德教育，提高认识；第二，抓好常规训练，严格行为规范；第三，培养集体荣誉感和责任感；第四，正确实施奖惩，树立守纪风气。

3.【2014 年上半年　中】辨析题：非正式群体在班级管理中只有消极作用。

答案：此说法错误。非正式群体指的是没有正式文件规定而形成的群体，其成员以某种共同的利益、观点、爱好为基础，以感情为纽带。非正式群体有积极型和消极型之分。在班级管理中，积极型的非正式群体有助于班级管理与建设，消极型的非正式群体对班级管理起着阻碍作用。教师应该发挥非正式群体的积极作用，弱化其消极作用。

4.【2018 年下半年　中】阅读下列材料，回答问题。

我刚成为初二(3)班班主任时，该班班级风气较差。我接手后的第一件事就是组织培养班集体。我是这么做的：

第一，和全班同学讨论确定班集体的发展方向，最终确定了近期(两个月)、中期(一学年)和远期(毕业前)班集体的目标。近期主要搞好课堂纪律、抓好班级建设，中期争取成为学校优秀班集体，远期力求全面提高学习成绩和学生素质。我没有在第一次班会课上训话，而是对同学们表达了希望和信任，相信经过努力，同学们一定能把班级建设成优秀班级。同时我深入学生中间，争取大多数同学的支持并制定了班级管理常规，严格实行德育考核，奖罚结合，并定期向家长通报。两个月下来，班级风气明显好转，近期目标基本实现了。

第二，在重新组建班委会的过程中，学生反映生活委员翁丽常常自己在自习课上带头讲话，在课间吵闹，造成不良影响。我和班委会讨论后决定撤换她。当宣布这一决定时，看到她情绪低落，我没有简单批评她，而是关心她，告诉她我这样做是为班级包括她在内的全体同学着想。经过几次推心置腹的谈话，她在各方面有了较大的提高，于是在原班委会的基础上，我根据各班委的特长进行了适当调整。

第三，组织了学雷锋日、环保日、篮球赛、社会调查等一系列活动。在活动组织和实施中，我班逐渐形成了正确的舆论和良好的班风，激发了学生高度的集体荣誉感，培养了他们明辨是非、善恶、美丑的能力。

第四，针对后进生，我分别采取了个别谈心、道德谈话、个别辅导的方式，在促进学生转变中起了较好的作用，同时也壮大了班集体。比如，我班赖明同学脾气暴躁，常仗着大块头与同学打架，与老师顶撞，但他特别擅长体育运动，尤其是打篮球打得好。当时恰逢学校组织班级间篮球赛，我意识到转化他的机会来了。我找到他研究如何排兵布阵，并请他做班级篮球队队长，这令他很感动。赛场上，赖明奋力拼搏，表现出色，帮助我班取得了第一。我趁热打铁，又推荐他做体育委员，得到全体同学同意。在此基础上，我又找赖明谈话，希望他珍惜大家对他的信任。从此，他从班级“反叛者”变成了“主人翁”，直到初三以良好成绩毕业。

问题：结合材料说明该班主任培养班集体的主要方法。

答案：略。

第二节　有效的课堂管理

【考点分析】

在历年考试中，本节考点的题型以选择题为主，考核知识点主要是课堂纪律管理和课堂问题行为的类型与应对。

【考点内容】

一、课堂管理概述

(一)课堂管理的含义

课堂管理是指教师为了保证课堂教学的秩序和效益，协调课堂中人与事、时间与空间等各种因素及其关系的过程。做好课堂管理不仅是课堂教学顺利进行的基本保证，而且是提高课堂教学质量的有效途径。

(二)课堂管理的功能

①维持功能：维持功能是课堂管理的基本功能。

②促进功能。

③发展功能。

(三)课堂管理的内容

①课堂空间的管理。

②课堂时间的管理。

③课堂纪律的管理。

(四)影响课堂管理的基本因素

①背景情况。

②教学目标。

③课堂规模。

④凝聚力。

⑤课堂规范。

⑥教师领导。

二、良好课堂气氛的营造

(一)课堂气氛的含义及类型

课堂气氛作为教学过程中的软情境，通常是指课堂里某些占优势的态度与情感的综合状态，具体而言，是指课堂活动中师生相互交往所表现出来的相对稳定的知觉、注意、情感、意志和思维等心理状态。一般认为，课堂气氛是由教师的教风、学生的学风以及教室中的环境作用所形成的一种心理状态。我国学者将课堂气氛划分为积极的、消极的和对抗的三种类型。

(二)影响课堂气氛的因素

由于教师在课堂教学中起着主导作用，影响课堂气氛的主要因素与教师的领导方式、教师对学生的期望以及教师的情绪状态有关，也与学生和课堂物理环境因素有关。

1. 教师因素

①教师的领导方式。

②教师对学生的期望。

③教师的情绪状态。

2. 学生因素

首先，学生对集体目标的认同是良好课堂气氛形成的必要前提。其次，学生自觉遵守课堂纪律，具有良好的品德和学习习惯，有利于良好课堂气氛的形成。此外，课堂中的集体舆论、学生之间的合作与竞争关系，都会影响课堂气氛。

3. 课堂物理环境因素

构成课堂环境的物理因素多种多样，有内部因素，也有外部因素；有可控因素，也有不可控因素。创设良好的课堂物理环境，应注意保持、适宜的温度、适当的光线强度和色调，尤其要注意座位排列对课堂教学的影响。

(三)创设良好课堂气氛的条件

①准确地鉴定、分析课堂气氛是营造良好课堂气氛的前提和基础。

②时刻保持积极的情绪状态感染学生。

③树立典型，利用榜样积极引导学生。

④妥善处理矛盾冲突，建立良好的师生、生生关系。

三、课堂纪律

(一)课堂纪律的含义及类型

1. 课堂纪律的含义

课堂纪律是指教师为了维持正常的教学秩序，协调学生的行为，以求课堂目标的最终实现，要求学生共同遵守的课堂行为规范。良好的课堂纪律是课堂教学得以顺利进行的重要保障。

2. 课堂纪律的类型

根据课堂纪律形成的途径，课堂纪律可以分成以下四种类型。

(1)教师促成的纪律

这类纪律在不同年龄阶段所发挥的作用有所不同：年龄越小，学生对教师的依赖越强，教师促成的纪律所发挥的作用越大。

(2)集体促成的纪律

集体促成的纪律主要有两类：一是正规群体促成的纪律，如班集体的纪律、少先队的纪律等；二是非正规群体促成的纪律，如学生间的友伴群体促成的纪律等。

(3)任务促成的纪律

任务促成的纪律是以学生对活动任务的充分理解为前提的。学生对任务的理解越深刻，就越能自觉遵守任务的纪律要求。

(4)自我促成的纪律

遵守自我促成的纪律是课堂纪律管理的最终目的。学生能够自律并客观评价自己和集体的行为标准，便意味着学生能够为新的更好的集体标准的发展做出贡献，同时也标志着学生的成熟水平大大提高。

(二)课堂纪律的影响因素

1. 课堂情境结构

课堂情境结构主要是指课堂学习情境的安排要考虑以下几个方面。

①班级规模的控制。

②课堂常规的建立。

③学生座位的分配。

2. 课堂教学结构

①教学时间的合理利用。

②课程表的编制。

③教学过程的规划。

(三)维持课堂纪律的策略

①建立有效的课堂规则。

②合理组织课堂教学。

③做好课堂监控。

④培养学生的自律品质。

四、课堂问题行为的管理

课堂问题行为是指在课堂中产生的违反课堂规则、妨碍及干扰课堂活动的正常进行或影响教学效率的行为。

(一)课堂问题行为的类型

中外学者从不同角度对课堂问题行为进行了分类。奎伊等人把课堂问题行为分成人格型、行为型和情绪型三种类型。人格型问题行为带有神经质特征，常常表现为退缩行为。行为型问题行为主要具有对抗性、攻击性或破坏性等特征。情绪型问题行为主要是由于学生过度焦虑、紧张和情绪多变而产生社会障碍的问题行为。我国有学者将课堂问题行为分为行为不足、行为过度和行为不适三种类型。

(二)课堂问题行为产生的主要原因

课堂问题行为不单是学生自身的问题行为，而且是各种问题的综合反映。综合起来，课堂问题行为的产生有以下三方面的原因。

1. 教师因素

课堂问题行为的产生与教师有直接或间接的关系，教师的教育失策会导致学生产生问题行为。教师的教育失策主要表现为错误的观念指导、管理失范和教学水平低下。

2. 学生的身心因素

课堂问题行为也与学生的身心因素有关，如性别上的差异、生理上的障碍和心理上的缺陷。心理缺失也是形成学生问题行为的重要原因，它主要反映在性格等方面。

学生个性方面的问题也会导致问题行为。

3. 环境因素

环境因素包括家庭、大众媒体、课堂内部环境等方面的影响。

(三)课堂问题行为的处置与矫正

①制订适宜的教学计划。

②帮助学生调整学习的认知结构。

③给予学生精确而严格的指导。

④建立良好的教学秩序。

⑤进行行为矫正与心理辅导。

对复杂的问题行为，尤其是那些由内在刺激引起与维持的问题行为，如矫正效果不显著，则需要心理辅导来解决。

⑥协调同伴关系。

⑦与家长合作。

真题再现

1.【2017 年上半年　中】华老师认为课堂管理是教学的一部分。课堂管理本身可以教给学生一些行为准则，使学生从他律走向自律，使学生逐步走向成熟，这主要说明课堂管理具有哪一项功能？(　　)

A. 维持功能　　B. 导向功能　　C. 发展功能　　D. 调节功能

答案：C

2.【2016 年下半年　中】作为教学的一部分，课堂管理能够教给学生一些行为准则，并促使学生行为从他律到自律转变，这说明课堂管理具有(　　)。

A. 维持功能　　B. 缓冲功能　　C. 发展功能　　D. 解释功能

答案：C

3.【2015 年上半年　中】张老师课前宣布：“今天我讲的课非常重要，讲完后当堂进行测验。”随后学生们精神抖擞，全神贯注地投入听课，课堂秩序井然，这种情况下形成的纪律属于(　　)。

A. 自我促成的纪律　　B. 任务促成的纪律

C. 规则促成的纪律　　D. 集体促成的纪律

答案：B

4.【2015 年下半年　中】初二(5)班学生在课堂上非常注意自己在老师心目中的形象，希望老师喜欢他们。该班学生的课堂纪律发展处于(　　)。

A. 人际纪律阶段　B. 自我服务阶段　C. 自我约束阶段　D. 相互协调阶段

答案：A

第三节　课外活动的组织与管理

【考点分析】

本节内容在往年考试中偶有出现，一般以选择题呈现。

【考点内容】

一、课外活动的概念

课外活动是指在课堂教学以外由学生自愿参加的多种教育活动的总称，可分为广义的课外活动和狭义的课外活动。广义的课外活动包括除学校教育中正式的课程以外的校内外各种教育活动；狭义的课外活动就是指学校内的课外活动。课外活动一方面配合学生的课内教学，另一方面又不拘泥于课程的内容。它为学生提供了一个展示和发展爱好的平台，它是扩展和加深学生学习内容、进一步丰富学生经验、发展学生对社会事务兴趣的活动。

二、课外活动的特点

①自愿参与。
②自主活动。
③形式多样。
④内容开放。

三、课外活动的意义

①培养学生的主体精神和自主学习能力。
②开发学生的潜在能力，培养学生的个性和创造力。
③培养学生的组织、合作、礼让等社会交往能力。
④拓宽学生的知识面，增强学生的社会责任感。

四、课外活动的主要内容

学校现行的课外活动内容，基本上可以分为以下几类。
①科技活动。
②学科活动。
③文体活动。
④课外阅读活动。
⑤社会活动。

五、课外活动的组织形式

课外活动的组织形式是多种多样的，按活动人数和规模，可分为群众性活动、小组活动和个人活动三类。

(一)群众性活动

具体的活动方式有报告会、讲座、演讲、社团活动、纪念日活动、文艺主题会、晚会、办墙报和黑板报、收听收看广播电视、看电影、参观、访问、游览、表演、各项竞赛、公益劳动、文娱训练、体育锻炼等。

(二)小组活动

小组活动的种类有学科小组(文学、数学、历史、地理等)活动，科技小组(无线电、航模等)活动，艺术小组(音乐、绘画、书法、舞蹈等)活动，体育小组(体操、球类、武术等)活动，劳动技术小组(电工、电器维修、刺绣、公益服务)活动等。小组要制订活动计划，有固定的活动日和活动时间，有辅导员的具体指导，有严格的纪律制度。

(三)个人活动

个人活动的主要内容有阅读课外书刊，写读书心得，记日记，练习书法、绘画、演奏、摄影，采集标本，进行小发明、小制作、小实验，以及进行各种体育锻炼等。

六、课外活动的实施要求

①要有明确的目的性和计划性。

②活动内容要丰富多彩，富有吸引力。

③充分发挥学生的积极主动性和创造精神。

课外活动是学生的自主性活动，因此要充分依靠和发挥学生的自主性、积极性和主动性，要让学生以主人翁的姿态来组织、参加活动，使他们从中学会自治、自理，培养他们独立思考、独立工作的能力。教师应处于辅助的地位，给予学生引导、启发、指点和帮助。

真题再现

【2017 年上半年　小】在小学课外活动中，学生摄影小组举办的摄影作品大赛属于(　　)。

A. 游戏活动　　B. 学科活动　　C. 科技活动　　D. 文学体育活动

答案：D

第四节　班队活动①

【考点分析】

本节内容是小学教师资格考试的高频考点，主要以选择题的形式出现。

【考点内容】

一、班队活动的含义

班队活动是指为实现教育目的，在教育者引导下，由班级学生或少先队员共同参与，在学科教学以外的时间组织开展的教育活动。

班队活动是进行思想品德教育的有效方式，是促进学生身心健康发展、形成良好个性的主要途径，是学生掌握知识、发展认识能力不可忽视的条件。

二、班队活动的原则

①教育性原则：在组织和开展班队活动时，教育者要以积极影响学生的教育与发展为目的。这是班队活动的最基本原则。

---

①　这部分内容是小学教师资格考试要求的内容，参加中学教师资格考试的考生可不掌握。

②自主性原则：班队活动要充分调动和尊重学生在活动中的主动性和积极性。

③针对性原则：班队活动要针对班队组织与建设的实际需要，针对学生的年龄特征，以及学生所处的地域环境和条件对学生进行教育。

④多样性原则：班队活动要做到活动形式的多样化和活动内容的多样化。

⑤计划性原则：班队活动的指导者要对每个学年、每个学期的班队活动做通盘考虑和总体规划，精心设计每次活动，以保证活动效能的充分发挥。

⑥生活化原则：班队活动要扎根生活、深入实际，使活动符合客观现实发展的真实状态。

⑦可行性原则：班队活动多数是由学生自己设计、组织和开展的，这就要求学生注意活动的频率、活动的规模，要量力而行，具有可操作性。

⑧创造性原则：班队活动的创造性表现为活动的内容和形式应随着客观形势的变化，不断丰富和充实。

三、班队活动的基本类型

(一)主题教育活动

主题教育活动是指班队在班主任或辅导员的指导下，根据学校教育的计划，针对学生的实际情况，提出一个主题，围绕这一主题而进行的教育活动。主要形式有主题班队会、主题报告会、主题座谈会和主题伦理性讲话。

(二)班队例会

班队例会是指以班或队为单位，通过会议形式，对学生进行常规教育的活动。它的类型一般有班务会或队务会、民主生活会、月会、晨会等。

(三)班队文艺活动

班队文艺活动形式多样，大家也比较熟悉，比如联欢会就包括文艺联欢会、生日联欢会、节日联欢会、毕业联欢会等各种形式。

(四)班队体育活动

班队体育活动是指在学校体育课以外开展的以增强体质、提高体育技能、促进学生全面发展为主要目的的教育活动。

班队体育活动能够增强学生体质，并以其丰富多彩、生动活泼的形式和内容，吸引、感染学生，还可以在活动中培养学生良好的情操和道德风貌。

开展班队体育活动应注意活动内容的合理搭配，以全面锻炼学生体质。

(五)班队科技活动

班队科技活动的形式有科技班会、科学知识讲座、科学兴趣小组活动、参观、调查、科技演示、科技知识竞赛和科技游戏等。其中，科学知识讲座、科学兴趣小组活动和参观是班队会经常开展的科技活动。

(六)班队劳动

从形式上看，班队劳动主要有生产性劳动和自我服务性劳动，适合中小学的主要有社会公益劳动和自我服务性劳动。

(七)班队游戏活动

班队游戏活动主要有智力游戏和体育游戏两类。

组织班队游戏活动的要求如下：

①不要以“指令”方式布置游戏。

②游戏应该是容易被人理解的。

③应该正确地说明游戏的规则，且规则不能太多。

④游戏内容应该与教学内容和学生水平相适应。

⑤游戏要难易交替、动静结合。

⑥集体游戏不得强迫某些不具备游戏能力的学生参与，否则会伤害他们的自尊。

(八)少先队活动

1. 少先队概述

少先队诞生于1924年，其最早的名字是劳动童子团，在中国共产党领导下为新中国的成立做出了重大贡献。1949年10月13日，中国共产党委托共青团建立全国统一的少年儿童组织——中国少年儿童队。1953年6月它改名为中国少年先锋队，简称少先队。

2. 少先队的组织

共青团受党的委托直接领导少先队。全国和地方各级少先队工作委员会是全国和地方少先队经常性工作的领导机构。少先队基层组织一般建立在初中和小学，以学校为单位建立大队、中队、小队。“把全体少年儿童组织起来”是少先队组织工作的方针。《中国少年先锋队章程》规定，凡是6周岁到14周岁的少年儿童，愿意参加少先队，愿意遵守队章，向所在学校少先队组织提出申请，经批准，就成为队员。

3. 少先队活动的含义

少先队活动是少先队组织最基本和最主要的工作及教育方式，就其表现形态和功能来说，它一般是指少先队组织根据组织目标及一定的社会需要和少年儿童特点所进行的有计划、有组织的社会实践，它是少先队组织领导的以队员为主体的群众性活动。

4. 少先队活动的特点

教育性：这是少先队活动的第一原则，即一切活动都要达到教育和自我教育的目的。少先队活动要有利于少年儿童的全面发展，这是培养未来人才的需要，也是少年儿童自身成长和自身发展的内在规律的需要。

自主性：自主性也称主体性特征，是少先队活动的基本特征之一。自主性要求少先队员自己出主意、想办法、订计划、做事情，自己管理自己，自己教育自己，做少先队组织的主人。但是，由于少先队员自我意识水平有限，其自主性要与少先队辅导员的指导和帮助相结合。

组织性：少先队活动的根本特性是队的组织教育。少年儿童教育的共性寓于队的组织教育个性之中，它只有与队的组织这一根本特性相结合，才能真正成为少先队活动的特点。

趣味性：少先队活动要遵循少年儿童的年龄特点，用知识性、活动性、群体性、新异性、游戏性、趣味性等具有激励性的工作方法，满足其兴趣和爱好，从而激发其主动性、积极性和创新精神。

实践性：少先队引导少年儿童学习的主要方式是实践，强调队员亲身经历，要求队员积极参与到各项活动中。

创造性：少先队员和辅导员充分发挥创新精神，运用创造性思维和创造性技能，使少先队活动具有新思想、新内容、新形式、新方法。

真题再现

1.【2012年上半年　小】小学班队活动的基本原则是(　　)。

A. 自主性原则　B. 趣味性原则　C. 教育性原则　D. 针对性原则

答案：C

解析：教育性原则是小学班队活动的最基本原则。

2.【2017年下半年　小】小学生轮流值日负责班级卫生扫除，这属于(　　)。

A. 志愿服务劳动　B. 社会公益劳动

C. 勤工俭学劳动　D. 自我服务性劳动

答案：D

3.【2017年下半年　小】《中国少年先锋队章程》规定，少先队的入队年龄是(　　)。

A. 6～12周岁　B. 6～14周岁　C. 7～12周岁　D. 7～14周岁

答案：B

能力提升训练题

一、单项选择题

1. 以下关于课外活动的论述，正确的是(　　)。

A. 自习课属于课外活动

B. 课外活动包括选修课

C. 课外活动即我们经常所说的“第二课堂”

D. 课外活动是指学校在课堂教学任务以外有目的地对学生进行的多种多样的教育活动

2. 中学课外活动的基本形式是(　　)。

A. 群体性活动　B. 小组活动　C. 个人活动　D. 团队活动

3. 学生在教师的指导下，在课外、校外单独进行的活动是(　　)。

A. 群体性活动　B. 小组活动　C. 个人活动　D. 集体活动

4. 学校行政体系中最基层的正式组织是(　　)。

A. 教导处　B. 班级　C. 学生会　D. 共青团组织

5. 文艺复兴时期率先使用“班级”一词的著名教育家是(　　)。

A. 夸美纽斯　B. 埃拉斯莫斯　C. 赫尔巴特　D. 德鲁克

6. 下列关于班集体的说法，不正确的一项是(　　)。

A. 班集体就是班级群体　B. 集体是群体发展的高级阶段

C. 纪律松弛、涣散的群体算不了集体　D. 不是任何一个班都能称得上班集体

7. 班集体在育人方面的突出价值是通过(　　)实现的。

A. 班主任　B. 班干部　C. 男女学生　D. 集体教育

8.(　　)是班集体发展的方向和动力，是班集体形成的基础条件。

A. 共同目标　B. 一定的组织结构

C. 共同生活的准则　D. 平等、心理相容的氛围

9. 以下属于班级管理的基本模式有(　　)。

①班级教学管理　②班级民主管理　③班级平行管理　④班级目标管理

A. ①②③　　B. ②③④　　C. ①③　　D. ②④

10. 课外、校外活动是(　　)。

A. 正规的教育活动　　B. 非正规的教育活动

C. 正规或非正规的都有　　D. 不是教育活动

11. 班级平行管理的理论源于(　　)的“平行影响”教育思想。

A. 马卡连柯　　B. 乌申斯基　　C. 苏霍姆林斯基　　D. 加里宁

12. 课堂常规是每个学生都必须遵守的最基本的日常(　　)。

A. 课堂约定　　B. 课堂行为准则　　C. 课堂纪律　　D. 课堂行为

13. 学生在课堂上常表现得注意力不集中，做小动作，提问时没有人发言等，这样的课堂气氛属于(　　)。

A. 积极的　　B. 消极的　　C. 对抗的　　D. 不能确定

14. 有的心理学家把表现为破坏课堂秩序、不遵守纪律的学生行为称作(　　)。

A. 冲动型问题行为　　B. 扰乱性问题行为

C. 多动型问题行为　　D. 自律障碍行为

15.“学生过于安静，紧张拘谨，由于惧怕教师而反应迟钝、呆板、被动回答问题；课堂纪律较松散，学生心不在焉。”这种课堂气氛是(　　)的。

A. 积极型　　B. 对抗型　　C. 消极型　　D. 失控型

16. 班队活动要扎根生活、深入实际，使活动符合客观现实发展的真实状况，让学生在真实的活动中体味生活、感悟人生，以达到对学生的自然而然的教育。这体现了班队活动的(　　)。

A. 多样性原则　　B. 针对性原则　　C. 计划性原则　　D. 生活化原则

17. 下列关于班队活动设计的要求，错误的一项是(　　)。

A. 班队活动的内容要与活动主题相吻合

B. 活动量越大越好

C. 学生活动与家长活动、社区活动相结合

D. 学生的主持与教师的总结要结合起来

二、简答题

1. 简述班集体建立的阶段。
2. 简述良好班集体的特征。
3. 简述影响课堂管理的因素。
4. 简述课堂纪律的类型。
5. 简述少先队活动的特点。
6. 简述少先队活动的作用。

三、材料分析题

材料 A

师：小明，你今天怎么迟到了？

生：老师，我的自行车在路上坏了，我推车跑到学校，结果还是迟到了。

师：你能推车跑步来上学，说明你有纪律观念，这点是值得表扬的。希望你以后能早一点出发，有什么意外也有时间处理，好吧？

生：好的，老师。

材料 B

师：小明，你为什么迟到？真不像话！

生：老师，我的自行车在路上坏了。

师：我不管你有什么理由，反正你不能迟到，迟到就应该受罚！

问题：请结合上述材料谈谈教师该如何对小学生进行课堂纪律管理。

参考答案

一、单项选择题

1. D 2. B 3. C 4. B 5. B 6. A 7. D 8. A 9. B 10. A 11. A 12. B 13. B 14. B 15. C 16. D 17. B

二、简答题

1. 答案参见本章第一节。
2. 答案参见本章第一节。
3. 答案参见本章第二节。
4. 答案参见本章第二节。
5. 答案参见本章第四节。
6. 参考答案：

①少先队活动是对队员进行基础的道德教育和共产主义思想教育的有效方式。

②少先队活动是促进队员身心健康发展、形成良好个性的主要途径。

③少先队活动是队员开阔眼界、丰富人生阅历和知识的实践舞台。

④少先队活动是培养队员独立工作意识和创造能力的途径之一。

三、材料分析题

参考答案：

材料 A 中的教师对待学生的态度是可取的，而材料 B 中的教师的做法是不可取的。课堂是教学活动的主要场所，为了使教学顺利进行，必须有相应的纪律。

①教师要树立正确的课堂纪律管理观。

②教师要尊重学生的人格，尊重学生的自尊心，坚持严格要求学生与尊重学生的人格相结合。

③教师要积极引导学生进行自我管理，使学生以主人翁的精神来管理自己、管理班级。

④教师应善于运用奖惩机制，对良好的纪律行为及时进行表扬，对不良行为辅以惩罚，使学生感受到遵守纪律的优越性，逐渐养成自觉遵守纪律的好习惯。

⑤教师应一视同仁，实行民主管理，注重教师主导作用与学生主体作用有机结合。

⑥教师应与学生建立和谐的师生关系，和谐的班级氛围将有助于教师管理课堂。

第二章　班主任工作

【考纲要求】

1. 了解班主任工作的内容和方法，掌握培养班集体的方法。

2. 理解学校与家庭联系的基本内容和方式，了解学校与社会教育机构联系的方式等。

第一节　班主任概述

【考点分析】

班主任的地位和作用以及素质要求是高频考点。题型主要以选择题和简答题为主。

【考点内容】

一、班主任的概念、地位、作用和任务

班主任是特殊的教师，是班级的组织者、领导者和教育者，对于学生身心方面的健康发展具有重要的意义和作用。班主任是对学生进行思想品德教育的主要人员，是班级的核心，对班级的发展和建设发挥着主导作用。班集体建设是班主任的中心工作。

①班主任是班集体的组织者和教育者。

②班主任是学生全面发展的指导者。

③班主任是联系班级中各任课教师的纽带。

④班主任是沟通学校与家庭、社会的桥梁。

⑤班主任是学校领导实施教学、教育工作计划的得力助手和骨干力量。

班主任的基本任务是，依据我国的教育目的和当前学校的教育任务，协调各方面对学生的要求与影响，有计划地组织全班学生的教育活动，做好学生的思想教育工作，并对他们的学习、劳动、工作、课外活动和课余生活等全面负责，把班级培养成为积极向上的集体，使每一个学生在德智体美等方面都得到充分的发展，形成良好的个性。

二、班主任的素质要求

①具有较高的思想道德素质。

班主任必须拥护党在社会主义初级阶段的基本路线，坚持四项基本原则。这是班主任应该具备的最基本的素质。

②具有一定的科学文化知识。

一个合格的班主任首先应是某一学科的专家。

③具有一定的教育科学理论。

④具有高尚的职业道德素质。

⑤具有较强的管理能力。

真题再现

【2018 年上半年　中】简答题：简述班主任应具备的基本条件。

参考答案：

①拥护党在社会主义初级阶段的基本路线，坚持四项基本原则。

②热爱学生，热爱教育事业，热心班主任工作。

③品行端正，能以身作则，为人师表。

④教育思想端正，有一定的教育科学知识和一定的教学能力。

⑤有一定的组织管理能力和较强的责任心。

第二节　班主任的工作内容与方法

【考点分析】

本节内容在往年真题中出现频率较高，一般以选择题、简答题的形式呈现。

【考点内容】

一、了解和研究学生

(一)了解和研究学生的内容

首先，要了解和研究学生个人。其次，要了解和研究学生的群体关系。再次，要了解和研究学生群体所属年龄阶段的心理特点。最后，要了解和研究学生的学习及生活环境。

(二)了解学生的方法

了解学生的方法有很多，可以通过以下途径。

①通过阅读学生的有关材料来了解学生。

②通过对学生本人或知情者的调查访问来了解学生。

③在自然条件下，有目的、有计划地对学生在各种活动中的行为表现进行观察，从而了解学生。

二、组织和培养班集体

建设班集体是班主任的一项重要工作，也是班主任最基本的任务。如何组织和培养班集体参见本模块第一章第一节。

三、协调校内外各种教育力量

(一)充分发挥本班任课教师的作用

(二)协助和指导班级团队活动

(三)争取和运用家庭与社会的教育力量

1. 学校与家庭联系的基本内容和方式

第一，互相访问。

第二，通信联系。

第三，召开家长会。

第四，在学校中组织家长委员会。

第五，举办家长学校。

2. 学校与社会教育机构联系的基本内容和方式

第一，建立学校、家庭、社会三结合的校外教育组织，使学校与学生的主要居住区间形成稳定的联系。

第二，学校系统与宣传部门建立联系，共同开展一些对学生有益的活动。

第三，学校与社会公共文化机构建立和保持经常性联系。

第四，学校与社会专门化的社会教育机构建立稳定的联系。

四、指导开展班级活动

指导开展班会、共青团及少先队工作和课外活动等。

五、做好个别教育工作

做好不同能力水平学生的个别教育工作，尤其要关注后进生的个别教育。

六、评定学生操行

操行评定是学校对学生进行教育的重要方法。操行评定的目的在于教育儿童奋发向上，肯定优点，找出缺点，指出努力的方向，鼓励儿童上进；帮助家长全面了解子女在学校的情况，以便与教师密切配合，共同教育儿童；帮助班主任总结工作经验，找出问题以改进工作。

七、撰写班主任工作计划与总结

班主任工作计划与总结是指班主任根据一定的标准对一个时间段(一般是一学期，或一学年)的整个班级工作的状况和结果做出全面的、恰如其分的计划与评估。

真题再现

【2017年下半年　中】简述班主任工作的基本内容。

参考答案：

①了解和研究学生。

②组织和培养班集体。

③建立学生成长档案。

④组织班会活动和课外活动。

⑤协调各种教育影响。

⑥进行操行评定。

⑦撰写班主任计划与总结。

⑧做好个别教育工作。

能力提升训练题

一、单项选择题

1. 班主任的首要任务是(　　)。

A. 评定学生操行　　B. 教育个别学生

C. 了解和研究学生　　D. 组织班集体

2. 班主任了解学生最基本的方法是(　　)。

A. 观察法　　B. 谈话法　　C. 问卷法　　D. 实验法

3. 班主任工作的中心环节是(　　)。

A. 对学生进行思想教育　　B. 教育学生遵守纪律

C. 组织和建设良好的班集体　　D. 做好学生的操行评定

4. 做好班主任工作的前提和基础是(　　)。

A. 组织和培养班集体　　B. 全面了解学生

C. 培养优良的班风　　D. 做好后进生转化工作

5.(　　)是学校班级间互相联系的纽带。

A. 班主任　　B. 学生　　C. 共青团　　D. 班干部

6. 班主任接管一个教育基础较差的班级时，首先要做好哪项工作？(　　)

A. 确定班集体的发展目标　　B. 建立班集体的核心队伍

C. 建立班集体的正常秩序　　D. 组织形式多样的集体活动

7. 主张对班级管理不过多干预，以容忍的态度对待班级生活中的决定，不主动组织班级活动，属于班主任领导方式的哪种类型？(　　)

A. 专制的　　B. 民主的　　C. 放任的　　D. 随意的

8. 在领导班级的过程中，不是以直接的方式管理班级，而是以间接的方式引导学生，属于班主任领导方式的哪一种？(　　)

A. 专制的　　B. 民主的　　C. 放任的　　D. 迁就的

9. 班集体必须具备的四个基本特征中，(　　)是形成班集体的基础。

A. 明确的共同目标B. 一定的组织结构　C. 共同的生活准则　　D. 必要的活动

二、辨析题

1. 班主任是学校德育工作的骨干力量。

2. 为了维护班主任的权威，不能让学生民主评论班主任。

三、材料分析题

1. 某学校的于老师作为一名班主任，每天要管理的事情太多，经常感到分身乏术，真希望有个助手能够帮助自己。有一天，于老师突然想：能不能让学生来代替自己，行使班主任的权力呢？于是她决定试一试。经过认真考虑，于老师决定选择平时在班上威信较高的班干部郑莉莉作为第一个试验对象。一天课后，于老师找到郑莉莉同学做了一次长谈，说明了自己的设想，也谈了老师对她的期望。第二天，在班会上，于老师向全班同学宣布了自己的计划："下一周，由郑莉莉同学当班上的代理班主任，我只是一名普通的任课老师，班上的一切工作由'郑老师'主持。"

请运用所学过的有关班主任工作的理论，对于老师的这一做法做出理论分析。

2. 王老师是一位工作热情非常高的青年教师，在学校里以严厉著称。在对待学生方面，他严格要求学生：不准讲脏话，不准乱扔垃圾，上课不准交头接耳……但是王老师自己在讲课的时候有点不拘小节，经常会在情急之下对学生说出“笨蛋”等词。而且王老师喜欢抽烟，抽烟后经常随手将烟蒂抛在课桌下面……在这样的情形下，虽然王老师没少磨嘴皮子，没少用各种惩罚手段，但在班上说脏话、粗话的同学大有人在，纸屑杂物也随处可见。对此王老师百思不得其解。

请你帮忙分析一下，王老师的班级为什么会产生这样的后果？班主任应怎样教育学生才能有良好的效果？

参考答案

一、单项选择题

1. D　2. B　3. C　4. B　5. A　6. C　7. C　8. B　9. A

二、辨析题

1. 参考答案：正确。班主任是班级的组织者，是学生健康成长的引领者，是联系各任课教师的纽带，是学校德育工作的骨干力量。

2. 参考答案：错误。学生民主评议班主任，对促进和优化班主任工作有很大的意义，有助于班主任获得更可靠的信息，从而实现民主管理，更有利于维护班主任的威信。

三、材料分析题

1. 参考答案：代理班主任的大胆任用体现出了班级民主管理的思想，一方面体现了教师对学生的信任，另一方面又培养了学生的能力，是值得肯定的。

班干部是班主任的得力助手，是形成班集体的核心力量。让学生代理班主任，说明于老师既信任学生，调动了学生干部参与班级管理的积极性，又锻炼了学生干部的实际工作能力。

学生的本质属性是具有能动性和自我教育可能性的受教育对象。班主任为组织管理而开展班级活动时，最重要的是使班级活动真正成为学生的自主活动，使学生在自主活动中进行自我教育。于老师让学生参与班级管理，有利于学生的发展，能够培养学生的自觉能动性、独立自主性和开拓创新性，使学生具有强烈的竞争意识、平等观念和合作精神。

代理班主任所收到的良好效果，表现在如下方面：减轻了班主任的不少工作负担和压力，使班主任能从日常琐碎的事务中解脱出来；有效地培养了学生自我教育、自我管理的能力，锻炼了学生的综合素质；使教师与学生间的关系更加密切，打破了传统师道尊严的古板。但同时，学生毕竟只是代理班主任，并且肩负有学习任务，所以班主任仍然对班级管理负主要责任。

2. 参考答案：王老师的班级之所以会产生这样的后果，主要有以下几个方面的原因。

重言传，轻身教。“其身正，不令而行；其身不正，虽令不从。”虽然王老师严格要求学生，但没有做到以身作则。没有身教，言传就显得苍白无力。身教既可以增加言传的可信性和感染力，还能像春雨润物一样起着潜移默化的作用。王老师教育学生不能说脏话、乱扔垃圾，自己却脏话连篇、乱扔烟头。口头上的教育没有起到正面教育的作用，反倒是坏的身教对学生起到了明显的负面作用。

言教不服。言教必须以理服人，否则无教育可言。当学生出现问题，教师一味地靠严厉的态度和言语镇压很显然是不行的，必须要做到以理服人才能收到好的教育效果，否则一切的说教都是徒劳的。

心教不诚。教育不过是为了让学生弄清楚事情的对错以及怎样去改正。如果教师不诚恳，反倒会让学生产生对立情绪，甚至会背道而驰。王老师口头要求学生，自己却做不到，在教育学生方面没有付出自己的真心诚意，很显然会产生相反的作用。班主任应该做到以下几个方面：第一，身体力行。班主任只有严格要求自己，随时把自己置身于榜样和镜子的位置，事事从我做起，才能顺利地把要求内化为学生的需要。第二，说理教育。班主任对学生进行教育时要通过摆事实、讲道理的方法让学生明白自己行为的对错以及改进的方法。用事实说话、用道理说话比苍白的说教更具有说服力。第三，真诚教育。班主任在教育学生的时候，必须抱着关心、帮助、谅解、鼓励的态度，用心去爱学生，让学生充分感受到教师的关心和爱护，才会让学生接受教师的教育。

第三章　教师心理

【考纲要求】

1. 了解教师的角色心理和教师的心理特征。

2. 理解教师的成长心理，掌握促进教师心理健康的理论与方法。

【考点分析】

本章考点较少，常考知识点为教师的角色心理、教师的心理特征、教师的成长与发展、教师的心理健康。考题常以选择题的形式出现，需要识记和理解。

【考点内容】

第一节　教师的角色心理

一、教师角色的含义

教师角色是指教师按照其特定的社会地位承担起相应的社会角色，并表现出符合社会期望的行为模式。教师角色既体现了教师个体在社会团体中的地位和身份，又包含着社会对教师个人行为模式的期望和教师对自己应有行为的认识两个方面。

二、现代教师角色观

现代教师角色观主要有：知识的传授者、学习的发动者和组织者；朋友与管理者；青少年团体的指导者；学生的榜样、社会的模范公民；学生灵魂的塑造者和心理保健医生；教育科学研究者。

三、教师角色的形成阶段

(一)角色认知阶段

角色认知指角色扮演者对某一角色行为规范的认识和了解，知道哪些行为是正确的，哪些行为是不合适的。角色认知表现为教师了解教师角色所承担的社会职责，能够将教师所充当的角色与社会上其他职业角色区别开来。

(二)角色认同阶段

角色认同指教师通过亲身体验接受教师角色所承担的社会职责，并用它来控制和衡量自己的行为。角色认同是个体在教师职业实践和职业模仿中逐渐形成的。

(三)角色信念阶段

在此阶段，教师角色中的社会期望和要求转化为个体的心理需要。这时教师坚信自己对教师职业的认识是正确的，并视其为自己的行动指南，形成了教师职业特有的自尊心和荣誉感。

四、教师角色的功能

①教师的人格特征影响学生品德的形成。
②教师的言行举止影响学生的行为表现。
③教师的教学风格影响学生的个性发展。
④教师的教育期望影响学生的学业成绩。
⑤教师的领导方式影响学生集体的风气。

五、教师的角色冲突

角色冲突是指角色期望和角色规范的要求不同，引起社会角色的内外矛盾和冲突，妨碍了角色的顺利扮演，是社会角色失调的一种表现。

教师的角色冲突有如下表现：

①不同的社会期待引起的角色冲突。
②人们对角色行为的不同理解引起的角色冲突。

教师的真实个性与其角色要求常有矛盾。这种由人们对教师的角色行为的不同理解引起的心理冲突在青年教师身上经常出现，在一定程度上影响着教师的心理完善和角色行为水平。

③教师在扮演多种工作角色时所产生的角色冲突。
④教师角色与其他社会角色之间的冲突。
⑤教师角色内部的冲突。

六、教师自身解决角色冲突的策略

①适当分离，缓解冲突。
②分清角色的主次，增强角色转换的能力。
③修身养性，提高角色心理的成熟度。
④依靠外部力量解决角色冲突。

教师角色冲突的解决，还需要党、政府、社会、学校等多方面的管理者共同努力。

第二节　教师威信

一、教师威信的概念

教师威信是指教师在学生心目中的威望和信誉，是教师使学生心悦诚服或敬畏的一种影响力。教师威信主要包括人格威信、学识威信和情感威信。教师威信受教师的教学态度、教学能力、人格魅力和工作作风的影响。

二、教师威信的作用

教师威信实质上反映了一种良好的师生关系，是教师成功地扮演教育者角色、顺利完成教育使命的重要条件。具体作用如下：教师威信是学生接受教师教诲的前提；

有威信的教师的言行易于唤起学生积极的情感体验，从而增强教育效果；有威信的教师被学生视为心目中的榜样，所以教师的言谈举止都可能对学生产生巨大的影响和教育作用。

三、树立教师威信的途径

①培养自身良好的道德品质。良好的道德品质是教师获得威信的基本条件。

②培养良好的认知能力和性格特征。良好的认知能力和性格特征是教师获得威信所必需的心理品质。

③注重良好仪表、风度和行为习惯的养成。教师的仪表、风度和行为习惯对威信的获得有重要影响。

④给学生以良好的第一印象。

⑤做学生的朋友与知己。

第三节　教师的心理特征

教师的心理特征是指教师在教育教学实践活动中长期扮演的各种不同的角色并随之逐渐形成的特有的心理品质，主要包括教师的认知特征、人格特征和行为特征。

一、教师的认知特征

教师的认知特征包括其知识结构和教学能力。一般认为，教师的知识结构主要包括专业学科知识、教育教学知识、心理学知识和实践性知识。教学能力包括组织和运用教材的能力、语言表达能力、组织教学的能力、对学生学习困难的诊治能力、教学媒体的使用能力和教育机智等。

申继亮等人采用内隐理论的研究范式，对教师的教学能力进行了系统研究，把教师的教学能力分成以下几个方面。

(一)教学认知能力

教学认知能力是指教师对所教学科的定理、法则和概念等的概括化程度，以及对所教学生的心理特点和自己所使用的教学策略的理解程度。教师的智力水平与教学效果的相关度较低。教师的智力水平超过了某一临界点以后，教学效果并不随教师的智力水平的提高而提高。因此，教师的智力水平对教学效果的影响只是作为一个有限的因素在起作用的。

教师的教学认知能力特征主要包括观察力特征、思维特征和注意力特征。

(二)教学操作能力

教学操作能力是指教师在教学中使用策略的水平，其水平高低主要看他们是如何引导学生掌握知识、积极思考、运用多种策略解决问题的，它是教师课堂教学能力的集中体现。

(三)教学监控能力

教学监控能力是指教师为了保证教学达到预期的目标，在教学过程中将教学活动本身作为意识对象，不断对其进行积极主动的计划、检查、评价、反馈、控制和调节的能力。

在这个教学能力结构中，认知能力是基础，操作能力是教学能力的集中表现，监控能力是关键。

二、教师的人格特征

教师的人格特征是影响教学的重要因素，包括教师的职业信念和职业性格等。在教师的人格特征中，有两个重要特征对教学效果有显著影响：一是教师具有热情和同情心；二是教师富有激励和想象的倾向。

(一)职业信念

教师的职业信念是指教师对成为一名成熟的教育教学专业工作者的向往和追求，它为教师提供了奋斗的目标，是推动教师成长的巨大动力。有关职业信念的心理研究主要集中在教学效能感和教学归因两方面。

教学效能感是指教师对自己影响学生行为和学习结果的能力的一种主观判断。教学效能感会影响教师对学生的期待和指导，从而影响教师工作效率。教学效能感分为一般教学效能感和个人教学效能感。前者指教师对教与学的关系、教育在学生身心发展中的作用等问题的一般看法和判断；后者指教师认为自己能够有效地影响学生、相信自己具有教好学生的能力的一般看法和判断。

教学归因是指教师对学生学习结果原因的解释和推测。不同的归因会对教师的教学行为产生不同的影响。比如，倾向于将原因归于外部因素的教师，往往会更多地将学生的学习结果归结于学生的能力、教学条件等因素，因而在面对挫折时，比较倾向于采取职业逃避策略，做出听之任之的消极反应。

(二)职业性格

优秀教师的性格品质的基本内核是促进，即对别人的行为有所帮助。教师的促进主要表现在理解学生、与学生相处、了解自己三个方面。

三、教师的行为特征

教师的行为特征一般包括以下两点。

(一)教师的教学行为

教师的教学行为可以从六个方面来衡量：教师行为的明确性；教学方法的多样性；任务取向；学生参与性；教师行为的启发性；及时评估教学效果的能力。

(二)教师的期望行为

教师期望效应也叫罗森塔尔效应或皮格马利翁效应，即教师的期望或明或暗地传送给学生，会使学生按照教师所期望的方向来塑造自己的行为。教师期望效应的产生，既取决于教师自身的因素，也取决于学生的人格特征、原有认知水平、归因风格和自我意识等心理因素。

第四节　教师的成长历程

一、专家型教师与新手教师

(一)专家型教师

专家型教师是指具有丰富和组织化了的专门知识、能高效率地解决教学中的各种问题、富有职业洞察力和创造力的教师，一般是指全国骨干教师、省级骨干教师中从教 15 年以上的高级教师。专家型教师具有以下基本特征：

①具有丰富和组织化了的专业知识。这是专家型教师和新手教师的最基本的差别。

②解决问题的效率高。

③富有洞察力和创造力。专家型教师善于区分与问题解决有关和无关的信息，按照有利于问题解决的方式对信息进行综合，并能将在其他情境中获得的知识应用于教学领域。

(二)新手教师

新手教师主要是指刚走上工作岗位 1～2 年的教师或是在中小学实习的师范生。

(三)专家型教师与新手教师的区别

1. 课时计划的差异

课时计划的内容：专家型教师只是突出了课的主要步骤和教学内容，并未涉及诸多细节；新手教师把大量的时间用在处理课时计划的一些细节上。

课时计划的修改：专家型教师修改课时计划所需的大部分时间都是在正式计划的时间之外的；新手教师要在上课之前针对课时计划做一下演练。

课时计划的实施：专家型教师在实施课时计划时有较大的灵活性；新手教师不会随课堂情境的变化来修正计划，往往依赖课程目标和已知的课堂知识。

课时计划的预见性：专家型教师具有一定的预测性，能够预测计划的执行情况；新手教师则不能预测计划的执行情况。

2. 课堂教学过程的差异

课堂规则的制定与执行：专家型教师制定的课堂规则明确，执行力强；新手教师制定的课堂规则较为含糊，不易坚持执行下去。

维持学生注意力：专家型教师有一套完善的维持学生注意力的方法；新手教师缺乏这些方法。

教材的呈现：专家型教师教学时注重回顾先前知识并能根据教学内容选择适当的教学方法；新手教师则不能。

教学策略的运用：专家型教师具有丰富的教学策略，并能灵活运用；新手教师或缺乏或不会运用教学策略。

能力提升：专家型教师将练习看作检查学生学习的手段；新手教师只是把它当作必要的步骤。

家庭作业的检查：专家型教师具有一套检查学生家庭作业的规范化、自动化的常规程序；新手教师在程序上则按部就班，会花较长时间。

3. 课后评价的差异

专家型教师关心那些他们认为对完成目标有影响的活动，多谈论学生对新材料的理解情况和他们认为课堂中值得注意的活动，很少谈论课堂管理问题和自己的教学是否成功。新手教师对课的评价更多地关注课堂中的细节。

4. 其他差异

在师生关系方面，专家型教师能平等地对待学生，师生关系融洽，具有强烈的成就体验。

在人格魅力方面，专家型教师具有鲜明的情绪稳定性、理智感，注重实际，有很强的自信心，能更好地控制和调节情绪，能理智地处理教学问题，并在课后进行评估和反思。

在职业道德方面，专家型教师对职业的情感投入程度高，职业义务感和责任感强。

二、教师的成长阶段

教师在不同的成长阶段关注的问题不同。福勒和布朗根据教师的需求和教师在不同时期所关注的焦点问题，把教师的成长划分为关注生存、关注情境和关注学生三个阶段。

教师发展的五阶段理论，是美国亚利桑那州立大学的伯利纳，在人工智能领域的“专家系统”研究，以及在德莱弗斯职业专长发展五阶段理论的基础上，根据教师教学专业知识和技能的学习与掌握情况提出的。这五个阶段是新手阶段、熟练新手阶段、胜任阶段、业务精干阶段和专家阶段。

三、教师成长与发展的基本途径

①观摩与分析优秀教师的教学活动。

②开展微格教学。

③进行专门训练。

④反思教学经验。美国心理学家波斯纳提出了教师成长公式：经验＋反思＝成长。

第五节　教师心理健康

一、教师心理健康的标准

①能积极地悦纳自我。

②有良好的教育认知水平。

③热爱教师职业，积极地爱学生。

④具有稳定而积极的教育心境。

⑤能自我控制各种情绪和情感。

⑥保持和谐的教育人际关系。

⑦能适应和改造教育环境。

二、影响教师心理健康的因素

①社会因素。

②职业因素。

教师工作负担重，劳动强度大，工作持续时间长，导致教师工作压力大。而且随着社会的发展，人们对教育的期望值越来越高，加上我国全面推进素质教育，要求教师改变传统的教育观念与方法，这与教师原有的认知结构、业务能力、身心素质产生了矛盾。

③家庭和个人因素。

三、教师职业倦怠

教师职业倦怠是指教师在长期的职业压力下缺乏应对资源和应对能力而产生的身心耗竭状态。

玛勒斯等人认为职业倦怠主要表现在三个方面：①情绪耗竭，主要表现在生理耗竭和心理耗竭两个方面，这是职业倦怠的核心成分，如极度的慢性疲劳、力不从心、丧失工作热情、情绪波动大等；②去个性化，即刻意在自身和工作对象之间保持距离，对工作对象和环境采取冷漠和忽视的态度；③个人成就感低，表现为消极地评价自己，贬低自己工作的意义和价值。

四、促进教师心理健康的方法

(一)个体积极地自我调适

①调整认知方式，增强耐压性。

②提高自我调节情绪的能力。

③乐于交往，取得社会支持。

④采取合理有效的工作方式，学会休闲。

(二)学校有效地干预

①学校推行以人为本的管理模式，创设良好的学校人际环境，减少教师的压力。

②学校应树立教师心理教育观念，健全教师心理教育机制。

(三)构建社会支持网络

①国家应采取切实措施提高教师的经济待遇和社会定位，维护教师的合法权利，使教师切实感受到社会的尊重。

②社会应对教师的角色期待进行合理的定位。

③教育部门应探索出有效的教师教育体系，将职前与职后培训有机结合，提高教师的智力与非智力，重视教师承受压力和自我缓解压力的训练。

真题再现

1.【2017 年下半年　中】教师在课堂上提出一些有难度的问题时，通常会不由自主地将眼光停留在那些优秀的学生身上。这种现象反映的是(　　)。

A. 从众效应　　B. 木桶效应　　C. 期待效应　　D. 投射效应

答案：C

解析：教师期望效应也叫罗森塔尔效应或皮格马利翁效应，即教师的期望或明或暗地传送给学生，会使学生按照教师所期望的方向来塑造自己的行为。

2.【2017年上半年　中】每学期开学前，王老师总是根据自己所教班级人数、课时量以及备课资料等来安排自己的教学方式与教学进度。根据福勒与布朗的观点，王老师处于教师成长的哪个阶段？（　　）

A. 关注生存　　B. 关注情境　　C. 关注学生　　D. 关注自我

答案：B

解析：关注情境阶段的教师将关注的焦点投向了提高学生的成绩，在此阶段教师关心的是如何教好每一堂课的内容。

3.【2017年上半年　中】李老师经常自觉地对自己的讲课过程进行全面深入的归纳和总结，以不断改善自己的教学行为，提高自己的教学水平。李老师的做法基于下列哪种专业发展方式？（　　）

A. 教学实施　　B. 教学研究　　C. 自我发展　　D. 教学反思

答案：D

解析：教师通过对自己教学过程的回顾与总结，不断提高自己的教学水平，属于教学反思。

4.【2016年上半年　中】孟老师近期工作比较消极，漠视学生的存在，对学生麻木并缺乏应有的尊重。依据职业倦怠的特征，所以孟老师的这些表现属于（　　）。

A. 情感枯竭　　B. 去个性化　　C. 成就感低　　D. 知识枯竭

答案：B

解析：职业倦怠是指个体在长期的职业压力下缺乏应对资源和应对能力而产生的身心耗竭状态。玛勒斯等人认为职业倦怠主要表现在三个方面：一是情绪耗竭，主要表现在生理耗竭和心理耗竭两个方面，如极度的慢性疲劳、力不从心、丧失工作热情、情绪波动大等；二是去个性化，即刻意在自身和工作对象间保持距离，对工作对象和环境采取冷漠和忽视的态度；三是个人成就感低，表现为消极地评价自己，贬低自己工作的意义和价值。孟老师以一种消极的、否定的态度和情感对待学生，所以孟老师的表现体现为去个性化。

5.【2018年上半年　中】江金当了一段时间教师后，感到自己完全能够适应教学的基本要求，此时他把关注的焦点投向了如何提高学生成绩、教好每一堂课。按照福勒的教师成长阶段论，江金处于（　　）。

A. 关注生存阶段　B. 关注学生阶段　　C. 关注情境阶段　　D. 关注自我阶段

答案：C

6.【2018年下半年　中】朱老师很关心学生，但对学生很严格，常对学生提出各种要求。大部分学生都喜欢朱老师，也能按他的要求去做。朱老师对班级的领导类型属于（　　）。

A. 强硬专断型　　B. 放任自流型　　C. 仁慈专断型　　D. 民主平等型

答案：C

7.【2018年下半年　小】刘老师在教学过程中善于引导学生掌握知识，积极思考，

运用多种策略解决问题。这说明他的哪种教学能力比较突出？(　　)

A. 教学知识能力　B. 教学反思能力　C. 教学监控能力　D. 教学操作能力

答案：D

8.【2019年上半年　中】李老师对自己的教学能力十分自信，认为自己能教好学生，这主要反映了他的哪种心理特征？(　　)

A. 教学责任感　B. 教学幸福感　C. 教学理智感　D. 教学效能感

答案：D

能力提升训练题

1. 当一位新手教师把大量的时间都花在如何与学生搞好关系上时，那么在教师成长过程中他处于(　　)。

A. 关注情境阶段　B. 关注生存阶段　C. 关注学生阶段　D. 关注教学阶段

2. 教师知识结构的核心是教师的(　　)。

A. 专业知识　B. 教育学知识　C. 心理学知识　D. 相关学科知识

3. 张老师每次和别人说起自己的职业，都会充满职业自豪感。这说明张老师处于(　　)。

A. 教师职业角色认知阶段　B. 教师职业角色认同阶段

C. 教师职业角色信念阶段　D. 教师职业角色内化阶段

4. 教师威信的实质是(　　)。

A. 教师的能力高　B. 教师的学识高

C. 教师的威严　D. 师生之间的良好关系

5. 李老师为了赢得学生的喜爱，把大量时间花在如何与学生搞好关系上。从教师专业成长的角度来看，李老师的做法表明他着重关注的是(　　)。

A. 教学情境　B. 职业生存　C. 学生发展　D. 教学设计

6. 美国学者波斯纳提出的教师成长公式是(　　)。

A. 教师成长＝经验＋反思　B. 教师成长＝观摩＋分析

C. 教师成长＝培训＋进修　D. 教师成长＝学习＋实践

7. 个体无法应付外界超出个人的能力、精力和体力的过度要求而产生的身心耗竭状态是(　　)。

A. 心理气氛　B. 职业倦怠　C. 人格取向　D. 自居作用

8. 教师职业倦怠是由多个维度构成的，其中的核心成分是(　　)。

A. 情绪耗竭　B. 去人格化　C. 心力衰竭　D. 低个人成就感

9. 教师对于自己影响学生学习活动和学习结果的能力的一种主观判断称为(　　)。

A. 教师控制点　B. 教学反思　C. 教学效能感　D. 教学操作能力

10. 皮格马利翁效应体现了教师的(　　)对学生的影响。

A. 期望　C. 能力　C. 知识　D. 人格

参考答案

1. B

解析：关注生存阶段是教师成长的起始阶段，在此阶段教师非常关注自己的生存适应性，会把大量的时间花在如何和学生搞好关系上。

2. A

解析：教师知识结构的核心是专业知识。

3. C

解析：在教师角色信念阶段，教师角色中的社会期望和要求转化为个体的心理需要。这时教师坚信自己对教师职业的认识是正确的，并视其为自己的行动指南，形成了教师职业特有的自尊心和荣誉感。

4. D

解析：教师威信是教师在学生心目中的威望和信誉，是教师使学生心悦诚服或敬畏的一种影响力，其实质是一种良好的师生关系。

5. B

6. A

解析：美国学者波斯纳提出的教师成长公式是教师成长＝经验＋反思。

7. B

解析：职业倦怠是个体在长期的职业压力下缺乏应对资源和应对能力而产生的身心耗竭状态。

8. A

解析：情绪耗竭，主要表现在生理耗竭和心理耗竭两个方面，是职业倦怠的核心成分。

9. C

解析：教学效能感指教师对自己影响学生学习活动和学习结果的能力的一种主观判断。

10. A

解析：教师期望效应也叫罗森塔尔效应或皮格马利翁效应，即教师的期望或明或暗地传送给学生，会使学生按照教师所期望的方向来塑造自己的行为。

第二篇　综合素质

模块九　职业理念

【考纲要求】

1. 理解国家实施素质教育的基本要求。

2. 掌握在学校教育中开展素质教育的途径和方法。

3. 依据国家实施素质教育的基本要求，分析和评判教育现象。

4. 理解“人的全面发展”的思想。

5. 理解“以人为本”的含义，在教育教学活动中公正地对待每一个学生，不因性别、民族、地域、经济状况、家庭背景和身心缺陷等歧视学生。

6. 设计或选择丰富多样、适当的教育教学活动方式，因材施教，以促进学生的个性发展。

7. 了解教师专业发展的要求。

8. 具备终身学习的意识。

9. 在教育教学过程中运用多种方式和手段促进自身的专业发展。

10. 理解教师职业的责任与价值，具有从事教育工作的热情与决心。

第一节　教育观

【考点分析】

本节知识点在历年考试中多以客观题和材料分析题的形式进行考查。在历年考试中，素质教育的基本要求、实施途径与方法是考查重点，所以考生应加强对此部分内容的备考。

【考点内容】

一、素质教育概述

(一)素质教育的概念

素质教育是以提高国民素质为目标的教育，其终极目标是实现以个体素质和全民素质的提高为基础的人的现代化，即在发展个性的基础上，促进人的现代化，以增强个人适应社会的生存能力和改造社会的创造能力。

(二)素质教育的基本内容

①素质教育是面向全体学生的教育。

②素质教育是全面发展的教育。

③素质教育是促进学生个性发展的教育。

④素质教育是以培养创新精神和实践能力为重点的教育。

(三)素质教育的特征

①教育对象的全体性。

②教育内容的基础性。

③教育空间的开放性。

④教育目标的全面性。

⑤注重学生个性健康发展。

⑥关注学生终身发展。

二、素质教育的目标与基本要求

(一)素质教育的目标

①促进学生身体的发展。

②促进学生心理的成熟化。

③造就平等的公民。

④培养学生的生存能力和基本素质。

⑤培养学生自我学习的习惯、爱好和能力。

⑥培养学生的法律意识。

⑦培养学生的科学精神和态度。

(二)国家实施素质教育的基本要求

①面向全体。

②促进学生全面发展。

③促进学生创新精神和实践能力的培养。

④促进学生生动、活泼、主动地发展。

⑤着眼于学生的终身可持续发展。

三、素质教育的实施：内容、途径和方法

(一)素质教育的具体内容

《中共中央国务院关于演化教育改革全面推进素质教育的决定》提出，实施素质教育必须把德育、智育、体育、美育等有机地统一在教育活动的各个环节中。学校教育不仅要抓好智育，更要重视德育，还要加强体育、美育、劳动技术教育和社会实践，使诸方面教育互相渗透、协调发展，促进学生的全面发展和健康成长。

(二)实施素质教育的途径和方法

1. 途径

①德育为先，五育并举。

②把握课改精神，实践新课程。

③开展好学校管理、课程教学以外的各种教育活动，重点是做好班主任工作。

2. 方法

①教师成为素质教育者。

②引导学生主动学习、学会学习。

③开展多种形式的实践活动。

④正确运用评价方法，促进学生发展。

四、素质教育与应试教育

(一)素质教育与应试教育的区别

应试教育是一种“考什么、教什么、学什么”的教育。它以分数或升学率作为质量标准，突出教育的筛选功能，是“选拔适合教育的学生”的教育。

	应试教育	素质教育
指导思想	以应付升学考试、追求升学率为目的，唯分是举	全面提高学生素质，进而全面提高国民素质
教育目的	为适应上一级学校的选择需要，以应试训练为目的	根据社会进步和人的发展需要，使学生学会做人、学会求知、学会健体、学会创造和审美
教育对象	面向少数人，忽视大多数人，重在“选拔”	面向全体学生重在“普及”
教育内容	围绕应试要求，考什么就教什么	使学生在德智体美劳诸方面都得到发展
课程结构	单一的学科课程，重视少数“主科”，轻视“副科”	以现代课程理论为指导，注重课程结构的均衡性、选择性、综合性
学生学业负担	作业繁重，多采用题海战术和机械式训练，忽视学生对知识的真正理解和掌握	着眼于学生的全面和谐发展，严格按照教育学规律办事
师生关系	强调师道尊严，师生之间是一种管与被管、教与被教、“灌”与“被灌”的关系	强调尊师爱生，师生民主平等、双向交流，教师要尊重、理解、信任、鼓励每个学生
教育方法	以死记硬背和机械训练为主，死抠书本，脱离实施	重视基础知识和基本能力，发展智力，培养能力，使学生主动发展
教学途径	将课堂和书本作为教学的唯一途径，不同程度地脱离社会与实际	实现教育的社会化，构建学校与社会的“双向参与”机制，增加教学途径，扩大教育视野，实行开放式教育
评价标准	以分为导向，以率为标准，以考为法宝，并以此评价学校、教师与学生，实行僵化死板的“一切”的评价	确立社会实践的评价权威，淡化分数的警告、惩戒作用，把学生的差异作为资源潜能优势，实行使学生个性健康、完善发展的评价

(二)实施素质教育应注意的问题

①实施素质教育，批评应试教育，并不是否定以往的基础教育。

②注意素质教育与考试的关系。

③实施素质教育不会降低教育质量。

④素质教育不仅仅是为了发展特长。

⑤创新是实施素质教育的关键。

真题再现

1.【2013 年下半年　幼】“多一把衡量的尺子，就会多出一批好学生”的理论依据是(　　)。

A. 个体需求具有层次性　　B. 气质类型具有多样性

C. 人类智能具有多元性　　D. 人类发展具有共同性

答案：C

解析：题干描述的重点是“衡量的尺子”，这是在强调评价学生的标准要多元化。

正是因为人类智能具有多元性，我们在评价学生时要进行多方面评价。故本题选 C。

2.【2014 年上半年　幼】班主任孙老师经常对学生说：“知识改变命运，分数才是硬道理。”他自己出钱设立了“班主任基金”，用于奖励每学期末考试前三名的学生。孙老师的做法（　　）。

A. 正确，物质奖励具有良好的激励作用

B. 不正确，考试成绩不能衡量学生的综合素质

C. 正确，考试成绩是衡量学生的重要依据

D. 不正确，考试成绩不是评价学生的唯一指标

答案：D

解析：班主任仅仅用学生的成绩和分数作为评价学生的指标，违背了实施素质教育的要求。

3.【2014 年下半年　中】考试结束后，班上又要调整座位了。赵老师排座位的原则是，考分高的学生坐在教室的中间区域，考分低的学生坐在边角位置。赵老师的做法（　　）。

A. 符合公平竞争的要求　　B. 违背平等待生的理念

C. 符合因材施教的理念　　D. 违背分班教学的要求

答案：B

解析：素质教育是面向全体学生的教育，强调对学生要公平公正、一视同仁。赵老师的做法违背了平等待生的理念。

4.【2014 年下半年　中】为了提高学生的语文、数学、英语成绩，班主任把班会课、自习课等能利用的时间平均分配给了这三科老师用于补课。这种做法（　　）。

A. 正确，有利于提高学生的竞争力　　B. 正确，有利于提高班级教学质量

C. 不正确，不利于教师的专业发展　　D. 不正确，不利于学生的全面发展

答案：D

5.【2015 年上半年　中】班主任马老师常对学生说：“先学做人，后学做事，社会需要的是身体健康、和谐发展的建设者和接班人，而不是只会死读书的人。”这表明马老师具有（　　）。

A. 开拓创新的理念　　B. 素质教育的理念

C. 自主发展的意识　　D. 因材施教的意识

答案：B

解析：马老师对学生的要求是身心健康和谐发展，恰恰体现了素质教育的要求。素质教育是面向全体学生、促进学生全面发展的教育。

6.【2016 年上半年　中】康老师经常在班上开展成语知识竞赛、演讲赛、辩论赛等活动，营造运用语文知识的情境。康老师的做法有利于（　　）。

A. 提高学生的实践能力　　B. 发展学生的互补性

C. 促进教师专业发展　　D. 减轻教师的工作压力

答案：A

解析：本题考察教师某项教学行为的优点，答题的关键点是能找出“运用……的情境”，当看到此处时，考生大致可以判断出该教学行为是帮助学生进行实操训练，用排

除法即可得出答案。

7.【2016 年上半年　中】期末考试要到了，数学老师请综合实践活动课的吴老师把课时让给他上数学课，吴老师欣然同意。他们的做法(　　)。

A. 合理，体现了教师双方的意愿　　B. 不合理，不利于学生的全面发展

C. 合理，有利于提高学生的成绩　　D. 不合理，违背了团结协作的要求

答案：B

解析：该考题通过常规行为判断应为错误行为，排除选项 A、C，剩 B、D 两个选项再进行二次辨析。题干明确指出原本的综合实践活动课被数学课所剥夺，也就是单纯地将学科知识作为学生学习的内容，不利于学生的全面发展，故选择 B。

8.【2016 年下半年　中】某校的校训是“卓越立于全面，广博产生精专”。这体现的教育理念是(　　)。

A. 开拓创新　　B. 全面发展　　C. 自主发挥　　D. 因材施教

答案：B

解析：从“卓越立于全面”，可以看出该校强调学生的全面发展；“广博产生精专”，强调知识的广博与专业相统一。

9.【2017 年上半年　中】由于生源存在差异，某中学将学生按入学成绩高低分到快慢班，该学校的做法(　　)。

A. 正确，有利于因材施教　　B. 正确，有利于资源配置

C. 错误，不利于教育公平　　D. 错误，不利于均衡发展

答案：C

10.【2017 年上半年　中】为了改变学生从课本中找“标准答案”的习惯，刘老师经常在课堂上设计一些开放性问题，引导学生自由讨论、探索答案。同事马老师对刘老师说：“你这样会使学生思维太发散，也浪费时间，将来考试肯定会吃亏的。我从不这样做!”下列选项中正确的是(　　)。

A. 马老师的说法合理，有利于提高学生的学习成绩

B. 刘老师的做法得当，有利于培养学生的创新意识

C. 马老师的说法欠妥，不利于维持课堂教学秩序

D. 刘老师的做法欠妥，不利于保证正常教学进度

答案：B

解析：刘老师的做法符合素质教育的理念，有利于学生创新意识的培养。

11.【2017 年下半年　中】在生物实验课上，韩老师自始至终引导学生完成事先准备好的填空题：“实验过程一：从__________号烧瓶倒入__________号烧瓶……”“显微镜的取镜和放置：右手紧握__________，左手托住__________……”这说明韩老师(　　)。

A. 教学理念偏失　　B. 教学态度不端

C. 教学评价不当　　D. 教育行为失当

答案：A

解析：实验课的目的主要是使学生获取间接经验，需要教师具有素质教育的观念，而韩老师的做法则以学生做题为目的，所以属于应试教育的观念。

12.【2017 年下半年　中】在综合实践活动中，段老师设计了主题为“社会旅游资源”

的调查。有部分同学对某座古塔的建筑材料、风格产生了兴趣。在指导大家完成调查报告之后，段老师又引导这部分同学确定了新课题——“古塔的建筑材料、风格与保护”。对于段老师的做法，下列评价不恰当的是(　　)。

A. 尊重了学生的学习需要　　B. 培养了学生的探究意识

C. 激发了学生的学习兴趣　　D. 纠正了学生的研究方法

答案：D

解析：段老师在整个教学环节中，启发诱导学生独立完成课题，并没有将自己的意识强加在学生的学习之上。

13.【2017 年下半年　中】下列教学用语，哪一句不利于促进学生学习？(　　)

A.“你读得很响亮，若再有感情一点就好了。你再试试。”

B.“刚才这位同学概括得不准确，还是我来吧。”

C.“这位同学的发言并没有重复前面同学说过的话，有自己的观点，非常好!”

D.“请大家想一想刚才这两位同学报告的结论有何不同。”

答案：B

解析：选项中的教师主动帮助学生回答问题，忽略了学生的主观能动性。该题可用排除法解答。

14.【2017 年下半年　中】多年来，曾老师坚持让学生采用反思记录表、学习日志或成长记录袋等多种方法来记录学习过程，并不断指导学生优化记录的方法。曾老师的做法(　　)。

A. 忽视了学生的发展性　　B. 忽视了学生的差异性

C. 尊重了学生的创造性　　D. 尊重了学生的自主性

答案：D

解析：首先我们判断曾老师的做法是正确的，所以排除 A、B 两项。反思、记录学习过程，体现了学生的自主性。

15.【2018 年下半年　小】熊老师在家长会上说：“要想使孩子得到更好的发展，家长要做的不能只是帮孩子提高考试成绩，还要促进他们全面发展。”熊老师的说法表明(　　)。

A. 分数决定孩子的未来　　B. 学生的成绩关键在家长

C. 家长不能只追求分数　　D. 素质教育需要废除考试

答案：C

能力提升训练题

一、单项选择题

1. 素质教育的根本宗旨是(　　)。

A. 提高国民素质　　B. 贯彻国家教育方针

C. 培养四有新人　　D. 适应市场经济需要

2. 以下关于应试教育和素质教育的观点叙述错误的是(　　)。

A. 考试与素质教育的关系是对立的

B. 应试教育片面强调教育的选拔功能

C. 素质教育把面向全体学生放在首位，强化普及意识

D. 应试教育死抠书本，以死记硬背和机械训练为主

3. 素质教育把(　　)作为重点，反映了新时代的要求。

A. 培养学生自主学习的能力　　B. 培养学生的创新意识

C. 培养学生的创新精神和实践能力　　D. 培养学生的价值观和人生观

4. (　　)是深化教育改革、促进教育发展的先导，当前又是全面推进素质教育的前提。

A. 改革高考制度　　B. 改革对教师的评价体系

C. 更新教育观念，转变教育思想　　D. 提高教师的社会地位

5. 实施素质教育，就是要坚持以“教育要(　　)、面向世界、面向未来”的思想为指导。

A. 面向家长　　B. 面向现代化　　C. 面向学校　　D. 面向学生

6.【2019 年上半年　中】某中学校长对素质教育检查组说：“我们学校对素质教育十分重视，课外活动开展得丰富多彩，有科技小组、美术小组、音乐小组……但现在学生正在上课，下午课外活动时，请你们指导。”该校长对素质教育的理解(　　)。

A. 不正确，素质教育不等于开展课外活动

B. 不正确，素质教育不包括组建兴趣小组

C. 正确，素质教育要开展课外活动

D. 正确，素质教育要组建兴趣小组

二、材料分析题

下面是一位学生考试结束后的自我感受：“考试的时候，我很紧张，不过一想到考完就可以玩电脑游戏了，心里便好受多了。我认真地做着卷子，不知不觉地就写完了。老师把卷子发下来分析试卷。我一看自己得了 72 分，及格了，有进步，心里很高兴，感觉还不错。可老师分析试卷的时候，我和同桌说了几句话，于是老师走过来让我不要太兴奋，说 72 分是全班第 48 名，全班倒数第四。我的头立即低了下去。我考得再好也考不过人家，我总是失败，哎!”

问题：从教育观的角度，评析这个案例中教师的做法。

参考答案

一、单项选择题

1. A　2. A　3. C　4. C　5. B　6. A

二、材料分析题

参考答案：教师的做法不正确。①不符合素质教育理念。②当面批评学生会影响学生的心理健康。③没有关注学生的进步。

第二节　学生观

【考点分析】

在历年考试中，“以人为本”学生观的内涵是考查重点。考生要在理解的基础上进行记忆，能够运用“以人为本”学生观的内涵分析材料。本节知识点常以客观题和材料分析题的形式进行考查。

【考点内容】

一、我国确立教育目的的理论依据

关于人的全面发展的思想学说是我国确立教育目的的理论依据。

二、“以人为本”学生观的内涵

“以人为本”是素质教育的根本属性。坚持“以人为本”，最坚实的落脚点在于将“以学生为本”的思想落实在教育教学过程之中。

坚持“以人为本”，必须把学生作为教育活动的出发点。“以人为本”学生观的核心是“一切为了每一位学生的发展”。

(一)学生是具有独立意义的主体(是不以教师意志为转移的客观存在)

①学生在教育活动中处于主体地位。

②学生具有个体独立性，不以教师的意志为转移。

③学生在教育活动中具有主体的需求和责权。

(二)学生是发展的人(具有巨大的发展潜力)

①学生的身心发展具有规律性：顺序性——循序渐进；阶段性——不能“一刀切”；不平衡性——抓住发展关键期；互补性——扬长避短；个别差异性——因材施教。

②学生具有巨大的发展潜能，所以教师要用发展的眼光看待学生，对学生进行形成性评价。

(三)学生是具有个性与差异的人(学生是独特的人，具有自身的独特性)

①人的全面发展以承认学生的差异和个性为基础。

②学生的差异与个性要求切实贯彻因材施教的教育理念。

真题呈现

1.【2018 年下半年　中】李老师坚持写“作业札记”，其中记录了学生做作业过程中的一些有趣的、特殊的现象，并据此分析学生在完成作业时的心理变化，然后再将自己的判断结果作为设计、布置、批改和反馈作业的重要依据。从学生观的角度分析，该教师的做法(　　)。

A. 注重了学生发展的差异性　　B. 发挥了教师的专业自主性

C. 注重了学生发展的主体性　　D. 提升了布置作业的有效性

答案：A

2.【2018 年上半年　中】在全县校长经验交流会上，某校校长介绍完教学改革的情况后，强调素质教育就是减负和增加课外活动(　　)。

A. 是对素质教育的片面理解　　B. 体现素质教育与学科教学的结合

C. 符合提升教学实力的需要　　D. 符合提炼学校办学特色的需要

答案：A

3.【2017 年上半年　中】晚自习时，高老师发现班上的一位男生在给一位女生递纸条。高老师走上前去对他们说：“你们在干嘛？是不是在递情书啊？现在可不是谈恋爱的时候啊，考上大学后再谈吧。”高老师的声音不大但同学们都听到了，这两位同学顿时羞红了脸。关于高老师的做法，下列说法中正确的是(　　)。

A. 明察秋毫，及时引导学生　　　　B. 有亲和力，巧妙杜绝早恋

C. 方法粗暴，侵犯学生隐私　　　　D. 工作武断，伤害学生自尊

答案：D

解析：该题考查教师职业道德。教师应当关爱学生，尊重学生的人格尊严。题干中高老师不了解情况直接批评学生，过于武断，而且在言语间伤害了学生的自尊心。所以本题选 D。

4.【2017 年上半年　中】阅读下列材料，回答问题。

李老师是一位中学美术教师，他常常说："美术课堂不仅要教会学生画画，还应该培养学生更多的能力。"有一次，在和学生聊天时，李老师听说学生家里都有不少闲置的废旧衣物，弃之可惜，留之占地。于是，李老师组织了"变旧为新"创意大赛，号召大家收集家里无用的旧衣物，将其进行改造。这一活动吸引了很多学生和家长参与。有的学生将旧衣服改成符合时尚潮流又具有独特魅力的新衣服；有的学生将旧衣物裁剪成布条、布块，制作成灯笼、小布娃等布艺饰品……学生们给旧衣物赋予了新的功能和价值，制作出了缤纷多彩的作品。

在教学中，李老师经常用绘图技术进行视觉教学、音乐作品赏析、古诗词意境配画等。他还带学生去郊外写生。每年市里举办美术展览时，他都带学生去参观，引导学生仔细观察、用心体会。李老师的美术课成了学生追捧的热门课，他个人也被评为学校最受学生喜爱的"十大明星老师"之一。

问题：请结合材料，从教育观的角度，评析李老师的教育教学行为。

答案：李老师的教育教学行为践行了科学的素质教育观。

第一，李老师的教育教学行为体现了素质教育是促进学生全面发展的教育。李老师在教授学生美术知识的同时，还积极组织变废为宝等各项课余活动，拓宽了学生的视野，促进了学生的全面发展。

第二，李老师的教育教学行为体现了素质教育是促进学生个性成长的教育。李老师在教学中能够综合运用各种教育教学技术手段，引导学生观察体会，同时开展"变旧为新"等个性化的教学活动，关注学生的个性成长。

第三，李老师的教育教学行为体现了素质教育是以培养学生创新精神与实践能力为重点的教育。李老师在教学中注重培养学生的动手实践能力，鼓励学生创新思维，培养了学生的创新能力。

第四，李老师的教育教学行为坚持以学生为中心，鼓励学生参与教学，创设智力活动，激发学生的参与意识与主体意识，注重学生的思维训练和实际动手能力的培养。

综上所述，李老师切实做到了面向全体学生，促进学生全面发展，重视学生创新精神和实践能力的培养，培养学生的主动精神，注重学生个性发展，着眼于学生的终身可持续发展，践行了素质教育的教育观。

5.【2019 年上半年　中】陈涛成绩不太好，但上课时总是爱举手回答问题。有时老师还没说完问题，他便把手高高举了起来。老师让他回答时他又不会，导致他不时被其他同学讥笑。老师课下向陈涛问明原因后给予鼓励。老师的做法(　　)。

A. 正确，不得罪每一个学生　　　　B. 正确，不放弃每一个学生

C. 不正确，挫伤了其他同学的主动性　D. 不正确，伤害了其他同学的正义感

答案：B

6.【2016 年下半年　中】初一学生小武想做一名科学家，但班主任说："你现在学数学那么吃力，以后学物理、化学也肯定学不好，一定不能把当科学家作为人生目标。"班主任的说法(　　)。

A. 忽视了学生的主体性　　B. 忽视了学生的发展性

C. 忽视了学生的创造性　　D. 忽视了学生的差异性

答案：B

解析：现代学生观认为学生是处于发展过程中的人，是积极的主体，是学习的主人，是拥有巨大的发展潜能的人。因此，教师不应忽视学生的发展性，对学生进行消极的、负面的评价，而应激发学生学习的主动性，培养他们的学习兴趣。题干中的班主任依据小武学习的现状，对其理想进行了负面评价，忽视了学生的发展性。

7.【2016 年下半年　中】阅读下列材料，回答问题。

汤老师接手 3 班成为班主任一个月了，他在课间经常把做作业的同学"撵"出教室，还"异想天开"地让学生自主设计去世界文化遗产的考察路线，让学生模仿在联合国发言，让学生设计一次公益募捐的方案……就在其他老师议论汤老师的这些做法时，他又在"折腾"分层教学，现在他需要投入更多的时间和精力进行准备，上课要同时兼顾班上多个小组的精神状态。有老师建议他少"折腾"，还说："你关注大多数学生就行了，何必那么费劲？再说即使你这样辛苦，也不一定保证每个学生都能学好。"汤老师依然坚持他的做法，在经过多次试验后，他慢慢发现分层教学还有很多窍门，比如可以把分层教学和"小先生制"结合起来，可以让学生自己总结所学、所思、所得。例如，在学完《屈原》之后，学生交上来的作业有读后感，有续写、改写，有诗歌、图画、短剧，角度多样，观点鲜明。一段时间之后，汤老师发现学生越来越乐于在作业中表达自己的想法了。

问题：结合材料，请从学生观的角度，评价汤老师的行为。

答案：汤老师的行为是正确的，他践行了新课程改革背景下的"以人为本"的学生观的具体要求。

首先，"以人为本"的学生观认为学生是发展的人，每个学生都具有巨大的发展潜能，每个学生都是处于发展过程中的人。材料中汤老师在教学活动中"异想天开"地让学生设计路线、方案、发言等内容，充分体现出汤老师能够看到学生具有巨大的发展潜能；同时在分层教学时，让学生总结所学、所思、所得，关注了学生的发展过程，把学生看成是处于发展过程中的人。

其次，"以人为本"的学生观认为学生是独特的人。每个学生都有自身的独特性，学生与成人之间存在巨大的差异。材料中汤老师让学生自己设计作业。学生的作业类型有读后感、续写、改写、诗歌、图画等多种形式，体现了学生自身的个别差异，充分体现出汤老师能够关注并发展学生的独特性。

再次，"以人为本"的学生观认为学生是具有独立意义的人。学生是独立于教师头脑的不以教师意志为转移的客观存在，是学习的主体。材料中汤老师通过分层教学和"小先生制"相结合的教学方式，让学生自设学习内容和作业，充分体现出汤老师能将

学生看作学习的主人，使学生参与到教学过程中来，发挥学生的主体性。

最后，汤老师的做法体现了面向全体学生的观念。材料中汤老师能够进行分层教学，使每一个学生都能够接受有针对性的教育，并且在其他老师的质疑下仍坚持自己的教学方式，充分体现了汤老师在教学中践行教育公平和面向全体学生的思想理念的做法。

总之，教师应该遵循新课程改革的要求，树立正确的学生观，因材施教，从而促进学生更好发展。

8.【2019 年上半年　小】陈老师说："不是每个学生都能上大学，学习上暂时落后不代表永远落后。我决不放弃任何一个学生。"下列说法不恰当的是(　　)。

A. 陈老师注重学生发展的阶段性　　B. 陈老师注重学生发展的不平衡性

C. 陈老师注重学生发展的差异性　　D. 陈老师注重学生发展的顺序性

答案：D

解析：根据题干描述，陈老师的说法体现了要尊重学生的个别差异性；看到了学生在同一方面或者不同方面的发展不是匀速的，体现了学生发展的不平衡性；同时针对学生所处的不同阶段，尊重阶段特征，进行有针对性的教育，促进每个学生成长成才，体现了学生发展的阶段性。因此，不恰当的选项是 D，因为题干没有体现学生发展的顺序性。

9.【2016 年上半年　中】钟老师在班上设立"进步展示台"，分类展示在不同方面有进步的学生。这表明钟老师(　　)。

A. 不以分数为评价学生的唯一标准　　B. 不关心学生的全面发展

C. 不注重与学生家庭密切联系　　D. 不主动与教师密切合作

答案：A

解析：钟老师的做法说明他关注学生的全面发展，不以学习成绩为评价学生发展的唯一标准。

10.【2015 年下半年　中】"道而弗牵，强而弗抑，开而弗达。"(《学记》)下列对这句话的理解，不正确的是(　　)。

A. 体现主体教育思想　　B. 强调学生自主发展

C. 鼓励学生自我成才　　D. 注重对学生的引导

答案：C

解析："道而弗牵，强而弗抑，开而弗达"的意思是：要引导学生思考，但不能牵引学生的思路；要严格要求学生，但不能压制学生使其压抑；要在学生开始思考时给予帮助，但不要把结果直接传达给学生。由此可知这句话表达的教育原则是强调学生是学习的主体，要重视对学生的引导，要让学生在引导下自主学习。这句话并没有鼓励学生自学成才，因此 C 项错误。

11.【2015 年下半年　中】于老师总是根据学生不同的学习基础设计课堂提问和练习。这表明于老师(　　)。

A. 遵循教学规律，实现学生全面发展　B. 关注学生差异，促进全体学生发展

C. 注重分层教学，促进学生均衡发展　D. 注重循序渐进，实现师生教学相长

答案：B

解析：每个学生都有自身的独特性，独特性也意味着差异性，所以教师不仅要认识到学生的差异，而且要尊重学生的差异。于老师根据学生不同的学习基础设计课堂提问和练习，说明于老师很关注学生的个体差异，这样才能更好地促进全体学生的发展。

12.【2015 年下半年　中】阅读下列材料，回答问题。

任教六年的李老师回忆道：“读初二时，新来的语文老师以‘春游’为题让我们写一篇作文。我写了与爸爸上山采杨梅的经历，由于是自己的亲身经历，所以写得有声有色。这个语文老师对班上的情况不了解，并不知道我是班里最差的学生。在她批改完作文后，我的作文成了班上唯一的优秀范文。老师拿着我的作文本声情并茂地大声朗读着。我一听是自己的作文，心狂跳起来。语文老师读完以后，就对全班同学说：‘请写这篇作文的同学站起来。’我在后排怯生生地站了起来。全班同学以惊奇的目光注视着我，让我感到了一种从未有过的自豪。老师在读完了我的作文后，还分析了作文好在什么地方，并给了我几张空白稿纸让我再誊写一遍，然后在班里墙壁上开辟了一个作文园地。我的作文就是作文园里的第一篇范文。从此，我找到了自信，发现自己原来并不是一无是处，我也有很多闪光点。自那以后，我开始要求自己坚持写周记和日记，并送给老师批改。老师在看完之后要么写一句评语，要么盖上一个‘优秀’字样的图案，让我非常满足。写日记这个习惯从初二开始一直保留至今。现在我的日记本已多达 50 多本了。”

问题：请从学生观的角度，评价材料中语文老师的教学行为。

答案：材料中语文老师的教育行为是恰当的，遵循了素质教育“以人为本”的学生观的相关要求。

首先，“以人为本”的学生观认为：学生是教育的主体；学生在教育活动中处于主体地位；学生具有个体独立性，不以教师的意志为转移；学生在教育活动中具有主体的需求和责权。材料中的语文老师把李老师小学时的一篇优秀作文在全班声情并茂地朗读，并能在知道作文的作者是谁后，对其进行详细分析，给学生以自信，促使学生从那以后坚持写周记和日记，充分发挥了学生的主观能动性。

其次，“以人为本”的学生观认为：学生是发展的人，具有巨大的潜力；学生的身心发展具有规律性。材料中的语文老师知道初中的学生需要激励，因此按学生成长规律通过作文朗读和贴范文的方式来培养学生，激发学生写作文的主动性，充分体现了案例中的语文老师认识到了学生的发展规律。

最后，“以人为本”的学生观认为学生是具有个性与差异的人，每个学生都具有自身的独特性。人的全面发展是以承认学生的差异和个性为基础的。学生的个性与差异要求切实贯彻因材施教的教育理念。材料中的语文老师在知道作者成绩差的情况下，通过继续分析学生的作文，并用贴范文的方式激励学生，充分体现了这位老师因材施教的教育理念。

总之，我们要学习材料中语文老师的新型学生观，将促进学生发展作为教育的出发点和归宿。

13.【2015 年上半年　中】某中学根据学生的学习成绩发不同颜色的校服，年级前 60 名学生穿红色校服，其他学生穿蓝色校服，这种做法(　　)。

A. 正确，便于分层教学　　　　　　B. 正确，利于激励学生
C. 不正确，不能促进学生个性发展　　D. 不正确，不能平等对待所有学生

答案：D

解析：该校根据学习成绩让学生穿不同颜色的校服，这是按成绩对学生划分了三六九等，是没有平等对待所有学生的表现。

14.【2015 年上半年　中】阅读下列材料，回答问题。

当学生在课堂上回答不出问题时，不同的老师有不同的处理方式，下面是两位老师的做法。老师甲对学生说道：“一上课就发呆，开小差，你到学校干什么来了？这么简单的问题你都不会，真是一个笨蛋！坐下！”学生非常沮丧地坐下，整节课都无精打采。

老师乙和蔼地对学生说：“不着急，我们一起回忆学过的内容和昨天的实验课。昨天你们小组的实验很成功，你还能想起实验过程吗？”学生思考片刻，答对了一部分。老师乙兴奋地说：“对！只要我们动脑筋，就有思路。再想想，还有补充吗？”学生思索了一下，又做了补充。老师乙点点头说：“很好，请坐！其他同学还有不同看法吗？”……该生听得更认真了。

问题：请从学生观的角度，评析甲乙两位老师的教育行为。

答案：老师甲的行为不合理，需要我们引以为戒；老师乙的行为符合新课程改革背景下“以人为本”的学生观，值得我们学习。

首先，“以人为本”的学生观强调学生是发展的人。学生处在发展过程中，出现各种问题是成长过程中的必然；学生具有发展的潜力，有能力解决问题，不断发展。材料中，老师甲没有将学生看作发展的人，对学生的错误一味训斥惩罚，没有正视学生的错误，没有帮助学生改正问题。而老师乙看到了学生现有的问题只是暂时的，积极包容学生的错误，启发引导学生回忆知识、思考问题，保护了学生学习的热情和自尊心。

其次，“以人为本”的学生观强调学生是有独立意义的人，学生的行为和认识不以教师的意志为转移。材料中，老师甲一味地训斥学生，不但不会使学生真正地认识到自己的错误，还严重伤害了学生学习的积极性，不利于学生改正开小差的错误。而老师乙则从学生的角度出发，因势利导，启发学生自主回忆和思考，并赞扬学生的自主思考和努力，激发了学生学习的积极性，增强了学生学习的信心。

因此，我们要向老师乙学习，践行“以人为本”的学生观，把学生看作发展的人、具有独立意义的人，以发展的眼光看待学生的现有问题和未来发展，引导学生自主学习，促进学生身心健康发展。

第三节　教师观

【考点分析】

新课程改革背景下教师观的转变、教师专业发展的方法、终身教育观念对教师专业发展的要求是本节考查重点。本节知识点在历年考试中大多以客观题和材料分析题的形式进行考查。

【考点内容】

所谓教师观，是指关于教师职业的基本观念，是人们对教师职业的认识、看法和期望的反映。它既包括对教师职业性质、职责和价值的认识，也包括对教师这种专门

职业的基本素养及其专业发展的理解。

一、教师职业概述

①教师职业是专门职业，具有专业的基本特性。

②教师职业角色具有多元化的特点：传道者、授业解惑者、示范者、管理者、朋友、研究者。

③教师职业劳动的特点：复杂性、创造性、主体性和示范性、延续性和广延性、长期性和间接性、个体性和群体性。

二、现代教师观

(一)教师角色的转变

①从教师与学生的关系看，新课程要求教师应该是学生学习和发展的促进者。

②从教学与课程的关系看，新课程要求教师应该是课程的建设者和开发者。

③从教学与研究的关系看，新课程要求教师应该是教育教学的研究者(高频考点)。

④从学校与社区的关系看，新课程要求教师应该是社区型的开放教师。

(二)教师行为的转变

①在对待师生关系上，新课程强调尊重、赞赏。

②在对待教学上，新课程强调帮助、引导。

③在对待自我上，新课程强调反思(高频考点)。

④在对待与其他教育者的关系上，新课程强调合作(高频考点)。

三、教师专业发展

(一)教师专业发展的要求

学会学习，成为终身学习者；勤于反思，成为反思的实践者；恒于研究，成为教育教学的研究者；重视沟通，加强交往与合作能力；勇于创新，加强创新精神与实践能力的培养。

(二)教师专业发展的内容

专业理想的建立、专业人格的形成、专业知识的拓展和深化、专业能力的提高、专业态度和动机的完善、专业自我的形成。

(三)教师专业发展的途径

职前培训、入职培训、在职培训、自我教育。

(四)教师专业发展的方法

观摩和分析优秀教师的教学活动、开展微格教学、进行专门训练、反思教学经验。

(五)教师专业发展的阶段理论

①三阶段：关注生存、关注情境(教学)、关注学生。

②五阶段：新手、熟练新手、胜任、业务骨干、专家。

(六)教师专业发展的意识

终身学习的意识：终身学习是指社会每个成员为适应社会发展和满足个体发展的需要，贯穿于人的一生的持续的学习过程。教师职业是一个需要不断学习和完善的职业。

自主发展的意识：能自我诊断、自我规划、寻求支持、自我评价。

(七)教师的专业素养

职业道德修养：爱国守法、爱岗敬业、关爱学生、教书育人、为人师表、终身学习。

专业知识素养：本体性知识、条件性知识、通识文化知识、实践性知识。

教育专业素养：教育科学知识、教育理念、教育专业能力。

职业心理素养：良好的情感、积极的情绪、良好的性格。

真题呈现

1.【2019 年上半年　中】张老师在教学中经常考虑的问题是："对班上不同层次的学生，我用哪些方法教学更有效呢?""这些材料适不适合所有学生?"张老师所处的教师专业发展阶段是(　　)。

A. 关注发展阶段　B. 关注生存阶段　C. 关注情境阶段　D. 关注学生阶段

答案：D

2.【2017 年上半年　中】某校实施了师徒制。经验丰富的吴老师对新入职的蒋老师进行帮助时，要做到(　　)。

A. 尊重同行，等蒋老师请教时才进行指导

B. 主动指导，和蒋老师商讨并确定教学方案

C. 推门听课，发现不妥之处及时在课堂上纠正

D. 充分信任，让蒋老师独自探索并积累教学经验

答案：B

解析：教师处理与同事之间的关系时，应做到互相尊重、相互学习、取长补短、平等相待、不卑不亢、乐于助人、关心同事。对于新入职的蒋老师，经验丰富的吴老师应当主动指导，和蒋老师商讨并确定教学方案，切实提高蒋老师的教育教学能力。A、D 两项的不妥之处在于蒋老师是新入职的教师，教学经验不足，所以吴老师应当主动予以指导、帮助。C 项的不妥之处在于不够尊重教师的课堂自主权。

3.【2016 年下半年　中】邱老师在工作日志中写道："在今天的校研会上，我说做教研跟写论文的方法是一样的，居然没有得到认可。是我错了还是大家不理解我?我得把这个问题搞清楚。"这表明邱老师(　　)。

A. 善于自我反思　B. 缺乏探索精神　C. 缺乏问题意识　D. 善于自我暗示

答案：A

解析：教师应通过写日志、文献分析、教育叙事等方法，对自己的教育教学行为、教研观点进行反思，从而使自己变得更加成熟，形成独特的教育智慧，在专业方面不断发展。邱老师在工作日志中对自己的教研观点进行了阐述，对同事的看法进行了客观记录，并指出自己应解决哪一问题，说明邱老师善于反思。

4.【2016 年下半年　中】方老师工作勤奋，为人直爽，教学能力也强，但经常和同事发生矛盾冲突，甚至和有的教师已经发展到了互不理睬的地步。方老师应该(　　)。

A. 不予理睬，只需关注教学质量　B. 反思自我，加强与同事的沟通

C. 无须改变，继续保持独特个性　D. 避免冲突，减少与同事的来往

答案：B

解析：教师之间团结协作是完成育人使命的必要条件。在教师集体中，如果大家彼此尊重、团结一致、互相帮助，就会创造良好的人际氛围，使教师心情舒畅，精力集中，高质量、高效率地完成教育工作。因此，方老师应进行反思，加强与同事的沟通，建立良好的人际关系。

5.【2016 年下半年　中】毛泽东在写给他的老师徐特立的信中说："你是我二十年前的先生，你现在仍然是我的先生，你将来必定还是我的先生。"这说明教师对学生的影响具有(　　)。

A. 层次性　　B. 自觉性　　C. 深远性　　D. 规范性

答案：C

解析：题干中的"二十年前""现在""将来"说明教师的劳动对学生有着极为深远的影响。教师往往是学生最直接的榜样，教师正是以他的全部人格、知识和才华影响着学生的，甚至可能影响学生的一生。

6.【2018 年下半年　中】桂老师专门找朱松谈话，告诉他："你这段时间虽然学习效果不太好，但比以前刻苦多了，只要你改进学习方法，会有明显的进步的。"桂老师的做法(　　)。

A. 有利于激发朱松的学习动力　　B. 不利于保护学生的自尊心

C. 有利于激发朱松的合作意识　　D. 不利于发展学生的个性

答案：A

7.【2016 年上半年　中】学校派骨干教师王老师外出参加培训。王老师说："我经常给别人做讲座，哪里还需要去接受培训？还是让刚参加工作的年轻人去吧！"关于此事的下列说法中，正确的是(　　)。

A. 王老师具有团队协作的意识　　B. 王老师具有专业发展的意识

C. 王老师缺乏终身学习的意识　　D. 王老师缺乏课程建设的意识

答案：C

解析：终身学习是教师专业发展的不竭动力，是教师职业的必然要求。教师应该树立终身学习的理念，通过不断学习扩充知识，提高教师素质，提升教学能力。培训是促进教师专业发展的有效途径，而王老师不参加培训，说明他缺乏终身学习的意识。

8.【2016 年上半年　中】阅读下列材料，回答问题。

大学毕业后，曲老师到一所农村中学当历史老师，至今已有八年了。在此期间，有的同事调到了条件更好的学校，有的则步入了职业倦怠期。有几所条件更好的城区学校想引进曲老师，但他总是拒绝说："我从小在农村长大，明白农村孩子也需要良好的教育，这里的孩子离不开我。"为了成为一名优秀的历史老师，曲老师经常翻阅各种期刊，以及时了解历史学科的新信息，还经常向经验丰富的教师学习。为了提升自己分析和解决问题的能力，曲老师不断学习科学研究方法，并运用这些方法解决了一些教学问题。

曲老师说："台上一分钟，台下十年功。当教师仅靠大学时代所学的知识远远不够。"他坚持每天至少进行一小时的阅读，多年来从未间断过。他的阅读范围很广，除了研读历史领域的经典著作之外，他还广泛学习法学、地理学、社会学、美学等各个领域的知识。

问题：请结合材料，从教师观的角度，评析曲老师的行为。

答案：曲老师的教育行为符合新课程对教师的相关要求，是值得我们赞赏和学习的。

首先，新课改背景下的教师观强调，教师应该是教育教学的研究者。新课程要求教师应该是一个研究者，在教学过程中以研究者的心态置身于教学情境中，以研究者的眼光审视和分析教学理论与教学实践中的各种问题，对出现的教学问题进行研究。材料中，曲老师通过阅读各种期刊，了解历史学科的信息，提升自己分析和解决问题的能力，不断学习科研方法，解决教学问题。

其次，新课改背景下的教师观强调，教师在对待自我上应不断反思。材料中，曲老师自知大学所学的知识远远不够，每天坚持阅读一小时，也体现了终身学习的教育理念。

最后，新课改背景下的教师观强调，教师在对待与其他教育者的关系上要合作。材料中，曲老师经常向经验丰富的教师学习，提升自己分析和解决问题的能力，体现了合作的教育理念。

因此，教师在教育教学过程中应该运用新课程理念看待教师职业，树立正确的教师观，才能更好教书育人。

9.【2015 年下半年　中】青年教师小王每次课后都认真回顾整个教学过程，把失败之处记录下来，使教学水平不断提高。这体现了小王老师注重(　　)。

A. 教学反馈　　B. 教学反思　　C. 教学创新　　D. 情境创设

答案：B

解析：反思是教师以自己的职业活动为思考对象，对自己工作时的行为以及由此产生的结果进行审视和分析的过程。教学反思是教师专业发展和自我成长的核心因素。题干中小王老师的做法，正体现了他注重教学反思。

10.【2015 年下半年　中】学科组长匡老师从教 30 年，每逢他们组有新入职的教师，匡老师都会把自己的教学设计直接提供给他们，要求他们严格按照自己的教学设计开展教学，并坚持推门听课。匡老师的做法(　　)。

A. 有利于与同事搞好关系　　B. 有利于教学质量提升

C. 不利于新教师成长　　D. 不利于自身的专业发展

答案：C

解析：教师与同事之间应该团结协作、相互学习。对新入职的教师，经验丰富的教师应当在教学设计等方面给予一些帮助，使他们能尽快适应教学工作的要求。但由于各个班级情况不同，教师需要根据班级学生的实际情况设计教学。题干中匡老师要求新入职的教师严格按照他自己的教学设计开展教学，这是对新教师教学思维的束缚，不利于他们的成长。

11.【2015 年上半年　中】以下是钟老师班主任日志中的一段话，这表明钟老师(　　)。

“一个月了，尽管我对某某给予了更多的关心与鼓励，但依然看不到好转的迹象，是方法不对还是……看来，我得再找他的父母和原班主任交流，再深入一点，再调整策略。”

A. 善于自我反思　　　　　　　　B. 缺乏探索精神

C. 善于引导学生　　　　　　　　D. 缺乏问题意识

答案：A

解析：钟老师对自己教育的方式、方法进行了反思，这说明他善于自我反思。

12.【2015 年上半年　中】物理老师李强结合课程教学内容，查阅资料，利用现有资源自制实验器材，开设了不少探究性物理实验，这表明李老师具有(　　)。

A. 全面发展理念　B. 和谐发展理念　C. 长善救失意识　D. 课程开发意识

答案：D

解析：新课程强调，教师是课程的开发者和研究者。题干中物理老师根据课程内容，自己查阅资料制作器材，开设相关课程，这体现了该老师的课程开发意识。

13.【2015 年上半年　中】学校邀请专家来做教育理念辅导报告，但李老师拒绝参加，他说学那些理论没有用，把自己的课上好才是老师的看家本领。李老师的说法(　　)。

A. 错，教师应该不断提高理论素养

B. 对，能把课上好就是优秀的中学教师

C. 错，教师应该把自我提升作为首要目标

D. 对，教育理念报告对实践教学没有任何帮助

答案：A

解析：教育理念辅导报告能够提高教师的理论素养，因此本题选 A。

能力提升训练题

一、单项选择题

1. 与医生、律师一样，教师职业属于(　　)。

A. 从属职业　　B. 社会职业　　C. 私人职业　　D. 专门职业

2. 张老师根据自己班级的情况，为解决班级内部班干部的人际关系问题，营造和谐融洽的班级氛围，自主开发了“和谐人际”的班级课程，这体现了教师(　　)。

A. 是教育教学的研究者　　　　B. 是课程的建设者和开发者

C. 是学生学习的促进者　　　　D. 是社区型的开放教师

3. 小郑、小刘是某学校的数学老师，平时两人都很努力，也喜欢暗暗较劲。学校举办青年教师说课比赛，小郑和小刘都有参加，但赛前两位老师既无教学的交流，也无比赛想法的讨论，最后双双遗憾出局。关于小郑、小刘的做法，下列说法合理的是(　　)。

A. 有利于教师个人成长　　　　B. 有利于教师在竞争中成长

C. 体现了教师公平竞争的自觉性　　D. 违背了教师间的合作理念

4. 语文老师想在课上播放《老师难忘的记忆》视频。录制时各科老师纷纷响应，都来帮忙，这体现的是(　　)。

A. 在教学和研究上，教师是教育教学的研究者

B. 在教学与课程的关系上，教师是课程的建设者和开发者

C. 在对待教学上，新课程强调帮助、引导

D. 在对待与其他教育者的关系上，新课程强调合作

5. 一直停滞不前、只靠过去的经验且知识面不广的教师，很难给学生以人格上的感召，所以教师要做到（　　）。

A. 终身学习　B. 爱岗敬业　C. 团结协作　D. 关爱学生

6. 教师的言论、行为、为人处世的态度会对学生产生耳濡目染、潜移默化的作用，体现了教师的（　　）。

A. 示范者角色　B. 授业解惑者角色　C. 传道者角色　D. 研究者角色

7. 初三一班的班主任李老师偏爱学习好的学生，每次上课时对于成绩好的学生的问题总是耐心解答，而对于成绩不好的学生的问题却总是糊弄了事，日常生活中也总是对于成绩好的学生多加照顾，认为这些学生以后才是有“大出息”的人。李老师的做法忽略的是（　　）。

A. 学生的完整性　B. 学生的个体性

C. 学生的独立性　D. 学生的发展性

8. 课堂上小兰指出王老师对于某个问题的解释有错误。王老师恼羞成怒：“小兰，你厉害，以后你替老师上课好了！”关于王老师的做法，下列说法正确的是（　　）。

A. 维护了老师自身的权威　B. 伤害了学生的自尊

C. 有效控制了课堂的无关行为　D. 保证了教学任务顺利进行

9. 西点军校第一任校长，著名政治家和科学家乔纳森·威廉斯曾说：“不管你有多么伟大，你依然需要提升自己，如果你停滞在现有的水平上，事实上你正在倒退。”西点学员们都知道，只有不断学习，不断积累知识，才有取得成功的可能。从西点军校毕业的人知识都很丰富，无论是在哪个行业的，都具有深厚的文化底蕴。这说明教师需要具备（　　）的理念。

A. 敢为人先　B. 终身学习　C. 爱岗敬业　D. 好为人师

10. 来自教师自己的教育教学经验，因教师的教龄不同、阅历不同、工作经历不同、个人能力不同、思维方式不同以及行为特征不同而不同，这种知识叫作（　　）。

A. 本体性知识　B. 条件性知识　C. 文化知识　D. 实践性知识

11.“雪化了变成了什么?”一个学生回答：“变成了春天!”这个既富有想象力又富有艺术性的答案却被老师判为零分。该老师的做法忽视的是（　　）。

A. 学生的独立性　B. 学生的创造性　C. 学生的完整性　D. 学生的发展性

12. 新转来的学生小江常常以叛逆者自居。他学习成绩不好，经常在上课时表现出怪异行为，甚至顶撞老师。所有的任课老师都说小江是个十足的坏孩子，品行不端。作为班主任的张老师并没有放弃小江。她暗自观察，根据小江的具体情况采取了一系列补救措施。班主任张老师的做法（　　）。

A. 正确，看到了学生是发展中的人　B. 正确，看到了学生是独特的人

C. 正确，看到了学生是有独立意义的人　D. 错误，是一种浪费时间的行为

13. 张老师为了解家庭教育对孩子的影响，经常参加家庭教育讲座，学习家庭教育相关课程，这属于教师专业发展途径的（　　）。

A. 正规的专业教育　B. 非正规的专业教育

C. 校本专业发展　D. 自我成长

14. 刚参加完培训的张老师自费将培训资料复印给同事，并将自己的心得打印出来与同事分享。对此，下列说法中不正确的是(　　)。

A. 张老师富有循循善诱的品德　　B. 张老师富有团结协作的精神

C. 张老师很注意业务能力的提高　　D. 张老师很注重专业素养的提升

15. 陶行知先生曾经说过，我们做教师的人，必须天天学习，天天进行再教育，才能有教学之乐而无教学之苦。这句话指出了教师要(　　)。

A. 终身学习，拓宽视野　　B. 严于律己，作风正派

C. 谦虚谨慎，相互帮助　　D. 爱岗敬业，尽职尽责

16. 教师专业发展的不竭动力是(　　)。

A. 为人师表　　B. 终身学习　　C. 教书育人　　D. 关爱学生

17. 某位语文老师在教学中发现，在阅读课上开展小组合作学习时，学生对这种学习方式缺乏兴趣，在小组中不愿主动承担学习责任，总是希望搭小组的“便车”。由此该老师决定开展“如何提高学生小组合作学习效率”的研究。这是运用了教师专业发展方法中的(　　)。

A. 终身学习　　B. 教育反思　　C. 行动研究　　D. 合作交流

18. 我们在教学时，要能够使自己在循规蹈矩中挥洒自如，能够“无意于法则而自合于法则”，真正由教学的“必然王国”迈入教学的“自由王国”。这体现了教师(　　)的劳动特点。

A. 复杂性　　B. 长期性　　C. 创造性　　D. 间接性

19. 卢梭曾说：“在万物的秩序中，人类有他的地位；在人生的秩序中，童年有他的地位；应当把成人看作成人，把孩子看作孩子。”卢梭之所以这样说是因为他看到了学生身心发展规律的(　　)。

A. 顺序性　　B. 阶段性　　C. 不均衡性　　D. 互补性

20. 李老师经常思考“如何教好这节课”等这样一些问题。这说明李老师处于教师发展的(　　)阶段。

A. 关注生存　　B. 关注情境　　C. 关注学生　　D. 关注自我

21. 卢梭曾说：“做老师的只要有一次向学生撒谎撒漏了底，就可能使他的全部教育成果从此为之毁灭。”这句话体现的教师劳动特点是(　　)。

A. 复杂性　　B. 示范性　　C. 创造性　　D. 长期性

22. 特级教师宁渴彬在教学中遵循“三个允许”的原则：允许犯错，允许改错，允许提出不同意见。这样做的理由主要是(　　)。

A. 学生是发展中的人　　B. 学生是独特的人

C. 学生是具有独特意义的人　　D. 学生是具有主观能动性的人

23. 冰心说：“世界上没有一朵鲜花不美丽，没有一个孩子不可爱。因为每一个孩子都有一个丰富美好的内心世界。”这句话体现了(　　)。

A. 学生的身心发展是有规律的，教师要遵循其规律

B. 学生是鲜活的个体，具有巨大的发展潜能

C. 学生是责权的主体，教师要引导学生学会对他人负责

D. 学生是有独特意义的人，是不以教师的意志为转移的客观存在

24. 梁启超认为要进行趣味教育，就要让学生领会学习的乐趣，不能摧残学生的学习趣味。而摧残教育趣味的做法其中有一条就是注射式教育。这就要求教师开展趣味教育，就要做到(　　)。

A. 经常开展课外活动，丰富学生课余生活

B. 结合多种教学方法，建立快乐学习课堂

C. 培养学生学习兴趣，引导学生主动学习

D. 积极创设问题情境，满足学生求知需要

25. 李老师是一位非常刻苦努力的高中老师。他在工作中认真负责，不断钻研教材，认真备课，认真批改学生的作业，在每一份作业中都写了满满的、中肯的评语。为了把课上好，他还学习各种教育教学理论与实践知识，但是在实际工作中，他总是感觉到学再多也不够用，因此就花了更多时间和精力在学习上。在学生的眼里，李老师总是忙个不停，根本没有时间跟他们交流，他们多么希望李老师能有时间坐下来跟他们闲谈啊！对此，以下说法最恰当的是(　　)。

A. 李老师工作认真负责，而且注重提升自己的教育教学水平，值得提倡

B. 李老师在工作中苦学不辍，体现了新时代教师的终身学习精神，值得学习

C. 李老师的学习精神非常可贵，但是在教学工作中他本末倒置了，应先关注学生

D. 李老师工作认真负责还不断学习进取，学校里应多一些这样的老师

26. 小辉在班里十分淘气，是“闻名”全校的“捣蛋大王”，常常弄得大家哭笑不得。许多老师都说他不可教也。刘老师却与他交起了朋友，给他讲了许多聪明反被聪明误的小故事。最后他哭了，哭得很伤心。从此，他发奋学习，一路“过关斩将”，最后考上了上海同济大学。这说明刘老师(　　)。

A. 能够看到学生是处于发展过程中的人

B. 能够针对不同学生的特点做到因材施教

C. 能够遵循学生身心发展的一般规律

D. 能够促进学生全面发展

27. 老师在教“高粱”这个词时不小心写成“高梁”，于是学生大喊：“老师你写错了！”老师立刻说“我犯的这个错也是不少学生容易犯的。你们知道为什么高粱的粱下面是米字吗?”从而引发学生思考，使学生掌握“高粱”这个词，这体现了教师劳动的(　　)。

A. 创造性　　B. 延续性　　C. 间接性　　D. 示范性

28. 郑老师的学生看了一些课外书后总带着一些问题跑来问他。一次有个学生看了关于生物进化的文章，对生命的起源感兴趣。郑老师并没有直接给他讲授相关知识，而是动员他找出有关的资料进行阅读比较研究。关于郑老师的做法，下列说法不正确的是(　　)。

A. 看到了学生有自我教育的可能性　　B. 看到了每个学生身心发展的不均衡性

C. 看到了学生身上巨大的发展潜能　　D. 看到了学生在学习过程中的主体地位

29. 何老师在教学过程中，认识到不同发展水平的学生有不同的需要，在教学材料和方式的选择上充分考虑个别差异。何老师所处的教师成长阶段是(　　)。

A. 关注生存阶段　B. 关注情境阶段　C. 关注学生阶段　D. 关注自我阶段

二、材料分析题

1. 阅读下列材料，回答问题。

下面是学生的一则日记：

王老师是我们的班主任，也是一位广受同学们欢迎的好老师。

王老师整天笑眯眯的，十分和蔼可亲。她经常主动跟我们打招呼，有时还聊上几句。同学们觉得她一点架子也没有，都喜欢接近王老师。

王老师是数学老师，负责教我班的数学课程。她对待教学工作是十分认真的。上课前，王老师会用很多时间备课。上课时，她会很详细地讲解各种难懂的数学公式、定理，并反复举例加以说明、论证，直到每个同学都明白为止，很有耐心。有时她还邀请个别同学上讲台“讲课”呢，这种教学法引起了同学们极大的兴趣，掀起了新的学习热潮。下课后，王老师会仔细批改大家的作业，总结每个同学的优缺点，并鼓励大家发扬长处、改正缺点。对个别成绩差的同学，王老师还会主动利用课余时间帮他们补课呢！

王老师不但在教学上尽职尽责，在日常的校园生活中，也十分关心我们。炎炎夏日里，她经常提醒我们注意饮食卫生；寒风刺骨的冬天里，她又叫大家多穿衣服，不要着凉感冒。

问题：请从教师观的角度，评析王老师的行为。

2. 阅读下列材料，回答问题。

16 岁的时候，她上初二，成绩并不好，在班上显得很普通。一次期中考试前，她的同班好友悄悄地把她拉过来说：“告诉你一个好消息，我有了这次考试的卷子了。”原来，离她们学校不远的另一个学校已经考过一样的卷子。

那是张数学试卷，按真实水平，她是无法及格的。但是，那次她考了全年级第一，以她以往的成绩，这让她的同学无法相信也不能接受，于是关于她这次考试成绩是作弊得来的说法便不胫而走。但是作弊也不可能得 98 分呀，只有数学老师表扬并鼓励了她，说她进步很快，以后肯定还会考出更好的成绩来。那一刻，她差点流泪，她没有想到老师会相信她。

从那以后，为了证明自己没有作弊，为了对得起老师那句话，她就像“疯了”一样地学习，并从中体会到了学习的乐趣。不久，她的成绩果然跃居全班第一。一年后，她考上了重点高中。三年以后，她考上了北大。再后来，她去美国留学了。

十几年后，她回到母校做报告时，坦率地给学弟学妹们说自己的故事。当时已经白发苍苍的数学老师接着她的话说出了实情：“孩子，当时我知道你作弊了，但我想，也许你能从此发奋，所以我没有批评你，而是给了你鼓励和信任。”

问题：请运用新课改的学生观分析该老师的教育行为。

3. 阅读下列材料，回答问题。

张老师在某中学任教 20 多年，深受学生喜爱。学校为适应国家经济建设，培养更多应用型人才，要求老师们更新教育观念，充实教学内容，增加教学实践环节。明确了学校提出的要求后，张老师主动改进教学内容，增强教学的实用性。除此之外，张老师还联系了一些企业，让同学们到企业实践。经过一段时间的实践，同学们提前了解了社会，增强了综合实践能力，最大限度地提高了综合素养。

问题：请从教师观的角度，评析张老师的教育行为。

三、写作题

阅读下列材料，根据要求写作。

杜鲁门新当选美国总统时，记者采访其母亲：“你有这样的儿子，你一定很自豪。”杜鲁门的母亲回答：“是的。不过，我还有一个儿子，同样让我骄傲，他现在正在地里挖土豆。”

请根据上述材料给你的启示，写一篇议论文。

要求：用规范的现代汉语写作，不要脱离材料的内容或含义；题目自拟，立意自定；观点明确，分析具体，条理清晰，语言流畅；不少于1000字。

参考答案

一、单项选择题

1—5：DBDDA　6—10：ADBBD　11—15：BABAA

16—20：BCCBB　21—25：BABCC　26—29：AABC

二、材料分析题

1. 参考答案：

材料中王老师的做法恰当合理，符合新课改背景下教师观的要求。

首先，新课程要求教师应该是学生学习和发展的促进者。教师应当在教学中注重培养学生的自主学习能力，激发学生的学习动机。材料中，王老师会邀请学生上讲台“讲课”，这种方式不仅掀起了学习热潮，还锻炼了学生的自主学习能力，对学生的长远发展起着积极的促进作用。

其次，新课程要求教师在对待师生关系上做到尊重、赞赏学生。教师应当尊重每一位学生，赞赏每一位学生。材料中，王老师非常有耐心地进行讲解，直到每一位同学都明白为止，课余时间还为成绩差的同学补课，说明王老师对待同学能做到一视同仁、耐心教导。

最后，新课程要求教师在对待教学上做到帮助、引导。教师的本质在于引导，引导学生思维，引导学生做人。材料中，王老师在课堂上没有采取“满堂灌”“一言堂”的方式，而是引导学生自己上台“讲解”；在生活中王老师也能做到以身作则，为学生树立良好榜样。

因此，教师要践行新课改背景下的教师观，要尊重和赞赏学生，引发学生思考，不断促进学生知识的丰富和心理的成长。

2. 参考答案：

材料中数学老师的做法符合新课改背景下的“以人为本”的学生观，值得我们学习。

首先，新课改的学生观强调学生是发展中的人。学生处在发展过程中，具有巨大的潜能。材料中，面对学生的作弊事件，老师没有采取严厉批评、追查责任的惯用方法，而是鼓励学生，给予学生改正错误的机会，这样的做法不仅保护了学生的自尊心，还取得了良好的教育效果。

其次，新课改的学生观强调学生是有独立意义的人，学生具有主观能动性，不以教师的意志为转移。材料中，老师对于学生作弊问题，依据学生做了错事心里不安、知错欲改的心理，没有把事情挑明，也没有当众指责学生，而是鼓励学生，相信学生之后能考出更加优异的成绩。这样的做法说明老师看到了学生的主观能动性，促进了学生自我学习和自我发展，有效解决了教育过程中存在的问题。

因此，教师要践行“以人为本”的学生观，看到学生身心发展的特点，发挥学生的主观能动性，因势利导，促进学生的身心发展。

3. 参考答案：

教师的行为符合新课改理念下的教师观，值得我们借鉴。

首先，教师的做法体现了教师是课程的建设者和开发者。材料中，教师为了提高学生的实践能力，适应国家经济建设的要求，改进现有课程，增加教学实践环节，为国家培养了应用型人才。

其次，教师的做法体现了教师是学生发展的促进者。材料中，教师主动改进教学内容，主动联系企业为学生提供实践机会，就是为了培养学生的创新精神和实践能力，促进学生的全面发展。

因此，教师要实现新课改背景下教师角色的转变，做学生学习和发展的促进者，做课程的建设者和开发者。此外，教师还应创造和谐育人环境，促进学生全面发展。

三、写作题

参考思路：

通过阅读材料，首先考生应该明确材料所要表达的中心意思。因为这是教师资格考试，所以考生的思路就应该主动向教师与学生方向靠拢。材料中“杜鲁门与另外一个儿子”代表的是学生；“记者”代表的应该是社会大众，对学生的评价以其取得的成就为依据；“母亲”代表的则是教师，对学生应一视同仁，不以身份地位的高低来评价学生。考生可从现代学生观及教师观中的师生关系等方面阐述，例如看到每一个学生的独特性，尊重和赏识每一个学生等。

其次，提出自己支持的观点，进行详细阐述，认为教师应该同“母亲”一样，不因为学生的一时成绩而区别对待，可以结合自己的生活经历或受教育过程中的教育实践来支持自己的论点，使文章更加具有说服力。

最后，总结自己的观点，注意文章措辞，要能够使读者通过阅读文章信服自己的观点，还要注意字数要求。

模块十　教育法律法规

第一节　教育政策、法规概述

【考纲要求】

了解教育政策和法律法规的概念、特点。

【考点分析】

本节主要考点包括教育政策以及法规的含义与特点、教育法的渊源、教育法律关系、教育法律责任、教育法律救济等。考纲并未对这些内容的考查做明确规定，故考生可着重了解，不做加深处理。

【考点内容】

一、教育政策概述

(一)教育政策的含义

所谓教育政策，是指一个政党和一个国家在一定历史时期内为实现一定的教育目的，依据党和国家在一定历史时期的基本任务、基本方针而制定的有关教育的行动准则。

(二)教育政策的特点

教育政策作为党和国家在一定历史时期内为教育发展的基本任务、基本方针而制定的基本行为准则，体现出政治性与原则性、目的性与可行性、稳定性与可变性、权威性与实用性、系统性与多功能性以及不具强制性的特点。

1. 政治性与原则性

政治性是教育政策的根本特征，直接反映制定政策的主体自身的利益和要求。原则性是指教育政策的内容必须鲜明地体现政党和国家的政治意图。它规定人们应做什么，不应做什么，提倡或鼓励什么。

2. 目的性与可行性

教育政策是人们根据一定的需要制定出来的，是人们主观意识的体现和主观能动性的产物，具有明确的目的性。要使教育政策的目的性变成现实，就要同时考虑教育政策的可行性。教育政策的条文、原则，也总是以具体的行为准则、规则的形式出现的，告诉人们应该怎样做，不应该怎样做。

3. 稳定性与可变性

教育政策一经制定公布，在其有效的时间、空间范围内相对保持不变。但随着时间的推移和社会经济、政治、文化以及教育的发展，现行政策已不能适应需要，对教育的发展已经起到一种阻碍作用时，教育政策就必须做出相应调整。

4. 权威性与实用性

教育政策是党和国家依据宪法的授权，为实现人民的教育意志而制定的教育准则。党和国家行为的合宪性决定了它们所颁布的教育政策的合法性，以及由此而具有的权威性。教育政策的制定同时又要以促进一个国家或政党完成其教育发展任务为目的，因此，教育政策还必须具有强烈的实用性。

5. 系统性与多功能性

教育政策的系统性决定了教育政策所指引的行动必然要牵扯到教育事业的各个方面，从而决定了教育政策的功能是多方面的，而不是单一零散的。

6. 不具强制性

教育政策的实施主要通过人们的表率、组织约束、舆论引导等途径实现，一般不具有直接的强制性。当然，它也不是一纸空文，通过一定的宣传途径和行政措施，它同样也能发挥巨大的影响力。说不具强制性，并非说教育政策无须执行，而是说在实施过程中和对违反者的惩戒过程中，它主要依靠宣传教育的手段，而不依赖于国家的强制力。

(三)教育政策的功能

教育政策作为有关教育的行动准则，主要具备三项功能，即导向功能、协调功能和控制功能。

二、教育法规概述

(一)教育法规的含义、特点及与教育政策的关系

教育法规不同于教育政策，其在含义、特点方面有明显的不同，但同时与教育政策又有密不可分的联系。

1. 教育法规的含义

教育法规是有关教育方面的法令、条例、规则、规章等规范性文件的总称，也是对人们的教育行为具有法律约束力的行为规则的总和。它由国家政权机关制定，以国家暴力机器为后盾实施，对人们接受教育的权利和义务起着保护与规范的作用。

2. 教育法规的特点

(1)调整主体的复杂性

教育活动包括兴办教育、管理教育、实施教育、接受教育、参与和支持教育等诸多方面。这些活动涉及教育行政机关、其他国家机关、企事业单位、农村集体组织、学校、其他社会团体和几乎每个家庭以及公民。这些公民、法人、组织都是教育法规调整的对象，都在教育活动中享有广泛的权利和承担多方面的义务，从而使教育法规调整的主体呈现复杂性。

(2)调整范围的广泛性

从教育对象上看，我国宪法赋予每个公民受教育的权利。在教育活动中，接受各种形式、不同层次的教育和培训的教育对象，都享有教育的权利和承担相应的义务。

(3)法律后果的特殊性

一是注重保护受教育者，尤其是青少年学生。

二是注重保护教师的特殊职业权利。

三是注重维护学校的正当权益。

3. 教育法规与教育政策的关系

教育法规与教育政策在一定意义上都是为国家的教育发展服务的，但它们的侧重点不同。它们之间既有紧密的联系，又有明显的区别。

(1)教育法规与教育政策的联系

①教育法规与教育政策都决定于上层建筑，具有共同的目的。

②教育政策是制定教育法规的依据，教育法规是教育政策的具体化、条文化和定型化。

③教育政策决定教育法规的性质，教育法规的内容体现教育政策。

④教育政策是实施教育法规的指导文件，教育法规是实现教育政策目的的保证。

(2)教育法规与教育政策的区别

①教育法规和教育政策的制定主体不同。

②教育法规和教育政策的执行方式不同。

③教育法规和教育政策的规范效力不同。

④教育法规和教育政策调整和适用的范围不同。

⑤教育法规和教育政策的表现形式不同。

(二)教育法的渊源

法律渊源简称法源，是指法的“形式渊源”或“效力渊源”。它具体指法所形成的力量从何而来，法的创立方式或表现形式由何种国家机关通过何种法律文件的形式以及通过怎样的程序被国家认可而形成。我们对教育法的渊源也可做类似理解：制定教育法的依据来自何处。教育法源主要是指国家根据法定的权利和程序所制定的关于教育方面的规范性文件。我国教育法的渊源主要有以下几种：宪法、教育法律、教育行政法规、地方性教育法规、自治条例和单行条例、教育规章。

(三)教育法律关系

教育活动中会形成种种教育关系，法律活动中也会形成种种法律关系。当以法律手段作为规范教育关系的手段，使教育活动与法律活动相互渗透、有机结合时，教育法律关系便产生了。了解教育法律关系的含义与特征以及教育法律关系的构成要素、内容，对于正确理解教育法、处理教育活动中的各种教育关系具有十分重要的意义。

1. 教育法律关系的含义

教育法律关系是教育法律规范在调整人们有关教育活动的行为过程中形成的权利和义务关系。这一关系应从以下几个方面理解：

①教育法律规范是由国家机关制定或认可并以国家强制力保证实施的关于教育方面的行为规则。

②教育法律关系的产生以教育法律规范的存在为前提，只有被教育法律规范调整的教育关系才能转化成教育法律关系。

③教育法律关系是一种权利义务关系。所谓权利义务关系，必须以法律规范为前提，在法律规范的基础上调整主体之间的利益关系。

2. 教育法律关系的特征

教育法律关系不同于习惯、道德、信仰等形成的社会关系，这种社会关系具有以下几个方面的特征：

①教育法律关系是体现在教育活动中的教育法律规范。

②教育法律关系以国家强制力为保证。

③教育法律关系以教育法律规范为前提。

3. 教育法律关系的构成要素

教育法律关系的构成要素有主体、客体和内容。三者共同构成教育法律关系，彼此之间又相互联系。

(1)教育法律关系的主体

教育法律关系的主体是指教育法律关系的参加者，也称权利主体或权利义务主体，包括教育法律关系中权利的享受者和义务的承担者。其中，享有权利的一方称为权利人，承担义务的一方称为义务人。任何一种法律关系，没有享有一定权利和承担一定义务的主体参与都不可能成立。

教育法律关系的主体具有多样性的特点。并不只是教育行政机关、学校及其他教育机构、教育者、学生及其他受教育者才会成为教育法律关系的参加者，其他一些个人和组织也可成为教育法律关系的参加者。教育活动涉及教育行政机关、其他国家机关、企事业单位、农村集体组织、学校、其他社会团体和几乎每个家庭及公民。这些公民、法人、组织在教育活动中享有广泛的权利并承担多方面的义务，从而使教育法的主体呈现多元性。我国教育法律关系的主体可分为三类。

①自然人(个人主体)。

公民是自然人中最基本、数量占绝对优势的主体。教师、学生、学生家长、其他公民等皆可在教育法律关系中成为个人主体。

②集体主体。

集体主体包括两类：一类是国家机关，包括权力机关、行政机关、审判机关和检察机关等，它们在职权范围内活动，能成为宪法关系、行政法关系、诉讼法关系等多种法律关系的主体；另一类是社会组织，如学校、社会团体、企事业单位等。

③国家。

国家作为一个整体，是某些重要法律关系的参与者，既可作为国家所有权关系、刑法关系的主体，又可成为国际法关系的主体。

(2)教育法律关系的客体

法律关系的客体又称权利客体，是法律关系主体的权利与义务所指向的对象(标的)。没有客体，权利和义务就会失去目标。但并非一切独立于主体而存在的客观对象皆能成为客体，只有那些能满足主体利益并得到国家法律确认和保护的客观对象(如物、行为)才能成为法律关系的客体，才能成为主体的权利与义务所指向的对象。教育法律关系的客体一般包括物质财富、非物质财富、行为三个方面，教育领域中存在的法律纠纷往往都因它们而起。

①物质财富。

物一般可分为不动产与动产两类：不动产包括土地、房屋和其他建筑设施，如学校的办公、教学、实验用房及其必要的附属建筑物；动产包括教育资金和教学仪器设备等。教育资金包括国家教育财政拨款、社会捐资等，其表现形式为货币及其他各种有价证券，如支票、汇票、存折、债券等。

②非物质财富。

非物质财富包括创作活动的产品和其他与人身相联系的非物质财富。前者也被称作智力成果，在教育领域中主要指包括各种教材、著作在内的成果，各种有独创性的教案、教法、教具、课件、专利、发明等。其他与人身相联系的非物质财富包括公民(如教师、学生和其他个人主体)或组织(如教育行政机关、学校和其他组织)的姓名或名称，公民的肖像、名誉、身体健康、生命等。

③行为。

行为是指教育法律关系的主体实现权利义务的作为与不作为。在教育领域中，教育行政机关的行政行为、学校的管理行为和教育教学行为都是教育法律关系赖以存在的最基本行为。学校、教师、学生的物质财富和非物质财富以及这些主体依法进行的教育活动都受法律的承认和保护，都是教育法律关系的重要客体。

(3)教育法律关系的内容

权利与义务构成法律关系的内容。法律的实质是要确定法律关系参加者的权利和义务。权利和义务是法律关系的核心，没有权利和义务为内容，无所谓法律关系。

①法律上的权利(法定权利)。

法定权利是指法律关系主体依法享有的某种利益或资格，表现为权利人可有一定的作为或不作为，并能要求义务人有一定的作为或不作为。对于一切法定权利，国家都以强制力给予保障。当法定权利受到侵害时，权利人有权向有关国家机关请求法律保护。

②法律上的义务(法定义务)。

法定义务是指法律关系主体依法承担的责任，表现为义务的承担者(义务人)必须依法有一定的作为或不作为。对于一切法定义务，不论是积极义务(作为)还是消极义务(不作为)，国家都以强制力强制义务人履行。当义务的承担者拒绝履行其应尽义务时，国家司法机关或其他有关机关有权采取措施强制其履行，甚至要求义务的承担者负相应行政、民事或刑事法律责任。

③法定权利与法定义务的关系。

权利与义务不可分，没有无义务的权利，也没有无权利的义务。在任何一种法律关系中，权利人享受权利依赖于义务人承担义务，否则权利人的权利就会受到侵害。权利与义务表现为同一行为中，一方权利将以另一方承担义务为前提。权利和义务所指向的对象(法律关系的客体)也是同一的。权利与义务的统一性还表现在不能一方只享受权利不承担义务，而另一方只承担义务不享受权利。法律面前人人平等的法律原则要求任何一个法律关系主体在享受权利的同时也必须承担相应义务。另外，权利与义务的统一性还表现为在有些法律关系中尤其是在行政法律关系中，权利与义务具有交叉性，如适龄儿童接受九年制义务教育，既是其权利，又是其义务。

(四)教育法律责任

教育法律责任是教育法律关系主体因实施了违反教育法的行为，依照有关法律、法规的规定应当承担的否定性法律后果。

1. 教育法律责任的内涵

法律责任具有广义和狭义两种解释。就广义而言，它又具有两方面的含义：一是指根据法律的规定，人们应当履行的义务，它要求人们主动、自觉地履行义务；二是指行为人所实施的行为违反了有关法律规定而必须承担的法律后果。前者为第一性义务，后者为第二性义务。

狭义的法律责任仅指后一种含义。人们通常从狭义上理解和使用法律责任这一概念，所以我们通常将法律责任定义为由法律关系主体的违法行为引起的应由法律关系主体依法承担的惩罚性法律后果。

一是存在违法行为是承担教育法律责任的前提。也就是说，教育法律、法规的行设立是只有在发生了违反教育法的行为之后才会出现的一种法律后果。这些违法行为既包括不履行教育法规定的义务，也包括侵犯其他主体的由教育法规定的权利。

二是承担者是遵守法定义务的教育法律关系主体。它不仅指公民个人和社会团体，还包括国家行政机关和学校，体现了教育法的一种特殊的强制力。

三是法律责任与法律制裁紧密相连，表现为一种否定性法律后果，是国家对违反教育法律、法规行为的不赞许态度。实质是统治阶级运用法律制裁的方式对规避教育法定义务、超越教育法定权利界限或滥用权利的违法行为所做的法律上的否定性评价和谴责，是国家强制矫正违法者的违法行为，从而补救受到侵害者的合法权益，恢复被破坏的教育法律关系和教育法律秩序。

2. 教育法律责任的归责要件

教育法律关系的主体只有具备以下四个教育法律责任的归责要件，才能被认定为教育法律责任的主体，才应承担相应的法律后果。

(1)有损害事实

行为人有侵害教育管理、教学秩序及从事教育教学活动的公民、法人和其他组织合法权益的客观事实存在。这是构成教育法律责任的前提条件。

违法对社会造成的损害，有两种情况：一是违法行为造成了实际的损害，如体罚学生致学生身体受到伤害；二是违法行为虽未实际造成损害，但已存在这种可能性，如有关部门明知学校房屋有倒塌的危险，却拒不拨款维修。

违法行为造成的损害后果表现为物质性后果和非物质性后果。物质性后果具体、有形、能计量，如挪用学校建设经费的数额可计算。非物质性后果抽象、无形、难以计量，如教师侮辱学生给学生带来精神上、心理上的长期伤害则无法计量。

(2)有违法行为

行为人实施了违反法律、法规的行为。如果行为人的行为没有违法，他就不承担法律责任。行为违法也是构成教育法律责任的前提条件。

这个条件也包括两方面的含义。一是行为的违法性。只有行为违反了现行法律的规定才是违法行为。这种违法行为可以是积极的作为，如考试作弊，殴打、侮辱教师，侵占学校财产，也可以是消极的不作为，如不及时维修危房、拖欠教师的工资等。二是违法行为必须是一种行为。人的行为虽受思想支配，但如果思想不表现为行为，则并不构成违法行为。内在的思想，只有表现为外在行为时，才可能违法。社会主义法制原则不承认思想违法。

(3)行为人主观上有过错

所谓过错，是指行为人在实施行为时，具有主观上的故意或过失的心理状态。故意的心理状态是指行为人明知自己的行为产生危害社会的结果，但希望或放任这种结果的产生。例如，招生办公室主任收受贿赂后有意招收分数低的学生，不招收分数高的学生，致使分数高的学生落榜。

过失的心理状态是指行为人在本应避免危害结果产生时，由于疏忽大意或过于自信而没有避免，以致产生危害结果。例如，在教师对学生进行人格侮辱后，学生因不堪忍受伤害而自杀。该教师的行为即有过失的因素。

(4)违法行为与损害事实之间有因果关系

违法行为是损害事实产生的原因，损害事实是违法行为造成的必然结果，二者之间存在内在的必然联系。前者决定后者的产生，后者是前者的必然结果。因果关系是承担法律责任的重要条件之一。

3. 教育法律责任的分类

根据违法主体的法律地位、违法行为的性质和危害程度的不同，教育法律责任可分为行政法律责任、民事法律责任和刑事法律责任三种。除这三种法律责任之外，违法主体在某些特定情况下还可被追究违宪责任。

(1)行政法律责任

行政法律责任是指行为人因实施行政违法行为而应承担的法律责任，简称行政责任。

对违反教育法规的行为的行政责任追究，在《教育行政处罚实施暂行办法》和《国家教育考试违规处理办法》中有明确规定。

行政处分(纪律处分)共有八种：警告、记过、记大过、降级、撤职、开除。

(2)民事法律责任

民事法律责任是指行为人实施民事违法行为所导致的赔偿或补偿的法律责任，简称民事责任。承担民事责任的主要方式包括：停止侵害；排除妨碍；消除危险；返还财产；恢复原状；修理，重做，更换；赔偿损失；支付违约金；消除影响，恢复名誉；赔礼道歉等。

(3)刑事法律责任

刑事法律责任是指行为人实施刑事违法行为所导致的受刑罚处罚的法律责任，简称刑事责任。刑事责任是一种惩罚最为严厉的法律责任。

一般说来，行为人在教育活动中需要承担刑事法律责任的情况包括：①侵占、克扣、挪用教育经费或义务教育经费的；②扰乱学校教学秩序情节严重的；③侵占或者破坏学校校舍、场地和设备情节严重的；④侮辱、殴打教师和学生情节严重的；⑤体罚学生情节严重的；⑥玩忽职守致使校舍倒塌，造成师生伤亡事故情节严重的；⑦招生中徇私舞弊的。

当然，对以上各种违法行为，大部分都以情节严重作为追究刑事责任的必要条件。不过，不同行为中“情节严重”的含义有所不同。例如，玩忽职守致使校舍倒塌，造成师生伤亡事故的“情节严重”，指明知校舍危险而不向上级报告或不采取措施处理而致使校舍倒塌，造成死亡1人以上或者重伤3人以上等情节。

(4)违宪责任

受教育作为宪法确定的公民基本权利之一，与宪法所规定的教育基本制度密切相关。同时，依据宪法和有关教育法的规定，公民对义务教育以外的其他教育具有选择的自由、参与平等竞争的自由，教育者具有学术自由等。这些权利的获得，均以宪法为根本来源。因此，教育活动在一定情况下，产生违宪责任也有可能。

在涉及共同违法的教育案例处置中，行政法律责任、民事法律责任和刑事法律责任往往可能会综合出现。此时，针对案例中各个违法主体所处的不同地位、所做出的不同行为以及主观过错的不同程度，应分别予以不同的制裁。

(五)教育法律救济

教育法律救济是指教育行政相对人的合法权益受到侵害并造成损害时，通过裁决纠纷，纠正、制止或矫正侵权行为，使受害者的权利得以恢复、利益得到补救的法律制度。教育法律救济以纠纷存在为基础，以损害为前提，以补救受害者的合法权益为根本目的。

1. 教育法律救济的特征

①教育法律救济具有弥补性。

②教育法律救济的根本目的是保障合法权益并保证法定义务的履行。

2. 教育法律救济的途径

(1)教育申诉

教育申诉是指师生在其合法权益受到侵害时，依照法律、法规的规定，向主管行政机关申诉理由，并请求处理或重新处理的制度。

(2)教育行政复议

教育行政复议是指教育管理相对人认为教育行政机关做出的具体行政行为侵犯其合法权益，向做出该行为的上一级教育行政机关或原教育行政机关提出申诉，请求给予补救，由受理的教育行政机关根据相对人的申请，对发生争议的具体行政行为进行复查，判明其是否合法、适当和责任归属，并决定是否给予相对人以救济的法律制度。

教育行政复议是非诉讼的法律救济，同时也是一项严格的法律制度，必须依照法定程序进行。行政复议机关对于相对人提出的复议申诉必须进行审查，并做出处理或裁决。

(3)教育行政诉讼

教育行政诉讼是指教育行政管理相对人认为教育行政机关的具体行政行为侵犯其合法权益，依法向人民法院起诉，请求给予法律补救，并由人民法院对行政行为进行审查和裁判的诉讼活动及制度。

(4)教育行政赔偿

教育行政赔偿是指教育行政机关及其工作人员在执行职务过程中，侵犯了公民、法人或其他组织的合法权益并造成损害，依照法律规定由国家承担损害赔偿责任的制度。

能力提升训练题

一、单项选择题

1. 根据《未成年人保护法》和《预防未成年人犯罪法》的规定，对未成年人犯罪一律不公开审理的年龄是(　　)。

A. 14 周岁以下　　B. 14 周岁以上不满 16 周岁

C. 16 周岁以上不满 17 周岁　　D. 18 周岁以下

2. 对民办学校重大问题拥有决策权的是(　　)。

A. 校长　　B. 教职工代表大会

C. 学校工会　　D. 学校董事会

3. 王某在担任某县高二英语教师期间通过了硕士研究生入学考试，但学校以王某服务期未满、学校英语教师不足为由不予批准王某在职学习。王某欲以剥夺其参加进修权利为由提出申诉，受理申诉的机构应当是(　　)。

A. 当地县教育局　　B. 当地县人民政府

C. 地市教育局　　D. 省教育厅

4.“学校应当于每年的教师节组织教师宣誓活动。”这是(　　)的规定。

A.《中华人民共和国教育法》

B.《山东省实施〈中华人民共和国教师法〉办法》

C.《中华人民共和国教师法》

D.《青岛市实施〈中华人民共和国教师法〉若干规定》

5.《中华人民共和国教育法》规定，明知校舍或者教育教学设施有危险，而不采取措施，造成人员伤亡或者重大财产损失的，对直接负责的主管人员和其他直接责任人员，依法追究(　　)。

A. 民事责任　　B. 刑事责任

C. 一般责任　　D. 行政责任

6. 凡年满(　　)的儿童，其父母或者其他法定监护人应当送其入学接受并完成义务教育。

A. 5 周岁　　B. 6 周岁　　C. 7 周岁　　D. 8 周岁

7. 根据我国《宪法》的规定，国务院有权制定和发布(　　)。

A. 教育法律　　B. 教育行政法规　　C. 教育政府规章　　D. 教育单行条例

8.《中华人民共和国义务教育法》是哪一年颁布的？(　　)

A. 1985 年　　B. 1986 年　　C. 1995 年　　D. 1997 年

9. 国家建立统一的义务教育教师职务制度。教师职务分为(　　)职务、中级职务和高级职务。

A. 初级　　B. 一级　　C. 二级　　D. 讲师

10.“学校下学年生源锐减，教师严重超编，不愿意上早晚自修和补课的同志可以去其他学校另谋高就!”这种说法违反了(　　)。

A.《学校管理条例》　　B.《中华人民共和国教师法》

C.《中华人民共和国义务教育法》　　D.《中华人民共和国教育法》

11. 对于义务教育阶段的在校生，若违反了学校管理制度，学校应当予以(　　)。

A. 开除学籍　　B. 体罚并勒令退学

C. 批评教育，不得开除学籍　　D. 劝其退学

12. 按照《义务教育法实施细则》的规定，实行助学金制度的具体办法，由哪级人民政府规定？(　　)

A. 省级人民政府　　B. 县级人民政府

C. 中央人民政府　　D. 上述政府均可以制定

13.《中华人民共和国义务教育法》规定，国家实行(　　)年义务教育制度。

A. 九　　B. 十　　C. 六　　D. 十二

14. 某寄宿小学派车接送学生，途中有学生提出要上厕所，于是司机在路边停车 5 分钟。5 分钟过后，司机没有清点人数就将车开走了。小学生王某从厕所出来发现车已经开

走，急忙追赶，在追赶过程中摔倒在地，将门牙跌落三颗。王某的伤害应由(　　)承担责任。

A. 司机　　B. 某寄宿学校

C. 司机和某寄宿学校　　D. 司机和王某共同

15.《义务教育法》规定，实施义务教育，不收(　　)。

A. 学费　　B. 杂费

C. A 和 B　　D. 学费、杂费和住宿费

16. 在我国，教师节是每年的(　　)。

A. 5 月 12 日　　B. 8 月 1 日　　C. 9 月 10 日　　D. 10 月 1 日

17.《教师法》规定，教师的工资水平应当(　　)当地公务员的平均水平。

A. 相当于　　B. 不低于或高于　　C. 略高于　　D. 略低于

18. 中学、小学校园周围(　　)范围内不得设立互联网上网服务营业场所。

A. 200 米　　B. 300 米　　C. 400 米　　D. 100 米

19.《中小学教师继续教育规定》是哪一年由教育部颁布的？(　　)

A. 1995 年　　B. 1996 年　　C. 1999 年　　D. 2006 年

二、多项选择题

1. 教师在教育教学中应当(　　)对待学生，关注学生的(　　)，因材施教，促进学生的实际发展。

A. 耐心　　B. 个性　　C. 平等　　D. 个体差异

2. 在实施“中小学继续教育工程”中，要把(　　)放在突出地位。

A. 学历教育　　B. 思想政治教育

C. 职业道德教育　　D. 信息技术教育

3. 中小学教师职业教育道德内容主要包括政治理论、(　　)、教师心理健康教育等。

A. 教育方针　　B. 政策

C. 法律法规　　D. 教师职业道德规范

4. 国家在受教育者中，进行(　　)的教育，进行理想、道德、纪律、法制、国防和民族团结的教育。

A. 共产主义　　B. 爱国主义　　C. 集体主义　　D. 社会主义

5.《义务教育法》总则第一条规定，为了保障适龄儿童、少年接受义务教育的权利，保证义务教育的实施，提高全民族素质，根据下列哪些法律制定本法？(　　)

A.《宪法》　　B.《教育法》

C.《未成年人保护法》　　D.《预防未成年人犯罪法》

6. 申请认定教师资格，应当提交教师资格认定申请表和(　　)，以及户籍所在地的街道办事处、乡人民政府或者工作单位、所毕业学校对其思想品德、有无犯罪记录等方面情况的鉴定及材料证明。

A. 身份证

B. 学历证书或者教师资格考试合格证明

C. 教育行政部门或者受委托的高等学校指定的医院出具的体格检查证明

D. 教材教法合格证

7. 为保护未成年人的身心健康，促进义务教育的实施，维护未成年人的合法权益，根据(　　)制定了《禁止使用童工规定》。

A.《宪法》　　B.《教育法》

C.《劳动法》　　D.《未成年人保护法》

8.《义务教育法》规定，实施义务教育，不收(　　)。

A. 学费　　B. 杂费　　C. 书费　　D. 住宿费

9. 教育法律关系的构成要素包括(　　)。

A. 教育法律关系的主体　　B. 教育法律关系的客体

C. 教育法律关系的内容　　D. 教育法律关系的特征和类型

10. 义务教育具有哪些特点？(　　)

A. 强制性　　B. 普及性　　C. 免费性　　D. 普通性

11. 张某作为一名受教育者，依法享有的权利有(　　)。

A. 参加教育教学计划安排的各种活动

B. 使用教育教学设施、设备、图书资料

C. 按照国家有关规定获得奖学金、贷学金、助学金

D. 完成规定的学业后获得相应的学业证书、学位证书

12.《中共中央国务院关于深化教育改革全面推进素质教育的决定》进一步强调指出："全面推进素质教育，根本上要(　　)保障。"

A. 靠教师　　B. 靠社会　　C. 靠法制　　D. 靠制度

13. 教师可以采用的行政救济途径主要有(　　)。

A. 行政复议　　B. 民事诉讼　　C. 仲裁　　D. 教师申诉

14. 教职工代表大会是学校民主管理的基本形式，其职责是(　　)。

A. 听取校长工作报告，审议学校重大问题，提出意见和建议

B. 听取和反馈教职工对学校工作的意见，团结教职工支持校长正确行使职权

C. 决定有关教职工福利的重要事项，监督校长和学校其他负责人的工作

D. 罢免校长

15. 学校可以解聘教师的情形有(　　)。

A. 不能团结同事，其他教师不愿与之共事的

B. 故意不完成教育教学任务，给教育教学工作造成损失的

C. 体罚学生，经教育不改的

D. 品行不良、侮辱学生，影响恶劣的

16.《教育法》作为一般社会规范和法律具有哪些特点？(　　)

A. 国家意志性　　B. 强制性　　C. 规范性　　D. 普遍性

17. 教师的一般权利包括(　　)。

A. 生命健康权　　B. 名誉权　　C. 受聘权　　D. 教育教学权

18. 下列制度中哪些不是我国《教育法》规定的教育基本制度？(　　)

A. 学校教育制度　　B. 教育申诉制度

C. 教育考试制度　　D. 十二年义务教育制度

19.《中小学教师继续教育规定》将中小学教师继续教育分为(　　)。

A. 非学历教育　B. 继续教育　C. 在职培训　D. 学历教育

参考答案

一、单项选择题

1—5：BDADB　6—10：BBBAB　11—15：CAABC　16—19：CBAC

二、多项选择题

1. CD　2. BC　3. ABCD　4. BCD　5. AB　6. ABC　7. ACD　8. AB　9. ABC　10. ABC　11. ABCD　12. CD　13. AD　14. ABC　15. BCD　16. ABCD　17. ABC　18. BD　19. AD

第二节　我国教育的基本政策与法规

【考纲要求】

了解我国目前基本的教育政策和教育法规。

【考点分析】

本节考点主要包括《中华人民共和国教育法》《中华人民共和国义务教育法》《中华人民共和国教师法》《中华人民共和国未成年人保护法》《中华人民共和国预防未成年人犯罪法》《学生伤害事故处理办法》以及《国家中长期教育改革和发展规划纲要(2010—2020年)》等。考纲并未对这些内容的考查做明确规定，故考生可着重了解，不做加深处理。

【考点内容】

一、我国教育的基本政策

所谓教育的基本政策，是指对不同层次和不同类型的教育，以及对教育的不同方面和不同环节，都具有制约作用或影响力的政策。现阶段我国中小学教育发展的基本政策可以概括为以下八个基本方面：

①在办学方向上坚持为社会主义现代化建设服务，为人民服务。

②在培养目标上造就德智体美全面发展的社会主义事业的建设者和接班人。

③在教育体制上主张给地方和学校以更多自主权。

④在办学模式上倡导多形式。

⑤在教育投资上鼓励多渠道。

⑥在教育发展策略上突出统一要求和因地制宜相结合。

⑦在教师队伍建设上强调政治业务素质良好、结构合理、相对稳定。

⑧在学校管理领导体制上实行校长负责制。

二、我国教育的基本法规

由于关于我国教育的基本法规内容较多，其基本条款均为规定性内容，考生只需了解熟悉并能在解题时运用相关条款的内容即可。为不让本章正文内容过于繁多，故将涉及教育的基本法规的内容以附录的形式附在书后以便于考生学习时查阅，此处仅呈现与之相关的练习题和历年真题。

真题呈现

1.【2019年上半年　中】《中华人民共和国宪法》规定，我国的根本制度是(　　)。

A. 人民民主协商制度　　B. 民主专政制度

C. 人民代表大会制度　　D. 社会主义制度

答案：D

2.【2019年上半年　小】依据《中华人民共和国教育法》的规定，关于设立学校必须具备的基本条件的表述，下列选项中不正确的是(　　)。

A. 有长期发展规划

B. 有组织机构和章程

C. 有必备的办学资金和稳定的经费来源

D. 有符合规定标准的教学场所及设施、设备等

答案：A

3.【2019年上半年　小】依据《中华人民共和国宪法》的规定，行使解释宪法职权的是(　　)。

A. 最高人民法院　　B. 全国人民代表大会常务委员会

C. 最高人民检察院　　D. 中国人民政治协商会议

答案：B

4.【2014年上半年　小】学生刘某因家庭经济困难无法按规定完成义务教育。依据《中华人民共和国未成年人保护法》，对于刘某的受教育权利，具有保障责任的是(　　)。

A. 刘某的监护人　　B. 当地教育机构

C. 儿童福利机构　　D. 当地人民政府

答案：D

5.【2014年上半年　幼】国有企业员工李某经常在家酗酒后打骂孩子，对于李某的行为，下列表述中正确的是(　　)。

A. 可由李某所在单位给予劝诫　　B. 可由李某所在单位给予处分

C. 可由当地人民政府给予行政处罚　　D. 可由当地人民政府进行政调解

答案：A

6.【2018年下半年　中】《中华人民共和国宪法》规定，国家的法律监督机关是(　　)

A. 中华人民共和国人民检察院　　B. 中华人民共和国监察委员会

C. 全国人民代表大会常务委员会　　D. 中华人民共和国人民法院

答案：A

7.【2014年下半年　幼】教师李某因盗窃被判有期徒刑一年，缓刑一年，下列说法正确的是(　　)。

A. 服刑期满还能任教　　B. 可在民办幼儿园任教

C. 五年内不得任教　　D. 终身不得任教

答案：D

8.【2015年上半年 幼】某县教育局局长马某挪用教育经费建造教育局办公大楼。对于马某，应当依法(　　)。

A. 给予行政处分　B. 给予行政拘留　C. 责令其限期悔过　D. 责令其赔礼道歉

答案：A

9.【2015年上半年 小】小学生李某多次违反学校管理制度。对于李某，学校可以采取的管教方式是(　　)。

A. 强制劝退　B. 批评教育　C. 开除学籍　D. 收容教育

答案：B

10.【2015年上半年 小】《国家中长期教育改革和发展规划纲要(2010—2020年)》提出，要将减轻中小学生课业负担作为教育工作的重要任务。为切实减轻学生课业负担，各级政府可以采取的措施有(　　)。

A. 减少学生课外及校外活动　B. 加强教辅市场管理，取缔补习机构

C. 调整教材内容，科学设计课程难度　D. 依据升学率对地区和学校进行排名

答案：C

11.【2016年上半年 幼】15岁的小江辍学到王某所办的电子厂打工，王某的行为(　　)。

A. 合法，王某有自主招工的权利　B. 合法，王某有管理工人的权利

C. 不合法，工厂不得招用童工　D. 不合法，征得家长同意可招用

答案：C

12.【2016年下半年 幼】依据《中华人民共和国教育法》，教育是社会主义现代化建设的基础，国家保障教育事业(　　)。

A. 优先发展　B. 持续发展　C. 重点发展　D. 均衡发展

答案：A

13.【2016年下半年 中】《国家中长期教育改革和发展规划纲要(2010—2020年)》提出，教育改革发展的战略主题是(　　)。

A. 坚持立德树人，创新培养人才体制　B. 坚持以人为本，全面实施素质教育

C. 坚持教育公平，合理配置教育资源　D. 坚持内涵发展，全面提高教育质量

答案：B

能力提升训练题

1.《中华人民共和国教育法》最早实施于(　　)。

A. 1993年9月1日　B. 1995年9月1日

C. 1997年9月1日　D. 2000年9月1日

2. 凡年满(　　)周岁的儿童，其父母或者其他法定监护人应当送其入学接受并完成义务教育；条件不具备的地区的儿童．可以推迟到(　　)周岁。

A. 五，六　B. 六，七　C. 七，八　D. 四，五

3. 为了保护未成年人的身心健康及其合法权益，促进未成年人健康成长，根据《宪法》，我国制定了《中华人民共和国未成年人保护法》，下列描述与该法规定不一致的是(　　)。

A. 保护未成年人，主要是学校老师和家长共同的责任

B. 教育与保护相结合是保护未成年人工作应遵循的基本原则

C. 学校应当尊重未成年学生受教育的权利，关心、爱护学生，对品行有缺点、学习有困难的学生，应当耐心教育、帮助，不得歧视，不得违反法律和国家规定开除未成年学生

D. 未成年人享有生存权、发展权、受保护权、参与权等权利，国家根据未成年人的身心发展特点给予特殊、优先保护，保障未成年人的合法权益不受侵犯

4. 每个儿童都有不受暴力侵犯、得到保护的权利。这项权利要得到保障就需要(　　)。

①来自社会的保障　　②我们自主的宣传和维护

③非联合国保护不可　　④制定相关的法律法规

A. ①②③　　B. ①②④　　C. ①③④　　D. ①②③④

5. 根据《中华人民共和国义务教育法》，适龄儿童、少年因身体状况需要延缓入学或者休学的，其父母或者其他法定监护人应该提出申请，批准申请的单位是(　　)。

A. 当地学校、村委会或者居委会

B. 当地乡镇人民政府或者县级人民政府教育行政部门

C. 当地乡镇人民政府或者省级人民政府教育行政部门

D. 当地县级人民政府或者省级人民政府教育行政部门

6. 我国幼儿园教师专业标准的基本理念是(　　)。

A. 师德为先、幼儿为本、知识为重、终身学习

B. 德育为先、教师为本、能力为重、终身学习

C. 师德为先、幼儿为本、能力为重、终身学习

D. 德育为先、教师为本、知识为重、终身学习

7. 以下不属于我国《义务教育法》规定的是(　　)。

A. 学校不得开除学生

B. 适龄儿童、少年免试入学

C. 教师的工资水平不低于国家公务员的平均水平

D. 学校不得开设重点班

8. 小民在学校发生被开水烫伤的伤害事故，学校应当(　　)。

A. 查明责任后救助小民　　B. 查明责任后告知小民父母

C. 查明责任后给予补偿　　D. 及时救助小民并告知小民父母

9. 对未完成义务教育的未成年犯和被采取强制性教育措施的未成年人应当进行义务教育，所需经费由(　　)予以保障。

A. 国家　　B. 社会　　C. 学校　　D. 人民政府

10. 有人认为“教师就应无私奉献、爱岗敬业”，如对节假日补课不主动积极，那是师德低下的表现。这种观点(　　)。

A. 正确，教师应该具有无私奉献的职业道德

B. 正确，教好学生是教师应尽的义务

C. 错误，侵害了教师的合法权益

D. 错误，教师不应该给学生补课

11.《国家中长期教育改革和发展规划纲要(2010—2020年)》指出，坚持以人为本、

全面实施(　　)是教育改革发展的战略主题，是贯彻党的教育方针的时代要求，其核心是解决好培养什么人、怎样培养人的重大问题，重点是面向全体学生、促进学生全面发展，着力提高学生服务国家、服务人民的社会责任感、勇于探索的创新精神和善于解决问题的实践能力。

A. 素质教育　　B. 基础教育　　C. 应试教育　　D. 课程教育

12.《中华人民共和国未成年人保护法》规定，(　　)应当树立尊重、保护、教育未成年人的良好风尚，关心、爱护未成年人。

A. 全社会　　B. 学校　　C. 家庭　　D. 教师

13. 根据《中华人民共和国未成年人保护法》的规定，对违法犯罪的未成年人坚持(　　)的原则。

A. 教育为主、惩罚为辅　　B. 惩罚为主、教育为辅

C. 教育与惩罚并重　　D. 开除学籍

14.《教育法》规定，明知校舍或者教育教学设施有危险而不采取措施，造成人员伤亡或者重大财产损失的，对直接负责的主管人员和其他直接责任人员，依法追究(　　)。

A. 民事责任　　B. 刑事责任　　C. 一般责任　　D. 行政责任

15. 王某和郑某都是年满十周岁的小学生，两人在课间争吵扭打，老师未能及时制止。王某不慎击中郑某耳部，导致郑某失聪。此事件中应当承担责任的是(　　)。

A. 郑某和其监护人　　B. 王某和学校

C. 郑某和学校　　D. 王某和其监护人

16. 根据《中华人民共和国未成年人保护法》，应当对未成年人免费开放的场馆是(　　)。

A. 展览馆　　B. 纪念馆　　C. 图书馆　　D. 影剧院

17. 学校派张老师参加省里组织的骨干教师培训，但按学校的相关规定，应扣除张老师500元的绩效工资。学校的这项规定(　　)。

A. 节约了办学成本　B. 加强了经费管理　C. 体现了按劳取酬　D. 侵犯了教师权利

18. 预防未成年人犯罪，应当立足于(　　)。

A. 教育和保护　　B. 教育和处分　　C. 预防和惩戒　　D. 保护和管教

19. 刘老师正在上课时，学生路路突然站起来，指出刘老师讲解中的错误。刘老师板着脸说："路路，老师不如你，以后就由你来上课好了！"说完，刘老师若无其事地继续上课。下列选项中，对该教师行为评价正确的一项是(　　)。

A. 维护了正常的教学秩序　　B. 漠视了学生的主导地位

C. 体现了教师的主导地位　　D. 挫伤了学生的积极性

20. 教师张某对学校给予的处分不服，依据相关法律，他可以采用的法律救济途径是(　　)。

A. 教师申诉　　B. 刑事诉讼　　C. 申请仲裁　　D. 民事诉讼

21. 教师赵某违反学校管理制度，被校长在全校教师会议上点名批评。赵某的丈夫王某听说后，不辨是非，在校长下班的路上将其打成重伤，情节严重。依法应对王某追究(　　)。

A. 违宪责任　　B. 行政责任　　C. 刑事责任　　D. 一般责任

22. 依据《中华人民共和国预防未成年人犯罪法》，下列选项中，学校应当及时与学生父母或法定监护人取得联系的学生行为是(　　)。

A. 上课聊天　　B. 多日旷课　　C. 不交作业　　D. 谈情说爱

参考答案

1—5：BBABB　6—10：CCDDC　11—15：AAABB　16—20：CDADA

21—22：CB

第三节　教师的权利和义务

【考纲要求】

1. 理解教师的权利和义务，熟悉国家有关教育法律、法规所规范的教师教育行为，依法从教。

2. 依据国家教育法律、法规，分析评价教师在教育教学实践中的实际问题。

【考点分析】

教师的权利和义务是本节的重点内容，重在理解和运用。该考点侧重考查的内容包括教师的权利和义务，一般以单项选择题和材料分析题的形式出现。

【考点内容】

一、教师的权利

(一)教师的公民权利

教师的公民权利，就是教师作为国家公民所具有的权利，是由宪法和法律赋予的基本权利。我国公民的基本权利主要包括以下几个方面：

①在法律面前一律平等。

②有选举权和被选举权。

③有言论、出版、集会、结社、游行、示威的自由。

④有宗教信仰自由。

⑤有人身自由不受侵犯、人格尊严不受侵犯、住宅不受侵犯的权利。

⑥有通信自由和通信秘密受法律保护的权利。

⑦有对任何国家机关和国家工作人员提出批评和建议，并对他们的违法失职行为有向国家机关提出申诉、控告或者检举的权利。

⑧有劳动的权利。

⑨有休息的权利。

⑩在年老、疾病或者丧失劳动能力的情况下有从国家和社会获得物质帮助的权利。

⑪有受教育的权利，进行科学研究、文学艺术创作和其他文化活动的自由。

⑫妇女在政治的、经济的、文化的、社会的和家庭的生活等各方面享有同男子平等的权利。

除上述由宪法规定的公民的基本权利外，《中华人民共和国民法通则》还在宪法的基础上进一步对公民的民事权利进行了规定，包括财产所有权、债权、知识产权、人身权(生命健康权)、姓名权、名称权与肖像权、名誉权与荣誉权、自由权、隐私权、家庭成员之间的身份权等。

(二)教师的职业权利

1. 教育教学权

基本内容包括：

①教师可以依据其所在学校计划、教学工作量等具体要求结合自身的教学特点自主地组织课堂教学；

②教师可以按照课程标准的要求确定其教学内容和进度，并不断完善教学内容；

③教师可以针对不同的教育对象在教育教学的形式、方法、具体内容等方面进行改革、实验。

有一点需要说明，即不具备教师资格的人员，不得享有这项权利。对具有教师资格但尚未受聘或已被辞聘的人员，这一权利的行使便处在停顿的状态。一旦受聘担任教师工作时，该权利的行使才恢复正常状态。合法的解聘或待聘不等于侵犯教师的这一权利。

2. 科研学术活动权

这是教师作为专业技术人员的一项基本权利。教师的科研学术活动权包括：

①教师可以自己确定科研课题和科研方法。

②教师有权自己决定是否参加学术团体。

③教师在学术活动中有权发表自己的观点，并决定是否出版论文著作。

但应注意，在教育教学活动中，教师应按课程标准或教学基本要求授课，不应任意发表与讲授内容无关且有损受教育者身心健康发展的个人看法。

3. 管理学生权

《中华人民共和国教师法》第七条第(三)款规定，教师有权“指导学生的学习和发展，评定学生的品行和学业成绩”。这是与教师在教育教学过程中的主导地位相适应的基本权利。

①教师有权根据学生的身心发展状况和特点，有针对性地指导学生的学习，并在学生的特长、就业、升学方面给予指导。

②教师有权对学生的品德学习、社会活动、劳动文体活动、师生及同学关系等方面的表现做出公正的评价。

③教师有权严格要求学生，对好的行为进行表扬，对不良行为提出批评，并根据学生的个性指导学生的发展方向。

4. 获取报酬待遇权

《中华人民共和国教师法》第七条第(四)款规定，教师享有“按时获取工资报酬，享受国家规定的福利待遇以及寒暑假期的带薪休假”的权利，这是宪法规定的公民享有的劳动权利和劳动者有休息的权利的具体化，其基本内容包括以下两点：

①教师有权要求所在学校及其主管部门根据相关教育法律法规和教师聘用合同的规定，按时足额支付工资报酬。工资报酬包括基础工资、职务工资、课时报酬、奖金及津贴、班主任津贴及其他各种津贴在内的工资收入。

②教师有权享受国家规定的福利待遇。福利待遇一般包括医疗、住房、退休等方面的待遇和优惠。《中华人民共和国义务教育法》第三十一条规定，教师的平均工资水平应当不低于当地公务员的平均工资水平。特殊教育教师享有特殊岗位补助津贴。在民族地区和边远贫困地区工作的教师享有艰苦贫困地区补助津贴。

5. 参与民主管理权

教师参与学校管理体现在以下四个方面：

①听取校长的工作报告，讨论学校年度工作计划、发展规划、学校改革方案、教职员工队伍建设等重大问题，并提出意见和建议。

②讨论通过岗位责任制方案、教职工奖惩管理办法以及其他与教职工有关的基本规章制度，由校长颁布施行。

③讨论并决定教职工的住房分配、教工福利费管理使用原则和办法以及其他有关教职工的集体福利事项。

④对学校各级干部实行民主监督，对干部进行评议、表扬和批评，必要时向上级教育行政部门建议予以嘉奖、晋升或处分、免职。

教师在参与学校管理时要注意民主集中制原则，同时学校与教育行政部门负责人不得压制教师的批评和意见。

6. 进修培训权

《中华人民共和国教师法》第七条第(六)款规定，教师享有“参加进修或者其他方式的培训”的权利。

教师的这一权利同时也是政府和学校的义务。政府和学校应采取措施落实教师的这一权利。

二、教师的义务

(一)教师的公民基本义务

教师的公民基本义务，就是教师作为国家公民所应履行的义务，是由宪法等法律规定的，是为实现公共利益必须为或不为某种行为的必要性。

公民的基本义务主要有：

①维护国家统一和全国各民族团结。

②遵守宪法和法律，保守国家秘密，爱护公共财产，遵守劳动纪律，遵守公共秩序，尊重社会公德。

③维护祖国的安全、荣誉和利益。

④保卫祖国，抵抗侵略，依法服兵役和参加民兵组织。

⑤依法纳税。

⑥有劳动和接受教育的义务。

⑦成年子女赡养父母，抚养教育未成年子女，实行计划生育。

(二)教师的特定义务

教师的特定义务，是教师应承担的义务。这部分义务与教师的职业特点相联系，主要包括以下几点。

1. 遵纪守法的义务

《中华人民共和国教师法》第八条第(一)款规定，教师应“遵守宪法、法律和职业道德，为人师表”。此项义务是教师所担负的“育人”职责和教师的劳动“示范性”特点对教师提出的基本要求。它要求教师时时、处处、事事严格要求自己，言行一致，表里一致，堪为学生和社会一切人的表率与楷模。

人民教师以身作则的几项重要内容包括以下几点：

①努力学习马列主义、毛泽东思想、邓小平理论，热爱中国共产党，确立崇高的理想和坚定的政治信念。

②热爱伟大的祖国，具有高度的民族自尊心和自信心。

③要使自己具有高尚的道德品质。

④有知识上的进取精神和教育工作上的改革精神。

2. 教育教学的义务

教育教学工作是教师的本职工作，也是教师的基本义务。教师在教育教学活动中应全面贯彻国家教育方针，遵守学校的各项规章制度，履行聘任合同中约定的教育教学职责。

教育教学的义务主要包括以下几个方面：

①教师作为教育方针的执行者，应树立正确的教育观、教师观、学生观，以正确的理念为指导，采用适当的方法进行教育教学工作，纠正和防止不良的教育倾向。

②教师应当按照聘约的规定完成教育教学任务。

③教师应遵守教育教学的规章制度，悉心备课，认真讲课，仔细检查教学效果，不断提高教学质量。

3. 教书育人的义务

《中华人民共和国教师法》第八条第(三)款规定，教师要“对学生进行宪法所确定的基本原则的教育和爱国主义、民族团结的教育，法制教育以及思想品德、文化、科学技术教育，组织、带领学生开展有益的社会活动”。教师应当结合自己的教育教学的特点，把政治、思想、品德教育贯穿在教学工作之中。

4. 尊重学生人格的义务

《中华人民共和国教师法》第八条第(四)款规定，教师应“关心、爱护全体学生，尊重学生人格，促进学生在品德、智力、体质等方面全面发展”。

爱护学生是教师的职业道德，是对教师的基本要求。教师一方面要热爱学生，另一方面要保护好学生。教师应该懂得，学生首先是人，然后才是教育的对象。教师必须最大限度地尊重和信任学生。

5. 保护学生权益的义务

《中华人民共和国教师法》第八条第(五)款规定，教师有“制止有害于学生的行为或者其他侵犯学生合法权益的行为，批评和抵制有害于学生健康成长的现象”的义务。

6. 提高思想觉悟和教学水平的义务

《中华人民共和国教师法》第八条第(六)款规定，教师有“不断提高思想政治觉悟和教育教学业务水平”的义务。这项义务实际上是国家对教师不断提高自身素质的基本要求。

真题呈现

1.【2019 年上半年　中】某中学教师黄某认为自己的学历和能力都已达标，拒绝参加教育行政部门利用假期组织的教师培训活动。黄某的做法(　　)。

A. 正确，教师可以放弃个人权利　　B. 不正确，教师不能放弃培训的权利

C. 正确，教师享有专业自主权利　　D. 不正确，提升业务水平是教师义务

答案：D

2.【2013 年下半年　小】课间，小莉正在同学面前大声朗读小娟的日记，被走进教室的小娟发现。小娟找到班主任诉说此事，此时班主任最恰当的做法是(　　)。

A. 制止小莉的这种行为　　B. 批评小娟总是告状

C. 劝说小莉不要声张　　D. 劝说小娟宽容小莉

答案：A

3.【2013 年下半年　小】李老师就校务公开问题向学校建议，李老师的做法是在(　　)。

A. 影响学校的秩序　　B. 给学校出难题

C. 履行教师的义务　　D. 行使教师的权利

答案：D

4.【2016 年下半年　幼】教师张某因为醉驾被人民法院判处有期徒刑，张某(　　)。

A. 永远丧失教师资格　　B. 教师资格不受影响

C. 未来五年内不得从事教师职业　　D. 只能在私立学校从事教师职业

答案：A

能力提升训练题

1. 某校教师让学生把“我要专心学习、提高成绩”抄 700 遍，这种做法(　　)。

A. 正确，能够使学生养成良好的学习习惯

B. 错误，是一种变相体罚行为

C. 正确，能够让学生真正提高成绩

D. 正确，能够提高学生的书写速度

2. 教师按照考试成绩排座位，将考试成绩排在最后几名的学生安排在了教室的最后一排，教师的这种做法(　　)。

A. 是激发学生的重要手段　　B. 侵犯了学生的人格尊严

C. 是管理班级的有效手段　　D. 侵犯了学生的受教育权

3. 某中学班主任对违反校规的学生进行罚款，该班主任的做法(　　)。

A. 合理，班主任有自主管理学生的权利

B. 合法，是塑造良好校风的有效手段

C. 不合法，侵犯了学生及其监护人的财产权

D. 不合法，罚款之前应得到校领导许可

4. 根据《中华人民共和国教师法》，教师最基本的权利是(　　)。

A. 管理学生权　　B. 教育教学权　　C. 学术自由权　　D. 民主管理权

5. 教师申诉制度是一项专门保护教师的(　　)的法律制度。

A. 权益　　B. 权利　　C. 利益　　D. 权力

6. 取得教师资格的人员首次任教时，应当有(　　)。

A. 见习期　　B. 考察期　　C. 实习期　　D. 试用期

7. 弄虚作假、骗取教师资格的或品行不良、侮辱学生，影响恶劣的，由县级以上人民政府教育行政部门撤销其教师资格。被撤销教师资格的，自撤销之日起(　　)年内不得重新申请认定教师资格，其教师资格证书由县级以上人民政府教育行政部门收缴。

A. 5　　B. 4　　C. 3　　D. 8

8. 对学校教育教学、管理工作和教育行政部门的工作提出意见和建议，这属于教师的(　　)。

A. 教育教学权　　B. 学术研究权　　C. 学生管理权　　D. 参与管理权

9. 明清思想家、教育家黄宗羲指出："道之未闻，业之未精，有惑而不能解，则非师也。"陶行知则更明确地说："要想学生好学，必须先生好学，唯有学而不厌的先生才能教出学而不厌的学生。"这些都说明教师具有(　　)的义务。

A. 保护学生权益　　B. 提高思想政治觉悟和教学水平

C. 尊重学生人格　　D. 教育教学

参考答案

1—5：BBCBA　6—9：DADB

第四节　学生权利保护

【考纲要求】

1. 了解有关学生权利保护的教育法规，保护学生的合法权利。

2. 依据国家教育法律法规，分析评价教育教学活动中的学生权利保护等实际问题。

【考点分析】

本节的重要考点是学生权利的主要内容，以及相关法律法规对学生权利的保护，一般以单项选择题的形式出现。

【考点内容】

一、学生的权利

学生的权利是指学生依照国家法律法规而拥有的一切正常权利。学校应保证学生在校期间享有各项合法权利，任何侵犯学生权利的做法都是违法行为。国家除了对未成年学生的人身权和受教育权进行一般保护外，还对学生的身体健康权、人格尊严权、隐私权、名誉权、荣誉权等进行特殊保护。

学生的权利是法定的，可以分为两部分。一是指国家宪法和法律授予所有公民的权利，如宪法规定中华人民共和国公民有受教育的权利。公民的受教育权受法律保护。我国公民的受教育权一律平等，不受种族、性别、社会地位、出身等方面的限制。二是指教育法律法规授予尚处于学生阶段的公民的权利。

根据《教育法》，学生享有以下五项权利，分别简称为参加教育教学权、获得经济资助权、获得学业证书权、申诉起诉权和法定其他权。

(一)参加教育教学权

学生享有“参加教育教学计划安排的各种活动，使用教学设施、设备、图书资料”的权利，简称参加教育教学权。这是学生的基本权利，这项权利主要包括以下两方面。

1. 参加教育教学活动权

在教学过程中，学生有权参加教育教学计划安排的各种课堂教学、讲座、课堂讨论、观摩、实验、见习、实习、测验和考试等活动。任何组织和个人都不得以任何借口非法剥夺学生参加教育教学活动的权利。这体现了教学民主精神，是广大学生接受教育和获取知识的保障。

2. 使用教育教学设施权

学生有平等使用教育教学设施、设备和图书资料的权利。为保障学生完成学习任务，学校及其他教育机构应当依法按规定提供符合卫生安全标准的教育教学设施、设备、图书资料及其他教育教学用品。

(二)获得经济资助权

学生享有“按照国家有关规定获得奖学金、贷学金、助学金”的权利，简称获得经济资助权。

(三)获得学业证书权

获得学业证书权是指学生享有“在学业成绩和品行上获得公正评价，完成规定的学业后获得相应的学业证书、学位证书”的权利。

(四)申诉起诉权

学生享有“对学校给予的处分不服向有关部门提出申诉，对学校、教师侵犯其人身权、财产权等合法权益，提出申诉或者依法提起诉讼”的权利，简称申诉起诉权。这项权利主要包括申诉权和起诉权。

(五)法定其他权

学生除享有以上四项权利外，还享有“法律、法规规定的其他权利”，简称法定其他权。法律、法规规定的其他权利主要包括下面三种情况。

第一，《教育法》之外的法定权，即其他法律、法规已经规定，而教育法律、法规没有重复规定的权利。《教育法》以外的其他法律、法规，具体来说包括《宪法》《民法通则》《未成年人保护法》《义务教育法》《教师法》和《预防未成年人犯罪法》等。例如，《未成年人保护法》规定的隐私权，体育、卫生行政部门赋予学生的身心健康权等。除此之外，法定其他权还包括其他法律、法规赋予学生的姓名权、荣誉权等。

第二，新颁布的法定权，即新颁布的法律、法规对学生权利的新规定，包括新赋予的权利以及对原有权利的修订、撤销等。例如，修订后的《义务教育法》规定，义务教育阶段的学生免交学费、杂费。

第三，变化的法定权，即教育法律、法规已有规定，但随着客观形势的发展变化，经法定解释，某项权利具有了新的含义。例如，在校大学生过去不可以结婚，而现在可以。这就是变化的法定权。

二、学生保护

学生保护是指家庭、学校以及社会依据相关的法律规定，具有保护学生各项权利的职责和义务，以确保学生的合法权益得到保护，充分享受合法权利。

(一)家庭保护

根据《未成年人保护法》的规定，父母或其他监护人应创造良好、和睦的家庭环境，依法履行对未成年人的监护职责和抚养义务。禁止对未成年人实施家庭暴力，禁止虐待、遗弃未成年人，禁止溺婴和其他残害婴儿的行为，不得歧视女性未成年人或有残疾的未成年人。父母或其他监护人应尊重未成年人受教育的权利，必须使适龄未成年人依法入学接受并完成义务教育，不得使接受义务教育的未成年人辍学。父母或其他监护人应当根据未成年人的年龄和智力发展状况，在作出与未成年人权益有关的决定时告知其本人，并听取他们的意见。父母或其他监护人不得允许或迫使未成年人结婚，不得为未成年人订立婚约。父母因外出务工或其他原因不能履行对未成年人监护职责的，应委托有监护能力的其他成年人代为监护。

(二)学校保护

根据《未成年人保护法》的规定，学校应当尊重未成年学生受教育的权利，关心、爱护学生，对品行有缺点、学习有困难的学生，应当耐心教育、帮助，不得歧视，不得违反法律和国家规定开除未成年学生。学校应当根据未成年学生身心发展的特点，对他们进行社会生活指导、心理健康辅导和青春期教育。学校应当与未成年学生的父母或其他监护人互相配合，保证未成年学生的睡眠、娱乐和体育锻炼时间，不得加重其学习负担。学校、幼儿园、托儿所的教职员工应当尊重未成年人的人格尊严，不得对未成年人实施体罚、变相体罚或者其他侮辱人格尊严的行为。学校、幼儿园、托儿所应建立安全制度，加强对未成年人的安全教育，采取措施保障未成年人的人身安全。学校、幼儿园、托儿所不得在危及未成年人人身安全、健康的校舍和其他设施、场所中进行教育教学活动。学校、幼儿园安排未成年人参加集会、文化娱乐、社会实践等集体活动，应当有利于未成年人的健康成长，防止发生人身安全事故。教育行政等部门和学校、幼儿园、托儿所应当根据需要，制定应对各种灾害、传染性疾病、食物中毒、意外伤害等突发事件的预案，配备相应设施并进行必要的演练，增强未成年人的自我保护意识和能力。学校对未成年学生在校内或本校组织的校外活动中发生人身伤害事故的，应当及时救护，妥善处理，并及时向有关主管部门报告。

(三)社会保护

根据《未成年人保护法》的规定，禁止任何组织、个人制作或者向未成年人出售、出租或者以其他方式传播淫秽、暴力、凶杀、恐怖、赌博等毒害未成年人的图书、报刊、音像制品、电子出版物以及网络信息等。生产、销售用于未成年人的食品、药品、玩具、用具和游乐设施等，应当符合国家标准或者行业标准，不得有害于未成年人的安全和健康；需要标明注意事项的，应在显著位置标明。中小学校园周边不得设置营业性歌舞娱乐场所、互联网上网服务营业场所等不适宜未成年人活动的场所。营业性歌舞娱乐场所、互联网上网服务营业场所等不适宜未成年人活动的场所，不得允许未成年人进入，经营者应当在显著位置设置未成年人禁入标志；对难以判明是否已成年的，应当要求其出示身份证件。禁止向未成年人出售烟酒，经营者应在显著位置设置不向未成年人出售烟酒的标志；对难以判明是否已成年的，应当要求其出示身份证件。任何人不得在中小学、幼儿园、托儿所的教室、寝室、活动室和其他未成年人集中活动的场所吸烟、饮酒。任何组织或者个人不得披露未成年人的个人隐私。对未成年人的信件、日记、电子邮件，任何组织或个人不得隐匿、毁弃；除因追查犯罪的需要，由公安机关或者人民检察院依法进行检查，或者对无行为能力的未成年人的信件、日记、电子邮件由其父母或者其他监护人代为开拆、查阅外，任何组织或者个人不得开拆、查阅。学校、幼儿园、托儿所和公共场所发生突发事件时，应当优先救护未成年人。禁止拐卖、绑架、虐待未成年人，禁止对未成年人实施性侵害。禁止胁迫、诱骗、利用未成年人乞讨或者组织未成年人进行有害其身心健康的表演等活动。

(四)司法保护

根据《未成年人保护法》的规定，父母或者其他监护人不履行监护职责或者侵害被监护的未成年人的合法权益，经教育不改的，人民法院可根据有关人员或有关单位的申请，撤销其监护人的资格，依法另行指定监护人。对违法犯罪的未成年人，实行教育、感化、挽救的方针，坚持教育为主、惩罚为辅的原则。对违法犯罪的未成年人，应当依法从轻、减轻或免除处罚。公安机关、人民检察院、人民法院办理未成年人犯罪案件和涉及未成年人权益保护案件，应当照顾未成年人身心发展特点，尊重他们的人格尊严，保障他们的合法权益，并根据需要设立专门机构或指定专人办理。讯问、审判未成年犯罪嫌疑人、被告人，询问未成年证人、被害人，应当依照刑事诉讼法的规定通知其法定代理人或者其他人员到场。公安机关、人民检察院、人民法院办理未成年人遭受性侵害的刑事案件，应当保护被害人的名誉。对羁押、服刑的未成年人，应当与成年人分别关押。羁押、服刑的未成年人没有完成义务教育的，应当对其进行义务教育。解除羁押、服刑期满的未成年人的复学、升学、就业不受歧视。对未成年人犯罪案件，新闻报道、影视节目、公开出版物、网络等不得披露该未成年人的姓名、住所、照片、图像以及可能推断出该未成年人的资料。

真题再现

1.【2019 年上半年　中】15 岁的李明经常纠集他人结伙滋事、扰乱治安。其监护人提出申请，将李明送往工读学校进行矫治和接受教育。对于这一申请具有审批权的是(　　)。

A. 当地公安部门　B. 教育行政部门　　C. 李明所在学校　　　D. 当地人民政府

答案：B

2.【2019 年上半年　中】17 岁的高中生江某涉嫌犯罪被采取刑事强制措施，其案件尚在审理阶段，但他所在学校以此为由取消了其学籍。该校做法(　　)。

A. 合法，学校可以取消江某学籍

B. 合法，学校有处罚学生的权利

C. 不合法，判决生效后学校也不得取消江某学籍

D. 不合法，判决生效前学校不得取消江某学籍

答案：D

3.【2013年下半年　小】教师对解除收容教育、劳动教养后回校复学的未成年学生，应当(　　)。

A. 限制其与其他同学接触　　B. 限制其使用学校的设施

C. 按其以往表现评价品行　　D. 允许参加学校各项活动

答案：D

4.【2013年下半年　幼】班主任张老师按照学生的期中考试成绩调整座位，将考试成绩后5名的学生安排在教师的最后一排。张老师的做法(　　)。

A. 是激发学生的重要手段　　B. 侵犯了学生的人格尊严

C. 是管理班级的有效手段　　D. 侵犯了学生的受教育权

答案：B

5.【2014年下半年　中】王某在距某初级中学不足百米处，开了一家营业性电子游戏厅，允许该校学生出入。王某的做法(　　)。

A. 合法，王某具有自主经营的权利

B. 合法，王某并未强迫学生玩游戏

C. 违反了《中华人民共和国义务教育法》

D. 违反了《中华人民共和国未成年人保护法》

答案：D

6.【2014年下半年　中】15岁的小杰在骑自行车上学途中与同学打闹，不慎将同伴小亮的眼睛碰伤。小亮所受的伤害(　　)。

A. 应由小亮的监护人承担事故全部责任　B. 应由小杰的监护人依法承担赔偿责任

C. 应由小杰所在学校承担全部赔偿责任　D. 应由小杰自己独立承担事故赔偿责任

答案：B

7.【2015年上半年　中】初二学生小华染上了不良行为习惯，学校可以对他依法采取的措施是(　　)。

A. 勒令退学　　B. 开除学籍

C. 批评教育　　D. 单独禁闭

答案：C

8.【2015年上半年　中】15岁学生张某的父母都在外地打工，留张某一个人独自在家生活和学习。下列说法正确的是(　　)。

A. 张某独自在家可锻炼其生活能力

B. 父母在外地也可以履行其监护职责

C. 不得让生活能力差的孩子独自生活

D. 不得让张某脱离监护独自生活

答案：D

9.【2015年下半年　中】初中生小王犯罪被判有期徒刑一年，缓两年执行，下列说法正确的是(　　)。

A. 小王不可以回学校继续学习　　B. 学校可以取消小王学籍

C. 小王只能去工读学校学习　　D. 政府依法收容小王

答案：D

10.【2015 年下半年　中】根据《中华人民共和国未成年人保护法》，任何组织和个人都不能侵犯未成年人的隐私，说明未成年人受到(　　)。

A. 学校保护　　B. 社会保护

C. 司法保护　　D. 家庭保护

答案：C

11.【2016 年上半年　中】张老师责令考试成绩不及格的小强停课半天写检查。张老师的做法(　　)。

A. 合法，有助于警示其他学生　　B. 合法，教师有管理学生的权利

C. 不合法，侵犯了小强的人身权　　D. 不合法，侵犯了小强的受教育权

答案：D

12.【2016 年上半年　中】依据《中华人民共和国未成年人保护法》，对未成年人的社会保护不包括(　　)。

A. 预防未成年人沉迷网络　　B. 禁止拐卖、虐待未成年人

C. 履行监护职责，抚养未成年人　　D. 任何人不得在中小学教室内吸烟

答案：C

13.【2016 年下半年　中】中学生王某上课玩手机，被班主任李某当场没收。王某课后向李某承认错误并要求归还其手机，被李某以王某违反校规为由拒绝。李某的做法(　　)。

A，正确，学校规章应该人人遵守　　B. 正确，教师有惩戒学生的权利

C. 不正确，侵犯了学生的财产权　　D. 不正确，应上交学校销毁

答案：C

14.【2016 年下半年　中】某中学在资助贫困生的公示中，将拟资助学生的家庭住址、父母姓名、电话号码、身份证号等信息予以公布。该校的做法(　　)。

A. 符合校务公开的办事原则　　B. 体现了学校的自主管理权利

C. 侵犯了学生的个人隐私权　　D. 违背公平待生的教育理念

答案：C

15.【2016 年下半年　中】中学生王某的脸上有一块疤痕，同学李某便给王某起了外号“王疤”，并在同学中广而告之。李某侵犯的王某的权利是(　　)。

A. 隐私权　　B. 姓名权　　C. 荣誉权　　D. 人格权

答案：D

16.【2017 年上半年　中】母亲杨某外出打工，将 15 岁的儿子小强留下长期单独居住。杨某的做法(　　)。

A. 合法，可以改善小强的物质生活条件

B. 合法，可以提高小强的独立生活能力

C. 不合法，不得让不满 16 周岁者脱离监护单独居住

D. 不合法，不得让不满 18 周岁者脱离监护单独居住

答案：C

17.【2017 年上半年　中】某初中教师李某上课前发现部分学生未完成家庭作业，要求这部分学生完成后再进教室听课。李某的做法(　　)。

A. 合法，教师有管理学生的权利　　B. 合法，教师有教育学生的职责

C. 不合法，侵犯了学生的受教育权　　D. 不合法，侵犯了学生的人身权

答案：C

18.【2017 年下半年　中】中学生邹某上课时玩手机游戏，班主任王老师发现后，当场删除了邹某的游戏账号和他购买的游戏装备，并告诫邹某不要在上课时玩游戏。课后，王老师将手机返还给了邹某。王老师的做法（　　）。

A. 合法，教师有权批评和管教学生　　B. 不合法，侵犯了邹某的财产权

C. 合法，教师无权没收学生的手机　　D. 不合法，侵犯了邹某的隐私权

答案：C

19.【2017 年下半年　中】林某长期辱骂、虐待亲生儿子晓光，经有关单位教育后仍不悔改。依据《中华人民共和国未成年人保护法》，当地人民法院可以采取的措施是（　　）。

A. 撤销林某的监护人资格　　B. 给予林某行政处分

C. 责令林某赔礼道歉　　D. 要求林某赔偿损失

答案：A

20.【2018 年下半年　中】某中学非法招生获利 80 多万元。依据《中华人民共和国教育法》，教育行政部门或其他有关行政部门可以对该校采取的措施是（　　）。

A. 对直接负责的主管人员追究民事责任　B. 令其退回所招学生并退还所收费用

C. 对其他直接责任人员处以罚款　　D. 没收其非法所得的财物

答案：B

21.【2018 年下半年　中】某足球学校是专门招收适龄儿童、少年进行足球专门训练的学校，依据《中华人民共和国义务教育法》，对该学校自行对适龄儿童、少年实施义务教育具有审批权的主体是（　　）。

A. 市级人民政府　　B. 市级人民政府教育行政部门

C. 县级人民政府　　D. 县级人民政府教育行政部门

答案：D

能力提升训练题

一、单项选择题

1. 下列不属于学生的义务的是（　　）。

A. 遵守法律、法规

B. 平等接受义务教育

C. 努力学习，完成规定的学习任务

D. 遵守所在学校或者其他教育机构的管理制度

2. 下列不属于学生的受教育权的是（　　）。

A. 受完法定教育年限权　　B. 学习权

C. 隐私权　　D. 公正评价权

3. 学生在学校的各项权利中最主要、最基本的一项权利是（　　）。

A. 受教育权　　B. 生命健康权　　C. 人格尊严权　　D. 人身自由权

4. 某中学为了加强对学生的管理，要求六年级各班“民主选差生”，当选者要向学校交 500 元押金。如当选者有违反校纪的情况，要么被没收押金，要么被勒令退学。

该学校的行为违反了《未成年人保护法》第（　　）条的规定。

A. 五　　B. 一　　C. 三　　D. 十八

5. 教师把不遵守纪律的学生关黑屋，侵犯了学生的（　　）。

A. 人身自由权　　B. 表达自由权　　C. 人格尊严权　　D. 受教育权

6. 学校在有裂缝的教学楼中对学生进行教育教学活动，这侵犯了学生（　　）的权利。

A. 安全　　B. 受教育　　C. 受尊重　　D. 生存

7. 小苏由于在学校一时冲动，犯了错误。学校以安全不能保证为由对小苏停课两日，并且停发了布置作业的短信。该学校的行为侵犯了小苏的（　　）。

A. 人身自由权　　B. 人格尊严权

C. 参加教育教学活动的权利　　D. 隐私权

8. 教师未经学生同意按考分高低排列名次，张榜公布，或让学生分发试卷，这侵犯了学生的（　　）。

A. 隐私权　　B. 名誉权　　C. 受教育权　　D. 人身自由权

9. 所谓受教育权，是指（　　）。

A. 在一定的教育机构中，由教育者对受教育者实施的一种有目的、有计划、有组织的影响活动

B. 公民有从国家接受文化教育的机会，以及获得受教育的物质帮助的权利

C. 公民有获得知识、技能的权利

D. 公民均有上学的权利

10. 为最大限度地预防和减少青少年学生的违法犯罪活动，学校应该（　　）。

A. 让司法机关介入学校的教育

B. 让居委会、街道办事处参与到学校的教育中来

C. 聘请从事法制教育的专家或教师来学校充当专职或兼职教师

D. 一律听从上级的安排

11.“严禁任何组织和个人向未成年人出售、出租或者以其他方式传播淫秽、暴力、凶杀、恐怖等毒害未成年人的图书、报刊、音像制品。”这反映了我国法律所规定的少年儿童合法权利中的（　　）。

A. 受教育的权利　　B. 生存的权利　　C. 安全的权利　　D. 受尊重的权利

12. 学校不得使未成年学生在危及人身安全、健康的校舍和其他教育教学设施中活动，否则就违反了学生的（　　）。

A. 人身自由权　　B. 人格尊严权　　C. 身心健康权　　D. 隐私权

13. 义务教育阶段的学生要履行的义务不包括（　　）。

A. 义务教育阶段的学生具有履行接受义务教育的义务

B. 义务教育阶段的学生具有履行身为学生的义务

C. 义务教育阶段的学生具有履行法律规定的义务

D. 义务教育阶段的学生具有进行科学研究的义务

14. 下列不属于义务教育阶段的学生所专有的权利的是（　　）。

A. 免试入学权　　B. 就近入学权　　C. 不交学费权　　D. 人身自由权

15. 有的学校的学生受完规定年限的教育后，所在学校不发毕业证，这侵犯了学生的(　　)。

A. 接受、享受教育的权利　　B. 获取教育的物质保障的权利

C. 获得公正评价与相应证书的权利　　D. 获得救济的权利

16. 下列不属于国家为保证学生的受教育权而做的努力的是(　　)。

A. 为所有学生提供正常教育机会　　B. 关注贫困生，设立帮助基金

C. 关注残疾学生，设立特殊教育机构　　D. 允许学校体罚学生

17. 教师应当尊重学生的人格，不得歧视学生，不得对学生实施(　　)的行为，不得侵犯学生合法权益。

A. 体罚

B. 变相体罚

C. 体罚、变相体罚

D. 体罚、变相体罚或者其他侮辱人格尊严

18. 某寄宿学校派车接送学生，途中有学生提出要上厕所。司机在路边停车 5 分钟，5 分钟过后，司机没有清点人数就将车开走。学生王某从厕所出来发现车已经开走，急忙追赶，在追赶过程中摔倒在地，将牙齿跌落三颗。王某的伤害由谁承担责任？(　　)

A. 司机负责　　B. 某寄宿学校负责

C. 司机和某寄宿学校共同负责　　D. 司机和王某共同负责

19. 为了保护未成年人的身心健康及其合法权益，促进未成年人健康成长，根据宪法，我国制定了《中华人民共和国未成年人保护法》。下列描述与该法不一致的是(　　)。

A. 保护未成年人，主要是学校、教师和家长共同的责任

B. 教育与保护相结合是保护未成年人工作应遵循的基本原则

C. 学校应当尊重未成年学生受教育的权利，关心、爱护学生，对品行有缺点、学习有困难的学生，应当耐心教育、帮助，不得歧视、不得违反法律和国家规定开除未成年学生

D. 未成年人享有生存权、发展权、受保护权，国家根据未成年人身心发展特点给予特殊、优先保护，保障未成年人的合法权益不受侵犯

20. 某初级中学为追求升学率，将年级成绩最差的三名学生除名，该中学侵犯了未成年学生的(　　)。

A. 人格尊严　　B. 隐私权　　C. 受教育权　　D. 人身自由权

21. 各级人民政府及其有关部门依法维护学校周边秩序，保护学生、教师、学校的合法权益，为学校提供(　　)。

A. 制度保障　　B. 安全保障　　C. 经费保障　　D. 卫生保障

22. 以下不属于受教育者的义务的是(　　)。

A. 遵守法律、法规

B. 遵守学生行为规范，尊敬师长，养成良好的思想品德和行为习惯

C. 努力学习，完成规定的学习任务

D. 保持身心健康

23. 未成年人享有生存权、发展权、受保护权、参与权等权利，国家根据未成年人身心发展特点给予(　　)保护，保障未成年人的合法权益不受侵犯。

A. 特殊、优先　　B. 特殊、重点　　C. 重点、优先　　D. 额外、优先

24."父母有抚养教育未成年子女的义务"反映了我国法律所规定的少年儿童合法权利中的(　　)。

A. 受教育的权利　　B. 受尊重的权利

C. 安全的权利　　D. 生存的权利

25. 金某(15周岁)在课间因小事与同学沈某发生争执，金某一拳击中沈某头部，致使沈某倒地后送医院不治死亡。金某应当负什么责任？(　　)

A. 应负相对刑事责任　　B. 不负刑事责任

C. 应负完全刑事责任　　D. 应负刑事责任

26. 司法保护是指公安机关、人民检察院、人民法院以及司法行政部门等国家机关通过依法履行职责，对未成年人所实施的一种专门保护措施。下列关于司法保护的说法不正确的是(　　)。

A. 减轻或免予刑事处罚

B. 对未成年人犯罪的案件公开审理，做好教育挽救工作

C. 对违法犯罪的未成年人在复学、升学、就业等方面不得歧视

D. 对审前羁押及服刑的未成年人与成年人分别关押、看管

二、材料分析题

1. 阅读下列材料，回答问题。

某校刚录取的高一新生中有5名男同学因初中时参与社会盗窃而被公安机关查获。案发后，这些学生都很害怕，有的想逃避，有的不敢承认犯罪事实，有的不敢检举揭发。学校得知这个消息后，立即派人与学生家长取得联系，并同家长一道做学生的工作，动员他们主动向公安司法机关坦白交代问题，争取从宽处理。学校还积极协助公安机关调查案情。5名学生年龄都比较小(均为十五六岁)，犯罪情节也不是很严重，所以司法部门免于追究刑事责任，建议学校允许这些学生继续回校学习。对此，学校争议很大。不同意他们回校学习的领导、教师的理由是，这些学生在初中时就有劣迹，参与盗窃时也不是自己学校的学生，所以这个包袱学校不能背。再说，他们的行为已经构成犯罪，他们又是高中生，所以学校将其开除既不违反上级的有关规定，也不算过分，否则以后他们对学校荣誉的影响很大。

问题：你认为该校到底该不该收这5名学生呢？

2. 阅读下列材料，回答问题。

某校初二学生黄某平时纪律散漫，经常迟到，上课与邻座讲话，有时甚至旷课，经老师多次教育仍无改变。该生家长因忙于做生意，对儿子也疏于管教。班主任赵老师虽然多次与其父母电话联系，但都没有找到其父母。赵老师认为，如果继续让黄某随班学习，会给其他同学带来麻烦，于是他三番五次找黄某谈话，要其自动退学。黄某在老师劝说的压力下，加上自己本身又有厌学心理，于是在未告诉家长的情况下辍学回家。此事后来被学校发现，学校责成班主任赵老师迅速到黄某家里动员黄某回校上学，并向家长赔礼道歉。学校领导在教职工会议上对赵老师的错误做法予以公开

批评。

问题：根据学生权利保护相关知识，分析上述材料。

3. 阅读下列材料，回答问题。

某市中学初二班主任马某，因该班学生刘某未完成家庭作业，非常生气，把学生刘某叫到其办公室训话。他越说越着急，顺手拿起其旁边的热炉钩子将刘某脸部烫伤有三处之多。马某体罚学生的恶劣行为，在当地造成极坏的影响。

问题：根据学生权利保护相关知识，分析上述材料。

4. 阅读下列材料，回答问题。

某校初一(3)班的班主任齐老师讲课很认真，但为人十分傲慢，对学生更是不客气，讽刺、挖苦学生是常事。该班一女生徐某平时学习很刻苦，但脑子反应比较慢。一次，她被齐老师提问，未能回答上来。齐老师当场就是一顿讽刺："哼！像你这样的还想上大学？我看你就能上'家里蹲大学修理地球系拉锄钩子专业'……"这惹得全班哄堂大笑，而徐某却抬不起头来。一时间，齐老师的话被同学们竞相传开了，徐某成了众人的笑柄。她丧失了继续学习的信心，回到家又哭又闹，死活也不肯再上学了。一周后，徐某退学了，而齐老师却在班上公开讲："她早就该回家，再学也是白费！"

问题：根据学生权利保护相关知识，分析上述材料。

5. 阅读下列材料，回答问题。

某校初一学生宋明性格活泼好动，经常与同学打闹。一次宋明又和同学打架，于是班主任老师在全班面前严厉地批评了宋明，并说："宋明你就这样做吧，早晚有一天你和你爸爸一样也进监狱。"以后同学们都知道了宋明父亲在监狱服刑的情况，经常羞辱宋明。宋明母亲知道情况后，找学校领导反映情况。之后虽然宋明的同学很少再羞辱宋明，但宋明还是感到心理压力巨大。宋明母亲不得不将宋明转到其他学校学习。

问题：试对上述材料进行分析。

6. 阅读下列材料，回答问题。

小明是某中学初一年级的学生，因智力发育较晚，尽管学习很努力，但是成绩却总是很差。一次考试中，他又考了全班的最后一名。班主任老师当着全班同学的面，对小明说："你怎么那么笨？多么简单的问题呀，还答不对？你是不是长了猪脑子啊！"同学们哄堂大笑。下课了，好几个同学围着小明叫"猪脑子"。小明羞愧极了，回家大哭了一场，说什么也不愿意再上学了。小明的父母问明原因，找到学校。校长在弄清楚情况后，严肃批评了小明的班主任，要求他在班上给小明道歉，并教育全班同学要互相尊重，不能取笑小明。

问题：试对上述材料进行分析。

7. 阅读下列材料，回答问题。

李某有一女儿李霞，12岁，系农村某镇小学六年级学生。李某认为女孩上学无用，还不如早回来赚钱，遂于2010年暑假将李霞送到邻镇一个体户处打工。开学一周后，学校老师、村干部多次上门家访，但李某拒不说明李霞去向，有时还恶语相报："孩子读不读书是俺自家的事，你们不要狗拿耗子多管闲事。"

问题：(1)该案例中有没有违法行为？违反了什么法律、法规？

(2)违法主体是谁？应承担什么法律责任？

8. 阅读下列材料，回答问题。

某市教育局收到了一位家长的申诉信，说他在农村读初二的儿子在学校多次被校长王某体罚，身上多处受伤，要求市教育局追究该校长的责任。于是教育局派人前往学校调查，结果出人意料。该学校的校长是一位30多岁的年轻人，工作很有干劲。3年前，这个年轻人被镇教办提拔为该校校长，他下决心整顿学校的组织纪律，同时还采取了一系列措施。他对学校行政人员和老师们说："你们大胆去抓，有哪些学生不听管教，你们就交给我处理。"他的处理办法很简单，先关学生禁闭，然后在禁闭室内训斥学生。事情曝光后，本地一些农村干部认为校长做得对，学生不听管教就该这样做，并且站出来为该校长担保。

问题：针对上述材料谈谈你的看法，并运用相关教育理论进行分析。

参考答案

一、单项选择题

1—5：BCADA　6—10：ACABC　11—15：CCDDC　16—20：DDBAC　21—25：BDAAA　26：B

二、材料分析题

1. 参考答案：学校应该收这5名学生。学校有维护受教育者的合法权益的义务，即学校不得侵犯受教育者的受教育权。《教育法》第四十条规定："国家、社会、家庭、学校及其他教育机构应当为有违法犯罪行为的未成年人接受教育创造条件。"《预防未成年人犯罪法》也规定，被免予刑事处罚的未成年人，在复学、升学、就业等方面与其他未成年人享有同等权利，学校应该予以保护。另外，这5名学生犯罪时未满18周岁，属于未成年人，按照我国《未成年人保护法》规定，学校对于品行有缺点的学生应当耐心教育、帮助，不得歧视，也不得随意开除。

因此，学校应该收这5名学生，在他们学习期间，不得歧视，而应耐心进行引导和教育。

2. 参考答案：该案例中赵老师的做法侵犯了学生的受教育权。学校制止了教师赵某的违法行为，维护了法律的威严，是及时而正确的。

我国《宪法》第四十六条规定："中华人民共和国公民有受教育的权利和义务。"《教育法》第九条规定："公民不分民族、种族、性别、职业、财产状况、宗教信仰等，依法享有平等的受教育机会。"《未成年人保护法》第十八条规定："学校应当尊重未成年学生受教育的权利，关心、爱护学生，对品行有缺点、学习有困难的学生，应当耐心教育、帮助，不得歧视，不得违反法律和国家规定开除未成年学生。"学生黄某虽然品德上有缺点，对班级正常的教育教学活动造成了不良影响，但班主任不应该歧视他，而应对黄某进行细致耐心的思想教育，帮助其提高认识水平，纠正违纪行为。班主任也可以请学校依照有关规章制度给黄某以处分，使其正视自己的错误。该案例中，教师赵某逼迫黄某退学，是一种歧视学生的违法行为，没有履行一个教师应履行的义务，而学校的做法是及时而正确的。

3. 参考答案：该案例中马某因学生刘某未完成家庭作业，就用热炉钩子将该生脸部烫伤，并有三处之多，是一种明显的故意伤害行为，严重侵犯了学生的身体健康权，应承担法律责任。

《未成年人保护法》第二十一条规定："学校、幼儿园、托儿所的教职员工应当尊重未成年人的人格尊严，不得对未成年人实施体罚、变相体罚或者其他侮辱人格尊严的行为。"第四十九条规定："未成年人的合法权益受到侵害的，被侵害人及其监护人或者其他组织和个人有权向有关部门投诉，有关部门应当依法及时处理。"第六十三条规定："学校、幼儿园、托儿所教职员工对未成年人实施体罚、变相体罚或者其他侮辱人格行为的，由其所在单位或者上级机关责令改正；情节严重的，依法给予处分。"该案例中的马某教育学生不讲究方式，采取了如此极端的行为，对学生的身体健康造成了伤害，已经属于违法犯罪行为，应承担刑事责任，并依法予以严惩。

4. 参考答案：该案例中的班主任齐老师严重伤害了学生的人格尊严，违反了《宪法》《义务教育法》和《未成年人保护法》的相关规定。《宪法》第三十八条规定："中华人民共和国公民的人格尊严不受侵犯。禁止用任何方法对公民进行侮辱、诽谤和诬告陷害。"《未成年人保护法》第二十一条规定："学校、幼儿园、托儿所的教职员工应当尊重未成年人的人格尊严，不得对未成年人实施体罚、变相体罚或者其他侮辱人格尊严的行为。"未成年人的心理发育还不健全，因此，各方要更加尊重他们的人格。

此案例中，班主任齐老师的行为已经对徐某的人格构成了侵害，是一种违法行为，应承担主要的行政法律责任，向徐某赔礼道歉，并劝其返校复学。而学校对教师管理不善，未能及时发现与制止齐老师的不良行为，因而对本案的发生也负有一定的行政责任。为此，学校应及时对齐老师进行批评教育，责令其纠正错误，向徐某赔礼道歉，并从此杜绝讽刺、挖苦学生等违法行为。同时，学校也负有动员徐某返校复学的义务，以保证其继续完成义务教育阶段的学习。

5. 参考答案：在本案例中，班主任老师批评宋明的做法违反了《未成年人保护法》的规定。我国《未成年人保护法》第三十九条明确规定："任何组织或者个人不得披露未成年人的个人隐私。"未成年人的隐私包括个人隐私，也包括未成年人的家庭隐私。班主任老师侵犯了宋明的人身权益，违反了教育法律的规定，构成了教师教育违法。因为未成年人还处在心理的发育期，教师的一句话可能对学生造成巨大的伤害，甚至影响一个学生以后的发展。因此，教师要慎重使用自己的语言，尊重保护学生。教师不仅要加强职业道德修养，也要加强个人的道德修养。

6. 参考答案：《宪法》第三十八条规定："中华人民共和国公民的人格尊严不受侵犯。禁止用任何方法对公民进行侮辱、诽谤和诬告陷害。"《中华人民共和国民法通则》第一百零一条规定："公民、法人享有名誉权，公民的人格尊严受法律保护，禁止用侮辱、诽谤等方式损害公民、法人的名誉。"

未成年人的心理发育还不健全，因此，各方要更加尊重他们的人格。《未成年人保护法》明确规定学校、幼儿园的教职工应当尊重未成年人的人格尊严。在这一事件中，小明班主任的行为已经对小明的人格构成了侵害，是一种违法行为。因为情节比较轻微，可以用赔礼道歉的方式弥补。如果情节恶劣，严重侮辱了小明的人格，班主任还要负刑事责任或者民事责任。

7. 参考答案：(1)有违法行为，违反了《义务教育法》第十一条和《未成年人保护法》第三条、第二十八条等规定。

(2)违法主体是李某及个体户。《义务教育法》规定，除因疾病或者特殊情况，经当地人民政府批准的以外，适龄儿童、少年不入学接受义务教育的，由当地人民政府对其父母或者其他监护人进行批评教育，并采取有效措施责令其送子女或被监护人入学。对招用适龄儿童、少年就业的组织或者个人，由当地人民政府给予批评教育，责令停止招用；情节严重的，可以并处罚款、责令停止营业或者吊销营业执照。《未成年人保护法》规定，企业事业组织、个体工商户非法招用未满十六周岁的未成年人，由劳动部门责令改正，处以罚款；情节严重的，由工商行政管理部门吊销执照。

8. 参考答案：首先，这位校长下决心要整顿学校的组织纪律，是为了学校的发展以及学生能在更好的环境里接受教育，其工作积极性和出发点是对的。但其举措显然有欠妥之处，不仅有不符合教育管理原则的地方，甚至有违纪违法之举，而且其粗浅的管理思想、简单的管理方法，不仅可能造成极其不好的影响，还可能取得事倍功半的效果。

其次，对于该校长在整顿学校组织纪律的过程中所采取的一系列不合理措施，相关部门应该责令立即停止，并进行相应的批评和教育，改正该校长的一些不合理的整改方式。

最后，在整顿和维护学校组织纪律的过程中，我们要认识到，良好的动机需要用合情合理、合规合法的手段和方法，这样才能取得动机和效果的统一。

模块十一　教师职业道德规范

【考纲要求】

一、教师职业道德

1. 了解《中小学教师职业道德规范》(2008年修订)，掌握教师职业道德规范的主要内容，尊重法律及社会接受的行为准则。

2. 理解《中小学班主任工作规定》的文件精神。

3. 分析评价教育教学实践中教师的道德规范问题。

二、教师职业行为

1. 了解教师职业行为规范的要求。

2. 理解教师职业行为规范的主要内容，在教育活动中运用行为规范恰当地处理与学生、学生家长、同事以及教育管理者的关系。

3. 在教育教学活动中，依据教师职业行为规范，爱国守法，爱岗敬业，关爱学生，教书育人，为人师表，终身学习。

第一章　教师职业道德

第一节　教师职业道德概述

【考点分析】

本节知识点在历年考题中较少直接涉及，但考生也不能无视这部分知识，因为它是理解教师职业道德规范和行为规范的基础。

【考点内容】

一、教师职业道德的概念

职业道德是人们在从事某种职业活动的过程中，其思想和行为所应遵循的道德准则和道德规范，也是调整职业内部、职业之间、职业与社会之间的各种关系的行为准则。

教师职业道德是指教师在从事教育活动的过程中应遵循的行为准则和行为规范。教师职业道德既反映社会道德的要求，同时又是针对教师职业活动领域各种关系的规范要求。

二、教师职业道德品质的构成

教师职业道德品质是指教师行业的道德要求在教师个人思想和行动中表现出的稳定的特征与倾向。教师职业道德品质是教师职业道德认识、教师职业道德情感和教师职业道德行为等要素的统一体。

(一)教师职业道德认识

教师职业道德认识是对教师职业道德规范体系的认识，包括思想要求、政治要求和职业内部活动的道德要求。教师职业道德认识的核心是职业道德价值观。其中，“义务”是教师职业道德认识的重要范畴，道德范畴的义务是由人的内在精神力量支持的。

(二)教师职业道德情感

教师职业道德情感是教师在践行教师职业道德认识时的情感体验。教师职业道德情感的重要范畴是“爱”。教师没有职业之爱，就没有真正的教师职业道德情感。

(三)教师职业道德行为

教师职业道德行为是教师职业道德规范在教师行为上的体现。教师的行为自觉地符合教师职业道德要求，是形成教师职业道德品质的标志。教师职业道德行为的基本范畴是“责任”。

三、教师职业道德的特点

相比其他行业，教师职业道德具有以下基本特点：

①意识水平高层性。

②道德境界高尚性。

③道德意识自觉性。

④行为举止示范性。

⑤道德影响广深性。

⑥道德内容先进性。

四、教师职业道德的构成

(一)教师公正

教师公正的含义：在教育活动中教师对学生持民主与尊重的态度；对有不同性别、年龄、出身、智力、个性、相貌以及与自己关系密切程度不同的学生能够做到一视同仁、同等对待，不以个人的私利和好恶作标准。

教师公正的决定因素：受一定社会历史条件和社会教育制度、教育职业劳动目的的制约；取决于教师对教育规律和每个学生情况的认识水平；取决于教师的觉悟。

教师公正的意义：形成良好的教育教学环境，保证教育任务的顺利完成；调动每个学生的学习积极性；形成教师威信；给学生的道德心灵以良好影响。

(二)教师义务

教师义务的作用：减少和协调教育工作中的“冲突情势”，保证教育劳动顺利进行；使教师在教育劳动中自觉进行道德上的综合判断，选择正确的教育行为；使教师在教育劳动中自觉培养高尚的师德品质。

(三)教师荣誉

正确对待荣誉的要求：要处理好集体荣誉和个人荣誉的关系；要处理好自尊与谦逊的关系。

(四)教师威信

教师威信的意义：教师威信体现着对学生的凝聚力、吸引力、号召力和影响力，是教师开展教育教学工作的道德基础；教师威信直接影响教育劳动的效果；教师威信是教师不断自我完善、自我进取的积极精神因素。

教师威信的形成途径：学校教育教学实践活动；日常的师生交往；第一印象的建立。

五、教师职业道德的作用

①调节作用。

②教育作用。

③导向作用：激励；控制；调整；矫正。

④促进作用。

真题再现

【2013 年下半年　中】从根本上说，教师威信来自(　　)。

A. 教师高尚的教育人格　　　　B. 社会尊师重教的传统

C. 教师的社会地位优势　　　　D. 学生对教师的畏惧心理

答案：A

解析：教师威信是指教师在学生心目中的威望和信誉，是师生之间积极肯定关系的表现。教师本身的因素是教师威信形成的决定性因素。教师威信来自教师高尚的教育人格。

第二节　《中小学教师职业道德规范》

【考点分析】

本节知识点属于高频考点，在历年考题中常以选择题和材料分析题的形式出现。考生要深刻理解职业道德规范的主要内容，并能正确判断教师职业行为是否符合教师职业道德规范的要求。

【考点内容】

教师职业道德规范是指教师职业道德态度、教师职业道德情感和教师职业道德行为等方面约定俗成的规范及明确规定的标准，是依据道德原则调整教育过程中的各种利益关系、判断教师行为是非善恶的具体道德标准。

一、制定背景

2008 年，教育部和中国教科文卫体工会全国委员会联合颁发《中小学教师职业道德规范》，将教师职业道德规范的核心表述为爱国守法、爱岗敬业、关爱学生、教书育人、为人师表、终身学习。“爱”和“责任”是贯穿该规范的核心和灵魂。

二、具体内容

(一)爱国守法

热爱祖国，热爱人民，拥护中国共产党领导，拥护社会主义。全面贯彻国家教育方针，自觉遵守教育法律法规，依法履行教师职责权利。不得有违背党和国家方针政策的言行。

(二)爱岗敬业

忠诚于人民教育事业，志存高远，勤恳敬业，甘为人梯，乐于奉献。对工作高度负责，认真备课上课，认真批改作业，认真辅导学生。不得敷衍塞责。

(三)关爱学生

关心爱护全体学生，尊重学生人格，平等公正对待学生。对学生严慈相济，做学生良师益友。保护学生安全，关心学生健康，维护学生权益。不讽刺、挖苦、歧视学生，不体罚或变相体罚学生。

(四)教书育人

遵循教育规律，实施素质教育。循循善诱，诲人不倦，因材施教。培养学生良好品行，激发学生创新精神，促进学生全面发展。不以分数作为评价学生的唯一标准。

(五)为人师表

坚守高尚情操，知荣明耻，严于律己，以身作则。衣着得体，语言规范，举止文明。关心集体，团结协作，尊重同事，尊重家长。作风正派，廉洁奉公。自觉抵制有偿家教，不利用职务之便谋取私利。

(六)终身学习

崇尚科学精神，树立终身学习理念，拓宽知识视野，更新知识结构。潜心钻研业务，勇于探索创新，不断提高专业素养和教育教学水平。

三、解读

①爱国守法——教师职业的基本要求。

②爱岗敬业——教师职业的本质要求。

③关爱学生——师德的灵魂。

④教书育人——教师天职和道德核心。

⑤为人师表——教师职业的内在要求。

⑥终身学习——教师专业发展的不竭动力。

真题再现

1.【2017 年下半年　中】王明同学成绩不好，跟夏老师关系很紧张。一天，王明悄悄在黑板上写了“夏某某是个大笨蛋!”夏老师查出后暴跳如雷，多次勒令王明当着全班同学的面向自己做深刻检讨。夏老师的行为(　　)。

A. 正确，有利于抑制其他同学的类似行为

B. 正确，应该维护教师的尊严和威信

C. 不正确，不应该对此类学生如此宽容

D. 不正确，不利于构建良好的师生关系

答案：D

解析：夏老师违背了教师的职业道德。教师应该关爱学生，遇到问题首先应该进行反思，同时利用教学机智恰当处理师生关系。

2.【2015 年上半年　中】在编选校本教材时，尚老师一丝不苟地审查每一篇文章，即使插图的一点小瑕疵，她都会改正过来。这表明尚老师(　　)。

A. 诲人不倦　　B. 公正待行　　C. 勤恳敬业　　D. 廉洁奉公

答案：C

3.【2013 年上半年　中】看到有位学生将几片纸屑随意扔在了走廊上，王老师路过时顺手捡起并丢进垃圾桶。该学生满脸羞愧。王老师的行为体现的职业道德是(　　)。

A. 廉洁奉公　　B. 为人师表　　C. 爱岗敬业　　D. 热爱学生

答案：B

4.【2018 年上半年　小】还有半年退休的郑老师，仍在学校带头上示范课，对徒弟要求严格，导致个别徒弟心存抱怨。下列关于郑老师的说法不正确的是(　　)。

A. 爱岗敬业　　B. 与时俱进　　C. 甘为人梯　　D. 勤恳乐教

答案：B

5.【2019 年上半年　中】对教师“廉洁从教”要求的具体内容不包括(　　)。

A. 不在学生面前抱怨自己的薪酬　　B. 不收取学生及家长的任何礼物

C. 校外兼职不得影响本职工作　　D. 不贪占公共和他人钱物

答案：C

6.【2015 年下半年　中】阅读下列材料，回答问题。

一位语文老师在作文评讲课上朗读一位学生的作文时，将文中的“神荼郁垒”(分别是两个降伏恶魔的神)的“荼”读成“图”，并严正地板书，强调不能与“茶”混淆。该学生当即指正“荼”不该读“图”，应读 shū，与“如火如荼”的“荼”的读法不同，并说这是爷爷教自己的。这位老师脸上一阵发热，装出若无其事的样子说：“不可能，没有这样的读法。”另一位学生连忙查字典，说上面并无 shū 的读音，为老师解了围。后来这位老师在电视节目中看到了这四个字的正确读法，应该是 shēn shū yù lǜ，发现四个字自己竟然读错了三个，受到强烈的震动。第二天他就在全班学生面前做了慎重的订正，并坦诚叙述了自己从不知到知的经过，检讨了怕“输面子”的内心活动。学生对此报以热烈的掌声。事后好几位学生对老师说：“我们知道您读错了音，但就是不敢向您讲。”这位老师感慨颇深，并就此公开发表了题为《为教戒装》的体会文章。

问题：请从教师职业道德的角度，评析材料中语文老师的教育行为。

参考答案：该教师的教育行为体现了教师的自我反思过程，体现了教师职业道德规范中爱岗敬业、为人师表、终身学习的要求，值得我们借鉴和学习。

首先，该教师开始时怕“输面子”的行为违背了教师职业道德规范中爱岗敬业的要求。爱岗敬业要求教师对工作高度负责，认真备课上课，认真批改作业，认真辅导学生。材料中教师对学生的质疑敷衍而过的行为不符合爱岗敬业的要求。

其次，该教师后来更正自己的行为符合教师职业道德规范中为人师表的要求。为人师表要求教师坚守高尚情操，知荣明耻，严于律己，以身作则。材料中的教师发现自身失误后敢于在学生面前承认，对学生起到了良好的示范作用。

最后，该教师发表文章反思教育行为的做法符合终身学习的要求。教师应崇尚科学精神，树立终身学习理念，拓宽知识视野，更新知识结构；潜心钻研业务，勇于探索创新，不断提高专业素养和教育教学水平。材料中的教师就自身失误事件进行了积极的反思并发表文章体现了终身学习的要求。

总之，作为教师，我们应该积极学习并在实践中认真践行教师职业道德规范，认真对待教育教学工作，做学生的良师益友，并不断提高自身的专业能力。

第三节 《中小学班主任工作规定》

【考点分析】

了解《中小学班主任工作规定》的主要内容，掌握班主任的选聘条件、班主任的职责和任务等内容。

【考点内容】

一、制定背景

2009年8月12日，教育部印发了《中小学班主任工作规定》作为全国中小学班主任工作的指导性文件。该文件体现了两方面的精神：一是中小学班主任在中小学生思想道德建设和全面健康成长方面发挥着特殊的作用，是学校中重要的具有专门性的工作岗位；二是中小学班主任在班级中承担着特别的教育职责和组织管理任务，其中包括全面关心教育学生，进行班级日常管理和班集体建设，开展班级活动，进行学生评价，沟通学校、家长和社会等。

二、具体内容与解读

《中小学班主任工作规定》有七章22条，对班主任的配备与选聘、职责与任务、待遇与权利、培养与培训、考核与奖惩进行了规定。

(一)配备与选聘

本章对班主任的配备要求、任职条件、岗前培训等做出了明确规定。本章明确了每个班级配备一名班主任，以及聘任的对象、条件和聘期。聘期由学校确定，教师担任一个班级的班主任时间一般应在连续一学年以上。任职条件强调了班主任对待自身、对待学生及他人、对待班主任工作的规范要求，具体来说包括以下方面：

①对待自身：作风正派，心理健康，为人师表。

②对待学生及他人：热爱学生，善于与学生、学生家长及其他任课教师沟通。

③对待班主任工作：爱岗敬业，具有较强的教育引导和组织管理能力。

(二)职责与任务

本章对班主任职责与任务的规定涉及学生思想教育、班级日常管理，具体来说包括以下方面：

①全面了解班级内每一个学生，深入分析学生的思想、心理、学习、生活状况。关心爱护全体学生，有针对性地进行思想道德教育，促进学生德智体美全面发展。

②做好班级的日常管理工作，进行班集体建设。

③开展班级活动，组织、指导开展班会、团队会(日)、文体娱乐、社会实践等班级活动。

④组织做好学生的综合素质评价工作。

⑤与任课教师、学生家长和社区等沟通，形成教育合力。

(三)待遇与权利

本章对班主任在教育管理中的作用、工作量、绩效工资管理及权利进行了规定，具体来说包括以下方面：

①学校在教育管理工作中应充分发挥班主任的骨干作用，注重听取班主任意见。

②班主任工作量按当地教师标准课时工作量的一半计入教师基本工作量。各地要合理安排班主任的课时工作量，确保班主任做好班级管理工作。

③班主任津贴纳入绩效工资管理。绩效工资分配要向班主任倾斜。对于班主任承担超课时工作量的，以超课时补贴发放班主任津贴。

④班主任在日常教育教学管理中，有采取适当方式对学生进行批评教育的权利。

(四)培养与培训

本章规定了教育行政部门应对班主任进行培养、培训，具体来说包括以下方面：

①教育行政部门和学校应制订班主任培养、培训规划，有组织地开展班主任岗位培训。

②教师教育机构应承担班主任培训任务，教育硕士专业学位教育中应设立中小学班主任工作培养方向。

(五)考核与奖惩

本章对班主任的考核、奖惩制度进行了规定，具体来说包括以下方面：

①教育行政部门建立科学的班主任工作评价体系和奖惩制度。对长期从事班主任工作或在班主任岗位上做出突出贡献的教师定期予以表彰奖励。选拔学校管理干部应优先考虑长期从事班主任工作的优秀班主任。

②学校建立班主任工作档案，定期组织对班主任的考核工作。考核结果作为教师聘任、奖励和职务晋升的重要依据。对不能履行班主任职责的，应调离班主任岗位。

真题再现

1.【2015 年下半年　中】关于班主任工作，下列说法不正确的是(　　)。

A. 教师担任一个班主任，时间一般是连续一学期以上

B. 班主任津贴纳入绩效工资管理，绩效工资分配要向班主任倾斜

C. 教师初次担任班主任，应接受岗前培训，符合选聘条件后，学校方可聘用

D. 合理安排班主任课时工作量，按当地教师标准课时工作量的一半计入

答案：A

2.【2016 年上半年　中】班主任苏老师发现，承担本班数学教学任务的林老师经常让学生罚站。面对这种情况，苏老师应该(　　)。

A. 严厉批评林老师，责令其立即改正

B. 耐心与林老师交流，探讨更好的学生管理办法

C. 学习借鉴林老师的做法，提升自己的课堂管理能力

D. 尊重林老师的主动权，不干预林老师的这种课堂管理行为

答案：B

3.【2017 年下半年　中】李丽同学的爸爸跟学校校长是好朋友。班主任知道后，主动给李丽调整了座位，在课堂教学中给李丽争取更多的机会回答问题，并让其担任班

长。班主任的行为(　　)。

A. 有利于促进家校合作　　B. 有利于履行班主任的职责

C. 影响了其他学生的成长　　D. 影响了校长的廉洁从教

答案：C

解析：本题中班主任的做法是错误的，用排除法，答案在C和D之间。该题涉及的是班主任的问题，而不是校长，所以答案为C。

4.【2018年下半年　中】一直受学生喜爱的韩老师每次板书后，习惯性地将剩余的粉笔头"潇洒地"投向教室后面的垃圾桶，只要一投中就会引起学生啧啧称赞，此举被很多学生模仿，现已成为学生课后常玩的一个游戏——"旋风粉笔"。这表明韩老师要注重(　　)。

A. 加强职业归属感　　B. 道德心理优化

C. 增强职业安全感　　D. 道德行为内化

答案：D

5.【2018年下半年　中】高二(1)班的历史课上，杨老师与李军发生了语言冲突，双方争执不下。杨老师便把张军拉到了班主任办公室。班主任应该(　　)。

A. 请政教处老师处理　　B. 问清缘由再处理

C. 先让张军道歉再了解缘由　　D. 建议他们相互道歉握手言和

答案：B

能力提升训练题

一、单项选择题

1. 下列班主任的做法中，违反现行《中小学班主任工作规定》要求的是(　　)。

A. 深入分析学生的思想、心理、学习、生活状况，有针对性地进行思想道德教育

B. 组织本班学生自行制定和实施班规，负责收缴学生违规罚款，决定班费开支

C. 组织、指导班会等班级活动，做好班级的日常管理工作和安全防护工作

D. 组织做好学生的综合素质评价工作，评定学生的操行，向学校提出奖惩建议

2."学为人师，行为世范"，其中"范"体现了教师工作的(　　)。

A. 复杂性、创造性　　B. 连续性、广延性

C. 长期性、间接性　　D. 主体性、示范性

3. 教师之间要"谦虚谨慎，尊重同志，相互学习，相互帮助，维护其他教师在学生中的威信。关心集体，维护学校荣誉，共创文明校风"。这是师德教育的(　　)。

A. 双赢协作原则　B. 和平共处原则　C. 互助原则　D. 尊重原则

4. 张丽莉教师在2012年5月8日的一次交通事故中，为救学生而受重伤，致使双腿截肢。张丽莉的行为体现了她(　　)。

A. 终身学习，爱国守法　　B. 关爱学生，行为世范

C. 因材施教，为人师表　　D. 作风正派，关心集体

5."师也者，教之以事而喻诸德者也。"这句话体现了教师职业道德要求的(　　)。

A. 全面性　　B. 功能多样性

C. 教育专门性　　D. 教书和育人要求的一致性

6. 陶行知先生的“捧着一颗心来，不带半根草去”的教育信条体现了教师的(　　)职业道德素养。

A. 爱国守法　　B. 爱岗敬业　　C. 关爱学生　　D. 以身作则

7. 林老师是某校初二年级的语文老师，她对学生要求严格。学生被她提问回答不出来就要到教室后面站着听讲，所以同学们都害怕被老师提问。林老师的做法违背了(　　)原则。

A. 教书育人　　B. 爱岗敬业　　C. 关爱学生　　D. 为人师表

8. 班主任工作的根本出发点是(　　)。

A. 建立平等互信的师生关系　　B. 建立完善的班级管理制度

C. 关心学生的全面发展　　D. 公平对待班级每一位学生

9.《中小学班主任工作规定》规定，班主任工作量计入教师基本工作量，按当地教师标准课时工作量的(　　)。

A. 三分之一　　B. 四分之一　　C. 五分之一　　D. 一半

10. 下列对班主任的表述正确的是(　　)。

A. 所有任课教师都可以当

B. 所有任课教师都必须当

C. 学校根据聘任条件选聘的任课教师才可以当

D. 学校选聘的专职人员可以当

二、材料分析题

1. 阅读下列材料，回答问题。

某重点大学毕业生小李，在公开招聘中以优异的成绩被聘为某初中的教师。刚上班时，他虚心向同事请教，认真备课，努力把握课堂教学的每个环节，工作高度负责，教学效果好，在期末的评定中成绩优异。但随着对工作的熟悉与社会交往的增多，他便越来越不重视备课和对教学环节的把握，开始变得浮躁。他认为：“教师上课就那么回事，我备好一遍课可以用好多年!”

上学期学生评教，小李排名倒数。校长找其谈话，他还不以为然：“我是重点大学毕业生，难道还教不了初中生?”之后，他把对校长和学生评教的不满都发泄到学生身上，上课时对不专心听讲或成绩差的学生挖苦讽刺或罚站，甚至将其赶出教室。

问题：试从教师职业道德的角度，分析这位教师的行为。

2. 阅读下列材料，回答问题。

在优秀班主任报告会上，古老师这样回顾自己的教育工作：

一个新生小蕾刚刚转来，不喜欢说话，下课后也不和其他的同学一起玩，上课时注意力不集中，学习成绩一般。于是，在课间活动中，古老师领着这个学生和其他学生一起玩“老鹰捉小鸡”的游戏。小蕾在“鸡妈妈”的保护下玩得很开心。从此以后，小蕾的性格逐渐开朗起来，成绩也提高了。

小明学习成绩不好，同学们不喜欢他。古老师后来发现小明的手工玩具做得很好，就鼓励他带领几名同学参加学校手工制作工艺品大赛，结果小明所在的小组拿了第一名。这以后，同学们都请教小明如何做手工制品。小明也爱学习了，还担任了科学小组组长。

一个学生喜欢偷拿别人的东西，尽管古老师不喜欢她的行为，但还是做了家访了解情况，分析她这样做的原因。古老师观察她的行为，找她谈心，给她讲道理，直到她改正。

教学十余载，古老师每周写一篇教学心得体会，最近又参加了网上教师职业培训活动，不断学习理论知识，提高知识素养。

问题：请从教师职业道德的角度，评析古老师的教育行为。

3. 阅读下列材料，回答问题。

在一节语文公开课上，当我讲到“一千万万颗行星”这句话时，班上最调皮的赵强同学突然阴阳怪气地问道：“老师，‘万万’是什么意思?”这惹得全班同学哄堂大笑。面对听课老师们关切的目光，我平静地说：“大家都知道‘万万’等于‘亿’，那么，这里为什么不用‘亿’而用‘万万’呢?”全班同学马上安静下来，开始认真思考，并且发表了自己的看法。大家讨论完后，我进行了分析和总结，最后我又问了一句：“今天这一‘额外’的收获是怎么来的呢？大家要感谢谁呢？请让我们用掌声表达对他的谢意!”大家把目光转向赵强同学，鼓起掌来。赵强不好意思地低下了头。

为了进一步了解赵强的情况，我决定进行家访。他知道后，立刻紧张起来，特意找到我，叫我千万别向他爸妈告状。因为从前的老师经常告他状，事后他总免不了皮肉之苦，所以至今心有余悸。我安慰他：“不用担心，我只是想更多地了解你。”那天，我在他家时，他因为害怕躲在房间不敢出来，但不时探出头来想听我讲些什么。在他爸妈面前，我不但没有告他的状，反而夸奖他的进步。回到学校，他对我说：“老师，你真够朋友，以后瞧我的!”此后，我经常在课后找机会针对他学习中存在的问题进行辅导，还专门针对他的学习情况制订教学计划。赵强很努力，在各方面都有了进步，像变了个人似的。

问题：请结合材料，从教师职业道德的角度，评析“我”的教育行为。

参考答案

一、单项选择题

1. B　2. D　3. A　4. B　5. D　6. B　7. C　8. C　9. D　10. C

二、材料分析题

1. 参考答案：材料中小李老师的做法是不正确的，主要体现在以下几个方面。

材料中小李老师的做法违背了爱岗敬业的要求。小李老师在工作一段时间之后开始对工作变得不负责任，不认真备课上课，敷衍塞责。爱岗敬业就是要求教师对教育事业具有强烈的责任感和深厚的感情。没有责任就办不好教育，没有感情就做不好教育工作。

材料中的小李老师没有做到真正关爱学生。小李老师把对校长和学生评教的不满都发泄到学生身上，对学生进行讽刺挖苦，这些严重地伤害了学生的自尊心，没有尊重学生的人格。教师关爱学生就要做到关心爱护全体学生，尊重学生人格，平等公正对待学生，绝对不能歧视学生，不能体罚或变相体罚学生。

材料中的小李老师没有真正地践行教书育人的要求。小李老师在上班一段时间之后越来越不重视上课、辅导、批改作业，变得浮躁，对班上学生的评教也不以为意。

《中小学教师职业道德规范》指出，教书育人是教师的天职，而小李老师的行为严重地违背了教书育人这一要求。

2. 参考答案：古老师践行了爱岗敬业的职业道德。古老师注重责任意识，面对学生出现的种种问题，能够尽职尽责地处理，积极与家长沟通，与学生一起玩游戏，在教育实践中履行着自己作为一名教师应尽的职责。

古老师践行了关爱学生的职业道德。古老师将全身心的爱投入工作中，以师爱作为工作的核心动力，和学生一起游戏，挖掘学生的"闪光点"，耐心帮助学生改正不良习惯等，都是出于对学生的关爱，用自身的实际行动诠释了师德的灵魂——关爱学生。

古老师践行了教书育人的职业道德。古老师遵循教育规律，循循善诱，诲人不倦，因材施教。他通过细致的观察"发现小明的手工玩具做得很好"，通过耐心的教导改正"一个学生喜欢偷拿别人的东西"的习惯，培养学生的良好品行，进而促进学生全面发展。

古老师践行了为人师表的职业道德。古老师坚持高尚情操，以身作则，在教育教学过程中率先垂范，以自己的人格魅力和学识魅力教育影响学生。

古老师践行了终身学习的职业道德。古老师坚持树立终身学习理念，拓宽视野，更新知识结构。他"每周写一篇教学心得体会"，"参加网上教师职业培训活动"，潜心钻研业务，勇于探索创新，不断提高专业素养和教育教学水平。

3. 参考答案：材料中的"我"遵守了教师职业道德规范，有利于促进学生进步。

教师职业道德规范要求教师关爱学生，关心爱护全体学生，尊重学生人格，平等公正对待学生。材料中的赵强同学在课堂上突发奇问，引起了学生"哄堂大笑"。"我"并没有因此而批评他，而是因势利导，使课堂有了额外的收获，并且引导大家表示感谢，表明了"我"对学生的关心爱护，也表现出教师良好的教育机智；在家访时赵强又请求"我"不要告状，"我"尊重赵强，一改过去的家访方式，对赵强进行鼓励表扬，以此获得学生的信任，以便更好地开展工作。这些都表明了"我"践行了关爱学生的要求。

教师职业道德规范要求教师做到教书育人，在教学过程中开展素质教育，循循善诱，诲人不倦，培养学生良好品行，激发学生创新精神，促进学生全面发展。面对课堂上赵强的突发奇问，"我"顺势引导，鼓励学生勤于思考，激发学生的创新精神和发散性思维；引导学生对赵强表示感谢，以帮助赵强树立自信心，从而促进了赵强和其他同学的全面发展，体现出"我"践行了教书育人的要求。

教师职业道德规范要求教师做到爱岗敬业，勤恳敬业，对工作高度负责。材料中的"我"积极进行家访，以便了解学生，更好地开展教育教学工作，体现了对工作的高度负责。总之，"我"在教育实践中践行了教师职业道德规范，值得学习。

第二章　教师职业行为

第一节　教师职业行为规范的内涵及内容

【考点分析】

本节知识点在历年考试中以选择题型为主。考生要正确理解教师职业行为规范的具体内容，把握教师职业道德规范与行为规范的内在联系。

【考点内容】

一、教师职业行为规范的内涵

教师职业道德是教师在思想层面的认识。教师在具体的教育教学实践过程中，必须以基本的职业道德要求为指导，将规范转化为实际的职业行为。从教师的角度讲，教师的职业行为是其专业化的体现，决定着教师专业发展的长远性。从学生的角度讲，教师的行为举止是学生的榜样，对学生的身心发展具有潜移默化的影响，引导着学生的思想建构和品德养成。教师职业行为规范，主要涉及以下五个方面：教师思想行为规范、教师教学行为规范、教师人际行为规范、教师仪表行为规范、教师语言行为规范等。

二、教师职业行为规范的内容

(一)教师思想行为规范

①良好的思想政治素养。

②热爱教育事业。

③为人师表，遵纪守法。

(二)教师教学行为规范

①精心上好每一堂课。

②构建合理的知识结构。

③努力开展教育科学研究。

(三)教师人际行为规范

①教师与学生——民主平等。

②教师与家长——尊重家长。

③教师与同事——团结协作。

④教师与领导——尊重理解。

(四)教师仪表行为规范

①教师的仪表行为要以学生的欣赏水平为前提。

②教师的仪表行为要与自己的性格特点相得益彰。

③教师的仪表行为要符合自己的年龄特点。

④教师的仪表行为要与课堂教学的情调相适应。

(五)教师语言行为规范

①教师要使用普通话。边远地区的教师也要通过媒体及其他途径练习普通话，力争发音标准。

②语义要明确，表达要清楚，这需要教师熟悉学科知识，思路清晰。

③语句要完整，上下连贯，有逻辑性。

④教师还要注意与时俱进、丰富语言，学会用学生熟悉、喜欢的语言表达教学内容。

真题再现

1.【2018年下半年　中】青年教师王老师为提高教学水平，在课堂教学设计、教学方法乃至教学语言上都严格认真模仿特级教师李老师的做法，但教学效果仍然不佳。王老师教学效果不佳的原因不包括(　　)。

A. 王老师缺乏反思意识　　B. 王老师忽视学生的差异性

C. 王老师缺乏教学创新意识　　D. 王老师缺乏诚恳学习的态度

答案：D

2.【2018年下半年　中】上课时，程老师发现后排的一名学生在偷偷吃零食。刚开始程老师没有理会，但这名学生吃了很长时间也没有停下。程老师忍无可忍，便快速走到这名学生跟前，抢过零食扔出窗外。程老师的做法(　　)。

A. 恰当，体现了教师的严格要求　　B. 恰当，符合学习的管理规定

C. 不恰当，不应简单粗暴处理问题　　D. 不恰当，不应干预学生个人行为

答案：C

3.【2016年下半年　中】某中学曾老师，每次布置课后作业后，都只是在下次课堂上与学生一起核对一下答案。曾老师的做法(　　)。

A. 合理，可以提高教学效率　　B. 不合理，教师应认真批改作业

C. 合理，可以促进学生自学　　D. 不合理，增加了学生课后负担

答案：B

第二节　教师在职业活动中要处理好的几大关系

【考点分析】

本节知识点是高频考点，在历年考试中以选择题和材料分析题为主。教师要能依据教师职业行为规范，在教育活动中恰当地处理与学生、学生家长、同事以及教育管理者的关系。

【考点内容】

一、教师与学生的关系

①热爱学生。

②尊重学生。
③了解学生。
④公平公正地对待学生。
⑤严格要求学生。

二、教师与学生家长的关系

①建立平等的沟通关系。
②形成良好的沟通习惯。
③尊重家长的人格。
④教育学生尊重家长。

三、教师与同事的关系

①尊重。
②理解。
③协作。

四、教师与教育管理者的关系

(一)尊重

教师在教育管理者的协调下开展工作，目的是共同实现学校的教育教学目标。教育管理者的管理目标与教师的职业活动目标是高度一致的。因此，教师应当尊重教育管理者根据自己的管理职责开展教育管理活动。

(二)支持

教师的职责和任务在很大程度上是由学校教育管理者给予的。每一位教师根据自己对职责的承诺，完成学校教育管理者分配的任务，这是学校组织实现教育目标的保障。因此，教师应当在自己的职业行为上支持学校教育管理者的工作。

真题再现

1.【2015 年下半年　中】学习一直不好的张同学这次考试考了 59 分。老师给他评分“59＋1”，并在发试卷时悄悄说：“这一分是预支给你的，希望你下次考好些，再把这一分还给老师，好吗?”该老师的做法(　　)。

A. 虽未按常规处理，但有利于激励学生　B. 虽缺乏教育技巧，但有利于学生发展
C. 虽有违教育原则，但有利于保护学生　D. 虽有失教育公正，但有利于教育学生

答案：A

2.【2014 年上半年　中】一位家长抱怨：“李老师隔三差五给家长打电话，每次都把我们狠狠批评一顿，还经常叫我们到学校听她训话。”李老师的做法(　　)。

A. 错误，教师应该与家长平等沟通　B. 错误，教师应对学生发展负全责
C. 正确，家长要配合学校教育学生　D. 正确，教师应主动寻求家长支持

答案：A

3.【2019 年上半年　中】方老师和家长联系紧密，要求家长每天检查孩子的学习情

况，还从专业的角度要求家长完全按老师说的方法教育孩子。每当学生犯错，方老师就把家长请到学校，共谋对策。方老师的做法(　　)。

A. 不可取，不应把家长当作教师的“助教”

B. 不可取，不应把教育的责任推卸给家长

C. 值得提倡，共同教育学生可以增强教育的效果

D. 值得肯定，发挥了“闻道在先，学有专攻”的优势

答案：A

能力提升训练题

一、单项选择题

1. 小华屡次抄袭作业，于是袁老师训斥道：“我教了几十年的书，就没见过像你这样油盐不进、屡教不改的学生!”下列对袁老师的评价，不正确的是(　　)。

A. 缺乏教育艺术　　B. 缺乏教育耐心

C. 缺乏教育智慧　　D. 缺乏教育目标

2. 三(2)班班规有一条“不讲普通话唱歌一首”。一天，班主任刘老师在讲课时无意中讲了一句方言，于是她在下课后给同学们唱了一首歌。下列对刘老师的评价，不正确的是(　　)。

A. 维护教师权威　B. 注重师生平等　C. 严格自律　D. 以身作则

3. 教师处理其与教师事业的关系时应遵循(　　)的原则。

A. 爱岗敬业　B. 教书育人　C. 为人师表　D. 终身学习

4. 女老师换了个新发型，课前她一进班级，有几个淘气的男同学就凑在一起，用调侃的语调大声喊道：“老师，我爱你。”下列处理方式，最恰当的一项是(　　)。

A. 露出羞涩的神情

B. 严厉地批评他们

C. 微笑着说：“我告诉大家一个秘密，我也爱你们。”

D. 不予理睬，开始上课

5.“坚持真理，奖罚分明”体现了教师的(　　)。

A. 职业良心　B. 公正意识　C. 教育义务　D. 专业荣誉

6. 有人说“同行是冤家”“教会徒弟，饿死师傅”“文人相轻”，这些错误观念与(　　)相违背。

A. 谦虚为怀，自知之明　　B. 团结协作，甘为人梯

C. 严以律己　　D. 学习先进，共同提高

7. 刘老师家庭负担重，老人要看病，孩子要读书，于是用假名在培训机构上课，挣钱补贴生活。这种行为(　　)。

A. 可以，不影响正常教学即可

B. 可以，刘老师可以在业余时间做任何事

C. 可以，刘老师在培训机构做老师，不是利用职务之便谋取私利

D. 不可以，刘老师的这种行为违反了教师职业道德

8. 家访是传统而有效的沟通手段，也是教师了解学生的一个非常重要的载体。教

师家访要提前“备课”，其中重要的内容就是针对不同的学生应该采用怎样的方法、家长对教师反映的情况持何种态度以及教师又该如何应对。下列应对行为中，不正确的一项是(　　)。

A. 家访主要以报喜为主，多说优点、长处，在短处中找长处

B. 肯定家长的付出，提醒家长今后要注意的方面

C. 家长和教师是同盟军，只要是家长批评学生的地方，教师都要进一步指责

D. 放下“教育权威”的架子，向家长征求意见，虚心听取他们的批评和建议

9. 有30多年丰富教学经验的段老师，特别重视外出学习，一有机会就向其他老师取经，观摩别人的课堂，反思自己的教学方法，努力提高教育教学水平。这说明段老师具有(　　)。

A. 模仿其他老师的意识　　B. 关心学生的意识

C. 实施素质教育的意识　　D. 追求进步的意识

10. 夏老师工作很努力，教学能力强，业余时间经常自学教育教学理论和专业知识。但他对教学能力差的同事不屑一顾，致使一些老师不愿意搭理他。夏老师应该(　　)。

A. 置之不理，继续提高自己的教学水平

B. 反思自己，想办法改善与同事的关系

C. 团结同事，降低自身专业发展的要求

D. 减少往来，避免与同事发生正面冲突

二、材料分析题

1. 阅读下列材料，回答问题。

从师范大学毕业后，孙斌凭借自己的努力成了一名初中语文老师。工作前几年，为了适应教学工作，他向其他同事学习，教学水平逐渐提高，教学效果得到了家长们的认可。这时，他认为教学工作并不神秘，自己的经验、知识与能力已经足以应付，没有必要继续深入钻研教学。

一天，几位学生的家长找到孙老师，希望他能在课后帮助孩子补习。孙老师认为这事有利于提高学生成绩就答应了。补习结束时，家长们为了感谢孙老师，给了他一笔可观的补课费。孙老师推辞不过只好接受。

自此以后，越来越多的学生找孙老师补课，其他班级甚至其他学校的学生也来找他。为了保证补习效果，孙老师常常将课堂教学与课后辅导联系起来，还专门编印了系列学习资料，仅收取成本费和辛苦费。随着参与辅导学生规模的扩大，孙老师家里的空间已不足，于是他在小区里专门租了地方方便学生参与辅导。为了节省学生购买学习资料和学习用具的费用，孙老师还要求学生统一从自己这里购买。家长们对孙老师的辅导非常满意，还给他送了锦旗。

问题：请结合材料，从教师职业道德的角度，评析孙老师的教育行为。

2. 阅读下列材料，回答问题。

现在，有的学校班级开家长会都是分别进行的，即成绩好的学生的家长会先开，成绩差的学生的家长会后开。一所学校曾经发生过这样一件事：有一个成绩不在前15名的学生的家长推门进去参加家长会，被班主任拒绝。班主任说：“你们的会在下一拨，先出去吧。”这位家长很不好意思，红着脸走开了。

请对材料中教师的行为进行评价。

参考答案

一、单项选择题

1.D　2.A　3.A　4.C　5.B　6.B　7.D　8.C　9.D　10.B

二、材料分析题

1. 参考答案：孙老师的很多行为都是不正确的，违背了以下教师职业道德规范。

孙老师的行为违背了爱岗敬业的职业道德。爱岗敬业要求教师应当乐于奉献，认真备课，上课不敷衍塞责。但是孙老师却认为自己的能力足以应付教学，没有必要深入钻研，这是不正确的。孙老师应虚心学习，认真备课，做好教师工作。

孙老师的做法违背了为人师表的职业道德。为人师表要求教师廉洁奉公，自觉抵制有偿家教，不利用职务之便谋取私利。而孙老师却通过开辅导班、向学生收取费用、售卖学习资料、将上课与辅导班联系起来等方式，获取私利，这违背了为人师表的职业道德。

孙老师的做法违背了终身学习的职业道德。终身学习要求教师应当树立终身学习理念，拓宽知识视野，更新知识结构；潜心钻研业务，勇于探索创新，不断提高专业素养和教育教学水平。而孙老师认为自己没必要继续深入钻研教学，这是一种自我满足和不思进取的表现，这一点违背了教师职业道德规范中终身学习的内容。

2. 参考答案：该教师的行为违背了尊重家长的教师职业行为规范。教师要尊重每一位学生的家长，平等地对待成绩好和成绩差的学生的家长。促进学生的良好发展，需要学校教育与家庭教育的有机结合。教师与学生家长合理的基本关系主要表现在三个方面：一是社会地位的平等性；二是联系交往的尊重性；三是教育过程的配合性。材料中的教师如此开家长会，会给成绩差的学生及其家长带来消极的心理影响，同时，也会对教师与家长的关系产生不利的影响。

模块十二　文化素养

【考纲要求】

1. 了解中外历史上的重大事件。
2. 了解中外科技发展史上的代表人物及其主要成就。
3. 了解一定的科学常识，熟悉常见的科普读物，具有一定的科学素养。
4. 了解重要的中国传统文化知识。
5. 了解中外文学史上重要的作家及作品。
6. 了解一定的艺术鉴赏知识。
7. 了解艺术鉴赏的一般规律，并能有效地运用于教育教学活动。

第一节　历史文化素养

【考点分析】

本节知识在历年考试中大多以客观题形式出现。在历年考试中，重大历史事件、重要历史人物是考查重点，中国传统的天文历法、思想文化以及民俗节日是传统文化的考查重点，需要重点识记。

【考点内容】

一、中国古代史

(一)原始社会

原始人群：元谋人(距今约 170 万年)、北京人(距今约 70 万年)、山顶洞人(距今约两万年)。

(二)奴隶社会

①夏　公元前 21 世纪，禹建立第一个王朝。禹死后，启得位。王位世袭制取代禅让制。青铜器的出现标志着人类由石器时代进入青铜器时代。

②商　公元前 1600 年，汤建立商，定都殷墟——第一个有文献可考并为考古学和甲骨文所证实的遗址。甲骨文出现。

③西周　公元前 11 世纪中期，周武王建立西周，定都镐京。西周实行分封制。

④春秋　公元前 770 年至公元前 476 年为春秋时期。春秋五霸：齐桓公、宋襄公、晋文公、秦穆公、楚庄王。

(三)封建社会的确立和初步发展

①战国　战国七雄——齐、楚、燕、韩、赵、魏、秦。

商鞅变法：秦孝公任用商鞅进行变法，为秦统一六国奠定基础。

②秦　实行封建专制主义中央集权制度，统一度量衡、货币，车同轨，书同文，焚书坑儒等。

陈胜吴广起义　公元前 209 年，陈胜、吴广举起了第一次大规模的农民起义旗帜。

③楚汉之争　公元前 206 年至公元前 202 年，刘邦、项羽进行了为期四年的楚汉之争。

文景之治　文帝、景帝统治，崇尚“无为而治”。

丝绸之路　汉武帝任命张骞出使西域，开辟丝绸之路。

罢黜百家，独尊儒术　汉武帝接受董仲舒的主张，实行思想统一。

官渡之战　200 年，为曹操统一北方奠定了基础。

赤壁之战　208 年，曹操率军与孙权、刘备在赤壁决战，曹军大败，为三国鼎立奠定了基础。

(四)封建国家的分裂和民族融合

①三国　220 年，曹丕建魏，定都洛阳。221 年，刘备建蜀，定都成都。222 年，孙权建吴，定都建业。三国鼎立局面形成。

②西晋短暂统一　265 年，司马炎夺魏，建立西晋。280 年，西晋统一南北。316 年，西晋亡。

③东晋　淝水之战：383 年，东晋以少胜多。

④南北朝　南北朝并存。

(五)封建社会的繁荣——隋、唐

①隋　581 年，杨坚建立隋朝，定都长安。随后南北统一。隋文帝建三省六部，创立科举制。隋炀帝开凿大运河。

②唐　618 年，李渊称帝，国号为唐。

贞观之治——李世民。

690 年，武则天称帝，是中国历史上唯一的女皇帝。

开元盛世——唐玄宗。

安史之乱——唐玄宗统治后期，755 年，安禄山叛乱，763 年被平定。唐由强盛转向衰落。

(六)民族融合的进一步加强：五代、辽、宋、夏、金、元

①五代　后梁、后唐、后晋、后汉、后周。

②辽　耶律阿保机于 916 年建立契丹，947 年改国号为辽。

③北宋　陈桥兵变：960 年，赵匡胤建立宋朝，定都东京，史称北宋。杯酒释兵权：赵匡胤。北宋统一：979 年，五代割据局面结束。澶渊之盟：1005 年，宋与辽订立合约，规定宋每年给辽岁币银 10 万两、绢 20 万匹。

④西夏　1038 年，元昊建立西夏。

⑤金　12 世纪初，完颜阿骨打领导女真反抗辽，建立金。1126 年，北宋灭亡，史称“靖康之变”。

⑥南宋　1127 年，赵构在应天称帝，后定都临安。

⑦元　1271 年，忽必烈定国号元，为元世祖。1276 年，南宋亡。1279 年，元朝统一，结束了五代割据和南北朝对峙的局面，促进了全国统一。

(七)统一的多民族国家：明、清

①明　1368 年，朱元璋在应天称帝，建立明朝。

主要事件：八股取士、郑和下西洋、戚继光抗倭、郑成功收复台湾、李自成起义。

②清　康乾盛世。顺治册封达赖喇嘛。康熙赐予西藏佛教首领“班禅额尔德尼”的封号。乾隆制定“金瓶掣签”制度。

二、中国近代史、现代史

（一）鸦片战争

①英国发动鸦片战争　18世纪以后，英国向我国输入鸦片。1839年6月，林则徐虎门销烟。

②《南京条约》　1842年8月，中国近代史上第一个不平等条约《南京条约》签订——割让香港，赔款2100万银元，开放广州、厦门、福州、宁波、上海为通商口岸，协定关税。

③鸦片战争的影响：使中国开始沦为半殖民地半封建社会。

（二）太平天国运动

①金田起义　1851年1月，洪秀全在广西桂平金田村宣布起义，建号太平天国。

②《天朝田亩制度》　洪秀全于1853年下半年颁布《天朝田亩制度》。

③《资政新篇》　1859年，洪仁玕写出《资政新篇》。

（三）资本主义侵略的加剧和资本主义的产生

①洋务运动　口号是“自强”“求富”，代表人物是曾国藩、左宗棠、李鸿章、张之洞。

②1885年，清政府在台湾建立行省，任刘铭传为第一任巡抚。

③甲午中日战争　1895年年初，发生在威海卫，丁汝昌牺牲，北洋舰队全军覆没。

④《马关条约》　1895年4月17日签订。内容：清政府承认朝鲜“独立自主”，割让辽东半岛、台湾全岛及所有附属各岛屿、澎湖列岛给日本，赔偿日本军费二万万两，开放沙市、重庆、苏州、杭州为商铺，允许日本在通商口岸开设工厂。

（四）戊戌变法

1898年6月，光绪帝颁布政治、经济、文化教育、军事等一系列变法诏令，史称戊戌变法。这是一次自上而下的资产阶级性质的改良运动，但最终变法失败。

（五）八国联军侵华

①八国联军洗劫北京　1900年7月，英俄日法德美意奥八国联军洗劫北京。

②《辛丑条约》　1901年9月，使中国完全沦为半殖民地半封建社会。

（六）辛亥革命和清朝灭亡

①三民主义　1905年，孙中山在日本东京成立同盟会。同盟会制定了“驱除鞑虏，恢复中华，建立民国，平均地权”的政治纲领，后孙中山将之阐发为“民族”“民权”“民生”的“三民主义”，成为辛亥革命的指导思想。

②武昌起义　1911年10月10日晚，武昌起义打响第一枪，史称辛亥革命。

③中华民国成立　1911年，孙中山为临时大总统。1912年，孙中山在南京宣誓就职，中华民国成立。

④清帝退位　1912年2月12日清帝退位。

⑤《中华民国临时约法》　1912年3月颁布。

⑥辛亥革命的意义　中国近代史上一次伟大的反帝反封建的资产阶级民主革命。

（七）北洋军阀统治时期

1912年3月，袁世凯就任临时大总统，以袁世凯为首的北洋军阀政权建立。

(八)新文化运动、五四运动和中国共产党的诞生

①新文化运动　1915年9月，陈独秀在上海创办《青年杂志》，这是新文化运动开始的标志。

②五四运动　1919年巴黎和会成为导火线。五四运动是一次彻底的反帝反封建的爱国主义运动。无产阶级登上政治舞台。

③中国共产党的诞生　1921年7月1日，中国共产党成立。

(九)第一次国内革命战争

1924年至1927年，中国人民在中国共产党和国民党合作领导下，进行了反帝反封建的革命斗争，称为第一次国内革命战争。

①国民党一大　1924年1月召开，提出“联俄、联共、扶助农工”的政策，标志着国共两党革命统一战线正式建立。

②北伐战争　1926年7月，国民党从广东出师北伐，对象是吴佩孚、张作霖、孙传芳。

(十)第二次国内革命战争

1927年至1937年，国民党对共产党发动战争，于西安事变和平解决后结束。

①南昌起义　1927年8月1日，周恩来、贺龙、叶挺、朱德等人在南昌宣布起义，打响了武装反抗国民党的第一枪。

②八七会议　1927年8月7日召开，中国共产党由大革命失败到土地革命兴起的历史性转折。

③秋收起义　1927年9月，毛泽东领导秋收起义，随后在井冈山建立革命根据地，将武装割据中心转向农村。

④三湾改编　1927年9月29日至10月3日。

⑤红军长征　1934年10月，红军开始长征。1936年10月，三大主力会师，长征结束。

⑥遵义会议　1935年1月在贵州遵义召开，是中国共产党生死攸关的转折点。

(十一)抗日战争

①九一八事变　1931年9月18日，中国东北爆发的一次军事冲突和政治事件。

②西安事变　1936年12月12日，张学良、杨虎城实行兵谏，要求蒋介石停止内战。1936年12月25日，国共合作抗日民族统一战线初步形成。

③七七事变　1937年7月7日，“卢沟桥事变”拉开了中国人民反抗日本帝国主义的序幕，抗日战争全面爆发。

④四大会战　淞沪会战、太原会战、徐州会战、武汉会战。1938年10月，武汉会战结束后，抗日战争进入战略相持阶段。

⑤抗日战争的胜利　1945年8月15日，日本投降。

(十二)中国人民解放战争

1946年，蒋介石发动内战。经历辽沈战役、淮海战役、平津战役及渡江作战，1949年10月1日，中华人民共和国成立。

(十三)社会主义三大改造

社会主义三大改造是指对农业、手工业、资本主义工商业的改造。

社会主义三大改造的完成使社会主义公有制成为我国所有制形式，标志社会主义制度在我国的的确立，从此我国进入社会主义初级阶段。

(十四)十一届三中全会

1978年12月18日至22日在北京举行。

三、世界简史

(一)世界古代史简介

①古埃及　金字塔是古埃及文明的标志。

②古巴比伦王国　位于幼发拉底河中游。《汉穆拉比法典》是迄今人类历史上第一部比较完备的成文法典。

③古印度　公元前6世纪，释迦牟尼创立佛教。古印度人发明了0～9的数字，这些数字成为今天世界统一的数字书写形式。

④古希腊　西方文明的源头之一。

⑤古罗马　斯巴达克领导了第一次奴隶起义。

⑥文艺复兴　14世纪开始于意大利，首先表现在文学艺术领域。

“文学三杰”：但丁、彼特拉克、薄伽丘。

“美术三杰”：拉斐尔、米开朗琪罗、达·芬奇。

⑦英法百年战争　1337—1453年，圣女贞德率领法国军队抵抗英军入侵，最后被捕牺牲。

(二)世界近代史简介

①第一次工业革命　1785年，瓦特改良蒸汽机，人类进入蒸汽时代。1807年，美国人富尔顿创造出第一艘汽船。1814年，英国人史蒂芬孙发明了火车机车。

②美国独立战争与建国　1789年，华盛顿当选第一任总统。

③法国资产阶级革命　1789年7月14日，巴黎人民举行起义，起义者冲向巴士底狱，揭开了法国资产阶级革命的序幕。1789年8月26日，法国制宪会议通过了《人权宣言》，这是法国资产阶级革命的纲领性文件。

④日本明治维新　日本在封建社会向资本主义社会转变时期发生的自上而下的改革运动。

(三)世界现代史简介

①第一次世界大战　1914年6月28日，萨拉热窝谋杀事件引发第一次世界大战。

②俄国十月社会主义革命　在列宁领导下，1917年11月7日，彼得格勒武装起义爆发，资产阶级临时政府被推翻，起义胜利。

③巴黎和会与《凡尔赛和约》《凡尔赛和约》包括两部分：国际联盟条约、对德合约。

④共产国际的建立　1919年共产国际在莫斯科召开第一次代表会议，列宁指出共产国际的根本任务是实行无产阶级专政。

⑤世界资本主义经济危机　1929年10月，世界资本主义经济危机袭击美国，袭击资本主义世界，是历史上最严重的一次经济危机。

⑥苏联社会主义制度的建立　1936年，第八次苏维埃全国代表大会通过了苏联新

宪法，标志着社会主义制度的建立。

(四)第二次世界大战

1939 年 9 月 1 日，德国袭击波兰，英法对德宣战，第二次世界大战爆发。

1941 年 12 月 7 日，日本偷袭珍珠港。12 月 11 日，第二次世界大战进一步扩大。

1945 年 8 月 15 日，日本投降。9 月 2 日，日本签署了投降书，第二次世界大战结束。

(五)联合国的成立

1945 年 10 月 24 日，《联合国宪章》在旧金山签订，联合国成立。

总部设在纽约。五大常任理事国：中国、美国、俄罗斯、英国、法国。

真题再现

1.【2015 年下半年　中】“春秋五霸”中最早称霸的是(　　)。

A. 秦穆公　B. 晋文公　C. 齐桓公　D. 楚庄王

答案：C

2.【2016 年上半年　中】战国时代有七个强大的诸侯争雄称霸，史称“战国七雄”。下列选项中，不属于“战国七雄”的是(　　)。

A. 齐国　B. 鲁国　C. 楚国　D. 秦国

答案：B

3.【2013 年上半年　中】下列对丝绸之路的描述正确的是(　　)。

A. 中国输出的商品以丝绸最具代表性

B. 德国地理学家克里斯泰勒将这条陆上交通路线称为“丝绸之路”

C. 西汉汉武帝时班超首次开拓丝绸之路

D. 东汉时的张骞经营西域并再次打通延伸了丝绸之路

答案：A

4.【2015 年下半年　中】下列近代著名历史人物中，属于洋务运动代表人物的是(　　)。

A. 康有为　B. 梁启超　C. 张之洞　D. 章炳麟

答案：C

5.【2015 年上半年　中】下列选项中又被称为“沈阳事变”的是(　　)。

A. 一二八事变　B. 七七事变　C 八一三事变　D. 九一八事变

答案：D

6.【2013 年上半年　中】揭开中日全面战争序幕的是(　　)。

A. 九一八事件　B. 淞沪会战　C. 七七事变　D. 华北事变

答案：C

7.【2017 年下半年　中】贞德是法国历史上著名的民族英雄，被后人赞颂为“圣女”。她曾率领法国军队对抗外国入侵，并多次打败侵略者。事迹发生的时期是(　　)。

A. 普法战争时期　B. 英法百年战争时期

C. 第一次世界大战时期　D. 欧洲三十年战争时期

答案：B

第二节　科学文化素养

【考点分析】

本节知识在历年考试中大多以客观题形式进行考查。中外科技史上的杰出代表人物及其所取得的成就、重要的科学发明等是考查重点。

【考点内容】

一、我国古代主要的科技成就

（一）四大发明

①造纸术：我国的文字最初写在陶器、龟甲、兽骨上。春秋时期，人们常用竹简、木简。西汉前期有了纸。东汉蔡伦改进造纸术，使纸张开始成为人们普遍使用的书写材料，称“蔡侯纸”。

②印刷术：隋唐时期出现了雕版印刷术。北宋时期毕昇发明了活字印刷术，极大提高了制版效率，有利推动了文化传播。

③火药：人们长期炼丹、制药的结果。唐末应用于军事，宋末火药武器广泛用于战争。

④指南针：战国时期，人们利用磁石指示南北的特性制成了指南工具——司南。沈括记录的地磁偏角是世界上关于这一现象的最早记载。

（二）天文学成就

①夏朝开始有历法；商朝有了最早的日食、月食记录。

②《春秋》中有关于哈雷彗星的记载，是世界公认的关于哈雷彗星的最早记载，比西方早 600 多年。

③东汉时张衡发明了浑天仪和地动仪，比欧洲早 1700 多年。

④元朝郭守敬主持编订《授时历》，其中一年的周期与现行公历基本相同，但比现行公历早 300 年。

（三）数学成就

①《周髀算经》是中国最古老的算书，成书于公元前 2 世纪左右，其中有“勾三股四玄五”的勾股定理的特例。

②三国时期刘徽提出利用割圆术计算圆周率的正确方法。南朝祖冲之精确计算出圆周率在 3.1415926 至 3.1415927 之间，这一成果比欧洲早近 1000 年。

（四）农业、手工业、医学等科学成就

①《齐民要术》：南北朝时期贾思勰所著，我国现存最早的一部农书。

②《天工开物》：明朝宋应星所著，世界上第一部关于农业、手工业生产的综合性著作。

③《农政全书》：明朝徐光启所著，介绍我国传统农业成就，建立了比较完整的农学体系。

④《黄帝内经》：托名黄帝，成书于西汉时期，我国现存较早的一部医书，奠定了中医学理论的基础。

⑤《伤寒杂病论》：东汉张仲景（“医圣”）著，确立了辩证论治原则，是中医临床医学的经典。

⑥麻沸散、五禽戏：东汉华佗所创，五禽戏是我国现存最早的体育保健体操。

⑦《千金方》：唐朝孙思邈（“药王”）著。

⑧《本草纲目》：明朝李时珍著，“东方医药巨典”。

二、我国近现代主要的科技成就

①“两弹元勋”邓稼先为我国核科学事业做出了伟大贡献。

②钱学森被誉为“中国航天之父”“中国导弹之父”“火箭之王”等。

③2003 年，我国自行研制的“神舟五号”载人航天飞船在酒泉发射升空，航天员杨利伟是我国第一位进入太空的航天员。2012 年，“神舟九号”载人飞船与“天宫一号”对接成功，刘洋是我国第一位进入太空的女航天员。

④袁隆平：“杂交水稻之父”。

⑤1983 年，我国第一台每秒钟运算一亿次以上的“银河-Ⅰ”巨型计算机，由国防科技大学计算机研究所在长沙研制成功。

⑥屠呦呦是第一位获得诺贝尔科学类奖项的中国本土科学家、第一位获得诺贝尔生理学或医学奖的华人科学家。她发现的青蒿素可以有效降低疟疾患者的死亡率。

三、西方主要的科技成就

①巴甫洛夫发现了条件反射。

②拉瓦锡揭示了物质燃烧的本质。

③英国经济学家凯恩斯的著作是《就业、利息与货币通论》。亚当·斯密的著作是《国富论》。

④19 世纪中期，迈克尔·法拉第于 1831 年发现了电磁感应现象，开辟了人类生活的新时代——电的时代，并据此发明了早期的发电机。在 19 世纪晚期和 20 世纪早期，使物理学发生革命性变化的事件有：伦琴发现放射现象，居里夫人发现放射性元素镭，爱因斯坦提出相对论。

⑤第一次科技革命的标志是蒸汽机的发明。该时期的科学发现和成就有电磁感应现象、科学原子论、细胞学说。血液循环学说由 17 世纪的英国学者哈维创立。

⑥电话产生于 1871 年，汽车产生于 1885 年，柴油内燃机产生于 1897 年，无线电报产生于 1895 年。

⑦第二次科技革命的标志是电力的广泛使用。当时，科学技术的突出发展主要表现在三个方面，即电力的广泛应用、内燃机和新交通工具的创制、新通信手段的发明。公共汽车和飞机都以内燃机为动力。

⑧孟德尔发现遗传学定律，为遗传因子理论奠定了框架基础。

⑨冯·诺依曼开创了现代计算机理论，其体系结构沿用至今。

⑩1938 年，德国柏林威廉皇帝研究所的研究员奥多·哈恩在用慢中子轰击铀核时，首次发现了原子核的裂变现象，并放出新的中子。

⑪1957 年 10 月 4 日，苏联宣布已经成功地把世界上第一颗绕地球运行的人造卫

星——“伴侣号”送入轨道，标志着航天技术的诞生，揭开了研发太空技术的序幕。

⑫建立系统论的科学家是贝塔朗菲，他是美籍奥地利生物学家。

⑬20 世纪上半叶发生了以相对论、量子力学为核心的物理学革命，加上其后的宇宙大爆炸模型、DNA 双螺旋结构、板块构造理论、计算机科学，这六大科学理论的突破，共同确立了现代科学体系的基本结构。

⑭1954 年，美国设计制造的世界上第一艘核动力潜艇“鹦鹉螺号”进行处女航，宣告了核潜艇时代的到来。

⑮1969 年，美国宇航员阿姆斯特朗踏上月球表面，这是人类第一次踏上月球。“阿波罗计划”开始于 1961 年，1972 年第 6 次登月成功宣布结束。

⑯第三次科技革命是以原子能、电子计算机、空间技术和生物工程的发明及应用为主要标志的。

四、科学常识

①“会当凌绝顶，一览众山小”这句话出自杜甫的《望岳》，杜甫登东岳泰山而有此作。我国“五岳”是指北岳恒山、南岳衡山、东岳泰山、西岳华山、中岳嵩山。

②在我国的农历历法中，每月的第一天即初一为朔日，十五为望日，十六为既望，每月的最后一天为晦日。

③寓言的三大发源地分别是古希腊、古印度、中国。其中古希腊寓言以伊索寓言为代表，用动物为角色，采用拟人化描写。古印度寓言则多是佛经中的故事。中国古代寓言则大部分是常人体寓言。

④温室气体是指大气中能够产生温室效应的一些气体，包括二氧化碳、甲烷、氧化亚氮等 30 多种气体。

⑤我国湖南长沙马王堆三号汉墓出土的绘制在丝织品上的彩色地图，是我国最早的地图。地图上方向的表示法：a. 有指向标的地图，应根据指向标所标方向去辨认方向(箭头指向北方)；b. 没有指向标的地图，通常采用“上北下南，左西右东”的规则确定方向：c. 在有经纬网的地图上，根据经纬网确定方向，经线指示南北方向，纬线指示东西方向。在地图上，山地的标高为绝对高度和相对高度。地图种类很多，一般分为普通地图和专题地图。

⑥蜘蛛不属于昆虫，它是蛛形纲。

⑦晴朗的天空看起来是蓝色的，是因为光的散射。

⑧在中国古代四大发明向西方传播的过程中，贡献最大的是阿拉伯商人。因为阿拉伯人素来以善于经商闻名，来往于中国和西方，把指南针和火药带到了欧洲。

⑨麦哲伦船队完成了人类历史上的第一次环球航行，证明了地球是圆的。

⑩世界四大岛屿是格陵兰岛、新几内亚岛、加里曼丹岛、马达加斯加岛。世界上最大的群岛是马来群岛。世界上最大的平原是亚马孙平原。世界上最高的高原是青藏高原，被誉为“世界屋脊”“第三极”。世界上最高大的山脉是喜马拉雅山脉。

⑪《本草纲目》《农政全书》《天工开物》都是明朝的作品。《本草纲目》的作者是李时珍，《农政全书》的作者是徐光启，《天工开物》的作者是宋应星，三人都是明朝人。

⑫世界上最长的河流是尼罗河。流经国家最多的河流是多瑙河。世界上最长的运

河是京杭大运河。

⑬“雾凇”是由空气中的水直接凝华成固态而形成的，这是一个凝华的过程。

⑭我国第一座核电站是秦山核电站，位于浙江省海盐县。大亚湾核电站是我国第二座核电站，位于广东省深圳市。岭澳核电站、田湾核电站都是我国后续建立的核电站。

⑮GPS是20世纪70年代由美国陆海空三军联合研制的新一代空间卫星导航定位系统。“伽利略”导航系统是第一个基于民用的全球卫星导航系统。北斗导航系统是我国自主研发的卫星导航系统。GPS的信号强度和准确度是可控的。

⑯能直接证明门捷列夫元素周期表理论正确的是居里夫人发现了镭。伦琴发现了X射线。道尔顿提出了原子论。林奈是现代生物学分类命名的奠基人。

⑰“项王、项伯东向坐”，这里的“东向坐”是指坐西朝东。秦朝以西为尊。

⑱我国最大的内陆盆地是塔里木盆地。它处于天山和昆仑山、阿尔金山之间。

⑲根据《中华人民共和国行政诉讼法》的规定，被告级别为县级以上行政机关的行政案件，审理机关为中级人民法院。

⑳信号弹在白天发射用红色作为信号颜色，因为红光的穿透力最强。

㉑公元前104年，由邓平等制定的《太初历》，正式把二十四节气订于历法，明确了二十四节气的天文位置。节气反映了地球围绕太阳运动的过程，是每年季节变更的重要标志。二十四节气的命名反映了季节、物候现象、气候变化，其中反映物候现象的有惊蛰、清明。“杨花落尽子规啼”反映的是四川盆地谷雨时节的景象。

㉒细目表是将考试具体化的最重要的工具，使得测验能够与教学的目标和内容保持一致。

㉓江南三大名楼是指江西南昌市的滕王阁、湖北武汉市的黄鹤楼和湖南岳阳市的岳阳楼。中国四大名楼包括这三者，另外一座是鹳雀楼，位于山西永济市，在长江以北。

㉔我们常说的“书香门第”中的“书香”是指植物的气味。

㉕地球有四个圈层，分别为大气圈、水圈、生物圈、岩石圈。最外层为大气圈，最里面的是岩石圈。

㉖两河流域是古代巴比伦王国的发源地，其中两河是指幼发拉底河和底格里斯河。

㉗我国是世界上动植物种类最多的国家；我国少数民族人口占全国总人口的8%左右；我国大陆海岸线长约1.8万千米；我国陆地边界全长约2.28万千米。

㉘潮汐是指海水在天体的引力作用下所产生的周期性运动，地球上潮汐的动力主要是月球和太阳的引力，由于月球离地球更近，这二者之间又以月球的引力为主。

㉙四象青龙、白虎、朱雀、玄武分别代表东、西、南、北四个方向。第一架天文望远镜由伽利略所做。

㉚“一桥飞架南北，天堑变通途”写的是武汉长江大桥。

㉛URL的含义是信息资源在网上的位置和如何访问的统一的描述方法。

㉜由商品的价格变动所引起的商品相对价格的变动，进而由商品的相对价格变动所引起的商品需求量的变动，称为替代效应。

㉝被联合国教科文组织认为是“知识社会的根本原理”的教育思想是终身教育。

㉞在 Windows 中，要把图标设置成缩略图方式，应在查看下面的菜单中设置。

㉟我国与外国陆域接壤的省级行政区有 9 个：广西、云南、西藏、青海、新疆、内蒙古、黑龙江、吉林、沈阳。

㊱出口退税主要是通过退还出口货物的国内已纳税款来平衡国内产品的税收负担，使本国产品以不含税成本进入国际市场，与国外产品在同等条件下进行竞争，从而增强竞争能力，扩大出口创汇；政策决算是指经法定程序批准的年度政府预算执行结果的会计报告；货币远期升水是指一种货币的远期汇率高于即期汇率，远期贴水是指远期汇率低于即期汇率；公司权力机构应为股东大会。

㊲碧螺春属于绿茶类，主产于江苏省苏州的洞庭山，所以又称“洞庭碧螺春”；铁观音，产自福建安溪，属于乌龙茶类，是中国十大名茶之一；六安瓜片，简称片茶，产于皖西大别山地区，其中以安徽省六安、金寨和崔山所产的最佳。

㊳青藏高原大约形成于 5000 万年前，其成因是印度板块与欧亚板块相碰撞。

㊴宋元时期是我国科技发展的第二个黄金时期，居于世界领先地位的科技成就有：沈括创制的“十二气历”，郭守敬的“授时历”，印刷术、指南针、火药和火器的发明和使用。

㊵臭氧层是指大气层的平流层中臭氧浓度相对较高的部分，其主要作用是吸收短波紫外线，避免过强紫外线对人体造成损伤。

㊶如果人体内缺乏维生素 A，人易患夜盲症。

㊷贫血是指全身循环血液中红细胞总量减少至正常值以下。但由于全身循环血液中红细胞总量的测定技术比较复杂，所以贫血在临床上一般指外周血中血红蛋白的浓度低于患者同年龄组、同性别和同地区的正常标准。红细胞是血液中数量最多的一种血细胞，同时也是脊椎动物体内通过血液运送氧气的最主要媒介。

㊸在石英钟电池耗尽的情况下，当秒针走到数字 9 位置时，秒针受到重力的力矩方向向下，与表本身受电能驱动行走的力矩方向恰好相反，容易达到平衡状态，因此秒针通常停在数字 9 附近。

㊹桂林是典型的喀斯特地貌，即岩溶地貌，此地貌形成了“山青、水秀、洞奇、石美”的桂林“四绝”。

㊺我国陆上天然气主要分布在中部和西部地区，主要集中在四川盆地、陕甘宁地区、塔里木盆地和青海。海上天然气主要分布在渤海湾、南海和东海。

㊻我国佛教四大名山是山西五台山、四川峨眉山、浙江普陀山、安徽九华山。道教四大名山是湖北十堰武当山、江西鹰潭龙虎山、安徽黄山齐云山、四川都江堰青城山。

㊼叶菜类均含有铁、钾、维生素以及胡萝卜素；花菜类含维生素和相当丰富的矿物质；豆菜类含有较多的维生素 C 和矿物质；除胡萝卜等少数几种蔬菜以外，大多数根茎类蔬菜淀粉含量居多。

真题再现

1.【2014 年下半年　中】北宋沈括《梦溪笔谈》指出，若“上印三二张，未为简单，若能印数十千张，则极为神速”。对产生这一现象的原因，分析正确的是(　　)。

A. 活字印刷的改进　　B. 雕版印刷的推广

C. 胶泥印刷的诞生　　D. 金属活字印刷的产生

答案：C

2.【2015年上半年　中】中国研制成功的第一台亿次巨型计算机是(　　)。

A. 银河-Ⅰ　　B. 银河-Ⅱ　　C. 巨浪-Ⅰ　　D. 巨浪-Ⅱ

答案：A

3.【2016年上半年　中】人类社会经历了三次科技革命，第一次科技革命的标志是(　　)。

A. 蒸汽机的发明　　B. 纺织机的发明

C. 电力的发明　　D. 电子计算机的发明

答案：A

4.【2015年下半年　中】美国最早实现了载人登月，其载人登月计划的名称是(　　)。

A. 空间站计划　　B. 曼哈顿计划

C. 阿波罗计划　　D. 星球大战计划

答案：C

5.【2019年上半年　中】直角三角形两直角边的平方和等于斜边的平方，这是平面几何的一条定理。下列选项中，不是用来指称这一定理的是(　　)。

A. 毕达哥拉斯定理　　B. 欧几里得定理

C. 勾股定理　　D. 商高定理

答案：B

6.【2019年上半年　中】2016年8月16日凌晨，我国成功发射了世界首颗量子科学实验卫星。该卫星以我国古代一位先贤命名，以纪念他对自然科学做出的贡献，这位先贤是(　　)。

A. 孔子　　B. 老子　　C. 墨子　　D. 荀子

答案：C

第三节　传统文化素养

【考点分析】

传统思想文化、民俗节日、常见的历史典故是考查重点。考生需要根据考点补充相关知识，了解中华民族传统文化知识。

【考点内容】

一、传统思想文化

①儒家代表人物：孔子、孟子、荀子。作品：《论语》《孟子》《荀子》。

②道家代表人物：老子、庄子、列子。作品：《道德经》《庄子》《列子》。

③墨家代表人物：墨子。作品：《墨子》。

④法家代表人物：韩非、李斯。作品：《韩非子》。

⑤古代启蒙读物为“三、百、千”，即《三字经》《百家姓》《千字文》。

⑥古代的学校有官学和私学。官学又有中央官学(太学、国子学、四门学等)和地

方官学。宋代著名的书院有白鹿洞书院(江西庐山)、岳麓书院(湖南岳麓山)、嵩阳书院(河南嵩山)、应天府书院(河南睢阳)、丽泽书院(浙江金华)、象山书院(江西鹰潭)。

⑦汉代选士制度的主体是察举制，孝廉是其中的科目。隋唐以来的选士制度是科举制。明清两代的科举制包括：乡试(考中称举人，第一名称解元)；会试(考中称贡士，第一名称会元)；殿试(贡士参加殿试被录为三甲，都叫进士，第一名称状元)。

二、古代称谓

①年龄别称。不满周岁称“襁褓”。女子13岁称“豆蔻年华”，15岁称“及笄之年”。男子20岁称“弱冠”，30岁称“而立”，40岁称“不惑”，50岁称“知命”，60岁称“花甲”，70岁称“古稀”。

②尊称。令尊、令堂是对别人父母的尊称。令兄、令妹是对别人兄妹的尊称。令郎、令爱是对别人儿女的尊称。

③别称。父母称高堂。妻父称丈人、岳父、泰山。兄弟称昆仲、手足。老师称先生、夫子。学生称门生。女婿称东床。

④行业称谓。医学界为杏林。教育界称杏坛。

三、神话故事与历史典故

①神话故事：盘古开天辟地、女娲补天、神农尝百草、共工怒触不周山、嫦娥奔月、夸父逐日、精卫填海、牛郎织女、梁祝化蝶、白蛇传。

②历史典故。战国：完璧归赵(蔺相如)、围魏救赵(孙膑)、负荆请罪(廉颇)、纸上谈兵(赵括)、讳疾忌医(蔡桓公)、卧薪尝胆(勾践)、高山流水(俞伯牙和钟子期)、悬梁刺股(苏秦)。秦：一字千金(吕不韦)、指鹿为马(赵高)、焚书坑儒(秦始皇)、图穷匕见(秦始皇和荆轲)。汉：一饭千金(韩信)、暗度陈仓(韩信)、背水一战(韩信)、四面楚歌(项羽)、破釜沉舟(项羽)、十面埋伏(项羽)、约法三章(刘邦)、金屋藏娇(刘彻)、凿壁偷光(匡衡)、投笔从戎(班超)。三国：鞠躬尽瘁(诸葛亮)、三顾茅庐(刘备)、刮目相看(吕蒙)、乐不思蜀(刘禅)、七步成诗(曹植)、才高八斗(曹植)、刮骨疗伤(关羽和华佗)、单刀赴会(关羽)、望梅止渴(曹操)。两晋：入木三分(王羲之)、闻鸡起舞(祖逖)、洛阳纸贵(左思)、东山再起(谢安)、草木皆兵(苻坚)。南北朝：江郎才尽(江淹)。宋：黄袍加身(赵匡胤)、精忠报国(岳飞)、东窗事发(秦桧)。

四、其他文化常识

①四象：左青龙、右白虎、南朱雀、北玄武。

②二十四节气：春雨惊春清谷天，夏满芒夏暑相连，秋处露秋寒霜降，冬雪雪冬小大寒。

③天干地支纪年。天干是甲、乙、丙、丁、午、己、庚、辛、壬、癸。地支是子、丑、寅、卯、辰、巳、午、未、申、酉、戌、亥。天干地支按顺序组合起来纪年。

④传统习俗。清明有扫墓、踏青、荡秋千、放风筝等习俗。端午有喝雄黄酒、挂香袋、吃粽子、驱“五毒”等习俗。中秋有赏月、观潮、吃月饼等习俗。重阳有登高望远、赏菊赋诗、喝菊花酒、插茱萸等习俗。

⑤中华四大名绣：苏绣、湘绣、蜀绣、粤绣。

⑥中国十大名曲是《高山流水》《梅花三弄》《夕阳箫鼓》《汉宫秋月》《阳春白雪》《渔樵问答》《胡笳十八拍》《广陵散》《平沙落雁》《十面埋伏》。

真题再现

1.【2019 年上半年　中】甲骨文的发现极大地推动了殷商史的研究。学界将中国近代四位研究甲骨文的著名学者合称为“甲骨四堂”。下列人物中，属于“甲骨四堂”的是(　　)。

A. 王国维　　B. 孙诒让　　C. 季羡林　　D. 陈寅恪

答案：A

2.【2015 年上半年　中】下列选项中，不符合古代“无为”观念的是(　　)。

A. 顺天之时　　B. 随地之性　　C. 因人之心　　D. 无所作为

答案：D

3.【2015 年下半年　中】小王对小李说：“令尊常对我说，活在世上，最为重要的是清清白白做人。”加点的敬辞所指的人是(　　)。

A. 小王的父亲　　B. 小王的母亲　　C. 小李的父亲　　D. 小李的母亲

答案：C

4.【2016 年下半年　中】下列历史故事与秦始皇有关的是(　　)。

A. 图穷匕见　　B. 指鹿为马　　C. 望梅止渴　　D. 三顾茅庐

答案：A

5.【2014 年上半年　中】下列古典名曲与王维的送别诗有关的是(　　)。

A. 高山流水　　B. 阳关三叠　　C. 梅花三弄　　D. 平沙落雁

答案：B

第四节　文学素养

【考点分析】

文学常识的考查主要侧重于名家名作，尤其是我国古代唐诗、宋词、元曲、明清小说的代表性作家作品，以及西方文艺复兴时期和近代文学的主要作家作品。

【考点内容】

①一般认为，1818 年的《弗兰肯斯坦》是科幻小说的开山之作，作者是玛丽·雪莱。《弗兰肯斯坦》的全名是《弗兰肯斯坦——现代普罗米修斯的故事》。

②建安七子指孔融、陈琳、王粲、徐干、阮瑀、应玚、刘桢。王粲，字仲宣，东汉末年著名文学家，被称为“七子之冠冕”，初仕刘表，后归曹操。陈琳、阮瑀以书檄擅名当时。

③曹禺是中国现代话剧的奠基人。他的著名作品有《雷雨》《日出》《原野》《北京人》等。

④《左传》是我国第一部记事详备的编年体史书。《史记》是我国第一部纪传体通史。《论语》是儒家经典著作。《国语》是我国第一部国别体史书。

⑤黎锦晖是现代儿童音乐剧的开创者。桂文亚是台湾儿童散文作家，著有《思想猫》《长着翅膀游英国》《美丽眼睛看世界》《哈玛！哈玛！伊斯坦堡》等 30 多部儿童文学作品。

⑥“三言二拍”是我国古代五部短篇小说集的总称。“三言”是明代冯梦龙编辑、加工的三部短篇小说集：《喻世明言》《警世通言》《醒世恒言》。“二拍”是明代凌濛初在“三言”的直接影响下写成的两部短篇小说集：《初刻拍案惊奇》《二刻拍案惊奇》。

“左联五烈士”是 1931 年在上海被国民党反动政府秘密杀害的五位革命作家，他们是柔石、殷夫、冯铿、胡也频、李伟森。

⑦中国现代第一部现实主义长篇童话是叶圣陶的《稻草人》，这篇童话通过一个富有同情心而又无能为力的稻草人的所见所思，真实地描写了 20 年代中国农村风雨飘摇的人间百态。被认为标志着中国儿童文学觉醒的代表作品是这部作品和 1926 年出版的冰心的《寄小读者》。

⑧《资治通鉴》由北宋司马光编纂。

⑨楚辞的代表作家是屈原和宋玉。

⑩“勉从虎穴暂栖身，说破英雄惊煞人。巧将闻雷来掩饰。随机应变信如神。”这首诗说的是《三国演义》中煮酒论英雄这个故事。

⑪岑参是边塞诗人。孟浩然、王维、谢灵运属于山水田园派诗人。

⑫《年夜》《一颗蓝豌豆》《小小的月牙》等“小拇指童话诗”的作者是徐鲁。

⑬《牵牛花》《花的沐浴》《款待》的作者均是郭风。

⑭《秘密时间之路》是科幻小说，作者是吴岩、星河；《圆圆和方方》为科学童话，作者是叶永烈；《神翼》为科幻小说，作者是郑文光；《蝉的歌唱》属于科学小品，作者是 19 世纪法国著名的昆虫学家法布尔。

⑮《秋浦歌》—李白—唐代—诗歌；《北京人》—曹禺—现代—话剧；《欧根·奥涅金》—普希金—俄国—诗体小说。

⑯动物小说《第七条猎狗》的作者是沈石溪，他被称为动物小说大王。唧唧王国来源于张天翼的《大林和小林》。

⑰茅盾——《农村三部曲》《林家铺子》；《蚀》三部曲——《幻灭》《动曳》《追求》；刘心武——《班主任》；巴金——《激流三部曲》《灯》；蒋子龙——《乔厂长上任记》；周克芹——《许茂和他的女儿们》；古华——《芙蓉镇》；夏衍——《包身工》；王蒙——《组织部新来的年青人》；谌容——《人到中年》；老舍——《骆驼祥子》《茶馆》；魏巍——《谁是最可爱的人》《东方》。

⑱“博学之，审问之，慎思之，明辨之，笃行之”出自《中庸》。

⑲1937 年 11 月至 1941 年 12 月，上海这段时间的文学发展在历史上被称为“孤岛文学”。

⑳辛弃疾是南宋豪放派诗人。王安石的诗歌侧重于说理。柳永是北宋婉约派诗词的创始人。

㉑“金玉其外，败絮其中”出自刘基《卖柑者言》。

㉒“四书”是封建社会科举取士的初级标准书。它指《大学》《中庸》《论语》《孟子》。

㉓四大吝啬鬼是泼留希金、夏洛克、阿巴贡和葛朗台。

㉔木偶皮诺曹是意大利作家科洛迪的童话小说《木偶奇遇记》中的童话形象。

㉕《海的女儿》《丑小鸭》《皇帝的新装》是安徒生童话。安徒生被誉为“世界儿童文学的太阳”。《小红帽》《白雪公主》是格林童话。

㉖《丘克和盖克》是苏联早期著名儿童文学作家盖达尔的短篇小说，创作于1939年。

㉗俄国文学史上第一个“多余人”的形象出自普希金《叶甫盖尼·奥涅金》。

㉘班马的《六年级大逃亡》被称为“探索性小说”，其在艺术上最突出的特点是以主人公的内心独白来叙事。

㉙20世纪无产阶级文学的奠基人及其奠基作是高尔基的《母亲》。

㉚《华严经》是大乘佛教修学最重要的经典之一，全名为《大方广佛华严经》；《三玄》是魏晋玄学家对《老子》《庄子》和《周易》三书的合称；《伪经》与《圣经》有关，但未被列入《圣经》正典的经文，亦作“秘经”；《古兰经》是伊斯兰教唯一的根本经典。

㉛莎士比亚的四大悲剧是《麦克白》《李尔王》《哈姆雷特》和《奥赛罗》。

㉜儿童文学创作的四大母题分别是爱的母题、自然母题、成长母题和顽童母题。瑞典作家林格伦的《长袜子皮皮》三部曲和《小飞人卡尔松》三部曲就是属于顽童母题的典型作品。顽童母题的儿童文学作品传达的是“奇异狂放”的艺术氛围。曹文轩在20世纪90年代创作的系列儿童小说《草房子》《根鸟》《红瓦》三部曲为成长母题。

㉝“科学幻想之父”——法国作家凡尔纳，它的三部曲分别是《格兰特船长的儿女》《海底两万里》《神秘岛》。

㉞大仲马的代表作是《三个火枪手》《基督山伯爵》，小仲马的代表作是《茶花女》。

㉟在古希腊神话中，阿波罗被称为太阳神，哈得斯是冥王，雅典娜是掌管智慧与正义战争的女神，狄安娜是奥林匹斯山上的月亮与狩猎女神。

㊱《彼得·潘：不会长大的男孩》是苏格兰小说家及剧作家詹姆斯·马修·巴利最为著名的剧作，讲述了一个会飞的拒绝长大的顽皮男孩在永无岛所遭遇的各种历险故事。

㊲但丁、莎士比亚与歌德并称为世界三大文学巨匠。但丁被恩格斯称为“中世纪的最后一位诗人，同时又是新时代的最初一位诗人”。但丁，意大利中世纪诗人，代表作品为《神曲》。该书被誉为中世纪文学的巅峰之作，并成为文艺复兴时期的先声之作。

㊳使少年儿童“一面翻书，一面狂笑”的西班牙作家塞万提斯的杰作是《堂吉诃德》。

㊴《小癞子》原名《托美思河的小拉撒路》，16世纪中期于西班牙出版，描述了一个卑贱穷苦孩子痛苦遭遇的故事；《一千零一夜》是著名的古代阿拉伯民间故事集，有243个故事；《天路历程》为英国人班扬所著，该书借用了寓言和梦境的形式，描述了一个基督徒背负着世界的重担为自己也为他人寻求救赎的过程。

㊵世界四大短篇小说巨匠是法国的莫泊桑、俄国的契诃夫、美国的欧·亨利和美国的马克·吐温。

㊶魔幻现实主义是拉丁美洲文学中一个最重要的文学流派。

㊷诙谐幽默，寓悲于喜，形成“含泪的微笑”的独特风格，并被誉为“美国生活幽默的百科全书”的小说家是欧·亨利。

㊸《千纸鹤》是日本著名作家、诺贝尔文学奖获得者川端康成的代表作。

㊹童话作家葛翠琳的代表作是《野葡萄》。《神笔马良》是洪汛涛的作品。《小猪奴尼》的作者是马际。《没头脑和不高兴》的作者是任溶溶。

㊺童话《四季的风》的作者是严文井，他的第一部童话集是《南南和胡子伯伯》。

㊻第一次将十四行诗体引入中国儿童诗创作领域的作家是金波。

真题再现

1.【2016年下半年　中】名句“落霞与孤鹜齐飞，秋水共长天一色”出自《滕王阁序》，作者是(　　)。

A. 王勃　　B. 范仲淹　　C. 苏轼　　D. 陶渊明

答案：A

2.【2015年下半年　中】下列诗歌中，不属于白居易作品的是(　　)。

A.《琵琶行》　　B.《长恨歌》　　C.《卖炭翁》　　D.《石壕吏》

答案：D

3.【2016年下半年　中】16世纪法国作家拉伯雷的一部小说风靡一时，两个月内的销量就超过了《圣经》九年的销量，这一部赞颂人文主义的伟大杰作是(　　)。

A.《神曲》　　B.《十日谈》　　C.《巨人传》　　D.《唐吉诃德》

答案：C

第五节　艺术鉴赏

【考点分析】

中外古代艺术成就尤其是绘画、音乐和中国的戏曲文化是考查重点。

【考点内容】

①哥特式建筑代表建筑有法国的巴黎圣母院、德国的科隆大教堂等。比萨斜塔和比萨大教堂都是罗马式建筑；圣索菲亚大教堂是拜占庭式建筑。

②《卡农》和《致爱丽丝》是钢琴曲，《命运》是交响曲，《蓝色多瑙河》是圆舞曲。圆舞曲原是奥地利的一种民间舞曲，传入我国后，也被音译为“华尔兹”。

③中国十大传世名画分别是：

东晋顾恺之的《洛神赋图》；

唐代阎立本的《步辇图》；

唐代张萱、周昉的《唐宫仕女图》；

唐代韩滉的《五牛图》；

五代顾闳中的《韩熙载夜宴图》；

北宋王希孟的《千里江山图》；

北宋张择端的《清明上河图》；

元代黄公望的《富春山居图》；

明代仇英的《汉宫春晓图》；

清代郎世宁的《百骏图》。

④《诗经·氓》中的“氓”是一个负心的人。

⑤《论语》中有言：“诗可以兴，可以观，可以群，可以怨。”这句话的意思是诗歌可以激发情感，可以观察社会，可以会友，可以发泄不平。

⑥长沙楚墓出土的《人物龙凤图》《御龙图》是现存最古老的帛画。郑板桥的代表作有《兰石图》《竹石图》。中国画自古分为人物、山水、花鸟三大科。

⑦云冈石窟位于山西省大同市，龙门石窟位于河南省洛阳市，莫高窟位于甘肃省敦煌市。

真题再现

1.【2019 年上半年　中】1987 年版电视连续剧《红楼梦》的插曲《枉凝眉》《红豆曲》《葬花吟》等，风格各异而又主题鲜明。这些作品的曲作者是(　　)。

A. 谭盾　　B. 王立平　　C. 苏聪　　D. 徐沛东

答案：B

2.【2014 年下半年　中】下列音乐家中，创作了钢琴曲《致爱丽丝》的是(　　)。

A. 肖邦　　B. 贝多芬　　C. 舒伯特　　D. 李斯特

答案：B

3.【2013 年上半年　中】下列戏剧中，节选自折子戏“苏三起解”的是(　　)。

A. 玉堂春　　B. 牡丹亭　　C. 望江亭　　D. 窦娥冤

答案：A

4.【2019 年上半年　小】西方音乐发展史上出现了许多具有重要影响的音乐家。下列选项中，被誉为“交响曲之父”的作曲家是(　　)。

A. 巴赫　　B. 莫扎特　　C. 海顿　　D. 贝多芬

答案：C

能力提升训练题

1. 下列历史事件按时间顺序排列正确的一组是(　　)。

A. 戊戌变法—马关条约—五四运动

B. 郑和下西洋—戚继光抗击倭寇—郑成功收复台湾

C. 张衡发明地球仪—诸葛亮写《出师表》—张骞出使西域

D. 虎门销烟—甲午中日战争—第一次鸦片战争

2. 下列事件发生在唐朝的是(　　)。

A. 土木堡之变　　B. 玄武门之变　　C. 八王之乱　　D. 陈桥兵变

3. 春秋时期管仲辅佐(　　)打着“尊王攘夷”的旗号，使其“九合诸侯，一匡天下”，成为春秋时期第一个霸主。

A. 晋文公　　B. 楚庄王　　C. 齐桓公　　D. 秦穆公

4. 第二次世界大战的开始时间是(　　)。

A. 1914 年　　B. 1918 年　　C. 1939 年　　D. 1945 年

5.(　　)不是安理会常任理事国。

A. 中国　　B. 英国　　C. 法国　　D. 德国

参考答案

1—5：BBCCD

模块十三　基本能力

第一章　信息处理能力

【考纲要求】

1. 具有运用工具书检索信息、资料的能力。
2. 具有运用网络检索、交流信息的能力。
3. 具有对信息进行筛选、分类、管理和应用的能力。
4. 具有运用教育测量知识进行数据分析与处理的能力。
5. 具有根据教育教学的需要，设计、制作课件的能力。

第一节　工具书的运用

【考点分析】

本节主要考点：工具书的含义与类型；工具书的特点；工具书指南；常见的工具书。

【考点内容】

一、工具书的含义与类型

(一)工具书的含义

工具书是专供人们查找知识信息的文献。它系统汇集某方面的资料，按特定方法加以编排，以供人们需要时查考使用。工具书是一种依据特定的需要，广泛汇集相关的知识或文献资料，按一定的体例和检索方式编排，专供人们查资料线索的图书、文献，是人们在书山探宝、在学海求知的“器”。学会和善于利用工具书，是做学问的一项基本功。

网络工具书，实际上是数字出版、网络出版发展到一定阶段的产物，通俗来讲就是将传统的纸质工具书数字化、网络化，并以互联网为平台进行传播或编辑加工的工具书。网络工具书大致分为两类：第一类是开放式网络工具书，即采用维基百科创作模式，面向全体用户的开放式编写制作、加工修改和传播的在线工具书，如国内的百度百科和互动百科等；第二类是传统工具书的电子版，如商务印书馆工具书在线和中国知网的中国工具书集锦在线等。

(二)工具书的类型

根据基本性质和使用功能，工具书可以划分为检索性工具书和参考性工具书。另外，工具书还可以根据语种、学科内容、规模大小、是否数字化等标准进行划分。

二、工具书的特点

①就编辑目的而言，工具书主要供查考、检索而非通读。

②就编排方法而言，工具书总是按某种特定体例编排的，以体现其工具书性和易

检性。

③就编辑内容而言，工具书广泛吸收已有研究成果，提供的知识、信息比较成熟可靠，叙述简明扼要，概括性强。

三、工具书指南

工具书品种和数量的日益增多，使人们面临如何选择的问题。人们要知道有哪些关于解决相关问题的工具书可利用，以及这些工具书以哪本为善，这就需要工具书的工具书，也称工具书指南。

工具书指南大体分为三类：

第一，以教学为目的的工具书，以培养学生的情报意识、提高他们在学习和科学研究活动中利用工具书解答疑难问题及独立检索文献的能力为主要目标，结合教学要点介绍常用的、重要的和最新出版的工具书，如《中文工具书使用法》等。

第二，以普及工具书知识为目的的工具书，既给读者提供有关文献和工具书的基础知识，同时，或以工具书类型为纲重点介绍重要的工具书，或以问题为线索重点介绍常用的工具书，如《参考工作与参考工具书》等。

第三，工具书的工具书。读者按它的指引，知道解决某一问题有什么工具书可供查考，从而开阔视野，提高学习与科研的效率，如《中国工具书大辞典》《社会科学工具书七千种》《中国社会科学工具书检索大典》《国外工具书指南》《国外科技工具书指南》等。该类相关的工具书还有《西文工具书概论》《中外工具书指南》《科技工具书及其使用》《化学化工工具书指南》。

四、常见的工具书

（一）字典、词典

字典、词典是汇集各种语言中的字词及短语，分别给予拼写、发音和词义解释等信息，并按字顺组织起来方便读者随时查检特定词语信息的语言工具书。这类工具书有语言词典、传记词典、地名词典及各个学科的知识词典等。

字典分为两大类：一类是普通字典，按照读者的需求收录一定范围的汉字，能较直观地展示汉字的意义和用法，如小型、中型的《新华字典》《古汉语常用字字典》，大型的如《汉语大字典》；另一类则为特种字典，收录在某一方面具有一定特点的汉字，如异体字、俗字、形似字等，一般着重对汉字的某一方面特征做出解释，如《同源字典》。

词典从不同角度可划分为不同类型。这里主要介绍按照所收录词目的性质和释文内容的着重点分类的语文词典、专科词典和综合性词典。语文词典如《现代汉语词典》《汉语大词典》等，专科词典如《中华人民共和国地名词典》《中华百科辞典》等，综合性词典如《辞海》等。

（二）百科全书

百科全书是一种重要的知识密集型工具书，它总结和组织了世界上的知识，是百科知识的汇总。百科全书是一种比较理想的参考工具书。通常我们利用百科全书查询以下问题，如概念、定义、背景性材料、人物传记资料、地名、组织机构、规范材料、图像材料、事件、活动、奇特事务等一般事实性咨询问题。

百科全书具有以下几个特点：

①概述性，是知识的总汇，语言准确、精炼。

②完备性，几乎囊括了各方面的知识。

③权威性，是供人们长期查检和引据的权威工具书，带有“知识标准”性质。

百科全书可分为以下三大类：

①综合性百科全书，如《中国大百科全书》。

②专业性百科全书，如《中国医学百科全书》《中国文学百科全书》。

③地域性百科全书，如《西藏百科全书》《北京百科全书》。

网络百科全书是在互联网上公开供网友查阅的百科全书。常见的网络百科全书主要有维基百科、百度百科等。网络百科全书的特点是自由、免费、内容开放。

网络百科全书属于共笔性质，少有专业人士审核，其公信力受到广泛质疑。网络百科全书的多数编者往往只是义务参与撰写的，不一定是该领域的专家。种种因素都使网络百科全书的公信力比不上传统百科全书。

(三)年鉴

年鉴是逐年出版、提供相应年份各行现行资料的工具书，常被称为“微型百科全书”。它既是各类动态性资料和实事、数据的综合性查考工具，也是编制百科全书类工具书的基本信息源。

(四)手册

手册是以简明、缩写的方式提供专门领域内基本的既定知识和实用资料的工具书，便于人们查检专门知识与具体的实用资料。手册常以叙述和列表或图解的方式来表述内容，并针对某一专业学科或专门部门，收集相关的事实、数据、公式、符号、术语以及操作规程等专门化的具体资料。手册可分为综合性和专科性两种。

(五)标准

标准是对重复性事务和概念所做的统一规定。它以科学、技术和实践经验综合成果为基础，经有关方面协商一致，由主管机构批准，以特定形式发布，作为各方共同遵守的准则和依据。

标准按涉及内容分为基础标准、产品标准、方法标准、按实施的有效范围分为国际标准、国际地区性标准、国家标准、行业标准、地方标准和企业标准。为方便标准的管理、检索和使用，各国的标准都有一个标准编号，其结构大同小异。

真题再现

【2012 年上半年　中】下列关于网络百科全书的说法，不正确的一项是(　　)。

A. 网络百科全书的词条主要是由网络用户创建的，对创建者的身份没有限制

B. 网络百科全书的词条是由网络编辑创建的，只有网络编辑才有权创建和编辑

C. 网络百科全书是动态开放的，网络用户可以随时对其中的词条进行编辑修改

D. 网络百科全书不追求知识的权威性，所以对词条的解释不一定准确和完整

答案：B

解析：网络百科全书有好多种，例如维基百科、百度百科等。网络百科全书的一个特点是自由、免费、内容开放，因此，限定特定的网络编辑才有权创建和编辑是错误的。

第二节　网络搜索与交流

【考点分析】

本节主要考点有网络搜索及网络、搜索引擎的概念、搜索引擎使用技巧、以及常见的网络交流平台。

【考点内容】

当今世界，以经济和科技实力为基础的综合国力的竞争日趋激烈，而且将长期存在。这种竞争在很大程度上取决于人才的数量和质量，而人才竞争的实质是教育的竞争。教育要与我国经济社会发展的战略目标和战略步骤相适应，才能为我国社会主义现代化建设提供足够的人才支持。因此，在教育领域广泛应用信息技术、开发教育资源、优化教育过程、提高教育质量和效益，是教育信息化的原始动力，也是推动教育改革和发展、培养适应信息社会要求的创新人才以及促进教育现代化的基础和前提。作为新时代教师，我们需要不断将信息技术与自身专业相融合。网络搜索就是一种常用的信息技术手段，指利用搜索引擎（如百度）对互联网上的信息进行搜索。

一、网络搜索

（一）网络搜索引擎

网络搜索通常是指利用搜索引擎对互联网上的信息进行检索。互联网搜索引擎是万维网中的特殊站点，专门用来帮助人们查找存储在其他站点上的信息。搜索引擎有能力告诉你文件或文档存储在何处。

（二）常见的网络搜索引擎

1. 百度

百度，全球最大的中文搜索引擎。作为全球最大的中文搜索引擎公司，百度一直致力于让网民更平等地获取信息、找到所求。随着移动互联网的发展，百度网页搜索完成了由电脑向移动端的转型，由连接人与信息扩展到连接人与服务。用户可以在电脑、平板电脑、手机上访问百度主页，通过文字、语音、图像多种交互方式迅速找到所需要的信息和服务。

2. Google（谷歌）

谷歌公司（Google Inc.）成立于1998年9月4日，由拉里·佩奇和谢尔盖·布林共同创建，被公认为全球最大的搜索引擎公司。

（三）搜索引擎使用技巧

搜索引擎可以帮助用户在网络上找到特定的信息，但它们同时也会返回大量无关的信息。如果用户多使用一些下面的技巧，将发现搜索引擎会花尽可能少的时间找到确切信息。

1. 关键字检索

关键字在搜索引擎中是非常重要的一项，搜索引擎对于关键字的排名是有自己的规则的。为了避免搜索到无关信息，关键字要具体而简洁。用户也可以通过使用多个关键字来缩小搜索范围。很多搜索引擎都支持在搜索关键字前冠以加号“＋”限定搜索

结果必须包含的词汇，冠以减号“－”限定搜索结果不能包含的词汇。(注意：加减号前面要加空格)

2. 语法检索

①把搜索范围限定在网页标题中。

②把搜索范围限定在特定站点中。

③把搜索范围限定在 url 链接中。

④精确匹配——使用双引号“”和书名号《 》。

⑤要求搜索结果同时包含或不含特定查询词——使用“＋”“－”。

⑥进行专业文档搜索。

二、网络交流平台

将互联网作为交流分享平台，综合利用网络载体，实现双方思想交流，运用 QQ、BBS、博客、微信等网络交流载体，提高交流的广泛性，最大限度地增强社会化网络信息的可选择性、平等性。

网络交流的常见平台有如下几种。

(一)QQ

QQ 是当前网络思想政治工作最有效的交流工具之一，因为 QQ 是学生网络聊天的主要工具之一。调查显示，85％的学生拥有至少一个 QQ 号码，因此基本上所有学生都能加入年级 QQ 群。

通过 QQ，教师可以跟学生单独谈话，也可以在 QQ 群聊里解决学生的各种问题。更重要的是，教师可以通过观察学生的谈话，及时了解学生的思想动态，也可以通过 QQ 群及时发布各种信息和通知。因而 QQ 是教师工作必不可少的一个交流工具。

(二)BBS

BBS 讨论区的建立为师生提供了一个交流场所。在这里，师生可以发起话题，讨论相关话题，交流彼此的学习经验或分享一些好的学习材料等。它与 QQ 不同的是，QQ 是即时通信工具，而 BBS 讨论区里的信息保持是相对比较长久的。

BBS 已经成为广大高校学生乐于使用的校园信息平台、舆论平台、交友平台和休闲平台，已经成为或者即将成为各高校校园中事实上的门户网站。

各高校基本上都建成了规模不一的校园网，也设置了栏目不一的校园 BBS 论坛。在校园 BBS 论坛上增添一个思想政治理论课的栏目后，辅导员在其中应担当 BBS 网络评论员的角色，对一些社会热点问题做出及时正确的评价，积极引导学生。

(三)博客

大学生易于接受并热衷于尝试新鲜事物，于是博客以其新颖的记录和交流方式吸引了众多大学生。大学生内心渴望倾诉、表达，希望被人了解和关注，希望表现自己独特的风格。

博客作为流行的网络应用方式，使人与人之间的沟通变得更为方便。与个人网页、BBS、E-mail 相比，博客在网络沟通方面有自己与众不同的特点，正是这些特点，使其可以成为学生管理方式的一种有益补充。

(四)微信

微信是腾讯公司推出的一个为智能终端提供即时通信服务的免费应用程序。微信支持跨通信运营商、跨操作系统平台通过网络快速发送(需消耗网络流量)语音短信、视频、图片和文字。同时，人们也可以使用“朋友圈”“公众平台”等服务插件。目前，基于微信公众号开发的教学应用平台相当丰富。

第三节　基于 Word 的信息处理

【考点分析】

本节主要考察 Word 信息处理的基本能力。

【考点内容】

信息可以分为原始信息和加工信息两大类。原始信息是指在经济活动中直接产生或获取的数据、概念、知识、经验及其总结，是未经加工的信息。加工信息则是指对原始信息进行加工、分析、改编和重组而形成的具有新形式、新内容的信息。

一直以来，Microsoft Office Word 都是比较流行的文字处理程序。作为 Office 套件的核心程序，Word 提供了许多易于使用的文档创建工具，同时也提供了丰富的功能集供用户创建复杂的文档。下面主要以 Word 2010 为例对 Word 进行介绍。

一、Word 2010 简介

Word 2010 是微软公司开发的 Office 2010 办公组件之一。

Word 2010 提供了丰富的功能，其增强后的功能可创建专业水准的文档，使用户可以更加轻松地与他人协同工作并方便地访问自己的文件。

二、Word 2010 功能区简介

Microsoft Word 从 Word 2007 升级到 Word 2010，其最显著的变化就是使用“文件”按钮代替了 Word 2007 中的 Office 按钮，使用户更容易从 Word 2003 和 Word 2000 等旧版本中转移出来。另外，Word 2010 同样取消了传统的菜单操作方式，而代之以各种功能区。Word 2010 窗口上方看起来像菜单的名称其实是功能区的名称。当用户单击这些名称时并不会打开菜单，而是切换到与之相对应的功能区面板上。每个功能区根据功能的不同又分为若干组，每个功能区所拥有的功能如下所述。

(一)“开始”功能区

“开始”功能区包括剪贴板、字体、段落、样式和编辑五个组，对应 Word 2003 的“编辑”和“段落”菜单部分命令。该功能区主要用于帮助用户对 Word 2010 文档进行文字编辑和格式设置，是用户最常用的功能区。

(二)“插入”功能区

“插入”功能区包括页、表格、插图、链接、页眉和页脚、文本、符号和特殊符号几个组，对应 Word 2003 中“插入”菜单的部分命令，主要用于在 Word 2010 文档中插入各种元素。

(三)“页面布局”功能区

“页面布局”功能区包括主题、页面设置、稿纸、页面背景、段落、排列几个组，对应 Word 2003 的“页面设置”菜单命令和“段落”菜单中的部分命令，用于帮助用户设置 Word 2010 文档页面样式。

(四)“引用”功能区

“引用”功能区包括目录、脚注、引文与书目、题注、索引和引文目录几个组，用于实现在 Word 2010 文档中插入目录等比较高级的功能。

(五)“邮件”功能区

“邮件”功能区包括创建、开始邮件合并、编写和插入域、预览结果和完成几个组，该功能区的作用比较专一，专门用于在 Word 2010 文档中进行邮件合并方面的操作。

(六)“审阅”功能区

“审阅”功能区包括校对、语言、中文简繁转换、批注、修订、更改、比较和保护几个组，主要用于对 Word 2010 文档进行校对和修订等操作，适用于多人协作处理 Word 2010 长文档。

(七)“视图”功能区

“视图”功能区包括文档视图、显示、显示比例、窗口和宏几个组，主要用于帮助用户设置 Word 2010 操作窗口的视图类型，以方便操作。

(八)“加载项”功能区

“加载项”功能区包括菜单命令一个分组，加载项是可以为 Word 2010 安装的附加属性，如自定义的工具栏或其他命令扩展。“加载项”功能区则可以在 Word 2010 中添加或删除加载项。

三、Word 2010 的基本功能

Word 2010 具有较强的文字处理能力，其主要功能如下。

(一)编辑修改功能

Word 2010 充分利用 Windows 提供的图形界面，大量使用菜单、对话框、快捷方式和帮助，使操作变得简单。用户可方便地进行复制、移动、删除、恢复、撤销和查找等基本编辑操作，使用鼠标还可以方便输入文字，实现了“即点即输入”的功能。

(二)格式设置功能

Word 2010 具有丰富的文字、段落修饰功能。用户可以设置文字的多种格式，如字体、字号和颜色等，还可以设置空心、阴文、阳文、加粗和加下划线等效果。用户还可以使用格式刷快速复制格式，可直接套用各种标题格式。因为系统附带多种模板和样式，用户还可以通过模板和样式直接引用自己喜欢的格式。文档排版后，可以使用户在屏幕上立即看到排版效果。“打印预览”功能能准确地显示出文档打印的效果，真正做到“所见即所得”。

(三)自动化功能

Word 2010“审阅”选项卡提供了一些自动校对、翻译、转换和修订等功能，会自动检查语法和拼写错误并自动更正，自动统计字数，自动翻译，自动转换简繁体。

(四)表格处理功能

Word 2010 具有较强的表格处理功能，可以使创建和编辑复杂的表格，可以使表格中包含图形或其他表格。用户能对表格的大小和位置进行调整，可以使用公式对表格数据进行简单的计算和排序，并根据数据创建图表。

(五)图文混排功能

Word 2010 提供了一套绘制图形和图片的功能，可以十分方便地创建多种效果的文本和图形。绘图功能提供了多种自选图形和多种填充效果；Word 2010 增强了图文混排功能，使图片的拖放和插入等操作更加简单；崭新的剪贴库提供了更加丰富的图片资料。利用 Word 2010 提供的这些图文混排功能，用户可以编排出形式多样的文档。

(六)边框和底纹功能

Word 2010 提供了多种边框样式(包括三维效果)用于改变文档的外观，集中了多种用于专业文档的流行样式，特别适合制作专业化的文档。

(七)帮助功能

系统提供的 Office 助手可以为用户排忧解难。

真题再现

1.【2018 年上半年　中】在 Word 编辑状态下，点击可完成的操作是(　　)。

A. 左对齐　　B. 右对齐　　C. 居中对齐　　D. 分散对齐

答案：B

2.【2017 年下半年　中】在 Word 中，如果当前文档中的文字下方出现红色波浪线，则表示该文字出现(　　)。

A.“拼写和句法”错误　　B.“句法和连接”错误

C.“拼写和语法”错误　　D.“语法和连接”错误

答案：C

3.【2016 年上半年　中】在 Word 中，如果双击某行文字左端的空白处，被选中的区域是(　　)。

A. 该行　　B. 全文　　C. 该段　　D. 该页

答案：C

4.【2016 年下半年　中】在 Word 中，单击“插入”选项卡下的“表格”按钮，然后选择“插入表格”命令，则(　　)。

A. 只能选择行数　　B. 可以选择行数和列数

C. 只能选择列数　　D. 只能使用表格设定的默认值

答案：B

5.【2015 年下半年　中】关于 Word 中的查找或替换功能，下列表述正确的是(　　)。

A. 不可以指定查找文字的格式，可以指定替换文字的格式

B. 可以指定查找文字的格式，不可以指定替换文字的格式

C. 不可以按指定文字的格式进行查找及替换

D. 可以按指定文字的格式进行查找及替换

答案：D

6.【2015 年下半年　中】在 Word 中，双击“格式刷”，可将格式从一个区域一次复制到的区域数目是(　　)。

A. 三个　　B. 一个　　C. 多个　　D. 两个

答案：C

7.【2015 年下半年　中】在 Word“字体”对话框中，不能对文字进行操作的是(　　)。

A. 缩减　　B. 字符间距　　C. 字形　　D. 字体颜色

答案：A

8.【2018 年下半年　中】在 Word 中，要实现对文档进行“替换”，在默认设置下，首选功能菜单是(　　)。

A. 工具　　B. 文件　　C. 视图　　D. 编辑

答案：D

第四节　利用 Excel 进行数据分析与处理

【考点分析】

本节考点有教育测量的概念、Excel 的基本操作。

【考点内容】

一、教育测量

(一)教育测量的概念

教育测量，一般是指对教育现象进行定量化测定的一门教育科学，主要研究教育或训练效果测量的原理和方法，通俗意义上仅指对学习结果——知识、技能的测量。教育测量起源于古代的考试，但古代的考试并非科学的教育测量。20 世纪初，美国心理学家桑戴克等人把心理统计与测量的基本原理和方法运用于教育，使教育测量走上了科学化的道路。教育测量在人才选拔、因材施教、教育评价、教育研究等方面有重要作用。

(二)教育测量的特点及功能

1. 教育测量的特点

①教育测量一般是间接测量。

②教育测量的度量单位是相对的。

③教育测量是为实现教育目的服务的。

④教育测量的对象是复杂的。

2. 教育测量的功能

①教育测量是改进教学的良好工具。

②教育测量是教学管理的重要手段。

③教育测量是教育研究的重要方法。

二、Excel 2010 概述

Excel 2010，可以帮助用户做出更好、更明智的决策。全新的分析和可视化工具可以帮助用户跟踪和突出显示重要的数据趋势。

三、Excel 的重点知识

(一)工作界面

①新建一个名为“工作簿 1”的空白文档。

②编辑栏(名称框[名称框默认名称是列标+行号，也可以重命名]、插入含函数按钮、编辑框)。

单击“×”取消对单元格的操作；

单击“√”确认对单元格的操作。

(二)工作簿和工作表

①新建的工作簿里面默认含有 3 张工作表，分别以 Sheet1、Sheet2、Sheet3 命名，最多包含 255 张工作表。

②一张工作表由 1048576 行和 16384 列组成。

(三)单元格

单元格区域命名：B3：D8(单元格区域左上角的单元格名称+“:”+单元格区域中右下角的单元格名称)。

求单元格区域的单元格个数：

B3：D8(3×6=18 个)。

(四)工作表的操作

①选定连续的工作表：Shift。

②选定不连续的工作表：Ctrl。

③同时选定多张工作表：标题栏出现【工作组】。

目的：实现在不同工作表的相同位置输入相同的数据。

④可以在同一工作簿和不同工作簿中移动和复制工作表。

⑤删除的工作表无法恢复。

⑥【视图】—【窗口】—【拆分】：窗口可以拆分为两个，最多 4 个：方便同一工作表中前后数据的对比编辑(冻结窗格也有此功能)。

(五)单元格的操作

①选择几行/列就插入几行/列，插在选定行/列之前。

②删除单元格：右侧单元格左移，下方单元格上移。

③插入单元格：活动单元格右移，活动单元格下移。

④编辑内容：双击=单击+F2。

⑤清除内容，用 Delete 键。

清除命令可以清除单元格的内容、格式、批注、超链接或者删除超链接。

⑥Excel 中常见的数据类型。

• 文本型(左对齐)

超出单元格宽度：后面有数据，超出部分自动隐藏；反之，超出部分直接显示在后面的单元格中。

• 数值型(右对齐)

长度超过 11 位，系统会自动采用科学计数法。

数值型转为文本型，在输入的数据之前加上英文半角的单引号“'”。

• 日期和时间类型

日期和时间之间用空格隔开，并且小时数可以大于 24 小时。

⑦数据填充。

智能填充数据：默认按照等差数列填充，可以填充数列。

【文件】—【高级】—【编辑自定义序列】：可以自定义填充序列(横竖都可以填充)。

(六)公式的使用

①在输入公式时，首先必须输入“＝”。

②文本运算符：“你好”&“你不好”→“你好你不好”。

③引用运算符：“”(空格)：(B2：D6　C4：F9)→C4：D6。

④公式的引用：

相对引用：C8，A4

绝对引用：C9，A3

混合引用：$E6，D$5

(七)函数的使用

①Sum(　　)：求和。

②Average(　　)：求平均。

③Count(　　)：计算单元格区域中数值单元格个数。

Counta(　　)：计算单元格区域中非空单元格个数。

Countif(范围，条件)：计算单元格区域中满足条件的单元格个数(大范围一小范围)。

④Rank(　　)：排名。

Rank(单元格，范围)

单元格：行号必须相对。

范围：行号必须绝对。

(针对竖排排名)

(八)条件格式

条件格式使用的目的：

①为了突出显示某些数据。

②将某个区域满足条件的单元格数据以特殊的格式显示。

(九)其他要点

1. 图表

图表分为独立式图表和嵌入式图表，这两种类型的图表可以相互切换。创建独立式图表的快捷键是 F11。第一个独立式图表的标签默认为 Chart 1。

2. 排序

排序对话框共有 64 个关键字，主要关键字必须要设定，可以设定 63 个次要关键字。

3. 筛选

筛选分为自动筛选和高级筛选。

①自动筛选：只能设置两个筛选条件，不满足条件的自动隐藏。

②高级筛选(一次性筛选多种条件数据)：首先要设定条件区域，在条件区域中，如果多个条件在同一行，它们之间的关系是“与”；如果多个条件不在同一行，它们之间的关系是“或”。

4. 记录单

对数据表中的数据进行增、删、查、改。如果数据表中某字段的数据是通过公式计算得到的，则在记录单中只能查看，不能修改。

一行为一条记录，一列为一个字段。

5. 分类汇总

在分类汇总之前，必须先以分类字段作为主要关键字进行排序。分类汇总默认的汇总方式是求和。如果要删除汇总结果，点击【全部删除】命令。

真题再现

1.【2017 年上半年　中】在 Excel 中，数据筛选是广泛使用的统计工具，下列有关其功能的表述，正确的是(　　)。

A. 将满足条件的记录显示，而删除不满足条件的数据

B. 将满足条件的记录显示，而隐藏不满足条件的数据

C. 将不满足条件的记录显示，而删除满足条件的数据

D. 将不满足条件的记录显示，而隐藏满足条件的数据

答案：B

2.【2017 年上半年　小】Excel 在默认状态时，单元格输入 000700615，下列中显示序列正确是(　　)。

A. ’700615　　B. “700615”　　C. 700615　　D.【700615】

答案：C

3.【2018 年上半年　中】在 Excel 中，下列选项与公式“＝Sum(A1：A4)”等值的是(　　)。

A. Sum(A1＋A4)　　B. Sum(A1A2A3A4)

C. Sum(A1/A4)　　D. Sum(A1＋A2＋A3＋A4)

答案：D

4.【2016 年下半年　中】在 Excel 中，下列方法可实现快速查找满足条件的数据内容的是(　　)。

A. 排序　　B. 自动筛选　　C. 数据单　　D. 分类汇总

答案：B

5.【2016 年上半年　小】点击 Excel 中的“fx”按钮，可在单元格中插入的是(　　)。

A. 文字　　B. 数字　　C. 公式　　D. 函数

答案：D

6.【2015 年下半年　中】当 Excel 中图表的数据源发生变化时，下列关于图表变化

的描述，正确的是(　　)。

A. 不跟随变化　　B. 会自动更新

C. 需要手动更新　　D. 不受任何影响

答案：B

7.【2018年下半年　中】在Excel中，单元格区域B3：E5的单元格个数是(　　)。

A. 11　　B. 12　　C. 13　　D. 14

答案：B

第五节　基于PowerPoint 2010的课件制作

【考点分析】

本节考点有课件的概念、课件的特点、课件的开发工具、PowerPoint的基本操作、格式设置、动画效果及类型、幻灯片切换及放映方式、幻灯片母版及视图模式等。

【考点内容】

一、课件概述

(一)课件的概念

课件是根据教学大纲的要求，经过教学目标确定、教学内容和任务分析、教学活动结构及界面设计等环节而加以制作的课程软件。它与课程内容有着直接联系。所谓多媒体课件是根据教学大纲的要求和教学的需要，经过严格的教学设计，并用多种媒体的表现方式和超文本结构制作而成的课程软件。

课件的基本模式有练习型、指导型、咨询型、模拟型、游戏型、问题求解型、发现学习型等。无论哪种类型的课件，都是教学内容与教学处理策略两大类信息的有机结合。

(二)课件的作用

①向学习者提示各种教学信息。

②用于对学习过程进行诊断、评价。

③提高学习积极性，强化学习动机。

④用于更新学习数据、实现对学习过程的控制。

(三)课件的特点

1. 有丰富的表现力

多媒体课件不仅可以更加自然、逼真地表现多姿多彩的视听世界，还可以对宏观和微观事物进行模拟，对抽象、无形事物进行生动、直观的表现，对复杂过程进行简化再现等，使教学活动充满魅力。

2. 有良好的交互性

多媒体课件不仅可以在内容的学习使用上提供良好的交互控制，而且可以运用适当的教学策略指导学生学习，更好地体现“因材施教的个别化教学”。

3. 有极大的共享性

网络技术的发展，以及多媒体信息的自由传输，使得教育在全世界交换、共享成为可能。以网络为载体的多媒体课件，提供了可以共享的教学资源。多媒体课件在教学中的使用，改善了教学媒体的表现力和交互性，促进了教学内容、教学方法、教学过程的全面优化，提高了教学效果。

(四)课件的设计原则

1. 教育性原则

课件要明确教学目标，要突出重点难点，要有灵活的教学形式。

2. 启发性原则

兴趣启发、比喻启发、设题启发。

3. 科学性原则

课件应该能正确表达学科的知识内容。

4. 艺术性原则

课件的艺术性表现在画面以及人机交互的信息传递上。

5. 技术性原则

课件的技术性主要通过程序中的各种数据结构、程序结构、控制技巧以及运行的可靠性来表现。

二、PowerPoint 的知识概要

(一)演示文稿与幻灯片

①一个演示文稿包含一张或者多张幻灯片，但是也可以不包含幻灯片。

②演示文稿可以单独存盘，但是幻灯片不能。

(二)视图模式

1. 普通视图

默认视图，主要是对每张幻灯片的内容进行编辑和修改的视图。预览窗格中包含幻灯片和大纲两种显示形式。

2. 浏览视图

在这种视图下，人们在屏幕上面能看到演示文稿中所有幻灯片的缩略图，只能对幻灯片的整体进行修改。

3. 备注页视图

在这种视图下，人们能为幻灯片添加和修改备注信息。

4. 放映视图

演示文稿所有的动画效果、超链接等，在此模式下显示。

5. 阅读视图

该视图为简易版幻灯片放映视图，窗口模式下显示幻灯片放映效果。

(三)创建空白文档

①新建一个名为“演示文稿 1”的空白演示文稿，包含一张标题幻灯片(两个占位符，分别表示主标题和副标题)。

②根据模板创建演示文稿。

模板的来源主要有三类：现有模板、自定义模板、现有内容。

(四)添加新的幻灯片

Ctrl＋M——新建幻灯片(或者选择一张幻灯片，按 Enter 键)。

Ctrl＋N——新建演示文稿。

(五)幻灯片的相关操作

①选择幻灯片：连续选择用 Shift 键，不连续选择用 Ctrl 键。

②移动，复制，调整顺序，隐藏幻灯片。

(六)编辑幻灯片

①文本的输入：通过占位符和文本框。

②超链接：任何对象都可以作为超链接的标志，如文字、图形、图片。

(七)应用母版

母版：规范幻灯片的显示，在不同幻灯片的相同位置显示相同的内容。

母版主要有幻灯片母版、讲义母版、备注母版。

(八)设置页眉页脚

插入页眉页脚，可设置幻灯片的日期和时间、幻灯片编号等。

(九)设置动画效果

自定义动画：针对幻灯片上面的对象而言(动画—高级动画—动画刷，只复制动画不复制内容)。

PowerPoint 2010 主要有四类动画：进入、强调、退出、路径。

幻灯片切换：针对幻灯片而言。

(十)设置放映方式及放映

①演讲者放映(全屏幕)：默认的放映方式(演讲、放映、做报告)。

②观众自行浏览：类似于网页浏览的效果。

③在展台浏览(全屏幕)：自动循环放映，按 Esc 键结束放映(用于无人看守)。

④幻灯片放映：

F5：从头开始放映。

Shift＋F5：从当前开始放映。

可以自定义幻灯片放映，在放映时可以改变放映的顺序，可以选择屏幕(白屏和黑屏)及指针选项(箭头、笔、荧光笔)，可以在放映时做批注勾画，并且保留墨迹。

(十一)打印演示文稿

可设置的打印范围主要有整张幻灯片、备注页、大纲、讲义等。其中讲义可按幻灯片数量等打印。

真题再现

1.【2016 年上半年　小】下列设置中，能使幻灯片中的标题、图片、文字等按要求顺序呈现的是(　　)。

A. 设定放映模式　　B. 切换幻灯片

C. 连接幻灯片　　D. 自定义动画

答案：D

2.【2016 年上半年　小】在 PowerPoint 中，新建演示文稿已选定某特定的应用设计模板，在该文稿中插入一个新幻灯片时，新幻灯片的模板将(　　)。

A. 采用默认型设计模板　　B. 随机选择任意设计模板

C. 采用已选定设计模板　　　　　　D. 需要指定其他设计模板

答案：C

3.【2015 年下半年　小】在 PowerPoint 中，新建一个演示文稿时第一张的幻灯片的默认版式是(　　)。

A. 项目清单　　　　　　B. 两栏文本

C. 标题幻灯片　　　　　　D. 空白

答案：C

4.【2015 年上半年　小】在 PowerPoint 的空白幻灯片中，不可以直接插入的是(　　)。

A. 艺术字　　B. 声音　　C. 字符　　D. 文本框

答案：C

5.【2014 年上半年　小】下列 PowerPoint 功能选项中，可将幻灯片放映的换页效果设为“垂直百叶窗”的是(　　)。

A. 自定义动画　　B. 动画方案　　C. 幻灯片切换　　D. 动作设置

答案：C

能力提升训练题

1. 当一个应用程序窗口被最小化时，该应用程序将(　　)。

A. 被终止执行　　　　　　B. 被转入后台执行

C. 被暂停执行　　　　　　D. 继续在前台执行

2. 在 Word 2010 的编辑状态中选择四号字后，按新设置的字号显示的文字是(　　)。

A. 插入点所在段落的文字　　　　　　B. 文档中被“选择”的文字

C. 插入点所在行的文字　　　　　　D. 文档的全部文字

3. 在 Word 2010 中，主窗口的右上角可以同时显示的按钮是(　　)。

A. 最小化、还原和最大化　　　　　　B. 还原、最大化和关闭

C. 最小化、还原和关闭　　　　　　D. 还原和最大化

4. 在 Word 中按(　　)键可新建一个空白文档。

A. Ctrl＋O　　B. Ctrl＋N　　C. Ctrl＋E　　D. Ctrl＋C

5. Word 2010 文档默认使用的扩展名是(　　)。

A. rtf　　B. txt　　C. docx　　D. dotx

6. 在 Word 2010 中，默认的字体、字号是(　　)。

A. 楷体，四号　　B. 宋体，五号　　C. 隶书，五号　　D. 黑体，四号

7. 在 Word 2010 的编辑状态中，可以同时显示水平标尺和垂直标尺的视图方式是(　　)。

A. 页面视图　　B. 阅读版式视图　　C. 大纲视图　　D. Web 版式视图

8. 在 Word 2010 中，若当前插入点在一个制表位列中，希望将插入点直接移动到下一个制表位列中，应按(　　)。

A. Tab 键　　B. Space 键　　C. Shift 键　　D. Caps Lock 键

9. 在 Word 2010 的编辑状态中，统计文档字数使用“审阅”选项卡的(　　)组中的“字数统计”命令按钮。

A. 校对　　B. 批注　　C. 修订　　D. 更改

10. Word 2010 提供的“分栏”命令在(　　)选项卡中。

A. 开始　　B. 插入　　C. 页面布局　　D. 视图

11. 在 Word 2010 的表格编辑状态中，若选定整个表格后按下 Delete 键，则(　　)。

A. 删除了整表　　B. 仅删除了表格中的内容

C. 没有变化　　D. 将表格转换成为文字

12. 在 Word 2010 的表格编辑状态中，若选定整个表格后按下 Backspace 键，则(　　)。

A. 删除了整表　　B. 仅删除了表格中的内容

C. 没有变化　　D. 将表格转换成为文字

13. 在 Word 2010 的表格操作中，计算求和的函数是(　　)。

A. Count( )　　B. Sum( )　　C. Total( )　　D. Average( )

14. 将插入点定位于句子“飞流直下三千尺”中的“直”与“下”之间，按一下 Delete 键，则该句子(　　)。

A. 变为“飞流下三千尺”　　B. 变为“飞流直三千尺”

C. 整句被删除　　D. 不变

15. 在 Word 2010 编辑一个文档完毕后，要想知道它打印后的结果，可使用(　　)功能。

A. 打印预览　　B. 模拟打印　　C. 提前打印　　D. 屏幕打印

16. 在 Word 中若要删除表格中的某单元格所在行，则应选择“删除单元格”对话框中的(　　)。

A. 右侧单元格左移 B. 下方单元格上移 C. 整行删除　　D. 整列删除

17. 在百度中输入(　　)是最理想的检索北京城市学院网站(bcu. edu. cn)内关于四六级考试的方式。

A. 北京城市学院四六级考试　　B. 四六级考试 site：bcu. edu. cn

C. 北京城市学院四六级考试　　D. 四六级考试 inurl：bcu. edu. cn

18. 在搜索引擎中输入关键词“计算机书籍＋多媒体技术－视频制作”表示(　　)。

A. 查找计算机书籍中有关多媒体技术的视频制作方面的书籍

B. 查找有关多媒体技术但不包含视频制作方面的书籍

C. 查找有关多媒体技术但不包含视频制作方面的计算机书籍

D. 查找有关多媒体技术或者视频制作方面的计算机书籍

19. 微机病毒系指(　　)。

A. 生物病毒感染　　B. 细菌感染

C. 被损坏的程序　　D. 特制的具有损坏性的小程序

20. 计算机能直接执行的程序是(　　)。

A. 源程序　　B. 机器语言程序　　C. 高级语言程序　　D. 汇编语言程序

21. 在单元格中输入下列哪个值，该单元格显示 0.3？(　　)

A. 6/20　　B. =6/20　　C. “6/20”　　D. =“6/20”

22. 已知单元格 A1 中存有数值 563.68，若输入函数=“Int(A1)”，则该函数值为(　　)。

A. 563.7　　B. 563.78　　C. 563　　D. 563.8

23. 在 Excel 中，若单元格 C1 中的公式为“＝A1＋B2”，将其复制到 E5 单元格，则 E5 中的公式是(　　)。

A. ＝C3＋A4　　B. ＝C5＋D6　　C. ＝C3＋D4　　D. ＝A3＋B4

24. 在 Excel 2010 中，如果删除的单元格是其他单元格的公式所引用的，这些公式将会显示(　　)。

A. ＃＃＃＃＃！　　B. ＃REF！　　C. ＃VALUE！　　D. ＃NUM！

25. 在单元格中输入“＝Int(Average(10，－3)－PI())”，则显示(　　)。

A. 大于 0 的值　　B. 小于 0 的值　　C. 等于 0 的值　　D. 不确定的值

26. 现 A1 和 B1 中分别有内容 12 和 34，在 C1 中输入公式“＝A1&B1”，则 C1 中的结果是(　　)。

A. 1234　　B. 12　　C. 34　　D. 46

27. 在 Excel 单元格中，手动换行的方法是(　　)。

A. Ctrl＋Enter　　B. Alt＋Enter　　C. Shift＋Enter　　D. Ctrl＋Shift

28. Excel 中分类汇总的默认汇总方式是(　　)。

A. 求和　　B. 求平均　　C. 求最大值　　D. 求最小值

29. 如果 Excel 2010 某单元格显示为＃DIV/0，这表示(　　)。

A. 除数为零　　B. 格式错误　　C. 行高不够　　D. 列宽不够

30. 在 Excel 2010 中，在单元格中输入文字时，缺省的对齐方式是(　　)。

A. 左对齐　　B. 右对齐　　C. 居中对齐　　D. 两端对齐

31. 在 PowerPoint 2010 中，要想同时查看多张幻灯片，应选择(　　)。

A. 幻灯片视图　　B. 普通视图　　C. 幻灯片浏览视图　　D. 大纲视图

32. PowerPoint 2010 演示文稿的扩展名是(　　)。

A. pptx　　B. ppzx　　C. potx　　D. ppsx

33. 光标位于幻灯片窗格中时，单击“开始”选项卡的“幻灯片”组中的“新建幻灯片”按钮，插入的新幻灯片位于(　　)。

A. 当前幻灯片之前　　B. 当前幻灯片之后

C. 文档的最前面　　D. 文档的最后面

34. 要对幻灯片母版进行设计和修改时，应在(　　)选项卡中操作。

A. 设计　　B. 审阅　　C. 插入　　D. 视图

35. 从第一张幻灯片开始放映幻灯片的快捷键是(　　)。

A. F2　　B. F3　　C. F4　　D. F5

36. 要设置幻灯片的切换效果以及切换方式时，应在(　　)选项卡中操作。

A. 开始　　B. 设计　　C. 切换　　D. 动画

37. 要设置幻灯片中对象的动画效果以及动画的出现方式时，应在(　　)选项卡中操作。

A. 切换　　B. 动画　　C. 设计　　D. 审阅

38. 以下哪个 IP 地址属于 A 类地址？(　　)

A. 10.2.3.4　　B. 202.38.214.2　　C. 192.168.214.2　　D. 224.38.214.2

39. Internet 的核心技术包括(　　)。

A. 分组交换　　B. TCP/IP 协议　　C. 电路交换　　D. 报文交换

参考答案

1. B　2. B　3. C　4. B　5. C　6. B　7. A　8. A　9. A　10. C　11. B　12. A　13. B　14. B　15. A　16. C　17. B　18. C　19. D　20. B　21. B　22. C　23. B　24. B　25. C　26. A　27. B　28. A　29. A　30. A　31. C　32. A　33. B　34. D　35. D　36. C　37. B　38. A　39. B

第二章　逻辑思维能力

【考纲要求】

1. 了解一定的逻辑知识，熟悉分析、综合和概括的一般方法。

2. 掌握比较、演绎和归纳的基本方法，准确判断和分析各种事物之间的关系。

3. 能准确且有条理地进行推理和论证。

【考点分析】

本章内容主要考查学生的逻辑思维能力，一般以单项选择题的形式出现。考生可只进行一般了解，不用进行太深的探讨。

【考点内容】

一、概念

概念是反映客观对象本质属性的思维形式。例如，直角三角形反映的对象本质属性是三角形，其中有一个内角是直角，至于三边的长短及其他两个锐角的大小都是特殊的、次要的、非本质的属性。概念在感觉、知觉和表象的基础上，运用比较、分析、综合、抽象、概括等方法形成。

概念这一思维形式与词语相联系，任何概念都要用词语表现。概念的词语表现叫作名称。例如，一般三角形的概念是用三角形一词表现的。有些概念可用不同词语表现。例如，等边三角形、等角三角形、正三角形、正三边形都表示同一概念。

每个概念都有一定的外延和内涵。概念的外延就是适合这个概念的一切对象的范围，而概念的内涵就是这个概念所反映对象的本质属性的总和。例如关于平行四边形这个概念，它的外延包含正方形、菱形、矩形以及一般的平行四边形，而它的内涵包含一切平行四边形所共有的“有四条边，两组对边互相平行”这两个本质属性。

一个概念的内涵越广，则其外延越窄；反之，内涵越窄，则其外延越广。例如，平行四边形的内涵是“有四条边，两组对边互相平行”，而菱形的内涵除这两条本质属性外，还包含“四边相等”这一本质属性。菱形的内涵比平行四边形的内涵广，而菱形的外延则比平行四边形的外延窄。概念的内涵与外延之间的依存性只适用于具有从属关系的概念，即只适用于一个概念的外延完全包含在另一个概念的外延中的那些概念（如菱形的外延包含在平行四边形的外延之中）。

在概念部分，历年考试考查的题型一般为概念的概括或限制，解答此类题目时要注意：①概括和限制是在具有种属关系的概念之间进行的；②概括和限制都有极限，概括的极限是范畴，限制的极限是单独概念。

二、判断

(一)直言判断

1. 直言判断的类型

量项	联项	类型	结构式	简称	举例
全称	是	全称肯定命题	所有S都是P	A	所有金属都导电
	不是	全称否定命题	所有S都不是P	E	所有黑洞都不能反射光
特称	是	特称肯定命题	有的S是P	I	有些中国人精通英语
	不是	特称否定命题	有的S不是P	O	有些汽车不能用汽油做燃料
单称	是	单称肯定命题	某个S是P		爱因斯坦出生在德国
	不是	单称否定命题	某个S不是P		圆明园不在苏州

2. 直言判断间的对当关系

直言判断之间的相对关系，是指具有相同主项和谓项的四种性质判断的真假所存在的相互制约的关系。我们可以把 A、E、I、O 之间的真假关系概括为反对关系、下反对关系、矛盾关系和差等关系(又称从属关系)。

其对当关系如下图所示：

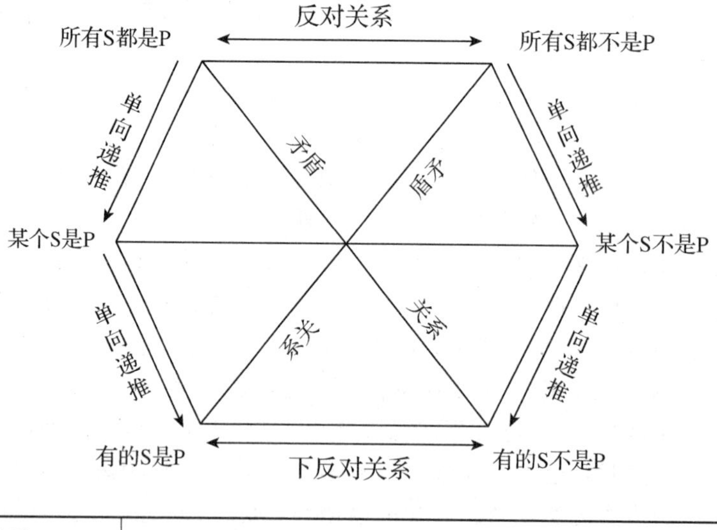

相对关系	特征
反对关系	不能同真，可以同假，肯定至少有一假
下反对关系	可以同真，不能同假，肯定至少有一假
矛盾关系	既不可同真，又不可同假，肯定是一真一假
差等关系(从属关系)	既可同真，也可同假

说明：

①一般把单称判断作为全称判断的特例来处理。

②在考虑对当关系(真假关系)时，单称判断不能作为全称判断的特例。

③如果涉及有同一素材的单称判断，那么以上所述的对当关系要稍加扩展。

(二)复合判断

类型		含义	一般关系	逻辑连接词	真值表
联言判断		断定事物的若干种情况同时存在	P且Q($P\wedge Q$)	“……和……” “既……又……” “不但……而且……” “一方面……另一方面……” “虽然……但是……”	P Q $P\wedge Q$ Y Y Y Y N N N Y N N N N
选言判断	兼容选言判断	事物的若干种情况中至少有一种情况存在	P或Q($P\vee Q$)	“或……或……” “可能……也可能……” “也许……也许……”	P Q $P\vee Q$ Y Y Y Y N Y N Y Y N N N
选言判断	不兼容选言判断	事物的若干种情况或者性质中有且只有一种情况存在	要么P，要么Q($P\forall Q$)	“或……或……，二者不可兼得” “不是……就是……”	P Q $P\forall Q$ Y Y N Y N Y N Y Y N N N
假言判断	充分条件假言判断	前件是后件的充分条件的假言判断	如果P，那么Q($P\rightarrow Q$)	“如果……那么……” “只要……就……” “若……则……”	P Q $P\rightarrow Q$ Y Y N Y N Y N Y Y N N Y
假言判断	必要条件假言判断	前件是后件的必要条件的假言判断	只有P，才Q($P\leftarrow Q$)	“只有……才……” “不……不……” “没有……没有……”	P Q $P\leftarrow Q$ Y Y Y Y N Y N Y N N N Y
假言判断	充分必要条件假言判断	前件是后件的充分必要条件的假言判断	当且仅当P才Q	“当且仅当……” “如果……则……” “如果不……则不……”	P Q $P\leftrightarrow Q$ Y Y Y Y N N N Y N N N Y
负判断		否定某一个判断	并非P($-P$)	“并非”	P $-P$ Y N N Y

三、推理

推理，逻辑学上思维的基本形式之一，是由一个或几个已知的判断推出一个新的判断的思维形式。任何一个推理都包含已知判断、新的判断和一定的推理形式。推理的已知判断叫前提，根据前提推出的新的判断叫结论。前提与结论的关系是理由与推断、原因与结果的关系。推理有选言推理、假言推理、归纳推理与类比推理等，其基本内容可参见下图。

- 选言推理
  - 相容选言推理：已知 P 或 Q，
    - 若 P 为假→Q 为真
    - 若 Q 为假→P 为真
  - 不相容选言推理：要么 P，要么 Q，
    - ①
      - 否定 P→肯定 Q
      - 否定 Q→肯定 P
    - ②
      - 肯定 P→否定 Q
      - 肯定 Q→否定 P
- 假言推理
  - 充分条件假言推理：肯前必否后，否后必否前$(P\rightarrow Q\leftrightarrow -Q\rightarrow -P)$
  - 必要条件假言推理：肯后必肯前，否前必否后$(P\leftarrow Q\leftrightarrow -P\rightarrow -Q)$
  - 充要条件假言推理：肯前必肯后，肯后必肯前，否前必否后，否后必否前$(P\leftrightarrow Q\leftrightarrow -P\leftrightarrow -Q)$
- 归纳推理
  - 完全归纳推理：全部对象→全体
  - 不完全归纳推理：部分对象→全体
    - 全称归纳
    - 统计归纳
    - 典型归纳
- 类比推理
  - 根据两个或两类对象在某些属性上相同→在另外的属性上也相同
  - 类型
    - 正类比
    - 负类比
    - 正负类比

四、逻辑基本规律

逻辑基本规律主要有同一律、矛盾律和排中律。

逻辑基本规律	含义	公式
同一律	在同一思维过程中，每一思想的自身必须是同一的	A 是 A
矛盾律	在同一思维过程中，两个互相矛盾或反对的思想不能同时是真的	A 而且非 A
排中律	在同一思维过程中，两个互为矛盾的思想不能同假，必有一真	A 或者非 A

例如，有一块空地可以种庄稼，于是甲、乙两人讨论这块地种什么庄稼好。甲一会儿说应该种小麦，一会儿又说不应该种小麦。针对甲的说法，乙说："你的两种意见，我都不同意。"试分析甲、乙两人犯了什么逻辑错误。

分析：甲的说法违反了矛盾律的要求，犯了“自相矛盾”的错误，因为他同时得出了这块空地“应该种小麦”和“不应该种小麦”这两个相互矛盾的判断。针对甲的说法，乙的说法违反了排中律的要求，因为排中律认为两个互相矛盾的判断不能同假，而乙恰好断定上述两个判断都是假的。

五、逻辑判断题型的常用解题方法

(一)利用直言判断的对当关系

对当关系	特征	推理	无法推出
反对关系	不能同真，可以同假	一个判断真，另一个判断必假	一个判断假，另一个判断真假不定
下反对关系	可以同真，不能同假	一个判断假，另一个判断必真	一个判断真，另一个判断真假不定
矛盾关系	既不可同真，又不可同假	一个判断真，另一个判断必假；一个判断假，另一个判断必真	—
差等关系	既可同真，又可同假	全称真，特称真；特称假，全称真	全称真，特称真假不定；特称假，全称真假不定

从上表中可以看出，只要确定了一个判断的真假，矛盾关系中的另一个判断的真假也就确定了。而要想确定另一个命题的真假，反对关系中必须有一个判断为真，下反对关系中必须有一个判断为假，差等关系中必须是全称为真或者特称为假。

(二)利用直言判断的换位推理规则

直言判断的换位推理即交换 A 和 B 的位置后的推理，其推理规则如下：

	原命题	推出命题
可以推出	所有的 A 都是 B	有的 B 是 A
	有的 A 是 B	有的 B 是 A
	所有的 A 都不是 B	所有的 B 都不是 A
无法推出	有的 A 不是 B	无法断定 B

(三)利用复合判断的逻辑性质

复合判断的逻辑真值表如下：

P	Q	P∧Q	P∨Q		P→Q	－P
			P 或 Q	要么 P，要么 Q		
Y	Y	Y	Y	N	Y	N
Y	N	N	Y	Y	N	N
N	Y	N	Y	Y	Y	Y
N	N	N	N	N	Y	Y

(四)利用复合判断推理的性质

公式	样例
"P∧Q"为真→P为真且Q为真	"张三和李四都是中学生"→"张三是中学生" "张三和李四都是中学生"→"李四是中学生"
P为真+Q为真→"P∧Q"为真	"张三是中学生"且"李四是中学生"→"张三和李四都是中学生"
P为假或Q为假→"P∧Q"为假	"张三不是中学生"→"张三和李四都不是中学生" "李四不是中学生"→"张三和李四都不是中学生"
已知P或Q为真，否定P→肯定Q 否定Q→肯定P	"本次活动的代表可以选张三或李四"，则 "本次活动代表不选张三"→"本次活动代表选李四" "本次活动代表不选李四"→"本次活动代表选张三"
要么P，要么Q，否定P→肯定Q 否定Q→肯定P	"本次活动代表要么选张三，要么选李四"，则 "本次活动代表不选张三"→"本次活动代表选李四" "本次活动代表不选李四"→"本次活动代表选张三"
要么P，要么Q，否定P→肯定Q 肯定Q→否定P	"本次活动代表要么选张三，要么选李四"，则 "本次活动代表不选张三"→"本次活动代表选李四" "本次活动代表不选李四"→"本次活动代表选张三"
如果P，那么Q，肯定P→肯定Q 否定Q→否定P	1."如果谁骄傲自满，那么他就会落后"，则 "小张骄傲自满"→"小张必定落后" 2."得了肺炎一定会发烧"，则 "小李没发烧"→"小李没患肺炎"
只有P，才Q，肯定P→肯定Q 否定P→否定Q	1."只有选用优良品种，小麦才能丰收"，则 "小麦丰收了"→"这块麦地选用了优良品种" 2."年满十八周岁，才有选举权"，则 "小周不到十八周岁"→"小周没有选举权"
当且仅当P，才Q，肯定P→肯定Q 否定P→否定Q 肯定Q→肯定P 否定Q→否定P	"一个数是偶数，当且仅当它能被2整除" 1."10是偶数，所以能被2整除" 2."11不是偶数，所以不能被2整除" 3."10能被2整除，所以10是偶数" 4."11不能被2整除，所以11不是偶数"

(五)利用逆否等价法

在形式逻辑中，原命题与其逆否命题是一组等价命题，二者同真同假。

(六)利用连锁推理

连锁推理的形式为若A→B，B→C，C→D，则可以记为：A→B→C→D。同理，根据逆否等价规则可知：－D→－C－→B→－A。

(七)利用各种判断的负判断

由于负判断是对原判断的否定而形成的复合判断，即原判断与负判断之间是矛盾关系，因此掌握常见判断的负判断形式，即在判定原判断假的情况下，从其负判断为真入手，推出正确结论。

判断类型		原判断	负判断
直言判断		A	O
		E	I
		I	E
		O	A
联言判断		P∧Q	(－P)∨(－Q)
选言判断	兼容选言判断	P∨Q(兼容)	(－P)∧(－Q)
	不兼容选言判断	P∨Q(不兼容)	[(－P)∧(－Q)]∨P∧Q
假言判断	充分条件假言判断	P→Q	P∧(－Q)
	必要条件假言判断	P←Q	(－P)∧Q
	充要条件假言判断	P↔Q	[P∧(－Q)]∨[(－P)∧Q]
负判断		－P	P

【例题】某家纺公司规定，在一个月内，除非每个工作日都出勤，否则任何员工都不可能既获得当月绩效工资，又获得全勤奖。

以下与上述规定的意思最为接近的一项是(　　)。

A. 在一个月内，任何员工如果所有工作日不缺勤，都有可能既获得当月绩效工资，又获得全勤奖

B. 在一个月内，任何员工如果有某个工作日缺勤，仍有可能获得当月绩效工资和全勤奖

C. 在一个月内，任何员工如果有某个工作日缺勤，必然或者得不到当月绩效工资，或者得不到全勤奖

D. 在一个月内，任何员工如果有某个工作日缺勤，必然既得不到当月绩效工资，又拿不到全勤奖

【答案】C

六、论证

(一)基本概念

论证是指阐述自己的观点并加以证明，使自己的观点得到证实，包括事实论证、道理论证、对比论证和比喻论证。其中，事实论证是一种从材料到观点、从个别到一般的论证方法，是从对许多个别事物的分析和研究中归纳出共同结论的推理形式。道理论证的目的是证明论点具有普遍性和规律性。对比论证是一种由个别到个别的论证方法，通常分为两类：一类是类比法，另一类是对比法。比喻论证用比喻进行论证，用比喻者之理去论证被比喻者(论题)之理。

(二)方法

根据论证所用推理形式的不同，论证分为演绎论证、归纳论证、类比论证、因果论证。其中，演绎论证、归纳论证、类比论证就是指用演绎推理、归纳推理、类比推

理的形式来判定论题这一判断的真实性或者虚假性。

根据论证运用方法的不同，论证分为直接论证和间接论证。直接论证直接确定论题的真实性，而间接论证通过确定其他论题的虚假来确定论题的真实性。

维度	分类	论证	
		证明	反驳
推理方式	因果论证	没我不行	没我也行
		旁人不灵	它因削弱
		—	因果倒置
论据与论题之间的关系	直接论证	搭桥	拆桥
		论据有效性	论据虚假性
	间接论证	反证法	归谬法
		选言证法	—

下面将从证明和反驳两个方面分别介绍如下的论证方法。

1. 证明

证明是用已知为真的判断确定某一判断的真实性(为真)的思维过程，它对应的常考题型为支持加强类，即证明整个论证过程的合理性、正确性的题型。

(1)因果论证

当论题是因果关系的表述形式时，加强论证过程可以通过以下两种方式。

①没我不行。

已知论题：A 可以导致 B。

加强论断：没有 A，B 就不成立了。

【例题】具有大天窗的百货商场的经验表明，商场内射入的阳光可增加销售额。该百货商场的大天窗可使商场的一半地方都有阳光射入，这样可以降低人工照明需要。从该商场两年前开始营业时起，天窗一边的各部门的销售量远高于其他各部门的销售量。

如果正确，最能支持上面论述的一项是(　　)。

A. 除了天窗，商场两部分的建筑之间还有一些明显的差别

B. 在某些阴天里，商场天窗下面的部分需要更多的人工灯光来照明

C. 在商场夜间开放的时间里，位于商场天窗下面部分的各部门的销售额不比其他部门高

D. 位于商场天窗下面部分的各部门，在该商场的其他一些连锁店中也是销售额最高的部门

【答案】C

解析：已知论题“阳光可增加销售额”，加强论断的话，没我不行的表述应为“没有阳光，销售额就无法增加”，显然选择 C 选项。在商场夜间开放的时候，也就是没有阳光的时候，位于商场天窗下面部分的部门的销售额不比其他部门高。

②旁人不灵。

已知论题：A 可以导致 B。

除了 A 之外没有别的因素导致 B。

(2)直接论证

①搭桥。

已知论据：A。

已知论题：B。

论证过程中 A、B 是孤立的两个判断，则论证过程并非完整，因此加强论证过程时首先应补全论证过程，即用搭桥。

搭桥：A→B 或者－B→－A。

体会推理“他好，我也好”。搭桥是指“如果我不好，那么他也不好”“只有我好，他才好”。

【例题】据某知名房产中介机构统计，2010 年 9 月第二周全国十大城市的商品房成交量总体呈上涨趋势，并且与 8 月第二周相比上涨幅度更明显。如果没有其他因素抑制，按照这种趋势发展，9 月或将创新政以来成交量最高水平。虽然现在还不能明确楼市完全回暖，但未来楼价调控的压力还是很大的。

下列最有可能是上述论证前提假设的是(　　)。

A. 炒房者将大量资金投入楼市

B. 国家对楼价的调控手段不足

C. 消费者对房子的购买热情没有减退

D. 楼市成交量的增长会带动楼价的上涨

【答案】D

解析：题目从商品房成交量上涨、上涨幅度明显、成交量达最高水平三个方面阐述论据，即商品房的成交量较高，而论题是围绕“楼价调控的压力”的，可见由论据推理不出论题，即论证过程不完整，加强的话要用搭桥，阐述清楚论据和论题之间的关系，说明成交量和楼价之间有关系。D 选项说明成交量增长带动楼价上涨，因此选 D。

②论据有效性。

已知论据：A。

已知论证方式：A→B。

已知论题：B。

分析：整个论证过程是完整的，因此加强时可以考虑论据是成立的或可行的。

【例题】有报告指出，今年(出题当年)上半年，国内手机累计销售超过 6000 万部。其中国产手机共销售 2800 万部。因此，有媒体判断国产手机复苏了。

下列哪一选项如果为真，将有力地支持上述判断？(　　)

A. 手机销量统计不包括水货手机，而水货手机的销售量巨大

B. 今年上半年，国家采取措施限制国外品牌手机进入中国市场

C. 今年下半年，国产手机销量远高于其他品牌手机，并继续保持这一势头

D. 手机销量是依据进网许可证发放数量来统计的，但这些手机可能并未全部进入用户手中

【答案】C

解析：题目通过上半年国内手机销量和国产手机销量来说明国产手机销量比较高，得出论题国产手机复苏了，是个完整的论证过程。如果要加强论证，可以从论据入手，肯定论据的成立或者增加新的论据。题干从上半年的维度来说明，增加新论据可从下半年或者未来一直保持这种趋势来说明，正如C项表述。

(3)间接论证

间接论证通常有两种方法：反证法和选言证法。

①反证法。

反证法是通过确定与论题相矛盾的命题(反命题)的虚假来确定论题的真实性的间接论证。

求证：P。

证明：设非P，

如果非P，则Q，

非Q，

所以，并非(非P)，

故P。

例如，我们必须大力发展教育。如果不这样，就不能满足“四化”建设对各种人才的需要，就不能迅速提高整个中华民族的文化素质，“四化”也会成为一句空话，而“四化”并非一句空话，故我们必须大力发展教育。

②选言证法。

选言证法是通过先论证与原论题相关的其他可能的论断都不能成立，然后确定论题真实性的间接论证。

求证：P。

证明：设P或Q或R，

非Q，

非R，

所以P。

例如，某盗窃案的罪犯或者是甲，或者是乙，或者是丙，或者是丁，现查明这个盗窃案的罪犯不是乙，不是丙，也不是丁，所以这个盗窃案的罪犯是甲。

2. 反驳

反驳是用自己已知为真的判断确定某一判断的虚假性(为假)的思维过程，它对应的常考题型为削弱质疑类，即证明整个论证过程不合理、不成立的题型。

(1)因果反驳

当论题是因果关系的表述形式时，削弱质疑可以通过以下三种方式进行。

①没我也行。

已知论题：A可以导致B。

削弱断论：没有A，B照样成立。

注：削弱中“没我也行”与加强中“没我不行”相对应。

【例题】近几十年来，人们发明了各种各样的药物来毒杀老鼠。可是人们发现，在一些老鼠经常出入的地方放置老鼠药越来越没有效果。无论人们将药物添加到对于老鼠来说是多么美味的食物之中，老鼠都会对这些送来的食物置之不理。根据这一现象，得到的可能解释是：老鼠的嗅觉异常灵敏，它们能从任何复杂的气味中分辨出对他们有害的物质。

下列哪项能最强有力地表明上文中最后一个解释是错误的？（　　）

A. 老鼠很少去那些曾经放置过老鼠药的地方活动

B. 老鼠在进食之前对任何食物进行取样并品尝其中是否有有毒物质

C. 科学家经过一系列试验，证明有的老鼠对于一些药物已经产生抗药性

D. 将没有添加任何药物的粮食放在先前放置过药物的地方，老鼠也不会去动这些食物

【答案】D

解析：已知论题“因为嗅觉灵敏，闻到有毒物质，所以对‘美食’置之不理”，属于因果类论题，可以采用“没我也行”方式来削弱，即说明不是嗅觉的原因，老鼠没有闻到毒物，同样不理会“美食”。D 选项表述为对于“没有添加任何药物的粮食”，老鼠“也不会去动”，所以选 D。

②它因削弱。

已知论题：A 可以导致 B。

削弱断论：除了 A 以外，别的因素也能导致 B。

注：削弱中的“它因削弱”与加强中的“旁人不灵”相对应。

【例题】H 市的交通管理部门表示，和去年相比，今年(出题当年)H 市市区的道路通行有明显改善。该部门负责人认为，这是由于 H 市聘用了大量的交通协管员。

以下哪项最不能削弱该负责人的结论？（　　）

A. 今年年初，H 市专门召开会议对交通问题进行认真研究和整顿

B. 许多专家认为，聘用大量的交通协管员的成本巨大，得不偿失

C. 今年年初，H 市市区的道路新建扩建工程刚刚结束

D. 今年 H 市对驶入市区的车辆进行了严格的限制，许多大货车、外地车在交通“高峰”时期不能进入市区

【答案】B

解析：已知论题“交通协管员导致通行状况得到改善”，属于因果类论题。表述“没有交通协管员，通行状况依然得到改善”属于没我也行，但选项中无此类似表达；从它因削弱的角度出发，除了交通协管员，别的因素也能导致通行状况得到改善，A、C、D 三个表述都是指其他因素导致通行状况得到改善，都属于削弱选项，因此不能削弱负责人结论的只有 B。

③因果倒置。

已知论题：A 可以导致 B。

削弱断论：强调原因是 B，而不是 A，即 B 导致 A。

【例题】某保险公司近来的一项研究表明，那些在舒适工作环境里工作的人比在不舒适工作环境里工作的人的生产效率要高 25%。这表明，日益改善的工作环境可以提高员工的生产效率。

以下哪个假设是对以上因果联系最严重的挑战？(　　)

A. 平均来说，生产效率低的员工每天在工作场所的时间比生产效率高的员工要少

B. 舒适的环境比不舒适的环境更能激励员工努力工作

C. 舒适的工作环境通常是对生产效率高的员工的酬劳

D. 在拥挤、不舒适的环境中，同事的压力妨碍员工的工作

【答案】C

解析：改善的工作环境导致员工生产效率提高，其中改善的工作环境是原因，结论是生产效率提高。选项C说明生产效率高的员工才能获得舒适的环境，即生产效率高的原因，因此它采用了因果倒置的方式削弱了论证过程。

(2)直接反驳

①拆桥。

已知论证：A→B。

拆桥：A和B没有关系，由A推理不出B。

【例题】"东胡林人"遗址是新石器时代早期的人类文化遗址，在遗址中发现的人骨化石经鉴定属于两个成年男性个体和一个少年女性个体。少女遗骸的颈部位置有用小螺壳串制的项链，腕部配饰有牛肋骨制成的骨镯。这说明在新石器时代早期，人类的审美意识已经开始萌芽。

以下哪项如果为真，最能削弱上述判断？(　　)

A. 新石器时代的饰品通常是石器

B. 出土的项链和骨镯都十分粗糙

C. 两个成年男性的颈部有更大的项链

D. 项链和骨镯的作用主要是表示社会地位

【答案】D

解析：由题目中论据少女佩戴项链和骨镯等首饰，推理出论题：人类的审美意识开始萌芽。要削弱论证过程的话，可以说明论据和论题之间没有任何关系，即少女佩戴的项链和骨镯与审美意识没关系。选项D表述两者表示社会地位，因此D属于拆桥。

②论据虚假性。

已知论据：A。

已知论证方式：A→B。

已知论题：B。

分析：整个论证过程是完整的，因此削弱可以考虑论据是不成立的或不可行的。

论据虚假性：A不成立或不可行，添加－A(新的反面论据)。

体会推理"他学习好，因为他是个天才"，削弱时通过"天才是不存在的"来反驳。

例如，有人说，"人人都是自私的"。这种说法是不对的。现实生活中确实有许多人不是自私的，因此，并非人人都是自私的。

【例题】历史上一度盛行的古埃及、古巴比伦、古玛雅的语言文字已成历史尘埃。世界上现存的6000多种语言文字，平均每两周就消失一种。由此推算，到2050年，世界上将有90%的语言文字灭绝。

以下哪项如果为真，最能反驳以上观点？（　　）

A. 有许多语言学家正在研究这些语言文字

B. 古代语言文字往往是随着文明被征服而灭绝的

C. 许多濒危语言文字已经得到了重视和有效的保护

D. 现代的非文盲比例与古代相比有非常显著的降低

【答案】C

解析：题干中已知论据1为“盛行的古文字成为历史尘埃”，已知论据2为“现存的文字每两周消失一种”，由此推出论题“将有90%的语言文字灭绝”，论证过程完美。选项A说有人在研究这些文字，但文字灭绝和文字研究之间不存在关系，A是无关选项。选项B表述的对象是古代语言文字，是针对论据1来表述的。论据1表明古代文字在消失，该选项细致描述古代文字是如何消失的，则与论据1一致，属于加强类。选项C表述的对象是濒危语言文字，是针对论据2来表述的。论据2表明濒危语言文字所属的现存文字每两周消失一种，通过选项C，说明它们得到重视和保护，阻止每两周消失一种的进程，属于说明论据的虚假性。选项D的表述对象与论题无关。故选C。

(3)间接反驳

间接反驳通过论证另一个与被反驳的命题有矛盾或反对关系的命题的真实性，从而确定反驳命题的虚假。间接反驳常用的方法是归谬法。

基本思路：为了反驳某命题，即确定某命题假，首先假定它为真，然后由这个假定推出荒谬的结论，最后根据充分条件假言推理的“否后必否前”的规则，确定它是假的。

被反驳的命题：P。

反驳过程：设P为真，

如果P为真，则Q，

非Q，

所以，P假。

例如，《古今谭概》有则故事：太原郭林宗迷信思想作怪，认为庭院内有棵树，就像口中有木，成为不吉祥的“困”字，因此想把树砍掉。其客徐雅劝阻说：如果认为庭院内有树不吉祥，那么宅中也不能住人。因为口中有木成了“困”字不吉祥，那么口中有人就成了“囚”字，就更不吉祥了。

七、数字推理

(一)基本概念

所谓数字推理，就是给考生一个数列，但其中至少缺少一项，要求考生仔细观察数列的排列规律，然后从四个选项中选出他认为最为合理的一项来填补空白项。解答数字推理题时，考生的反应不仅要快，而且要掌握恰当的方法和技巧。数字排列规律主要有六种：等差数列、等比数列、和数列、积数列、幂数列及其他特殊数列。

【例题】1，3，5，7，9，11，13，15，17，(　　)，(　　)。

A. 19　21　　B. 19　23　　C. 21　23　　D. 27　30

【答案】A

解析：相邻奇数之间的差是以 2 为首项、公差为 2 的等差数列，相邻偶数项之间的差是以 2 为首项、公差为 2 的等差数列。

(二)方法

1. 等差数列的推理

等差数列的常规公式：设等差数列的首项为 a_1，公差为 d，则等差数列的通项公式为 $a_n=a_1+(n-1)d$（n 为自然数）。

【例题】1，3，5，7，9，(　　)。

A. 7　　B. 8　　C. 11　　D. 13

【答案】C

解析：这是一种简单的数字推理，其特征是相邻两个数字之间的差是一个定值。观察题干很容易发现相邻两个数字的差均为 2，所以括号内的数字应为 11。故选 C。

2. 等比数列的推理

等比数列的常规公式：设等比数列的首项为 a_1，公比为 q（q 不等于 0），则等比数列的通项公式为 $a_n=a_1q^{n-1}$（n 为自然数）。

【例题】12，4，4/3，4/9，(　　)。

A. 2/9　　B. 1/9　　C. 1/27　　D. 4/27

【答案】D

解析：很明显，这是一个典型的等比数列，公比为 1/3。故选 D。

3. 多级数列的推理

【例题 1】2，5，10，17，26，(　　)，50。

A. 35　　B. 33　　C. 37　　D. 36

【答案】C

解析：相邻两个数之差依次为 3，5，7，9，是一个差值为 2 的等差数列，所以括号内的数与 26 的差值为 11，即括号内的数为 26+11=37。故选 C。

【例题 2】4，6，10，18，34，(　　)。

A. 50　　B. 64　　C. 66　　D. 68

【答案】C

解析：此数列表面上看没有规律，但它们后一项与前一项的差依次是 2，4，8，16，是一个公比为 2 的等比数列，故括号内的值应为 34+16×2=66。故选 C。

4. 四则混合运算的推理

(1)加(减)法规律

规律一：前两个或者几个数相加(或相减)等于第三个数，或前两项相加之后减去(或加上)一个常数等于第三个数，相加的项数是固定的。

【例题】2，4，6，10，16，(　　)。

A. 26　　B. 32　　C. 35　　D. 20

【答案】A

解析：首先分析相邻两数间的数量关系，进行两两比较，第一个数 2 与第二个数 4 之和是第三个数，而第二个数 4 与第三个数 6 之和是 10，以此类推，括号内的数应该是第四个数和第五个数的和 26。故选 A。

规律二：前面所有的数相加等于最后一项，相加的项数为前面所有项。

【例题】1，3，4，8，16，(　　)。

A. 22　　B. 24　　C. 28　　D. 32

【答案】D

解析：本题数列中，第三项等于前两项之和，第四项等于前三项之和，括号内的数应为前五项之和为 32。故选 D。

(2)乘(除)法规律

规律一：前两项之积(商)等于第三项。

【例题】3，4，12，48，(　　)。

A. 96　　B. 36　　C. 192　　D. 576

【答案】D

解析：这是一道典型的乘法规律题，仔细观察，前两项之积等于第三项。故选 D。

规律二：乘法规律的变式。

【例题】2，4，12，48，(　　)。

A. 96　　B. 120　　C. 240　　D. 480

【答案】C

解析：每个数都是相邻的前面数乘以自己所排列的位数，所以第五位数应该是 $5\times48=240$。故选 C。

5. 乘(除)法规律与等差数列混合

【例题】3，3，6，18，(　　)。

A. 36　　B. 54　　C. 72　　D. 108

【答案】C

解析：本题数列中，后项数字与前项数字之间的商形成一个等差数列，以此类推，第五个数与第四个数之间的商应该是 4，所以 $18\times4=72$。故选 C。

6. 平方规律

(1)平方规律的常规形式

【例题】49，64，81，(　　)，121。

A. 98　　B. 100　　C. 108　　D. 116

【答案】B

解析：这组数列可变形为 7^2，8^2，9^2，(　　)，11^2，不难看出这是一组具有平方规律的数列，所以括号内的数应是 100。故选 B。

(2)平方规律的变式

变式一：n^2-m(或 n^2+m)。

【例题】0，3，8，15，24，(　　)。

A. 28　　B. 32　　C. 35　　D. 40

【答案】C

解析：这个数列没有直接规律，经过变形后可以直接看出规律。由于数列各项分别加 1，可得 1，4，9，16，25，即 1^2，2^2，3^2，4^2，5^2，故括号内的数应为 6^2-1。故选 C。

【例题】2，5，10，17，26，(　　)。

A. 43　　B. 34　　C. 35　　D. 37

【答案】D

解析：将所给的数列分别减 1，可得 1，4，9，16，25，即括号内的数应为 6^2+1。故选 D。

变式二：每项自身的平方减前一项的差等于下一项。

【例题】1，2，3，7，46，(　　)。

A. 2109　　B. 1289　　C. 322　　D. 147

【答案】A

解析：本数列规律为每项自身的平方减去前一项的差等于下一项，即 $2^2-1=3$，$3^2-2=7$，$7^2-3=46$，$46^2-7=2109$。故选 A。

特殊变形：经变形后方可看出规律的题型如下。

【例题】1，1/16，(　　)，1/256，1/625。

A. 1/27　　B. 1/81　　C. 1/100　　D. 1/121

【答案】B

解析：此题数列可变形为 $1/1^2$，$1/4^2$，(　　)，$1/16^2$，$1/25^2$，可以看出分母各项分别为 1，4，(　　)，16，25 的平方，而 1，4，16，25 分别是 1，2，4，5 的平方，由此可以判断这个数列的分母项是 1，2，3，4，5 的平方，由此可以进一步判断括号内所缺项应为 $1/(3^2)^2=1/81$。故选 B。

真题再现

1.【2012 年上半年　中】张三、李四、王五、陈六在一起讨论南京市的晚报。张三说："南京没有一家晚报办得好。"李四说："南京的晚报办得都不错。"王五说："南京市还是有晚报办得不错的。"陈六说："南京市的晚报都办得糟。"他们争论时，来了一位老先生，他点评说："依我看，李四和陈六都说错了。"如果老先生说得对的话，那么(　　)。

A. 张三和王五都说错了　　B. 张三和王五都说对了

C. 张三说错了，王五说对了　　D. 张三说对了，王五说错了

答案：C

2.【2012 年下半年　中】下列选项中，对概念所作概括，正确的一项是(　　)。

A. 将"启明星"概括为"太白星"　　B. 将"火焰山"概括为"吐鲁番"

C. 将"中国文学"概括为"艺术哲学"　　D. 将"长篇小说"概括为"文学作品"

答案：D

3.【2013 年上半年　幼】下列选项中，与"曹操和曹植是父子"判断类型相同的是(　　)。

A. 崔健和田震是歌手　　B. 王静和李霞是团员

C. 徐超和周楠是战友　　D. 樊铃和李捷是医生

答案：C

4.【2013 年上半年　幼】下列选项中，对"这种商品并非既物美又价廉"的理解，正确的一项是(　　)。

A. 这种商品物美，或者这种商品价廉

B. 这种商品物不美，或者这种商品价不廉

C. 这种商品物不美，但这种商品价廉

D. 这种商品物美，而且这种商品价廉

答案：B

5.【2013 年下半年　幼】“数学家希尔伯特、华罗庚都是教育家。”由此可以推出的结论是(　　)。

A. 数学家都是教育家　　B. 有的数学家是教育家

C. 教育家都是数学家　　D. 教育家都不是数学家

答案：B

6.【2013 年下半年　小】“我要是谈了我朋友的隐私，他准会大发脾气；我朋友没有大发脾气。”由此可以推出的结论是(　　)。

A. 我谈了我朋友的隐私　　B. 我朋友是个温和的人

C. 我没有谈我朋友的隐私　　D. 我朋友为人倒是挺不错的

答案：C

7.【2014 年上半年　幼】下列句子中，对“不夸己能，不扬人恶，自然能化敌为友”理解正确的是(　　)。

A. 要想化敌为友，就要不夸己能且不扬人恶

B. 不想化敌为友，就可以既夸己能又扬人恶

C. 没能化敌为友则没能不夸己能或不扬人恶

D. 能够化敌为友，则能够不夸己能或不扬人恶

答案：A

8.【2014 年上半年　幼】某单位要评选一名优秀员工，群众评议推选出候选人赵、钱、孙、李。

赵说：小李业绩突出，当之无愧。

钱说：我个人意见，老孙是不二人选。

孙说：选小钱或者老赵我都赞成。

李说：各位做得更好，不能选我。

如果赵、钱、孙、李只有一个人的话与结果相符，则优秀员工是(　　)。

A. 赵　　B. 钱　　C. 孙　　D. 李

答案：D

9.【2014 年下半年　幼】下列选项中与“砚台—端砚”逻辑关系一致的是(　　)。

A. 背景—故宫　　B. 拉萨—西藏　　C. 苹果—水果　　D. 文具—钢笔

答案：D

10.【2014 年下半年　幼】花坛中种了牡丹、海棠、月季和芍药各一排，已知牡丹在中间的两排中，芍药和海棠不相邻，海棠不在第一排。下列关于四种花由前到后的排序正确的(　　)。

A. 芍药、月季、海棠、牡丹　　B. 月季、牡丹、海棠、芍药

C. 芍药、月季、牡丹、海棠　　D. 海棠、牡丹、月季、芍药

答案：C

11.【2015年上半年　幼】下列选项中，与“青岛—珠海”逻辑关系相同的是(　　)。

A. 新疆—边疆　B. 大象—老鼠　C. 植物—水仙　D. 西瓜—水果

答案：B

12.【2015年上半年　幼】小王、小赵和小李的艺术专长分别为小提琴、二胡和古筝。已知：小王比小赵年龄大，小李比弹古筝的年龄小，拉小提琴的年龄最大。根据上述条件，可以确定的是(　　)。

A. 小王拉小提琴，小赵弹古筝，小李拉二胡

B. 小王拉二胡，小赵拉小提琴，小李弹古筝

C. 小王拉小提琴，小赵拉二胡，小李弹古筝

D. 小王弹古筝，小赵拉小提琴，小李拉二胡

答案：A

13.【2015年下半年　幼】下列和“书法家—画家”逻辑关系一致的是(　　)。

A. 童星—明星　B. 党员—老师　C. 军人—军官　D. 幼儿—青年

答案：B。

14.【2015年下半年　幼】四个杯子上各写着一句话。第一个杯子：每个杯子都是酸性溶液。第二个杯子：本杯中是矿泉水。第三个杯子：本杯中不是蒸馏水。第四个杯子：有的杯子中不是酸性溶液。如果四句话只有一句真实，则可以确定(　　)。

A. 所有的杯子中都是酸性溶液　B. 第二个杯子中是矿泉水

C. 所有杯子中都不是酸性溶液　D. 第三个杯子中是蒸馏水

答案：C

15.【2016年上半年　幼】下列选项中与“三角形—几何图形”逻辑相同的是(　　)。

A. 矩形—椭圆形　B. 菱形—六边形　C. 圆形—三角形　D. 梯形—四边形

答案：C

16.【2016年上半年　幼】找规律填数字是一个很有趣的活动，特别锻炼观察和思考力，下列选项中填入数列“1，2，4，10，42，(　　)”空缺处的数字，正确的是(　　)。

A. 422　B. 523　C. 624　D. 725

答案：A

17.【2016年下半年　幼】找规律填数字，2，4，9，16，(　　)，47，空缺的数字是(　　)。

A. 28　B. 29　C. 30　D. 31

答案：A

18.【2016年下半年　幼】下列选项所表述的内容包括在“只有想不到，没有做不到”中的是(　　)。

A. 如果想不到，一定做不到　B. 只要想得到，就能做得到

C. 既然做到了，肯定想到了　D. 既有想不到，也有做不到

答案：B

19.【2017年上半年　幼】找规律填数字是一项很有趣的活动，特别锻炼观察和思考力，下列选项中填入数列“26，24，15，12，(　　)，9”空缺处的数字，正确的是(　　)。

A. 8　B. 7　C. 6　D. 5

答案：C

20.【2017年上半年　幼】下列选项所表述的内容含在“只有理解别人，才能被人理解”中的是(　　)。

A. 除非被别人理解，否则没理解别人　B. 只要理解别人，就能被别人理解

C. 没被别人理解，是因为没理解别人　D. 要想被别人理解，就得去理解别人

答案：D

21.【2018年下半年　中】“以事实为根据，以法律为准绳”，不属于同类标准的是(　　)。

A. 团队重要，平台也很重要　　　　B. 品德看言行，知识看谈吐

C. 若想人不知，除非己莫为　　　　D. 善人必勤俭，恶人必奢华

答案：C

22.【2018年下半年　中】数字推理：11，55，187，583，(　　)，5335。

A. 1771　　　　B. 1772　　　　D. 1773　　　　D. 1774

答案：A

能力提升训练题

1. 甲乙丙丁四人的车分别为白色的、银色的、蓝色的和红色的。在问到他们各自车的颜色时，甲说：“乙的车不是白色的。”乙说：“丙的车是红色的。”丙说：“丁的车不是蓝色的。”丁说：“甲乙丙三人中有一个人的车是红色的。”而且只有丁说的是实话。如果丁说的是实话，那么以下说法正确的是(　　)。

A. 甲的车是白色的，乙的车是红色的　B. 乙的车是蓝色的，丙的车是红色的

C. 丙的车是白色的，丁的车是蓝色的　D. 丁的车是银色的，甲的车是蓝色的

2. 中华腾飞，系于企业；企业腾飞，系于企业家。因此，中国经济的起飞迫切需要大批优秀的企业家。下列哪一种逻辑推理方法与上述方法相同？(　　)

A. 红盒中装蓝球，蓝盒中装绿球。因此，红盒中不能装绿球

B. 新技术增加产品的科技含量，科技含量增加产品的价值，技术含量低的产品价值低

C. 生产力决定生产关系，生产关系决定上层建筑，上层建筑反作用于生产力

D. 优秀的成绩来自勤奋，勤奋需要意志支撑。因此，要取得好的成绩必须具有坚忍的意志

3. 考古学家可以重新发掘我们祖先被遗忘的智慧。例如，纳巴塔人在两千年之前占据着险恶的内盖夫沙漠，他们把这一地区很少发生的大暴雨的雨水灌溉到灌溉沟渠与蓄水池中。这一方法被用来重建这一地区的古代农场，这些农场现在也能生产出很高的谷物产量。上述文字中“方法”一词是指(　　)。

A. 纳巴塔人占据着险恶的内盖夫沙漠　B. 纳巴塔人兴建灌溉沟渠和蓄水池

C. 纳巴塔人用大暴雨的雨水灌溉　　　D. 重建这一地区的古代农场

4. 有人也许认为：“写文字只要不妨害文章所表达的义理，材料细节有点出入是无所谓的。”义理是文章的灵魂，大凡写文章，不会不关注这一点。这种关注就应包含对支撑义理的材料的审慎核查与选用。对于画横线文字理解最准确的一项是(　　)。

A. 批评了只重视表达义理，但是不重视材料真实性的错误认识

B. 肯定了既重视义理的表达，也重视材料细节必须真实的主张

C. 批评了以不妨害表达义理为借口，而忽视材料真实性的错误认识

D. 肯定了材料对表达义理的作用，不主张苛求材料细节的真实性

5. 2，6，15，30，45，(　　)。

A. 63　　B. 57　　C. 51　　D. 45

6. 伏案工作者长时间低头阅读、书写很容易患腰颈椎疾病。为帮助这部分人预防和缓解腰颈椎疾病，某单位工会为职工印发了宣传册，教大家预防和治疗腰颈椎疾病的一些方法。以下哪项如果为真，最能对上述宣传册的效果提出质疑？(　　)

A. 腰颈椎疾病很难进行自我预防和治疗

B. 预防和治疗腰颈椎疾病需要专业人士指导

C. 预防和缓解腰颈椎疾病的方法因人而异

D. 不经常伏案工作的人也可能患腰颈椎疾病

7. “一桌子苹果，别人通常挑一两个，挑三四个。毕加索最可气，每个都咬上一口，每个苹果上都有他的牙印。”一位中国画家如此评价毕加索。毕加索一生搞过素描、油画、雕塑、版画，担任过舞台设计，还写过小说、剧本和无标点散文诗。从这段文字中我们可以推论(　　)。

A. 毕加索吃苹果，每个都只咬一口。中国作家对这种做法不以为然

B. 很多人都像毕加索一样参与过许多艺术类型的创作

C. 毕加索在艺术领域的许多方面进行过创作的尝试

D. 毕加索是个天才式的人物，没有他不涉及的艺术领域

8. 找规律填数字是一项很有趣的活动，特别锻炼观察和思考力。下列选项中，填入数列“101，169，305，577，(　　)，2209”空缺处的数字，正确的是(　　)。

A. 1118　　B. 1119　　C. 1120　　D. 1121

9. 下列表述，与“并非‘只有本地人当经理，才能把企业搞好’”的判断一致的是(　　)。

A. 要想把企业搞好，必须由本地人当经理

B. 只要把企业搞好了，谁来当经理都可以

C. 不由本地人当经理，也可以把企业搞好

D. 不由本地人当经理，就不能把企业搞好

10. 找规律填数字是一项很有趣的活动，特别锻炼观察和思考力。将选项中的数字填入“11，16，29，47，(　　)，127”空缺处，符合该组数字排列规律的是(　　)。

A. 75　　B. 76　　C. 77　　D. 78

参考答案

1. C　2. D　3. C　4. B　5. D　6. A　7. C　8. D　9. C　10. D

第三章　阅读理解能力

【考纲要求】

1. 理解阅读材料中重要概念的含义。
2. 理解阅读材料中重要句子的含义。
3. 筛选并整合图表、文字、视频等阅读材料的主要信息及重要细节。
4. 分析文章结构，把握文章思路。
5. 归纳内容要点，概括中心意思。
6. 分析概括作者在文中的观点态度。
7. 根据上下文合理推断阅读材料中的隐含信息。

第一节　阅读理解能力的本质

【考点分析】

1. 确定词语概括的信息区间，概括词出现的位置是有规律可循的(中心句、首括句、尾括句、开启句、收束句)。

2. 把握词语概括的内容要点，理解并准确把握这一区间内文本的内容。

3. 筛选关键词句，分要点准确作答。

【考点内容】

在不少人看来，阅读理解能力的培养似乎只是语文教师的事情，但其实在任何一门学科中，阅读理解能力都起着重要作用。阅读理解是一种应用已有的知识经验，顺利而有效地从书面材料(文字、符号、公式、图表等)中获得意义的心理过程。教师应该获得的阅读理解能力一般包括以下构成要素。

一、认读语言的能力

这是指对材料符号的感知与辨认能力。各学科在学科语言方面都有自己的特点，比如化学的符号语言就很有特点。但是，各学科语言的阅读又有共同的地方。通常人们对文字符号的感知能力，即对阅读材料中的字、词语、句子的认识能力，是阅读的基本能力要求，也是最起码的要求。

二、理解能力

理解能力是指在阅读过程中，理解材料所反映对象(事物或者现象等)的内在与外在结构，进而认识材料本质的能力，它是阅读能力的核心。桑戴克认为，学生试图理解一段文字时的反应与解一道数学题的过程相似，于是他就把阅读理解看成是推理过程。阅读理解能力肯定还包括其他能力，如鉴赏能力、记忆能力等。20 世纪 60 年代以来，人们越来越肯定这样的看法：阅读的过程是依据阅读的目的和阅读材料的类型与难度的变化而变化的。要培养学生这方面的能力，除了在语言课及一般学科中进行阅读训练外，还要注意应用以下几种教学方法。

第一，综合教学法。a. 教师讲明这次阅读的重要目的，引导学生确立阅读的具体目标；b. 将阅读材料与学生已有的知识经验连接起来；c. 解释专门术语；d. 解释材料在文法、修辞或语言风格方面的特点；e. 指导学生测试或反馈。

第二，SQ3R阅读教学法。a. 概览，从宏观上了解材料的整体意义与主要结构；b. 质疑，针对主要问题提出自己的问题，或确定需要进行细读提问的范围；c. 细读，根据材料的结构与问题进行详细的具有针对性的阅读；d. 复述，将材料各层次的主要含义及材料的结构复述出来；e. 复习，在复述之后每隔一至两天复习两到三次，可采用复述或者问题测试的方法进行。

第三，图示结构法。

第四，材料注释法。

第五，目标—方法策略。

第二节　理解阅读材料中的重要概念

【考点分析】

根据教师资格考试大纲的要求，这一节需要考生理解阅读材料中重要概念的含义。

【考点内容】

一、理解阅读材料中重要概念的含义

概念是反映客观事物本质属性的思维形式。重要概念是指与整体文意密切相关或者文章重点论述的一个“概念性”词语；重要词语的范围比较宽泛，包括与文章的核心内容密切相关的词语、表达功能特别强的词语、容易发生理解偏差的词语等。

二、理解阅读材料中重要概念的方法

(一)结合具体的语言环境，理解概念的隐含意义

在阅读时，考生必须透过概念的表面含义，结合作者的论证思路、说明逻辑等具体的语言环境，深刻体味、理解作者的用意。

(二)理解概念的基本意义，辨别不同义项

概念是通过词语表现出来的，每个词语都有基本含义。考生要把词语放在特定的语言环境中去分析，明确词语所在的语句和段落的含义，在段落前后关系的基础上理解词语。考生尤其要注意词语本身所具有的含义，准确理解比喻义、引申义、双关义、象征义、反语义、色彩义等。

(三)理解概念之间的关系

考生对概念的理解要以准确判断概念的本质属性为基础，通过筛选文中的重要信息，弄清客观事物之间的关系，解释概念的特征，然后组织语言，顺畅地表述出来。

(四)准确把握代词的含义

①了解代词的用法，如“这”“这个”“这些”是近指，“那”“那个”“那些”是远指，“某”“某类”是不定指，等等。

②在具体的语境中理解代词所指代的具体内容。

③把找出的指代内容代入原文，看是否通顺、合适。

第三节　理解文中的重要句子

【考点分析】

根据教师资格考试大纲的要求，这一节需要考生理解阅读材料中重要句子的含义、方法。

【考点内容】

一、理解文中重要句子的含义

所谓重要句子，是指对理解文章的思想、观点、情感、结构等起重要作用的句子，主要包含以下几种类型。

(一)文眼句

文眼句是既能揭示文章的中心思想又能提挈全文的句子。

(二)主旨句

主旨句是表明作者的写作目的、揭示文章中心思想的句子，是全文的核心、文章的灵魂，具有较强的概括力。

(三)衔接句(过渡句)

衔接句能起到结构上的起承转合作用，又能归纳和提示上下文的内容。

(四)深化句

深化句的表达方式多为议论，在语段中起到画龙点睛的作用，位置多在语段末。

(五)警策句

警策句文字简练，内涵丰富，含义深刻。它是思想感情的高度浓缩，起到发人深省、动人心魄、催人奋进的作用。

(六)含蓄句

含蓄句多用比喻、借代等修辞方法含蓄地表达含义。对这类句子，考生不仅要理解它的表层含义，还要理解它隐含的信息。

(七)总结句

语段的尾句或概括总结上文，或留下余地让人思考，或饱蘸笔墨抒发感情，是对文章内容和情感的收尾。

二、理解文中重要句子的方法

(一)依据不同的文体特点理解句子

记叙文中的精彩议论、抒情的语句，通常是画龙点睛之笔；议论文中的重要句子常用来提出观点、得出结论；说明文中的重要句子常用来揭示事物的本质特征。

(二)从分析句子结构和关键词的含义入手来理解句子

从分析句子结构入手，主要针对的是理解重要词语含义的题目。所谓从句子结构入手分析就是常说的划分句子层次。一般而言，在词句理解型题目中，划分句子层次只要抓主干(主谓宾)即可。需要注意的是，有些题目不需要仔细划分句子层次，只需厘清各分句间的关系，就可以迅速得出答案。

(三)联系上下文来推敲句子

一个句子的准确含义要通过理解句子的本身含义和联系上下文的语境来仔细推敲，要着眼于全文，不能局限于句子本身。

(四)运用逻辑关系来理解句子

对句子含义的准确理解，一定不可以偷换概念、以偏概全、颠倒句子的前后关系等，要具备一定的逻辑判断能力，厘清句子的逻辑关系。

(五)分析特殊句和修辞句

特殊句是一个相对的概念，以相对的形式呈现，例如被动句、短句、否定句、相对常式句来说的变式句。修辞句包括设问句、反问句、排比句、对偶句、比喻句等。在词句理解型题目中，有些词语或句子会运用修辞手法，这时考生在理解词句含义时结合修辞手法的特点来分析对解题助益良多。

(六)结合背景来理解句子

结合文章写作的时代背景、作者资料，联系句子所在段落、全文语境等来理解句子也很重要。

真题再现

阅读下面的材料，回答问题。

材料 1 《时尚浅说》 黄毓璜

辞典上“时尚”直白的释义就是一时风尚。作为社会流变、生活迁移、价值更迭驱动下的潮汐式性相，时尚主要是审美旨意、心理趋向在公众与日常的表征。其公众性、盲动性、愉悦性以及可仿效性的自身特质，决定了它浪打浪般的生长，成就其推进演化的广度、强度和速率；还不妨说，时尚作为时代的情感表征，乃是一个时代的种种合力使然。虽然其行也不远，此起彼落，时有变更，却不随一己好恶而兴废，不因拒之纳之而行止，称得上是一位无翼而飞、天生天杀的主儿。

同时，时尚也并非可以简单地一面而论。其本身也具备种种包容的可能：既可孕育诞生之契机，亦可成为溃糜之温床，事情确实存在两面性。“因势利导”因而成为可能，“圣者时也”的名言，“我行我素”的标榜，也因而都在大本大宗的道理之内，从不同侧面说明了人在“自然化”了的客体面前的主观选择和临世态度。

不妨说，“趋时”是人类的天性，要不然“ok”“goodbye”也不至于那么频频挂到男男女女的嘴边。这一方面说明了人的“顺变”能力，另一方面也说明了人的“从众”心理——他那样说的时候，未见得自己多么酷爱英语。可见，“趋时”大体指向外部关涉，关涉“面子”上的事，跟自己内心的好恶关系不是太大的。这原本毋庸置疑，须得一议的是：这里的时尚很可能成为一种压力，压迫人们划一了心志和产生超水平的企求。诸如就业上某些岗位的过冷过热，诸如婚嫁时房子、车子被列为必要前提——面对种种时尚如骛趋之或心理失衡，人们有理由拒绝“安分守己”“安贫乐道”的慰勉，也同样有必要顾及具体的现实条件和属于自己的选择。

如果说人除了是一种“物质”存在，还分明是一种“精神”存在，那么，“与时俱进”跟“顺时迁变”就不能是一回事。而且，执着于精神性的人还往往抱持跟时尚“对视”的姿态，所谓“不随俗沉浮”，大体描述了在物性和物化了的时尚面前保持一份心灵的高傲。“不合时宜”归根结底是一种精神境界，是“抗尘走俗”与“超尘脱俗”的起始点。我们无法在普遍的层面上要求人们都成为精神上的“庞然大物”，可以肯定的则是：一个精神强健的人，一个有作为的人，一个不失尊严的人，无论是在春风得意中走马，还是在艰难困顿中蹒跚，都不能是一个失落自我而为时尚左右的人。

问题：

(1)文章说“‘趋时’是人类的天性”，请简要阐述你对这句话的理解。

(2)应如何正确面对“时尚”？请简要概括文章的观点。

答案要点：

(1)①人具有“顺变”能力，能适应时尚。②人有“从众”心理，往往会趋时逐流。③人都爱面子，易于屈从时尚的压力。

(2)①要顾及具体的现实条件，不超越实际追求时尚。②在时尚面前要有自己的选择。③要保持心灵的高傲，任何情况下都不为时尚所左右。

材料 2　《那一种遥远的幽默》　杨芳

本来，曹禺从南开转学到清华，一半是为了王文显。他早就听说，这位外国语文学系主任，对戏剧颇有研究。但听课后，他竟有些失望。从头至尾，王文显都在念英文讲义，而且年年如此，从不增删。难怪教近代诗歌的温源宁教授说，那情形“好似一个长老会的牧师正在主持葬礼”。即便在课下，他也枯燥无味。据说，学生登门拜访，大多是谈正事，说完便走，“没有人逗留，也没有人希望延长约会时间”。他不苟言笑，瘦长白净的脸上，嘴角略微向下撇。1935 年外国语文学会的合影里，他穿件深色的西服，搭配斜纹领带，背着手，和吴宓一左一右立在中央，满脸严肃。自 1915 年从伦敦大学毕业，王文显便在清华教书，直至 1937 年学校南迁。其间，他历任教务主任、代理校长和外文系主任。

不同于为人的刻板，他写出的剧本却别有一番幽默，“没有丝毫沉闷无味之处”。在暗讽袁世凯称帝的喜剧《梦里京华》中，他写下一幕大小老婆争当皇后的闹剧：“大太太喘气喘得活像夏天的狗。她旋转得眼花缭乱。姨太太一个箭步跳到她身后，伸手要抓她的头发。她没有抓住头发，仅仅撕下她的领子。”

他的另一部英文喜剧《委曲求全》，写的则是教授勾心斗角的丑态。男主角是一位大学校长，一出场，便抱着哈巴狗，大言不惭地对下人说：“我要不要一点儿手腕，你想我能维持五分钟之久吗?”这是这位代理校长的切身感受吗？人们不得而知。至少，在现实中不大看得出来。在会议上，他不慌不忙，不东拉西扯；做事方面，他一丝不苟，“各个方面无疵可求”。甚至，他永远一个样儿，抽烟斗，打网球，夏天穿短装，冬天换长袍。温源宁说他“像个固定的设备毫无改变”，调侃他为清华的“不倒翁”和“定影液”：“没有他，清华就不是清华；有了他，不管清华还会再有多少变革，也依旧是清华。”

与学生曹禺的悲剧不同，王文显的作品是喜剧，充满了嘲讽，令人捧腹大笑后若有所思。《委曲求全》在耶鲁大学演出时，《波士顿报》一位记者评价："柔和的、恶嘲的微笑……实在是中国人对于喜剧的一种贡献。"

"(他的作品)是那种坐在小剧场里，一边喝着咖啡和茶，一边细细品味的话剧。"时任中国艺术研究院话剧研究所副研究员张耀杰说。1990年，正读研究生的张耀杰在资料室无意中发现了一本二三十年代的杂志。上面布满灰尘，旧得"翻几下就会烂掉"，其中介绍了王文显。不同于那个年代常有的慷慨激昂，他的文字温文尔雅，很有情趣。"这种情趣充满了文人式幽默，没有火药味，温厚中带着一丝人文关怀。"张耀杰说："我们现在很少还有这种幽默。"

只是这种情趣"缺乏战斗性"，这些文字也在以往的戏剧史研究中被忽略。出版于20世纪80年代被称为中国戏剧史权威著作的《中国现代戏剧史稿》一书，732页里对他的介绍只有薄薄4页。"剧中所表现的民主主义和爱国主义精神以及基于这种精神对中国黑暗现实的批判，是在历史上起了进步作用的。"书中写道。

清华大学图书馆东北角不远处，曾是王文显居住的北院住宅区。梁启超、朱自清等学者也一度在这里居住。而如今，这里则是一大片草坪，稀稀拉拉种着柳树和杨树，有学生在看书，也有老人推着童车，早已不复是"点点翠竹千般绿，几条小路尽文人"的景象了。

问题：

(1)文章已有《梦里京华》一例，为何还要列举《委曲求全》？请简要分析。

(2)请根据文本，探析"没有他，清华就不是清华；有了他，不管清华还会再有多少变革，也依旧是清华"这句话的含义。

答案要点：

(1)①增强说服力，进一步突出王文显剧作别有一番幽默，肯定他喜剧创作的能力和影响。②引出下文对王文显任代理校长时行事风格的叙写，形成对比，以突出王文显治校的持重务实，一丝不苟。

(2)①表层方面：王文显身上体现了清华的特质与精神，在清华有着重要的地位。②深层方面：严谨的治学精神和包容的治校理念，是清华的灵魂。坚守学术性和包容性，清华就不会因为任何变革而改变；反之，清华将不再是清华。

第四节　筛选并整合阅读材料中的主要信息及重要细节

【考点分析】

根据教师资格考试大纲的要求，这一节需要考生按照考题设定的阅读目的对材料进行分析，准确、快速、有效地辨别并获取命题所要求的信息，对筛选所得的信息做出正确的认知，把握各信息材料之间的关系，并能按照命题要求进行分类集中、重新整合、粗略概括。

【考点内容】

一、筛选并整合信息的概念

信息，这是当代使用频率极高的词语。信息是指人们通过阅读而得到的知识、消息、情报或代表某种信息的词语、符号、数据或图形。从考试角度来说，信息就是阅读材料中的文句及其所表达的内容。

筛选信息，就是根据一定的目的要求，经过辨别把相关的信息提取出来。整合信息，就是根据一定的目的要求，将文中相关而又分散的信息集中起来，并加以处理。"整合信息"和"归纳内容要点""概括作者的观点态度"等要求之间是交叉关系，而不是并列关系。筛选并整合信息是指按照命题者所给出的语言文字或图表数据等材料，在理解的基础上，对材料中相关的信息进行筛选、整合，最后概括归纳出符合命题者要求的语言。这类试题的考查点主要有以下几点。

①能准确地概括材料的主要信息。

②能整体把握材料(包括图表、视频)，能准确提炼材料中所有的信息，并能用简洁的语言表述出来。

③能根据命题者所给出的材料要求，设计出解决问题的方案。

④能透过材料的字面意思，准确地表述隐含信息。

二、筛选并整合阅读材料中的主要信息及重要细节的方法

阅读的主要目的是从书面语中汲取有用的信息。很多时候这些信息并不是集中出现的，而是分布在文章的各个部分的，所以考生不能仅仅局限于对文字材料的理解，而且要重视对不同性质材料的理解。除了文字信息外，材料也会以图表、视频等形式出现。考生要具备从图表、视频材料中获取准确、有效信息的能力。

图表、文字、视频等都是当今信息时代的表达方式。所谓筛选信息，是指从图表、文字、视频等多种阅读材料中，找出特定的信息或重要细节。所谓整合信息，是指将图表、文字、视频等阅读材料的各种信息整合起来，形成整体的认识，进行整体的把握。下面主要介绍图表和视频信息的筛选与整合。

(一)图表信息的筛选与整合

所谓图表信息，是指将已知信息用图像或表格的形式给出。它要求考生从已知图像或表格中获取信息，回答问题。

1. 统计图的信息筛选

(1)统计图的界定

统计图是根据统计数字，用几何图形、事物形象和地图等绘制的各种图形。它具有直观、形象、生动、具体等特点。统计图可以使复杂的统计数字简单化、通俗化、形象化，使人一目了然，便于理解和比较。因此，统计图在统计资料整理与分析中占有重要地位，并得到广泛应用。

(2)统计图的结构

统计图的结构一般有以下四个部分。

①图示线形，它是在概括统计资料的基础上绘成的曲线、条形、平面、立体、回点和象形等。

②坐标和尺度，它们是绘制图式的基本要素。它的设计是否合理，是决定图式能否准确反映图示现象的重要环节。

③标题，提示统计图反映的内容。标题一般写在图式的上面。

④统计图的辅助部分，包括基线、指导线、时间标目、数字说明、图例、象形图案、资料来源以及文字注解等。

(3)统计图的信息筛选

统计图的信息筛选，是指根据统计图的特点及其提供的数据进行信息筛选。

2. 表格的信息筛选

(1)表格数据的界定

表格数据，是指将某组数据以表格的形式呈现出来。考生根据表格中数据提供的信息对数据进行分析处理，按其内在联系将其抽象成知识与规律。考生作答时要根据题意、数据和知识点的联系进行综合分析。

(2)表格数据的信息筛选

表格数据的信息筛选，是指考生根据题目要求，把表格的具有某个特征的信息，从具有多个不同特征的信息中抽取出来，再按其内在联系抽象成知识与规律，形成文字，进行题目作答。

(二)视频信息的筛选与整合

教师应重视视频材料在教学活动中的作用，学会正确合理地选择、采集、加工以及整理制作视频信息。阅读视频材料的基本思路是找出主体、具体措施、主要内容、结果。考生依据这样的阅读过程形成相关信息，并根据试题要求用语言将相关信息表述出来。

第五节　分析文章结构，把握文章思路

【考点分析】

根据教师资格考试大纲的要求，这一节需要考生整体阅读感知文章，充分理解文章内容，划分文章层次结构，提取文意要点；辨明文章体裁，熟识文章结构的常见类型，厘清文章顺序，找准文章线索，把握思路脉络。

【考点内容】

一、文章结构和文章思路

结构是就文章的表现形式来说的，是思路的归宿，表现为文章的骨架。文章结构是指作者对语言材料的组织与安排、布局与谋篇以及文章内部段与段、句与句之间的层次关系。我们常说的段落、层次、开头、结尾、统领(总领)、收束(总结)、伏笔(铺垫)、过渡、照应(呼应)等，都是文章结构的内容。

(一)文章结构

文章结构有六种类型：并列关系、承接关系、递进关系、转折关系、因果关系和解证关系。

(二)文章思路

思路是以客观事物为基础的，而客观事物之间的关系不外乎以下三种：时间关系、空间关系和逻辑关系。思路又是作者头脑反应的产物。因为客观事物本身总是多侧面的，不同的人往往会有不同的认识结果，所以人形成的思路也就不同。文章从思路上

看，有三种类型：时间型、空间型、逻辑型。时间型主要反映时间顺序，如先后、早晚等；空间型主要反映空间顺序，如上下、内外等；逻辑型主要反映逻辑顺序，如正反、主次、类比、归纳、证明、阐释、叙议等。记叙文一般以时间先后为序，因为事情发生总有先有后；游记常以游踪即空间方位为线索，因为游览总是从甲地再到乙地的。

二、技巧分析

(一)分析文章结构的技巧

1. 看文体特征

文体不同，结构不同，例如新闻结构的五要素、记叙文的记叙顺序、说明文的说明顺序、议论文的论证结构、散文的线索、小说以及戏剧的情节结构等，都可以帮助我们从文章的体裁上快速找到分析结构的依据，进而厘清作者的行文思路。

2. 看关键句子

一是看中心句。段落的中心句是该段的总纲，而文章的中心句直接就是文章的主旨。如果段落或文章有中心句，首先就必须抓住、找准中心句，这样就等于抓住了段落或文章的“纲”。二是看体现文章思路或结构的重要语句，分两种：一种是总领或总结性的，分别位于段落或篇章的首尾，作用是领起下文或收束上文；另一种是起承接过渡作用的，或紧承上文、开启下文，或与上下文的某一句或某一段遥相呼应。后一种句子对下文来说是伏笔，是铺垫；对上文来说是照应，是呼应。

3. 看重点词语

一是看标志性词语。这些词语能表明文章中句与句、层与层之间的基本关系，比如，“于是……”“从而……”表承接关系，“但是……”“然而……”“不过……”“其实……”“与此相反”表转折关系，“首先……其次……”“一方面……另一方面……”“同样”表并列等。二是看解说性词语。科技文中，作者在解说新信息、介绍新情况时，往往采用解说、举例的形式。考生分析层次时要注意提示解说内容的词语，如“意思是说”“比如”“例如”“即是”“也就是说”等。

4. 看构成关系

厘清句与句、段与段、层与层、部分与部分、句与段、段与层、层与部分、点与线、线与面等之间的关系，可以从外部结构标志人手，特别要注意划分准确第一层次，不要搞错“辈分”，将大小层次混淆了。

(二)把握文章思路的技巧

1. 抓题目

题目或是写作对象，或揭示文章线索，或隐含写作顺序。题目揭示写作对象的，考生要看哪些地方是直接写该对象的，哪些地方是从侧面写的，这样能大致厘清思路；题目揭示文章线索和写作顺序的，则考生可以直接以此探寻文章的思路。

2. 抓中心句

中心句往往在段首(首句)、段中(过渡句)或段尾(总结句)，抓住中心句就抓住了段落核心和文章主旨，理解文章整体思路就很容易了。例如：“读史使人明智，读诗使人聪慧，演算使人精密，哲理使人深刻，伦理学使人有修养，逻辑修辞使人长于思辨。

总之，知识能改变人的性格。”该文段的中心句，则是尾句“知识能改变人的性格”。

3. 抓中心话题

如果中心句不明显，就直接去抓中心话题。哪些段落讲述的是同一话题就划分为一个层次，这样也能很快厘清思路。

第六节　归纳内容要点，概括中心意思

【考点分析】

根据教师资格考试大纲的要求，这一节需要考生掌握归纳内容要点的途径、归纳内容要点应该注意的问题等。

【考点内容】

《现代汉语词典》对“要点”的解释是“讲话或文章等的主要内容”。材料的内容要点，就是指材料的主要内容，或者说是材料内容的精要之处。

一、归纳内容要点的途径

①找出相关的概括性语句。

②提取精要，独立归纳。

二、归纳内容要点应该注意的问题

归纳内容要点的前提是考生对文章内容有准确的理解，对文章的写作思路有清晰的判断。在此基础上考生还应注意两点：

①尽可能用原文中的词语归纳。

②防止遗漏要点。

第七节　分析概括作者在文中的观点态度

【考点分析】

根据教师资格考试大纲的要求，这一节需要考生掌握作者在文中的观点态度的定义、分析方法。

【考点内容】

作者在文中的观点态度是指作者通过一定的材料所表达出来的对客观事物的认识和思想倾向，表现为文章的中心思想或作者的创作意图。作者在文中的观点态度，是文章思想内容的核心，也就是文章的意旨。

一、作者的观点态度

所谓观点，就是作者对事物所持的看法。所谓态度，就是作者在文中所表现的思想倾向和感情倾向，包括肯定与否定、爱与憎、褒与贬，以及某种程度的保留等。

作者的观点态度，在不同类型的文章中有不同的表现形态。一般说来，论说性的文字是明朗的、直抒的，而文学作品则比较含蓄。在论说性的文章中，中心论点、分

论点以及某些论述，就是作者在文中的主要观点。叙述性的文学作品，一般以写人、叙事、写景见长，观点态度等不直接表达，但是也是可以捕捉到的。如孙犁的散文《黄鹂》，由实而虚，经过几番推导而不断飞跃，呈现出一种“哲理升华”的情致美。读完全文，经过一番揣摩，我们就可以领悟到融化在艺术画面里的生活感受和人生见解，感受到作者对美好事物的追求，以及对破坏人生和文艺“极致”的义愤。

二、分析概括作者的观点态度的方法

①从概括性强的句子入手。
②从文章运用的材料入手。
③从作者的评述入手。

三、分析概括作者的观点态度应该注意的问题

①要整体把握全文文意的倾向。
②要准确理解语句。

第八节 根据上下文合理推断阅读材料中的隐含信息

【考点分析】

根据教师资格考试大纲的要求，这一节需要考生掌握推断阅读材料中隐含信息的概念及技巧。

【考点内容】

一、推断的界定

根据上下文进行合理推断，是阅读材料之后的一种发挥和再创造过程，是一种根据已知的事实或前提进行逻辑推理得出新结论的能力。它必须遵循“原文至上”的原则。原材料中需要推断的内容，主要有以下情况：

①材料没有直接给出现成的结论。
②作者在材料中对某一方面事物的发展暗示了一种倾向。
③材料包括的内容是多方面的，对这些材料的综合可以推测出某一方面的发展。
④作者对某些观点或现象的个人看法，或对某些事物的评价态度需要推断。
⑤结合现实社会生活或科技发展等有关常识，可推测出某一新发现、新认识的前景。

推断要注意以下两点：

①归纳性推断，要根据材料的相关信息进行综合分析，归纳出概括性结论。
②理解性推断，要分析材料的外在意义，体悟作者内在的思想倾向；把握作者行文脉络、内在感情的变化，推断深层次的意蕴。

二、答题技巧

①提炼材料明显要点。

②抓住文章隐含信息。

③注意文中关键词句。

语言形式的提示作用是很重要的，应密切关注。考生抓住了某些关键词句，就可能找到了打开思路的钥匙，如表时间、趋向、主次、判断、因果、类比、总结概括的词句等。

第四章　写作能力

【考纲要求】

1. 掌握文体知识，能根据需要按照选定的文体写作。

2. 能够根据文章中心组织、剪裁材料。

3. 具有布局谋篇、安排文章结构的能力。

4. 语言表达准确、鲜明、生动，能够运用多种修辞手法增强表达效果。

第一节　根据需要按照选定的文体写作

【考点分析】

近几年考试中，作文规定"文体自选"，是为了让每个考生都尽可能地发挥自己的写作潜能，以体现考试的公平性。但"文体自选"并不是对文体不做要求，行文还是要符合相应文体的特点的。

【考点内容】

一、记叙文

记叙文主要以记叙、描写的方式来写人记事，表情达意。记叙文以形象思维为主，形象思维具有形象性、想象性和情感性。记叙文写作的原则可以概括为三句话："用事实说话，用细节说话，用情感贯穿。"记叙文主要以形象的手法来感染读者。

(一)以写人为主的文章

人物特点与个性的凸显要借助具体的事件与生动的细节。比如写父亲，父亲的勤劳、负责、严厉、痛苦、无奈，要通过具体的叙述与描写，在事件中借助父亲的言行来表现。有了具体的事件与细节，考生的概括、议论与抒情才有了支撑。你对事件与细节的选择，要体现人物的"角色"性。一个人的角色是多重的，比如父亲，在家庭里，在社会上，在单位里，他的角色是在不断变化的。写作的时候，考生要考虑好到底要表现父亲在哪个角色上的特点与个性，从而选取相关的材料进行合理组织与剪裁。

(二)以写事为主的文章

这类文章要注意挖掘事件本身所蕴含的引人思考的要素，对事件的再现要根据文章主旨的需要，合理安排详略取舍。不管写人还是记事，贯穿文章始终的都应是作者的情感与思想。这样的文章才能感人，才不会是机械的技术操作。

(三)记叙文中的议论与抒情

以记叙为主，综合运用多种表达方式是记叙文写作的基本要求。记叙文中的议论应该起到画龙点睛、深化主旨的作用，它应是叙述基础上的自然生发，不能为议论而议论；抒情应该是作者在感情强烈到一定程度时的自然释放，其表达方式也多种多样。

直抒胸臆、委婉含蓄、展望未来、提出问题等都能充分抒发情感。

记叙文中的议论与抒情的要求有：

1. 议论与抒情要少而精

记叙文中的议论与抒情应是点睛之笔，所以话不在多而在精。它是叙述与描写的总结与升华，应一语破的，能启迪读者的思维，或引起读者的共鸣，切忌不要长篇大论或肆意抒情，以至于喧宾夺主，影响了记叙文体。

2. 议论与抒情要贴切、自然

记叙文中的议论与抒情是建立在叙述与描写的基础上的，必须使所议之题、所抒之情紧扣叙述与描写的内容，力求做到不突兀、不生硬、不虚假，使读者有水到渠成之感，有情真意切之感。议论部分还应特别注意力求角度新颖、含义深刻。

3. 议论与抒情密不可分

在记叙文中，有时议论的过程不仅表明了作者的观点，同时也表明了作者的好恶喜怒。议论，既要以理服人，又要动之以情，这样才能收到良好效果。

二、议论类文体

(一)一般议论文

议论文是对某个问题或某件事进行分析、评论，表明自己的观点、立场、态度、看法和主张的一种文体。议论文内容具有理论性，结构具有逻辑性，语言具有概括性等。

1. 议论文的三要素：论点、论据、论证

论点是作者在文章中提出的对某一个问题或某一类事件的看法、观点、主张，要求正确、鲜明、有针对性，一般出现在文章题目中或开头。

论据是证明论点正确的证据。要想证明论点正确，首先，论据必须让人觉得真实、可信，能够充分证明论点。其次，论据要具有典型性，具有“以一当十”的效果。最后，论据要新颖，尽可能是一些新鲜的、能给人以新的感受和启示的论据。

论证就是用论据来证明论点的过程。论证的目的在于揭示论点和论据之间的内在逻辑关系。常用的论证方法有举例论证、道理论证、对比论证、比喻论证和引用论证。

2. 议论文的结构

议论文逻辑思路的外在表现为一篇文章的结构布局，因为结构布局往往可以反映一篇文章的逻辑思路。议论文框架包含引论、本论、结论三部分。

(二)教育科研论文

教育科研论文，简称教育论文，是呈现教育科学研究成果的议论文文体。中学教师职业活动要求教师开展教育科研。教育科研论文是用来进行教育科学研究、描述教育科学研究成果的文章，因而中学教师有撰写科研论文的需要。科研论文是学术研究的结晶，而不是一般的“收获体会”，不仅要遵循特定的写作规范，而且必须是科研成果的展示。

科研论文要在学术期刊上发表，必须遵守学术期刊规定的论文写作要求。从表现形式看，学术期刊对论题、作者信息、摘要、文献分类、关键词、正文、尾注以及参考文献都有规定。

三、说明类文体——科学小品文

科学小品文也称知识小品文或文艺性说明文。它用小品文的笔调借助某些文学写作手法，将科学内容生动、形象地表达出来。

科学小品文用文学笔法来写，寓科学性、知识性、趣味性、娱乐性为一体，使读者在文学欣赏中获得科学知识。

科学小品文一般短小精悍、通俗易懂、丰富多彩、生动活泼。读这类文章能活跃思维、丰富知识、开阔视野，所以这类文章很受广大读者的喜爱。教师在专业领域内，根据对象的要求，必须系统地、严谨地传播科学知识，但是有时也需要做科学普及工作，这就会用到科学小品文这种文体。

四、应用类文体

应用类文体的范围极其广泛，包括机关往来的所有公文。不过，教师经常使用的应用类文体主要有计划、总结等。

(一)计划

计划的基本结构是标题、正文和结尾。

正文作为计划的核心部分，包括目标、任务(内容)、步骤与措施(方法)等。

计划要求语句简洁明了、任务具体、措施可操作。

(二)总结

总结是指教师把一个时间段的工作进行一次全面系统的总检查、总评价、总分析、总研究，分析成绩、不足、经验等。总结是应用文写作的一种，是对已经做过的工作进行的理性的思考。总结与计划是相辅相成的，总结要以计划为依据，计划总是在总结经验的基础上进行的。总结的主要内容一般包括基本情况、成绩和做法、经验和教训、未来工作目标等。

其他应用类文体，如调查报告、述职报告等教师也应掌握。

第二节　根据文章中心组织、剪裁材料

【考点分析】

往年考题以材料作文居多，所以考生应具备组织、剪裁材料的能力。

【考点内容】

如果说文章的中心主旨好比骨架，那么材料则是血肉。骨架明晰，血肉丰满，文章才言之有物、生气充盈。文章内容充实的基本前提之一是有丰富的材料储备。在此基础上，我们还要学会对材料进行剪裁加工。作文材料的剪裁加工主要包含取舍、详略、组织等基本环节。

一、材料来源

(一)材料的来源之一是自己的生活体会

细心体会外界环境，或触动你的心灵，或牵动你的情思，或引发你的思考，或启

迪你的智慧。

(二)材料的另一个来源是课本

充实文章内容，课本素材无疑是一个巨大的仓库。积累课本素材，可以从关注名人开始，如积累屈原、曹操、李白、杜甫、苏轼、鲁迅等人的诗词、典故。这既可以提升作文的文化底蕴，也可以雅化作文的语言，巧妙地提升作文档次。

二、组织、剪裁材料

(一)取舍

取舍，是材料的组合，是指根据文章中心思想表达的具体需要精心选择合适的材料。精心选择，应以求真、求新、求精为准。

(二)详略

详略，是指表述材料、说明观点时用笔的轻重、繁简。确定材料的详略，一要根据文章主题的需要，与文章主题密切关联的当详，联系不紧的可略，毫不相干的则删。二要顾及读者的情况。在议论性文章中，读者有所了解或容易接受的材料可略；反之，读者感到生疏或难以把握的材料则须从详。在抒情性文章中，易于激发读者感情、引发他们共鸣的材料从详，一般材料从略。三要结合文体的特点。在记叙性文章中，为了突出重点，显示出疏密相间的结构美，对于某个能突出人物个性的精彩细节常常用详笔，而对跨越较长时段的事件则可能一两笔带过。在议论性文章中，作为主要论据的材料应详写，辅佐性的材料自然要简略些。如此才可收到重点突出、主次分明的效果。

(三)组织

组织，是材料的组合，是指根据材料的性质及其相互关系将材料合理归类使用。组合材料应注意以下两点。一是用来说明同一问题的材料要互相支持，而不可互相矛盾、排斥。但是，有些表面看来“相反”，实际上体现着对象(人与事)的多面性、复杂性或者能够在对照中相辅相成地揭示对象特征的材料组合，却又是一种很有表现力的艺术手法。二是根据材料的性质和分量，决定其在结构中的位置和排列顺序。写记叙文，刻画主要人物时，可正面描写，精选最能突出人物个性的事例、细节；可侧面烘托，精选其周围人物对他的评价来映衬主要人物的思想性格。写议论文，摆事实讲道理时，可运用正反对比凸显、同类并举强调、面上概括数例与点上个别举例相结合、类比引申、比喻阐释等多种技巧来组织论据，以增强论据的说服力。

第三节　布局谋篇，安排文章结构

【考点分析】

考生需学会几种主要文体的写作方法。

【考点内容】

文章结构指的是文章组织材料和编排内容的具体形式。它就好比是一篇文章的骨架，没有它，各种材料就犹如一团乱麻，不能形成一篇文章，也无从揭示主题。文章结构主要包括标题、开头、主体和结尾。

一、拟写标题

“题好文一半。”好的标题往往是传达文章主旨、内容和意蕴的“眼睛”，它可以为文章画龙点睛、增添色彩，从而诱人阅读。标题的形式要求文题相符、简洁醒目、明确具体、新颖别致。

(一)拟写标题的方法

1. 点事实

事实指事情的实际情况、实有的事情。点事实，就是把材料反映的某一事件或问题简单概括出来作为标题，也可以直接引用材料中的原话做标题，如《我的老师》《从百草园到三味书屋》。

2. 点论题

点论题就是说标题告诉了读者该文的议论范围，其特点为标题中含有“说”“谈”“论”“讲”“议”等词语，如《谈微博时代的网络问政》《谈诚信》。

3. 点论点

中心论点是议论文的灵魂。用中心论点做标题，可以鲜明地告诉读者作者的见解和观点，即作者赞成什么、反对什么都可以一目了然。

(二)优化标题的方法

在准确拟写标题的基础上，可以通过引用名言、巧用修辞等方法对标题进行优化，尽量使标题新颖灵活，用个性化特点吸引读者眼球。

1. 引用法

引用法，是指在拟写标题时，由于文章论述的主题或范围与某些名言警句、成语典故、古诗文句、影视片名、歌曲名等意思相吻合，直接把它们引过来做标题的一种拟题方法。

①引用名言警句。

【示例】《学高为师 身正为范》

②引用成语典故。

【示例】《赠人玫瑰 手有余香》

③引用古文。

【示例】《言必信 行必果》

④引用歌曲名。

【示例】《阳光总在风雨后》

2. 修辞法

修辞法是指采用一定的修辞格进行拟题的一种方法。现代汉语中大约有21种修辞格，比较常用的有比喻、比拟、借代、对偶、排比、对比、夸张、反语、设问、反问、顶真、反复。拟写标题常用的修辞格为以下几种。

①比喻，指用相似的事物打比方去描绘事物或说明道理。比喻的作用有三：一是使深奥的道理浅显化，帮人加深体会；二是使抽象的事物具体化，让人便于接受；三是使概括的东西形象化，给人鲜明的印象。用比喻辞格拟题，可以使标题生动、形象、新颖。

【示例】《创新是教育事业发展的基石》

②借代，指不直说某人或某事物的名称，借同它密切相关的名称去代替，如用红领巾代替少先队员。借代与比喻不同，借代重在事物的相关性，也就是利用客观事物之间的种种关系巧妙地形成一种语言上的艺术换名，而比喻重在事物之间的相似性。采用借代辞格拟题，可以使题目形象突出、特点鲜明。

【示例】《对“五道杠”少年不妨多些宽容》《“范跑跑”跑掉了良心》

③双关，指利用语音或语义条件，有意使语句同时关顾表面和内里两种意思，言在此而意在彼。恰当地运用双关，一方面可使题目幽默、饶有风趣；另一方面也能适应某种特殊语境的需要，使表达含蓄曲折、生动活泼，以增强题目的表现力。

【示例】《填鸭添压》《因材施教还是因“财”施教》《教育部门合作有“形”更要有“行”》

④对偶，指结构相同或基本相同、字数相等、意义密切相连的两个短语或句子，对称地排列。对偶从形式上看，音节整齐匀称，节律感强；从内容上看，凝练集中，概括力强。

【示例】《严中有爱 爱中要严》《营造温情氛围 呵护学生自尊》《夯实知识基础 培养实践能力》《“抢”人才不易 “聚”人才更难》

⑤其他，作文题目拟定有时也用反问、比拟、反语、夸张等辞格。

【示例】反问：《近朱者必赤?》

反语：《教语文要学会“偷懒”》

二、记叙文写作规范

(一)开头

开头是文章结构的一个重要组成部分。古人把文章开头称为“凤头”，就是说文章的开头要小巧、亮丽、引人注目，给人以先声夺人之感。尤其是考场作文，倘若能别开生面地开头，给阅卷老师耳目一新之感，就能调动老师的评阅积极性，往往会因这个好开端使作文上升一个档次。记叙文的开头方法有多种，易于操作及掌握的方法有直入主题式、设置悬念式、描写抒情式等。

1. 直入主题式

文章开篇点题，或点明题目，或点及中心，使文章不拖泥带水，不转弯抹角，单刀直入，是作文开头最常用的一种方法。例如魏巍的《我的老师》是这样开头的：“最使我难忘的，是我小学时候的女老师蔡老师。现在回想起来，她那时只有十八九岁，是一个温柔美丽的人。”这个开头直接叙述最难忘的老师是蔡老师。又如朱自清的《背影》是这样开头的：“我与父亲不相见已二年余了，我最不能忘记的是他的背影。”“我”思念父亲，最难忘怀他的背影。它凝聚着父子间深厚、真挚的爱。

2. 设置悬念式

这种方式也就是我们通常所说的卖关子。“欲说还休”，巧妙地埋下伏笔，设下悬念，激发读者的兴趣和思考，吸引读者迫不及待地揭开谜底，引人入胜。

3. 描写抒情式

用几句恰当的议论抒情做文章的开头，或感染读者，或点明主旨引起下文。这类开头多运用于讴歌、缅怀类主题的文章，好处是因情深意浓、感情真挚而引起读者思想感情的共鸣。例如文章《心思系着两个故事》的开头："近来，心头常莫名其妙地懊恼。恨不得离开爸爸妈妈，甩开同学，一个人跑到荒野外，光着足，躺在草地上，闻泥土的气息，看天边挂起第一颗星星，什么也不想，抒出积于心中的闷气、浊气，把城市气一股脑儿吐个干干净净。或者，一任想象驰骋，让梦回故乡，与高山流水为伴，与鸟儿们为伍。"此开头的文笔委婉生动，引起读者在思想感情上的共鸣。考生在写作过程中可以挖掘生活经历，利用文学诗句作为开头，既能体现文采又具有感染力。

(二)主体

记叙文的结构可以按照时序顺进式、平列展开式、对比映照式、穿插回放式布局。

1. 时序顺进式

模式如下：开头(引出话题)—作文主体(按时间顺序叙述人或事物)—结尾(抒情、议论)。

2. 平列展开式

选取不同主体、不同场景的片断或将同一内容的几个侧面在同一层面上平列展开，构成一个统一的整体。基本模式：开头(引出话题)—作文主体—结尾(抒情、议论)。

【示例】

我梦中的小屋(节选)

山上，飘逸的云朵，婆娑的树木，瑰丽的花朵，奇崛的岩石，每一处都是一幅美丽的风景。

屋前，几株梅、几枝兰幽幽地开花；屋后，挺直的松、苍翠的竹在风中摇曳，地上的青苔也仿佛跟着摇曳了起来。

远处，苍翠的青山蒙着一层淡淡的薄纱，极力想掩饰住自己的那份绿，可是怎么遮挡得住呢？连空气中都似乎可以嗅到"绿色"的味道，苍翠欲滴是它最好的写照啊！

【点评】上面三段文字在写"我梦中的小屋"时就采用了"空间转移式"的结构：分别写了"山上""屋前"及"远处"的优美景色，大大拓展了"我梦中的小屋"的内涵，而观察思路由上(山上)而下(山下)、由近(屋前)而远(远处)，又确实使文章脉络异常分明起来。

3. 对比映照式

选取有显著差异的两组内容(可以是相反或相对的两个事物，也可以是同一事物的两个方面)进行反衬式组合。模式为：

正面材料；

开头(引出话题)—作文主体—结尾(抒情、议论)；

反面材料。

4. 穿插回放式

利用思维可以超越时空的特点，以某一物象为线索，将描写的内容通过插入、回忆、倒放等方式串联组合起来，形成一个整体。操作的关键是选好串联的物象，并围绕一个中心截取生活中的材料。

模式为：开头(提出话题，引出材料①)—发展(引出材料②)—结尾(抒情、议论)。

(三)结尾

结尾要做到有利于揭示文章的主题，有利于表现文章的结构，要做到词虽尽而意无穷，就像欣赏一首绝妙的乐章，一曲终了，余音仍在耳畔回荡、缭绕。记叙文的结尾，应该简洁明了、有感染力，讲究语结而意不结，给读者留有回味和思考的余地。可操作性较强的记叙文结尾方法有画龙点睛法、首尾呼应法、抒情议论法等。

1. 画龙点睛法

这种结尾方式就是指在文章结束时，以全文的内容为依托，运用简洁的语言，把主题思想明确地表达出来，或者在全文即将煞尾时，把写作意旨交代清楚。例如《枣核》的结尾："改了国籍，不等于就改了民族感情，而且没有一个民族像我们这么依恋故土。"

2. 首尾呼应法

结尾与开头相呼应，写出既呼应开头又不简单重复的语句，这种结尾方式是各类文章极常见的收束方法。

3. 抒情议论法

用抒情议论的方式收束文章，能够表达作者心中的情绪，激起读者情感的波澜，引起读者的共鸣，有强烈的艺术感染力。例如鲁迅的《故乡》："我想：希望是本无所谓有，无所谓无的。这正如地上的路；其实地上本没有路，走的人多了，也便成了路。"

三、议论文写作规范

(一)开头

议论文的开头应该表达三层含义：表达、说明、阐释中心论点的本意义、重要性；阐释、说明中心论点的作用；表明作者的态度。只有在开头表明了中心论点的重要性、论证的必要性以及自己对中心论点的态度，才能真正把议论文开头的内容要求把握准确。根据议论文写作特点，具有可操作性的议论文开头方法有设问式、排比式、引言式等。

1. 设问式

在提出观点之前，先设置一个反面观点，通过对其简要批驳，顺其自然地引出文章中心，或者在文章开头提出疑问，在文章写作中慢慢解答开头的疑问。例如《宽以待生》的开头："金无足赤，人无完人，成人都经常犯错，更何况是身心发展不成熟的孩子。我们应该如何处理孩子的错误？是声嘶力竭地责骂，还是喋喋不休地数落？其实面对孩子，最重要的是宽容。教育需要宽容，宽容让教育更有温情，宽容给孩子带来心底的温暖。"这个开头通过提问的方式引出答案，给出论点。特点是明知故问，自问自答。作用是能引起注意，引发思考，吸引读者继续读下去。

2. 排比式

借助一系列与观点一致的语句、事例构成排比进而使开头水到渠成。如此，开篇即可让读者感到一股迎面而来的不可遏止的气势。例如《宽以待生》的又一开头："宽容，犹如黑夜里的一盏明灯，点亮征程；宽容，犹如严冬里的一缕阳光，温暖人心；宽容，犹如迷途中的一只手，指引方向。教育正是有了宽容才变得更加贴心和有效。因此，教师要多给学生一点爱，用宽容的心去教育学生，会收到意想不到的效果。"这个开头运用字数结构相等的语句，或三个及以上的事例进行排列，使文章开头既文采斐然又观点突出，具有非常强烈的吸引力，能使读者津津有味地阅读下去。

3. 引言式

在阐述观点之前，先采用一句与中心观点一致的哲理警句、名人名言作为引子。如此，文章中心观点的得出就会有理有据、恰到好处。例如《责任》的开头："自古以来，多少仁义之士以'天下兴亡，匹夫有责'为职责，以天下之忧而忧，乃至洒热血以扶大厦。岳飞，从小把'精忠报国'四字刻在背上，用来时刻警醒自己；文天祥，面对侮辱和虐待誓死不屈，留下'人生自古谁无死，留取丹心照汗青'的光辉；杨靖宇，不屈服于日寇的淫威，死时肚里只有棉絮和草根。作为新时期的社会公民，我们不需要抛头颅、洒热血，但分内的职责应牢记心间，并身体力行之。"同样是"责任"这一主题，该文通过引用名言警句增加文章亮点，体现作者的理论功底、文学素养。

(二)主体

议论文的结构以形式分类，一般是"总论—分论—总论"式，先提出论点，而后从几个方面阐述，最后总结归纳。以内容分类，一般由提出问题(引论)—分析问题(本论)—解决问题(结论)三个环节组成。逻辑关系上常用的有递进式、并列式。

1. 结构布局

(1)递进式

递进式是指将中心论点分解成几个分论点，分论点之间的关系是由浅入深、由简单到复杂的，或者是由此及彼、由近及远、由易到难、由特殊到一般(或由一般到特殊)的。层次间可用诸如"不仅……而且……""……况且"等关联词语过渡，同时又以此反映层次间递进的关系。

(2)并列式

并列式是指从不同的侧面横向展开和分解中心论点，分论点之间是并列关系。

2. 论证方法

(1)举例论证

举例论证是指运用典型事例来证明论点的方法，通常通过列举典型事例，具体有力地证明中心论点，增强论证的效果。例如鲁迅先生的《拿来主义》用了举例论证的方法。

(2)引用论证

引用论证也叫"引证"，即引用名人名言或名人的观点等作为论据，引经据典地分析问题、说明道理，增强说服力。引用论证的方法有两种：一种是明引，交代所引的话的出处；另一种是暗引，即不交代所引的话的出处。引用论证方法多变，比较灵活。通常引用的句子后带有作者的解释，例如吴晗的《谈骨气》用了引用论证的方法："战国时代的孟子，有几句很好的话：'富贵不能淫，贫贱不能移，威武不能屈，此之谓大丈夫。'意思是说，高官厚禄收买不了，贫穷困苦折磨不了，强暴武力威胁不了，这就是所谓大丈夫。大丈夫的种种行为，表现出了英雄气概，我们今天就叫作有骨气。"作者引用了孟子的话"富贵不能淫，贫贱不能移，威武不能屈，此之谓大丈夫"，来论证总论点"我们中国人是有骨气的"。

(3)道理论证

道理论证是指在议论文中用自己的语言通过讲道理的方式来解释论点。例如培根在《谈读书》中用自己对读书的见解来证明读书的意义："读史使人明智，读诗使人灵秀，数学使人周密，科学使人深刻，伦理学使人庄重，逻辑修辞之学使人善辩：凡有所学，皆成性格。人之才智但有滞碍，无不可读适当之书使之顺畅，一如身体百病，皆可借相宜之运动除之。滚球利睾肾，射箭利胸肺，漫步利肠胃，骑术利头脑，诸如此类。如智力不集中，可令读数学，盖演算须全神贯注，稍有分散即须重演；如不能辨异，可令读经院哲学，盖此辈皆吹毛求疵之人；如不善求同，不善以一物阐证另一物，可令读律师之案卷。如此头脑中凡有缺陷，皆有特药可医。”作者在文中先从各个学科的角度来解释读书的重要性，即读书对人的“才智”“身体”“智力”都有积极意义，同时又在自己的解释中体现出各个学科的特点。

(4)对比论证

对比论证是一种常用的、有说服力的论证方法。事物的特征和本质在对比中最容易显露出来，特别是正反相互对立的事物的比较，具有极大的鲜明性，能给人留下深刻的印象。经过对比，正确的论点更加稳固。例如荀子的《劝学》用对比的方法来论证：“蚓无爪牙之利，筋骨之强，上食埃土，下饮黄泉，用心一也。蟹六跪而二螯，非蛇鳝之穴无可寄托者，用心躁也。”荀子在文中用“蚓”与“蟹”的对比来论证总论点“学不可以已”。

(三)结尾

议论文的结尾是延伸文意、收束全文的关键，是对论点的充分显示和升华，也是衡量考生写作水平的标尺。好的结尾必然使文章整体结构更加严谨自然、完整统一，使文章的内容和主旨更加深刻、鲜明。因此，考生精心设计结尾十分重要，切记不能掉以轻心。议论文结尾可以采用总结全文和展望未来两种方式。

1. 总结全文

总结全文，再现中心论点。结尾中的常见字眼有“总之”“总而言之”“因此”等表示结束的词语。例如《因材施教》的结尾：“因材施教，发挥学生最大的优势，最大限度挖掘学生潜能，需要教师善于发现长处并放在合适的位置上，平等地对待每位学生，灵活设计教学方法。只有因材施教，学生才能更好地发展自我，快乐地长大成人，最终实现人生价值。”

2. 展望未来

用形象或富有哲理性的语言阐述自己的见解，发表评议，警戒世人。这样的结尾不仅文采斐然，而且给人以启迪，引人深思。例如《宽以待生》的结尾：“教师的胸怀应是最博大的，因为教师心中承载着满满的爱。因为爱，所以宽容；因为宽容，所以博爱。宽容是一种教育的智慧，是化解矛盾的钥匙，但宽容也要讲原则。让我们少一分责备，多一分宽容，用宽容的魅力照亮孩子幼小的心灵，成就他非凡的人生!”这一结尾用质朴的语言阐述教师的职责，体现教师对学生的爱，给人以希望，使文章结尾优美生动、发人省醒。

第四节　语言表达

【考点分析】

按照考试要求，语言表达要准确、鲜明、生动。

【考点内容】

一、准确：用词恰当，表意明确

准确即用词恰当，表意明确。准确是对语言运用质量最基本也是最重要的要求。它要求用词能完全表达概念的内涵，切合语境与对象，涉及运用词语、选择句式、选择语气等方面的要求。

准确用词要注意几点：符合情境，造句通顺，符合对象。

二、鲜明：意图清晰，态度明确

鲜明，是语言运用的原则之一，具体指的是遣词造句语意明确、条理清楚，能够把事物的性质、状态以及事物之间的复杂关系清晰地告诉读者，给人以清晰的印象。表达的时候要色彩(感情色彩、事物的形象色彩)分明，观点明确。

(一)恰当选用词语

在通常情况下，考生尽量不要使用表意模糊的词语来表情达意，尽可能少用“可能”“大概”“也许”“左右”等不确定的词来表明态度与观点；多使用“坚决反对”“完全错误”“绝不能这样”等词语来表明自己所持的鲜明的态度；选用富有感情色彩的词语时，要关注整个语境，根据表达时的不同态度和感情，选择词义的褒贬。

(二)恰当选用句式

考生可用肯定的语气来表明观点，还可以选用双重否定或反问句式来加强语气，使自己观点的表达更加鲜明而强烈；注意整句与散句的使用，整句形式整齐、声音和谐、气势贯通、意义鲜明，适合表达丰富的感情，能给人以深刻而鲜明的印象。

(三)恰当运用修辞手法

比喻、对偶、对比等修辞能增强语言表达的鲜明性，独具特色。借助修辞格来增强语言表达的鲜明性，是一条切实可行的途径。这一点在拟写标题时显得尤为重要。

有的考生把话题直接作为题目，实际上，这种做法很不好。首先，考生根据话题可写的内容太多、太宽泛。因此，话题不宜直接作为题目。其次，拿话题作题目，也是不符合“自拟题目”的要求的。下面我们介绍几种创新式拟题方法。

1. 巧用修辞，匠心独运

考生拟题时可灵活巧妙地运用比喻、拟物、拟人、引用、对偶、对比、反诘、设问、借代、夸张、移就、仿拟、双关等修辞手法，这常常能给人以生动形象、含蓄隽永、新颖醒目的感觉，使文章锦上添花。

(1)巧用比喻——妙笔生花

例如以“亲情”为话题，有考生拟的题目是《送老人一轮暖阳》，把晚辈对老人的关心、孝顺比作“暖阳”，突出了晚辈关心、孝顺老人的重要性。又如以“诚实”为话题，有考生拟的题目是《诚实就是财富》，把诚实这种美德比作财富，有力地证明了只有用诚实才能换得友谊、赢得成功的主题。再如以“奉献”为话题，有考生拟的题目是《最后的烛泪》，含蓄生动，用比喻来象征姥姥无私奉献到了生命的尽头，包含了对姥姥一生奉献的无言又无尽的歌颂，形象贴切，不落窠臼。

(2)运用比拟——情感细腻，生动形象

以“环保”为话题，有考生拟题为《天空的诉说》《地球就诊记》，分别把天空、地球当作人来写，赋予人的语言、行为，很新颖，也非常形象生动，能唤起人们的联想。

(3)运用夸张——增加表现美

在一次以“爱心”为话题的作文训练中，一名考生拟题为《我闻到了阳光》，写了一个后进生在班里得到老师、同学关心的故事，显然是夸张地写出了一个后进生关于老师、同学关心自己的感受。

(4)巧用设问与反问——引人注意，强调情感

以“选择”为话题，有考生拟题为《安能取熊掌而舍鱼?》(反问)、《究竟谁错了》、《林黛玉非死不可吗?》(设问)，把问句形式用于标题，能有意设置悬念，吸引读者去追寻其中的答案。

(5)运用对比——凸显主题

把两类不同的事物放在一起比较，容易使人们得出结论。用对比法拟题很醒目，也发人深省。例如以“回报”为话题，有考生拟题为《回报与索取》。又如以“诚信”为话题，有考生拟题为《诚信与虚伪》《对与错》《走出与回归》《白雪红梅》。标题两相对照，孰是孰非，一目了然，使读者未读全文就留下思考的空间。

(6)运用双关——巧妙机智

有位考生拟题为《生命“诚”可贵》。标题本是裴多菲的名句，但原来的“诚”是副词，有“诚然，确实”之意，但作者运用双关修辞格将“诚”用引号标出，巧妙地赋予其“诚信”之意，可谓机智，相信能让阅卷老师眼睛为之一亮。

(7)使用呼告——热情呼唤

呼告是一种用来表达强烈感情的修辞手法，用这种手法拟题容易感染人、吸引人，例如《隐形翅膀助我起飞——做教师，我准备好了》。

(8)仿拟法——富有情趣

根据交际需要，模仿现有的格式，临时新创一种说法的修辞手段叫“仿拟”，也称“仿用”，常见的有仿词、仿句等。仿拟采用现成的词语、句子加以变化，易于激发读者的想象力，加深对读者的感染力，往往具有幽默、讽刺、诙谐的情趣。

2. 巧点化，妙趣横生

对影片名、歌曲名、古诗句以及成语俗语等适当点化，进行套装、借用、仿造之后作为文章的题目，常常显得典雅大方、亦庄亦谐、妙趣横生，是考场中快速拟题的高明之举，例如《为师者，当日三省吾身》(诗句套改)、《教育不是小买卖——做一位专家型教师》(歌词搬借)、《爱要说出来——春风化雨也有声》(俗语挪用)。

三、生动：语言讲究，表现力强

生动是就表达效果来说的，它要求用语具体形象，注意炼字、炼词、修辞手法的运用。生动的语言不但具体形象、活泼多变、有声有色，而且感情充沛，散发着生命的活力。具体来说，要想语言生动，需做到以下两点。

(一)使用描绘性词语和具体形象的写法

描绘性词语绘声绘色、富有动感，用在合适的地方便显得生动活泼。

具体形象的表达能给人一种身临其境的感觉，使抽象的东西鲜活起来。

(二)多用贴切的比喻和拟人等修辞格

要特别重视比喻的使用，因为它的主要功用就是把抽象的对象具体化、形象化。拟人的功用是使无生命的对象充满生机和感情，使对象生动起来。

能力提升训练题

写作题1：

冰心曾说过："世界上没有一朵鲜花不美丽，也没有一个学生不可爱。"每个学生都是一本需要仔细阅读的书，是一朵需要耐心浇灌的花，是一支需要点燃的火把。如果学生生活在批评中，他就学会了谴责；生活在鼓励中，他就学会了自信；生活在认可中，他就学会了自爱。

根据上述材料给你的启示，以"赏识教育"为题，写一篇不少于1000字的议论文。要求观点明确，条理清楚，语言流畅。

【参考范文】

赏识教育

俗话说："金无足赤，人无完人。"由于学生的家庭环境、社会环境、自身的心理素质和基础不同，学生都存在着一定的差异。因此，每个班级都会或多或少地存在着学困生。学困生是班级的落伍者，做好他们的工作难度很大。学困生的转化是实施素质教育的要求。只有全体学生都得到全面发展，才能使得全民族的素质得以提高。如何赏识学困生呢?

赏识从本质上说就是一种激励，赏识教育对学困生的转化是何等重要！为充分发挥赏识教育对学困生的转化作用，要做到：善于关心学困生；善于赏识学困生身上的闪光点；善于用赏识性评语。

善于关心学困生，给学困生前进的勇气。学困生的形成是有一定原因的，所以要深入实际，调查掌握学困生"困"之所在，然后给予关心帮助。针对学困生的具体问题给予指导与帮助，让学生感受到老师的关心，这样会让学困生有前进的动力与希望。关心不仅体现了教师无私的爱，而且更重要的是给了学困生前进的勇气。

善于赏识学困生身上的闪光点，激励其进步。闪光点也就是优点，人人都有优点，学困生也不例外。"赞扬学生极其微小的进步，比嘲笑其显著的劣迹高明。"因此，教师要善于发现学生的闪光点，发展他们的积极因素。从这一点入手，可以激起学生学习的斗志，鼓足学生前进的勇气，从而达到转化学困生的目的。

善于用赏识性评语，增强学困生的自信。写评语是教师对学生进行评价的重要一环，也是实现师生情感交流的重要方式之一。传统的操行评定忽视了教育民主，忽视了学生的个性。为此，教师应尝试将传统的操行评定改为正面引导的赏识性评语，从而使每一个学生都感到自信、受到激励。例如在批改学生作业时，教师可以有意在批改完之后加上一两句饱含感情的评语："你真棒!""加油!""你进步了!""老师赞赏你的好学精神!""你是好样的!"这样做，不仅是对学生完成作业的肯定，而且是对他们的鼓励。特别是学困生，他们会为此而兴奋的，从而增强他们的自信和学习的勇气。

赏识源于教师发自内心对学生的钟爱，对教育事业的挚爱。"没有爱就没有教育"，同样也可以说，没有赏识就没有教育。教师要能够尊重自己的学生，赏识自己的学生，更重要的是尊重学困生，赏识学困生。教师要多去了解学困生，多去关心学困生，多去找学困生身上的闪光点。这样自然就拉近了师生的距离，弱化了学困生的逆反心理。

赏识是一座桥梁，是精神相融、心灵交汇的桥梁。这座桥梁是我们转化学困生的绿色通道。在这条通道上，教师应该把“师爱”洒向班级的每一个学生。当爱流入学生心田时爱便会化为学生对知识的渴求和对教师的尊敬、对同学的友爱。这种爱必然会得到美丽的回报，这种爱是转化学困生的灵丹妙药。

写作题 2：

阅读下列材料，根据要求写作文。

材料一：

柳传志说过一句话：“卖一台联想电脑，就相当于帮别人卖掉一个视窗，帮英特尔卖了一个芯片。”

材料二：

崔永元说：“我们给别人打工，因为无知识产权，没有自己的核心技术，所以只能打工。

根据上述材料给你的启示，联系实际，写一篇论说文。

要求：用规范的现代汉语写作，不要脱离材料内容或含义。题目自拟，立意自定，观点明确，分析具体，条理清晰，语言流畅，不少于 1000 字。

【参考范文】

实施创新型教育

创新是一个民族进步的灵魂，是一个国家兴旺发达的不竭动力。随着科技革命和知识经济的迅速崛起，创新及创新型教育已成为时代关注的焦点。越来越多的人已充分认识到创新型教育对国家发展和人类文明进步的重要意义。如何实施和推进创新型教育、培养创新型人才已成为每个教育工作者亟待解决的课题。

首先，教育的思想理念需要创新。因为思想理念是一切行动的决定性因素，在教育工作中，思想理念尤为重要。作为创新型教育的实施者——人民教师，必须积极转变落后的教育观念，确立与时代相适应的观点和理念。从新的教育观来看，教师不仅是传统意义上的传道授业解惑者，更是学生学习的促进者、教育教学的研究者、课程内容的建设者和开发者。从新的人才观来看，不仅考上大学的学生是人才，而且只要是个性得到发展和完善、素质和能力得到提高并能通过自己的创造性劳动为社会的进步做出贡献的人都是人才。教育的目的是为社会培养满足各个领域需要的人才。从新的教育质量观来看，教育的根本目的在于教育学生学会做人、学会做事、学会求知、学会创造，即教育要以人为本，努力提高人的素质，并通过人的发展促进社会的发展。

其次，教师的素养需要创新。没有创新素养的教师就不可能培养出创新型人才。教育既有传递性又有创新性。教师要有强烈的创新欲望，能创设出宽松、和谐、民主的学习氛围，尊重学生的个性，具有激发学生创新欲望的艺术，具有基本的教育科学素质和教育科研能力。教师不仅要向学生传授知识，而且要教会学生学习；不仅要发挥自身的积极性，而且要善于激发学生学习的主观能动性。

再次，教育的内容需要创新，包括创新教育教学模式、创新课程体系和教学内容等。长期以来，我国的中小学课堂教学受应试教育的影响，形成了以教师为中心和以传授知识为教学目标的课堂教学模式，传授知识成为课堂教学的主旋律。在这一模式下，教学过程只重视知识的传授，忽视学生创新能力的培养。而创新型教育教学模式则将知识与技能、过程与方法、情感态度与价值观有机融合，以培养学生的创新能力。传统的教学知识内容陈旧，重理论轻实践，缺少灵活性，从而使学生失去了学习的积极性，失去了对知识的自悟。因此，实施创新型教育，培养创新型人才，需要建立与之相适应的教学内容和课程体系。我们要从培养学生的创新思维、创新意识、创新能力三个层次上着手来调整课堂教学的内容，改革教学方法，改进学生的科研实践活动，将创新型教育贯穿于整个教学过程中。

最后，创新型教育的良好氛围需要营造。好的环境才能促进好的发展。教育行政管理部门和高校机关要转变过去的职能和作风，改变旧的思维定势，实施学校特色建设工程，指导校、系从各学科建设的实际出发，选准改革的突破口。同时，政府要加大对教育的投入，加速教育设施建设和教育技术现代化的进程，为信息化远程教学创造条件。

作为国力竞争基础工程的教育，必须培养具有创新精神和创新能力的一代新人，这才是创新型教育的意义所在。

附件：我国教育基本法规

★教育基本法——《中华人民共和国教育法》

1. 总体介绍

《中华人民共和国教育法》是我国教育法律法规体系中的基本法。它是依据宪法制定的调整教育内、外部相关关系的基本法律，是教育的“宪法”或教育法律法规体系中的母法，在教育法体系中具有最高法律效力。

2.《中华人民共和国教育法》(节选)

(1995年3月18日第八届全国人民代表大会第三次会议通过，根据2009年8月27日第十一届全国人民代表大会常务委员会第十次会议《关于修改部分法律的决定》第一次修正，根据2015年12月27日第十二届全国人民代表大会常务委员会第十八次会议《关于修改〈中华人民共和国教育法〉的决定》第二次修正。)

第一章　总则

第一条　为了发展教育事业，提高全民族的素质，促进社会主义物质文明和精神文明建设，根据宪法，制定本法。

第二条　在中华人民共和国境内的各级各类教育，适用本法。

第三条　国家坚持以马克思列宁主义、毛泽东思想和建设有中国特色社会主义理论为指导，遵循宪法确定的基本原则，发展社会主义的教育事业。

第四条　教育是社会主义现代化建设的基础，国家保障教育事业优先发展。

全社会应当关心和支持教育事业的发展。

全社会应当尊重教师。

第五条　教育必须为社会主义现代化建设服务、为人民服务，必须与生产劳动和社会实践相结合，培养德、智、体等方面全面发展的社会主义事业的建设者和接班人。

第六条　教育应当坚持立德树人，对受教育者加强社会主义核心价值观教育，增强受教育者的社会责任感、创新精神和实践能力。

国家在受教育者中进行爱国主义、集体主义、中国特色社会主义的教育，进行理想、道德、纪律、法制、国防和民族团结的教育。

第八条　教育活动必须符合国家和社会公共利益。

国家实行教育与宗教相分离。任何组织和个人不得利用宗教进行妨碍国家教育制度的活动。

第九条　中华人民共和国公民有受教育的权利和义务。

公民不分民族、种族、性别、职业、财产状况、宗教信仰等，依法享有平等的受教育机会。

第十条　国家根据各少数民族的特点和需要，帮助各少数民族地区发展教育事业。

国家扶持边远贫困地区发展教育事业。

国家扶持和发展残疾人教育事业。

第十一条　国家适应社会主义市场经济发展和社会进步的需要，推进教育改革，推动各级各类教育协调发展、衔接融通，完善现代国民教育体系，健全终身教育体系，提高教育现代化水平。

国家采取措施促进教育公平，推动教育均衡发展。

国家支持、鼓励和组织教育科学研究，推广教育科学研究成果，促进教育质量提高。

第十二条　国家通用语言文字为学校及其他教育机构的基本教育教学语言文字，学校及其他教育机构应当使用国家通用语言文字进行教育教学。

民族自治地方以少数民族学生为主的学校及其他教育机构，从实际出发，使用国家通用语言文字和本民族或者当地民族通用的语言文字实施双语教育。

国家采取措施，为少数民族学生为主的学校及其他教育机构实施双语教育提供条件和支持。

第十三条　国家对发展教育事业做出突出贡献的组织和个人，给予奖励。

第十四条　国务院和地方各级人民政府根据分级管理、分工负责的原则，领导和管理教育工作。中等及中等以下教育在国务院领导下，由地方人民政府管理。高等教育由国务院和省、自治区、直辖市人民政府管理。

第十五条　国务院教育行政部门主管全国教育工作，统筹规划、协调管理全国的教育事业。

县级以上地方各级人民政府教育行政部门主管本行政区域内的教育工作。

县级以上各级人民政府其他有关部门在各自的职责范围内，负责有关的教育工作。

第十六条　国务院和县级以上地方各级人民政府应当向本级人民代表大会或者其常务委员会报告教育工作和教育经费预算、决算情况，接受监督。

第二章　教育基本制度

第十七条　国家实行学前教育、初等教育、中等教育、高等教育的学校教育制度。国家建立科学的学制系统。学制系统内的学校和其他教育机构的设置、教育形式、修业年限、招生对象、培养目标等，由国务院或者由国务院授权教育行政部门规定。

第十八条　国家制定学前教育标准，加快普及学前教育，构建覆盖城乡，特别是农村的学前教育公共服务体系。

各级人民政府应当采取措施，为适龄儿童接受学前教育提供条件和支持。

第十九条　国家实行九年制义务教育制度。

各级人民政府采取各种措施保障适龄儿童、少年就学。

适龄儿童、少年的父母或者其他监护人以及有关社会组织和个人有义务使适龄儿童、少年接受并完成规定年限的义务教育。

第二十条　国家实行职业教育制度和继续教育制度。

各级人民政府、有关行政部门和行业组织以及企业事业组织应当采取措施，发展并保障公民接受职业学校教育或者各种形式的职业培训。

国家鼓励发展多种形式的继续教育，使公民接受适当形式的政治、经济、文化、科学、技术、业务等方面的教育，促进不同类型学习成果的互认和衔接，推动全民终身学习。

第二十一条　国家实行国家教育考试制度。

国家教育考试由国务院教育行政部门确定种类，并由国家批准的实施教育考试的机构承办。

第二十二条　国家实行学位证书制度。

经国家批准设立或者认可的学校及其他教育机构按照国家有关规定，颁发学历证书或其他学业证书。

第二十三条　国家实行学位制度。

学位授予单位依法对达到一定学术水平或者专业技术水平的人员授予相应的学位，颁发学位证书。

第二十四条　各级人民政府、基层群众性组织和企业事业组织应当采取各种措施，开展扫除文盲的教育工作。

按照国家规定具有接受扫除文盲教育能力的公民，应当接受扫除文盲的教育。

第二十五条　国家实行教育督导制度和学校及其他教育机构教育评估制度。

第三章　学校及其他教育机构

第二十六条　国家制定教育发展规划，并举办学校及其他教育机构。

国家鼓励企业事业组织、社会团体、其他社会组织及公民个人依法举办学校及其他教育机构。

国家举办学校及其他教育机构，应当坚持勤俭节约的原则。

以财政性经费、捐赠资产举办或者参与举办的学校及其他教育机构不得设立为营利性组织。

第二十七条　设立学校及其他教育机构，必须具备下列基本条件：

（一）有组织机构和章程；

（二）有合格的教师；

（三）有符合规定标准的教学场所及设施、设备等；

（四）有必备的办学资金和稳定的经费来源。

第二十八条　学校及其他教育机构的设立、变更和终止，应当按照国家的有关规定办理审核、批准、注册或者备案手续。

第二十九条　学校及其他教育机构行使下列权利：

（一）按照章程自主管理；

（二）组织实施教育教学活动；

（三）招收学生或者其他受教育者；

（四）对受教育者进行学籍管理，实施奖励或者处分；

（五）对受教育者颁发相应的学业证书；

（六）聘任教师及其他职工，实施奖励或者处分；

（七）管理、使用本单位的设施和经费；

（八）拒绝任何组织和个人对教育教学活动的非法干涉；

（九）法律、法规规定的其他权利。

国家保护学校及其他教育机构的合法权益不受侵犯。

第三十条　学校及其他教育机构应当履行下列义务：

（一）遵守法律、法规；

（二）贯彻国家的教育方针，执行国家教育教学标准，保证教育教学质量；

（三）维护受教育者、教师及其他职工的合法权益；

（四）以适当方式为受教育者及其监护人了解受教育者的学业成绩及其他有关情况提供便利；

（五）遵照国家有关规定收取费用并公开收费项目；

（六）依法接受监督。

第三十一条　学校及其他教育机构的举办者按照国家有关规定，确定其所举办的学校或者其他教育机构的管理体制。

学校及其他教育机构的校长或者主要行政负责人必须由具有中华人民共和国国籍、在中国境内定居、并具备国家规定任职条件的公民担任，其任免按照国家有关规定办理。学校的教学及其他行政管理，由校长负责。

学校及其他教育机构应当按照国家有关规定，通过以教师为主体的教职工代表大会等组织形式，保障教职工参与民主管理和监督。

第三十二条　学校及其他教育机构具备法人条件的，自批准设立或者登记注册之日起取得法人资格。

学校及其他教育机构在民事活动中依法享有民事权利，承担民事责任。

学校及其他教育机构中的国有资产属于国家所有。

学校及其他教育机构兴办的校办产业独立承担民事责任。

第四章　教师和其他教育工作者

第三十三条　教师享有法律规定的权利，履行法律规定的义务，忠诚于人民的教育事业。

第三十四条　国家保护教师的合法权益，改善教师的工作条件和生活条件，提高教师的社会地位。

教师的工资报酬、福利待遇，依照法律、法规的规定办理。

第三十五条　国家实行教师资格、职务、聘任制度，通过考核、奖励、培养和培训，提高教师素质，加强教师队伍建设。

第三十六条　学校及其他教育机构中的管理人员，实行教育职员制度。

学校及其他教育机构中的教学辅助人员和其他专业技术人员，实行专业技术职务聘任制度。

第五章　受教育者

第三十七条　受教育者在入学、升学、就业等方面依法享有平等权利。

学校和有关行政部门应当按照国家有关规定，保障女子在入学、升学、就业、授予学位、派出留学等方面享有同男子平等的权利。

第三十八条　国家、社会对符合入学条件、家庭经济困难的儿童、少年、青年，提供各种形式的资助。

第三十九条　国家、社会、学校及其他教育机构应当根据残疾人身心特性和需要实施教育，并为其提供帮助和便利。

第四十条　国家、社会、家庭、学校及其他教育机构应当为有违法犯罪行为的未成年人接受教育创造条件。

第四十一条　从业人员有依法接受职业培训和继续教育的权利和义务。

国家机关、企业事业组织和其他社会组织应当为本单位职工的学习和培训提供条件和便利。

第四十二条　国家鼓励学校及其他教育机构、社会组织采取措施，为公民接受终身教育创造条件。

第四十三条　受教育者享有下列权利：

（一）参加教育教学计划安排的各种活动，使用教育教学设施、设备、图书资料；

（二）按照国家有关规定获得奖学金、贷学金、助学金；

（三）在学业成绩和品行上获得公正评价，完成规定的学业后获得相应的学业证书、学位证书；

（四）对学校给予的处分不服向有关部门提出申诉，对学校、教师侵犯其人身权、财产权等合法权益，提出申诉或者依法提起诉讼；

（五）法律、法规规定的其他权利。

第四十四条　受教育者应当履行下列义务：

（一）遵守法律、法规；

（二）遵守学生行为规范，尊敬师长，养成良好的思想品德和行为习惯；

（三）努力学习，完成规定的学习任务；

（四）遵守所在学校或者其他教育机构的管理制度。

第六章　教育与社会

第四十八条　国家机关、军队、企业事业组织及其他社会组织应当为学校组织的学生实习、社会实践活动提供帮助和便利。

第四十九条　学校及其他教育机构在不影响正常教育教学活动的前提下，应当积极参加当地的社会公益活动。

第五十条　未成年人的父母或者其他监护人应当为其未成年子女或者其他被监护人受教育提供必要条件。未成年人的父母或者其他监护人应当配合学校及其他教育机构，对其未成年子女或者其他被监护人进行教育。

学校、教师可以对学生家长提供家庭教育指导。

第七章　教育投入与条件保障

第五十四条　国家建立以财政拨款为主、其他多种渠道筹措教育经费为辅的体制，逐步增加对教育的投入，保证国家举办的学校教育经费的稳定来源。

企业事业组织、社会团体及其他社会组织和个人依法举办的学校及其他教育机构，办学经费由举办者负责筹措，各级人民政府可以给予适当支持。

第五十五条　国家财政性教育经费支出占国民生产总值的比例应当随着国民经济的发展和财政收入的增长逐步提高。具体比例和实施步骤由国务院规定。

全国各级财政支出总额中教育经费所占比例应当随着国民经济的发展逐步提高。

第五十六条　各级人民政府的教育经费支出，按照事权和财权相统一的原则，在财政预算中单独列项。

各级人民政府教育财政拨款的增长应当高于财政经常性收入的增长，并使按在校学生人数平均的教育费用逐步增长，保证教师工资和学生人均公用经费逐步增长。

第五十七条　国务院及县级以上地方各级人民政府应当设立教育专项资金，重点扶持边远贫困地区、少数民族地区实施义务教育。

第六十三条　各级人民政府及其教育行政部门应当加强对学校及其教育机构教育经费的监督管理，提高教育投资效益。

第六十四条　地方各级人民政府及其有关行政部门必须把学校的基本建设纳入城乡建设规划，统筹安排学校的基本建设用地及所需物资，按照国家有关规定实行优先、优惠政策。

第六十五条　各级人民政府对教科书及教学用图书资料的出版发行，对教学仪器、设备的生产和供应，对用于学校教育教学和科学研究的图书资料、教学仪器、设备的进口，按照国家有关规定实行优先、优惠政策。

第六十六条　国家推进教育信息化，加快教育信息基础设施建设，利用信息技术促进优质教育资源普及共享，提高教育教学水平和教育管理水平。

县级以上人民政府及其有关部门应当发展教育信息技术和其他现代化教学方式，有关行政部门应当优先安排，给予扶持。

国家鼓励学校及其他教育机构推广运用现代化教学方式。

第八章　教育对外交流与合作

第六十七条　国家鼓励开展教育对外交流与合作，支持学校及其他教育机构引进优质教育资源，依法开展中外合作办学，发展国际教育服务，培养国际化人才。

教育对外交流与合作坚持独立自主、平等互利、相互尊重的原则，不得违反中国法律，不得损害国家主权、安全和社会公共利益。

第六十八条　中国境内公民出国留学、研究、进行学术交流或者任教，依照国家有关规定办理。

第六十九条　中国境外个人符合国家规定的条件并办理有关手续后，可以进入中国境内学校及其他教育机构学习、研究、进行学术交流或者任教，其合法权益受国家保护。

第七十条　中国对境外教育机构颁发的学位证书、学历证书及其他学业证书的承认，依照中华人民共和国缔结或者加入的国际条约办理，或者按照国家有关规定办理。

第九章　法律责任

第七十一条　违反国家有关规定，不按照预算核拨教育经费的，由同级人民政府限期核拨；情节严重的，对直接负责的主管人员和其他直接责任人员，依法给予处分。

违反国家财政制度、财务制度，挪用、克扣教育经费的，由上级机关责令限期归还被挪用、克扣的经费，并对直接负责的主管人员和其他直接责任人员，依法给予处分；构成犯罪的，依法追究刑事责任。

第七十二条　结伙斗殴、寻衅滋事，扰乱学校及其他教育机构教育教学秩序或者破坏校舍、场地及其他财产的，由公安机关给予治安管理处罚；构成犯罪的，依法追究刑事责任。

侵占学校及其他教育机构的校舍、场地及其他财产的，依法承担民事责任。

第七十三条　明知校舍或者教育教学设施有危险，而不采取措施，造成人员伤亡或者重大财产损失的，对直接负责的主管人员和其他直接责任人员，依法追究刑事责任。

第七十四条　违反国家有关规定，向学校或者其他教育机构收取费用的，由政府责令退还所收费用；对直接负责的主管人员和其他直接责任人员，依法给予行政处分。

第七十五条　违反国家有关规定，举办学校或者其他教育机构的，由教育行政部门或者其他有关行政部门予以撤销；有违法所得的，没收违法所得；对直接负责的主管人员和其他直接责任人员，依法给予处分。

第七十六条　学校或教育机构违反国家有关规定招收学生的，由教育行政部门或者其他有关行政部门责令退回招收的学生，退还所收费用；对学校、其他教育机构给予警告，可以处违法所得五倍以下罚款；情节严重的，责令停止相关招生资格一年以上三年以下，直至撤销招生资格、吊销办学许可证；对直接负责的主管人员和其他直接责任人员，依法给予处分；构成犯罪的，依法追究刑事责任。

第七十七条　在招收学生工作中徇私舞弊的，由教育行政部门或者其他有关行政部门责令退回招收的人员；对直接负责的主管人员和其他直接责任人员，依法给予行政处分；构成犯罪的，依法追究刑事责任。

第七十八条　学校及其他教育机构违反国家有关规定向受教育者收取费用的，由教育行政部门或者其他有关行政部门责令退还所收费用；对直接负责的主管人员和其他直接责任人员，依法给予处分。

第七十九条　考生在国家教育考试中有下列行为之一的，由组织考试的教育考试机构工作人员在考试现场采取必要的措施予以制止并终止其继续参加考试；组织考试的教育考试机构可以取消其相关考试资格或者考试成绩；情节严重的，由教育行政部门责令停止参加相关国家教育考试一年以上三年以下；构成违反治安管理行为的，由公安机关依法给予治安管理处罚；构成犯罪的，依法追究刑事责任：

（一）非法获取考试试题或者答案的；

（二）携带或者使用考试作弊器材、资料的；

（三）抄袭他人答案的；

（四）让他人代替自己参加考试的；

（五）其他以不当手段获得考试成绩的作弊行为。

第八十条　任何组织或个人在国家教育考试中有下列行为之一，有违法所得的，由公安机关没收违法所得，并处违法所得一倍以上五倍以下罚款；情节严重的，处五日以上十五日以下拘留；构成犯罪的，依法追究刑事责任；属于国家机关工作人员的，还应当依法给予处分；

(一)组织作弊的；

(二)通过提供考试作弊器材等方式为作弊提供帮助或者便利的；

(三)代替他人参加考试的；

(四)在考试结束前泄露、传播考试试题或者答案的；

(五)其他扰乱考试秩序的行为。

第八十一条　举办国家教育考试，教育行政部门、教育考试机构疏于管理，造成考场秩序混乱、作弊情况严重的，对直接负责的主管人员和其他直接负责人员，依法给予处分；构成犯罪的，依法追究刑事责任。

第八十二条　学校或其他教育机构违反本法规定，颁发学位证书、学历证书或者其他学业证书的，由教育行政部门或者其他有关行政部门宣布证书无效，责令收回或者予以没收；有违法所得的，没收违法所；情节严重的，责令停止相关招生资格一年以上三年以下，直至撤销招生资格、颁发证书资格；对直接负责的主管人员和其他直接责任人员，依法给予处分。

前款规定以外的任何组织或者个人制造、销售、颁发假冒学位证书、学历证书或者其他学业证书，构成违反治安管理行为的，由公安机关依法给予治安管理处罚；构成犯罪的，依法追究刑事责任。

以作弊、剽窃、抄袭等欺诈行为或者其他不正当手段获得学位证书、学历证书或者其他学业证书的，由颁发机构撤销相关证书。购买、使用假冒学位证书、学历证书或者其他学业证书，构成违反治安管理行为的，由公安机关依法给予治安管理处罚。

第八十三条　违反本法规定的，侵犯教师、受教育者、学校或者其他教育机构的合法权益，造成损失、损害的，应当依法承担民事责任。

第八十四条　军事学校教育由中央军事委员会根据本法的原则规定。宗教学校教育由国务院另行规定。

第八十五条　境外的组织和个人在中国境内办学和合作办学的办法，由国务院规定。

第八十六条　本法自 1995 年 9 月 1 日起施行。

★《中华人民共和国义务教育法》

1. 总体介绍

《中华人民共和国义务教育法》属于教育单行法，其对义务教育制度进行了法律规范。

2.《中华人民共和国义务教育法》

(1986 年 4 月 12 日第六届全国人民代表大会第四次会议通过，2006 年 6 月 29 日第十届全国人民代表大会常务委员会第二十二次会议修订，根据 2015 年 4 月 24 日第十二届全国人民代表大会常务委员会第十四次会议《关于修改〈中华人民共和国义务教育法〉等五部法律的决定》第一次修正，根据 2018 年 12 月 29 日第十三届全国人民代表大会第七次会议《关于修改〈中华人民共和国产品质量法〉等五部法律的决定》第二次修正。)

第一章　总则

第一条　为了保障适龄儿童、少年接受义务教育的权利，保证义务教育的实施，提高全民族素质，根据宪法和教育法，制定本法。

第二条　国家实行九年义务教育制度。

义务教育是国家统一实施的所有适龄儿童、少年必须接受的教育，是国家必须予以保障的公益性事业。

实施义务教育，不收学费、杂费。

国家建立义务教育经费保障机制，保证义务教育制度实施。

第三条　义务教育必须贯彻国家的教育方针，实施素质教育，提高教育质量，使适龄儿童、少年在品德、智力、体质等方面全面发展，为培养有理想、有道德、有文化、有纪律的社会主义建设者和接班人奠定基础。

第四条　凡具有中华人民共和国国籍的适龄儿童、少年，不分性别、民族、种族、家庭财产状况、宗教信仰等，依法享有平等接受义务教育的权利，并履行接受义务教育的义务。

第五条　各级人民政府及其有关部门应当履行本法规定的各项职责，保障适龄儿童、少年接受义务教育的权利。

适龄儿童、少年的父母或者其他法定监护人应当依法保证其按时入学接受并完成义务教育。

依法实施义务教育的学校应当按照规定标准完成教育教学任务，保证教育教学质量。

社会组织和个人应当为适龄儿童、少年接受义务教育创造良好的环境。

第六条　国务院和县级以上地方人民政府应当合理配置教育资源，促进义务教育均衡发展，改善薄弱学校的办学条件，并采取措施，保障农村地区、民族地区实施义务教育，保障家庭经济困难的和残疾的适龄儿童、少年接受义务教育。

国家组织和鼓励经济发达地区支援经济欠发达地区实施义务教育。

第七条　义务教育实行国务院领导，省、自治区、直辖市人民政府统筹规划实施，县级人民政府为主的管理体制。

县级以上人民政府教育行政部门具体负责义务教育实施工作；县级以上人民政府其他有关部门在各自的职责范围内负责义务教育实施工作。

第八条　人民政府教育督导机构对义务教育工作执行法律法规情况、教育教学质量以及义务教育均衡发展状况等进行督导，督导报告向社会公布。

第九条　任何社会组织或者个人有权对违反本法的行为向有关国家机关提出检举或者控告。发生违反本法的重大事件，妨碍义务教育实施，造成重大社会影响的，负有领导责任的人民政府或者人民政府教育行政部门负责人应当引咎辞职。

第十条　对在义务教育实施工作中做出突出贡献的社会组织和个人，各级人民政府及其有关部门按照有关规定给予表彰、奖励。

第二章 学生

第十一条 凡年满六周岁的儿童，其父母或者其他法定监护人应当送其入学接受并完成义务教育；条件不具备的地区的儿童，可以推迟到七周岁。适龄儿童、少年因身体状况需要延缓入学或者休学的，其父母或者其他法定监护人应当提出申请，由当地乡镇人民政府或者县级人民政府教育行政部门批准。

第十二条 适龄儿童、少年免试入学。地方各级人民政府应当保障适龄儿童、少年在户籍所在地学校就近入学。

父母或者其他法定监护人在非户籍所在地工作或者居住的适龄儿童、少年，在其父母或者其他法定监护人工作或者居住地接受义务教育的，当地人民政府应当为其提供平等接受义务教育的条件。具体办法由省、自治区、直辖市规定。

县级人民政府教育行政部门对本行政区域内的军人子女接受义务教育予以保障。

第十三条 县级人民政府教育行政部门和乡镇人民政府组织和督促适龄儿童、少年入学，帮助解决适龄儿童、少年接受义务教育的困难，采取措施防止适龄儿童、少年辍学。

居民委员会和村民委员会协助政府做好工作，督促适龄儿童、少年入学。

第十四条 禁止用人单位招用应当接受义务教育的适龄儿童、少年。

根据国家有关规定经批准招收适龄儿童、少年进行文艺、体育等专业训练的社会组织，应当保证所招收的适龄儿童、少年接受义务教育；自行实施义务教育的，应当经县级人民政府教育行政部门批准。

第三章 学校

第十五条 县级以上地方人民政府根据本行政区域内居住的适龄儿童、少年的数量和分布状况等因素，按照国家有关规定，制定、调整学校设置规划。新建居民区需要设置学校的，应当与居民区的建设同步进行。

第十六条 学校建设，应当符合国家规定的办学标准，适应教育教学需要；应当符合国家规定的选址要求和建设标准，确保学生和教职工安全。

第十七条 县级人民政府根据需要设置寄宿制学校，保障居住分散的适龄儿童、少年入学接受义务教育。

第十八条 国务院教育行政部门和省、自治区、直辖市人民政府根据需要，在经济发达地区设置接收少数民族适龄儿童、少年的学校(班)。

第十九条 县级以上地方人民政府根据需要设置相应的实施特殊教育的学校(班)，对视力残疾、听力语言残疾和智力残疾的适龄儿童、少年实施义务教育。特殊教育学校(班)应当具备适应残疾儿童、少年学习、康复、生活特点的场所和设施。

普通学校应当接收具有接受普通教育能力的残疾适龄儿童、少年随班就读，并为其学习、康复提供帮助。

第二十条 县级以上地方人民政府根据需要，为具有预防未成年人犯罪法规定的严重不良行为的适龄少年设置专门的学校实施义务教育。

第二十一条 对未完成义务教育的未成年犯和被采取强制性教育措施的未成年人

应当进行义务教育，所需经费由人民政府予以保障。

第二十二条　县级以上人民政府及其教育行政部门应当促进学校均衡发展，缩小学校之间办学条件的差距，不得将学校分为重点学校和非重点学校。学校不得分设重点班和非重点班。

县级以上人民政府及其教育行政部门不得以任何名义改变或者变相改变公办学校的性质。

第二十三条　各级人民政府及其有关部门依法维护学校周边秩序，保护学生、教师、学校的合法权益，为学校提供安全保障。

第二十四条　学校应当建立、健全安全制度和应急机制，对学生进行安全教育，加强管理，及时消除隐患，预防发生事故。

县级以上地方人民政府定期对学校校舍安全进行检查；对需要维修、改造的，及时予以维修、改造。

学校不得聘用曾经因故意犯罪被依法剥夺政治权利或者其他不适合从事义务教育工作的人担任工作人员。

第二十五条　学校不得违反国家规定收取费用，不得以向学生推销或者变相推销商品、服务等方式谋取利益。

第二十六条　学校实行校长负责制。校长应当符合国家规定的任职条件。校长由县级人民政府教育行政部门依法聘任。

第二十七条　对违反学校管理制度的学生，学校应当予以批评教育，不得开除。

第四章　教师

第二十八条　教师享有法律规定的权利，履行法律规定的义务，应当为人师表，忠诚于人民的教育事业。全社会应当尊重教师。

第二十九条　教师在教育教学中应当平等对待学生，关注学生的个体差异，因材施教，促进学生的充分发展。

教师应当尊重学生的人格，不得歧视学生，不得对学生实施体罚、变相体罚或者其他侮辱人格尊严的行为，不得侵犯学生合法权益。

第三十条　教师应当取得国家规定的教师资格。

国家建立统一的义务教育教师职务制度。教师职务分为初级职务、中级职务和高级职务。

第三十一条　各级人民政府保障教师工资福利和社会保险待遇，改善教师工作和生活条件；完善农村教师工资经费保障机制。

教师的平均工资水平应当不低于当地公务员的平均工资水平。

特殊教育教师享有特殊岗位补助津贴。在民族地区和边远贫困地区工作的教师享有艰苦贫困地区补助津贴。

第三十二条　县级以上人民政府应当加强教师培养工作，采取措施发展教师教育。

县级人民政府教育行政部门应当均衡配置本行政区域内学校师资力量，组织校长、教师的培训和流动，加强对薄弱学校的建设。

第三十三条　国务院和地方各级人民政府鼓励和支持城市学校教师和高等学校毕

业生到农村地区、民族地区从事义务教育工作。

国家鼓励高等学校毕业生以志愿者的方式到农村地区、民族地区缺乏教师的学校任教。县级人民政府教育行政部门依法认定其教师资格，其任教时间计入工龄。

第五章　教育教学

第三十四条　教育教学工作应当符合教育规律和学生身心发展特点，面向全体学生，教书育人，将德育、智育、体育、美育等有机统一在教育教学活动中，注重培养学生独立思考能力、创新能力和实践能力，促进学生全面发展。

第三十五条　国务院教育行政部门根据适龄儿童、少年身心发展的状况和实际情况，确定教学制度、教育教学内容和课程设置，改革考试制度，并改进高级中等学校招生办法，推进实施素质教育。

学校和教师按照确定的教育教学内容和课程设置开展教育教学活动，保证达到国家规定的基本质量要求。

国家鼓励学校和教师采用启发式教育等教育教学方法，提高教育教学质量。

第三十六条　学校应当把德育放在首位，寓德育于教育教学之中，开展与学生年龄相适应的社会实践活动，形成学校、家庭、社会相互配合的思想道德教育体系，促进学生养成良好的思想品德和行为习惯。

第三十七条　学校应当保证学生的课外活动时间，组织开展文化娱乐等课外活动。社会公共文化体育设施应当为学校开展课外活动提供便利。

第三十八条　教科书根据国家教育方针和课程标准编写，内容力求精简，精选必备的基础知识、基础技能，经济实用，保证质量。

国家机关工作人员和教科书审查人员，不得参与或者变相参与教科书的编写工作。

第三十九条　国家实行教科书审定制度。教科书的审定办法由国务院教育行政部门规定。

未经审定的教科书，不得出版、选用。

第四十条　教科书价格由省、自治区、直辖市人民政府价格行政部门会同同级出版主管部门按照微利原则确定。

第四十一条　国家鼓励教科书循环使用。

第六章　经费保障

第四十二条　国家将义务教育全面纳入财政保障范围，义务教育经费由国务院和地方各级人民政府依照本法规定予以保障。

国务院和地方各级人民政府将义务教育经费纳入财政预算，按照教职工编制标准、工资标准和学校建设标准、学生人均公用经费标准等，及时足额拨付义务教育经费，确保学校的正常运转和校舍安全，确保教职工工资按照规定发放。

国务院和地方各级人民政府用于实施义务教育财政拨款的增长比例应当高于财政经常性收入的增长比例，保证按照在校学生人数平均的义务教育费用逐步增长，保证教职工工资和学生人均公用经费逐步增长。

第四十三条　学校的学生人均公用经费基本标准由国务院财政部门会同教育行政

部门制定，并根据经济和社会发展状况适时调整。制定、调整学生人均公用经费基本标准，应当满足教育教学基本需要。

省、自治区、直辖市人民政府可以根据本行政区域的实际情况，制定不低于国家标准的学校学生人均公用经费标准。

特殊教育学校（班）学生人均公用经费标准应当高于普通学校学生人均公用经费标准。

第四十四条　义务教育经费投入实行国务院和地方各级人民政府根据职责共同负担，省、自治区、直辖市人民政府负责统筹落实的体制。农村义务教育所需经费，由各级人民政府根据国务院的规定分项目、按比例分担。

各级人民政府对家庭经济困难的适龄儿童、少年免费提供教科书并补助寄宿生生活费。

义务教育经费保障的具体办法由国务院规定。

第四十五条　地方各级人民政府在财政预算中将义务教育经费单列。

县级人民政府编制预算，除向农村地区学校和薄弱学校倾斜外，应当均衡安排义务教育经费。

第四十六条　国务院和省、自治区、直辖市人民政府规范财政转移支付制度，加大一般性转移支付规模和规范义务教育专项转移支付，支持和引导地方各级人民政府增加对义务教育的投入。地方各级人民政府确保将上级人民政府的义务教育转移支付资金按照规定用于义务教育。

第四十七条　国务院和县级以上地方人民政府根据实际需要，设立专项资金，扶持农村地区、民族地区实施义务教育。

第四十八条　国家鼓励社会组织和个人向义务教育捐赠，鼓励按照国家有关基金会管理的规定设立义务教育基金。

第四十九条　义务教育经费严格按照预算规定用于义务教育；任何组织和个人不得侵占、挪用义务教育经费，不得向学校非法收取或者摊派费用。

第五十条　县级以上人民政府建立健全义务教育经费的审计监督和统计公告制度。

第七章　法律责任

第五十一条　国务院有关部门和地方各级人民政府违反本法第六章的规定，未履行对义务教育经费保障职责的，由国务院或者上级地方人民政府责令限期改正；情节严重的，对直接负责的主管人员和其他直接责任人员依法给予行政处分。

第五十二条　县级以上地方人民政府有下列情形之一的，由上级人民政府责令限期改正；情节严重的，对直接负责的主管人员和其他直接责任人员依法给予行政处分：

（一）未按照国家有关规定制定、调整学校设置规划的；

（二）学校建设不符合国家规定的办学标准、选址要求和建设标准的；

（三）未定期对学校校舍安全进行检查，并及时维修、改造的；

（四）未按照本法规定均衡安排义务教育经费的。

第五十三条　县级以上人民政府或者教育行政部门有下列情形之一的，由上级人民政府或者教育行政部门责令限期改正、通报批评；情节严重的，对直接负责的主管人员和其他直接责任人员依法给予行政处分：

（一）将学校分为重点学校和非重点学校的；

（二）改变或者变相改变公办学校性质的。

县级人民政府教育行政部门或者乡镇人民政府未采取措施组织适龄儿童、少年入学或者防止辍学的，依照前款规定追究法律责任。

第五十四条　有下列情形之一的，由上级人民政府或者上级人民政府教育行政部门、财政部门、价格行政部门和审计机关根据职责分工责令限期改正；情节严重的，对直接负责的主管人员和其他直接责任人员依法给予处分：

（一）侵占、挪用义务教育经费的。

（二）向学校非法收取或者摊派费用的。

第五十五条　学校或者教师在义务教育工作中违反教育法、教师法规定的，按照教育法、教师法的有关规定处罚。

第五十六条　学校违反国家规定收取费用的，由县级人民政府教育行政部门责令退还所收费用；对直接负责的主管人员和其他直接责任人员依法给予处分。

学校以向学生推销或者变相推销商品、服务等方式谋取利益的，由县级人民政府教育行政部门给予通报批评；有违法所得的，没收违法所得；对直接负责的主管人员和其他直接责任人员依法给予处分。

国家机关工作人员和教科书审查人员参与或者变相参与教科书编写的，由县级以上人民政府或者其教育行政部门根据职责权限责令限期改正，依法给予行政处分；有违法所得的，没收违法所得。

第五十七条　学校有下列情形之一的，由县级人民政府教育行政部门责令限期改正；情节严重的，对直接负责的主管人员和其他直接责任人员依法给予处分：

（一）拒绝接收具有接受普通教育能力的残疾适龄儿童、少年随班就读的；

（二）分设重点班和非重点班的；

（三）违反本法规定开除学生的；

（四）选用未经审定的教科书的。

第五十八条　适龄儿童、少年的父母或者其他法定监护人无正当理由未依照本法规定送适龄儿童、少年入学接受义务教育的，由当地乡镇人民政府或者县级人民政府教育行政部门给予批评教育，责令限期改正。

第五十九条　有下列情形之一的，依照有关法律、行政法规的规定予以处罚：

（一）胁迫或者诱骗应当接受义务教育的适龄儿童、少年失学、辍学的；

（二）非法招用应当接受义务教育的适龄儿童、少年的；

（三）出版未经依法审定的教科书的。

第六十条　违反本法规定，构成犯罪的，依法追究刑事责任。

第八章　附则

第六十一条　对接受义务教育的适龄儿童、少年不收杂费的实施步骤，由国务院规定。

第六十二条　社会组织或者个人依法举办的民办学校实施义务教育的，按照民办教育促进法有关规定执行；民办教育促进法未规定的，适用本法。

第六十三条　本法自2006年9月1日起施行。

★《中华人民共和国教师法》

1. 总体介绍

《中华人民共和国教师法》也属于教育单行法，其对教师的权利和义务、教师培养和教师管理等方面进行了法律规范，是一部综合教师管理与教师权利保护为一体的专门法律。

2.《中华人民共和国教师法》

（1993年10月31日第八届全国人民代表大会常务委员会第四次会议通过，1993年10月31日中华人民共和国主席令第15号公布，根据2009年8月27日第十一届全国人民代表大会常务委员会第十次会议《关于修改部分法律的决定》修正。）

第一章　总则

第一条　为了保障教师的合法权益，建设具有良好思想品德修养和业务素质的教师队伍，促进社会主义教育事业的发展，制定本法。

第二条　本法适用于在各级各类学校和其他教育机构中专门从事教育教学工作的教师。

第三条　教师是履行教育教学职责的专业人员，承担教书育人、培养社会主义事业建设者和接班人、提高民族素质的使命。教师应当忠诚于人民的教育事业。

第四条　各级人民政府应当采取措施，加强教师的思想政治教育和业务培训，改善教师的工作条件和生活条件，保障教师的合法权益，提高教师的社会地位。全社会都应当尊重教师。

第五条　国务院教育行政部门主管全国的教师工作。

国务院有关部门在各自职权范围内负责有关的教师工作。

学校和其他教育机构根据国家规定，自主进行教师管理工作。

第六条　每年九月十日为教师节。

第二章　权利和义务

第七条　教师享有下列权利：

（一）进行教育教学活动，开展教育教学改革和实验；

（二）从事科学研究、学术交流，参加专业的学术团体，在学术活动中充分发表意见；

（三）指导学生的学习和发展，评定学生的品行和学业成绩；

（四）按时获取工资报酬，享受国家规定的福利待遇以及寒暑假期的带薪休假；

（五）对学校教育教学、管理工作和教育行政部门的工作提出意见和建议，通过教职工代表大会或者其他形式，参与学校的民主管理；

（六）参加进修或者其他方式的培训。

第八条　教师应当履行下列义务：

（一）遵守宪法、法律和职业道德，为人师表；

（二）贯彻国家的教育方针，遵守规章制度，执行学校的教学计划，履行教师聘约，完成教育教学工作任务；

（三）对学生进行宪法所确定的基本原则的教育和爱国主义、民族团结的教育，法制教育以及思想品德、文化、科学技术教育，组织、带领学生开展有益的社会活动；

（四）关心、爱护全体学生，尊重学生人格，促进学生在品德、智力、体质等方面全面发展；

（五）制止有害于学生的行为或者其他侵犯学生合法权益的行为，批评和抵制有害于学生健康成长的现象；

（六）不断提高思想政治觉悟和教育教学业务水平。

第九条　为保障教师完成教育教学任务，各级人民政府、教育行政部门、有关部门、学校和其他教育机构应当履行下列职责：

（一）提供符合国家安全标准的教育教学设施和设备；

（二）提供必需的图书、资料及其他教育教学用品；

（三）对教师在教育教学、科学研究中的创造性工作给以鼓励和帮助；

（四）支持教师制止有害于学生的行为或者其他侵犯学生合法权益的行为。

第三章　资格和任用

第十条　国家实行教师资格制度。

中国公民凡遵守宪法和法律，热爱教育事业，具有良好的思想品德，具备本法规定的学历或者经国家教师资格考试合格，有教育教学能力，经认定合格的，可以取得教师资格。

第十一条　取得教师资格应当具备的相应学历是：

（一）取得幼儿园教师资格，应当具备幼儿师范学校毕业及其以上学历；

（二）取得小学教师资格，应当具备中等师范学校毕业及其以上学历；

（三）取得初级中学教师，初级职业学校文化、专业课教师资格，应当具备高等师范专科学校或者其他大学专科毕业及其以上学历；

（四）取得高级中学教师资格和中等专业学校、技工学校、职业高中文化课、专业课教师资格，应当具备高等师范院校本科或者其他大学本科毕业及其以上学历；取得中等专业学校、技工学校和职业高中学生实习指导教师资格应当具备的学历，由国务院教育行政部门规定；

（五）取得高等学校教师资格，应当具备研究生或者大学本科毕业学历；

（六）取得成人教育教师资格，应当按照成人教育的层次、类别，分别具备高等、中等学校毕业及其以上学历。

不具备本法规定的教师资格学历的公民，申请获取教师资格，必须通过国家教师资格考试。国家教师资格考试制度由国务院规定。

第十二条　本法实施前已经在学校或者其他教育机构中任教的教师，未具备本法规定学历的，由国务院教育行政部门规定教师资格过渡办法。

第十三条　中小学教师资格由县级以上地方人民政府教育行政部门认定。中等专业学校、技工学校的教师资格由县级以上地方人民政府教育行政部门组织有关主管部门认定。普通高等学校的教师资格由国务院或者省、自治区、直辖市教育行政部门或者由其委托的学校认定。

具备本法规定的学历或者经国家教师资格考试合格的公民，要求有关部门认定其教师资格的，有关部门应当依照本法规定的条件予以认定。

取得教师资格的人员首次任教时，应当有试用期。

第十四条　受到剥夺政治权利或者故意犯罪受到有期徒刑以上刑事处罚的，不能取得教师资格，已经取得教师资格的，丧失教师资格。

第十五条　各级师范学校毕业生，应当按照国家有关规定从事教育教学工作。

国家鼓励非师范高等学校毕业生到中小学或者职业学校任教。

第十六条　国家实行教师职务制度，具体办法由国务院规定。

第十七条　学校和其他教育机构应当逐步实行教师聘任制。教师的聘任应当遵循双方地位平等的原则，由学校和教师签订聘任合同，明确规定双方的权利、义务和责任。

实施教师聘任制的步骤、办法由国务院教育行政部门规定。

第四章　培养和培训

第十八条　各级人民政府和有关部门应当办好师范教育，并采取措施，鼓励优秀青年进入各级师范学校学习。各级教师进修学校承担培训中小学教师的任务。

非师范学校应当承担培养和培训中小学教师的任务。

各级师范学校学生享受专业奖学金。

第十九条　各级人民政府教育行政部门、学校主管部门和学校应当制定教师培训规划，对教师进行多种形式的思想政治、业务培训。

第二十条　国家机关、企业事业单位和其他社会组织应当为教师的社会调查和社会实践提供方便，给予协助。

第二十一条　各级人民政府应当采取措施，为少数民族地区和边远贫困地区培养、培训教师。

第五章　考核

第二十二条　学校或者其他教育机构应当对教师的政治思想、业务水平、工作态度和工作成绩进行考核。

教育行政部门对教师的考核工作进行指导、监督。

第二十三条　考核应当客观、公正、准确，充分听取教师本人、其他教师以及学生的意见。

第二十四条　教师考核结果是受聘任教、晋升工资、实施奖惩的依据。

第六章　待遇

第二十五条　教师的平均工资水平应当不低于或者高于国家公务员的平均工资水平，并逐步提高。建立正常晋级增薪制度，具体办法由国务院规定。

第二十六条　中小学教师和职业学校教师享受教龄津贴和其他津贴，具体办法由国务院教育行政部门会同有关部门制定。

第二十七条　地方各级人民政府对教师以及具有中专以上学历的毕业生到少数民族地区和边远贫困地区从事教育教学工作的，应当予以补贴。

第二十八条　地方各级人民政府和国务院有关部门，对城市教师住房的建设、租赁、出售实行优先、优惠。

县、乡两级人民政府应当为农村中小学教师解决住房提供方便。

第二十九条　教师的医疗同当地国家公务员享受同等的待遇，定期对教师进行身体健康检查，并因地制宜安排教师进行休养。

医疗机构应当对当地教师的医疗提供方便。

第三十条　教师退休或者退职后，享受国家规定的退休或者退职待遇。

县级以上地方人民政府可以适当提高长期从事教育教学工作的中小学退休教师的退休金比例。

第三十一条　各级人民政府应当采取措施，改善国家补助、集体支付工资的中小学教师的待遇，逐步做到在工资收入上与国家支付工资的教师同工同酬，具体办法由地方各级人民政府根据本地区的实际情况规定。

第三十二条　社会力量所办学校的教师的待遇，由举办者自行确定并予以保障。

第七章　奖励

第三十三条　教师在教育教学、培养人才、科学研究、教学改革、学校建设、社会服务、勤工俭学等方面成绩优异的，由所在学校予以表彰、奖励。

国务院和地方各级人民政府及其有关部门对有突出贡献的教师，应当予以表彰、奖励。对有重大贡献的教师，依照国家有关规定授予荣誉称号。

第三十四条　国家支持和鼓励社会组织或者个人向依法成立的奖励教师的基金组织捐助资金，对教师进行奖励。

第八章　法律责任

第三十五条　侮辱、殴打教师的，根据不同情况，分别给予行政处分或者行政处罚；造成损害的，责令赔偿损失；情节严重，构成犯罪的，依法追究刑事责任。

第三十六条　对依法提出申诉、控告、检举的教师进行打击报复的，由其所在单位或者上级机关责令改正；情节严重的，可以根据具体情况给予行政处分。

国家工作人员对教师打击报复构成犯罪的，依照刑法有关规定追究刑事责任。

第三十七条　教师有下列情形之一的，由所在学校、其他教育机构或者教育行政部门给予行政处分或者解聘：

(一)故意不完成教育教学任务给教育教学工作造成损失的；

(二)体罚学生，经教育不改的；

(三)品行不良、侮辱学生，影响恶劣的。

教师有前款第(二)项、第(三)项所列情形之一，情节严重，构成犯罪的，依法追究刑事责任。

第三十八条　地方人民政府对违反本法规定，拖欠教师工资或者侵犯教师其他合法权益的，应当责令其限期改正。

违反国家财政制度、财务制度，挪用国家财政用于教育的经费，严重妨碍教育教学工作，拖欠教师工资，损害教师合法权益的，由上级机关责令限期归还被挪用的经费，并对直接责任人员给予行政处分；情节严重，构成犯罪的，依法追究刑事责任。

第三十九条　教师对学校或者其他教育机构侵犯其合法权益的，或者对学校或者其他教育机构作出的处理不服的，可以向教育行政部门提出申诉，教育行政部门应当在接到申诉的三十日内，作出处理。

教师认为当地人民政府有关行政部门侵犯其根据本法规定享有的权利的，可以向同级人民政府或者上一级人民政府有关部门提出申诉，同级人民政府或者上一级人民政府有关部门应当作出处理。

第九章　附则

第四十条　本法下列用语的含义是：

(一)各级各类学校，是指实施学前教育、普通初等教育、普通中等教育、职业教育、普通高等教育以及特殊教育、成人教育的学校。

(二)其他教育机构，是指少年宫以及地方教研室、电化教育机构等。

(三)中小学教师，是指幼儿园、特殊教育机构、普通中小学、成人初等中等教育机构、职业中学以及其他教育机构的教师。

第四十一条　学校和其他教育机构中的教育教学辅助人员，其他类型的学校的教师和教育教学辅助人员，可以根据实际情况参照本法有关规定执行。

军队所属院校的教师和教育教学辅助人员，由中央军事委员会依照本法制定有关规定。

第四十二条　外籍教师的聘任办法由国务院教育行政部门规定。

第四十三条　本法自1994年1月1日起施行。

★《中华人民共和国未成年人保护法》

1. 总体介绍

《中华人民共和国未成年人保护法》一般可看作教育单行法，但其不仅在教育活动领域对未成年人进行保护，也在社会生活领域对未成年人进行保护。《中华人民共和国未成年人保护法》从未成年人的健康成长需要出发，制定了保护未成年人的法律规范，涉及学校、家庭、社会、司法系统等各个方面。

2.《中华人民共和国未成年人保护法》(节选)

(1991年9月4日第七届全国人民代表大会常务委员会第二十一次会议通过，2006年12月29日第十届全国人民代表大会常务委员会第二十五次会议第一次修订，根据2012年10月26日第十一届全国人民代表大会常务委员会第二十九次会议修正。)

第一章　总则

第一条　为了保护未成年人的身体健康，保障未成年人的合法权益，促进未成年人在品德、智力、体质等方面全面发展，培养有理想、有道德、有文化、有纪律的社会主义建设者和接班人，根据宪法，制定本法。

第二条　本法所称未成年人是指未满十八周岁的公民。

第三条　未成年人享有生存权、发展权、受保护权、参与权等权利，国家根据未成年人身心发展特点给予特殊、优先保护，保障未成年人的合法权益不受侵犯。

未成年人享有受教育权，国家、社会、学校和家庭尊重和保障未成年人的受教育权。

未成年人不分性别、民族、种族、家庭财产状况、宗教信仰等，依法平等地享有权利。

第五条　保护未成年人的工作，应当遵循下列原则：

（一）尊重未成年人的人格尊严；

（二）适应未成年人身心发展的规律和特点；

（三）教育与保护相结合。

第二章　家庭保护

第十三条　父母或者其他监护人应当尊重未成年人受教育的权利，必须使适龄未成年人依法入学接受并完成义务教育，不得使接受义务教育的未成年人辍学。

第十四条　父母或者其他监护人应当根据未成年人的年龄和智力发展状况，在做出与未成年人权益有关的决定时告知其本人，并听取他们的意见。

第十五条　父母或者其他监护人不得允许或者迫使未成年人结婚，不得为未成年人订立婚约。

第十六条　父母因外出务工或者其他原因不能履行对未成年人监护职责的，应当委托有监护能力的其他成年人代为监护。

第三章　学校保护

第十八条　学校应当尊重未成年学生受教育的权利，关心、爱护学生，对品行有缺点、学习有困难的学生，应当耐心教育、帮助，不得歧视，不得违反法律和国家规定开除未成年学生。

第二十条　学校应当与未成年学生的父母或者其他监护人互相配合，保证未成年学生的睡眠、娱乐和体育锻炼时间，不得加重其学习负担。

第二十一条　学校、幼儿园、托儿所的教职员工应当尊重未成年人的人格尊严，不得对未成年人实施体罚、变相体罚或者其他侮辱人格尊严的行为。

第二十二条　学校、幼儿园、托儿所应当建立安全制度，加强对未成年人的安全教育，采取措施保障未成年人的人身安全。

学校、幼儿园、托儿所不得在危及未成年人人身安全、健康的校舍和其他设施、场所中进行教育教学活动。

学校、幼儿园安排未成年人参加集会、文化娱乐、社会实践等集体活动，应当有利于未成年人的健康成长，防止发生人身安全事故。

第二十三条　教育行政等部门和学校、幼儿园、托儿所应当根据需要，制定应对各种灾害、传染性疾病、食物中毒、意外伤害等突发事件的预案，配备相应设施并进行必要的演练，增强未成年人的自我保护意识和能力。

第二十四条　学校对未成年学生在校内或者本校组织的校外活动中发生人身伤害事故的，应当及时救护，妥善处理，并及时向有关主管部门报告。

第四章　社会保护

第二十七条　全社会应当树立尊重、保护、教育未成年人的良好风尚，关心、爱护未成年人。

国家鼓励社会团体、企业事业组织以及其他组织和个人，开展多种形式的有利于未成年人健康成长的社会活动。

第二十八条　各级人民政府应当保障未成年人受教育的权利，并采取措施保障家庭经济困难的、残疾的和流动人口中的未成年人等接受义务教育。

第二十九条　各级人民政府应当建立和改善适合未成年人文化生活需要的活动场所和设施，鼓励社会力量兴办适合未成年人的活动场所，并加强管理。

第三十条　爱国主义教育基地、图书馆、青少年宫、儿童活动中心应当对未成年人免费开放；博物馆、纪念馆、科技馆、展览馆、美术馆、文化馆以及影剧院、体育场馆、动物园、公园等场所，应当按照有关规定对未成年人免费或者优惠开放。

第三十一条　县级以上人民政府及其教育行政部门应当采取措施，鼓励和支持中小学校在节假日期间将文化体育设施对未成年人免费或者优惠开放。

社区中的公益性互联网上网服务设施，应当对未成年人免费或者优惠开放，为未成年人提供安全、健康的上网服务。

第三十六条　中小学校园周边不得设置营业性歌舞娱乐场所、互联网上网服务营业场所等不适宜未成年人活动的场所。

营业性歌舞娱乐场所、互联网上网服务营业场所等不适宜未成年人活动的场所，不得允许未成年人进入，经营者应当在显著位置设置未成年人禁入标志；对难以判明是否已成年的，应当要求其出示身份证件。

第三十七条　禁止向未成年人出售烟酒，经营者应当在显著位置设置不向未成年人出售烟酒的标志；对难以判明是否已成年的，应当要求其出示身份证件。

任何人不得在中小学校、幼儿园、托儿所的教室、寝室、活动室和其他未成年人集中活动的场所吸烟、饮酒。

第三十八条　任何组织或者个人不得招用未满十六周岁的未成年人，国家另有规定的除外。

任何组织或者个人按照国家有关规定招用已满十六周岁未满十八周岁的未成年人的，应当执行国家在工种、劳动时间、劳动强度和保护措施等方面的规定，不得安排其从事过重、有毒、有害等危害未成年人身心健康的劳动或者危险作业。

第三十九条　任何组织或者个人不得披露未成年人的个人隐私。

对未成年人的信件、日记、电子邮件，任何组织或者个人不得隐匿、毁弃；除因追查犯罪的需要，由公安机关或者人民检察院依法进行检查，或者对无行为能力的未成年人的信件、日记、电子邮件由其父母或者其他监护人代为开拆、查阅外，任何组织或者个人不得开拆、查阅。

第四十条　学校、幼儿园、托儿所和公共场所发生突发事件时，应当优先救护未成年人。

第四十一条　禁止拐卖、绑架、虐待未成年人，禁止对未成年人实施性侵害。

禁止胁迫、诱骗、利用未成年人乞讨或者组织未成年人进行有害其身心健康的表演等活动。

第四十二条　公安机关应当采取有力措施，依法维护校园周边的治安和交通秩序，预防和制止侵害未成年人合法权益的违法犯罪行为。

任何组织或者个人不得扰乱教学秩序，不得侵占、破坏学校、幼儿园、托儿所的场地、房屋和设施。

第四十三条　县级以上人民政府及其民政部门应当根据需要设立救助场所，对流浪乞讨等生活无着未成年人实施救助，承担临时监护责任；公安部门或者其他有关部门应当护送流浪乞讨或者离家出走的未成年人到救助场所，由救助场所予以救助和妥善照顾，并及时通知其父母或者其他监护人领回。

对孤儿、无法查明其父母或者其他监护人的以及其他生活无着的未成年人；由民政部门设立的儿童福利机构收留抚养。

未成年人救助机构、儿童福利机构及其工作人员应当依法履行职责，不得虐待、歧视未成年人；不得在办理收留抚养工作中谋取利益。

第四十六条　国家依法保护未成年人的智力成果和荣誉权不受侵犯。

第四十七条　未成年人已经完成规定年限的义务教育不再升学的，政府有关部门和社会团体、企业事业组织应当根据实际情况，对他们进行职业教育，为他们创造劳动就业条件。

第四十八条　居民委员会、村民委员会应当协助有关部门教育和挽救违法犯罪的未成年人，预防和制止侵害未成年人合法权益的违法犯罪行为。

第四十九条　未成年人的合法权益受到侵害的，被侵害人及其监护人或者其他组织和个人有权向有关部门投诉，有关部门应当依法及时处理。

第五章　司法保护

第五十二条　人民法院审理继承案件，应当依法保护未成年人的继承权和受遗赠权。

人民法院审理离婚案件，涉及未成年子女抚养问题的，应当听取有表达意愿能力的未成年子女的意见，根据保障子女权益的原则和双方具体情况依法处理。

第五十三条　父母或者其他监护人不履行监护职责或者侵害被监护的未成年人的合法权益，经教育不改的，人民法院可以根据有关人员或者有关单位的申请，撤销其监护人的资格，依法另行指定监护人。被撤销监护资格的父母应当依法继续负担抚养费用。

第五十四条　对违法犯罪的未成年人，实行教育、感化、挽救的方针，坚持教育为主、惩罚为辅的原则。对违法犯罪的未成年人，应当依法从轻、减轻或者免除处罚。

第五十七条　对羁押、服刑的未成年人，应当与成年人分别关押。

羁押、服刑的未成年人没有完成义务教育的，应当对其进行义务教育。

解除羁押、服刑期满的未成年人的复学、升学、就业不受歧视。

第五十八条　对未成年人犯罪案件，新闻报道、影视节目、公开出版物、网络等不得披露该未成年人的姓名、住所、照片、图像以及可能推断出该未成年人的资料。

第五十九条　对未成年人严重不良行为的矫治与犯罪行为的预防，依照预防未成年人犯罪法的规定执行。

第六章　法律责任

第六十二条　父母或者其他监护人不依法履行监护职责，或者侵害未成年人合法权益的，由其所在单位或者居民委员会、村民委员会予以劝诫、制止；构成违反治安管理行为的，由公安机关依法给予行政处罚。

第六十三条　学校、幼儿园、托儿所侵害未成年人合法权益的，由教育行政部门或者其他有关部门责令改正；情节严重的，对直接负责的主管人员和其他直接责任人员依法给予处分。

学校、幼儿园、托儿所教职员工对未成年人实施体罚、变相体罚或者其他侮辱人格行为的，由其所在单位或者上级机关责令改正；情节严重的，依法给予处分。

第六十四条　制作或者向未成年人出售、出租或者以其他方式传播淫秽、暴力、凶杀、恐怖、赌博等图书、报刊、音像制品、电子出版物以及网络信息等的，由主管部门责令改正，依法给予行政处罚。

第六十七条　向未成年人出售烟酒，或者没有在显著位置设置不向未成年人出售烟酒标志的，由主管部门责令改正，依法给予行政处罚。

第六十八条　非法招用未满十六周岁的未成年人，或者招用已满十六周岁的未成年人从事过重、有毒、有害等危害未成年人身心健康的劳动或者危险作业的，由劳动保障部门责令改正，处以罚款；情节严重的，由工商行政管理部门吊销营业执照。

第六十九条　侵犯未成年人隐私，构成违反治安管理行为的，由公安机关依法给予行政处罚。

★《中华人民共和国预防未成年人犯罪法》

1. 总体介绍

《中华人民共和国预防未成年人犯罪法》与《中华人民共和国未成年人保护法》关系密切，实质上都旨在保护未成年人的权益。二者相互联系，互相补充。《中华人民共和国预防未成年人犯罪法》是为了保障未成年人身心健康、培养未成年人良好品行、有效预防未成年人犯罪而制定的一部法律。该法对未成年人犯罪各环节都提出了相应的预防措施，对政府有关部门、司法机关、人民团体、有关社会团体、学校、家庭、城市居民委员会、农村村民委员会等各方面主体都赋予了相应的法律义务并就违法行为规定了相应的责任。

2.《中华人民共和国预防未成年人犯罪法》(节选)

(1999 年 6 月 28 日第九届全国人民代表大会常务委员会第十次会议通过，根据 2012 年 10 月 26 日第十一届全国人民代表大会常务委员会第二十九次会议修正。)

第一章　总则

第一条　为了保障未成年人身心健康，培养未成年人良好品行，有效地预防未成年人犯罪，制定本法。

第五条　预防未成年人犯罪，应当结合未成年人不同年龄的生理、心理特点，加强青春期教育、心理矫治和预防犯罪对策的研究。

第二章　预防未成年人犯罪的教育

第六条　对未成年人应当加强理想、道德、法制和爱国主义、集体主义、社会主义教育。对于达到义务教育年龄的未成年人，在进行上述教育的同时，应当进行预防犯罪的教育。

预防未成年人犯罪的教育的目的，是增强未成年人的法制观念，使未成年人懂得违法和犯罪行为对个人、家庭、社会造成的危害，违法和犯罪行为应当承担的法律责任，树立遵纪守法和防范违法犯罪的意识。

第十条　未成年人的父母或者其他监护人对未成年人的法制教育负有直接责任。学校在对学生进行预防犯罪教育时，应当将教育计划告知未成年人的父母或者其他监护人，未成年人的父母或者其他监护人应当结合学校的计划，针对具体情况进行教育。

第十一条　少年宫、青少年活动中心等校外活动场所应当把预防未成年人犯罪的教育作为一项重要的工作内容，开展多种形式的宣传教育活动。

第十三条　城市居民委员会、农村村民委员会应当积极开展有针对性的预防未成年人犯罪的法制宣传活动。

第三章　对未成年人不良行为的预防

第十四条　未成年人的父母或者其他监护人和学校应当教育未成年人不得有下列不良行为：

（一）旷课、夜不归宿；

（二）携带管制刀具；

（三）打架斗殴、辱骂他人；

（四）强行向他人索要财物；

（五）偷窃、故意毁坏财物；

（六）参与赌博或者变相赌博；

（七）观看、收听色情、淫秽的音像制品、读物等；

（八）进入法律、法规规定未成年人不适宜进入的营业性歌舞厅等场所；

（九）其他严重违背社会公德的不良行为。

第十五条　未成年人的父母或者其他监护人和学校应当教育未成年人不得吸烟、酗酒。任何经营场所不得向未成年人出售烟酒。

第十六条　中小学生旷课的，学校应当及时与其父母或者其他监护人取得联系。

未成年人擅自外出夜不归宿的，其父母或者其他监护人、其所在的寄宿制学校应当及时查找，或向公安机关请求帮助。收留夜不归宿的未成年人的，应当征得其父母或者其他监护人的同意，或者在二十四小时内及时通知其父母或者其他监护人、所在学校或者及时向公安机关报告。

第十七条 未成年人的父母或者其他监护人和学校发现未成年人组织或者参加实施不良行为的团伙的，应当及时予以制止。发现该团伙有违法犯罪行为的，应当向公安机关报告。

第十八条 未成年人的父母或者其他监护人和学校发现有人教唆、胁迫、引诱未成年人违法犯罪的，应当向公安机关报告。公安机关接到报告后，应当及时依法查处，对未成年人人身安全受到威胁的，应当及时采取有效措施，保护其人身安全。

第十九条 未成年人的父母或者其他监护人，不得让不满十六周岁的未成年人脱离监护单独居住。

第二十条 未成年人的父母或者其他监护人对未成年人不得放任不管，不得迫使其离家出走，放弃监护职责。未成年人离家出走的，其父母或者其他监护人应当及时查找，或者向公安机关请求帮助。

第二十一条 未成年人的父母离异的，离异双方对子女都有教育的义务，任何一方都不得因离异而不履行教育子女的义务。

第二十二条 继父母、养父母对受其抚养教育的未成年继子女、养子女，应当履行本法规定的父母对未成年子女在预防犯罪方面的职责。

第二十三条 学校对有不良行为的未成年人应当加强教育、管理，不得歧视。

第二十四条 教育行政部门、学校应当举办各种形式的讲座、座谈、培训等活动，针对未成年人不同时期的生理、心理特点，介绍良好有效的教育方法，指导教师、未成年人的父母和其他监护人有效地防止、矫治未成年人的不良行为。

第二十五条 对于教唆、胁迫、引诱未成年人实施不良行为或者品行不良，影响恶劣，不适宜在学校工作的教职员工，教育行政部门、学校应当予以解聘或者辞退；构成犯罪的，依法追究刑事责任。

第二十九条 任何人不得教唆、胁迫、引诱未成年人实施本法规定的不良行为，或者为未成年人实施不良行为提供条件。

第三十条 以未成年人为对象的出版物，不得含有诱发未成年人违法犯罪的内容，不得含有渲染暴力、色情、赌博、恐怖活动等危害未成年人身心健康的内容。

第三十一条 任何单位和个人不得向未成年人出售、出租含有诱发未成年人违法犯罪以及渲染暴力、色情、赌博、恐怖活动等危害未成年人身心健康内容的读物、音像制品或者电子出版物。

任何单位和个人不得利用通讯、计算机网络等方式提供前款规定的危害未成年人身心健康的内容及其信息。

第三十二条 广播、电影、电视、戏剧节目，不得有渲染暴力、色情、赌博、恐怖活动等危害未成年人身心健康的内容。

广播电影电视行政部门、文化行政部门必须加强对广播、电影、电视、戏剧节目以及各类演播场所的管理。

第三十三条 营业性歌舞厅以及其他未成年人不适宜进入的场所，应当设置明显的未成年人禁止进入标志，不得允许未成年人进入。

营业性电子游戏场所在国家法定节假日外，不得允许未成年人进入，并应当设置明显的未成年人禁止进入标志。

对于难以判明是否已成年的，上述场所的工作人员可以要求其出示身份证件。

第四章　对未成年人严重不良行为的矫治

第三十四条　本法所称“严重不良行为”，是指下列严重危害社会，尚不够刑事处罚的违法行为：

(一)纠集他人结伙滋事，扰乱治安；

(二)携带管制刀具，屡教不改；

(三)多次拦截殴打他人或者强行索要他人财物；

(四)传播淫秽的读物或者音像制品等；

(五)进行淫乱或者色情、卖淫活动；

(六)多次偷窃；

(七)参与赌博，屡教不改；

(八)吸食、注射毒品；

(九)其他严重危害社会的行为。

第三十五条　对未成年人实施本法规定的严重不良行为的，应当及时予以制止。

对有本法规定严重不良行为的未成年人，其父母或者其他监护人和学校应当相互配合，采取措施严加管教；也可以送工读学校进行矫治和接受教育。

对未成年人送工读学校进行矫治和接受教育，应当由其父母或者其他监护人，或者原所在学校提出申请，经教育行政部门批准。

第三十六条　工读学校对就读的未成年人应当严格管理和教育。工读学校除按照义务教育法的要求，在课程设置上与普通学校相同外，应当加强法制教育的内容，针对未成年人严重不良行为产生的原因以及有严重不良行为的未成年人的心理特点，开展矫治工作。

家庭、学校应当关心、爱护在工读学校就读的未成年人，尊重他们的人格尊严，不得体罚、虐待和歧视。工读学校毕业的未成年人在升学、就业等方面，同普通学校毕业的学生享有同等的权利，任何单位和个人不得歧视。

第三十七条　未成年人有本法规定严重不良行为，构成违反治安管理行为的，由公安机关依法予以治安处罚。因不满十四周岁或者情节特别轻微免予处罚的，可以予以训诫。

第三十八条　未成年人因不满十六周岁不予刑事处罚的，责令他的父母或者其他监护人严加管教；在必要的时候，也可以由政府依法收容教养。

第三十九条　未成年人在被收容教养期间，执行机关应当保证其继续接受文化知识、法律知识或者职业技术教育；对没有完成义务教育的未成年人，执行机关应当保证其继续接受义务教育。

解除收容教养、劳动教养的未成年人，在复学、升学、就业等方面与其他未成年人享有同等权利，任何单位和个人不得歧视。

第五章　未成年人对犯罪的自我防范

第四十一条　被父母或者其他监护人遗弃、虐待的未成年人，有权向公安机关、民政部门、共产主义青年团、妇女联合会、未成年人保护组织或者学校、城市居民委员会、农村村民委员会请求保护。被请求的上述部门和组织都应当接受，根据情况需要采取救助措施的，应当先采取救助措施。

第四十三条　对同犯罪行为做斗争以及举报犯罪行为的未成年人，司法机关、学校、社会应当加强保护，保障其不受打击报复。

第六章　对未成年人重新犯罪的预防

第四十四条　对犯罪的未成年人追究刑事责任，实行教育、感化、挽救方针，坚持教育为主、惩罚为辅的原则。

司法机关办理未成年人犯罪案件，应当保障未成年人行使其诉讼权利，保障未成年人得到法律帮助，并根据未成年人的生理、心理特点和犯罪的情况，有针对性地进行法制教育。

对于被采取刑事强制措施的未成年学生，在人民法院的判决生效以前，不得取消其学籍。

第四十五条　人民法院审判未成年人犯罪的刑事案件，应当由熟悉未成年人身心特点的审判员或者审判员和人民陪审员依法组成少年法庭进行。

对于审判的时候被告人不满十八周岁的刑事案件，不公开审理。

对未成年人犯罪案件，新闻报道、影视节目、公开出版物不得披露该未成年人的姓名、住所、照片及可能推断出该未成年人的资料。

第四十六条　对被拘留、逮捕和执行刑罚的未成年人与成年人应当分别关押、分别管理、分别教育。未成年犯在被执行刑罚期间，执行机关应当加强对未成年犯的法制教育，对未成年犯进行职业技术教育。对没有完成义务教育的未成年犯，执行机关应当保证其继续接受义务教育。

第四十八条　依法免予刑事处罚、判处非监禁刑罚、判处刑罚宣告缓刑、假释或者刑罚执行完毕的未成年人，在复学、升学、就业等方面与其他未成年人享有同等权利，任何单位和个人不得歧视。

第七章　法律责任

第四十九条　未成年人的父母或者其他监护人不履行监护职责，放任未成年人有本法规定的不良行为或者严重不良行为的，由公安机关对未成年人的父母或者其他监护人予以训诫，责令其严加管教。

第五十条　未成年人的父母或者其他监护人违反本法第十九条的规定，让不满十六同岁的未成年人脱离监护单独居住的，由公安机关对未成年人的父母或者其他监护人予以训诫，责令其立即改正。

第五十一条　公安机关的工作人员违反本法第十八条的规定，接到报告后，不及时查处或者采取有效措施，严重不负责任的，予以行政处分；造成严重后果，构成犯罪的，依法追究刑事责任。

第五十二条　违反本法第三十条的规定，出版含有诱发未成年人违法犯罪以及渲染暴力、色情、赌博、恐怖活动等危害未成年人身心健康内容的出版物的，由出版行政部门没收出版物和违法所得，并处违法所得三倍以上十倍以下罚款；情节严重的，没收出版物和违法所得，并责令停业整顿或者吊销许可证。对直接负责的主管人员和其他直接责任人员处以罚款。

制作、复制宣扬淫秽内容的未成年人出版物，或者向未成年人出售、出租、传播宣扬淫秽内容的出版物的，依法予以治安处罚；构成犯罪的，依法追究刑事责任。

第五十三条　违反本法第三十一条的规定，向未成年人出售、出租含有诱发未成年人违法犯罪以及渲染暴力、色情、赌博、恐怖活动等危害未成年人身心健康内容的读物、音像制品、电子出版物的，或者利用通讯、计算机网络等方式提供上述危害未成年人身心健康内容及其信息的，没收读物、音像制品、电子出版物和违法所得，由政府有关主管部门处以罚款。

单位有前款行为的，没收读物、音像制品、电子出版物和违法所得，处以罚款，并对直接负责的主管人员和其他直接责任人员处以罚款。

第五十六条　教唆、胁迫、引诱未成年人实施本法规定的不良行为、严重不良行为，或者为未成年人实施不良行为、严重不良行为提供条件，构成违反治安管理行为的，由公安机关依法予以治安处罚；构成犯罪的，依法追究刑事责任。

第八章　附则

第五十七条　本法自1999年11月1日起施行。

★《学生伤害事故处理办法》

1. 总体介绍

《学生伤害事故处理办法》是教育部制定颁布的，属于教育规章。其为实施未成年人安全保护提供了实际操作规程。不仅保护学生的权利，也保护了教育活动中学校的权益，维护了学校教育教学活动的秩序。

2.《学生伤害事故处理办法》(节选)

(教育部令第12号，2002年6月25日发布，根据2010年12月13日教育部令第10号修正。)

总　则

第一条　为积极预防、妥善处理在校学生伤害事故，保护学生、学校的合法权益，根据《中华人民共和国教育法》、《中华人民共和国未成年人保护法》和其他相关法律、行政法规及有关规定，制定本办法。

第二条　在学校实施的教育教学活动或者学校组织的校外活动中，以及在学校负有管理责任的校舍、场地、其他教育教学设施、生活设施内发生的，造成在校学生人身损害后果的事故的处理，适用本办法。

第四条　学校的举办者应当提供符合安全标准的校舍、场地、其他教育教学设施和生活设施。

教育行政部门应当加强学校安全工作，指导学校落实预防学生伤害事故的措施，指导、协助学校妥善处理学生伤害事故，维护学校正常的教育教学秩序。

第五条　学校应当对在校学生进行必要的安全教育和自护自救教育；应当按照规定，建立健全安全制度，采取相应的管理措施，预防和消除教育教学环境中存在的安全隐患；当发生伤害事故时，应当及时采取措施救助受伤害学生。

学校对学生进行安全教育、管理和保护，应当针对学生年龄、认知能力和法律行为能力的不同，采用相应的内容和预防措施。

事故责任

第八条　发生学生伤害事故，造成学生人身损害的，学校应当按照《中华人民共和国侵权责任法》及相关法律、法规的规定，承担相应的事故责任。

第九条　因下列情形之一造成的学生伤害事故，学校应当依法承担相应的责任：

(一)学校的校舍、场地、其他公共设施，以及学校提供给学生使用的学具、教育教学和生活设施、设备不符合国家规定的标准，或者有明显不安全因素的；

(二)学校的安全保卫、消防、设施设备管理等安全管理制度有明显疏漏，或者管理混乱，存在重大安全隐患，而未及时采取措施的；

(三)学校向学生提供的药品、食品、饮用水等不符合国家或者行业的有关标准、要求的；

(四)学校组织学生参加教育教学活动或者校外活动，未对学生进行相应的安全教育，并未在可预见的范围内采取必要的安全措施的；

(五)学校知道教师或者其他工作人员患有不适宜担任教育教学工作的疾病，但未采取必要措施的；

(六)学校违反有关规定，组织或者安排未成年学生从事不宜未成年人参加的劳动、体育运动或者其他活动的；

(七)学生有特异体质或者特定疾病，不宜参加某种教育教学活动，学校知道或者应当知道，但未予以必要的注意的；

(八)学生在校期间突发疾病或者受到伤害，学校发现，但未根据实际情况及时采取相应措施，导致不良后果加重的；

(九)学校教师或者其他工作人员体罚或者变相体罚学生，或者在履行职责过程中违反工作要求、操作规程、职业道德或者其他有关规定的；

(十)学校教师或者其他工作人员在负有组织、管理未成年学生的职责期间，发现学生行为具有危险性，但未进行必要的管理、告诫或者制止的；

(十一)对未成年学生擅自离校等与学生人身安全直接相关的信息，学校发现或者知道，但未及时告知未成年学生的监护人，导致未成年学生因脱离监护人的保护而发生伤害的；

(十二)学校有未依法履行职责的其他情形的。

第十条　学生或者未成年学生监护人由于过错，有下列情形之一，造成学生伤害事故，应当依法承担相应的责任：

（一）学生违反法律法规的规定，违反社会公共行为准则、学校的规章制度或者纪律，实施按其年龄和认知能力应当知道具有危险或者可能危及他人的行为的；

（二）学生行为具有危险性，学校、教师已经告诫、纠正，但学生不听劝阻、拒不改正的；

（三）学生或者其监护人知道学生有特异体质，或者患有特定疾病，但未告知学校的；

（四）未成年学生的身体状况、行为、情绪等有异常情况，监护人知道或者已被学校告知，但未履行相应监护职责的；

（五）学生或者未成年学生监护人有其他过错的。

第十一条　学校安排学生参加活动，因提供场地、设备、交通工具、食品及其他消费与服务的经营者，或者学校以外的活动组织者的过错造成的学生伤害事故，有过错的当事人应当依法承担相应的责任。

第十二条 因下列情形之一造成的学生伤害事故，学校已履行了相应职责，行为并无不当的，无法律责任：

（一）地震、雷击、台风、洪水等不可抗的自然因素造成的；

（二）来自学校外部的突发性、偶发性侵害造成的；

（三）学生有特异体质、特定疾病或者异常心理状态，学校不知道或者难于知道的；

（四）学生自杀、自伤的；

（五）在对抗性或者具有风险性的体育竞赛活动中发生意外伤害的；

（六）其他意外因素造成的。

第十三条　下列情形下发生的造成学生人身损害后果的事故，学校行为并无不当的，不承担事故责任；事故责任应当按有关法律法规或者其他有关规定认定：

（一）在学生自行上学、放学、返校、离校途中发生的；

（二）在学生自行外出或者擅自离校期间发生的；

（三）在放学后、节假日或者假期等学校工作时间外，学生自行滞留学校或者自行到校发生的；

（四）其他在学校管理职责范围外发生的。

第十四条　因学校教师或者其他工作人员与其职务无关的个人行为，或者因学生、教师及其他个人故意实施的违法犯罪行为，造成学生人身损害的，由致害人依法承担相应的责任。

事故处理

第十五条　发生学生伤害事故，学校应当及时救助受伤害学生，并应当及时告知未成年学生的监护人；有条件的，应当采取紧急救援等方式救助。

第十八条　发生学生伤害事故，学校与受伤害学生或者学生家长可以通过协商方式解决；双方自愿，可以书面请求主管教育行政部门进行调解。

成年学生或者未成年学生的监护人也可以依法直接提起诉讼。

第十九条　教育行政部门收到调解申请，认为必要的，可以指定专门人员进行调解，并应当在受理申请之日起60日内完成调解。

第二十一条　对经调解达成的协议，一方当事人不履行或者反悔的，双方可以依法提起诉讼。

损害赔偿

第二十三条　对发生学生伤害事故负有责任的组织或者个人，应当按照法律法规的有关规定，承担相应的损害赔偿责任。

第二十六条　学校对学生伤害事故负有责任的，根据责任大小，适当予以经济赔偿，但不承担解决户口、住房、就业等与救助受伤害学生、赔偿相应经济损失无直接关系的其他事项。

学校无责任的，如果有条件，可以根据实际情况，本着自愿和可能的原则，对受伤害学生给予适当的帮助。

第二十七条　因学校教师或者其他工作人员在履行职务中的故意或者重大过失造成的学生伤害事故，学校予以赔偿后，可以向有关责任人员追偿。

第二十八条　未成年学生对学生伤害事故负有责任的，由其监护人依法承担相应的赔偿责任。

学生的行为侵害学校教师及其他工作人员以及其他组织、个人的合法权益，造成损失的，成年学生或者未成年学生的监护人应当依法予以赔偿。

第二十九条　根据双方达成的协议、经调解形成的协议或者人民法院的生效判决，应当由学校负担的赔偿金，学校应当负责筹措；学校无力完全筹措的，由学校的主管部门或者举办者协助筹措。

责任处理

第三十二条　发生学生伤害事故，学校负有责任且情节严重的，教育行政部门应当根据有关规定，对学校的直接负责的主管人员和其他直接责任人员，分别给予相应的行政处分；有关责任人的行为触犯刑律的，应当移送司法机关依法追究刑事责任。

第三十三条　学校管理混乱，存在重大安全隐患的，主管的教育行政部门或者其他有关部门应当责令其限期整顿；对情节严重或者拒不改正的，应当依据法律法规的有关规定，给予相应的行政处罚。

第三十四条　教育行政部门未履行相应职责，对学生伤害事故的发生负有责任的，由有关部门对直接负责的主管人员和其他直接责任人员分别给予相应的行政处分；有关责任人的行为触犯刑律的，应当移送司法机关依法追究刑事责任。

第三十五条　违反学校纪律，对造成学生伤害事故负有责任的学生，学校可以给予相应的处分；触犯刑律的，由司法机关依法追究刑事责任。

第三十六条　受伤害学生的监护人、亲属或者其他有关人员，在事故处理过程中无理取闹，扰乱学校正常教育教学秩序，或者侵犯学校、学校教师或者其他工作人员的合法权益的，学校应当报告公安机关依法处理；造成损失的，可以依法要求赔偿。

附　则

第四十条　本办法自 2002 年 9 月 1 日起实施，原国家教委、教育部颁布的与学生人身安全事故处理有关的规定，与本办法不符的，以本办法为准。

在本办法实施之前已处理完毕的学生伤害事故不再重新处理。

★《国家中长期教育改革和发展规划纲要(2010—2020年)》

1. 总体介绍

《国家中长期教育改革和发展规划纲要(2010—2020年)》是党和国家层面的教育政策文件，是21世纪第二个十年指导全国教育改革和发展的纲领性文件。

2.《国家中长期教育改革和发展规划纲要(2010—2020年)》(节选)

第一部分　总体战略

第一章　指导思想和工作方针

(一)指导思想。全面贯彻党的教育方针，坚持教育为社会主义现代化建设服务，为人民服务，与生产劳动和社会实践相结合，培养德智体美全面发展的社会主义建设者和接班人。

全面推进教育事业科学发展，立足社会主义初级阶段基本国情，把握教育发展阶段性特征，坚持以人为本，遵循教育规律，面向社会需求，优化结构布局，提高教育现代化水平。

(二)工作方针。优先发展、育人为本、改革创新、促进公平、提高质量。

把教育摆在优先发展的战略地位。教育优先发展是党和国家提出并长期坚持的一项重大方针。各级党委和政府要把优先发展教育作为贯彻落实科学发展观的一项基本要求，切实保证经济社会发展规划优先安排教育发展，财政资金优先保障教育投入，公共资源优先满足教育和人力资源开发需要。充分调动全社会关心支持教育的积极性，共同担负起培育下一代的责任，为青少年健康成长创造良好的环境。完善体制和政策，鼓励社会力量兴办教育，不断扩大社会资源对教育的投入。

把育人为本作为教育工作的根本要求。人力资源是我国经济社会发展的第一资源，教育是开发人力资源的主要途径。要以学生为主体，以教师为主导，充分发挥学生的主动性，把促进学生健康成长作为学校一切工作的出发点和落脚点。关心每个学生，促进每个学生主动地、生动活泼地发展，尊重教育规律和学生身心发展规律，为每个学生提供适合的教育。努力培养造就以亿计的高素质劳动者、数以千万计的专门人才和一大批拔尖创新人才。

把改革创新作为教育发展的强大动力。教育要发展，根本靠改革。要以体制机制改革为重点，鼓励地方和学校大胆探索地试验，加快重要领域和关键环节改革步伐。创新人才培养体制，办学体制、教育管理体制，改革质量评价和考试招生制度，改革教学内容、方法、手段，建设现代学校制度。加快解决经济社会发展对高质量多样化人才需要与教育培养能力不足的矛盾、人民群众期盼良好教育与资源相对短缺的矛盾、增强教育活力与体制机制约束的矛盾，为教育事业持续健康发展提供强大动力。

把促进公平作为国家基本教育政策。教育公平是社会公平的重要基础。教育公平的关键是机会公平，基本要求是保障公民依法享有受教育的权利，重点是促进义务教育均衡发展和扶持困难群体，根本措施是合理配置教育资源，向农村地区、边远贫困地区和民族地区倾斜，加快缩小教育差距。教育公平的主要责任在政府，全社会要共同促进教育公平。

把提高质量作为教育改革发展的核心任务。树立科学的质量观，把促进人的全面发展、适应社会需要作为衡量教育质量的根本标准。树立以提高质量为核心的教育发展观，注重教育内涵发展，鼓励学校办出特色、办出水平，出名师，育英才。建立以提高教育质量为导向的管制制度和工作机制，把教育资源配置和学校工作重点集中到强化教学环节、提高教育质量上来。制定教育质量国家标准，建立健全教育质量保证体系。加强教师队伍建设，提高教师整体素质。

第二章　战略目标和战略主题

(三)战略目标。到2020年，基本实现教育现代化，基本形成学习型社会，进入人力资源强国行列。

实现更高水平的普及教育。基本普及学前教育；巩固提高九年义务教育水平；普及高中阶段教育，毛入学率达到90%；高等教育大众化进一步提高，毛入学率达到40%；扫除青壮年文盲。新增劳动力平均受教育年限从12.4年提高到13.5年；主要劳动年龄人口平均受教育年限从9.5年提高到11.2年，其中受过高等教育的比例达到20%，具有高等教育文化程度的人数比2009年翻一番。

形成惠及全国的公平教育。坚持教育的公益性和普惠性，保障公民依法享有接受良好教育的机会。建成覆盖城乡的基本公共教育服务体系，逐步实现基本公共教育服务均等化，缩小城区差距。努力办好每一所学校，教好每一个学生，不让一个学生因家庭经济困难而失学。切实解决进城务工人员子女平等接受义务教育问题。保障残疾人受教育权利。

提供更加丰富的优质教育。教育质量整体提升，教育现代化水平明显提高。优质教育资源总量不断扩大，更好满足人民群众接受高质量教育的需求。学生思想道德素质、科学文化素质和健康素质明显提高。各类人才服务国家、服务人民和参与国际竞争能力显著增强。

构建体系完备的终身教育。学历教育和非学历教育协调发展，职业教育和普通教育相互沟通，职前教育和职后教育有效衔接。继续教育参与率大幅提升，从业人员继续教育年参与率达到50%。现代国民教育体系更加完善，终身教育体系基本形成，促进全体人民学有所教、学有所成、学有所用。

健全充满活力的教育体制。进一步解放思想，更新观念，深化改革，提高教育开放水平，全面形成与社会主义市场经济体制和全面建设小康社会目标相适应的充满活力、富有效率、更加开放、有利于科学发展的教育体制机制，办出具有中国特色、世界水平的现代教育。

(四)战略主题。坚持以人为本、全面实施素质教育是教育改革发展的战略主题，是贯彻党的教育方针的时代要求，其核心是解决好培养什么人、怎样培养人的重大问题，重点是面向全体学生、促进学生全面发展，着力提高学生服务国家服务人民的社会责任感、勇于探索的创新精神和善于解决问题的实践能力。

坚持德育为先。立德树人，把社会主义核心价值体系融入国民教育全过程。加强马克思主义中国化最新成果教育，引导学生形成正确的世界观、人生观、价值观；加强理想信念教育和道德教育，坚定学生对中国共产党领导、社会主义制度的信念和信心；加强以爱国主义为核心的民族精神和以改革创新为核心的时代精神教育；加强社会主义荣辱观教育，培养学生团结互助、诚实守信、遵纪守法、艰苦奋斗的良好品质。加强公民意识教育，树立社会主义民主法治、自由平等、公平正义理念，培养社会主义合格公民。加强中华民族优秀文化传统教育和革命传统教育。把德育渗透于教育教学的各个环节，贯穿于学校教育、家庭教育和社会教育的各个方面。切实加强和改进未成年人思想道德建设和大学生思想政治教育工作。构建大中小学有效衔接的德育体系，创新德育形式，丰富德育内容，不断提高德育工作的吸引力和感染力，增强德育工作的针对性和实效性。加强辅导员、班主任队伍建设。

坚持能力为重。优化知识结构，丰富社会实践，强化能力培养。着力提高学生的学习能力、实践能力、创新能力，教育学生学会知识技能，学会动手动脑，学会生存生活，学会做人做事，促进学生主动适应社会，开创美好未来。

坚持全面发展．全面加强和改进德育、智育、体育、美育。坚持文化知识学习与思想品德修养的统一、理论学习与社会实践的统一、全面发展与个性发展的统一。加强体育，牢固树立健康第一的思想，确保学生体育课程和课余活动时间，提高体育教学质量，加强心理健康教育，促进学生身心健康、体魄强健、意志坚强；加强美育，培养学生良好的审美情趣和人文素养。加强劳动教育，培养学生热爱劳动、热爱劳动人民的情感。重视安全教育、生命教育、国防教育、可持续发展教育。促进德育、智育、体育、美育有机融合，提高学生综合素质，使学生成为德智体美全面发展的社会主义建设者和接班人。

第二部分　发展任务

第四章　义务教育

（十）减轻中小学生课业负担。过重的课业负担严重损害儿童少年身心健康。减轻学生课业负担是全社会的共同责任，政府、学校、家庭、社会必须共同努力，标本兼治，综合治理。把减负落实到中小学教育全过程，促进学生生动活泼学习、健康快乐成长。率先实现小学生减负。

各级政府要把减负作为教育工作的重要任务，统筹规划，整体推进。调整教材内容，科学设计课程难度。改革考试评价制度和学校考核办法。规范办学行为，建立学生课业负担监测和公告制度。不得以升学率对地区和学校进行排名，不得下达升学指标。规范各种社会补习机构和教辅市场。加强校外活动场所建设和管理，丰富学生课外及校外活动。

学校要把减负落实到教育教学各个环节，给学生留下了解社会、深入思考、动手实践、健身娱乐的时间。提高教师业务素质，改进教学方法，增强课堂教学效果，减少作业量和考试次数。培养学生学习兴趣和爱好。严格执行课程方案，不得增加课时和提高难度。各种等级考试和竞赛成绩不得作为义务教育阶段入学与升学的依据。

充分发挥家庭教育在儿童少年成长过程中的重要作用。家长要树立正确的教育观念，掌握科学的教育方法，尊重子女的健康情趣，培养子女的良好习惯，加强与学校的沟通配合，共同减轻学生课业负担。

第三部分　体制改革

第十一章　人才培养体制改革

（三十二）创新人才培养模式。适应国家和社会发展需要，遵循教育规律和人才成长规律，深化教育教学改革，创新教育教学方法，探索多种培养方式，形成各类人才辈出、拔尖创新人才不断涌现的局面。

注重学思结合。倡导启发式、探究式、讨论式、参与式教学，帮助学生学会学习。激发学生的好奇心，培养学生的兴趣爱好，营造独立思考、自由探索、勇于创新的良好环境。适应经济社会发展和科技进步的要求，推进课程改革，加强教材建设，建立健全教材质量监管制度。深入研究、确定不同教育阶段学生必须掌握的核心内容，形成教学内容更新机制。充分发挥现代信息技术作用，促进优质教学资源共享。

注重知行统一。坚持教育教学与生产劳动、社会实践相结合。开发实践课程和活动课程，增强学生科学实验、生产实习和技能实训的成效。充分利用社会教育资源，开展各种课外及校外活动。加强中小学校外活动场所建设。加强学生社团组织指导，鼓励学生积极参与志愿服务和公益事业。

注重因材施教。关注学生不同特点和个性差异，发展每一个学生的优势潜能。推进分层教学、走班制、学分制、导师制等教学管理制度改革。建立学习困难学生的帮助机制。改进优异学生培养方式，在跳级、转学、转换专业以及选修更高学段课程等方面给予支持和指导。健全公开、平等、竞争、择优的选拔方式，改进中学生升学推荐办法，创新研究生培养方法。探索高中阶段、高等学校拔尖学生培养模式。

（三十三）改革教育质量评价和人才评价制度。改进教育教学评价。根据培养目标和人才理念，建立科学、多样的评价标准。开展由政府、学校、家长及社会各方面参与的教育质量评价活动。做好学生成长记录，完善综合素质评价。探索促进学生发展的多种评价方式，激励学生乐观向上、自主自立、努力成才。

改进人才评价及选用制度，为人才培养创造良好环境。树立科学人才观，建立以岗位职责为基础，以品德、能力和业绩为导向的科学化、社会化人才评价发现机制。强化人才选拔使用中对实践能力的考查，克服社会用人单纯追求学历的倾向。

第十三章　建设现代学校制度

（四十一）完善中小学学校管理制度。完善普通中小学和中等职业学校校长负责制。完善校长任职条件和任用办法。实行校务会议等管理制度，建立健全教职工代表大会制度，不断完善科学民主决策机制。扩大中等职业学校专业设置自主权。建立中小学家长委员会。引导社区和有关专业人士参与学校管理和监督。发挥企业参与中等职业学校发展的作用。建立中等职业学校与行业、企业合作机制。

第十五章　管理体制改革

（四十五）健全统筹有力、权责明确的教育管理体制。以转变政府职能和简政放权为重点，深化教育管理体制改革，提高公共教育服务水平。明确各级政府责任，规范学校办学行为，促进管办评分离，形成政事分开、权责明确、统筹协调、规范有序的教育管理体制。中央政府统一领导和管理国家教育事业，制定发展规划、方针政策和基本标准，优化学科专业、类型、层次结构和区域布局。整体部署教育改革试验，统筹区域协调发展。地方政府负责落实国家方针政策，开展教育改革试验，根据职责分工负责区域内教育改革、发展和稳定。

第四部分　保障措施

第十七章　加强教师队伍建设

（五十一）建设高素质教师队伍。教育大计，教师为本。有好的教师，才有好的教育。提高教师地位，维护教师权益，改善教师待遇，使教师成为受人尊重的职业。严格教师资质，提升教师素质，努力造就一支师德高尚、业务精湛、结构合理、充满活力的高素质专业化教师队伍。

（五十二）加强师德建设。加强教师职业理想和职业道德教育，增强广大教师教书育人的责任感和使命感。教师要关爱学生，严谨笃学，淡泊名利，自尊自律，以人格魅力和学识魅力教育感染学生，做学生健康成长的指导者和引路人。将师德表现作为教师考核、聘任（聘用）和评价的首要内容。采取综合措施，建立长效机制，形成良好学术道德和学术风气，克服学术浮躁，查处学术不端行为。

（五十三）提高教师业务水平。完善培养培训体系，做好培养培训规划，优化队伍结构，提高教师专业水平和教学能力。通过研修培训、学术交流、项目资助等方式，培养教育教学骨干、“双师型”教师、学术带头人和校长，造就一批教学名师和学科领军人才。

以农村教师为重点，提高中小学教师队伍整体素质。创新农村教师补充机制，完善制度政策，吸引更多优秀人才从教。积极推进师范生免费教育，实施农村义务教育学校教师特设岗位计划，完善代偿机制，鼓励高校毕业生到艰苦边远地区当教师。完善教师培训制度，将教师培训经费列入政府预算，对教师实行每五年一周期的全员培训。加大民族地区双语教师培养培训力度。加强校长培训，重视辅导员和班主任培训。加强教师教育，构建以师范院校为主体、综合大学参与、开放灵活的教师教育体系。深化教师教育改革，创新培养模式，增强实习实践环节，强化师德修养和教学能力训练，提高教师培养质量。

以“双师型”教师为重点，加强职业院校教师队伍建设。加大职业院校教师培养培训力度。依托相关高等学校和大中型企业，共建“双师型”教师培养培训基地。完善教师定期到企业实践制度。完善相关人事制度，聘任（聘用）具有实践经验的专业技术人员和高技能人才担任专兼职教师，提高持有专业技术资格证书和职业资格证书教师比例。

以中青年教师和创新团队为重点，建设高素质的高校教师队伍。大力提高高校教师教学水平、科研创新和社会服务能力。促进跨学科、跨单位合作，形成高水平教学和科研创新团队。创新人事管理和薪酬分配方式，引导教师潜心教学科研，鼓励中青年优秀教师脱颖而出。实施海外高层次人才引进计划、“长江学者奖励计划”和“国家杰出青年科学基金”等人才项目，为高校集聚具有国际影响的学科领军人才。

（五十四）提高教师地位待遇。不断改善教师的工作、学习和生活条件，吸引优秀人才长期从教、终身从教。依法保证教师平均工资水平不低于或者高于国家公务员的平均工资水平，并逐步提高。落实教师绩效工资。对长期在农村基层和艰苦边远地区工作的教师，在工资、职务（职称）等方面实行倾斜政策，完善津贴补贴标准。建设农村艰苦边远地区学校教师周转宿舍。研究制定优惠政策，改善教师工作和生活条件。关心教师身心健康。落实和完善教师医疗养老等社会保障政策。国家对在农村地区长期从教、贡献突出的教师给予奖励。

第十八章　保障经费投入

（五十六）加大教育投入。教育投入是支撑国家长远发展的基础性、战略性投资，是教育事业的物质基础，是公共财政的重要职能。要健全以政府投入为主、多渠道筹集教育经费的体制，大幅度增加教育投入。

各级政府要优化财政支出结构，统筹各项收入，把教育作为财政支出重点领域予以优先保障。严格按照教育法律法规规定，年初预算和预算执行中的超收收入分配都要体现法定增长要求，保证教育财政拨款增长明显高于财政经常性收入增长，并使按在校学生人数平均的教育费用逐步增长，保证教师工资和学生人均公用经费逐步增长。按增值税、营业税、消费税的3％足额征收教育费附加，专项用于教育事业。提高国家财政性教育经费支出占国内生产总值比例，2012年达到4％。

社会投入是教育投入的重要组成部分。充分调动全社会办教育积极性，扩大社会资源进入教育途径，多渠道增加教育投入。完善财政、税收、金融和土地等优惠政策，鼓励和引导社会力量捐资、出资办学。完善非义务教育培养成本分担机制，根据经济发展状况、培养成本和群众承受能力，调整学费标准。完善捐赠教育激励机制，落实个人教育公益性捐赠支出在所得税税前扣除规定。

（五十七）完善投入机制。进一步明确各级政府提供公共教育服务职责，完善各级教育经费投入机制，保障学校办学经费的稳定来源和增长。各地根据国家办学条件基本标准和教育教学基本需要，制定并逐步提高区域内各级学校学生人均经费基本标准和学生人均财政拨款基本标准。

义务教育全面纳入财政保障范围，实行国务院和地方各级人民政府根据职责共同负担，省、自治区、直辖市人民政府负责统筹落实的投入体制。进一步完善中央财政和地方财政分项目、按比例分担的农村义务教育经费保障机制，提高保障水平。尽快化解农村义务教育学校债务。

非义务教育实行以政府投入为主、受教育者合理分担、其他多种渠道筹措经费的投入机制。学前教育建立政府投入、社会举办者投入、家庭合理负担的投入机制。普通高中实行以财政投入为主，其他渠道筹措经费为辅的机制。中等职业教育实行政府、行业、企业及其他社会力量依法筹集经费的机制。高等教育实行以举办者投入为主、受教育者合理分担培养成本、学校设立基金接受社会捐赠等筹措经费的机制。

进一步加大农村、边远贫困地区、民族地区教育投入。中央财政通过加大转移支付，支持农村欠发达地区和民族地区教育事业发展，加强关键领域和薄弱环节，解决突出问题。

健全国家资助政策体系。各地根据学前教育普及程度和发展情况，逐步对农村家庭经济困难和城镇低保家庭子女接受学前教育予以资助。提高农村义务教育家庭经济困难寄宿生生活补助标准，改善中小学生营养状况。建立普通高中家庭经济困难学生国家资助制度。完善普通本科高校、高等职业学校和中等职业学校家庭经济困难学生资助政策体系。完善助学贷款体制机制。推进生源地信用助学贷款。建立健全研究生教育收费制度，完善资助政策，设立研究生国家奖学金。根据经济发展水平和财力状况，建立国家奖助学金标准动态调整机制。

第十九章　加快教育信息化进程

(六十)加强优质教育资源开发与应用。加强网络教学资源体系建设。引进国际优质数字化教学资源。开发网络学习课程。建立数字图书馆和虚拟实验室。建立开放灵活的教育资源公共服务平台，促进优质教育资源普及共享。创新网络教学模式，开展高质量高水平远程学历教育。继续推进农村中小学远程教育，使农村和边远地区师生能够享受优质教育资源。

强化信息技术应用。提高教师应用信息技术水平，更新教学观念，改进教学方法，提高教学效果。鼓励学生利用信息手段主动学习、自主学习，增强运用信息技术分析解决问题能力。加快全民信息技术普及和应用。

(六十一)构建国家教育管理信息系统。制定学校基础信息管理要求，加快学校管理信息化进程，促进学校管理标准化、规范化。推进政府教育管理信息化，积累基础资料，掌握总体状况，加强动态监测，提高管理效率。整合各级各类教育管理资源，搭建国家教育管理公共服务平台，为宏观决策提供科学依据，为公众提供公共教育信息，不断提高教育管理现代化水平。

第二十章　推进依法治教

(六十二)完善教育法律法规。按照全面实施依法治国基本方略的要求，加快教育法制建设进程，完善中国特色社会主义教育法律法规。根据经济社会发展和教育改革的需要，修订教育法、职业教育法、高等教育法、学位条例、教师法、民办教育促进法，制定有关考试、学校、终身学习、学前教育、家庭教育等法律。加强教育行政法规建设。各地根据当地实际，制定促进本地区教育发展的地方性法规和规章。

(六十三)全面推进依法行政。各级政府要按照建设法治政府的要求，依法履行教育职责。探索教育行政执法体制机制改革，落实教育行政执法责任制，及时查处违反教育法律法规、侵害受教育者权益、扰乱教育秩序等行为，依法维护学校、学生、教师、校长和举办者的权益。完善教育信息公开制度，保障公众对教育的知情权、参与权和监督权。

(六十四)大力推进依法治校。学校要建立完善符合法律规定、体现自身特色的学校章程和制度，依法办学，从严治校，认真履行教育教学和管理职责。尊重教师权利，加强教师管理。保障学生的受教育权，对学生实施的奖励与处分要符合公平、公正原则。健全符合法治原则的教育救济制度。

开展普法教育。促进师生员工提高法律素质和公民意识，自觉知法守法，遵守公共生活秩序，做遵纪守法的楷模。

(六十五)完善督导制度和监督问责机制。制定教育督导条例，进一步健全教育督导制度。探索建立相对独立的教育督导机构，独立行使督导职能。健全国家督学制度，建设专职督导队伍。坚持督政与督学并重、监督与指导并重。加强义务教育督导检查，开展学前教育和高中阶段教育督导检查。强化对政府落实教育法律法规和政策情况的督导检查。建立督导检查结果公告制度和限期整改制度。

严格落实问责制。主动接受和积极配合各级人大及其常委会对教育法律法规执行情况的监督检查以及司法机关的司法监督。建立健全层级监督机制。加强监察、审计等专门监督。强化社会监督。

第二十一章　重大项目和改革试点

(六十六)组织实施重大项目。2010—2012年，围绕教育改革发展战略目标，着眼于促进教育公平，提高教育质量，增强可持续发展能力，以加强关键领域和薄弱环节为重点，完善机制，组织实施一批重大项目。

义务教育学校标准化建设。完善城乡义务教育经费保障机制，科学规划、统筹安排、均衡配置、合理布局。实施中小学校舍安全工程，集中开展危房改造、抗震加固，实现城乡中小学校舍安全达标；改造小学和初中薄弱学校，尽快使义务教育学校师资、教学仪器设备、图书、体育场地基本达标；改扩建劳务输出大省和特殊困难地区农村学校寄宿设施，改善农村学生特别是留守儿童寄宿条件，基本满足需要。

义务教育教师队伍建设。继续实施农村义务教育学校教师特设岗位计划，吸引高校毕业生到农村从教；加强农村中小学薄弱学科教师队伍建设，重点培养和补充一批边远贫困地区和革命老区急需紧缺教师；对义务教育教师进行全员培训，组织校长研修培训；对专科学历以下小学教师进行学历提高教育，使全国小学教师学历逐步达到专科以上水平。

推进农村学前教育。支持办好现有乡镇和村幼儿园；重点支持中西部贫困地区充分利用中小学富余校舍和社会资源，改扩建或新建乡镇和村幼儿园；对农村幼儿园园长和骨干教师进行培训。

职业教育基础能力建设。支持建设一批职业教育实训基地，提升职业教育实践教学水平；完成一大批“双师型”教师培训，聘任(聘用)一大批有实践经验和技能的专兼职教师；支持一批中等职业教育改革示范校和优质特色校建设，支持高等职业教育示范校建设；支持一批示范性职业教育集团学校建设，促进优质资源开放共享。

提升高等教育质量。实施中西部高等教育振兴计划，加强中西部地方高校优势学科和师资队伍建设；实施东部高校对口支援西部高校计划；支持建设一批高等学校产学研基地；实施基础学科拔尖学生培养试验计划和卓越工程师、医师等人才教育培养计划；继续实施“985工程”和优势学科创新平台建设，继续实施“211工程”和启动特色重点学科项目；继续实施“高等学校本科教学质量与教学改革工程”、“研究生教育创新计划”、“高等学校哲学社会科学繁荣计划”和“高等学校高层次创新人才计划”。

发展民族教育。巩固民族地区普及九年义务教育成果，支持边境县和民族自治地方贫困县实现义务教育学校标准化；重点扶持和培养一批边疆民族地区紧缺教师人才；

加强对民族地区中小学和幼儿园双语教师培养培训；加快民族地区高中阶段教育发展，启动内地中职班，支持教育基础薄弱县改扩建、新建一批普通高中和中等职业学校；支持民族院校建设。

发展特殊教育。改扩建和新建一批特殊教育学校，使市(地)和30万人口以上、残疾儿童少年较多的县(市)都有一所特殊教育学校；为现有特殊教育学校添置必要的教学、生活和康复训练设施，改善办学条件；对特殊教育教师进行专业培训，提高教育教学水平。

家庭经济困难学生资助。启动民族地区、贫困地区农村小学生营养改善计划；免除中等职业教育家庭经济困难学生和涉农专业学生学费；把普通高中学生和研究生纳入国家助学体系。

教育信息化建设。提高中小学每百名学生拥有计算机台数，为农村中小学班级配备多媒体远程教学设备；建设有效共享、覆盖各级各类教育的国家数字化教学资源库和公共服务平台；基本建成较完备的国家级和省级教育基础信息库以及教育质量、学生流动、资源配置和毕业生就业状况等监测分析系统。

教育国际交流合作。支持一批示范性中外合作办学机构；支持在高校建设一批国际合作联合实验室、研究中心；引进一大批海外高层次人才；开展大中小学校长和骨干教师海外研修培训；支持扩大公派出国留学规模；实施留学中国计划，扩大来华留学生规模；培养各种外语人才；支持孔子学院建设。

★《中国教育现代化2035》

《中国教育现代化2035》分为五个部分：一、战略背景；二、总体思路；三、战略任务；四、实施路径；五、保障措施。

《中国教育现代化2035》提出推进教育现代化的指导思想是：以习近平新时代中国特色社会主义思想为指导，全面贯彻党的十九大和十九届二中、三中全会精神，坚定实施科教兴国战略、人才强国战略，紧紧围绕统筹推进"五位一体"总体布局和协调推进"四个全面"战略布局，坚定"四个自信"，在党的坚强领导下，全面贯彻党的教育方针，坚持马克思主义指导地位，坚持中国特色社会主义教育发展道路，坚持社会主义办学方向，立足基本国情，遵循教育规律，坚持改革创新，以凝聚人心、完善人格、开发人力、培育人才、造福人民为工作目标，培养德智体美劳全面发展的社会主义建设者和接班人，加快推进教育现代化、建设教育强国、办好人民满意的教育。将服务中华民族伟大复兴作为教育的重要使命，坚持教育为人民服务、为中国共产党治国理政服务、为巩固和发展中国特色社会主义制度服务、为改革开放和社会主义现代化建设服务，优先发展教育，大力推进教育理念、体系、制度、内容、方法、治理现代化，着力提高教育质量，促进教育公平，优化教育结构，为决胜全面建成小康社会、实现新时代中国特色社会主义发展的奋斗目标提供有力支撑。

《中国教育现代化2035》提出了推进教育现代化的八大基本理念：更加注重以德为先，更加注重全面发展，更加注重面向人人，更加注重终身学习，更加注重因材施教，更加注重知行合一，更加注重融合发展，更加注重共建共享。明确了推进教育现代化的基本原则：坚持党的领导、坚持中国特色、坚持优先发展、坚持服务人民、坚持改革创新、坚持依法治教、坚持统筹推进。

《中国教育现代化 2035》提出，推进教育现代化的总体目标是：到 2020 年，全面实现“十三五”发展目标，教育总体实力和国际影响力显著增强，劳动年龄人口平均受教育年限明显增加，教育现代化取得重要进展，为全面建成小康社会做出重要贡献。在此基础上，再经过 15 年努力，到 2035 年，总体实现教育现代化，迈入教育强国行列，推动我国成为学习大国、人力资源强国和人才强国，为到 21 世纪中叶建成富强民主文明和谐美丽的社会主义现代化强国奠定坚实基础。2035 年主要发展目标是：建成服务全民终身学习的现代教育体系、普及有质量的学前教育、实现优质均衡的义务教育、全面普及高中阶段教育、职业教育服务能力显著提升、高等教育竞争力明显提升、残疾儿童少年享有适合的教育、形成全社会共同参与的教育治理新格局。

《中国教育现代化 2035》聚焦教育发展的突出问题和薄弱环节，立足当前，着眼长远，重点部署了面向教育现代化的十大战略任务：

一是学习习近平新时代中国特色社会主义思想。把学习贯彻习近平新时代中国特色社会主义思想作为首要任务，贯穿到教育改革发展全过程，落实到教育现代化各领域各环节。以习近平新时代中国特色社会主义思想武装教育战线，推动习近平新时代中国特色社会主义思想进教材进课堂进头脑，将习近平新时代中国特色社会主义思想融入中小学教育，加强高等学校思想政治教育。加强习近平新时代中国特色社会主义思想系统化、学理化、学科化研究阐释，健全习近平新时代中国特色社会主义思想研究成果传播机制。

二是发展中国特色世界先进水平的优质教育。全面落实立德树人根本任务，广泛开展理想信念教育，厚植爱国主义情怀，加强品德修养，增长知识见识，培养奋斗精神，不断提高学生思想水平、政治觉悟、道德品质、文化素养。增强综合素质，树立健康第一的教育理念，全面强化学校体育工作，全面加强和改进学校美育，弘扬劳动精神，强化实践动手能力、合作能力、创新能力的培养。完善教育质量标准体系，制定覆盖全学段、体现世界先进水平、符合不同层次类型教育特点的教育质量标准，明确学生发展核心素养要求。完善学前教育保教质量标准。建立健全中小学各学科学业质量标准和体质健康标准。健全职业教育人才培养质量标准，制定紧跟时代发展的多样化高等教育人才培养质量标准。建立以师资配备、生均拨款、教学设施设备等资源要素为核心的标准体系和办学条件标准动态调整机制。加强课程教材体系建设，科学规划大中小学课程，分类制定课程标准，充分利用现代信息技术，丰富并创新课程形式。健全国家教材制度，统筹为主、统分结合、分类指导，增强教材的思想性、科学性、民族性、时代性、系统性，完善教材编写、修订、审查、选用、退出机制。创新人才培养方式，推行启发式、探究式、参与式、合作式等教学方式以及走班制、选课制等教学组织模式，培养学生创新精神与实践能力。大力推进校园文化建设。重视家庭教育和社会教育。构建教育质量评估监测机制，建立更加科学公正的考试评价制度，建立全过程、全方位人才培养质量反馈监控体系。

三是推动各级教育高水平高质量普及。以农村为重点提升学前教育普及水平，建立更为完善的学前教育管理体制、办园体制和投入体制，大力发展公办园，加快发展普惠性民办幼儿园。提升义务教育巩固水平，健全控辍保学工作责任体系。提升高中阶段教育普及水平，推进中等职业教育和普通高中教育协调发展，鼓励普通高中多样化有特色发展。振兴中西部地区高等教育。提升民族教育发展水平。

四是实现基本公共教育服务均等化。提升义务教育均等化水平，建立学校标准化建设长效机制，推进城乡义务教育均衡发展。在实现县域内义务教育基本均衡基础上，进一步推进优质均衡。推进随迁子女入学待遇同城化，有序扩大城镇学位供给。完善流动人口子女异地升学考试制度。实现困难群体帮扶精准化，健全家庭经济困难学生资助体系，推进教育精准脱贫。办好特殊教育，推进适龄残疾儿童少年教育全覆盖，全面推进融合教育，促进医教结合。

五是构建服务全民的终身学习体系。构建更加开放畅通的人才成长通道，完善招生入学、弹性学习及继续教育制度，畅通转换渠道。建立全民终身学习的制度环境，建立国家资历框架，建立跨部门跨行业的工作机制和专业化支持体系。建立健全国家学分银行制度和学习成果认证制度。强化职业学校和高等学校的继续教育与社会培训服务功能，开展多类型多形式的职工继续教育。扩大社区教育资源供给，加快发展城乡社区老年教育，推动各类学习型组织建设。

六是提升一流人才培养与创新能力。分类建设一批世界一流高等学校，建立完善的高等学校分类发展政策体系，引导高等学校科学定位、特色发展。持续推动地方本科高等学校转型发展。加快发展现代职业教育，不断优化职业教育结构与布局。推动职业教育与产业发展有机衔接、深度融合，集中力量建成一批中国特色高水平职业院校和专业。优化人才培养结构，综合运用招生计划、就业反馈、拨款、标准、评估等方式，引导高等学校和职业学校及时调整学科专业结构。加强创新人才特别是拔尖创新人才的培养，加大应用型、复合型、技术技能型人才培养比重。加强高等学校创新体系建设，建设一批国际一流的国家科技创新基地，加强应用基础研究，全面提升高等学校原始创新能力。探索构建产学研用深度融合的全链条、网络化、开放式协同创新联盟。提高高等学校哲学社会科学研究水平，加强中国特色新型智库建设。健全有利于激发创新活力和促进科技成果转化的科研体制。

七是建设高素质专业化创新型教师队伍。大力加强师德师风建设，将师德师风作为评价教师素质的第一标准，推动师德建设长效化、制度化。加大教职工统筹配置和跨区域调整力度，切实解决教师结构性、阶段性、区域性短缺问题。完善教师资格体系和准入制度。健全教师职称、岗位和考核评价制度。培养高素质教师队伍，健全以师范院校为主体、高水平非师范院校参与、优质中小学(幼儿园)为实践基地的开放、协同、联动的中国特色教师教育体系。强化职前教师培养和职后教师发展的有机衔接。夯实教师专业发展体系，推动教师终身学习和专业自主发展。提高教师社会地位，完善教师待遇保障制度，健全中小学教师工资长效联动机制，全面落实集中连片特困地区生活补助政策。加大教师表彰力度，努力提高教师政治地位、社会地位、职业地位。

八是加快信息化时代教育变革。建设智能化校园，统筹建设一体化智能化教学、管理与服务平台。利用现代技术加快推动人才培养模式改革，实现规模化教育与个性化培养的有机结合。创新教育服务业态，建立数字教育资源共建共享机制，完善利益分配机制、知识产权保护制度和新型教育服务监管制度。推进教育治理方式变革，加快形成现代化的教育管理与监测体系，推进管理精准化和决策科学化。

九是开创教育对外开放新格局。全面提升国际交流合作水平，推动我国同其他国家学历学位互认、标准互通、经验互鉴。扎实推进“一带一路”教育行动。加强与联合国教科文组织等国际组织和多边组织的合作。提升中外合作办学质量。优化出国留学服务。实施留学中国计划，建立并完善来华留学教育质量保障机制，全面提升来华留学质量。推进中外高级别人文交流机制建设，拓展人文交流领域，促进中外民心相通和文明交流互鉴。促进孔子学院和孔子课堂特色发展。加快建设中国特色海外国际学校。鼓励有条件的职业院校在海外建设“鲁班工坊”。积极参与全球教育治理，深度参与国际教育规则、标准、评价体系的研究制定。推进与国际组织及专业机构的教育交流合作。健全对外教育援助机制。

十是推进教育治理体系和治理能力现代化。提高教育法治化水平，构建完备的教育法律法规体系，健全学校办学法律支持体系。健全教育法律实施和监管机制。提升政府管理服务水平，提升政府综合运用法律、标准、信息服务等现代治理手段的能力和水平。健全教育督导体制机制，提高教育督导的权威性和实效性。提高学校自主管理能力，完善学校治理结构，继续加强高等学校章程建设。鼓励民办学校按照非营利性和营利性两种组织属性开展现代学校制度改革创新。推动社会参与教育治理常态化，建立健全社会参与学校管理和教育评价监管机制。

《中国教育现代化2035》明确了实现教育现代化的实施路径：一是总体规划，分区推进。在国家教育现代化总体规划框架下，推动各地从实际出发，制定本地区教育现代化规划，形成一地一案、分区推进教育现代化的生动局面。二是细化目标，分步推进。科学设计和进一步细化不同发展阶段、不同规划周期内的教育现代化发展目标和重点任务，有计划有步骤地推进教育现代化。三是精准施策，统筹推进。完善区域教育发展协作机制和教育对口支援机制，深入实施东西部协作，推动不同地区协同推进教育现代化建设。四是改革先行，系统推进。充分发挥基层特别是各级各类学校的积极性和创造性，鼓励大胆探索、积极改革创新，形成充满活力、富有效率、更加开放、有利于高质量发展的教育体制机制。

为确保教育现代化目标任务的实现，《中国教育现代化2035》明确了三个方面的保障措施：

一是加强党对教育工作的全面领导。各级党委要把教育改革发展纳入议事日程，协调动员各方面力量共同推进教育现代化。建立健全党委统一领导、党政齐抓共管、部门各负其责的教育领导体制。建设高素质专业化教育系统干部队伍。加强各级各类学校党的领导和党的建设工作。深入推进教育系统全面从严治党、党风廉政建设和反腐败斗争。

二是完善教育现代化投入支撑体制。健全保证财政教育投入持续稳定增长的长效机制，确保财政一般公共预算教育支出逐年只增不减，确保按在校学生人数平均的一般公共预算教育支出逐年只增不减，保证国家财政性教育经费支出占国内生产总值的比例一般不低于4%。依法落实各级政府教育支出责任，完善多渠道教育经费筹措体制，完善国家、社会和受教育者合理分担非义务教育培养成本的机制，支持和规范社会力量兴办教育。优化教育经费使用结构，全面实施绩效管理，建立健全全覆盖全过程全方位的教育经费监管体系，全面提高经费使用效益。

三是完善落实机制。建立协同规划机制、健全跨部门统筹协调机制，建立教育发展监测评价机制和督导问责机制，全方位协同推进教育现代化，形成全社会关心、支持和主动参与教育现代化建设的良好氛围。